经典教材
教参系列

南开大学"十四五"规划核心课程精品教材

世界经济概论
（第七版）

周　申　董书慧 主 编

天津出版传媒集团

天津人民出版社

图书在版编目（ＣＩＰ）数据

世界经济概论 / 周申, 董书慧主编. -- 7 版. -- 天
津 : 天津人民出版社, 2023.10
经典教材教参系列
ISBN 978-7-201-18696-2

Ⅰ. ①世… Ⅱ. ①周… ②董… Ⅲ. ①世界经济—高
等学校—教材 Ⅳ. ①F112

中国版本图书馆 CIP 数据核字(2022)第 148115 号

世界经济概论（第七版）

SHIJIE JINGJI GAILUN DIQIBAN

出　　版	天津人民出版社	
出 版 人	刘　庆	
地　　址	天津市和平区西康路35号康岳大厦	
邮政编码	300051	
邮购电话	（022）23332469	
电子信箱	reader@tjrmcbs.com	
策划编辑	王　康	
责任编辑	郭雨莹　佐　拉	
封面设计	明轩文化·王　烨	
印　　刷	天津新华印务有限公司	
经　　销	新华书店	
开　　本	710毫米×1000毫米　1/16	
印　　张	37.75	
插　　页	2	
字　　数	480千字	
版次印次	2023年10月第1版　2023年10月第1次印刷	
定　　价	98.00元	

目　录

绪　论

世界经济是世界各国经济相互联系和相互依存而构成的世界范围的经济整体。它是在国际分工和世界市场基础上,把世界范围内的各国经济通过商品流通、劳务交换、资本流动、外汇交易、国际经济一体化等多种形式和渠道有机地联系在一起,把各国的生产、生活和其他经济方面有机地联系在一起,从而促成经济运行的统称。在经济全球化日益扩大的今天,世界上任何国家的生产和生活都不可能完全闭关自守,都要或多或少地依赖其他国家的生产,依赖国际分工和国际交换,正是这种错综复杂的经济联系,构成了世界经济整体。因此,世界经济既包括国际经济关系,又包括构成这种经济整体的各国内部的经济关系,这种经济关系涉及生产、商品交换、生产要素流动、技术转让等各个领域。

一、世界经济形成的历史回顾

世界经济是社会生产力发展到一定阶段后,随着国际分工和世界市场的发展而逐渐形成的。在封建社会,由于生产力水平低下,没有形成国际分工和世界市场。封建社会后期,已经出现了资本主义的萌芽,商品交换的扩大促使自然经济逐渐瓦解,简单协作的作坊进而成为资本主义的工场手工业。这时社会分工和商品交换已经有了相当发展,并且也出现了国家之间的贸易,但由于生产力水平的限制,并没有形成国际分工和世界市场,因而还不可能形成世界经济。

在 18 世纪 60 年代以后, 以蒸汽动力和机器为中心的科学技术上的突破,引发了工业革命,机器大工业代替工场手工业,导致工业生产的变革和社会分工的扩大。蒸汽动力和机器的广泛应用,不仅推动了工业生产的大幅度增长,而且引起铁路、轮船等交通运输业的迅速发展,从而也扩大了国际之间的商品流通。因此,随着生产力的发展和国外市场的扩大,社会分工也日益超越了一国的范围。正如马克思所指出的:"由于机器和蒸汽的应用,分工的规模已使大工业脱离了本国基地,完全依赖于世界市场、国际交换和国际分工。"①

工业革命的发展,使资本主义生产方式在世界范围内确立起来。由于英国最先完成了工业革命,建立了纺织业、煤炭工业、钢铁工业和机器制造业,生产规模日益扩大,劳动生产率迅速提高,因而英国首先成为"世界工厂"。英国工业产品的一半以上要在世界市场上销售,并从世界各地获取粮食和工业原料。到了19世纪中期,美国、法国、德国等也先后完成了工业革命。生产力的发展和世界市场的扩大,把各种不同经济发展水平的国家和地区都卷入了资本主义国际分工的范围,这就初步形成了各国之间相互依赖的经济联系,"过去那种地方的和民族的自给自足和闭关自守状态,被各民族的各方面的互相往来和各方面的互相依赖所代替了"②。

到19世纪后期,在科学技术领域又出现了以内燃机和电动机为中心的新发展。内燃机和电动机代替了蒸汽机,进一步推动了生产力的发展,引起了一系列重工业部门如电力工业、电器工业、石油工业、化学工业、冶金工业、机械工业等的迅速发展。整个工业的发展又促进了交通运输业的发展和世界市场的扩大。随着生产力的增长,生产关系也发生了相应的变化。19世纪60年代和70年代,自由资本主义发展到顶点,自由竞争引起生产集中,生产集中走向垄断,尤其是重工业部门的垄断,更加强了垄断组织对经济生活的统治。到19世纪末、20世纪初,资本主义已发展到垄断阶段。在垄断资本主义阶段,工业垄断资本和银行垄断资本在融合的基础上,形成了金融资本对各个经济部门的控制,不仅商品输出不断增长,资本输出也迅猛扩大。

---

① 《马克思恩格斯全集》(第4卷),人民出版社,1965年,第169页。
② 《马克思恩格斯选集》(第1卷),人民出版社,1972年,第255页。

资本输出的扩大,标志着资本主义生产关系也日益国际化。

商品输出和资本输出的扩大,还导致帝国主义对殖民地的激烈争夺,以保证商品的大量输出并占有原料来源和投资场所。到19世纪和20世纪之交,整个世界已被分割完毕。1914年,英国、俄国、法国、德国、美国、日本、比利时、荷兰等占有的殖民地、半殖民地领土约占全世界面积的2/3。

在资本主义生产力高度发展、生产关系日益国际化的基础上,形成了统一的、无所不包的资本主义世界市场。随着资本主义国际分工和国际投资的扩大,帝国主义与殖民地、半殖民地之间,以及帝国主义相互之间在经济上日益紧密地联结在一起。这种经济上的相互联系和相互依存,构成了世界范围的经济整体。可以说,到20世纪初期,已经形成了资本主义体系的世界经济。

世界经济不仅是一个经济范畴,也是一个历史的和社会的范畴。世界经济作为一个全球范围的经济整体,任何国家都不能不和这个整体发生某种程度的联系,成为这个整体的一个组成部分;而同时世界经济作为一个整体,又影响到它各个组成部分的经济活动和发展过程。在现代工业生产和国际分工日益深化的条件下,任何一个国家,不论其经济发展水平如何,或其社会经济制度如何,要做到完全自给自足地发展经济都是不可能的。依靠自给自足的发展,只能保持落后的经济结构,或者极其缓慢地改变原来的经济结构,就不能实现经济的高速发展,也不能满足日益增长的社会生产和人们生活上的需要。同时,世界经济和国际经济关系的形成又是一个历史过程。经过18世纪到19世纪的科学技术革命,资本主义的大工业、生产专业化、国际分工以及各国之间商品和货币的流通逐步发展起来,从而使各个国家都被纳入了统一的世界市场。当资本主义发展到垄断阶段,不仅国际分工和世界贸易进一步扩大,而且资本输出、生产的国际化以及国际垄断组织也迅速发展起来,并建立了帝国主义的殖民体系,这样就把世界上更多的国家和地区的经济联结为一个世界经济整体,国际经济关系也发生了深刻的变化。

世界经济和国际经济关系并不是一成不变的,条件的变化必然使世界经济和国际经济关系不断地发生变革。随着一系列国家里社会主义革命的胜利和社会主义经济制度的出现,世界经济进入了一个新的历史时代,即从资本主义向社会主义过渡的时代。世界经济不再是一个统一的、无所不包的资本主义经济体系，而成为资本主义和社会主义两种经济体系同时并存的经济模式。

在这两种经济体系并存的世界经济整体中，社会主义经济体系与资本主义经济体系之间存在着既相互联系又相互斗争的经济关系。这是因为：第一，社会主义革命首先在一国胜利后，面临着巩固社会主义革命和建设社会主义的艰巨任务。必须在独立自主、平等互利的基础上，同资本主义国家发展贸易、资本和技术引进等交换关系，只有这样才能巩固社会主义革命成果，建设和发展社会主义经济。第二，社会主义是从资本主义世界中产生出来的，社会主义国家与在国际分工和世界市场方面长期存在的历史联系不可能完全割断，不仅要保持有利的传统出口商品和出口市场，而且要通过贸易往来换取所需要的原料、生产设备和消费品，以发展生产和改善生活。这种商品交换关系正是国际经济关系相互联系、相互依存的一种体现。这一包括两种对立的经济体系在内的世界经济整体一直延续到 20 世纪 80 年代末 90 年代初。

伴随着苏联解体、东欧剧变和经互会解散，二战结束后所形成并曾长期存在的美苏争霸的两极格局宣告结束。从 20 世纪 80 年代末 90 年代初美国、欧盟、日本三足鼎立的世界经济格局，逐步发展成为当今"一超多强"的多极化特征明显的世界经济体系。

二、世界经济概论的研究对象和研究方法

（一）世界经济概论的研究对象

世界经济学科的研究对象，是当代世界范围的国际经济关系及其运动规律。世界经济作为一个世界范围的经济整体，被各个国家经济分开，由于各国社会经济制度的不同和经济发展水平的差异，因而在客观上就要求在世界范围建立国际分工、商品交换和资本流动等各种经济联系。这种世界经济中的多方面经济联系又集中表现为国际经济关系。世界经济学科就是要

研究构成国际经济关系的各个方面及其运动规律，以及影响国际经济关系发展变化的各种经济条件和因素。下面就构成国际经济关系的几个主要方面具体加以分析。

1. 经济全球化

经济全球化是对国际经济关系的总体概括，也是世界经济发展趋势的集中体现。贸易自由化、金融国际化和生产国际化是世界经济全球化的重要组成部分。经济全球化自20世纪80年代以来明显加快，在以高新技术为代表的生产力迅速发展的推动下，扩大了国际市场，加速了国际资本流动，促进了跨国公司大发展，并在更大程度上加强了各国经济的相互联系和相互依存。随之而来的是，各国和地区之间的发展不平衡和矛盾也日益增多。这已成为当今国际经济关系的一个基本特征。

2. 国际商品交换关系

当社会生产力发展到一定水平，社会劳动分工和商品流通必然要超越国界。由于自然条件、技术条件、历史条件的限制，一国在生产上所需要的各种资源以及生活必需品，不可能完全自给自足，这就形成了国际分工和商品交换关系，通过广泛的国际交换实现互通有无，促进经济发展。这种商品交换关系，又导致了经济发达国家之间争夺市场的矛盾，以及经济发达国家对发展中国家不等价交换的不平等关系。

3. 国际资本关系

随着资本主义的高度发展，以及各国经济交往的深化和扩大，资本集聚和生产集中也超越国界，并出现了生产和资本的国际化。作为资本和生产国际化的载体，跨国公司也迅速发展起来。现代国际资本流动的特点是：资本主义发达国家的过剩资本不仅流向发展中国家和地区，以获取最大限度的利润，而且更多地流向发达国家，在发达国家之间相互争夺有利的投资场所。此外，国际资本流动的来源也日益扩大，一些发展中国家的资本不仅流向发展中国家，而且对发达国家的直接投资也逐年增加，通过直接投资获取自己所短缺的资源，这就使国际资本流动形成一种更为复杂的关系。另外，由于各国市场利率存在差异，引起货币资本在各国之间不停地移动。发展中国家要加快经济发展，也需要以各种形式从发达国家引进资本和技术，这就形成了国际间错综复杂的资本关系。

4. 国际货币关系

伴随国际间的商品交换和资本转移，必然发生国际间的货币结算和支付。各国货币在国内可以依靠法律来强制使用，而在国际间只能按照一定的比价进行交换，这就产生了国际货币制度和国际汇兑市场。在国际货币制度的形成中，作为中心货币的国家不仅依靠其强大的经济实力迫使别国接受其货币作为世界货币，而且利用这种货币关系推行对外扩张和霸权主义，必要时还要强迫别国做出牺牲来维持这种货币制度，由此引起了国际货币领域的利害冲突。由于各国的货币对外汇价直接影响着出口商品在国际市场上的价格和竞争力，这又使国际间的货币升值与反升值的斗争成为国际贸易斗争和争夺市场的一种手段。

历史证明，中心货币不可能是一成不变的。随着中心货币国家经济实力地位的削弱和其他国家经济实力地位的上升，原来处于支配地位的货币职能的一大部分就可能逐步被后起国家的货币所取代，这时作为世界货币发挥作用的就不再是一种而是几种货币了。在以美元为中心的世界货币体系动摇以后，每当美元危机发生时，人们纷纷抛掉美元而抢购硬通货，在国际交换中使用欧元和日元的比重越来越大，国际储备走向多元化等，都说明了这个事实。随着国际货币关系发生的上述变化，围绕货币升值与反升值，以及今后建立一个什么样的世界货币制度的斗争，也更加剧烈和复杂化。

5. 国际经济一体化

第二次世界大战(以下简称二战)后，不仅商品交换关系、资本关系和货币关系在全球范围内发展与扩大，而且由于这些关系的发展又形成了国际经济一体化关系。如欧洲联盟的形成和发展，在区域范围内商品、资本和劳动力自由流动，并使用欧洲单一货币——欧元；北美自由贸易区的建立与扩大，并不断推进美洲自由贸易区建设；亚太经济合作组织的建立，以及非洲、拉丁美洲等许多发展中国家组建的各种一体化组织，这些国际经济一体化组织尽管层次不高，合作的范围也有限，但却都反映出相近区域内各个国家强烈要求在商品、资本与货币等各个领域加强合作的共同愿望。各种区域经济组织一经形成，对内实行宽松的经济合作政策，对外则或多或少采取具有排他性的经济政策。

此外,国际之间的劳务交流、南北经济关系、南南经济关系,以及围绕国际经济关系所进行的国际经济协调等,也都构成了世界经济学科的研究对象范围。

国际经济关系是不能脱离周围的经济条件孤立存在和发展的,它要受到生产力、生产关系和上层建筑等各种因素变化的影响,当这些因素和经济条件发生变化时,国际经济关系也要相应出现变化。因此,在研究国际经济关系时不可忽视对这些影响因素和运行机制的研究。例如,二战后科学技术上出现的一系列重大突破,引起了生产技术的变革和生产力的发展,从而加快了国际贸易、国际资本流动以及生产国际化的发展,同时也加剧了资本主义经济发展的不平衡和国际经济实力对比的变化。战后垄断资本主义转变为国家垄断资本主义以后,国家一方面加强了对国内宏观经济的调控,另一方面在经济全球化进程中,通过各种形式积极参与国际经济调控,鼓励和支持私人企业对外经济扩张,推动资本主义经济发展和改善国际经济关系。在新的经济条件下,资本主义经济周期和经济危机的发展,以及伴随着经济周期发展变化的通货膨胀及其国际传播,也对资本主义经济和国际经济关系产生深刻影响。因此,世界经济学科不仅要研究国际经济关系的各个方面,而且还要研究影响国际经济关系运行的各种经济条件和因素,从而研究世界范围内的经济关系及其规律性。研究这些问题,是为了在深刻理解现代世界政治经济形势及其发展趋势的基础上,做好对外经济工作,发展国际经济关系,并利用世界经济中的一切有利因素,为我国的改革开放服务,加快我国的现代化建设。

6. 国家(地区)经济

世界经济由各国经济构成,没有对各国经济的深入了解,就不可能形成对世界经济整体的科学认识。在世界经济概论中研究各国经济,并非立足于各国经济本身进行研究,而应将研究的着眼点放在各国经济的相互联系、各国经济与世界经济的关系及各国对世界经济的影响上面。截至 2019 年,世界上存在着 190 多个独立的主权国家,以及一些拥有独立主权的地区。这些国家和地区都有着自己特殊的经济制度和经济体制,形成具有各自特殊运动规律的经济系统。二战结束特别是冷战结束以来,世界经济融合性日益增强,各国(地区)的经济都会在不同程度上影响着世界经济的运行,逐个地研究、剖析各国(地区)的经济及其与世界经济的关系很有必要,但存在较大的困难。这一困难可以通过两种方法来解决:一是忽略一些对世界经济运行影响较小的国家(地区)经济的研究,而集中力量研究那些规模和影响都较大的国家(地区)经济,剖析它们之间的经济关系及它们与世界经济运行的关系;二是根据经济制度(或经济体制)、在世界经济中的地位及对世界经济的影响等标准把各国(地区)经济划分为不同的类型,然后着重研究各类国家内部、各类国家之间及各类国家与世界经济的关系。

(二)世界经济概论的研究方法

世界经济概论的研究要坚持以马克思主义经济理论为指导,同时吸收和借鉴现代西方经济学的某些分析方法。具体而言,研究世界经济要理论联系实际,运用辩证唯物主义和历史唯物主义的科学方法,用发展的和全面的观点去观察和研究客观事物的发展规律。研究方法可以概括为以下两个方面:

1. 运用马克思主义政治经济学的理论和研究方法

在马克思主义经济理论中,关于世界市场等有关世界经济问题的诸多论述对于今天的世界经济概论研究仍然具有现实的指导意义。马克思主义的全球视野及科学分析方法,如历史和逻辑相统一的方法、辩证发展的方法,对于人们剖析当今世界经济的种种现象以及对经济全球化的理论研究都具有指导意义。在研究世界经济概论的过程中,要注意从生产力与生产关系的矛盾运动与世界市场的种种联系上研究和把握世界经济的发展趋势。马克思指出:"资产阶级社会的真实任务是建立世界市场和以这种市场为基础的生产。"对外贸易、世界市场是资本主义生产的前提和基础。这说明马克思已经深刻地认识到资本主义生产方式与世界市场之间的密切联系。

(1)坚持历史与逻辑的统一,实际与理论的统一。世界经济概论是以世界经济的形成历史、发展现状和未来趋势为研究对象的学科,研究它必须以历史和现实的实际情况为出发点,如实地分析资料,掌握实际情况。在这个基础上,运用马克思主义的科学的历史观和世界观进行分析,透过现象看本质,找出世界经济发展变化的规律。

(2)坚持从实际出发,通过调查研究得出合乎科学的结论。为此,要在收集大量而又翔实资料的基础上,进行认真的筛选,对所要研究的问题进行全面、深入的分析,然后做出科学的判断。决不能从主观臆断出发,也不能断章取义地从某些经典著作中的个别词句出发,来研究世界经济的各种问题。尤其是在现代世界经济中,出现了许多新的现象、新的问题,更需要实事求是地进行深入细致的研究,而不能用陈旧的观点生搬硬套,要透过各种新现象、新问题找出其本质,做出符合客观实际的科学论断。

(3)要用对立统一的观点,全面地、辩证地研究世界经济的各种问题,避免片面性和形而上学。对于国际经济关系和各种经济问题,既要研究相互依存的一面,又要研究相互矛盾的一面。例如在现代世界经济中,就要分析社会主义和资本主义两种经济体系之间互相联系又互相矛盾,互相依存又互相斗争的经济关系。又如对国家垄断资本主义的经济关系,既要看到其垄断资本主义的实质,又要看到它在二战后加强自我调节的能力,从而促进社会生产力的迅速发展。同样,不能只看到资本主义经济的发展,而否认这种生产关系的消极和破坏作用,如此等等。因此,对于世界经济的各种关系和现象,都需要用对立统一和辩证的观点研究它们发展变化的规律性。

(4)注重在事物的相互联系和发展中研究世界经济的各种问题。任何事物都是同周围的事物发生联系而不是孤立存在的,也都是在不断地发展变化而不是静止不动的。对于世界经济中的各种现象,要分析它同周围事物的各种联系以及它的发展变化过程。尤其是在经济全球化日益扩大的今天。例如现代国际贸易的发展和国际资本流动的扩大,既受到国家垄断资本主义经济干预和国际范围的经济协调以及其他方面因素的影响,还受到现代国际垄断组织、跨国公司经营战略和策略的影响。又如二战后资本主义经济周期和经济危机,既受到一国经济周期因素变动的直接影响,又受到相关国家经济景气状况的影响。如果孤立地只看到事物的本身而不联系周围事物来考察,就不能说明事物的本质和全面情况。同样,对国际货币金融关系、国际经济一体化关系等的研究,都离不开其周围条件的发展变化而孤立地进行。

因此,对于世界经济中的各种经济关系和经济现象,都需要从国内和国际各种经济条件的相互联系中,从生产力、生产关系和上层建筑的发展变化中,研究它们的发展过程和变化趋势。

(5)既要重视经济基础对上层建筑的决定性作用,又要重视上层建筑对经济基础的巨大反作用。世界经济属于经济基础的范畴,它主要研究的是世界生产关系的发展变化。这种变化对世界政治的走势和格局演变起着决定性的作用。但是,世界政治并非消极地和被动地应对世界经济的发展变化;相反,世界政治领域发生的各种事件,以及出于政治目的掀起的社会舆论,总是从正面或反面影响甚至左右着世界经济的走势和进程。因此在观察和分析世界经济问题和走势时,不能忽视世界政治的因素。

(6)注重紧密联系新时代把我国全面建成社会主义现代化强国和以中国式现代化全面推进中华民族伟大复兴的使命任务和伟大实践。

学习世界经济概论,最重要的目的就是为新时代把我国全面建成社会主义现代化强国和以中国式现代化全面推进中华民族伟大复兴服务。党的二十大报告明确指出,从现在起,中国共产党的中心任务就是团结带领全国各族人民全面建成社会主义现代化强国、实现第二个百年奋斗目标,以中国式现代化全面推进中华民族伟大复兴。因此,在学习过程中要深刻准确地领悟中国式现代化"既有各国现代化的共同特征,更有基于自己国情的中国特色"的丰富内涵,充分联系我国新时代全面建设社会主义现代化强国和以中国式现代化全面推进中华民族伟大复兴的使命任务和伟大实践,把所学的世界经济理论知识自觉运用到实践中去,并在实践中不断检验所学理论,进而深化理论学习,真正做到融会贯通、知行合一。

2. 借鉴现代西方经济学的理论和研究方法

在观察和分析世界经济现实中的具体问题时,应借鉴西方经济学的某些分析方法,借鉴现代西方经济学(包括宏观经济学、微观经济学以及国际经济学)的理论,将现代西方经济学的理论与世界经济的现实以及各国(地区)经济的发展加以结合。世界经济概论关注各国(地区)以及全球经济的动态发展过程,需要通过整理和分析大量的资料和数据来说明和解释,应该运用国际经济学的相关理论和计量经济学的某些分析方法。

总之,世界经济概论通过阐述和分析世界经济的形成历程、发展现状和未来趋势,从中揭示国际经济关系和世界经济面貌的发展变化,揭示其内在矛盾和发展规律。世界经济概论并不像某些经济学科那样只注重纯粹的理论探讨,而是更加注重现实、关注世界上已经发生和正在发生的各种经济现象,并力图透过现象看清其本质,这就需要以马克思主义的理论和方法为指导,借助一些现代西方经济学的分析工具。同时需要指出的是,世界经济学还是一门比较年轻的学科,世界经济还在不断地发展变化,因此许多重大国际经济问题都有待于进行深入研究。本书也没有全面地论述现代国际经济关系的各个方面,以及支配国际经济关系发展变化的所有因素,只是就其中的一些主要问题做了初步的论述。根据世界经济概论研究的对象范围,本书的体系结构是:第一部分着重论述了现代国际经济关系方面的几个基本问题,包括世界经济的新发展、当前世界经济的格局、经济全球化、国际分工和国际贸易、国际直接投资和跨国公司、国际货币体系、国际经济一体化。第二部分集中论述影响国际经济关系运行的动因、周期和机制等,包括科学技术革命、经济周期和经济危机、发达国家宏观经济调控和国际经济协调。第三部分分别论述了国际经济关系中三种不同类型国家(地区)的经济关系,包括发达国家经济、发展中国家经济、向市场经济转轨的国家经济。本书试图对上述问题进行分析,以探讨当代世界经济发展变化的规律性。

思考题:

1.试述世界经济的定义和内涵。

2.世界经济学的研究对象主要有哪些?

3.试述世界经济形成的历史过程。

4.试分析影响国际经济关系运行的因素和机制。

5.简述世界经济概论的研究方法。

第一章　二战后世界经济的新发展

内容摘要:

　　二战后,世界政治经济形势发生了深刻的变化,和平与发展逐渐成为世界的主题。经过短暂的战后恢复与调整,各国在科技革命的推动下,社会生产力得到了空前的发展,产业结构得到提升,国际贸易、国际投资、国际金融发展迅速,各国都实现了较高的经济增长率。此外,相对和平的国际环境,较为自由的全球贸易体系,极大地推动了世界经济的全面发展。

　　20世纪50至70年代初,世界经济迅速发展。主要资本主义国家的战后经济发展经历了从战争结束到20世纪50年代初期的经济恢复时期和从50年代中期到70年代初期的经济高速增长时期。一些经济落后的国家和地区在20世纪50年代后期,特别是进入60年代以后,经济迅速发展。亚洲"四小龙"的腾飞,拉丁美洲的"经济奇迹",使广大亚非拉国家对实现经济发展充满了期待。

　　70年代中期到80年代初期发达国家进入了史上空前的经济"滞胀"期。1973年秋世界性经济危机的爆发,中断了发达国家长达20多年的经济高速增长。经济"滞胀"的困境伴随着反凯恩斯主义经济学的兴起,发达国家政府开始反思以往的经济政策及其失误。

　　20世纪90年代以来,美国经济出现了二战后罕见的持续性、高速度增长的"新经济"。所谓"新经济"是建立在信息技术革命和制度创新基础上的经济持续增长与低通货膨胀率、低失业率并存,经济周期的阶段性特征有所淡化的一种新的经济现象。总的来说,战后半个世纪以来,发达国家经济发展的过程是曲折的,但在第三次科技革命的推动下出现了重大发展,经济面貌发生了重要变化,在整个世界经济中处于主导地位,发挥着举足轻重的作用。

2008年9月,美国次贷危机发展成为全球性经济金融危机。次贷危机不仅对美国房地产市场和金融市场产生重大影响,同时也对美国的实体经济和全球金融体系带来挑战,并迅速殃及全球经济,造成了美国、欧盟、日本以及新兴市场国家资本市场动荡、金融体系破坏、经济增长放缓,对世界经济发展产生了深远影响。

20世纪80年代以来,世界经济发展中的人口问题、资源问题和环境问题,已严重威胁到世界经济的可持续发展。1987年,世界环境与发展委员会发布《我们共同的未来》报告,将可持续发展定义为:"既能满足当代人的需要,又不对后代人满足其需要的能力构成危害的发展。"世界经济可持续发展是一个包含经济、社会、文化、技术与自然环境的协调发展的综合概念,探寻世界经济可持续发展的条件与途径,已成为世界经济增长和发展中亟待解决的重要问题。

第一节　20世纪50至70年代初世界经济的迅速发展

一、20世纪50至70年代初发达国家的经济发展

二战后,主要资本主义国家战后经济发展大体上可以划分为四个时期:从战争结束到20世纪50年代初期的经济恢复时期;从50年代中期到70年代初期的经济高速增长时期;从70年代中期到80年代初期的经济"滞胀"时期以及其后到90年代初期的经济调整时期;90年代以来以美国为代表的"新经济"的增长与发展时期。以下我们将主要介绍经济恢复时期和经济高速增长时期。

(一)第一阶段:经济恢复时期

　　二战无疑是人类历史上规模空前的浩劫。战争对资本主义制度打击非常沉重。作为战争发动者的德、意、日三国以军事失败而告终,其经济遭到严重的破坏,政治受到沉重的打击。作为战胜国的英法两国,其经济也遭到严重的削弱。战争结束后,西欧和日本出现诸多社会问题,如生产衰退、交通瘫痪、燃料短缺、食品匮乏、住房不足等。而且,战争还严重恶化了发达国家的国际环境。一方面,战后一系列欧洲和亚洲国家脱离了资本主义体系,走上了社会主义道路。到 1949 年,社会主义国家的人口占到世界人口的 35.5%,土地面积占到全世界的 25.9%。另一方面,战后亚非拉国家人民纷纷掀起了民族解放运动的高潮,使帝国主义的殖民统治和掠夺体系日益崩溃。拥有 1400 万平方千米土地和 5 亿人口的大英帝国解体,英国也因此丧失了各种特权、贡赋和优惠条件。战后社会主义国家经济体系的建立及其经济的建设发展,以及原帝国主义国家殖民体系的土崩瓦解,对战后发达国家的经济恢复、发展产生了极其重要的影响。

　　正是在这样的历史背景下,发达资本主义国家开始了战后经济恢复工作。经济恢复最为迅速的要数西欧各国。从表 1-1 中可以看出,到 1948 年,除战败的德国和意大利外,西欧国家经济都恢复并超过了战前 1938 年的水平。就整个西欧来说,到 1950 年已经完全恢复到战前水平。日本恢复较迟,大约用了 10 年的时间,到 1955 年,其工矿业生产才超过了战时最高年份(1944 年)。

表 1-1　西欧国家国民生产总值的增长

国家	1938 年	1948 年	1950 年	国家	1938 年	1948 年	1950 年
比利时	100	115	124	法国	100	100	121
丹麦	100	111	135	德国	100	45	64
意大利	100	92	104	瑞典	100	133	148
荷兰	100	114	127	瑞士	100	125	131
挪威	100	122	131	英国	100	106	114

资料来源:罗斯托:《世界经济:历史与发展》,第 234 页。

战后西欧和日本的经济之所以能够得到较快的恢复，主要可以归结为以下三个原因：

1. 拥有比较雄厚的物质基础和人力资源

战前，西欧各国和日本就已经是工业相当发达的国家。西欧是资本主义的发源地，也是工业化的摇篮。对人类历史影响深远的两次工业革命都发生在这里，所以技术经验丰富，加上多年的经营积累，使之拥有雄厚的工业基础和技术基础。厂房、设备等物质设施可以被战争摧毁，而技术是摧毁不了的。虽然这些国家的工业设施在战争期间遭到严重损坏，但多数国家的工业基础尚存，而且在战争期间各国又大多进行了大规模的固定资产投资。据估计，日本在 1939—1944 年间的私人工业投资增长速度比 20 世纪 30 年代中期要高 1 倍；德国固定资本投资到 1945 年增加了 38%。截至 1945 年，德国所使用 5 年或不到 5 年的新设备占全部设备的 34%，而这个比重在 1935 年仅为 9%。同时，战前的西欧和日本就有比较充沛的素质较高的劳动人口。战争虽然造成了巨大的人员伤亡，但战后海外流亡者、军人等大量返回国内。例如东欧一些国家由于进行了社会主义革命，一些有产者和知识分子由于各种原因进入到西欧国家，这在很大程度上弥补了西欧各国劳动力和技术力量的不足。又如战后有 600 万移民从被日本占领过的亚洲国家返回，使日本的劳动力与比战前相比增加了 15%。此外，通过二战的刺激，一些新技术应运而生，虽然经历了战争的创伤，但是生产力并没有因为战争而倒退。

2. 国家加强了对经济的干预和调节

二战后，西欧各国和日本等许多发达国家在经济恢复中普遍加强了国家对经济的调节和干预，积极发展国家垄断资本主义。国家垄断资本主义是国家政权和垄断资本的紧密结合，虽然它不能解决资本主义制度的固有矛盾，但可以在一定程度上推动经济发展。国家垄断资本主义早在 19 世纪末资本主义向帝国主义过渡时期就已产生。20 世纪 30 年代，在经济危机的影响下，各国不同程度地加强了政府对经济的干预，国家垄断资本主义有所发展，以美国罗斯福新政最为典型。二战时，各国都要对工业部门进行集中管理以应战争之需，这就为战后各资本主义国家发展国家垄断资本主义奠定了基础。而且，战后出现的高科技产业需要国家投入巨资进行有效管理，导致二战后的国家垄断资本主义有了新的发展。英、法、意等国在采煤、电力、煤气、铁路、邮政、电讯业中，国有化企业占绝对优势。联邦德国国有化较低，但国有企业在国民生产总值中所占的比重也达到了12%。欧洲许多大公司，如法国雷诺汽车公司、德国大众汽车公司都是国有企业。但国家垄断资本主义并不是一种完美的体制，它不可能解决资本主义社会的固有矛盾，更不能保证资本主义经济永远不出问题。1973年经济危机和资本主义经济的滞胀阶段就充分表明了这一点。但是，诸如推行国有化政策、经济计划化和"福利国家"等社会经济政策，对于战后促进投资、增加就业、加速经济恢复产生了一定的积极影响，也在战后组建了一批国营或半国营企业。同时，国家通过加强政策干预可以把国民经济的发展重点放在当时迫切需要加强的基础设施和关键产业之上，特别是能源、运输和钢铁工业等，这也对经济恢复起到了推动和加速作用。

3. 美国的大力扶持

西欧和日本的经济恢复与美国的"冷战"政策和国际战略是分不开的。在二战中，美国不仅没有遭受到战火的破坏，反而由于得到本国政府和各国大量的军事订单，使其国民经济得到了巨大的刺激。1929—1944年间，美国工业生产总值增加了118%，同期国民生产总值（以下简称为GNP）则增加了132%，年平均增长率达14%。战后，美国又顺利实施了从战时经济向平时经济的转换，实现了以民用工业为中心的经济增长。1948年，美国工业生产占整个资本主义世界的53.4%，超过其他资本主义国家的总和，成为在经济上和军事上占有压倒优势的超级大国。战后初期，在社会主义和民族解放运动蓬勃发展的国际背景下，美国为了巩固资本主义制度和体系，在全球范围内遏制社会主义发展，积极推出冷战战略，对战败的德意日和被战争削弱的英法等国，采取了大力帮助其经济复兴的政策。在美国"不赔偿主义"的影响下，多数战胜国也都纷纷放弃了对战败国的赔偿要求，极大地减轻了战败国恢复经济的负担。1947年，美国提出了"复兴欧洲"的"马歇尔计划"，投入大量的资金设备，帮助西欧重建，从1948年4月到1952年，美国向西欧提供了高达130亿美元的援助。虽然其初始目的是为了和苏联抗衡，但是巨额的援助毕竟起到了输血的作用，极大地推动了当时西欧经济的恢复。对于日本,当时由于朝鲜战争的爆发,美国急需在远东拥有一个补给基地。日本虽然没有得到西欧的那种经济援助,但在朝鲜战争期间,美国向日本提供的战争"特需"多达 23.77 亿美元,为日本经济注入了大量资金,带来了所谓的"战争景气"。由美国主导建立的国际货币基金组织、世界银行、关税与贸易总协定等正式或临时的国际组织与机构,在为西欧和日本的经济恢复提供国外资金和市场等方面也发挥了重要作用。

(二)第二阶段:经济高速增长时期

经过经济恢复阶段,20 世纪 50 年代初发达国家进入了一个经济大发展时期,即所谓的"经济高速增长时期"。这一时期一直持续到 1973 年 9 月爆发石油危机为止。这个被称为"黄金时代"的 20 余年,是战后最重要的历史阶段之一,也是发达国家实行经济高度现代化的决定性阶段。这一时期经济发展的突出特征有以下三点:

1. 经济发展速度超过历史上任何时期

1919—1938 年间的 20 年,发达国家的年平均经济增长率为 2.3%,而1951—1970 年间的 20 年,年平均增长率则达到了 5.3%,而且经济高速增长几乎席卷了西方所有国家,具有很大的普遍性(参见表 1-2),也席卷了工业、农业、商业、建筑业、金融业和对外贸易等各个领域,具有全面性。1960—1965年,发达国家的农业和制造业年平均增长率分别为 1.7%和 6.3%;1966—1970年,分别达到 2.1%和 5.4%。同时,在经济高速增长中基本上实现了充分就业(危机年份除外),物价也比较稳定。在这个时期,资本主义国家虽然发生了数次经济危机,例如在 1948—1952 年、1957—1958 年、1960—1961 年都发生了世界性经济危机,还发生过只涉及个别国家的经济危机。但在经济危机期间,相对而言生产水平下降的幅度较小、危机持续的时间较短,对经济的打击较轻,没有像战前 1929 年和 1937 年的经济危机那样严重。

表 1-2 主要资本主义国家战后和战前国内生产总值实际年均增长率比较

单位:(%)

国家	1860—1913 年	1913—1938 年	1955—1973 年
美国	4.3	2.0	3.5

续表

国家	1860—1913 年	1913—1938 年	1955—1973 年
英国	2.4	1.0	3.0
法国	1.1	1.1	5.2
联邦德国 *	3.0	1.3	5.9
日本	4.1	4.5	9.8

注:* 战前为德国

资料来源:[日]正村公宏:《日本经济论》,1979 年日文版,第 5 页。

2. 经济增长主要是靠劳动生产率的提高实现的

表 1-3 的统计表明,主要资本主义国家在 20 世纪 50、60 年代的工业生产增长中,劳动生产率提高的贡献率大约占 60%—80%。而劳动生产率的提高主要依靠采用先进的科学技术。战后,随着以电子信息技术为中心的第三次科技革命的兴起,电子计算机得到广泛应用,使得生产实现了自动化,经济现代化达到了一个新的高度。随着劳动生产率的提高,发达国家的产业结构也发生了深刻的变化,即在国民收入和就业方面,农业的比重不断下降,工业的比重由上升转为下降,而以服务业为中心的第三产业的比重则不断上升,到 20 世纪 70 年代已经占到国民收入的 60% 左右。

表 1-3　1951—1970 年发达国家工业生产的增长和劳动生产率的提高

(年增长率%)

国家	1951—1960 年		1961—1970 年	
	生产增长	劳动生产率提高	生产增长	劳动生产率提高
美国	4.0	3.0	5.0	3.6
日本	16.2	11.1	13.7	10.2
联邦德国	9.8	7.1	5.2	2.4
法国	6.4	5.7	4.9	4.0
英国	2.9	2.0	2.8	3.0
意大利	8.8	7.0	7.2	6.9

资料来源:李琮主编:《当代资本主义世界经济发展史略》(上册),第 174 页。

3. 各国经济发展的不平衡

在 20 世纪 50 年代和 60 年代的二十年左右时间里,几乎所有发达国家的经济都呈现出大发展的局面,但各国经济的增长速度差异很大。总的说来，日本增长最快，联邦德国和法国其次，美英两国最慢。例如，在1955—1968年间，日本国内生产总值增长了3.5倍，联邦德国和法国分别为2倍和1.9倍，而美国和英国分别只有1.6倍和1.4倍。在这一时期，日本实现了跳跃式大发展。1955年，日本国内生产总值只有240亿美元，为美国的6%、联邦德国的56%，人均国民收入只有194美元，在资本主义世界中居第34位。由于在1955—1968年间日本经济年均10.1%的高速增长，超出其他发达资本主义国家平均速度1倍，结果到1968年日本的国内生产总值超过了联邦德国，一跃成为仅次于美国的资本主义世界第二大经济体。日本在资本主义世界工业生产中所占的比重，由1950年的1.6%上升为1970年的9.5%，同期，在资本主义国家出口贸易中所占的比重也由1.5%上升为6.9%。然而，同期的美国，其工业的比重和贸易额的比重则分别由48.7%下降为37.8%和由18.1%下降为15.4%。

资本主义国家进入一个持续高速发展的所谓"黄金时代"，以下四方面的因素起到了重要的推动作用：

第一，科技革命推动经济现代化。从20世纪四五十年代开始出现了以原子弹、电子信息、航天技术为代表的一系列高新技术，形成了第三次科技革命并持续发展。其规模、深度和影响远远超过了前两次工业革命，对社会生产力和世界经济产生了极大的推动作用，使世界经济向现代化前进。科学技术转化为直接生产力的速度加快，成为提高劳动生产率和整个经济增长的源泉。

第二，国家垄断资本主义有利于发展高新科技产业。所谓国家垄断资本主义，是指私人垄断组织与资产阶段国家相结合的资本主义，它产生于19世纪末向帝国主义过渡时期。20世纪30年代，各国为结束危机以不同形式加强对经济的干预（特别是美国的罗斯福新政），使国家垄断资本主义有所发展。国家垄断资本主义适应了科技革命的需要，在很大程度上推动了资本主义经济的快速发展。例如，国家大力加强对科技的扶植和资金的投入，直接经营、干预国家基础经济部门或开发新兴高科技产业，加强政府对经济宏观管理，推行国有化政策，拓展世界市场，进行一些社会改革，适当改善人民的生活等。

第三，资本主义经济相互依存加深以及协调加强有利于发达资本主义

第一章

国家经济的发展。从 20 世纪 50 年代开始出现的地区性经济集团或区域经济一体化,逐渐成为世界经济中的一个重要发展趋势,这也是国际经济关系的一种挑战和变革。最早建立的欧洲共同市场对推动成员国的经济发展和加强相互之间的经济联系起到了积极的作用。此外,各种形式的国际经济协调,也对解决国际经济矛盾、促进世界经济发展起到了一定的作用。

第四,国内外环境的稳定为发达资本主义国家经济提供了向世界各地输出资本、大力拓展海外市场、赚取高额利润的良好外部条件。

世界多极化的发展使世界经济的发展有了一个更为宽松的外部环境,虽然局部仍动荡不断,但整体上还是朝着和平与发展的方向前进着。

二、20 世纪 50 至 70 年代初发展中国家的经济发展

(一)发展中国家独立初期的经济政策

目前独立自主的发展中国家中,绝大多数都曾经在历史上沦为少数帝国主义国家的殖民地或半殖民地,受到政治上的压迫和经济上的剥削,其社会结构和经济结构也大多处于停滞、落后的状态。二战后,殖民体系出现了最大也是最后的危机,民族解放运动风起云涌,一百多个殖民地、半殖民地附属国先后取得政治独立,延续了几百年的殖民主义体系土崩瓦解。在实现了政治独立目标之后,经济发展就成为这些新独立的发展中国家所面临的最重要的历史任务,其民族振兴和经济发展历程也由此开始。此时,发展中国家在经济方面首先要解决三个问题:一是选择什么样的经济制度;二是如何维护经济主权,摆脱殖民国家的经济特权;三是通过怎样的经济政策改变封建式的、落后的社会结构和经济结构。

(二)发展中国家的早期发展模式

取得政治独立以后, 广大发展中国家在推行企业和土地制度改革的同时,都把发展民族经济放到头等重要的地位。而选择什么样的发展模式和发展战略,就成为发展中国家所面临的首要问题。战后早期,除了那些资源充

裕的国家采取了资源开发型发展战略之外，许多发展中国家都选择了强化政府干预作用、强化政府地位的政府主导型发展模式，以及在保护性贸易政策下注重进口替代的工业发展战略。实际上，这两者有着密切的联系，因为推行进口替代战略需要把资源集中用于扶植进口替代工业，这必然要求国家对经济的全面控制。

20 世纪 50 年代后期，特别是进入 60 年代以后，在新的国际政治经济形势下，一些过去落后的国家和地区，在经济上有了迅速的发展。亚洲"四小龙"的腾飞，拉丁美洲的"经济奇迹"，使广大亚非拉国家看到了谋求经济发展的希望。与发达国家相比，这些国家在经济上仍存在着很大的差距，在发展道路上仍充满着坎坷与挫折，但他们的经济在发展，畸形的经济结构在改变，工业在国民经济中的地位在提高。尽管仍然比较贫穷，但是国内的储蓄率和投资率都在增长；尽管居民生活还很困难，但是大多数国家的文化教育、卫生保健事业在不断完善。

这一时期，发展中国家经济发展的战略和政策主要包括：强化国家对经济的全面干预、利用保护性贸易政策实现制成品的进口替代以及引进外资和技术。当然，并不是所有发展中国家都实行这样的发展模式和战略。

第二节　两次石油危机与世界经济

一、经济滞胀时期

1973 年秋，世界性经济危机的爆发中断了发达国家长达二十多年的经济高速增长，使发达国家进入了历史上空前的经济停滞膨胀即滞胀时期。西方经济学家把停滞（stagnation）和通货膨胀（inflation）两词合起来，构成停滞膨胀（stagflation）这一新概念，表明两者是紧密地结合在一起的。"滞胀"的实质，是在国家垄断资本主义发展到一定时期以后，特别是 70 年代以后，资本主义基本矛盾在经济上的一种新的特殊表现形式。它反映出以往从未发生过的一种新的社会经济现象,即在同一时期里生产停滞(或低速增长)、失业增加和物价暴涨并存的这一不符合以往经济学理论和社会发展实践的"怪现象"。经济停滞、失业增加和通货膨胀这三种现象,在资本主义历史上是经常出现的。但是此前它们并不是同时发生,而是在经济周期的不同阶段交替出现。根据以往的经验,经济停滞和失业增加一般发生在经济周期的危机阶段和萧条阶段,与此同时发生的则是通货紧缩,物价普遍下跌。通货膨胀以及由此引起的物价普遍上涨,则通常发生在经济周期的高涨阶段,与此同时发生的则是经济繁荣和发展,失业减少。此次经济危机的爆发,在西方国家却出现了经济停滞、失业率增高与严重的通货膨胀同时发生和并存的奇特现象,并且延续了近十年之久,直到 1982 年才逐渐消退。滞胀有如下特点:

(一)经济增长处于停滞状态

在 1973—1983 年间,发达资本主义国家国内生产总值的年平均增长率只有 2.4%,略高于 1965—1973 年间的 4.7% 的一半。从表 1-4 中可以看出,在所统计的 19 个国家中,增长率在 2% 以下的有 8 个,2%~3% 之间的也有 8 个,3% 以上的只有 3 个。这种情况充分说明了发达资本主义国家在此期间经济处于停滞状态。

表 1-4　发达国家国内生产总值的年均增长率　　　　单位:(%)

国家	1965—1973 年	1973—1983 年
西班牙	6.4	1.8
爱尔兰	5.0	3.2
意大利	5.2	2.2
新西兰	3.7	0.8
比利时	5.2	1.8
英国	2.8	1.1
奥地利	5.5	2.8*
荷兰	5.5	1.5
日本	9.8	4.3*
法国	5.5	2.5
芬兰	5.3	2.7

国家	1965—1973 年	1973—1983 年
联邦德国	4.6	2.1
澳大利亚	5.6	2.4
丹麦	3.9	1.8
加拿大	5.2	2.3
瑞典	3.6	1.3
挪威	4.0	3.7
美国	3.2	2.3
瑞士	4.2	0.7
发达资本主义国家总计	4.7	2.4

注:* 为 1973—1982 年的数字。

资料来源:世界银行《1985 年世界发展报告》,第 177 页。

(二)失业率升高

　　一般而言,发达国家在非经济危机期间失业率处在 1%~2% 之间,美国虽然在 5%—6% 之间,但也处在充分就业的范围之内。而在滞胀时期,发达国家的失业率普遍上升,有的甚至超过了两位数(见表 1-5)。

表 1-5　发达国家的失业率　　　　　　单位:(%)

国家	1960 年	1970 年	1976 年	1977 年	1978 年	1979 年	1980 年	1982 年
美国	5.5	4.9	7.7	7.0	6.0	5.8	7.1	9.7
日本	1.1	1.2	2.0	2.0	2.2	2.1	2.0	2.4
联邦德国	1.2	0.7	4.6	4.5	4.3	3.8	3.8	7.5
法国	0.7	1.3	4.6	5.2	5.3	6.0	6.4	—
英国	1.6	2.6	5.7	6.2	6.1	5.7	7.1	12.0
意大利	4.2	3.2	6.7	7.2	7.2	7.2	7.7	9.1

资料来源:联合国《统计年鉴》。

(三)物价大幅度上涨

　　西方经济学家常常把通货膨胀率(一般用消费物价上涨率来体现)分为三类:爬行式的通货膨胀(年上涨率在 2% 以下)、跑步式的通货膨胀(4% 左右)和奔腾式的通货膨胀(5% 以上)。在 20 世纪 60 年代中期之前,发达国家的通货膨胀率一般在2%以下，此后逐渐提高，在1974年进入滞胀时期之后，则发展成为5%以上的高通货膨胀率。如表1-6所示，发达国家的消费物价年平均上涨率从1955—1973年的3.4%，上升到1974—1981年的9.9%，几乎上升到3倍。在所列的6个主要发达国家中，有3个超过10%，有2个接近10%，只有联邦德国维持在较低的水平，但也比前一个时期上升了将近1倍。

表1-6　发达国家消费物价年平均上涨率(%)　　　　单位:(%)

国家	1951—1973年	1974—1981年
美国	2.7	9.4
日本	5.2	9.1
联邦德国	2.7	4.9
法国	5.0	11.4
英国	4.3	15.4
意大利	3.9	15.9
总计	3.4	9.9

资料来源:国际货币基金组织《国际金融统计年鉴》。

滞胀的出现，标志着发达国家经济高速增长的黄金时期已成为过去，并暴露出经济高速增长背后所隐藏的一系列问题和矛盾。至于为什么会出现滞胀，西方经济学家曾提出两个主要原因:一是石油危机及其所导致的油价上涨;二是工资提高过快，拉动了物价上涨和失业增多。上述两个原因对滞胀的产生来说固然很重要，但都不是根本原因。产生滞胀的根本原因主要有两个:一是发达国家长期推行凯恩斯主义经济政策;二是战后科技革命高潮的退却甚至暂时消逝。

二战后，发达国家普遍推行以凯恩斯理论为指导的刺激投资和消费需求的经济政策。这项政策主要表现为两方面:增加政府财政支出，搞赤字财政;扩大信贷，搞债务经济。这种做法通过扩大消费需求等在一定时期内刺激了经济增长，缓解了经济危机，但同时也积累了许多矛盾和问题。一方面，财政赤字的不断增加、债务的不断扩大、货币的超量发行，埋下了通货膨胀的隐患;另一方面，投资和信贷的增加，在刺激社会需求的同时，也鼓励超前消费，破坏了经济危机使生产与市场暂时恢复平衡的机制，将日益严重的生产过剩状态掩盖起来。这些负面因素积累到一定程度，一旦与某种突发事件（如石油危机、经济危机等）相结合，必然会引发滞胀。

形成滞胀的另一个深层次原因，是战后科技革命高潮的消逝。如前文所述，战后的科技革命极大地促进了 20 世纪 50 年代和 60 年代经济的高速增长。70 年代初，在科技革命中所形成的一系列新科技新工艺，都已经基本上得到了普及，并为生产所广泛吸收利用，且带动整个经济发展的钢铁、石化、汽车、家电等支柱产业也已经度过了成熟期，此时发达国家已经完成了重化工业化，而新的科技革命尚处于酝酿当中，新的技术群和产业群尚未形成。同时，由于实施扩张的财政政策，导致财政赤字剧增、财政拮据，发达国家开始缩减对科技的投入和支持（如美国的科研经费开支在 1965 年比 1960 年增加了 38.9%，而 1970 年比 1965 年只增加了 5.5%，到 1975 年反而比 1970 年减少了 5.4%）。这自然会对生产发展和经济增长造成不利的影响。

二、经济缓慢增长时期

经济滞胀的困境伴随着反凯恩斯主义经济学的兴起，发达国家政府开始反思以往的经济政策及其失误。1979 年上台的英国撒切尔政府，1981 年上台的美国里根政府和法国密特朗政府，以及 1982 年上台的联邦德国科尔政府，都不同程度地抛弃了凯恩斯主义，接受了反凯恩斯主义学派的主张，进行经济调整和改革，主要包括：紧缩政府开支、实行紧缩性货币政策、国有企业民营化、调整产业结构、加速科技发展以及积极开展国际经济协调等措施。发达国家进行的一系列激烈的经济协调和改革，都在不同程度上取得了积极的效果。具体表现在：从 1983 年开始，经济合作与发展组织（以下简称为 OECD）的 24 个成员国通货膨胀率开始下降，从 1980 年的 13% 分别下降到 1984 年的 5.3% 和 1986 年的 2.8%。此后虽然仍有波动，但总的来说，发达国家已经开始摆脱严重通货膨胀的局面。1980—1992 年，美国年平均通货膨胀率为 3.9%，日本为 1.5%，德国为 2.7%，法国为 5.4%，英国为 2.7%，意大利为 2.4%，加拿大为 2.8%。

第三节　20世纪90年代以来的世界经济面貌的变化

一、新经济的概念

所谓新经济是建立在信息技术革命和制度创新基础上的经济持续增长与低通货膨胀率、低失业率并存,经济周期的阶段性特征有所淡化的一种新的经济现象。

20世纪90年代以来,美国经济出现了二战后罕见的持续性的高速度增长。在信息技术部门的带领下,美国自1991年4月以来,经济增长幅度较快,失业率较低,通货膨胀率也在不断下降。如果食品和能源不计在内的话,美国1999年的消费品通胀率只有1.5%,增幅为34年来的最小值。这种经济现象就被人们表述为新经济。

从表1-7可以看出,在这次经济增长过程中,出现了与以往经济增长不同的特点,即伴随着低失业率、低通胀率和低财政赤字的高经济增长(即所谓的"一高两低"或"一高三低",参见表1-7),而且这次经济的持续增长还引起了美国经济增长方式、经济结构和经济运行规则的某些改变,并从美国开始在全世界掀起了一场新经济浪潮。

表1-7　20世纪90年代美国主要宏观经济数据

年份	国内生产总值增长率(%)	通货膨胀率(%)	失业率(%)	生产率指数	联邦财政收支状况(亿美元)
1990	1.2	5.4	5.6	1.1	−2212
1991	−0.9	4.2	6.8	1.6	−2694
1992	2.7	3.0	7.5	4.1	−2904
1993	2.3	3.0	6.9	0.1	−2550
1994	3.5	2.6	6.1	1.3	−2031
1995	2.0	2.8	5.6	1.0	−1639

续表

年份	国内生产总值增长率(%)	通货膨胀率(%)	失业率(%)	生产率指数	联邦财政收支状况(亿美元)
1996	2.8	3.0	5.4	2.7	−1075
1997	3.8	2.3	4.9	2.0	−219
1998	3.9	1.6	4.5	2.8	629
1999	4.0	1.5	4.2	2.9	1244
2000(截至9月)	4.4	3.7	4.02	—	—

资料来源：[美]2000年《总统经济报告》、美国商务部经济分析局和劳工部2000年11月数据；白宫经济统计简报室。

可以说，新经济是指在信息技术出现重大突破和一系列制度创新的基础上，由经济全球化推动的经济结构调整，促进了劳动生产率的提高，形成了微观经济和宏观经济良性互动的新的经济增长方式。美国的新经济具有许多不同于以往的新特征，主要表现在以下五个方面：

(一)经济持续增长

从1991年4月开始复苏至2001年出现衰退，美国经济持续增长了一百二十多个月，远远超出战后美国经济平均连续增长五十个月的期限。自美国经济率先走出90年代初期的世界性经济危机以来，美国经济的年均增长率超过日本、德国等主要竞争对手，从而扭转了美国经济增长速度在20世纪七八十年代落后于日本、德国的局面，使美国在全球经济的相对实力有较为明显的回升。

(二)就业人数不断增加，失业率稳步下降

伴随着20世纪80年代中期以来美国经济结构的调整和以裁员为其主要内容之一的企业重组，美国结构性失业日益突出，就业形势急剧恶化。美国失业率在1991年上升到6.8%，1992年就业形势仍继续恶化，全年失业率高达7.5%，失业人数多达900多万人。从1993年开始，美国就业状况开始改善，失业率稳步下降，1998年12月降到了4.3%，这是美国30年来的最低水平。

（三）物价增幅保持在较低水平，政府过去长期面临的通货膨胀压力得以消除

美国消费物价指数从 1992 年降至 3% 后，1998 年仅为 1%。国内生产总值的价格平减指数从 1990 年的 4.3% 逐步降至 1993 年以来的 2%，1997 年进一步降为 1.8%，是 1965 年以来的最低点。

（四）出口贸易增长势头强劲

20 世纪 90 年代以来，美国劳动生产率的显著提高和劳动力成本优势增强了美国产品在国际市场上的竞争力。1991—1994 年间，美国制造业的劳动生产率共提高了近 12 个百分点，超过了日本和西欧国家的增幅。在美国劳动生产率较快提高的同时，其单位劳动成本在 90 年代却增长缓慢，使得美国产品的国际竞争力显著增强，从而使美国得以在 90 年代初期相继在半导体和小汽车等领域重新夺回世界第一的位置。

（五）联邦财政赤字逐年减少

由于克林顿政府采取了强有力的增税减支政策，美国联邦财政赤字由 1992 年的 2900 亿美元左右逐步减少到 1996 年的 1100 亿美元左右，联邦财政赤字占国内生产总值的比重也由 1992 年的 4.93% 下降到 1996 年的 3% 以下。1997 年美国实际联邦财政赤字仅为 200 多亿美元。1998 年 2 月，美国国会最终通过了克林顿政府提出的财政预算平衡方案，美国联邦政府在 1998 年度实现了较为少见的财政盈余。

二、新经济的影响及面临的问题

建立在高科技特别是信息技术基础上的美国新经济，给世界经济带来了深远的影响。

（一）新经济确立了世界经济发展的新方向——知识经济

新经济的实质就是知识经济，知识经济是以知识为基础的经济，这种经

济直接依赖于知识和信息的生产、扩散和应用。美国新经济的成功实践已经向世界证明,知识和信息的生产与应用,不仅提高了传统产业和现代农业劳动生产率,而且加速了知识密集型制造业和服务业的发展。世界经济正向知识化方面转移,稀缺资源不断流向高技术产业和服务业,尤其是信息与通信、教育与培训、研究与发展。在农业经济时代,人们梦想占有土地;在工业经济时代,人们希望拥有资本;而在知识经济时代,掌握知识成为人们的最主要追求,创新知识和应用知识的能力与效益成为影响一个国家综合国力和国际竞争能力的重要因素。总之,知识经济将逐步占据国际经济的主导地位,成为世界经济发展的一个重要主导方向。

(二)新经济促进了技术创新

由信息技术革命推动的美国产业结构调整,要求体制进行与之相适应的变革,需要制度创新。例如,在生产领域小型初创公司(Startups)的兴起,大公司与小公司在创新上的协作关系;在流通领域各种金融创新,如二板市场、风险资本的出现;在分配领域股票期权的盛行;在企业管理领域层级制为水平管理和对基层的授权所取代,这些都是适应产业结构调整而进行的制度创新。

(三)引发了新的社会经济问题

新经济促进了美国社会生产力的大发展,从总体上培育出一个更加富裕的社会,但由于它是在原有生产关系的框架中发展而来的,没有解决一些根本的社会问题,而且产生了一些新的问题。

首先是数字鸿沟(Digital Divide,有时也称之为 Digital Division 或 Digital Gap)。这是信息化带来的新问题,是指由于存在着信息收集处理能力的差异,在信息社会中所引起的不同机遇、不同地位,乃至造成经济上的巨大差别和心理失衡。它不仅存在于不同国家、地区之间,而且存在于同一国家的不同地区、行业之间,甚至同一组织的不同人群之间。根据联合国的资料,全球收入最高的国家中 20% 人口拥有全球国内生产总值的 86%,其互联网用户总数占全球互联网总数的 93%;而收入最低的国家中 20% 人口则只拥有全球国内生产总值的1%,其互联网用户总数占全球互联网用户总数的0.2%。2000年,美国年收入在75000美元以上的人进入互联网的可能性是低收入人群的20倍;前者拥有计算机的可能是后者的9倍。即使在同样的收入水平上,如年收入在15000—35000美元,白人的计算机拥有量为32%,而黑人和西班牙裔只有19%。

其次是两极分化。新经济所导致的股市飙升,使得掌握大部分股票的富人和企业经理人员的财富迅速扩张,成为新经济的最大受益者。这导致美国经济在高速繁荣的同时,贫富两极分化的现象日益严重。据统计,美国有近20%的家庭没有净资产,或者债务超过了他们的资产;而占1%的最富有家庭支配着全部财富的近40%。更为严重的是,新经济的产生和发展不仅没有改变这一点,相反,从1983年到1995年,最贫穷的40%的家庭失去了其财富的80%,而最富有的1%家庭的财富却增加了17%。

最后是新型垄断。两极分化加剧的根源之一,是大公司垄断性的进一步加强。这一方面表现为生产规模的扩大,另一方面表现为财富的更加集中。自1991年美国经济复苏以来,从1993年起企业并购额逐年上升,1994年上半年为4202亿美元,到该年底上升到5249亿美元,1996年上升到10593亿美元,到2000年则达到了18300亿美元。目前美国的铁路、汽车、电话、百货商店、烟草、会计、广告、饮料、音乐等行业的市场,均被垄断在各有关行业不到5家寡头公司的手中。从长远来看,美国市场特别是世界市场,越是被集中在几个寡头公司手里,产生价格垄断的可能性就越大。此外,几乎所有的公司并购都导致了裁员,致使失业的增加。尤其值得注意的是,科技的进步还引发了一种新型的垄断,即创新者垄断。创新者不仅聚敛了大量财富,而且有可能阻碍甚至威胁科技的进步。这种情况在软件行业表现得十分突出。

总的来说,战后半个世纪以来,发达国家经济发展的过程是曲折的,但在第三次科技革命的推动下有了重大发展,经济面貌有了重大变化,在整个世界经济中处于主导地位,发挥着举足轻重的作用。

第四节 2008年全球金融危机 对世界经济的影响

美国的次贷危机不仅对美国房地产市场和金融市场产生很大影响,同时也对美国的实体经济和全球金融体系带来挑战,并殃及全球经济。美国次贷危机造成了美国、欧盟、日本以及新兴市场国家的资本市场动荡、金融体系破坏、经济成长放缓,对世界经济的发展产生了深远的影响。本节选取几个有代表性的国家进行阐述和分析。

一、2008年全球金融危机对美国经济的影响

(一)美国金融市场严重受挫

2008年9月,美国连续发生金融动荡,多家重量级金融机构破产或被收购,金融业的"黑色9月"惊心动魄。金融市场在短时间内呈现多米诺骨牌式的连锁反应。美国金融业只用了短短半个月时间,完成了原本需要10年的行业整合,其代价非常高昂。美国前五大投行全部经历剧变,金融业的危机愈演愈烈。一些中小银行面临挤兑冲击,经营状况艰难,成为美国次贷危机的牺牲品。同时,美国股市不断出现暴跌,2008年10月上旬出现"历史性的一周",道琼斯工业指数在短短五个交易日几乎跌去了20%,此后几个月股市的波动性和恐慌性持续徘徊在高位水平,造成了巨大的财富蒸发。

(二)工业生产屡现负增长,企业利润波动较大

美国次贷危机使美国家庭财富大为缩水,消费者信心指数(CCI)下降,居民储蓄率开始回升,最终消费品生产不足导致美国制造业生产疲软,美国制造业指数(PMI)下跌。由于工业生产低迷,导致生产企业利润和公司收入出现较大波动,企业利润、企业流动资金、公司所得税以及非金融类国内企

业利润大幅度减少。美国次贷危机外溢至美国经济各个方面,冲击到美国经济整体走势,在楼市下跌、次贷危机恶化、经济增速放缓的情况下,美国生产和制造领域就业大幅度减少。2009 年 4 月美国失业率攀升至 8.9%,此后甚至一度接近 10%,且居高不下。

(三)服务业出现收缩

伴随着耐用品需求疲软的是服务业的疲软。服务业占美国经济活动比重超过 80%,对经济和就业具有重要影响。在经济滑坡加深的形势下,汽车生产商、金融企业、房地产相关公司乃至零售商及其他服务业公司全面裁员。美国运通公司估计,全美无法偿还的消费者贷款达 20%。美国信用卡债务规模超过 9000 亿美元,汽车及其他消费债务超过 1.5 万亿美元,还有超过 10 万亿美元的私人抵押债务。银行业发生较大调整,实行紧缩信贷后,个人消费者和企业开支都在下滑。服务业收缩是整体经济萧条的迹象之一。美国次贷危机引发美国信用消费体系出现问题,进一步拖累了美国经济。

(四)信贷紧缩转变为消费紧缩

美国次贷危机蔓延到美国消费信贷,信贷紧缩可能转变为消费紧缩。在失业率上升和房产价值下跌的形势下,美国消费者被迫缩减从家用电子产品到餐饮消费等各个方面的开支。美国消费支出占国内生产总值的比重高达 72%,其中约 50% 是信用消费,20% 是负债消费。美国银行估计,无法偿还的消费者贷款可能占其投贷总数的 20%。居民消费对经济的贡献率逐月下降,2007 年总共销售汽车 1610 万辆,2008 年降至 1316 万辆,而 2009 年一季度只销售了 220.7 万辆。房地产业和汽车业的萎缩对美国的影响已经超过了短期经济调整的幅度和范围,美国的住宅投资和交通设施投资也连续出现负增长。

二、2008 年全球金融危机对欧盟经济的影响

(一)使欧盟经济陷入衰退

根据 2008 年 11 月欧盟委员会公布的秋季经济预测报告,欧盟和欧元区经济增长分别为 1.4% 和 1.2%,不及 2007 年增速的一半,美国次贷危机已使欧盟经济全面下挫。英国、德国、法国受美国次贷危机影响,住房市场均大幅度下滑,失业率上升。截至 2008 年 11 月底,英国失业率达到 6%,为 1999 年以来的最高水平。法国 2008 年三季度,新房销量同比大幅度下降了 40%。以加工出口业为主的经济外向型国家意大利,对外出口增长幅度由 2006 年的 9% 下降为 2008 年的 5%。冰岛多家商业银行陷入困境,外债超过 1383 亿美元,被媒体称为"国家破产"。据欧盟委员会估计,2009 年欧盟和欧元区的投资将分别下滑 1.9% 和 2.6%,而过去 3 年的增速保持在 3% 以上,欧盟统计局公布的数据显示,2008 年 8 月欧元区工厂订单较上月减少了 1.2%。欧盟经济紧缩导致财政状况显著恶化,公共债务和政府赤字大幅度扩大,欧盟拯救实体经济的压力很大。

(二)导致欧盟的信贷紧缩

在此次美国次贷危机中,欧洲金融机构承受了巨大的经济损失。雷曼兄弟发行的债券约有一半是欧洲金融机构所购买,欧洲金融机构为此承担了约 3000 亿美元的坏账。银行和金融机构持有的金融资产大幅度缩水,限制了其放贷的能力和意愿,从而引起信贷紧缩。同时,美国次贷危机后银行利用资产证券化分散转移信贷风险的范围缩小,这将导致信贷利率上升和实施更为严格的信贷条件,这同样会引起信贷紧缩。信贷紧缩直接打击投资者信心和消费者的消费热情,从而导致欧盟经济增长的主要动力不足,经济增长速度减慢。另外,信贷紧缩伴随的利率上升加重了个人的偿息负担,致使居民消费能力下降,对经济增长产生消极影响。美国次贷危机爆发后,欧洲银行考虑到借贷方可能因涉及次贷业务而使到期不能偿付的风险加大,同

时担心自身未来对流动性的需求难以从市场上解决等问题，提高了市场上超过到期时间的贷款利率，扰乱了欧盟货币市场的运行。结果使货币市场利率与政府短期债券间的利差急剧扩大，金融市场面临着严重的流动性缺乏问题。

(三)导致欧盟内部经济矛盾突出

欧盟是由多个经济体组成的，经济体之间利益链紧密复杂，但政府与金融机构的协调性和反应敏感度却相对较弱。欧盟内部任何一个国家经济出现危机都会影响整个欧盟经济发展。当前欧盟国家中，西班牙、爱尔兰、意大利、希腊等国家主要依靠房地产、金融服务和旅游等虚拟经济行业与其他服务业维持经济运行。通过消费其他国家的商品和服务向外输出欧元，然后再通过输出欧元计价的债券、股票等虚拟资本回收通过经常项目逆差流出的欧元。这种做法使欧盟经济和欧元资产在全球膨胀。但美国次贷危机爆发后，欧盟货币市场出现流动性短缺，欧洲央行加息势必加剧这种短缺，且欧盟经济走势因次贷危机的冲击而不确定性加大，为稳定经济形势，欧洲央行只得采取保持极低利率水平不变政策。这一决定显然会与其遏制欧盟经济通货膨胀方面的政策产生矛盾。

三、2008 年全球金融危机对日本经济的影响

日本经济严重依赖海外市场，在全球经济放缓尤其是美国发生次贷危机的背景下，日本经济的发展面临着更大的考验。

(一)金融危机冲击致使股市低迷

与全球股票市场成为美国次贷危机的重灾区一样，东京股市所遭受的打击丝毫不比西方其他主要经济体的金融市场轻，当 2008 年 9 月 15 日美国雷曼兄弟破产、美国国际集团(AIG)陷入经营困境后，特别是布什政府的"救市计划"在 9 月 30 日遭到众议院否决后，日本股市自 9 月末下跌到 11260点后，11 月末又下跌到 8512 点，短短 3 个月下跌 33%以上。股市低迷一方面

影响了上市公司的投资利润,另一方面也削弱了日本公司的上市热情,投资者信心不足,企业资金筹措环境恶化,日本经济面临巨大困难。

(二)出口大幅度下降

由于美国次贷危机导致全球实体经济危机迅速蔓延,国际市场大幅度萎缩,日本出口出现了前所未有的下滑。据日本财务省公布的数据显示,2008年10月,日本贸易出现了约639亿日元的逆差。与此同时,日本产品的几个主要的进口国出现了全面需求萎缩,其中2008年10月日本对美国和欧盟的出口分别大幅度下降了19%和17.2%,对亚洲其他国家和地区的出口下降了4%。在出口大幅度减少的情况下,工矿生产也出现了大幅度下降,2008年11月生产额比上年同比下降16%。在全球汽车市场萧条的情况下,2008年日本汽车减产15.2%,其中12月同比减产24%,生产量为999.4万辆,倒退到了2001年的生产规模。

(三)房地产市场严重受挫

2005年至2007年的3年中日本的住宅用地和商业用地价格平均以每年10%的速度增长。房地产市场经历了一段非常兴旺和繁荣的时期,房地产泡沫也同时出现。美国次贷危机发生后,日本房地产市场泡沫破灭,土地和房屋价格大幅度下降,开发商信心受到极大打击,经营利润下降,房地产商纷纷破产。2008年7月,东京等六大城市土地价格仅相当于1991年高点的23.3%;东京及周边地区待售新公寓数量较上年同期锐减3.2%,其价格下跌了36%;同年7月,日本国内50个处于行业领先地位的建筑承包商订单总额同比下降10.0%;2008年5家中型以上规模的上市房地产企业破产,负债金额约7145亿日元。

总而言之,2008年由美国次贷危机导致的全球金融危机严重地打乱世界经济发展的正常秩序,不利于国际经贸的平稳发展,同时金融危机所引起的实体经济衰退,也将放缓商品进出口,给国际贸易和国际投资的发展造成阻碍。世界银行在其《2010年全球经济展望》报告中指出,由于遭受国际金融危机的冲击,从2008年8月到2009年3月世界贸易总值大约萎缩了31%。

受金融危机影响，2008、2009 年全球投资也大幅度下降。此外，金融危机还引发了保护主义的抬头。从世界金融经济危机发展史来看，一旦发生全球性金融经济危机，各国均会面临经济衰退与失业增加之苦。此时，各国为了转嫁金融危机，促进本国经济增长，往往采取"以邻为壑"的对外贸易和货币汇率政策，提高本国出口竞争力，以阻止经济进一步停滞带来的不利后果。这将会进一步恶化世界经济环境，不但不利于国际贸易和国际投资的发展，也不利于世界经济的恢复与重建。金融危机造成国际金融市场动荡、股市下跌、投资下降、贸易减少，导致全球经济增长速度的全面下降。

2008 年下半年以来的全球性金融危机使得各国金融体系笼罩在信心危机之中，世界经济增长也因此受到了恶性影响。2009 年全球经济出现 0.6%的负增长，其中美国衰退 2.6%，欧元区整体出现 4.1%的负增长。发展中国家和新兴经济体也遭遇沉重打击，东欧、亚洲以及拉美地区遭遇了不同程度的资金困难。那些经常处于严重逆差、财政状况不佳的发展中国家，也深受经济危机困扰。

近年来，世界经济逐渐从金融危机的冲击中复苏，美国经济、欧盟经济、日本经济和广大发展中国家经济都得到了明显的改善。但是应对金融危机的扩张性货币政策等措施给各国经济尤其是发展中国家的经济带来了通货膨胀、资产泡沫加剧等严重问题，美国等发达国家也出现了资产泡沫膨胀导致收入分配不平等明显加剧、社会矛盾加深等严重问题，发达国家的国内问题进而导致了反全球化和贸易摩擦加剧等威胁世界经济进一步复苏的诸多不利因素的出现。而随着美联储结束宽松货币政策进入加息周期，土耳其、阿根廷、俄罗斯等众多新兴市场国家出现了汇率急剧波动、金融市场动荡甚至可能导致全面经济危机的爆发，增加了世界经济发展前景中的不确定性。

第五节　世界经济的可持续发展

二战后，尤其是 20 世纪 80 年代以来，世界经济可持续发展的思想观念深入人心。随着世界经济的增长和经济全球化的不断深化，人口剧增、资源耗竭和环境污染等问题相继产生,世界经济发展中的人口问题、资源问题和环境问题,已严重威胁到世界经济的可持续发展。解决这些问题,探寻世界经济可持续发展的条件与途径,已成为世界经济增长和发展中亟待解决的重要问题。

一、世界经济可持续发展的内涵

1987年,世界环境与发展委员会发布《我们共同的未来》报告,将可持续发展定义为:"既能满足当代人的需要,又不对后代人满足其需要的能力构成危害的发展。"它系统阐述了可持续发展的思想。1992年联合国环境与发展会议后,中国政府编制了《中国21世纪人口、资源、环境与发展白皮书》,作为指导我国国民经济和社会发展的纲领性文件,把可持续发展战略纳入了我国经济和社会发展的长远规划。

世界经济可持续发展是一个包含经济、社会、文化、技术与自然环境的协调发展的综合概念,其基本内涵可概括为以下三个方面:

(一)发展原则

可持续发展尤其突出强调的是发展,包括经济、社会、文化、教育等的共同发展。把消除贫困当作是实现可持续发展的一项不可缺少的条件。特别是对发展中国家来说,发展权尤为重要。目前发展中国家正经受着贫困和生态恶化的双重压力,贫困是导致生态恶化的根源,生态恶化又更加剧了贫困。贫困和生态恶化把发展中国家拖进了一个十分艰难的困境。因此,可持续发展对于发展中国家来说,第一位的是发展,只有发展才能为解决生态危机提供必要的物质基础。同时,还强调公众最大范围的参与,让经济发展带来的福利被最广大的人民所享有。

(二)可持续性原则

联合国将可持续性(sustainability)定义为一种可以长久维持的过程或状态。人类社会的可持续性是由三个相互联系、不可分割的部分组成,即生态与资源可持续性、经济可持续性和社会可持续性。在可持续发展中,生态与资源可持续性是基础,经济可持续性是条件,社会可持续性是目的。三者相互依存,相互促进,最终目标是保证"自然—经济—社会"复合系统的可持续发展。

(三)公平性原则

公平是社会持续性的展现。它要求实现"资源在当代人群之间以及代与代人群之间公平合理的分配"。公平性原则主要包括三个方面:

1. 本代人之间的公平

同代人之间的公平性是一种横向的公平。当今世界贫富悬殊,两极分化极其严重,不可能实现可持续发展。代内公平要求经济发展必须满足全球所有人民的基本需要并给予他们提高福利水平的机会,消除不同阶层之间、不同地域之间和不同国家之间在机会选择和成果占有上的差距悬殊和两极分化的现象,尤其是要把消除贫困作为经济发展最优先考虑的问题。

2. 代际间的公平

世代之间的公平性是一种纵向的公平。即经济发展在保证当代人福利增加的同时又不使后代人的福利减少。当代人享有的正当的环境权利,即享有在发展中合理利用资源和拥有清洁、安全、舒适的环境权利,后代人也同样享有这些权利。代际公平原则强调,人类赖以生存的自然资源是有限的,当代人不能因为谋求自身福利的改善而掠夺式地使用资源,从而降低后代人的生存环境和条件,必须改善和保持自然环境以维护整个人类生存和发展的能力。当代人不能为了自己的消费和享乐,剥夺后代人理应享有的生存和发展的能力与机会。当代人要把环境权利和环境义务有机地统一起来,在维护自身环境权利的同时,给子孙后代以公平利用自然资源和环境的权利。

3. 资源利用分配的公平

迄今为止,资源的利用分配是不公平的,占全球人口26%的发达国家消耗的能源、钢铁和纸张却占全球的80%。在1992年里约热内卢会议上通过的《里约环境与发展宣言》指出:"富国在利用资源上有优势,这一由来已久的优势取代了发展中国家利用地球资源合理的一部分来达到它们自己经济增长的机会。"公平性原则还要求资源利用和环境保护效益–费用的公平分配和负担。

在传统的发展观中,公平性并没有得到应有的重视。可持续发展三个方面的思想是可持续发展观与传统发展观的根本区别之一。

二、世界经济可持续发展的实现途径

(一)努力保持全球经济稳定增长,支持和推动发展中国家更好地发展

发展是解决发展中国家各种问题的根本之策,也是解决全球各种问题的基础条件。要推进合作共赢、实现可持续发展,首先要积极推进发展中国家的发展,发达国家应该更多地关注和考虑广大发展中国家的需求,尤其要积极帮助发展中国家加快发展步伐,尽快缩小日益拉大的南北发展差距。这是实现合作共赢的必然要求,也是实现可持续发展的必然要求。可持续发展既反对无条件地抑制经济增长,也反对无条件地追求过度增长,它特别强调提高经济增长的质量。经济增长质量的提高,主要体现在连续不断地改善和提高新增财富的内在质量。

(二)合理控制人口的数量增长,不断提高人口素质

可持续发展的目标是为了人,人又是可持续发展的主体,可持续发展战略的实施在很大程度上依赖于人。为此,实现全球经济可持续发展的条件和途径之一,就是控制人口数量,不断提高人口素质。适度的人口规模、优良的人口素质和合理的人口结构,有利于促进全球经济的可持续发展。在控制人口数量方面,首先要保证人口数量的年均增长率不超过国内生产总值的年均增长率,与此同时,要把人口素质的提高摆在宏观政策调控的重要位置上。

同时,还要注重避免人口增长速度过低带来的经济问题。随着经济发展和人均收入水平的提高,一些国家出现了人口出生率下降的趋势,导致劳动力供给不足,对经济的有效需求也产生了抑制作用,威胁到经济的长远可持续发展。因此要确保经济可持续增长,在控制人口数量的增长方面需要把握好度,并不是人口增长率越低越好。

(三)构建资源节约型的经济发展模式,努力发展循环经济

人类发展的历史经验表明,发展绝不能以浪费资源、破坏环境为代价。否则人类将付出沉重的代价,最终也会危及发展本身。发展要坚持走科技含量高、经济效益好、资源消耗低、环境污染少、人力资源得到充分发挥的道路。要注重优化经济结构,转变增长方式,大力抓好资源的节约和综合利用,提倡绿色生产方式、生活方式、消费方式,实现自然生态系统和社会经济系统的良性循环。要在资源开采、加工、运输、消费等环节建立全过程和全面节约的管理制度,构建资源节约型经济体系和资源节约型社会。良好的生态环境是实现社会生产力持续发展和提高人们生存质量的重要基础。要尊重自然规律,根据自然的承载能力和承受能力规划经济社会发展,同时要积极开展生态环境保护和建设,降低污染物排放,加强对废弃物的再次利用,加快治理环境污染和促进生态修复,保护生物多样性,防止各种掠夺自然、破坏自然的做法。

(四)依靠科技进步突破发展瓶颈

人口、资源、环境是发展的瓶颈,在实施可持续发展战略的全过程,必须始终关注并尽力消除这些瓶颈对发展的约束,而突破这些约束的动力和潜力就在于科技进步,只有依靠科技进步,并促进相关研究成果迅速地、积极地转化为经济增长的推动力,才能克服发展过程中的各种瓶颈,达到可持续发展的总体要求。

(五)加强国际经济技术合作,努力创造公平合理的竞争环境

世界各国相互学习和借鉴发展的经验,加强资金、先进技术、管理经验以及人才资源等领域的交流和合作,对推动各国各地区经济发展具有重要意义。发达国家对全球自然环境的恶化负有不可推卸的历史和现实的主要责任,应该承担向发展中国家提供资金和技术的责任和义务。同时发达国家要充分理解、尊重发展中国家的生存和发展权,不应该以保护环境、资源为借口,限制发展中国家的发展,更不能为了自身的私利向发展中国家转嫁生态危机。发展中国家在坚决维护自己生存和发展权利的同时,要从本国的环境与发展的具体情况出发,正确处理人口、资源、环境与经济发展辩证统一的关系,避免走西方国家"先污染、后治理"的老路。

三、中国对世界经济可持续发展的贡献

中国作为世界上最大的发展中国家,一直高度重视推动世界经济可持续发展。党的二十大报告强调,推动绿色发展,促进人与自然和谐共生。大自然是人类赖以生存发展的基本条件。尊重自然、顺应自然、保护自然,是全面建设社会主义现代化国家的内在要求。必须牢固树立和践行绿水青山就是金山银山的理念,站在人与自然和谐共生的高度谋划发展。党和国家始终注重推进美丽中国建设,坚持山水林田湖草沙一体化保护和系统治理,统筹产业结构调整、污染治理、生态保护、应对气候变化,协同推进降碳、减污、扩绿、增长,推进生态优先、节约集约、绿色低碳发展。中国坚定贯彻绿色发展理念,避免走西方国家"先污染、后治理"的老路,不断加快发展方式的绿色转型,深入推进环境污染防治,提升生态系统多样性、稳定性、持续性,积极稳妥推进碳达峰碳中和,为世界经济可持续发展做出了重要的贡献。

思考题:

1.简析二战后西欧和日本的经济能够得到较快恢复的原因。

2.谈谈滞胀的实质及特点。

3.什么是新经济? 试分析新经济的影响及面临的问题。

4.什么是次贷危机? 次贷危机对世界经济的影响主要有哪些?

5.什么是可持续发展? 世界经济可持续发展有哪些实现途径?

第二章 当今的世界经济格局

内容提要：

二战结束至今,世界经济格局一直呈现出动态变化。战后初期,美国的国际经济地位达到了历史顶峰,确立了其世界经济霸主地位,成为唯一的世界超级大国。随着世界各国经济的恢复和发展,世界经济先后呈现出美国与苏联两极抗衡格局,美国、欧共体、日本和苏联四极抗衡等局面,并朝着多极化的格局发展。

当今的世界经济格局仍然是"一超多强"的局面,美国的经济实力在世界经济中无疑还是最为强大的。然而,欧盟、日本等发达经济体,中国、印度等发展中大国,以及新兴工业化国家的迅速发展,对美国战后的经济霸主地位产生了强有力的挑战,世界经济多极化的趋势日益明显。

二战后,发达资本主义国家的经济发展大体上经历了20世纪50年代和60年代的高速增长、20世纪70年代的经济滞胀、20世纪80年代的低速增长以及20世纪90年代"知识经济"的迅速崛起。发达国家在世界经济中长期处于主导地位,对经济全球化发展进程发挥着决定性影响。

许多发展中国家在20世纪80年代以后遇到严重的经济困难和危机,导致社会与政局动荡,甚至政权更迭,迫使发展中国家对经济发展战略、经济体制和产业结构进行调整和改革,又促使其经济逐渐从停滞衰退中实现复苏。进入90年代,发展中国家经济形成连年增长的良好形势,逐渐成为世界经济中重要的增长来源与力量,但是总体上与发达国家仍然存在着相当大的差距。

新兴工业化国家的迅速崛起,是20世纪世界经济中最引人瞩目的变化之一。一些拉美国家和亚洲国家由内向型经济转向外向型经济,产业结构不断升级,工业化进展加速,逐步由被动转变为主动地参与国际分工,在世界经济中的地位也因此得到加强。

1991年底苏联解体,俄罗斯和多数的东欧国家选择了所谓"休克疗法",出现了较长时间的转型性衰退,之后便纷纷开始调整经济转型方针,重新定位政府角色,改革微观经济管理机制,制定新的产业与贸易政策,经济转型取得了一些成绩,加之社会主义建设时期留下的较好的经济基础,俄罗斯和东欧转型国家已成为未来世界经济不容忽视的力量。

因此虽然当今的世界经济格局仍然是"一超多强"的局面,但美国之外的发达国家和中国、印度等发展中国家经济的崛起,使得世界经济走向多极化的趋势日益明显,国际经济秩序也应该顺应这一潮流进行改革和调整。

第一节　二战后至今世界经济格局的变化

一、经济调整和恢复时期:美国确立世界经济霸主地位

二战中,除美国以外,无论是战胜国还是战败国,国民经济都遭到严重破坏。当其他主要资本主义国家经济遭到战争严重破坏和削弱的时候,只有美国因本土远离主战场,不但没有遭到战火的破坏,反而乘战争之机大做军火生意,带动了军事工业的迅速发展,并由此促进了经济的增长甚至急剧膨胀。为了争夺战后世界货币金融体系的霸主地位,美国在《布雷顿森林协定》基础上建立的布雷顿森林体系,确立了美元在国际货币体系中的中心地位,为美国推行金融霸权提供了有利条件。后来美国又把关税及贸易总协定(以下简称为关贸总协定)作为布雷顿森林体系的补充,对其在国际贸易和经济领域谋取世界霸权和经济利益起了重大作用。

战后西欧主要资本主义国家的经济大都处于崩溃边缘,其政治也遭到巨大破坏,国家政权岌岌可危。为了挽救西欧的资本主义制度,同时也为了

推销美国的大量积压剩余物资,1947年6月,美国国务卿马歇尔提出了欧洲复兴计划,即马歇尔计划,主要用于西欧经济恢复。为了扶植日本垄断资本主义,使之成为美国在亚洲推行侵略政策和战争政策的主要基地,成为西方阵营在亚洲地区的反共堡垒,美国还增加了对日本的援助。

战后初期,美国的国际经济地位达到了其历史的顶峰。由于社会主义国家苏联在反法西斯战争中做出了巨大贡献,也付出了巨大的代价,因此此时的美国不仅在资本主义世界经济中,而且在整个世界经济中都拥有压倒性优势,成为唯一的世界超级大国。

二、经济高速增长时期:美国霸权面临挑战和两极抗衡形成

从20世纪50年代初到70年代初的二十多年时间,发达资本主义国家进入了前所未有的经济大发展时期,该时期被称为发达资本主义国家经济发展的"黄金时代"。两次世界大战期间(1919—1938年)的20年,发达资本主义国家经济的年平均增长率为2.3%,而在1950—1973年的24年间,其年平均增长率高达5.4%,这个时期发达资本主义国家经济发展的主要特点是高经济增长,较低失业率和温和的通胀率。究其原因,一是第三次科技革命成果的推动,二是国家垄断资本主义对经济生活的全面干预。

二战后,苏联通过实行第四、第五、第六这三个五年计划,国民经济得到恢复并迅速发展,经济实力大增,同美国的经济差距大大缩小。1965年,苏联国民生产总值、工业产值、农业产值分别相当于美国的47.8%、62%和85%;1970年,这三项指标分别变为52.5%、75%以上和85%。苏联已经上升为仅次于美国的世界第二经济大国,美苏两个超级大国在军事、政治、经济等方面展开了全面对抗。与此同时,20世纪50年代末建立的欧洲经济共同体也逐渐壮大,1960年,欧洲共同体国家国内生产总值相当于美国的33%,其工业生产总值相当于美国的66%,出口贸易额则超过美国近50%。虽然在总体经济实力上,欧共体尚未能与美国相抗衡,但已经对美国形成挑战,开始动摇美国在资本主义世界经济中的霸主地位。

三、经济滞胀及调整时期

　　资本主义的基本矛盾并不能因国家垄断资本主义对经济的干预而消除，这是由于资本主义经济危机是不可避免的。20世纪70年代初特别是1973—1975年经济危机时期，主要发达资本主义国家经济陷入滞胀，直到1983年起才陆续走出滞胀泥潭，历时约十年。

　　在西方发达国家经济滞胀及随后的经济调整时期，世界经济格局开始由美苏两极抗衡向多极化演变。随着欧共体新成员的加入，其经济实力大增。欧共体的人口、国民生产总值和黄金外汇储备持续增加，对外贸易不断发展，欧共体的实力不仅超过了苏联，甚至可以与美国相匹敌。20世纪70年代末80年代初，日本开始崛起成为世界经济大国。与此同时，美国的国际地位相对下降。从80年代初到90年代初，世界经济格局形成了美国、欧共体、日本和苏联四极抗衡的局面，并朝着多极化的格局发展。

四、当前世界经济格局的主要特征和发展趋势

　　20世纪90年代初至今，主要发达资本主义国家经济经历了一个新的发展时期。一方面，80年代末90年代初，苏联解体、东欧剧变，这些国家陆续走上了市场经济发展道路。1990年10月，原联邦德国和东德统一。1991年12月，苏联宣布解体，标志着战后形成的雅尔塔体系终结，冷战结束。这为主要发达资本主义国家的经济发展提供了极为有利的国际政治、经济环境。另一方面，20世纪90年代初开始，世界高科技发展有了新的突破。冷战结束后，经济因素在国际关系中的作用日益突出，以经济和科技为主要内容的综合国力竞争逐渐成为国际竞争的焦点。高科技日益成为推动经济增长的主要动力，也是各国争夺21世纪经济发展的制高点。因此，各国纷纷制定和实施跨世纪科技竞争战略。世界经济信息化和经济全球化加速发展，成为20世纪90年代以来世界经济发展的重要特征和时代趋势。这也是主要发达资本主义国家深化其社会、经济和体制变革与调整的重要条件。

中国改革开放以来,经济取得了令人瞩目的成绩,1978 年中国国内生产总值仅为 3645.2 亿元,而到 2022 年则达到了 121 万亿元,经济总量仅次于美国,稳居世界第二。作为发展中大国,中国经济已经成为世界经济中举足轻重的新兴力量。

总体上看,当今的世界经济格局仍然是"一超多强"的局面,美国的经济实力在世界经济中无疑还是最为强大的。然而,欧盟、日本等发达经济体,中国、印度等发展中大国,以及新兴工业化国家的迅速发展,持续对美国战后的经济霸主地位产生强有力的挑战,世界经济多极化的趋势日益明显。

第二节　发达国家的经济发展与主导地位

一、二战后发达资本主义国家经济发展

二战后,发达资本主义国家的经济发展大体上可以划分为以下几个阶段:二战后初期,经过迅速的恢复与调整,于 20 世纪 50 年代初进入高速增长时期,高速增长持续了近二十年之久;到 70 年代初期,以 1973 年的能源危机和 1974—1975 年的周期性经济危机为标志,进入滞胀时期;在经过了 70 年代末和 80 年代初的另一次经济危机的调整后, 在整个 80 年代维持了较长时间的低速增长;90 年代初,由于日本"泡沫经济"的破裂和欧洲国家经济发展的低迷,世界经济继续保持低速增长的趋势,但到 90 年代中期,在美国新经济的带动下, 主要发达资本主义国家经济逐渐驶入快车道;进入 21世纪后,世界经济受美国新经济调整的影响,进入了短期的衰退,经过复苏、回升之后,在 2008 年陷入了由美国次贷危机引发的全球金融危机和经济危机,危机后各国经济从 2009 年开始了缓慢的复苏之路。

(一)20 世纪 50 年代和 60 年代的高速增长

二战结束后, 发达资本主义国家经历了一个历史上不多见的快速增长

时期。而且这种快速增长从战争结束算起一直持续到 20 世纪 70 年代初,其中以 20 世纪 50 年代和 60 年代将近二十年的时间最为典型。以 60 年代为例,主要发达资本主义国家美国、英国、法国、联邦德国、意大利、日本、加拿大的工业生产年平均增长率分别为 3.5%、5.5%、5.4%、5.8%、8%、14.8%、6.3%。这一时期发达国家经济迅速发展的主要原因可以概括为以下四方面:

1. 科技革命对社会生产力的推动作用

新兴工业部门的建立、传统工业部门的技术改造、固定资本的大规模更新和扩大,带动了再生产的规模扩大;先进的科技成果在生产中的迅速采用,大大提高了劳动生产率,加速了生产的发展。

2. 国家垄断资本主义的发展、政府对经济生活的干预

国家对研发投入的增加促进了科技进步,国家对垄断组织的资助扩大了资本积累的规模,国家对经济的"反危机"调节也在一定时期内对维持经济的繁荣起到了积极的作用。另外,对国际经济秩序的影响也是国家对经济生活的干预的体现。以美元为中心的国际货币体系和逐步趋于健全的国际贸易制度,在某种程度上稳定了国际资本市场,促进了国际贸易的发展。

3. 南北之间不合理的国际分工

发达国家凭借其在世界市场上的垄断地位,使工业制成品和原材料的相对价格长期处于有利于工业化国家的水平。发展中国家廉价的原材料和其他初级产品,成为发达国家垄断利润的重要来源。这种不合理的分工体系促进了发达国家经济的迅速发展,但这是以发展中国家的进一步贫困化为代价的。

4. 战后经济恢复和战争的刺激

那些在二战中遭受严重破坏的国家,在战后的恢复重建过程中投入的大量固定资本投资,扩大了对生产资料的需求;由于战争而推迟的消费需求,在战后集中实现,为消费品的生产提供了十分广阔的市场。此外,战争所导致的军事需求带动了总需求上升,从而成为刺激经济增长的重要力量。例如,在这一时期,美国发动的朝鲜战争和越南战争,大大扩大了对军工产品和相关民用产品的需求,在刺激美国国内需求增加和国民收入提高的同时,也带动了诸如日本等盟国经济的发展,促进了日本经济的快速增长。

(二)20 世纪 70 年代的经济滞胀

进入 70 年代后,特别是 1974—1975 年的世界经济危机之后,主要发达资本主义国家的经济发展出现了一个重要的转折,由高速增长转变为低速增长,并进而陷入滞胀的漩涡。在整个 70 年代,美国、英国、法国、联邦德国、意大利、日本、加拿大等西方经济大国的工业生产年平均增长率分别降到3.2%、1.2%、3.4%、2.7%、3.6%、5.1%、4%,大约只有 60 年代的一半。值得注意的是,西方主要国家在经济陷入停滞的同时,一般物价水平却持续上升,出现了经济停滞和通货膨胀相互交织的局面,资本主义经济陷入了历史上从未有过的滞胀困境中。1979—1982 年,在经济滞胀背景下又爆发了一次世界性经济危机。这次危机持续 3 年之久,失业率和企业倒闭率都创 20 世纪 30 年代大危机以来的历史最高纪录,国际贸易和国际金融发展在危机中更加动荡不定。

(三)20 世纪 80 年代的低速增长

在经历了 70 年代的滞胀和 80 年代初的严重的经济危机之后,西方主要资本主义国家经济相继从 1982 年底和 1983 年初走出低谷,进入了经济缓慢增长时期。这种低速的经济增长一直持续到 90 年代初期,成为战后和平时期西方经济增长持续时间最长的一次。虽然持续时间长,但是平均增长速度较低,普遍低于前几个经济周期增长阶段的平均速度。1983—1990 年,经济合作与发展组织国家经济年均增长率为 3.4%,其中美国为 3.2%,加拿大为 3.6%,法国为 2.7%,德国为 3.0%,意大利为 2.9%,英国为 3.1%;日本情况稍好一些,达到 4.6%。

(四)20 世纪 90 年代"知识经济"的迅速崛起

发达国家经济经过 80 年代的低速增长,进入 90 年代之后,除日本等少数国家之外,美国和欧盟等相继出现了以高新技术为基础的快速增长的新时期,我们将其称为知识经济时代。为了迎接知识经济时代的到来,发达国家都纷纷进行经济结构调整,制定新的经济技术发展战略,以期在新一轮的角逐中居于有利地位。

二、发达国家经济在世界经济中的地位

整个世界经济格局中,既有发达国家经济,又有发展中国家(地区)经济。发达国家经济在世界经济中长期处于主导地位,在经济全球化发展进程中发挥着无可替代的决定性作用,其他国家和地区在相当长时间内还难以将其取代。

(一)发达国家经济在世界经济中居主导地位

在历史长河中,特别是二战后的半个多世纪,由于现代科学技术对社会生产力的推动作用,国家垄断资本主义的发展和宏观调控的增强,以及跨国公司依靠其强大的经济技术实力从国外攫取大量的经营资源和巨额利益,使发达国家积累了空前庞大的有形和无形财富。诸如不断增加的国内生产总值、进出口贸易、资本流量、国际债权、跨国企业以及科学技术、文化教育等,几乎所有这些经济指标都处于世界优势和领先的位置,这就决定了发达国家在世界经济中扮演着主导角色,并对全球经济发展进程具有决定性的影响。在这期间,发达国家虽然遭受过多次经济衰退、金融风暴、通货膨胀、石油危机等,但是这些冲击并未从根本上动摇其主导地位,其依然对世界经济发展具有决定性的影响。

(二)发达国家经济对全球经济的影响

首先,在经济技术发展的推动下,发达国家自身经济更加发达、产业结构进一步提升,同时国内不同阶层矛盾也在不断激化。经济技术的发展促进了财富的大量积累,整个社会经济面貌发生了深刻变化,加速了由工业经济向知识经济的转变。但是这种高度发达的物质和文化财富被少数垄断资产阶级所占有和享受,而广大劳动群众主要是依靠有限的工资收入来维持较低水平的物质文化生活。迄今,发达国家这种两极分化的现象不但没有减少,在一些国家甚至还有扩大的趋势。长期以来,欧美等发达国家经常爆发

群众示威抗议、反对解雇、要求增加工资、改善福利待遇、反对贫富两极分化的声浪此起彼伏，尤其是当资本主义经济不景气时，这种不满情绪更加激化。

其次，高科技产业的迅速发展还加剧了新旧产业发展的不平衡。高技术产业以外的传统制造业出现了投资减少、增长缓慢的趋势。传统产业发展相对落后的结果，不仅削弱了美国出口产品的竞争力，使贸易条件难以改善，而且因对传统产业的投资下降扩大了失业队伍，加剧了社会矛盾。

最后，财富向少数发达国家集中，加剧了世界范围的两极分化。实现世界各国经济的均衡发展，对于保证世界经济的稳定增长和持续发展，从而提高全球福利水平有着重要意义。但是世界各国经济利益的差异和各国政府对经济的干预，造成了世界经济的不均衡发展，世界财富明显向少数发达国家集中，这在一定程度上加剧了世界经济发展的不平衡性。

第三节　发展中国家的经济发展与改革

一、发展中国家的经济调整和改革

（一）发展中国家的经济调整

20世纪80年代以后，许多发展中国家遭遇严重的经济困难和危机，导致社会与政局动荡，甚至政权更迭。80年代是发展中国家经济最不景气的时期，迫使发展中国家对经济发展战略、经济体制和产业结构进行调整和改革，并逐渐形成了一股潮流。发展中国家进行经济调整的特点表现在：①向市场经济方向调整和改革，即减少国家对经济的干预，扩大对外开放，充分发挥市场的调节作用，鼓励私人企业经营。②世界大多数发展中国家都加入了调整的行列，世界经济的发展经验证明，没有一个国家能够独立于整个世界经济之外而得到经济发展。③与以往各国的经济调整相比，80年代以来的改革和调整范围更广、力度更强、时间更长，改革的范围涉及国家的宏观经济政策和国家经济生活的各个方面。经济调整与改革的主要内容包括：

第一，调整发展战略，实现宏观经济的稳定。面对严峻的经济形势，发展中国家开始强调从本国国情出发调整经济发展战略：由单纯追求经济增长速度转向注重经济的均衡发展；将工业化作为发展方向；以人为中心实现公平分配；促进社会经济综合发展；以满足大多数人的基本生活需要为目标；采取对外开放、利用外资、减少国家干预、调整国营经济、发展私有经济等措施，实行出口导向战略；从稳定经济出发，注重实行经济综合发展战略。

第二，调整产业结构，实行以农业为重点的产业多样化。发展中国家过去片面强调工业化，忽视了农业生产的发展，导致工农业比例失调，经济结构比较脆弱。20世纪80年代以后，发展中国家纷纷采取措施调整国民经济的薄弱环节，强调发展农业的重要性，把农业作为政府干预的重要目标，大力推行产业多样化，促进产业升级，努力实现国民经济各部门的均衡发展。如石油输出国除了发展石油的开采、冶炼外，还注重发展制造业和农业，使其制成品有少量出口，减少对农产品和粮食进口的依赖。另外，强调工业内部结构的调整，即解决轻重工业比例失调的问题，过去注重重工业的国家加快发展轻工业，改善国内轻工业品的供应状况，过去注重轻工业的国家也开始发展重工业。

第三，改革经济管理体制和经济结构，减少政府干预并强调市场调节。过去多数发展中国家强调国家干预经济，大力兴建国营企业。在当时发展中国家的社会经济条件下，国营企业相当程度上存在着管理不力、经营不善、效益低下、亏损严重等问题。改革经济管理体制成为发展中国家经济的重要内容，即减少政府的过度干预，放松价格管制，发挥市场的自动调节机制；整顿国营企业，对于严重亏损的国营企业不再由国家财政拨款；采取多种经济形式并存，积极发展私营企业，以各种优惠措施鼓励私人投资。东亚国家经济改革的成功经验之一，即国家和市场在促进发展中相互促进，政府的作用在于促进企业的成长，发展商品经济，推动市场化进程。

第四，实行对外开放，经济走向国际化。实行对外开放，改变过去闭关自守的状况，大力吸引外资和先进技术。很多发展中国家专门制定了吸引外资的优惠政策，逐步取消贸易保护和外汇管制，以扩大出口和提高偿债能力。

许多发展中国家已经认识到了实现贸易自由化和资源有效配置的重要性，在较大程度上降低关税，放松进出口的管制。发展中国家的经济经过调整，改革取得了积极的效果。

(二)调整后的发展中国家经济

20世纪80年代以来，发展中国家经过政策调整和经济结构调整，使经济逐渐从停滞衰退中恢复过来。多数发展中国家在总结80年代经济发展经验教训的基础上，采取适合本国国情的各种经济政策，在改革方面形成了自己的特色。进入90年代，发展中国家经济出现连年增长的良好形势。

90年代初，发展中国家在全球经济总量中所占的比重上升到23%，而1960年这一比重仅为13.4%。90年代前半期，发展中国家的经济增长率大大高于发达国家，特别是东亚发展中国家在发达国家对外贸易和对外直接投资中所占比重不断上升。这显示出发展中国家对发达国家的经济增长开始产生带动作用。但到90年代后期，由于世界金融、贸易环境动荡，以及某些发达国家在国际金融与贸易活动中采取损人利己的政策，特别是当时不合理的国际政治经济秩序，发展中国家的经济受到严重打击，同发达国家的差距重新拉大。

多数经济学家认为，发展中国家已经进入新一轮经济增长期，这个时期将持续相当长的一段时间，发展中国家已经成为世界经济中重要的增长来源与力量。

二、发展中国家在世界经济中的地位

20世纪80年代以来，世界经济出现了很多新的特点：经济全球化、新技术革命、区域集团化，以及国际贸易金融领域里出现的新的变化，都给发展中国家的经济发展带来了新的机遇和挑战。

(一)发展中国家已成为世界经济中的重要组成部分

回首世界经济的发展史，人们为发展中国家经济迅速崛起感到欣喜。20

世纪前半叶,许多亚非拉国家还处于殖民统治或半殖民统治之下。因此从经济格局上看,难以将这些国家作为世界经济独立的一个部分来对待。二战的结束以及五六十年代的民族独立和解放运动使许多亚非拉国家获得了新生。政治上的独立也带来经济上的独立,发展中国家的经济逐步摆脱了殖民主义的桎梏,走上独立自主的发展道路。目前它们已经成为世界经济的一个重要组成部分。

20 世纪是亚洲发生巨变的世纪。综观全球经济的发展历程,东亚国家近几十年来的迅速崛起在世界经济发展史上留下了光辉的一页。许多亚洲发展中国家和地区奋发图强,在不到三十年时间里实现了经济腾飞,经济"小龙""小虎"相继涌现。中国经济在 20 世纪后 20 年间,特别是进入 21 世纪以来的杰出表现和持续高速增长,使中国经济发展道路受到世界的广泛瞩目。2000 年,中国 GDP 超过意大利,居世界第 6 位,之后相继超过英国、法国和德国。2010 年,中国 GDP 超过日本跃居世界第 2 位,占世界 GDP 的比重提高到 9.5%。此后,中国 GDP 一直稳居世界第 2 位,占世界的比重继续逐年上升。2022 年,中国 GDP 达 121 万亿元,占世界总量的比重进一步提升至 18%左右。"中国道路"创造了"中国奇迹",也对世界经济发展做出了巨大的贡献。亚洲取得的史无前例的经济发展为世界的和平与发展做出了贡献,过去一些弱小的国家如今以雄厚的经济实力屹立于世界的东方。尽管亚洲金融危机给这些国家经济发展带来过暂时的沉重打击,但是亚洲发展中国家不怕挫折,努力调整经济结构,使经济迅速恢复增长,在世界上树立了自立自强的良好形象。

非洲和拉美地区的经济虽然面临着不少的困难,但近几十年所取得的成绩也有目共睹。国际货币基金组织发表的《世界经济展望》报告指出,21 世纪以来撒哈拉沙漠以南的非洲国家的经济增长处于四十多年来较快的发展阶段。同时,非洲国家的通货膨胀率处于较低的水平,宏观经济环境改善明显。

(二)发展中国家间的区域经济合作日益加强

二战后,广大发展中国家经济发展的一个显著特点是在努力扩大与其他国家经济联系的同时自立自强,最突出的表现是区域经济的形成和壮大。经过几十年的不断努力,发展中国家和地区在发展区域经济方面取得了重要的进展。亚洲的东南亚国家联盟、非洲的东南非共同市场和西非共同市场、拉美的南方共同市场以及阿拉伯自由贸易区等组织的崛起,对地区经济乃至世界经济发展都起到了重要作用。区域经济合作的加强对这些国家的经济发展起到了很大的推动作用,也为其他国家的经济联合和发展提供了良好的借鉴。

(三)发展中国家与发达国家的差距仍然存在

进入 21 世纪,人们也不无忧虑地看到世界经济发展存在着严重的不平衡问题。目前,受经济发展水平各异及资源财富分配不均等因素的影响,南北贫富差距仍在日益扩大,贫富国家的人均收入差距极为悬殊。此外,全球最不发达国家的数量也在逐年增加。在经济全球化趋势不断增强的过程中,一些国家甚至面临着被世界经济发展的列车边缘化的危险。与此同时,发展中国家之间也存在着发展不平衡的问题,一些最不发达国家的经济困难重重。

在联合国近 200 个成员中,除 OECD 成员国为工业化发达国家外,其余均为发展程度不等的发展中国家。在国际社会里,发展中国家算得上一个庞大的"家族"。但是这数量众多的发展中国家也不是整齐划一的,各自的政治、经济和社会境况相差甚大:有的在经济上已经达到或接近 OECD 成员国的人均收入水平,有的仍处于贫困落后状态;有的走向经济改革开放,有的则仍然在内向、封闭中徘徊不前;有的实行计划经济体制,有的则实行市场经济制度,政治体制也存在着很大的差异。总而言之,发展中国家的境况总体上与发达国家存在着相当大的差距。

第四节　新兴工业化国家和地区经济的崛起

一、新兴工业化国家和地区的界定

新兴工业化国家和地区的迅速崛起,是 20 世纪世界经济中最为引人瞩目的变化之一。虽然受到债务危机、经济危机和金融危机的一系列冲击,新兴工业化国家仍在世界经济中扮演着越来越重要的角色。

新兴工业化国家和地区是在基本相似的社会经济制度和经济发展战略条件下实现经济起飞的,尽管它们起步时间不一,外部和内部发展环境存在着差异,经济发展战略的具体政策也不尽相同,但只要我们把新兴工业化国家和地区同其他发展中国家以及发达国家相比,就不难发现其与一般发展中国家和发达国家相区别的一些共同的经济特征。

(一)经济增长的时间长、速度快

从 20 世纪三四十年代起,拉美的巴西、墨西哥、阿根廷开始了为期40—50年之久的进口替代工业化。在这一阶段,它们的发展速度很快,到 20 世纪 80年代之前的 40 年时间内取得了年均 8%—10%的超高速的经济增长,一举完成了工业化进程。经过 20 世纪 80 年代的债务危机和经济改革,进入 90 年代以后,这些国家的经济进入适度增长时期,1990—1997 年的年均经济增长率达到 3.5%左右,仍高于 2%的世界平均增长率。

20 世纪 60 年代起,亚洲"四小龙"的经济先后步入起飞期,在 60 年代和70 年代的 20 年间,平均经济增长率达到 9%左右,大大超过发达国家 60 年代 5%和70 年代 3%的平均经济增长率。20 世纪 70 年代末 80 年代初,发达国家相继陷入经济危机,大多数发展中国家和地区也深受影响,经济增长率急剧下降。然而,亚洲"四小龙"面对这次世界性经济危机的冲击,仍显示出相当强的活力,1980—1988 年间的年均经济增长率继续保持在 6%—9%之间。进入 20 世纪 90 年代后,尽管它们面临的内外部经济发展环境不如七八十年代那样有利,经济发展的总体速度低于中国等周边一些发展中国家和地区,但还是明显高于其他发展中国家和地区。1990—1997 年,中国香港年均经济增长率为 5%,中国台湾为 6.4%,韩国为 7.5%,新加坡为 8.3%。与此同时,1990—1996 年东盟四国的经济增长率除菲律宾略低以外,其余都高于8%。

(二)出口贸易增长迅速,经济对外贸依赖程度高

20 世纪 60 年代以后,新兴工业化国家和地区大多由内向型经济转向外

向型经济,并实行与之相适应的出口导向型经济发展战略,对外贸易对其经济的持续高速发展起到日益重要的作用。这种作用在不同区域、不同国家和不同时期的表现有所不同。就亚洲"四小龙"而言,外贸对其经济的牵引作用尤为突出。在"四小龙"的进出口贸易中,相对于进口而言,出口贸易得到了更为迅速的发展。1965—1973 年,中国香港和新加坡的出口贸易年均增长率在 11% 以上,中国台湾为 33%,韩国为 32%。尽管 1973 年第一次石油危机后,它们的出口贸易增长速度有所下降,但 1973—1983 年中国香港的增长率仍达 10.3%,新加坡为 17.9%,中国台湾为 18.7%,韩国为 14.8%,继续高于世界其他国家和地区。1983 年以后,除个别年份外,出口贸易强劲增长的势头持续不减。出口贸易的增长对其经济发展的积极影响与日俱增,以至成为带动经济发展的火车头。这种出口对经济增长的影响明显表现在出口扩张和经济增长的同向性上。而且,一般来说出口增长幅度要大于经济增长幅度,致使经济增长的出口依赖度上升。

拉美新兴工业化国家在 20 世纪 80 年代之后开始重视发展对外贸易,出口贸易有了长足的发展,对经济增长的重要性日益明显。以墨西哥为例,1982 年起墨西哥的经济转向以"开放贸易"为主要内容的外向型发展模式,把扩大出口作为推动经济增长的中心环节。至 1992 年,其出口额已从 1980 年占世界第 35 位跃升到第 20 位,1990—1993 年的出口增长率平均达 15.5%,大大超过 7.5% 的世界平均增长率。1998 年,其全球出口排名进一步上升至第 13 位,出口额达 1175 亿美元。

(三)产业结构不断升级,工业化进展迅速

在 20 世纪 50 年代前后,亚洲"四小龙"的经济结构按性质可分为两种类型:新加坡和中国香港为贸易港,对外贸易是它们的主导产业,其他部门大都是为对外贸易服务的;韩国和中国台湾还是以农业为主的社会,工业基础薄弱,主要是一些轻纺部门。60 年代后的 20 年里,随着产业结构的不断调整和升级,工业化进程加快,工业逐渐成为它们经济中的一个重要支柱。农业的比重不断下降,工业制成品的比重大幅度提高。不过其在 60—70 年代初,基本上还是以劳动密集型产业为主。进入 70 年代,产业结构开始由劳动密集型的轻纺工业转向资本和技术密集型产业。从 1965—1987 年,机械、运输设备和其他制成品在出口商品结构中所占比重变化是:中国香港由 87% 提高到 92%;新加坡由 35% 提高到 72%;中国台湾由 54.6% 提高到 93.7%;韩国由 59% 提高到 92%。进入 90 年代,亚洲"四小龙"致力于大力发展高科技,使工业由中等资本和技术密集型向知识技术密集型方向发展,重点发展高附加值的新兴产业,扶植第三产业,尤其是国际金融和商业服务业。

战后几十年来,拉美新兴工业国在工业化过程中也非常重视产业结构的调整,使过去历史上形成的一、两种或少数几种初级产品生产和出口的产业贸易结构发生了显著变化:第一产业生产和出口在国内生产总值中的比重不断下降;工业尤其是制造业在国内生产总值中的比重不断提高。20 世纪 80 年代以后,这些国家把经济结构调整作为经济改革的一个重要方面,产业结构日趋完善。

(四)广泛参与国际经济活动,对西方国家的依赖程度减轻

新兴工业化国家和地区以其具有竞争力的制成品生产为基础,正在逐步由被动变主动地参与国际分工。它们通过进出口贸易、资金的国际融通等经济活动,同世界各国产生越来越广泛的联系。亚洲"四小龙"均属资源贫乏、市场狭小的国家或地区。因此,自实行经济对外开放以来,它们重视同世界各国的经贸往来,其国民收入的 50% 以上都是通过对外贸易来实现的。拉美新兴工业化国家有广阔的国内市场和丰富的自然资源,但它们同样重视与世界各国间的经济联系。不过,无论是亚洲"四小龙",还是拉美新兴工业化国家,它们的贸易对象国主要是以美国为主的西方国家,尤其是亚洲"四小龙"的经济,主要是依赖美、日的资本、技术和市场迅速发展起来的。

但随着经济的增长和产业结构的变化,它们不仅需要解决原料供应,还要设法扩大出口市场,因为单靠美国为主的西方国家的市场,已不能满足自身经济发展的需要。加之 20 世纪 70 年代中期以来,在西方贸易保护主义日益盛行、西方市场萎缩的情况下,亚洲"四小龙"的产品打入美国、欧洲市场的难度不断加大。特别是 1989 年 1 月 1 日起美国取消"四小龙"的关税优惠待遇后,它们不得不提出贸易多元化的方针,重视加强同广大发展中国家的

经贸关系,以改变长期严重依赖于西方国家的局面,并且取得了日益明显的效果,美国市场已不像 20 世纪七八十年代那样在亚洲"四小龙"的经济中起"决定性"作用了。需要指出的是,20 世纪 70 年代特别是 80 年代以来,亚非拉及中东地区广大发展中国家大力发展民族经济,工业产品需求不足,更需要大量的资本和技术。而随着新兴工业化国家和地区工业化水平的提高,它们的技术和产品都比较适合大多数发展中国家的需要。因此,近年来它们同广大发展中国家在技术贸易、经济合作方面不仅有明显的互补性,而且发展速度很快。

二、新兴工业化国家和地区的经济发展战略

任何一个国家或地区的经济发展战略都对经济发展具有方向性、长远性和综合性的指导意义。新兴工业化国家和地区也不例外。它们的经济保持持续高速增长,首先应归功于其实行的经济发展战略所起的重大作用。从总体上看,二战后新兴工业化国家和地区的经济开始走内向型经济发展道路时普遍实行进口替代经济发展战略,转向外向型经济发展道路后实行出口导向经济发展战略。只有中国香港是个例外。中国香港是一个完全开放的自由港,一直发展外向型经济,发展的动力主要来自市场机制的自发作用,因而无严格意义上的经济发展战略。

(一)进口替代经济发展战略

进口替代经济发展战略一般又称内向型经济发展战略,是指发展中国家和地区有意识地推动国内和地区内工业的建立,以本国和本地区生产的工业制成品取代原来依靠进口的产品,以满足国内市场的需求,并逐步实现工业化。进口替代可分为两个阶段:第一阶段是消费品工业的进口替代,一般先是日用消费品的进口替代,而后是耐用消费品的进口替代;第二阶段是资本货物或生产资料的进口替代。20 世纪 30 年代,拉美的巴西、墨西哥、阿根廷率先实行进口替代经济发展战略。这是拉美新兴工业化国家经济发展中最为重要的阶段。这一战略经历的时间也最长,从 20 世纪 30 年代至 80

年代初将近五十年,而且这一时期它们强调进口替代的升级,即从一般消费品的进口替代转向耐用消费品的进口替代,从轻工业品的进口替代转向部分重工业品的进口替代。而亚洲"四小龙"中的韩国和中国台湾于 20 世纪 50 年代、新加坡于 60 年代开始实施的进口替代,主要是进口替代的第一阶段。这一阶段经历的时间不过十年左右,之后便相继转入出口导向经济发展战略阶段。

（二）出口导向经济发展战略

出口导向经济发展战略着重发展出口导向工业,从而使工业品代替初级产品成为出口的主要项目。这一经济发展战略的基本内容可以概括为,建立以出口贸易为中心的经济体系,把经济活动的重心由以本国市场为主转向以国际市场为主,集中力量扩大出口,由此带动整个国民经济的发展。因此这一战略同进口替代经济发展战略比较,有着很大的区别,具体来说,主要有以下三个方面。

1. 战略目标上由内需带动经济发展转向由外需带动经济发展

在进口替代经济发展战略时期,经济的发展主要是以满足内部需求来带动的。而在出口导向经济发展战略条件下,满足外部需求成为促进经济增长的主要动力。从 20 世纪 70 年代起,在亚洲"四小龙"的经济发展中可以清楚地看到,国际市场需求特别是美国市场需求的不断扩大,大大刺激了"四小龙"出口导向型经济的快速发展。其出口增长与经济增长之间呈现出规律性的变化,即出口增长,整个经济也跟着增长;出口下降,整个经济也随之受到影响。而且在通常情况下,出口的增长幅度大于经济发展的幅度,这已成为它们的共同趋势。

2. 战略措施上由保护内部市场转向鼓励面向国际市场

在进口替代经济发展时期,新兴工业化国家和地区均实施保护内部市场的政策措施,特别是关税政策,对国内的产业实行保护,以促进民族工业的发展。但转入出口导向经济发展战略后,鼓励出口政策成为其政策的核心,包括降低关税、减免出口税、给予出口补贴、加速折旧、货币贬值等一系列政策,旨在确保出口导向经济发展战略的实现。

3. 制造业为主导的产业侧重点不同

进口替代经济发展战略和出口导向经济发展战略都是工业化战略，因而制造业首先成为主导产业，但两者的侧重点有所不同。前者着重发展一般消费品工业，后者主要根据市场变化，在扩大工业品出口、参与国际竞争中，由外向型制造业发展来带动产业结构的升级。

三、新兴工业化国家和地区的崛起对世界经济格局的影响

（一）新兴工业化国家和地区经济在世界经济中的地位

二战后至今，新兴工业化国家一直致力于发展自己的民族经济，选择了适合于各自国情的经济发展战略，例如亚洲"四小龙"基于自身资源不足、市场狭小等因素，成功地利用了 20 世纪 60 年代至 70 年代初西方世界的经济繁荣，获得了经济持续高速的增长，经济实力大大加强。虽然后来受到了金融危机的冲击，但我们仍可以从代表其经济发展水平的诸如人均国内生产总值、进出口贸易量等各项经济指标中看出，它们的经济发展水平已日益接近发达国家的水平，在世界经济中的地位也因此得到加强。

1. 在传统国际贸易中的地位得到明显改善

二战后相当长的时期内，广大发展中国家基本上仍然是发达国家的原料供应地和工业品的销售市场，仍然与西方国家保持以初级产品换取工业品的垂直关系。20 世纪五六十年代特别是 70 年代以来，新兴工业化国家和地区特别是亚洲"四小龙"作为工业制成品的输出方在世界市场上迅速崛起。据统计，1970—1977 年世界制成品出口总额中，发达国家的比重由 82.9% 下降到 80.5%，发展中国家的比重由 5.9% 上升到 7.8%，其中新兴工业化国家和地区占 75%。1976—1985 年，世界制成品的年均增长率为 7.6%，而新兴工业化国家和地区的年均增长率达 18.8%。同一期间，发展中国家制成品的出口在世界制成品出口中所占比重的明显增加，主要是由于新兴工业化国家特别是亚洲"四小龙"的制成品出口增长迅速造成的。亚洲"四小龙"占发展中国家制成品出口从 1985 年的 46% 上升到 1990 年的 60%。1975—

1982 年,世界工业品贸易量增加 1.4 倍,亚洲"四小龙"却增长了 2.4 倍。它们在世界高科技贸易中的比重也从 1970 年的 0.8%上升到 1985 年 5.7%和 1991 年的 11.2%。这表明,新兴工业化国家和地区不仅在相当程度上改变了传统的国际贸易格局,积极参与国际分工,促使南北贸易关系由垂直型转向水平型,而且日益增强了它们自己乃至整个发展中国家在国际贸易和世界经济中的地位。

2. 国际竞争力日益加强

新兴工业化国家和地区特别是亚洲"四小龙"在实施经济发展战略过程中,注意重组经济结构,促使产业结构升级换代,调整出口产品结构,从而极大地提高了这些国家和地区的国际竞争力。20 世纪 60—70 年代,纺织、石油化工、机械等产业曾经是亚洲"四小龙"带动经济发展的战略产业,但从 70 年代末和 80 年代以来,上述产业在其经济中的地位开始下降,取而代之的是电子计算机等技术、知识密集型的产业, 国际竞争力得到加强。1975—1980 年,韩国、中国台湾和中国香港的出口产品构成中,中、低附加值的产品占出口总额均在 50%以上,1985 年高附加值产品的比重超过了 50%。特别是电子元件、电子计算机等产品的出口份额更为引人注目。到 1988 年,亚洲"四小龙"的半导体、电子计算机等电子电器产品出口被列入世界前 20 位的出口国和地区行列。其中中国台湾列第六位,新加坡列第七位,韩国列第八位,中国香港列第十二位。

技术密集型产品的出口贸易的迅速扩大, 对资本主义市场产生了很大影响。表现在:一是同西方发达国家竞争的范围逐步转向高附加值的产品。20 世纪 80 年代以来,亚洲"四小龙"对美国出口的高科技产品以年均 25%的幅度增长。如今,其对美国出口的高科技产品占美国每年高科技产品进口市场的 18.9%,仅次于日本。二是同西方发达国家竞争的地域范围不断扩大。20 世纪 60 年代和 70 年代,亚洲"四小龙"同西方国家竞争的地域主要是在美国进行的,80 年代以来已逐步扩大到日本和西欧国家,这在一定程度上促进了整个资本主义世界产业乃至贸易结构的调整进程。

由上可见, 新兴工业化国家和地区经济已成为世界经济中的一支重要力量, 但是新兴工业化国家和地区要从根本上改变自己在世界贸易格局和国际分工中的被动局面仍需时日。这主要是由于新兴工业化国家和地区特别是亚洲"四小龙"的经济结构是以适应西方国家市场需要而进行调整的。例如,它们的进出口市场主要是面向西方国家,尤其是以美国为主。由于对外贸易在它们的经济中占有支配地位,因而西方资本主义国家周期性的经济危机以及进出口贸易的萎缩会对它们的经济产生很大影响。20世纪80年代特别是进入90年代以后,新兴工业化国家和地区已开始实行出口多元化的方针,试图减轻对以美国为主的西方国家的依赖程度。

(二)新兴工业化国家和地区经济在世界经济中的作用

新兴工业化国家和地区经济与发达国家经济同属于世界资本主义体系,二者的不同之处在于,新兴工业化国家和地区经济目前仍处于明显的上升期,还有很大的发展潜力。从今后的趋势看,在产业国际化和市场国际化不断深入的过程中,新兴工业化国家和地区通过自己经济发展战略的调整,很有可能将成为世界上经济增长最快的国家和地区之一。很明显,这种发展自然会加强新兴工业化国家和地区在世界经济中的地位和作用,为世界经济注入新的活力。

新兴工业化国家和地区在经济发展过程中,会同发达国家垄断资本主义经济发生矛盾。在这一点上,新兴工业化国家和地区同广大发展中国家所处的地位相同,有着许多共同的利益。因而它们的经济发展对世界经济特别是对发展中国家经济的发展中起着不可忽视的积极作用,主要表现在以下两个方面。

1. 为扭转发展中国家长期单纯依赖发达国家资金市场的局面做出了贡献

20世纪60年代以后,新兴工业化国家和地区随着经济的快速增长,国际金融业也开始蓬勃发展起来,新加坡、中国香港作为国际金融中心,在其形成和发展过程中,不仅促进了自身经济的发展,而且为其他发展中国家融通资金,并为它们提供了大量的建设资金。20世纪70年代以后广大发展中国家尤其是东南亚发展中国家正在兴建许多大型项目,着意加速建设社会基础设施,进一步发展民族经济,因而迫切需要借入一部分资金,以弥补本国建设资金的不足。在此情况下,新兴工业化国家和地区特别是亚洲"四小龙"的金融市场,以其充裕的国际资金满足了以亚太地区为主的发展中国家的资金需求。如新加坡、中国香港的亚洲美元市场、银团贷款、债券市场的80%资金提供给邻近的马来西亚、印度尼西亚、菲律宾等东南亚发展中国家,不仅为这些国家的经济部门、私营企业、跨国公司提供了大量贷款,而且为造船、采矿、石油、汽车、化工、电力、交通等大型项目提供资金。中国台湾目前也是世界资本市场上的重要资金供应方之一,1993年其外汇结余逾800亿美元。近年来它正在积极筹建国际金融中心,对东南亚及中南美国家的融资呈不断扩大的势头。新加坡、中国香港和中国台湾已成为世界资本市场的重要组成部分,日益受到东南亚乃至世界其他发展中国家的重视。发展中国家长期单纯依靠发达国家资金市场融资的局面得到了一定的改变。

2. 推动了发展中国家和地区之间的技术交流与经济合作

新兴工业化国家和地区特别是亚洲"四小龙"由于国内生产成本的上升,加上贸易保护主义升级和区域经济一体化的发展,形成了扩大对外直接投资的动机,要求将其劳动密集型产业向其他发展中国家转移。据统计,从1982年到1992年,亚洲"四小龙"仅对东南亚地区的直接投资就从28亿美元增加到902亿美元,其规模已远远超过日本(568亿美元)和美国(382亿美元),成为这一地区的外资最大提供者。亚洲"四小龙"处于亚太地区国际分工的第二层次,其日益扩大的对外直接投资以及由此建立的国际分工,对目前仍处于国际分工低层次的广大发展中国家来说,可以促进这些国家的经济结构调整和产业结构升级,促进它们改变在国际分工中的被动状况,并使二者在垂直方向和水平方向的国际分工不断加深,使国际分工得到进一步发展。同时还值得注意的是,亚洲"四小龙"的对外直接投资基本上集中在其他发展中国家。它们不仅向合资企业派遣技术人员,负责技术指导,而且为合资企业培训熟练工人和技术人员。这在一定程度上减轻了其他发展中国家对发达国家技术上的依赖,推动了发展中国家和地区之间的技术交流与经济合作,有利于南南合作的进一步发展。

第五节 转型国家的经济发展与改革

一、苏联、东欧国家的经济改革

自二战以来,苏联、东欧国家都实施计划经济体制,国民经济取得了一定成效,几乎所有的社会主义国家在 20 世纪 50 年代都处于经济繁荣的状态。但随着经济发展的不断深化,苏联模式的弊端逐渐表现出来:资源配置不合理、体制僵化、工业畸形发展、轻重工业比例失调等,严重影响了人民生活水平的提高,经济增长速度大幅度下降。此后,苏联和东欧各国先后走上经济改革的道路。

苏联和东欧各国在经济发展的实践中,深感原有的计划经济管理体制已经不能适应经济发展的需要,于是从 20 世纪 50 年代中期开始,苏联和东欧各国不断谋求对计划经济管理体制的改革,试图突破经济发展的瓶颈。其中,苏联比较重大的改革有:1957 年对工业和建筑业管理体制的改革、1965 年实行计划工作和经济刺激新体制、1979 年进一步完善经济管理体制的改革。东欧各国在 20 世纪 60 年代掀起了改革浪潮。然而这些改革都只是在原有体制基础上对国民经济管理的具体环节做了某些改进与调整,没有触及经济体制模式本身,更没能够触及经济管理体制的深层次问题,因此都没有达到预期效果。

20 世纪 80 年代中期,苏联和东欧各国又一次掀起了改革的新浪潮,但仍然没有突破计划经济模式。苏联领导人戈尔巴乔夫主张政治改革应先于经济改革,提出"民主化"和"公开性"等政治口号,造成苏联政治动荡、国内政治矛盾和斗争尖锐、民族矛盾加剧,破坏了社会稳定,整个经济改革无法顺利推行。东欧各国经济改革方案虽得到一定的贯彻,但由于社会环境缺乏稳定,各国国内政治矛盾和斗争较为复杂,使经济改革的推行受阻。苏联和东欧各国的改革不仅未能取得成功,反而促使整个国民经济走上了崩溃的道路。

二、"休克疗法"在俄罗斯和东欧转型国家的实施及其效果

20世纪80年代末东欧剧变,1991年底苏联解体。独立不久的原苏联各加盟共和国和东欧各国立即摒弃实行了几十年的高度集中的计划经济管理体制,在一个十分动荡的条件下,急速地向市场经济过渡,希望在非常短的时间内实现经济体制的转轨,即计划经济转向以私有制为基础的市场经济。苏联解体之初的俄罗斯和多数的东欧国家在改革政策取向上选择了所谓的"休克疗法"。

"休克疗法"原是医学上临床使用的一种治疗方法,后被引用为经济术语,指激进的经济改革。"休克疗法"的主要内容可以概括为所谓的稳定化、自由化、私有化三个方面。稳定化是指宏观经济的稳定,它是向市场经济过渡的先决条件,主要通过采取紧缩的货币和财政政策来实现。自由化是指释放在计划经济条件下被限制的市场力量,主要包括价格自由化、企业经营自由化和对外经济活动自由化等。私有化既包括把国有企业的资产转为私人所有,也包括把它转为法人(股份公司、集体企业)所有。

在俄罗斯和东欧转型国家开始的这场以稳定化、自由化和私有化为标志的"休克疗法"式的改革,结果并未如愿,这些国家纷纷遭遇了前所未有的经济大衰退。"休克疗法"在俄罗斯和东欧转型国家的实践不断遭遇挫折,直接导致一些国家出现经济混乱甚至倒退。该政策的实施使俄罗斯和东欧转型国家出现了较长时间的"转型性衰退"。1999年与1990年相比:俄罗斯国内生产总值减少53%,大中型工业企业产值下降60%,农业总产值下降50%,基本建设投资下降75%。东欧转型国家在实施"休克疗法"后的几年里,经济也出现大幅度滑坡,大部分转型国家都呈现两位数的负增长。同时,这些国家的通货膨胀率始终居高不下,失业人数急剧增加,人民生活水平不断下降,这些国家因"休克疗法"付出了惨重的代价。

俄罗斯和东欧转型国家在认识到"休克疗法"的弊端后,纷纷开始调整经济转型方针,重新定位政府角色,改革微观经济管理机制,制定新的产业

与贸易政策,经济开始逐渐得到改观。

三、俄罗斯和东欧国家的经济改革动向

经历了"休克疗法"的失败后,1994年初,俄罗斯的经济改革进入了一个新的阶段,政府中主张"激进式"改革的领导人全部下台。激进改革带来的经济危机使叶利钦决心放弃"休克疗法"。同时,俄罗斯提出了调整经济的具体措施:①加强国家的宏观调控作用,明确提出放弃"休克疗法",并严格控制预算赤字、货币发行量和贷款规模。②加强国家对物价的监督,使之保持在合理的水平上,采用综合措施治理通货膨胀。③调整私有化政策,重点放在提高经济效益、刺激投资增长和结构改革上,对关系国家安全和人民切身利益的国有大型企业暂不实行私有化。④重视社会保障政策,减少改革给人民带来的负担和损害,完善社会保障体系。⑤重视科技研发,提高科技人员的生活待遇。⑥确定独立自主的对外经济政策,改善投资环境,吸引外资流入,根据国情来制定自己的发展道路。以上改革取得初步成效,通货膨胀得到控制,人民生活得到改善,外商投资逐步增加,外汇市场趋于稳定。

普京担任总统后,提出了稳定政局、发展经济的政治纲领,强化了中央对地方的协调和领导职能,排除了金融寡头对国家政治经济工作的干扰,使俄罗斯经济逐步进入发展的轨道。政府推出了一系列有效的改革措施,放宽了土地和农业政策,减轻了企业税负并加强对税务工作的监督和检查,保证了国家的财政收入,增加了对生产领域特别是能源领域的投资。

政府的努力加上俄罗斯经济特有的基础,使俄罗斯经济在2001年底走出谷底,主要经济指标整体回升。虽然整体形势不错,但俄罗斯仍然存在一些难以解决的问题。由于贷款利率过高,导致投资速度下降。此外,投资环境不理想、官员腐败、黑市猖獗,使外资流入增长乏力。由于投资下降,导致企业设备老化的问题难以解决,严重影响企业的竞争力。因此其经济增长仍然主要依赖原料工业,即通过能源的出口来实现,导致俄罗斯的国际分工地位下滑和倒退,对外依赖性也比较大。美联储进入后金融危机的新一轮加息周期以来,俄罗斯经济的脆弱性暴露无遗。对俄罗斯来说,主要任务是要保持

经济增长的势头，保持社会的稳定，为经济结构的调整打下基础。俄罗斯经济的转轨从 20 世纪 90 年代初发展至今，其经验教训为进行市场经济改革的国家提供了有益的启示。

对于东欧国家而言，自放弃"休克疗法"之后，融入欧洲是其向市场经济转型的共同目标，欧盟也把接纳东欧各国列入了欧洲一体化的发展计划。东欧各国在欧盟各国的帮助下进行了一系列的政治经济体制改革，积极推进转型。中、东欧 8 国在 2004 年 5 月 1 日加入了欧盟，罗马尼亚和保加利亚也在 2007 年 1 月加入欧盟。入盟之后，东欧各国作为欧盟经济发展的生力军均保持了继续增长的良好势头，经济增长速度整体上快于欧盟老成员国，并且吸引了大量外资。

虽然俄罗斯和东欧转型国家在 2008 年全球金融危机中遭受了沉重的打击，暴露了其经济体制中各种深层次的矛盾与问题，但这些国家的经济转型在将近三十的时间里还是取得了一些成绩，加之社会主义建设时期留下了较好的经济基础，俄罗斯和东欧转型国家已成为未来世界经济不容忽视的力量。

综上所述，虽然当今的世界经济格局仍然是"一超多强"的局面，但美国之外的发达国家和中国、印度等发展中国家经济的崛起，使得世界经济走向多极化的趋势日益明显，国际经济秩序也应该顺应这一潮流进行改革和调整。

思考题：

1.简述当今世界经济格局的特点与趋势。

2.试述新兴工业化国家经济在世界经济中的地位。

3.试述世界经济向多极化演进的过程。

4.新兴工业化国家和地区有哪些经济发展战略？取得了什么样的效果？

5.试述当代世界经济中拥有显著优势的国家或国家集团间的力量对比及消长变化。

第三章 经济全球化及其
对世界经济运行的影响

内容提要：

经济全球化既是一个过程，又是一个结果。经济全球化是指经济活动超越国界，通过对外贸易、资本流动、跨国生产、技术转移、提供服务、人员交往等活动，使得各国、各地区之间的经济相互开放、相互依存、相互联系而形成有机整体的过程。经济全球化的形成，早在资本主义自由竞争时期就已经开始，从二战后到 20 世纪 70 年代，又经过了一个深入和广泛发展的过程，此后，特别是 90 年代以来，经济全球化出现了加速发展并形成了新高潮，不仅国际流通过程在持续扩大，而且生产过程也在全球展开，真正实现了整个再生产过程的全球化。

在世界经济的各个领域都可以感受到经济全球化的进程，比如生产过程向全球范围的延伸、世界市场规模不断扩大、国际金融和资本市场的迅速扩大、技术交流与信息网络的全球化、劳动资源的跨国流动日益扩大、世界多边贸易和金融体制的建立，等等，经济全球化早已悄无声息地改变了人们的生活。

在当今世界经济中，经济全球化已经成为不可阻挡的必然趋势，全球化发展有着源源不断的充沛动力，其中现代科技的进步和生产力的发展是根本动力，其他推动因素还包括跨国公司的大发展催生的生产和资本国际化、各国拥有资源不平衡、国际经济一体化的发展以及越来越多的国家采取市场经济和自由贸易政策等。

经济全球化是世界经济全面、深入发展的必然结果，同时它的发展又对世界经济运行产生极为广泛而又深刻的影响。从宏观角度看，经济全球化有利于资源在世界范围内的自由流动和最优配置，便利了国际间的商品交换，促进了国际分工的发展和产业结构的升级，为各国提供了更多的促进发展的因素。与此同时，经济全球化也给世界经济带来一定的消极影响。这种消极影响主要表现为整个世界经济的发展一直处于一种不平衡的状态，而且经济全球化过程中充满了矛盾和斗争，但又难以得到彻底解决。

经济全球化的趋势总体上还将进一步加强，生产要素在各国之间的流动会进一步加快和扩大，实现在全球范围内的优化配置，不同国家间的分工与合作也将更加密切，但市场经济下的国家间贫富差距仍会继续存在，对世界经济主导地位的争夺有可能更加激烈。需要指出的是，近年来某些国家、地区和领域愈演愈烈的逆经济全球化现象值得我们的重视和警惕。

第一节　经济全球化的含义和表现

一、经济全球化的含义与发展

对于经济全球化的含义出现过多种解释。国际货币基金组织（IMF）认为，经济全球化是"跨国商品及服务贸易与国际资本流动规模和形式的扩大，以及技术的广泛迅速传播，使世界各国经济的相互依赖性增强"。OECD的专家认为，经济全球化主要是指生产要素在全球范围内广泛流动，实现资源最佳配置的过程。

德国学者从全球网络化与集中化趋势的角度分析了经济全球化，认为全球化的过程是一种不断强化的网络化。这种不断强化的网络化可被概括为三个方面：一是相互依赖性增强。即经济活动的网络化对参与者都产生反作用，全球化的发展不仅调控各民族经济的发展，而且还调控各城市和地区经济的发展。二是转移的便利。由于科技产业革命所导致的信息传递成本、运输成本大幅度降低，跨国公司把它的生产部门及部分服务监督职能机构转移到低工资成本的国家,以便获取更大利润。信息技术和运输技术越是发展,这种国际网络就越是扩大。三是集中化趋势。随着全球化趋势的迅速发展,企业的各部分业务活动转移到世界各地的许多生产基地,对于监督控制和协调工作的要求越来越强烈。而这种协调组织工作的任务也就更多地集中到少数几个国家的主要城市,使这些地方发展成为极其专业化的中心。

尽管对经济全球化的表述不完全相同,但它们都强调了世界各国之间的经济联系、相互依赖越来越紧密这一客观发展趋势。根据这一趋势,可将经济全球化概括为:世界经济活动超越国界,通过对外贸易、资本流动、跨国生产、技术转移、提供服务、人员交往等活动,使得各国、各地区之间的经济相互开放、相互依存、相互联系而形成的全球经济一体化的过程。经济全球化是当代世界经济的基本特征之一和世界经济发展的必然趋势,也是世界经济诸方面发展变化的集中体现。

经济全球化的形成和发展不是偶然的,世界经济从形成到现在,经历了一个从量变到质变、从局部到全面的长期历史过程。因此既要看到它的历史联系,更要将其放在当代特定的环境和条件下去考察。经济全球化的形成过程,早在资本主义自由竞争阶段就已经开始。随着科学技术的进步和社会生产力的发展,经济全球化又发展到了一个新的阶段。从二战后到20世纪70年代,又经过了一个深入和广泛发展的过程。但是这个阶段以世界市场和国际贸易为纽带所表现出来的各国生产和消费的世界性,还只局限于国际流通领域,很少直接涉及各国的生产过程和国际化的生产过程,还不能算是完全意义上的经济全球化。这个过程一直延续到20世纪80年代以前。此后,特别是90年代以来,随着科学技术和社会生产力的高度发展、国际分工的深化和生产资本国际化的发展,以及全球性的市场变革和对外开放、电子信息网络的迅速普及,经济全球化出现了加速发展并形成了新高潮,已经涵盖了世界各个国家和地区,不仅国际流通过程在持续扩大,而且生产过程也在全球展开,真正实现了整个再生产过程的全球化。具体包括贸易全球化、资本流动全球化、科学技术交流全球化、劳动资源的全球移动,等等。与此相适应,跨国公司已发展为国际再生产过程的组织者和实现者。它通过投资、生产和销售等多种渠道,把全球各国和各地区的经济活动有机地联系起来,使其不同程度地融入统一的全球经济体系当中。

二、经济全球化的具体表现

经济全球化表现在世界经济的各个领域,主要有以下六方面:

(一)生产过程向全球范围延伸

生产过程的国际化是经济全球化的基础。它主要表现为不同国家和地区的产品生产、加工以及销售过程超越国界,形成日益密切的分工合作、相互依存的生产联系。

各国和各地区间的生产联系首先是建立在国际分工和专业化协作的基础上的。随着国际分工和专业化协作的不断发展,各国之间的生产联系也日趋密切。在 18 世纪 60 年代,由于生产力的大发展,资本主义生产方式由工场手工业向机器大工业过渡。与这种生产力水平相适应的国际分工,主要表现为工业与农业、工业国与农业国的垂直分工。即落后的农业国向工业国提供棉花、羊毛等工业原料,而工业国则采用先进的生产工具和运输方法,向世界市场提供工业制成品,从而形成了相互依存的生产联系。这是经济全球化的初始阶段。

随着社会生产力的进一步发展,到 19 世纪末 20 世纪初,国际分工又出现新的飞跃,尤其是交通运输工具的新发展,便利了货物的进出口,因而加强了国与国、地区与地区间的联系,各国的国内市场成为世界市场的组成部分。此外,这时的资本主义已进入垄断阶段,资本主义国家通过资本输出,把生产过程扩展到殖民地半殖民地国家,形成了宗主国与殖民地、工业国与原料生产国的分工关系。一方面,粮食和工业原料生产集中在广大亚、非、拉国家;另一方面,工业生产集中在欧美和日本。尽管这种国际分工具有不平等、不合理的性质,但它确实通过生产联系把经济全球化向前推进了一大步。

二战后,社会生产力出现新的飞跃发展,跨国公司也遍布全球,国际分工与专业化协作进入更高的阶段:由前一阶段的工业国与原料生产国、工业与农业的分工,扩大为世界工业部门之间的分工;由一国生产多种工业品发展为由发展中国家生产劳动密集型、消耗资源多的产品,由发达国家生产资本和技术密集型产品。这种垂直分工还进一步发展为同一部门内部和发达国家之间的水平分工,即一个部门的同一种产品的生产过程,依据各自的资源优势,把各种零部件分别在几个甚至几十个国家生产,最后集中到一国组装和出口,特别是零部件较多的行业,如汽车、飞机以及大型电子产品的生产,几乎都是在发达国家之间或一部分新兴工业化国家参与的分工协作中进行的。例如,美国波音 747 喷气式飞机,共约 450 万个零部件,由分布在 8个国家的 1100 个大型企业和 15000 个中小企业协作生产,最后集中到美国组装成整机。美国的"庞蒂亚克·莱曼"牌小汽车,由德国设计,澳大利亚生产发动机,美国与加拿大合作生产变压器,日本生产车身薄板,新加坡提供无线电设备,韩国供应电器设备和轮胎,等等。这样的事例不胜枚举。随着国际分工与专业化协作向纵深发展,各国和各地区之间在生产上的相互联系、相互依存日趋紧密,极大地推动了经济全球化的发展。

（二）世界市场规模不断扩大

随着各国市场的开放和贸易自由化的发展,参与国际商品和服务交易的国家日益增多,形成了一个全球范围的世界市场。在世界上,通过相互交换、互通有无、分工合作,不同发展水平的各个国家和地区的经济紧密地结合在一起。自世界贸易组织 1995 年 1 月 1 日正式开始运转以来,其成员由创始的 104 个扩大到 2005 年 10 月 13 日的 148 个,目前尚有 25 个国家和独立关税区正在进行加入世界贸易组织的谈判。世贸组织的成员既有发达成员,也包括广大发展中成员、过渡经济体和最不发达成员,如此的世界贸易一体化组织几乎涵盖了全球所有的国家和地区。尽管各成员经济发展水平不同,但贸易往来已经把它们的经济都联系在一起了。正因为如此,世界贸易不论在速度上还是在规模上都发生了巨大的变化。据世界贸易组织2001 年公布的数字,在过去 20 年里,全世界的商品和服务贸易几乎增长了3 倍以上。在 2002 年和 2003 年,受世界经济不景气的影响,全世界商品和服务贸易分别下降了 25% 和 3%。2004 年却又出现了恢复性增长,世界货物贸易（出口）达到 88800 亿美元,同比增长 21%;服务贸易（出口）总额达 21000

亿美元,同比增长 16%。2017 年世界货物贸易(出口)达到 177300 亿美元。世界市场的迅速扩大,一方面意味着世界生产和服务业的迅速发展,为全球贸易市场的扩大创造了前提条件;另一方面意味着参与全球贸易往来的国家和地区极为广泛,各国和各地区间的经济交往更趋密切,因而从生产和流通多方面推动了经济全球化的发展。

世界市场对经济全球化的促进作用是通过多种途径实现的。除了借助于国际分工与合作把各国和各地区市场联系在一起之外,还包括以下两个主要方面:第一,各国经济部门的扩大与开放。一国经济部门的扩大与开放,首先受到贸易对象国市场和世界市场需求变化的影响,进而波及其他国内非开放部门,要求其他相关部门对外开放,从而有越来越多的部门参与国际市场。反过来,出口国发生的上述变化很快就会传导到贸易对象国的开放部门,进而又涉及它的非开放部门。这种相互影响、相互促进的过程继续下去并日益扩大,就会产生循环效应。第二,通过对外贸易的乘数效应,将国民收入的扩张和收缩在贸易伙伴国之间相互传递,从而使相关国家的国际收支、经济增长等发生变化。这些国家参与的程度越深,所获得的传递效应也越大。

(三)国际金融和资本市场的迅速扩大

随着各国金融自由化、国际化的发展,越来越多的国家逐渐放宽对金融市场的限制,如取消外汇管制、开放证券市场、扩大资金借贷、鼓励直接投资等,因此各国金融市场逐渐融为一体,成为国际金融市场的组成部分。从一些数字可以清楚地看到资本市场全球化的趋势:1980 年以来,全球资本流量的增长比工业发达国家生产的增长快 25 倍;根据 2017 年商业信息系统(BIS)央行调查公报[①]发布的数据显示,全球外汇市场每天的交易额多达 5.1 万亿美元,预计今后几年,随着互联网络的进一步普及,国际金融市场更趋活跃;再加上资本流动自由化和国际化程度不断提高、货币兑换、资本在行业间转移和资金流出流入,国际金融市场的规模将进一步扩大。与此同时,对外直接投资的增长也很迅猛。联合国贸发会议发布的《2018 年世界投资报

---

① BIS 央行调查公报每 3 年发布一次。

告》显示,国际直接投资从 20 世纪 90 年代初的 2000 亿美元增加到 2017 年的 1.43 万亿美元,直接投资流量的增长率超过任何其他世界经济主要综合指标。进入 21 世纪,投资额虽然一度有所减少,但是到 2004 年随着世界经济的恢复,直接投资又开始回升,其中大部分流向经济增长较快的亚洲发展中国家。金融资本流向世界各地,给金融全球化带来了深刻影响:积极的一面是,资金短缺国家可以利用流动资金来促进经济发展;消极的一面是,投机性资金流向金融基础不健全的发展中国家, 常常给这些国家的货币金融市场造成破坏性冲击。

国际金融和资本流动规模的不断扩大,主要是通过利率、汇率、投资收益以及国际收支差额的变动达到的。这些传导机制都会从不同方面对各国乃至全球金融市场和资本市场产生影响。如果一国资金短缺、利率不当,汇率剧烈波动,就会恶化它的宏观经济状况。这种不良后果还会在国际范围内传播, 引起连锁反应。1995 年的墨西哥金融危机给世界金融市场造成的冲击,1997 年由泰铢贬值引起的东南亚货币金融危机,都说明了这一点。反之,一国汇率稳定、资金供求平衡、利率适中、国际收支平衡,不但有利于国民经济得到健康发展,而且对整个世界经济的协调发展也会起到促进作用。世界经济的协调发展,又会对该国产生反馈效应,从而形成经济发展的良性循环。

(四)技术交流与信息网络的全球化

二战后兴起的科技革命很快由少数工业发达国家传播到世界其他国家,特别是 20 世纪 80 年代兴起的以微电子技术为中心的信息技术、生物工程、新型材料、航天技术以及海洋开发等新技术革命蓬勃发展,并通过技术交流、科技合作等多种形式向世界广为传播。据联合国统计,世界技术贸易总额 20 世纪 60 年代为 30 亿美元,70 年代为 120 亿美元,80 年代为 500 亿美元,90 年代为 2100 亿美元,以平均每 5 年翻一番的速度增长。其中电子信息技术市场的扩大尤其迅猛,全球信息产业产值已超过 2000 亿美元,每年仍以 15%到 20%的速度增长。现已成为发达国家最大的产业,也是带动出口扩大的最主要的部门之一, 包括信息产品在内的高技术产品出口已占 40%左右。正因如此,世界上越来越多的国家认识到,要想加速经济增长,必须分享新技术革命的成果，走科技开发与引进的国际化道路。据多方面预测，全球技术贸易不久将超过 5000 亿美元。如此庞大的技术市场，吸引着世界各国积极参与进来。不过目前国际技术转移与研发还很不平衡，全球 80% 以上的技术研发及其应用是在发达国家中进行的，发达国家之间的技术贸易额占世界技术贸易总额的 80% 以上；发达国家与发展中国家间的技术贸易额仅占世界技术贸易总额的 10%，而发展中国家之间的技术贸易额则不足 10%。可见，发展中国家的技术市场相对较小。但是随着越来越多的发展中国家经济的崛起，参与世界技术市场的国家和深度将会进一步扩大和加强。

技术和信息作为生产要素在世界经济增长中起着越来越重要的作用，而且获得外来技术和信息已成为各国产业升级、参与国际分工和提高综合国力的重要手段。因此各国除了重视自主开发外，又都非常重视国际技术引进，以加速产业结构升级，促进经济迅速增长。在这方面，技术创新国往往会成为技术出口国，从技术转让中谋取利益，而技术引进国通过吸收、消化和创新提高自己的技术水平。技术转让国在将其国内的标准化技术和成熟产业向外转移的同时，再度开发新技术，建立新产业，从而实现不同层次和不同密集型产业在不同发展水平国家间的梯次转移和升级。这种技术的跨国传播和产业的梯次转移，就把各国经济联系起来并推向前进。同样，信息的国际传播在经济全球化中起着更为重要的作用。信息是沟通和联系各国经济的重要通道，国际市场信息和技术信息的取得与传递是国际商品贸易和服务贸易顺利进行的前提条件，也对改变一国的经济结构和生活方式起着日益重要的作用。

（五）劳动资源的跨国流动日益扩大

随着世界经济和区域经济的发展变化，目前西欧、北美、中东、东亚以及东南亚已经成为五大吸收外籍劳动力的中心。这些地区的发达国家和一些新兴工业国和地区由于经济和产业结构的不断调整同本国可能提供的劳动力资源的矛盾日益突出，于是产生了对外籍劳动力资源的需求，因而引起劳动力跨国流动的不断扩大。据国际劳工组织（ILO）、经济合作与发展组织（OECD）的统计，近年来劳动力的跨国流动每年都在 500 万人以上，比 20 世纪 80 年代初增加了 50%以上。最初外籍劳动力多流向工业发达的西欧和北美,后来一些输出劳动力的发展中国家也成为劳务输入国。东亚、东南亚的某些国家和地区,既向富裕的劳动力输入国大量地输出劳工,同时也吸收其所需要行业的其他国家的劳动力进入本国市场。马来西亚、泰国等在向新兴工业国家的过渡中,在由劳动密集型工业向资本技术密集型工业转变的同时,本国相应的劳动力就出现不足,因而放松了对外籍劳务人员进入的限制,使周边国家和地区进入本国的劳动力逐年增加。

劳动力资源的跨国流动日益扩大,主要是由国家和地区经济发展的不平衡、贫富差距拉大、产业结构调整、空缺职位需求、人口结构失衡等多种因素引起的。其中特别是各国经济发展的不平衡、贫富差距拉大所引起的各国就业水平、工资收入相差悬殊,极容易造成贫穷国家劳动力向富裕国家流动。劳动力资源的跨国流动对经济全球化的传导作用,虽然不像国际贸易、国际资本流动、技术和信息转移那样广泛和迅猛,但对有大量国际劳工和人力资源流入和流出的国家和地区来说,其工资水平、就业结构、通货膨胀率、经济增长以及国际收支都会产生一定的影响。据初步评估,对流入国经济来说,其积极作用一般要大于消极作用;对流出国经济来说,其消极作用略大于积极作用。

(六)世界多边贸易和金融体制的建立,推动各国建立与健全市场经济制度

二战后,在关贸总协定和国际货币基金组织的推动下,世界很多国家和地区的国际贸易体制和汇率制度被纳入世界统一体制中。关贸总协定要求它的成员建立市场经济制度,实行自由贸易,取消贸易壁垒。关贸总协定经过多轮互减关税谈判,使各国的关税大大降低。关贸总协定改为世界贸易组织以后,对成员的贸易政策进行监督,协调领域更加广泛,对贸易争端有权作出裁决。事实证明,世界贸易组织的建立已使世界贸易朝着自由化方向迈出新的步伐。国际货币基金组织对成员的汇率、金融政策进行监督,并作出相应的制度规定。国际货币基金组织和世界银行提供贷款时,对借款国的国内经济政策提出要求,推动其经济改革和政策调整,加速走向市场化。总之,国际经济组织的国际经济宏观协调行动,对于推动世界经济的市场化和自

由化以及各国经济的密切交往,从而促进经济全球化起着积极作用。当然,这些国际经济组织常常被少数经济大国所控制,迫使别国按照它们的主张行事,因而一些问题得不到公平合理的解决,在某种程度上阻碍了全球化的进程并给全球化的发展带来了隐患。

三、经济全球化的动因

在当今世界经济中,经济全球化已经成为不可阻挡的必然趋势。尽管存在着不利于经济全球化发展的种种阻力,但推动全球化发展的有利因素始终起着主导作用。这些因素既包括经济和科技方面的,也包括政治、文化等方面的。下面着重从经济和科技方面分析经济全球化的动因。

(一)现代科技进步和生产力发展是经济全球化的根本原因

现代科学技术发展的重要特点之一是科学与技术的相互推动以及不同技术领域的相互融合。其结果是,工厂无人化(FA)、办公自动化(OA)和家务自动化(HA)等相关技术,以及模拟技术、新材料技术、生物技术等方面都取得了惊人的进展。这些新技术已超越国界在世界广为传播。与此同时,大规模集成电路技术、超导技术、高清晰度技术的研究开发也越出国界,由各国企业和科技人员联合进行。今后新能源开发、地球环境保护、航天与海洋开发等也将成为全球范围共同研究和开发的领域。随着高新科学技术的发展,今后将会有更多的领域需要集中更多的国家和科技人员联合攻关。

科学技术进步不仅通过研究开发和技术转让把各国联系起来,而且现代科技进步又作为各国相互交往的传媒发挥着日益重要的作用。20世纪80年代以来,以微电子为中心的信息技术、航天技术和交通运输技术的发展,使得交通运输工具和通信手段日趋完善,各国和各地区在时间和空间上的距离大大缩短。而且现代化的运输和通信网络的应用大大降低了商品和资本的交易成本,便利了商品和资本的国际流动,加快了信息的全球传播,使生产要素得到优化配置。预计随着高科技的发展,特别是现代信息网络的扩大,交通运输和通信费用还将大幅度下降,各国经济联系将更加紧密,经济全球化的进程也有可能会进一步加快。

(二)跨国公司的大发展推动了生产和资本的国际化

跨国公司根据其全球战略和经营策略,在世界各地配置生产要素,建立生产据点和销售网络;跨国公司在各子公司之间实行企业内分工协作,由各个生产据点分别生产零部件,然后集中装配,既密切和扩大了各国、各地区之间的贸易关系,又增加了资本输出和技术转让,有的跨国公司还要求同当地共同研究开发,开展技术合作。跨国公司的所有这些活动对加速生产要素在国际间的流动,密切国与国、企业与企业之间的经济关系起了重要作用,成为推动经济全球化的直接组织者和担当者。

(三)各国拥有资源的不平衡要求国际间互通有无、相互依存

随着科学技术和生产力的发展,各个国家占有资源的不平衡性日益突出,因而各国之间的相互依存和相互交往也进一步增强。生产资源稀缺的国家需要从资源丰裕的国家进口急需的资源,以弥补国内生产资源的不足。而资源丰裕的国家,为了获得更多的比较利益也需要向外转移其多余资源,通过这种相互交换,使得各国的经济联系和相互依存关系日益密切。

但是资源的自由流动和优化配置,常常受到一国政府设置的种种障碍的限制。而随着生产力的发展,生产资源必然要求冲破这种限制,在更广阔的范围乃至世界范围内寻求优化组合和合理配置的场所,以实现其比较优势,获取最大利益。这种建立在比较优势基础上的各国经济交往与合作,已成为当今世界经济中最为理想的一种模式。二战后,各国之间商品交易量的扩大、直接投资的加快、国际金融合作的加强、技术买卖规模的扩大,都说明了这种发展趋势。

(四)国际经济一体化的发展为经济全球化起到桥梁作用

二战后,特别是80年代以来,国际经济一体化大大加快,各个区域经济组织尽管发展层次不同,但其内部都要求逐步取消贸易堡垒,推行贸易和投资自由化政策。实际上国际经济一体化是世界经济全球化在区域范围内更

加深化的具体体现,是经济全球化的重要组成部分。区域经济组织虽然对外具有排他性,但随着其自身的经济贸易的发展,区域内市场就会显得狭小,不能满足经济规模进一步扩大的要求,必然要到区域外其他国家和地区寻找商品市场和投资场所。由此所产生的外溢效应,一方面扩大了世界市场的容量,促进了国际贸易的发展;另一方面也加强了区域内和区域外国家之间的经济联系。这种情况长期发展下去,各个区域集团的经济和贸易利益就会逐步接近,以至将集团融为一体,从而在更大范围内实现贸易和投资自由化。

因此,各个区域经济组织采取的全球化政策措施,及其内部经济贸易自由化的发展,在一定程度上都可以说是迈向经济全球化的重要步骤和环节。目前,这种情况已不无范例,如澳大利亚、新西兰自由贸易区,东南亚国家自由贸易区,北美自由贸易区都已加入了亚洲太平洋经济合作组织(APEC)。欧洲联盟正在迈向欧洲统一大市场,但仍嫌欧洲市场狭小,除了靠近洛美协定国家外,近年来又积极向亚太经合组织的成员国靠拢,每年在亚洲、欧洲轮流召开亚欧会议,明确宣布对亚洲国家放松限制,建立起合作伙伴关系,与美、日争夺亚洲这个庞大市场。无疑,这种趋势今后还将进一步扩大。

（五）市场经济和自由贸易成为越来越多国家的政策取向

这方面的情况及其原因,主要有以下四点:

第一,东欧剧变和苏联解体后,放弃了社会主义计划经济和两个平行市场理论,向市场经济转轨,对外打破封闭状态,实行对外开放政策,增加同各国的贸易往来,积极参与国际分工体系,从而大大加快了经济全球化的发展进程。

第二,发达国家在20世纪80年代纷纷进行了宏观经济政策调整,放松限制,充分发挥市场机制作用。在90年代初期的经济衰退和结构调整中,经济增长迟缓,失业率居高不下,国内市场需求不振,各国经济摩擦不断。这种情况与高科技迅速发展形成反差。为了扭转这种局面,以美国为首的各个发达国家都极力利用新技术开发新产品,开拓新市场,同时扩大对外直接投资,以争夺国际市场,扩大经济势力范围。

第三,广大发展中国家进入90年代以后,更加重视并加快经济结构调整,扩大对外开放,因而出口不断扩大,引进外资和技术迅速增加。尤其是东亚地区长期保持经济增长活力,拉美许多国家经过调整也恢复了经济活力,这两个地区是当前发展中国家吸引外资和贸易往来最活跃的地区,成为促进世界经济增长和经济全球化的重要因素。

第四,中国随着改革开放的继续深入发展,同世界各国和地区的贸易与资金往来越来越密切。现在正在努力进行经济结构调整、企业体制改革和增长方式的根本转变,并采取措施如扩大对外贸易、吸引外国直接投资、提高科技水平等以加快中国的现代化建设,使中国经济更深地融入世界市场。中国这样一个发展中大国采取这些发展措施,对促进经济全球化发挥着越来越大的作用。

四、经济全球化的载体

(一)贸易自由化

贸易自由化是指一国对外国商品和服务的进口所采取的限制逐步减少,为进口商品和服务提供贸易优惠待遇的过程或结果。无论是以往的关贸总协定,还是现在的世贸组织,都是以贸易自由化为宗旨。随着全球货物贸易、服务贸易、技术贸易的加速发展,经济全球化促进了世界多边贸易体制的形成,从而加快了国际贸易的增长速度,促进了全球贸易自由化的发展,也使得加入世界贸易组织的成员以统一的国际准则来规范自己的行为。

(二)生产国际化

20世纪60年代以来,新的科学技术革命使整个生产过程发生了巨大变革。世界生产力以空前速度增长,国际分工进一步向深度和广度发展。这时,国际分工进入了以生产协作为基础的阶段。其特点是生产国际化,并且正在向未来的整个经济生活国际化方向发展。生产国际化意味着世界各国不仅在商品和资金流通方面实现了国际化,而且在工农业生产和第三产业的各个部门以及各个加工环节方面也走向了国际化。生产国际化是指商品在多国生产,跨国公司进行生产的组织和管理,各国之间建立起商品生产通道,彼此经济相关度很高。生产力作为人类社会发展的根本动力,极大地推动着世界市场的扩大。以互联网为标志的科技革命,从时间和空间上缩小了各国之间的距离,促使世界贸易结构发生巨大变化,促使生产要素跨国流动,它不仅对生产超越国界提出了内在要求,也为全球化生产准备了条件,是推动经济全球化的根本动力。

(三)金融全球化

金融全球化是指金融业跨国发展,金融活动按全球同一规则运行,同质的金融资产价格趋于等同,巨额国际资本通过金融中心在全球范围内迅速运转,从而形成全球一体化的趋势。世界性的金融机构网络,大量的金融业务跨国界进行,跨国贷款、跨国证券发行以及跨国并购体系已经形成。世界各主要金融市场在时间上相互接续、价格上相互联动,几秒钟内就能实现上千万亿美元的交易,尤其是外汇市场已经成为世界上最具流动性和全天候的市场。随着世界经济的全球化发展,金融领域的跨国活动也在以汹涌澎湃之势迅猛发展。金融全球化不仅成为世界经济发展最为关键的一个环节,同时也是最为敏感的一个环节。金融全球化促使资金在全世界范围内重新配置,一方面使欧美等国的金融中心得以蓬勃发展,另一方面也使发展中国家,特别是新兴市场经济国家获得了大量急需的经济发展启动资金。可以说,世界经济的发展离不开金融全球化的推动。

(四)科技全球化

科技全球化是指各国科技资源在全球范围内的优化配置,这是经济全球化最新拓展和扩张迅速的领域,表现为先进技术和研发能力的大规模跨国界转移,跨国界联合研发广泛存在。以信息技术产业为典型代表,各国的技术标准越来越趋向一致,跨国公司巨头通过垄断技术标准的使用,控制了行业的发展,获取了大量的超额利润。经济全球化的四个主要载体都与跨国公司密切相关,或者说跨国公司就是经济全球化及其载体的推动者与担当者。科学技术的全球化是由其自身本质特征所决定的,因为知识体系具有典型的公共产品的特征,不具有"排他性"与"竞争性",在世界范围内很难在长时间内保持"垄断性"。这恰恰体现在现实生活中,在一个越来越走向全球化的时代,没有任何一项科学技术能够长期保持在某一个国家手中,也没有一个国家可以不依靠与其他国家的科学技术交流而长期保持其科学先进水平。

第二节　经济全球化的广泛影响

一、经济全球化的积极影响

经济全球化是世界经济全面、深入发展的必然结果,同时它的发展又对世界经济运行产生极为积极而又深刻的影响。在这方面国内外学者有不同的评价,不过经过近几年的深入探讨和实践证明,多数学者认为其积极作用是主要的, 消极作用是次要的;而且积极作用和消极作用都不是固定不变的,随着国内外经济环境的变化,消极作用也可能逐渐被积极作用所取代。下边首先谈一下经济全球化的积极影响。

(一)经济全球化有利于资源在世界范围内的自由流动和最优配置

一国经济运行的效率无论多高, 总要受到国内经营资源和市场狭小的限制,只有积极参与全球资源和市场一体化,才能使本国经济最大限度地摆脱资源和市场的局限,从而可以有效地利用世界任何地方的资金、技术、信息、管理和劳动,实现"在最有利的条件下生产,在最有利的市场销售"的最佳世界经济发展状态。

这种情况不仅有利于发达国家经济,也有利于发展中国家的经济发展。发达国家经济实力雄厚,凭借其多年的资源积累,拥有资金、技术和其他方面的优势;而发展中国家技术落后,资金匮乏,却拥有丰富的劳动力资源和自然资源,这样可以通过优势互补、扬长避短,使经营资源不足、经济发展水平低的发展中国家从经济全球化中获得好处。其最终结果:一是使产业结构不断升级,加速国内经济全面发展。战后发达国家的经济增长、新兴工业化国家和地区经济的迅速崛起,都说明了这一点。二是对外贸易迅速发展,出口贸易在国内生产总值中的比重不断上升。二战后的情况说明,国际贸易一直比生产增长更快,因此国际贸易占世界生产总值的比重不断上升。据统计,1960 年国际贸易占全球国内生产总值的 24%,到 2002 年这一比重上升为 51%。再从参与全球化较全面的国家看,美国 1980 年对外贸易占国内生产总值的比重为 21%,2000 年上升为 26%,其他国家如日本同期比重为 28%和 24%、德国为 58%和 68%、英国为 52%和 57%、法国为 44%和 57%,除日本外基本上都呈上升趋势。发展中国家情况也大体雷同,如印度从 17%提高到 27%,中国则从 13%猛增到 50%左右。东盟各国的情况更是如此。拉丁美洲一些国家也从全球生产资源流动中获得了好处,加快了这些国家走上新兴工业化道路的步伐。事实说明,世界各国特别是发展中国家,参与全球化的程度越高,获得可供发展的资源的机会也越多,经济发展也越快。

(二)经济全球化便利了国际间的商品交换,从而扩大了市场,促进了国际贸易的迅速发展

经济全球化使得一国商品能够冲破本国市场的限制,参与国际市场流通,以更加广阔的国际大市场取代狭小的国内市场,促进了世界市场的发展与扩大。当今的世界市场,不仅其内涵及分支体系相当丰富,而且所涉及的范围也空前广泛。国际经贸信息的网络化,又为开拓国际市场提供了有利条件。通过商业信息网,很多发达国家的经贸人员在 1—3 分钟内就可以找到世界各地进出口商品种类、规格等资料,5 分钟内就可利用经济模型分析出国际经济的最新动态。在经济全球化的进程中,各国要想扩大出口贸易,首先要求做到逐步减少乃至取消各种贸易和非贸易壁垒,调整自己的政策、方针、路线,以适应贸易全球化的发展要求。目前,不论是发达国家还是发展中国家都在积极地调整自己的对外经济政策,加速扩大对外开放和经济体制改革,以适应市场全球化的发展进程。

(三)经济全球化促进了国际分工的发展和产业结构的升级

资本、技术等生产要素在国际间的自由流动,不仅有利于发达国家向外转移夕阳产业,发展技术密集型产业,实现产业结构的高级化,而且也向发展中国家提供了机遇:大量引进资本和技术,弥补本国资本、技术等生产资源的缺口,获取几乎不付费用的后发优势,迅速实现产业升级、技术进步、制度创新和经济增长。据德国基尔世界经济研究所对发展中国家参与全球化的部门的调查显示,在制造业当中特别是劳动密集型和标准化行业(纺织和服装)争取到了更多的国际市场份额。不论在亚洲还是在拉丁美洲,凡是人力资本密集型的行业成绩都最为显赫。这正是发展中国家参与全球化,吸收外国的资本和技术,结合本国优势从而加速产业结构升级的结果。

(四)经济全球化向各国提供了更多的促进发展的因素,同时也使各国有可能采取一致行动以应付诸如经济危机、通货膨胀等突发事件,从而减轻损害,保持经济稳定增长

战后经济危机对资本主义经济打击程度的减轻、目前世界范围进入低通货膨胀和美欧经济的持续增长,都说明了这种情况。以美国为例,美国90年代新经济的"低通胀、持续增长",其中重要原因之一就是得益于市场的全球化。80年代以来世界经济平稳发展,特别是亚洲、拉丁美洲地区经济的快速增长,以及区域经济一体化的发展,给美国扩大出口和增加对外直接投资提供了有利时机。同时,全球化导致的各国争夺国际市场的激烈竞争以及进口廉价商品来源的增多,还使美国抑制了通货膨胀的发展。经济全球化的发展,使国际协调机制更趋完善,这对减少国际间的经济摩擦、防止和减轻突发事件的严重性,也起到了一定的积极作用。

二、经济全球化的消极影响

经济全球化也给世界经济带来一定的消极影响。这种消极影响主要表现为:整个世界经济发展一直处于不平衡状态;在经济全球化过程中充满了

矛盾和斗争,但又不易得到彻底解决。

(一)经济全球化发展的不平衡性

第一,经济全球化发展的不平衡性,首先表现在发达国家和发展中国家的经济差距扩大。经济全球化给这两种类型国家带来的机遇和挑战是不相同和不均等的,对于发达国家是机遇大于挑战,对于发展中国家是挑战大于机遇。因此给两者造成的后果也就不平衡。正如联合国开发计划署 1999 年度《人类发展报告》所指出的:"迄今为止的全球化给这两种类型的国家带来的机遇和挑战是不平衡的,它加深了穷国和富国、穷人和富人之间的鸿沟。"事实说明,20 世纪 90 年代是经济全球化发展最快的时期, 也是发达国家和发展中国家经济差距持续扩大的时期。据世界银行的统计资料,全球最富的20%人口与最穷的 20%人口间的收入差距, 从 1960 年的 30:1 扩大到 1991年的 74:1;又如表 3-1 所示,全球最穷的前 5 名国家的人均财富为 726—1017美元,而世界最富的前 5 名国家的人均财富为 539657—302216 美元,差距之大可谓天壤之别。本应随着经济全球化的发展,全球生产、商品交换、社会财富也在增长,有利于改善和提高各国特别是穷国人民的生活水平,但实际情况却相反。亦即全球化所带来的收益绝大部分流入发达国家及其富人的口袋;而穷国和穷人拿到的却很少,两者的收入差距出现了扩大的趋势。这些国家之所以长期处于贫困落后的状态,固然有其国内政治、经济方面的原因, 但更主要的是当今经济全球化是在旧的国际政治经济秩序基础上发展和运行的, 许多发展中国家的经济仍然摆脱不了国际垄断资本的控制和剥削,很难获得机会融入全球化中去。据统计,目前全球仍有 66%的人被不同程度地排除在全球化之外,并受到全球化的伤害和忽视。但全球化是一种客观趋势,发展中国家不能回避,应该作出正确的政策选择,积极参与,趋利避害。

第二,相对于少数发达国家债权累计的不断扩大,广大发展中国家的外债几十年来在偿付巨额利息之后仍在不断增加, 现在它们比任何时候都更加债台高筑。据国际货币基金组织(IMF)的统计,发展中国家的外债总额,由1993 年的 15386 亿美元增加到 2017 年的 71000 亿美元,其中外债最多的拉美地区由同期的 5256 亿美元增加到 15016 亿美元。外债的增加一方面使债务国在资金方面缓解了燃眉之急,但另一方面又成为发达国家、跨国公司和金融机构对发展中国家进行剥削的主要手段之一。

表 3-1　世界最穷和最富前 5 名国家人均财富的比较

世界最穷前 5 名国家			世界最富前 5 名国家		
国家名称	名次	人均财富(美元)	国家名称	名次	人均财富(美元)
中非共和国	1	726	瑞士	1	539657
布隆迪	2	771	澳大利亚	2	424723
利比里亚	3	827	美国	3	403974
刚果民主共和国	4	887	比利时	4	312000
尼日尔	5	1017	新西兰	5	302216

资料来源:根据瑞士信贷研究所 2018 年全球财富报告统计资料编制。

第三,战后国际直接投资的增长速度大大加快,但直接投资的流入和流出主要集中在少数发达国家和新兴工业化国家和地区。据统计,20 世纪 90 年代以前,发达国家集中了全球国际直接投资的 80% 左右,发展中国家直接投资来自发达国家的只占 10% 左右,其余 10% 是发展中国家之间的相互投资。全球直接投资在经历了 2002—2003 年的低位徘徊之后开始回升,尽管尚未恢复到 2000 年的最高水平。发达国家仍集中了其中近 70% 以上的直接投资;发展中国家获得的外国直接投资虽有所增加,但主要集中在印度、独联体、中国以及东盟等少数国家和地区;绝大多数发展中国家由于多方面的限制而得不到亟待发展所需的资金,尤其是流入撒哈拉南部非洲地区的直接投资更是微乎其微。发展中国家得不到或很少得到建设资金,严重妨碍了它们参与全球化的进程。

第四,在世界贸易总额中,发达国家在商品贸易和服务贸易两方面一直占绝大部分,而且在同发展中国家的交换中获得巨大的贸易利益;而广大发展中国家在世界贸易总额中所占比重长期停留在 20%—33%,而且多数国家的贸易条件持续恶化,要改变这种不利的贸易处境相当困难。由于大多数发展中国家长期以出口初级产品和劳动密集型产品为主,其价格受国际市场供求变化的影响而经常波动。工业发达国家的出口多以资本和技术密集型产品为主,用这类产品同初级产品、劳动密集型产品相交换,无疑给发达国家带来更大的贸易利益。不仅如此,一些发展中国家即使出口低附加值的产品,也往往受到发达国家保护主义的限制而难以增加出口,因此在整个世界贸易中的比重一直提高不快。

第五,南北之间的科学技术差距更为悬殊,发展中国家要分享发达国家的科技成果难上加难。据联合国教科文组织公布的数字,OECD 成员国在全球研究与开发活动的总开支中所占比重高达 85%;而中国、印度和亚洲新兴工业化国家和地区这项开支的总计仅占世界比重的 10%左右;至于其他大多数低收入的不发达国家,这一开支就更微乎其微了。世界科技人员的分布也极不平衡,OECD 成员拥有世界科学家和工程师人数的一半以上,其余不到一半的部分集中在独联体、中欧、东欧以及印度、中国、东亚新兴工业化国家和地区。特别是高科技领域的研究开发和科技人才,很多都是发达国家通过高薪从发展中国家收买过来的。因此发展中国家与发达国家的技术差距不但未缩小,反而在近几年又出现了扩大的趋势。

(二)经济全球化过程中充满矛盾和斗争

经济全球化为各国经济发展提供了良好的机遇,与此同时,参与全球化的国家之间又时常出现矛盾和斗争。这种矛盾和斗争表现在经济、政治等各个领域,下面着重从经济方面加以叙述。

第一,在世界贸易不断扩大的同时,贸易失衡引起的贸易纠纷始终未得到解决。发达国家之间特别是美、日、欧之间的贸易不平衡更为突出,它们之间的贸易摩擦时起时伏,一直持续不断,严重地妨碍了世界贸易的进一步扩大。发达国家与发展中国家之间也存在着不同程度的贸易不平衡和不公平,因而贸易纠纷也时有发生。除东南亚、拉丁美洲、中国等部分国家和地区外,大多数发展中国家都对发达国家有严重的贸易逆差,经常处于贸易条件恶化的处境。

第二,在国际金融领域,在国际资本流动规模不断扩大的同时,国际金融市场始终存在着不稳定因素。二战结束以来,尽管全球性金融危机已不多见,但地区性货币金融危机时有发生,如 20 世纪 80 年代后期以来,美元对日元、马克汇率大起大落所引起的世界汇率不稳;1995 年墨西哥比索大幅度贬值所引起的货币金融危机;1997 年泰铢大幅度贬值、抢购美元所引起的东南亚国家的货币金融危机。这种货币金融危机虽然是少数国家和局部地区发生的，但对周边相关国家乃至世界金融秩序都或轻或重地造成了冲击，迫使各个国家不得不加强自我保护和防范，有时国际金融机构和周边国家也不得不出面联合干预，给经济全球化的迅速发展造成障碍。

第三，发达国家之间的相互依存度大大高于发达国家与发展中国家的相互依存度，这既不利于发达国家也不利于发展中国家参与经济全球化进程。以生产要素流动为例，资本、技术、信息、人才等要素主要在发达国家之间流动，而发展中国家所获得的则很少，甚至发展中国家有限的宝贵资源也流失到发达国家。由于发达国家的经济实力和经营资源占有量处于绝对优势，它们的经济环境和投资环境也好于发展中国家，为资本、技术、信息和人才的自由流动提供了有利条件。这种情况对发展中国家的资本和技术等的引进，从而加快经济发展显然是不利的。20世纪80年代以来，随着亚洲和拉美一些发展中国家经济的迅速崛起，流入这些国家的资本、技术迅速增加，尽管如此，资源优势仍集中在发达国家。这也就限制了发展中国家参与经济全球化的深度和广度。

第四，经济全球化使世界经济和各国经济的不稳定性和风险性增加。对发展中国家来说，它们的国民经济不发达，工业基础薄弱，多数国家出口仍以初级产品为主，受国际市场供求和价格变化影响很大，抵御外部干扰和冲击的能力不强，在其开放度提高以后，更容易受到外部的冲击。相对于发展中国家来说，发达国家的经济基础雄厚，经济运行机制较为健全，国内市场也较发达，抗干扰能力较强，所遇到的风险相对较小。但是随着发达国家之间经济联系日益紧密，国民经济各个领域相互联系的程度越来越深，来自外部的冲击和干扰也会随之增加。它们之间的经济联系一旦遭到破坏，给经济全球化造成的影响要比发展中国家大得多。

第五，经济全球化常常会使国内经济政策措施的有效性减弱，甚至起着相反的作用。当某个影响较大的国家实行扩张性货币政策，通过降低利率以刺激经济时，另一国家则实行紧缩性货币政策，提高其利率水平，这样就会引起低利率国家的资金流向高利率国家，使得本想通过扩张性货币政策来刺激经济的政府计划落空。20世纪80年代初，美国政府为抑制通货膨胀而实行的高利率政策,引起西欧和日本的资金大量流向美国,因而遭到这些国家的强烈反对;90年代初,德国为了抑制通货膨胀而坚持高利率政策,遭到美国和西欧一些国家的反对;21世纪初,美国受"双赤字"的困扰而不顾其他国家的反对采取保护主义,抵制西欧、日本和中国的某些商品进口,引起这些国家的不满。尤其是当出现周期性世界经济危机,世界市场急剧缩小时,一些国家就会通过贸易政策、汇率政策和金融政策的变动,向其他国家转嫁危机,以致引起连锁反应,加剧世界经济危机的严重性。二战后的历次世界周期性危机多具有同期性,而且又多从对世界经济影响最大的美国开始,也说明了这个事实。各国经济相互联系、相互依存的加强,本来有助于经济全球化的发展,但当一些国家经济遇到困难时,又要利用全球化来摆脱困境,势必阻碍经济全球化的顺利发展。

第六,经济全球化的发展引起国际性规范的冲突。随着经济全球化的加快发展,新的世界贸易纠纷已扩及到规章制度方面,因此目前世界经济中、特别是贸易领域出现的很多纠纷长期得不到解决。这表明,现在还没有制定出明确而又健全的、可实施的规范市场力量与市场行为的准则。这不仅引起了局部问题上的冲突,而且由于世界市场的相互作用,这些问题日益变得带有全球性。随着世界经济中界的逐渐淡化,规章制度不健全问题就更加显得突出,因此规章制度的建立与健全也就成为国际竞争和冲突中一个新的焦点。

今后随着一些国家越来越放宽对经济的控制,市场的开放越来越需要在各国的规范政策方面制定出全球性的行为准则。例如国际劳资纠纷、环境保护、知识产权问题等,这些领域的规章制度更为敏感,更加重要。事实说明,美国和西欧之间要解决这些问题相当困难,食品安全问题在双方的激烈争吵中长期未得到解决。西方国家与亚洲和其他发展中国家之间的问题更难解决,因为这些国家的文化观念、政治经济制度和收入水平差别很大。一种建立在规章制度基础上的全球性体制的作用,不可能超越那些最基本的方面所能承受的限度。因此随着经济全球化的展开、无国界经济的迅速发展,各国在制定更多和更完善的规章制度方面将面临着更大的压力,实施起来也会遇到更大的阻力。

上述事实说明,在经济全球化过程中,存在着不少不利因素,这些因素构成了经济全球化进程中的严重障碍。只有排除全球化中的各种障碍,才能推动经济全球化的健康发展,避免所谓逆全球化的发生。

第三节　经济全球化的发展趋势

一、经济全球化总体上还将进一步加强

根据对经济全球化不同影响的分析,对今后经济全球化的发展趋势,可归纳为如下八个方面:

(1)随着高科技产业的迅速兴起,全球信息网络的建立,跨国公司的加快发展,世界市场的进一步扩大,经济全球化将进一步加强。尽管在其发展过程中存在种种障碍,但发展经济已经成为冷战后各国的中心任务。因此,今后各国经济的相互联系、相互依存关系将更趋密切。

(2)随着经济全球化的深入和广泛发展,生产要素在各国之间的流动将进一步加快和扩大,从而实现在全球范围内的优化配置;与此同时,各国之间通过互通有无、优势互补,使得国际间的分工与合作进一步加强。特别是在经济增长较快的亚洲和拉丁美洲,这种趋势将更加明显。

(3)随着经济全球化的进展、信息技术革命和虚拟经济的进一步发展,市场经济下的贫富差距仍将继续存在。发达国家与发展中国家之间的经济差距,在某些经济增长较快的地区将出现缩小的趋势,而在某些低收入、经济技术落后的最不发达国家集中的地区,其差距有可能进一步扩大。这些地区参与全球化的程度很低,涉及的领域也很有限,因此它们的全球化进程仍将是缓慢的,仍将继续在贫困化和边缘化中挣扎。

(4)在经济全球化进程中,一方面是各国之间的经济联系与合作进一步加强,另一方面仍将存在着矛盾和斗争。冷战结束后国际关系中的经济因素更加突出起来,在各国综合国力的较量中,经济成为决定性因素。为了提高自己的综合国力,各国都极力促进经济的快速发展。但由于某些发达国家想

争夺世界经济各个领域的主导地位,所以它们之间的贸易战、货币战、投资战和高科技争夺战还将继续下去, 在某些国家和地区有时可能表现得更为剧烈,这仍将是今后经济全球化的重要障碍。

(5)经济全球化进程中出现的既统一又对立的两种发展趋势,都要求加强对全球经济的国际协调。而要做到这一点,既要建立与健全更加有效的国际经济协调机制,又要建立与健全必要的国际规章制度。由于冷战结束后世界格局和经济全球化的新发展, 原有的国际经济组织和一些规章制度已经不适应新形势的发展要求,必须从组织与功能等方面进行全面改革,使其更加有效地发挥对经济全球化的推动作用。

(6)实践证明,各区域性经济集团只有扩大其开放的一面,缩小其封闭的一面,才能在经济全球化中获得更多的好处。因此,今后不仅亚太经合组织将成为更具开放性、广泛性的区域性经济合作组织,即使像欧洲联盟、北美自由贸易区这样的区域经济集团,出于全球战略利益的需要,在保持其独立性的基础上,也需要进一步扩大对外开放,加强与其他国家和地区的交往。

(7)全球性规章制度不健全和不规范的矛盾日益加剧,已经对经济全球化产生不利影响, 也对国际经济组织和各国政府提出了新的要求。20 世纪80 年代以来,许多经济改革派人士愈来愈认识到:通过打开国门既能提高经济增长率,又能提高效率,由此带来的结果是放松规制。到 90 年代,许多国家政府更加认识到,仅仅放松规制还不够,世界市场需要建立起明确的和可实施的准则来有效地发挥作用。虽然距全球协调规章制度的建立还比较遥远,但采取由近及远、由局部到全球的做法在近期内是可以实现的。美国、欧盟和日本等拆除妨碍相互投资和贸易的壁垒,正是基于这样的观点。今后随着经济全球化的加快发展、面临的政治和经济压力的加大,无论是各个国家、地区和国际组织,还是国与国之间,都必须制定更加有效的管理制度,消除或减少全球性规范上的冲突,这仍将是世界经济发展所面临的迫切任务。

(8)随着国际贸易、国际投资和经营资源全球化的发展,已在全球范围出现对大量生产、大量消费、大量废弃体制的反省。目前的这种体制产生了许多问题。其中单一的、标准化的大量生产体制始终伴随着生产过剩的压力,其结果是不得不开始实行适应个别需求的多品种、少批量的生产体制。

第三章

另外,大量消费和大量废弃使环境遭到破坏,资源遭到浪费,处理废弃物也成为难题。今后随着贸易和投资自由化、全球化的发展,人们将会更加提倡循环利用、重新利用和少废弃,并逐步建立起与此相适应的经营与管理体制。

二、逆经济全球化的因素需要得到重视和解决

逆经济全球化的呼声伴随着经济全球化的产生和发展一直存在,例如对经济全球化进程中工业生产对环境破坏的担忧和批评,对农产品贸易导致本国农民贫困化的声讨等。然而,近年来随着美国等一些国家金融危机后全球资产泡沫的膨胀导致收入分配不均的加剧,以及经济全球化中劳动力跨境流动的不断增加等因素与经济全球化固有的负面影响交织在一起,使一些利益集团将经济全球化作为国内社会矛盾和深层次问题的替罪羊,逆全球化的力量明显增强,对经济全球化的未来发展带来了较多的不确定性。2016 年,英国根据全民公投的结果宣布退出欧盟。2018 年,美国针对中国等多个主要贸易伙伴采取贸易保护主义并公然挑起全球范围的贸易战,叫嚣"美国优先"的以邻为壑标准,削弱世界贸易组织的权威性和作用,大搞单边主义。这些无疑为经济全球化的前景蒙上了一层阴影。

对于各国国内经济问题与经济全球化相交织的状况,需要世界各国予以正视。对国内因素导致的问题,应通过国内改革调整加以解决,而对全球化的一些负面影响,则应该通过国际协调、磋商谈判等方式解决,尤其是要尊重世界贸易组织等机构所提倡的多边主义原则,反对美国等国家采取的制裁、报复等单边主义反全球化措施。

在当前经济全球化发展面临不确定性的形势下,中国始终坚持对外开放的基本国策,坚定奉行互利共赢的开放战略,不断以中国新发展为世界提供新机遇,推动建设开放型世界经济,更好惠及各国人民。中国始终坚持经济全球化正确方向,与世界各国共同营造有利于发展的国际环境,共同培育全球发展新动能。中国积极参与全球治理体系改革和建设,坚持真正的多边主义,推进国际关系民主化,推动全球治理朝着更加公正合理的方向发展。中国推进高水平对外开放,稳步扩大规则、规制、管理、标准等制度型开放,

加快建设贸易强国,推动共建"一带一路"高质量发展,维护多元稳定的国际经济格局和经贸关系。事实证明,中国为经济全球化的深远发展注入了持续而有力的新动能。

尽管当前存在着逆全球化力量的干扰和诸多不确定性,但我们认为经济全球化继续发展的大趋势不会被逆转,在世界各国的共同努力下,世界经济有可能在不久的将来迎来全球化发展的新阶段。

思考题:

1.简述经济全球化的含义及其具体表现。

2.分析经济全球化的形成与发展过程及其原因。

3.试析经济全球化对不同国家和地区的经济影响。

4.中国经济在全球化中的得与失的主要表现,以及今后应采取的对策。

5.逆经济全球化是否会成为今后世界经济的发展趋势?

第三章

第四章　国际经济一体化

内容提要：

国际经济一体化是两个或两个以上的国家通过签订某种协议或条约而建立起来的超国家经济合作组织，它区别于国内的经济一体化和各国经济的国际化，是国与国之间一种跨国界经济合作的结果。20世纪90年代以来，国际经济一体化在理论和实践层面的发展趋势都明显加强，并对国际分工和国际贸易乃至世界经济、政治格局产生了广泛而深远的影响，已成为当今世界经济发展的重要特征和趋势。

根据一体化的紧密程度和成员国主权让渡程度的不同，国际经济一体化有五种形式，由低级到高级依次是自由贸易区、关税同盟、共同市场、经济联盟和完全的经济一体化。欧洲经济联盟是目前现实中一体化程度最高的国际经济一体化组织。

国际经济一体化的发展有其历史必然性，概括来说包括经济、政治、地理及各国自身利益这四个方面。二战以后，随着世界经济格局逐渐向多极化演变，各国为了在激烈的国际竞争中站稳脚跟，选择与自身具有相邻地理位置和相似历史文化渊源的国家组建一体化组织，来促进本国经济发展，提升国际地位。

根据成员国发展程度的不同，国际经济一体化包括发达国家之间的经济一体化组织、发展中国家之间的经济一体化组织以及发达国家与发展中国家之间的经济一体化组织。目前比较成功的国际经济一体化组织是发达国家之间的，而发展中国家之间的经济一体化组织进展比较缓慢，这种差别与它们的经济发展水平、相互之间的经济依赖性和市场开放性有关。

国际经济一体化的影响有着双重性质。它提高了成员国的经济发展水平和国际地位,但却对非成员国的贸易和国际直接投资可能产生负面影响,也不利于多边贸易体系的改革和完善。一方面,国际经济一体化组织使国际经济格局和秩序进入新的历史阶段;另一方面,贸易保护的加强又不利于世界经济一体化的发展。

第一节 国际经济一体化的内涵、形式与成因

一、国际经济一体化的内涵

一体化原指两个或两个以上的个体通过某种形式组合为一个整体。国际经济一体化是指两个或两个以上的国家通过某种协定或条约建立起来经济合作组织。从传统上看,经济一体化有两个基本的含义:一是将经济一体化理解为各国经济逐步融为一体的过程;一是将经济一体化理解为经济已经形成一个整体了,即作为一个结果。本书中的经济一体化,是将经济一体化理解为一个结果,我们将这种结果称为"国际经济一体化组织"。

国际经济一体化区别于国内的经济一体化。国际经济一体化是指国与国之间的经济合作的组织,因而这种经济一体化的前提是跨国界的经济合作组织。一国范围内的经济一体化的主要特征是国内市场的统一,因而打破国内各区域经济限制或割据是问题的核心。国际经济一体化也不同于各国经济的国际化。各国经济的国际化是指各国或各种经济交往逐步走向相互依赖,一国经济对其他国家经济发展或增长的依赖性逐步加强。

二、国际经济一体化的形式

按照国际经济一体化组织成员国经济一体化的紧密程度,或各成员国让渡国家自主决策权给超国家的经济一体化组织的程度,可将一体化组织

分成五种类型,即自由贸易区、关税同盟、共同市场、经济联盟以及完全的经济一体化。

1. 自由贸易区

自由贸易区,是指两个或两个以上的国家通过达成某种协定或条约取消相互之间的关税和与关税具有同等效力的其他措施的国际经济一体化组织。自由贸易区的突出特征是成员国之间实行自由贸易,对待第三国或非成员国没有共同行动,没有统一的排他性措施,允许成员国自主地制定和实施本国对第三国的关税和非关税措施。

自由贸易区的局限在于,它会导致商品流向的扭曲和避税。如果没有其他措施作为补充,第三国可能将货物先运进一体化组织中实行较低关税或贸易壁垒的成员国,然后再将货物转运到实行高贸易壁垒的成员国。为了避免出现这种商品流向方面的扭曲,自由贸易区组织均制订"原产地原则",规定只有自由贸易区成员国的"原产地产品"才享受成员国相互之间给予的自由贸易待遇。由于各国经济的国际化,若将本国境内生产的商品作为原产地产品显然是有局限的,因此在组建自由贸易区的协定中都会明确规定原产地原则的基本含义。理论上,凡是制成品在成员国境内生产的、价值额占到产品价值总额的50%以上时,该产品应视为原产地产品。然而在现实中,原产地产品的内涵在不同的自由贸易区中是不同的,在同一个自由贸易区中不同部门所生产的产品也是不同的。原产地原则的含义表明了自由贸易区对非成员国的某种排他性。现实中比较典型的自由贸易区是北美自由贸易区。该自由贸易区规定,自1994年1月开始,经过10年的过渡,成员国之间完全取消关税和非关税壁垒,并规定了明确的原产地原则。

2. 关税同盟

关税同盟,是指两个或两个以上的国家之间通过达成某种协议,相互取消关税和与关税具有同等效力的其他措施,并建立了共同对外关税的经济一体化组织。关税同盟的主要特征是,成员国相互之间不仅取消了贸易壁垒,实行自由贸易,还建立了共同对外关税,共同对外关税的建立意味着:首先,它避免了自由贸易区需要以原产地原则作为补充、保持商品正常流动的问题。在这里,代替原产地原则的是筑起共同的"对外壁垒",从这个意义上看,关税同盟比自由贸易区的排他性更强一些。其次,它使成员国的"国家主权"出让给经济一体化组织的程度更多一些,以至于一旦一个国家加入了某个关税同盟,它就失去了自主关税的权利。

现实中比较典型的关税同盟是1958年建立的欧洲经济共同体。它在建立初期就明确规定,要经过10年的过渡,完全取消成员国之间的相互关税和非关税壁垒,相应地建立起共同对外关税,其共同对外关税的水平为各成员国原关税水平的平均数。1993年以后,欧洲经济共同体升级为共同市场。

3. 共同市场

共同市场,是指两个或两个以上的国家之间通过达成某种协议,相互取消关税和与关税具有同等效力的其他措施,建立共同对外关税;在成员国之间实行商品自由流动的基础上,取消劳务、资本和人员自由流动限制的经济一体化组织。共同市场的主要特征是,在成员国之间实现了商品、劳务、资本及人员四个方面的自由流动。商品和劳务的自由流动就是指商品贸易和服务贸易的完全自由;资本的自由流动意味着,各成员国政府不能干预它们之间直接或间接的资本流动,也不能对这种资本流动设置任何障碍;人员的自由流动意味着,成员国的居民可以在共同市场内的任何国家或地区居住,寻找工作机会。

与关税同盟相比,共同市场是更高级的经济一体化组织。各成员国不仅向共同体让渡商品和服务贸易保护的权利,而且还让渡了干预资本和人员流动的权利。从这个意义上说,共同市场的市场一体化程度更高。现实中比较典型的共同市场是1993年以后开始实施的"欧洲统一大市场"。该一体化组织规定,自1993年1月1日开始,在欧洲共同体12个成员国实现商品、劳务、资本及人员的自由流动,这个目标基本上达到了。1991年欧共体还提出了新的一体化目标,即实现经济货币联盟。

4. 经济联盟

经济联盟,是指两个或两个以上的国家之间通过达成某种协议,不仅要实现共同市场的目标,还要在共同市场的基础上,实现成员国经济政策的协调。经济联盟的显著特征是,在成员国之间实现市场一体化的基础上,进一步实现为保证市场一体化顺利运行的政策方面的协调。这种政策协调包括财政政策的协调、货币政策的协调和汇率政策的协调。这种政策协调从根本上有助于商品市场、资本市场和劳动力市场的顺利运行,在很大程度上消除了成员国政府经济政策的某些调整方向或调整程度的不一致给市场一体化正常运行带来的干扰。

经济联盟是经济一体化程度更高的经济一体化组织。参加这种一体化组织的国家不仅要让渡对商品、资本和劳动力的干预,还要将政府干预或调节经济的主要政策工具让渡给超国家的国际经济一体化组织。有些一体化组织更进一步,还要实现货币联盟。现实中比较典型的经济联盟是现在的"欧洲经济联盟"。1991 年末,欧洲共同体 12 个成员国在荷兰的马斯特里赫特签订了《建立欧洲政治联盟和经济货币联盟条约》。1994 年 1 月 1 日正式生效。从经济上看,欧洲经济货币联盟是一体化程度较高的经济联盟,其货币政策的协调表现为建立单一的欧洲货币欧元,简化了货币政策的协调。

5. 完全的经济一体化

完全的经济一体化,是指两个或两个以上的国家通过达成某种协议,不仅要实现经济联盟的目标,还要实现每个成员国在政治、外交、军事等方面的合作或政策协调。完全的经济一体化有两种形式:一种是"联邦",联邦的特征是超国家的一体化组织的权利大于各成员国的权利,因而权利的主体在超国家的一体化组织,它类似于一个国家;另一种是"邦联",邦联的特征是各成员国的权利大于超国家的一体化组织的权利,因而权利的主体在各成员国。从理论上看,完全的经济一体化是最高级别的经济一体化组织。第一种形式就是一个联合在一起的扩大了的国家,只是从历史的形成上看,将其作为一体化组织。后者也仅次于一个国家,或者说类似一个松散的国家。

6. 国际经济一体化形式的比较

上述各种国际经济一体化形式的特点总结如表 4-1 所示。

表 4-1　各种区域经济一体化形式的特点

特点	自由贸易区	关税同盟	共同市场	经济联盟	完全的经济一体化
成员之间取消贸易壁垒	有	有	有	有	有

续表

特点	自由贸易区	关税同盟	共同市场	经济联盟	完全的经济一体化
成员设立共同对外关税	无	有	有	有	有
生产要素自由流动	无	无	有	有	有
宏观经济政策的协调	无	无	无	有	有
制度和中央决策机构一体化	无	无	无	无	有

　　从经济一体化的程度看，对上述五种形式的经济一体化组织是由低级向高级的顺序加以介绍的。需要指出的是，理论上不存在经济一体化组织由低级向高级发展的必然性，即自由贸易区不一定要升级到关税同盟，关税同盟不一定升级到共同市场，共同市场不一定升级到经济联盟，经济联盟也不一定升级到完全的经济一体化。但是在现实中，要使关税同盟被彻底地贯彻执行，有必要使关税同盟向共同市场甚至经济联盟发展。1958年成立的欧洲共同体就是一个例证。实际上，随着成员国经济相互依赖关系的逐步加强，成员国也可能提出要求，推动某种形式的经济一体化组织升级。

　　此外，自由贸易区、关税同盟、共同市场、经济联盟和完全的经济一体化在理论上是处于不同层次的区域经济一体化组织形式，具有各自不同的特点。而在具体实践中，一个区域经济一体化组织不一定只具备一种形式的特点，可能会同时具备两种或两种以上形式的特点。比如，澳大利亚和新西兰签订的澳新紧密经济关系协定没有设立共同的对外关税，使其经济合作带有自由贸易区的特征，但同时两国又允许劳动力和资本自由流动，从而又使其具有了共同市场甚至是经济联盟的特征。

三、国际经济一体化的成因

　　二战以后，特别是冷战结束后，世界政治及经济格局发生了重大变化，由个别超级大国统治和垄断的单极格局逐渐演变为多极化格局，各国之间

第四章

的竞争日益激烈,单靠一国实力也很难在愈演愈烈的国际竞争中站稳脚跟。为了促进本国经济的发展,增强本国经济的实力和竞争力,提高本国的国际地位,各国单独发展往往感到势单力薄,中小国家更是如此。因此,与地理上相邻或相近、历史上早已有经济联系渊源,且在文化、宗教、风俗等方面有较多共同或相近之处的国家组建国际经济一体化组织,是保持国际经济格局中地位和优势、提高国际竞争力的明智选择。国际经济一体化组织在当今世界经济中占有重要地位,国际经济一体化在二战后迅速发展是多方面原因促成的。具体包括:

(一)经济方面的原因

区域内经济一体化的首要措施就是取消成员国间的各项贸易壁垒,以促使区域内要素自由流动,生产分工更趋合理,有利于形成区域范围内的规模经济,提高区域内的经济运行效率,增加区域内的社会福利,从而形成集团竞争力,以在世界经济中谋取有利地位。一般而言,一个国际经济一体化组织要建立起来,各成员国的经济发展水平要比较接近,从而不致造成一些成员国成为另外一些成员国的负担。因为经济一体化组织的重要特点之一是成员国在经济政策、让渡权利的时间等方面要步调一致,如果一些成员国经济发展水平不高,与其他成员国协调政策时就有困难,从而难以实现真正的经济一体化。从这个意义说,成员国经济发展水平越是接近,相互建立经济一体化组织的障碍越少。与经济发展水平相近的国家结成区域性经济组织,既可以通过享受国际经济自由化的利益促进本国经济发展,又能够通过借助国际经济一体化的力量在一定程度上把全球市场内部化为区域市场,有效地避免了全球化进程中市场过度开放所造成的冲击,部分化解了经济全球化可能产生的风险和消极影响。

(二)政治方面的原因

建立经济一体化组织同样需要一些政治条件。它要求参加经济一体化组织的成员国的政治制度要接近,甚至比较一致。经济一体化组织的建立需要让渡一些国家主权,各成员国参加一体化组织的基本准则是,经济主权的让渡不能造成本国政治制度的改变。因而政治制度相近或相同的国家,比较容易组成经济一体化组织。

(三)地理方面的原因

组建国际经济一体化组织时,地理上比较邻近也是一个重要条件。因为所有经济一体化组织的基础都是市场的一体化,要实现市场一体化,重要的条件是地理上的接近。各个国家与处于同一地区的其他国家的联系总是要更密切些。这是由于它们在地理上相邻或相近,往来较方便,它们在历史上可能早已有了密切交往的渊源。此外,同一地区各国在文化、宗教、语言、风俗、习惯等方面,也可能有较多的共同或相近之处,易于互相沟通。因此,当经济生活要求跨越国界走向全球时,各国首先趋向于与本地区的邻国建立更加密切的合作关系,并在此基础上,达成某种一体化合作协议,组建地区经济组织,这是十分自然的。因此一些学者经常将区域经济一体化等同于国际经济一体化组织。实际上区域经济一体化只是国际经济一体化的常见形式。目前在国际上也出现了一些跨区域的一体化组织。

(四)利益方面的原因

任何国家加入国际经济一体化组织都要追求本国能够获得经济利益,当然也要付出一些代价,但是各国的基本原则是"利大于弊"。如果一国从参加一体化组织中获得的利益小于损失,它很可能不参加或退出。因此一个国际经济一体化组织要建立和维持下来,必须照顾到所有成员国的经济利益,在此前提下保持机制化组织的特征。实力强大的发达国家加入区域经济一体化组织,它们所追求的目标,除了通过市场的扩大,实现地区内资源的有效配置,促进本国的经济发展外,还希望争取在本地区内起主导作用,使本地区其他国家更多地依附于自己,形成以自己为核心的势力范围,并以此为依托,向其他地区乃至全球扩张。

由此可见,在经济全球化条件下,有一系列主客观原因促使各国、各地区建立经济一体化组织,推动经济区域化的发展。因此经济区域化作为一种趋势,有其客观必然性。

第二节 国际经济一体化的理论

二战以后，区域经济一体化的产生和迅速发展引起许多经济学家的研究和探讨，形成了一些理论。其中具有代表性的有关税同盟理论、大市场理论和协议性国际分工原理等。

一、关税同盟理论

系统提出关税同盟理论的是美国经济学家维纳和英国经济学家李普西。按照维纳的观点，完全形态的关税同盟应具备以下三个条件：①完全取消各参加国之间的关税。②对来自非成员国或地区的进口设置统一的关税。③通过协商方式在成员国之间分配关税收入。因此关税同盟有着互相矛盾的两种职能：对内实行贸易自由化，对外则是差别待遇。关税同盟理论主要研究关税同盟形成后，关税体制的变更(对内取消关税、对外设置共同关税)对国际贸易的静态和动态效果。从静态和动态两个方面分析关税同盟产生的经济影响。

(一)关税同盟的静态效应

基于维纳(Viner, 1950)的研究，关税同盟建立以后，由于成员之间相互取消了关税和贸易限制措施，并且设立共同的对外关税，因而关税同盟在扩大区域内贸易的同时，也减少了区域内成员与区域外非成员之间的贸易往来，所以关税同盟的建立产生了贸易创造和贸易转移两方面的效应。贸易创造(trade creation)是指成员国之间由于相互取消关税和非关税壁垒所带来的贸易规模扩大和福利水平提高。其效果是：①由于取消关税，成员国由原来生产并消费本国的高成本、高价格产品，转向购买成员国的低成本、低价格产品，从而使消费者节省开支，提高福利。②提高生产效率，降低生产成本。从某一成员国来看,以扩大的贸易取代了本国的低效率生产;从同盟整体来看,生产从高成本的地方转向低成本的地方,同盟内部的生产资源可以重新配置,改善了资源的利用。可见,贸易创造效果由消费利得和生产利得构成。贸易转移(trade diversion)是指建立关税同盟之后成员国之间的相互贸易代替了原来成员国与非成员国之间的贸易,从而造成贸易方向的转移,以及由此带来的福利损失。其效果是:①由于关税同盟阻止从外部低成本进口,而以高成本的供给来源代替低成本的供给来源,使消费者由原来购买外部的低价格产品转向购买成员国的较高价格产品,增加了开支,造成损失,减少福利。②从全世界的角度看,这种生产资源的重新分配导致了生产效率的降低和生产成本的提高。由于这种转移有利于低效率生产者,使资源不能有效地分配和利用,使整个世界的福利水平降低。下面利用局部均衡方法分析关税同盟产生的贸易创造和贸易转移效应。

1. 关税同盟的贸易量效应

如图 4-1 所示,假设世界上有 A、B、C 三个国家,都生产一种相同产品,但三国的生产成本各不相同。现以 C 国为讨论对象,S_C 为 C 国的供给曲线,DC 为 C 国的需求曲线。假设 A 国和 B 国的生产成本是常数,分别为 P_A 和 P_B,且由于 A 国生产更有效率,所以 $P_A < P_B$。

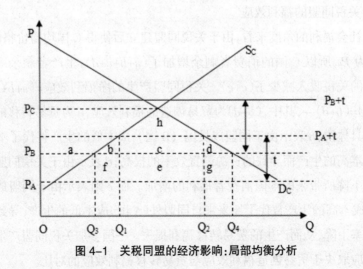

图 4-1　关税同盟的经济影响:局部均衡分析

假定在组成关税同盟之前,C 国对来自 A 国和 B 国的商品征收相同的关税,税率为 t(从量税)。假设市场是完全竞争的而且 C 国是一个小国,在封闭条件下,均衡价格为 P_C。在开放条件下,征收关税之后,A、B 两国的相同产品若在 C 国销售,价格分别为 P_A+t 和 P_B+t,很显然,从 B 国进口的产品价格要高于 A 国,因此 C 国只会从 A 国进口,而不会从 B 国进口。所以,进行贸易后 C 国国内均衡价格为 P_A+t,此时国内生产为 OQ_1,国内消费为 OQ_2,从 A 国进口为 Q_1Q_2。

现在假设 C 国与 B 国建立关税同盟,组成关税同盟后的共同对外关税税率假设仍为 t,即组成关税同盟后,C 国对来自 B 国的进口产品不再征收关税,但对来自 A 国的进口产品仍征收税率为 t 的关税。此时 B 国产品在 C 国的销售价格为 P_B,低于 A 国产品的销售价格 P_A+t,所以 C 国将只从 B 国进口商品,最终形成的均衡价格为 P_B。由于价格下降,C 国生产由关税同盟建立前的 OQ_1 缩减至 OQ_3,而消费则由原来的 OQ_2 升至 OQ_4。

组成关税同盟以后,C 国的进口由原来的 Q_1Q_2 扩大到 Q_3Q_4,新增部分即是贸易创造效应。其中,Q_3Q_1 是 C 国生产被 B 国生产替代的部分,Q_2Q_4 是由于价格下降引起 C 国消费的净增部分。另一方面,C 国与 B 国建立关税同盟后,C 国原来从 A 国(具有较低的成本)进口的 Q_1Q_2 被同盟成员 B 国(具有较高的成本)所取代,这就是关税同盟产生的贸易转移效应。

2. 关税同盟的福利效应

从社会福利的角度来看,由于关税同盟建立后使得 C 国均衡价格由 P_A+t 下降为 P_B,所以 C 国的消费者剩余增加了 $(a+b+c+d)$,生产者剩余减少了 a,政府的关税收入减少了 $(c+e)$。关税同盟产生的净福利效应 $=(a+b+c+d)-a-(c+e)=(b+d)-e$,其中,$(b+d)$ 为贸易创造的福利效应,e 为贸易转移的福利效应。具体说,b 表示由于同盟成员国(B 国)成本低的生产替代了本国(C 国)成本高的生产而导致的资源配置效率的提高;d 表示由于关税同盟建立后价格下降所带来的本国消费者福利的增加。而 e 则表示由于同盟成员国(B 国)成本高的生产替代了原来来自同盟外(A 国)成本低的生产,导致资源配置效率下降,从而产生的贸易转移福利损失。一国参加关税同盟产生的净福利效应取决于贸易创造福利效应与贸易转移福利效应的对比。

通过上面的分析也可以看出,关税同盟福利效应的大小受到以下 4 个因素的影响：

（1）关税率的高低。关税同盟成员国在组成关税同盟之前相互之间的关税越高，则组成关税同盟之后贸易创造效果越明显，各成员越能从关税同盟中获益。同样，关税同盟成员国与非成员国之间关税率越低，则关税同盟产生贸易转移的福利损失越少。如图 4-1 所示，如果关税率 t 使得 $P_A+t=P_C$，那么关税同盟的建立只存在贸易创造效应，净福利为（$b+c+d+h$）；如果关税率 t 使得 $P_A+t=P_B$，则关税同盟只有贸易转移引起的福利损失，即（$e+f+g$）。

（2）关税同盟成员国的数量。关税同盟包括的区域和成员国数量越多，则贸易创造效应超过贸易转移效应的可能性越大，因为关税同盟成员国数量越多，则包括在关税同盟内的成本较低的生产国的可能性越大。考虑这样一个极端的例子，如果关税同盟包括了全世界所有国家，则该关税同盟将只存在贸易创造效应而不存在贸易转移效应。

（3）成员国生产结构的相似性。关税同盟成员国生产结构越相似，竞争越激烈，则成员国之间贸易创造的范围越大，这些国家的福利随着关税同盟的形成而增加的可能性也越大，因为这些国家可以通过更多地从成员国进口来替代国内低效率的生产。同时，成员国相似产品的生产成本差异越大，则其从关税同盟中得到的收益将越大，因为这些成本的差异会增加资源优化配置和贸易创造的可能性。此外，如果形成关税同盟的国家生产结构是互补的，则将会更多地导致成员国之间的产品替代非成员国的低成本产品，从而产生更多的贸易转移。

（4）非成员国产品的重要性。其他条件相同时，在关税同盟成员国全部消费中，国内产品占的比例越大，从非成员国进口的产品比例越小，则形成关税同盟将对成员国产生更多的贸易创造和较少的贸易转移，从而越有利于关税同盟成员国福利的提高。

另外，关税同盟成员国产品供给和需求弹性越大，贸易创造效果越大；成员国与非成员国产品生产成本差异愈小，贸易转移的损失愈小；成员国的生产效率越高，贸易创造效果越大，关税同盟后社会福利水平越有可能提高；成员国对非成员国出口商品的进口需求弹性越小，非成员国对成员国进口商品的出口供给弹性越小，则贸易转移的可能性越小。

3. 贸易扩大效果

缔结关税同盟后,A 国 X 商品的价格在贸易创造和贸易转移的情况下都要比缔结关税同盟前低。这样,当 A 国 X 商品的需求弹性大于 1 时,则 A 国 X 商品的需求会增加,并使其进口量增加,这就是贸易扩大效果。

贸易创造效果和贸易转移效果是从生产方面考察关税同盟对贸易的影响,而贸易扩大效果则是从需求方面进行分析的。关税同盟无论是在贸易创造还是在贸易转移情况下,由于都存在使需求扩大的效应,从而都能产生扩大贸易的结果。因而从这个意义上讲,关税同盟可以促进贸易的扩大,增加经济福利。

4. 关税同盟成立后,可减少行政支出,减少走私,增强集团谈判力量

缔结关税同盟后,同盟内各国间废除关税,故可以减少征收关税的行政支出费用。由于关税同盟的建立,商品可在同盟间自由流动,在同盟内消除了走私产生的来源,这样不仅可以减少查禁走私的费用支出,还有助于提高社会的道德水平。关税同盟建立后,集团整体经济实力大大增强,统一对外进行关税减让谈判,有利于同盟成员国地位的提高和贸易条件的改善。如欧洲共同体成立前后,成员国与美国所处谈判地位相比有较大的变化。欧洲共同体与美国在关贸总协定谈判中围绕农产品贸易而形成的对抗充分反映了欧洲共同体地位的提高、美国地位的相对削弱。

(二)关税同盟的动态效应

以上分析关税同盟的经济效果时,我们假设生产要素、科学技术及经济结构等不发生变化,因而被称为静态经济效果。实际上,关税同盟及其他区域经济一体化形式还有很重要的动态经济效果。所谓动态经济效果是指经济一体化对成员国经济结构带来的影响和对其经济发展的间接推动作用。概括来讲,关税同盟产生的动态经济效果主要体现在以下四个方面。

1. 促进生产要素的自由流动

关税同盟建立后,市场趋于统一,生产要素可以在成员国间自由流动,提高了生产要素的流动性。生产要素的投入地区从生产要素供给有余的地区转向生产要素供给不足的地区。因此生产要素得到更加合理、有效地配

置,降低了生产要素闲置的可能性。生产要素在转移中还会带来较多的潜在利益,例如劳动力的自由流动有利于人尽其才,增加就业机会,提高劳动者素质;自然资源的流动能使物尽其用;生产要素的自由流动还可以促进区域内新技术、新观念、新管理方式的传播,减少各国的歧视性政策与措施等。

2. 规模经济效应

关税同盟的重要特征是"对内自由、对外排斥"。关税同盟建立后,形成了一个统一的内部市场, 市场范围的扩大为成员国企业产品的相互出口创造了良好的条件。成员国企业出口的扩大又会促进生产发展和规模扩张,在某些特定行业可以实现比较明显的规模经济效应。而规模经济的实现会不断降低生产成本,提高关税同盟成员国企业的竞争力,特别是增强同盟内的企业对非成员国同类企业的竞争优势。这种规模经济效应和竞争优势的提高对于关税同盟成员国的长期经济增长和发展会产生明显的促进作用。

3. 竞争促进效应

关税同盟的建立为成员国企业进行更有效的竞争创造了条件。在关税同盟建立之前,许多部门可能已经形成了国内的垄断,不利于各国的资源配置和技术进步。组成关税同盟之后,由于各国市场的相互开放,各国企业面临着来自于其他成员国同类企业的激烈竞争, 从而导致所有成员国垄断市场势力的减弱,有利于资源优化配置。市场竞争程度的提高并不会减少同盟成员国企业从规模经济中获得的收益,因为关税同盟带来了足够大的市场规模,使得同盟成员国企业可以同时从规模经济效应和竞争促进效应中获益。同时,同盟成员国企业为在竞争中取得有利地位,必然会纷纷改善生产经营效率,增加研发投入,积极开发新产品或新的生产技术,从而促进技术进步。

4. 投资激励效应

关税同盟的建立意味着对来自同盟外非成员产品的排斥, 同盟外的国家为了抵消这种不利影响, 有可能会将生产点转移到关税同盟内的一些国家和地区,在当地直接投资设厂进行生产和销售,以便绕过关税同盟统一的关税和非关税壁垒。这样客观上便产生了一种投资激励效应,使得关税同盟成员国可以吸引大量的外国直接投资。外资的流入对于关税同盟成员国的经济增长、技术进步、财政收入以及解决就业等方面都会产生积极的影响。

第四章

当然，除了上述积极方面外，关税同盟的建立还可能会产生某些负面影响。首先，关税同盟的建立有可能促成新的垄断的形成。尽管关税同盟会产生竞争促进效应，但如果竞争过于激烈，则最终又可能形成新的垄断。如果关税同盟的对外排他性很大，那么这种保护所形成的新垄断又会成为技术进步的严重障碍。除非关税同盟不断有新的成员国加入，从而不断有新的刺激，否则由此产生的技术进步缓慢现象就不容忽视。其次，关税同盟的建立可能会拉大成员国之间经济发展水平的差距。关税同盟建立以后，资源和生产要素都会逐步向条件和环境比较好的地区流动，如果没有促进地区平衡发展的政策，关税同盟不同成员国以及某些成员国中的落后地区与先进地区的差别将逐步拉大，贫富两极分化现象会日益严重。

二、大市场

（一）大市场理论

大市场理论是针对共同市场而言，其目的是把被贸易保护主义分裂的孤立市场统一成一个大市场，通过市场的扩大和在大市场的激烈竞争，使生产资源在共同市场范围内重新配置，提高效率从而获得规模经济效应。系统提出大市场理论的代表人物是西托夫斯基（T.Scitovsky）和德纽（J.F.Deniau）。

该理论认为，以前各国之间推行狭隘的只顾本国利益的保护贸易，把市场分割得狭小而又缺乏弹性，使得现代化的生产设备得不到充分利用，无法实现规模经济和大批量生产的利益。只有大市场才能为研究开发、降低生产成本和促进消费创造良好的环境。总体而言，大市场具有技术、经济两方面的优势。

1. 大市场的技术优势

扩大市场范围，获取规模经济效应。在没有实现一体化之前，各国之间推行狭隘的贸易保护政策，把国内市场封闭起来，企业面对的是细小且缺乏适度弹性的市场。大市场理论就是要打破贸易保护主义的短期行为，把分散的、孤立的、缺乏联系的封闭市场统一起来，大规模的市场可实现大批量生产、专业化分工和新技术的广泛应用,进而获得规模经济效益。

2. 大市场的经济优势

(1)加剧竞争,降低成本。实现规模生产和专业化生产虽然可以大幅度降低生产成本,但对于一个狭小市场来说效果并不会很明显,如果再加上政府等采取的各种保护措施,那么成本是降不下来的,因此只有建立大市场才能达到大幅度降低生产成本的目的。大市场可以提供大量的竞争机会,可以破除限制自由竞争的各种技术和管理条例上的障碍,使企业脱离国家的保护伞,在竞争力的驱使下千方百计提高生产效率,实现规模经营,降低成本。

(2)实现资源合理配置。大市场不仅可以使最先进、最经济的生产设备得以充分利用,还可以使生产要素自由流动,使资源配置更加合理。低工资对资本的吸引,优厚的劳动条件对劳动力的吸引,以及大市场内部开业的自由,将导致成员国之间生产要素的相互转移和利用达到空前规模,使它们之间的合作与分工有更大的发展。这无疑会对大市场中各成员国的经济起到巨大的促进作用。

(二)进入大市场的国家应具备的条件

大市场的发展方向是贸易自由化。要加入此行列,各成员国需要在很多方面具有一定的一致性。多数学者认为,这种一致性应该是地理上接近,发展水平、收入水平、文化水平等大致相同。如果将众多的、具有同等经济发展水平、处于同样社会发展阶段、财政资源大体一致的国家和地区的各自狭小的市场合并为一个大市场,那么就不会在竞争方面产生重大的差异,资本与人力的自由流动问题就可以在所有成员国之间得以实现并发挥其优势。反之,如果各国或地区在生活水平和经济增长方面存在巨大差异,那么市场的扩大、自由竞争和劳动分配原则的实施不仅不能促进各国间的平衡,反而会加剧原来的差距。

大市场理论强调的是经济和激化竞争,规模经济是大市场的结果,为了获得这个结果只能通过自由竞争,而大市场为激化竞争创造了条件。因此,大市场理论反映了自由贸易的思想。

三、协议性国际分工原理

协议性国际分工原理是日本著名学者小岛清在他 1975 年出版的《对外贸易论》一书中首次提出的。他认为在经济一体化组织内部如果仅仅依靠比较优势原理进行分工,不可能完全获得规模经济的好处,反而可能会导致各国企业的集中和垄断,影响经济一体化内部分工的和谐发展及贸易的稳定。因此必须实行协议性国际分工,使竞争性贸易尽可能保持稳定,并促进这种稳定。

所谓协议性国际分工,是指一国放弃某种商品的生产并把国内市场提供给另一国,而另一国放弃另外一种商品的生产并把国内市场提供给对方,即两国达成互相提供市场的协议,实行协议性分工。亦即这种分工不是通过价格机制自动实现的,而是通过贸易当事国的某种协议加以实现的。

以前的国际经济学所讲的只是在成本递增下通过比较优势形成的国际分工和平衡,而对成本递减或成本不变的情况却没有提及。但世界经济的客观现实证明,成本递减是一种普遍现象,经济一体化的目的也在于通过市场扩大化而实现规模经济,这实际上也是成本长期递减问题。下面介绍以成本长期递减为理论基础的协议性国际分工原理。

图 4-2 所示的是 A 国和 B 国 X、Y 两种商品的成本递减曲线,其中纵轴表示两国分别生产两种商品时的成本。现假定 A 国和 B 国达成互相提供市场的协议,A 国要把 Y 商品的市场、B 国要把 X 商品的市场分别提供给对方,即 X 商品全由 A 国生产,并把 B 国 X2 量的市场提供给 A 国;Y 商品全由 B 国生产,并把 A 国 Y1 量的市场提供给 B 国。两国如此进行集中生产,实行专业化之后,如图 4-2 中虚线所示,两种商品的成本都明显下降。但这仅仅是每种商品的产量等于专业化前两国产量之和的情况, 如果同时考虑随着成本的下降所引致的两国需求的增加,实际效果将更大。

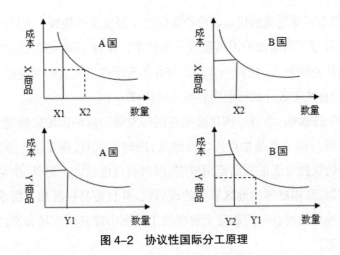

图 4-2 协议性国际分工原理

应注意到以上的分工方向,并不是因为 X 商品在 A 国的成本较低,Y 商品在 B 国的成本较低,即不是由比较成本的价格竞争原理决定的。"根据图 4-2 的成本曲线,A 国在封闭经济下 X 产品的国内产量为 X1,B 国为 X2,A 国 X 产品的生产成本在国际分工以前高于 B 国,B 国 Y 产品的生产成本在国际分工以前则高于 A 国。"这就是说,尽管 X 商品与比较优势竞争原理所示的方向相反,但是若能互相提供市场,进行协议性分工,就可以实现规模经济,互相买到低廉的商品。

由上面的分析可以看出,为了互相获得规模经济的好处,实行协议性国际分工是非常有利的。但达成协议性分工还必须具备下列条件:

(1)两个或两个以上国家与地区的资本劳动禀赋比例差异不大,工业化水平和经济发展阶段大致相等, 协议性分工的对象产品在每一个国家或地区都能生产。在这种条件下,互相竞争的各国之间扩大分工和贸易,既是关税同盟理论的贸易创造效果,也是协议性国际分工理论的目标。然而,在要素禀赋比例或经济发展阶段差异较大的国家间, 某个国家可能由于比较成本差异较大或实现完全专业化,那么比较优势原理仍起主导作用,则并无建立协议性国际分工的必要。

(2)作为协议性分工对象的商品,必须是能够获得规模经济的商品,一般是重工业、化学工业的商品。

(3)每个国家自己实行专业化的产业和让给对方的产业之间没有优劣势

之分,否则不容易达成协议。这种产业优劣主要决定于规模扩大后的成本降低率和随着分工而增加的需求量及其增长率。在每个国家或地区生产 X、Y 商品的利益差别不大。任何一方的让与并不至于产生太大的利益损失。也就是说,在没有优劣之分的产业间容易达成协议。

上述条件表明,经济一体化必须在同等发展阶段的国家之间建立,而不能在工业国与初级产品生产国之间建立;同时也表明,在发达工业国之间,可以进行协议性分工的商品范围较广,因而利益也较大。另外,生活水平和文化等类似、互相毗邻的地区容易达成协议,并且容易保证相互需求的均衡增长。这种理论可在一定程度上解释拉丁美洲中部共同市场和原经互会国家间的分工。

第三节 国际经济一体化组织的实践

国际经济一体化组织已经有几百年的历史了,最早的国际经济一体化组织是原普鲁士的各个城邦组成的同盟。现代的国际经济一体化组织开始于二战结束以后,目前已遍布世界各地。根据经济一体化组织成员国的经济发展水平,可以将国际经济一体化组织分成三种类型,即发达国家之间的经济一体化组织、发展中国家之间的经济一体化组织、发达国家与发展中国家之间的经济一体化组织。

一、发达国家之间的经济一体化组织

发达国家之间的第一个经济一体化组织是由西欧的三个小国——比利时、卢森堡、荷兰三国在二战以后建立起来的比卢荷经济联盟。三国不仅取消了相互关税,建立了共同对外关税,还协调了经济政策。比利时和卢森堡两国还将货币定为等值,在对方国家可以流通。

欧洲的区域经济一体化组织的引人注目之处是 1958 年 1 月 1 日正式启动的欧洲经济共同体。1951 年,西欧各国为防止欧洲再度成为世界大战的

策源地,法国、联邦德国、意大利、比利时、卢森堡和荷兰六国决定,建立欧洲煤钢共同体,其目的是将各国的战略物资煤和钢的生产集中起来,避免成为战争的、特别是德国再次发动战争的物质条件。这些物资的集中也有助于各成员国经济的迅速恢复。煤钢共同体经过几年的运行取得了良好的效果。1957年6国又签署了建立欧洲经济共同体和欧洲原子能共同体条约。从欧洲经济共同体的目标看,它规定自1958年1月1日开始,经过10年的努力,建立关税同盟,其长远目标是建立经济联盟。

欧洲经济共同体经过多年的发展,成员国对内部市场的依赖性逐步增强,据统计,各成员国对内部市场的依赖性均在50%以上,其吸引力不断增强。1973年共同体接纳了英国、爱尔兰和丹麦加入欧洲共同体;1981年接纳希腊为第十个成员国;1986年准许西班牙和葡萄牙加入欧洲共同体;1995年又批准奥地利、瑞典和芬兰加入,使该一体化组织的成员国扩大到15个。2004年5月1日,波兰、捷克、斯洛伐克、匈牙利、爱沙尼亚、立陶宛、拉托维亚、斯洛文尼亚、马耳他、塞浦路斯10个国家加入欧盟,欧盟成为一个人口总数达到4.5亿,人均国民收入水平为25000美元的大市场。2007年,罗马尼亚和保加利亚加入欧盟。

欧洲共同体在成员国不断增加的同时,也在逐步加深一体化的水平。1985年,欧洲共同体提出在1992年底以前,建成统一欧洲大市场,实现商品、劳务、资本和人员的自由流动,建立真正的"共同市场"。经过7年的努力,这一目标基本上实现了。

欧洲共同体在推进市场一体化的过程中又提出新的目标。1991年12月9日和10日,12国在荷兰的马斯特里赫特举行第46届首脑会议,签订了《马斯特里赫特条约》。该条约分成两部分,一部分是《经济与货币联盟条约》,另一部分是《政治联盟条约》。《经济与货币联盟条约》的最终目标是,成员国间形成经济与货币联盟,协调各成员国的经济政策,建立欧洲统一货币——"欧元",建立统一的"欧洲中央银行"。该条约自1994年1月开始正式实施。按照其时间表的规定,1999年"欧元"要进入流通,经过3年的过渡,2002年欧元正式代替各参加货币联盟成员国的货币,实现"单一货币"的目标。2002年1月1日欧元正式发行,替代欧元区各国货币。经过1年多的波动,后续运行良好。

　　在欧洲,除了现在的欧盟之外,1960 年成立的"欧洲自由贸易联盟"也相当重要。在欧洲共同体建立前后,以英国为首的 7 国,即英国、丹麦、瑞典、瑞士、挪威、奥地利、葡萄牙 1960 年 1 月 4 日签订了《建立欧洲自由贸易联盟公约》,决定组建欧洲自由贸易联盟。同年 5 月 3 日起正式生效。1970 年 3 月冰岛成为第八个成员国,1961 年芬兰和列支敦士登成为该组织的联系国。1973 年,由于英国和丹麦加入欧洲共同体,欧洲自由贸易联盟的成员国还有 6 个。1972 年 7 月,自由贸易联盟与欧洲共同体签订了《建立大自由贸易区条约》,决定从 1973 年 4 月 1 日开始,经过 5 年的过渡,完全取消相互关税。

　　20 世纪 80 年代中期以后,欧洲共同体决定向统一大市场迈进,迫使欧洲自由贸易区作出选择,是留在大市场之外,还是与欧洲共同体联系起来？经过反复考虑,再加上冷战的结束,以及欧洲形势的变化,1992 年 5 月,欧洲自由贸易联盟与欧洲共同体签订了《欧洲经济区条约》,从 1993 年起,5 年内分阶段逐步实现经济区内的商品(不包括农产品)、劳务、资本和人员的自由流动,从而使欧洲统一大市场具有了 19 个成员国了。

　　2008 年全球金融危机以后,欧盟的一体化进程出现了挫折甚至倒退。由于欧洲债务危机的影响,欧洲经济在金融危机后恢复较为缓慢。欧盟和欧元区的经济复苏步伐明显落后于美国等其他发达经济体。经济一体化带来的劳动力自由流动在经济不景气的背景下导致了社会矛盾的加深。2012 年,为增强抵御欧元区主权债务危机的能力, 欧盟引入永久性欧洲稳定机制(ESM)。但是在 2016 年,英国根据全民公投结果选择退出欧盟,在进入欧盟四十余年后选择脱欧。这无疑是欧盟国际经济一体化进程中的重大挫折,也为欧盟的未来长远发展带来了一定的不确定性。

二、发展中国家之间的经济一体化组织

　　早在 20 世纪 60 年代初期, 发展中国家之间的国际经济一体化组织就产生了。1960 年中美洲的哥斯达黎加、萨尔瓦多、危地马拉、洪都拉斯和尼加拉瓜 5 国签署了《中美洲共同市场条约》,规定对内实行自由贸易,对外贸易

中90%的商品实施共同关税。其目标是平衡地区发展,实现工业化,但由于市场规模有限,合作领域较少,效果欠佳。1990年6月5日,5国总统会晤并达成协议,决定确立一种地区支付手段,统一对外贸易关税率,简化本地区海关和移民手续,促进地区贸易发展。同年8月,5国又决定逐步取消关税壁垒,自1992年起建立中美洲自由贸易区。

拉丁美洲自由贸易协会成立于1960年,1980年改名为"拉丁美洲一体化协会"。其成员国有阿根廷、巴西、智利、墨西哥、巴拉圭、秘鲁、乌拉圭、哥伦比亚、厄瓜多尔、委内瑞拉和玻利维亚。其宗旨是:促进本地区经济和社会一体化协调、均衡地发展;推动该组织与其他拉美国家和一体化组织的团结合作,逐步加快拉美共同市场的进程。

安第斯条约组织是1969年成立的。创始国有玻利维亚、哥伦比亚、智利、厄瓜多尔和秘鲁。1973年委内瑞拉加入,1976年智利退出。该组织的宗旨是,充分利用本地区的经济资源,促进成员国之间的平衡和协调发展,取消成员国之间的关税壁垒,组成共同市场。在成立后的20年里,由于多数成员国采取内向型经济,一体化进程比较缓慢。20世纪末期,各国有意加强合作,1989年11月举行了首脑会议,决定经过五年的努力,1995年底建成"安第斯自由贸易区"。在1990年11月的首脑会议上,又将自由贸易区建成的时间提前到1991年。1995年,形成对外关税统一、资本自由流动和经济政策协调的"安第斯共同市场"。

南方共同市场是20世纪90年代酝酿建立的国际经济一体化组织。1991年3月26日,阿根廷、巴西、乌拉圭和巴拉圭4国总统签订了《亚松森条约》,决定于1994年底建成南方共同市场。它规定,1994年12月31日之前,各成员国之间要取消关税和非关税壁垒,实现商品和劳务的自由流动;确立共同对外关税,制定共同贸易政策。同时协调各国的宏观经济政策,以及工农业、税收、货币及汇率等方面的政策与有关立法。

在亚洲,东南亚国家联盟特别突出,该一体化组织成立于1967年8月8日。印度尼西亚、马来西亚、菲律宾、新加坡和泰国根据曼谷会议通过的《东南亚国家联盟宣言》决定建立"东盟",1984年文莱加入,1996年越南和老挝加入,1997年缅甸加入。东南亚国家联盟起初的宗旨是,在"经济、社会、文

第四章

化、技术、科学和行政管理领域内,加强合作和互助"。在东盟成立的前 9 年里,经济方面的合作较少。20 世纪 70 年代中期以后,东盟各国加强了经济合作,成立了一系列的经济合作的组织机构。80 年代中期以后,东盟各国认为,有必要加强区域经济合作,提高合作的层次。1992 年 1 月 28 日,东盟首脑会议发表了《1992 年新加坡宣言》《东盟加强经济合作框架协议》和《有效普惠关税协定》,决定从 1993 年 1 月 1 日起,将工业制成品、农业加工品和生产设备三大类共 15 种产品的关税逐步降低,在 15 年内建立自由贸易区,此后这一时间表又提前至 10 年内。目前东盟作为一个经济一体化组织在国际上非常活跃,在促进本地区和地区间贸易自由化方面做了大量的工作。

在非洲,受欧洲共同体影响,许多非洲国家愿意加入某种形式的区域经济一体化组织或地区经济合作组织。主要的经济一体化组织有:1964 年成立的中非关税和经济联盟,是根据喀麦隆、中非共和国、刚果、乍得和加蓬 5 国首脑会议上签订的《中非关税和经济联盟条约》建立的。其宗旨是,实现成员国关税和税收制度合理化和协调一致,建立关税同盟,以促进地区经济的一体化。此外,20 世纪 60 年代中期至 70 年代,非洲大陆相继出现了马格里布常设协商会(1964 年)、东非关税同盟(1967 年)、南部非洲关税同盟(1969 年)、西非经济共同体(1974 年)、西非国家经济共同体(1975 年)。由于各国经济发展水平较低,相互合作的内容有限,凝聚力较差,缺乏实质性发展推进。

在阿拉伯国家也有一些区域经济一体化组织,如阿拉伯经济联盟理事会。1963 年 6 月,阿拉伯经济委员会通过了《阿拉伯经济统一协定》,决定建立阿拉伯经济联盟理事会,其目标是为分阶段实现阿拉伯联盟各成员国的经济一体化提供一种灵活的组织形式。该协定于 1964 年 5 月 30 日生效。其成员有:吉布提、埃及、伊拉克、约旦、科威特、利比亚、毛里塔尼亚、巴勒斯坦解放组织、索马里、苏丹、叙利亚、阿联酋、阿拉伯也门共和国、也门民主共和国。阿拉伯共同市场是成立于 1964 年的区域经济一体化组织。其成员国有:埃及、伊拉克、科威特、约旦和叙利亚,但由于种种原因没有能够有效实施。

尽管发展中国家之间的经济一体化组织较多,但是由于它们之间经济结构大体相近,发展水平较低,合作内容有限,因此向心力不强,取得较好发展和实施效果的并不多。

三、发达国家与发展中国家之间的经济一体化组织

20世纪80年代以来,发达国家与发展中国家之间的经济一体化或市场一体化组织也开始萌芽,正在引起人们的关注。从理论上看,发达国家与发展中国家之间难以建立经济一体化组织,其主要原因是经济发展水平的差距较大,难以相互照顾。然而现实中却出现了北美自由贸易区。北美自由贸易区发端于1988年。为抵消欧洲统一大市场给美国和加拿大可能带来的消极影响,促进多边贸易谈判取得实质性进展,1988年美国和加拿大签订了《美加自由贸易区协定》,规定自1989年1月1日开始,经过10年的过渡,实现美加之间商品的自由流动。对此,墨西哥的反应是,加紧与美国实现美墨自由贸易区的谈判。在此情况下,三国领导人于1991年在多伦多举行第一次会议,决定建立北美自由贸易区。经过一系列的谈判,1992年8月12日3国正式签订了《北美自由贸易协定》,1993年7月又签署了《北美自由贸易的补充协定》。协定规定,从1994年1月1日起,经过15年的过渡,三国相互取消关税,实现商品和劳务的自由流动。为防止转口贸易的发生,三国规定了比较严格的原产地规则。

北美自由贸易区是一个包括4.2亿人口、11.4万亿美元国内生产总值的区域经济一体化组织。各成员国均可从自由贸易区内获得经济利益。根据加拿大学者的一项研究结果,从北美自由贸易区中得利最大的成员国是墨西哥,其次是加拿大,经济上得利最少的是美国。北美自由贸易区建立后总体上发展较为顺利。

四、国际经济一体化组织的绩效

从各类国际经济一体化组织的运行情况看,比较成功的是发达国家之间的经济一体化,发展中国家之间的经济一体化相对而言效果不显著,对发达国家与发展中国家之间的经济一体化还难下结论,从发展势头看优于发

第四章

展中国家之间的经济一体化。

　　发达国家之间经济一体化成功的原因主要有三点。第一,各国经济发展水平比较接近。成员国经济发展水平接近,有助于相互之间协同前进,避免因相互牵制阻碍一体化的进程。经济发展水平接近,使各国的需求结构相近,从而有助于各成员国部门内或产业内贸易的发展,实现规模经济。经济发展水平接近有助于发展成员国之间的差异产品贸易。第二,各成员国对一体化组织内部市场依赖性的不断加强,是一体化组织不断发展的重要推动力。各国相互取消贸易障碍,有助于相互贸易的发展,因而各国对一体化组织内部市场的依赖性就会增强,而各成员国对内部市场的依赖性越强,就越希望内部市场的稳定和贸易障碍的减少,所以成员国对内部市场的依赖性越强,经济一体化组织升级的可能性越大。欧洲共同体就是在成员国对内部市场依赖性不断提高的基础上,将经济一体化向纵深推进的。相反,如果一个经济一体化组织的成员国对内部市场的依赖性较差,而且随着贸易的发展,各成员国对外部市场的依赖性却在加强,那么这些国家会选择诸如自由贸易区之类低等级的经济一体化组织,而且这类组织也不会随着时间的推移而升级。甚至在一体化组织内部市场吸引力较差的情况下,一体化组织会解散,或其中的某些成员国会退出。第三,发达国家之间的经济一体化根本上是市场的一体化。这种一体化的模式是与它们的经济体制相适应的。在市场经济条件下,政府的主要作用是通过经济杠杆干预经济,为市场经济的顺利运行创造条件。区域内部市场的建立,就是政府为强化企业竞争,扫除市场销售的障碍,促进企业发展创造的外部环境。

　　发展中国家之间经济一体化组织的失败或发展缓慢也有其客观和主观方面的原因,主要有三点。第一,一些发展中国家经济发展水平太低,因而尽管成员国之间有良好的相互合作的愿望,但是没有在经济上相互往来的物质基础。第二,如果各国在经济发展战略上是进口替代或内向型经济发展,那么这本身就排斥了成员国之间经济相互依赖不断增强的可能性。第三,在实行开放经济的国家,它们对发达国家市场的依赖程度超过对一体化组织内部发展中国家市场的依赖程度。在此情况下,发展中国家不可能将大部分精力放在营造一体化市场上,这就决定了它们所组建的经济一体化组织不可能是高级形式的，即使有时名义上是高级的，也会名不符实。由此可见，发展中国家经济一体化要存在和发展需要具备三个条件。一是各成员国经济要有一定程度的发展，以使各国有建立经济一体化组织的物质基础，从而具备成员国间实行产业间或产业内国际分工的条件。二是发展中国家之间经济一体化的发展有赖于增大成员国内部市场的吸引力。在这方面，东南亚国家联盟的发展就是一个比较成功的例子。三是发展中国家经济一体化模式的选择不能脱离发展中国家经济发展的实际。发展中国家处在经济发展的过程中，经济的工业化是各发展中国家的必由之路。因此发展中国家的经济一体化要围绕着经济发展展开，所以它不可能照搬发达国家经济一体化的模式。对发展中国家来说，似乎应该建立一个以地区分工为基础的、开放的、生产的协议分工和市场一体化有机结合的区域经济一体化组织。

从目前来看，发达国家与发展中国家之间的经济一体化还是一种新现象。参加这种类型一体化组织的发达国家和发展中国家可以分别得到自己追求的那部分经济利益(也有某种政治利益)。对发达国家而言，它可以充分利用发展中国家的廉价劳动力和比较丰富的自然资源，以降低生产成本，增强其产品在国际市场上的竞争力，并获得稳定的内部市场。从目前来看，机制化的经济一体化组织都具有某种排他性，这种排他性意味着，在一体化组织内部市场上，发达的成员国与发达的非成员国相竞争时，成员国会占据较大的优势，以及获得选择最佳投资地点的便利。区域一体化组织建立以后，成员国获得了在各成员国选择投资场所的便利条件，有助于一体化组织从总体上有效地使用其经济资源。对发展中国家而言，它获得了比较稳定的劳动密集型产品的市场，因而有助于其对外贸易的扩大，进而促进该国的经济发展；通过参加区域经济一体化组织还有利于外资的引进，这种外资的引进，一方面可以弥补经济发展资金的不足，另一方面可以创造更多的就业机会；最后发展中国家还可以借助经济一体化组织从发达国家获得比较先进的技术。

从国际贸易理论的角度看，发达国家与发展中国家之间的经济一体化兼顾了产业间分工和产业内分工的优点，这两种分工分别为发达国家和发展中国家提供了贸易发展的条件。在欧洲联盟那里，两种分工的相互补充是

第四章

依靠欧盟的联系国制度实现的。由此可见,发达国家与发展中国家之间的经济一体化组织是比较有前途的。

五、亚太经济合作组织

亚太经济合作组织成立于 1989 年。为适应各国经济日益国际化和区域经济一体化的趋势,在日本、澳大利亚、韩国等国家和地区的倡导和支持下,亚太地区组建了区域经济的合作组织。亚太经济合作组织不是一个严格的国际经济一体化组织。它是在承认该地区经济体制、经济发展水平、贸易和投资自由化、多元化、差异化的前提下,建立起来的地区经济合作组织。1989年成立时,有 12 个成员(马来西亚、泰国、新加坡、菲律宾、印度尼西亚、文莱、韩国、日本、美国、加拿大、澳大利亚和新西兰)。1991 年中国作为主权国家,中国台湾、中国香港作为地区经济体参加。后来墨西哥、巴布亚新几内亚、智利、秘鲁、俄罗斯和越南参加进来,现有 21 个成员的经济体。这 21 个成员经济体的人口占世界总人口的 40%,国内总产值占全球的 56%,贸易额占世界总贸易额的 48%,在世界上具有举足轻重的地位。

亚太经济合作组织的基本目标是:①维持本地区经济的增长和发展,以对世界经济的增长和发展做出贡献。②通过商品、服务、资本和技术的自由流动,加强经济的相互依赖,促进本地区和世界经济福利的提高。③在兼顾亚太地区经济利益和其他地区经济利益的基础上,推进和加强多边贸易体制。④在关税和贸易总协定(世界贸易组织)的框架之下,减少成员经济体之间的商品和服务贸易的障碍。

亚太经济合作组织运行的基本原则有 4 个:①开放性。亚太经济合作组织奉行"地区开放主义",不搞排他性的贸易集团。它主张在本地区实现贸易投资自由化的基础上,坚持实行非歧视性原则。不但成员经济体享受贸易和投资自由化的成果,非成员也可获得同等待遇。②灵活性。亚太经济合作组织承认各成员经济体发展水平、发展战略和部门优先顺序的差别,根据客观实际,在经济合作中实行灵活性原则。比如,它规定发达的成员经济体在2010 年以前实现贸易投资自由化,发展中成员经济体在 2020 年以前实现贸易投资自由化。③渐进性。亚太经济合作组织认为,它们所追寻的目标不是一夜之间就可以完成的,必须循序渐进,才能水到渠成。④单边行动和集体行动相结合。亚太经济合作组织提出,在协商一致的共同目标下,由成员国自主自愿采取单边行动和坚决执行集体行动的方式推进贸易和投资自由化。

尽管亚太经济合作组织的初衷是贸易和投资自由化,但是由于它是发达经济体与发展中经济体进行经济合作的组织,成员经济体之间的技术经济合作也是十分重要的。亚太经济合作组织认识到经济合作的重要性,提出贸易和投资自由化、贸易和投资便利化,以及经济技术合作是亚太经济合作组织经济合作的三大支柱。

亚太经济合作组织每年通过比较频繁地召开各种会议,增进成员经济体之间的相互了解,寻求推进贸易投资自由化与经济合作的领域和途径。1989 年成立时,规定每年召开一次部长级会议。从 1993 年开始,增加了每年召开一次各成员经济体领导人非正式会议的安排。1989 年、1990 年、1991 年和 1992 年的部长级会议分别在澳大利亚、新加坡、韩国和泰国举行。这些会议主要探讨了实现贸易投资自由化和技术转让的问题,带有"论坛"的性质。1993 年部长级会议在美国召开,同时召开了亚太经济合作组织成员经济体第一次领导人非正式会议。在《亚太经合组织领导人经济展望声明》中,号召实现本地区贸易投资自由化,实行开放的地区主义。1994 年在印度尼西亚的雅加达会议上,领导人会议发表了《茂物宣言》,提出了发达经济体和发展中经济体实现贸易和投资自由化的时间表。1995 年在日本大阪领导人会议上发表了《亚太经合组织经济领导人行动宣言》,声称亚太经合组织经济合作的三大支柱是贸易和投资自由化、贸易和投资便利化和经济技术合作,并且提出了《执行茂物宣言的大阪行动议程》,要求各经济体准备单边和集体行动计划,提交 1996 年的马尼拉会议审议。在 1996 年的马尼拉经济领导人会议上,宣布并通过了《马尼拉行动计划》,规定从 1997 年 1 月 1 日开始执行。1997 年召开的加拿大温哥华领导人会议,审议了各经济体贸易自由化的优先部门选择,提出了推进服务贸易自由化问题。1998—2004 年各年度的会议,基本上都是重申推进贸易自由化与合作的意愿,实质性合作的内容非常有限。2003 年以来,在亚太地区出现了机制性一体化不断涌现的形势。美国与新加坡、澳大利亚与泰国、中国与东盟 10 国等自由贸易区协议相继签署。从一定程度上说,反映出各国追求区域经济实质性合作的倾向性,而且合作的成员也表现出强烈的务实特征。

中国积极参加亚太经济合作组织的各项活动,作出了许多努力。1995 年和 1997 年先后两次自主地、大幅地降低进口商品的关税,还承诺 2000 年以前将进口的平均关税降到 15%左右。中国加入世界贸易组织以后,积极践行承诺, 关税水平已经降到 10%以下。在服务贸易自由化和技术经济合作方面,中国也发挥着积极的作用。例如,中国主办了 2014 年亚太经济合作组织领导人非正式会议,并以"共建面向未来的亚太伙伴关系"为会议主题。2018年, 国家主席习近平在巴布亚新几内亚首都莫尔兹比港出席亚太经合组织工商领导人峰会并发表题为《同舟共济创造美好未来》的主旨演讲。

第四节　国际经济一体化对世界经济的影响

一、国际经济一体化对成员国和非成员国经济贸易的影响

区域经济一体化对区域内成员国和区外非成员国乃至整个世界经济贸易都有很大影响。

(一)对区内成员国经济贸易的影响

1. 区域经济一体化促进了一体化组织成员国之间经济贸易的增长

区域经济一体化组织成立后,通过减免关税、取消数量限制、削减非关税壁垒,形成区域性的统一市场,加强了区域内商品、劳务、资本和技术等生产要素的自由流动;集团内国际分工向纵深发展,使经济相互依赖加深从而使区域经济一体化组织内成员国间的贸易迅速增长, 集团内部贸易在成员国对外贸易总额中所占比重也明显提高。例如, 欧洲共同体在 1958—1969年建立关税同盟的过渡期中,对外贸易总额平均增长 11.5%,其中成员国间

的内部贸易额的增长速度达 16.5%。20 世纪 50 年代至 70 年代,欧洲共同体内部贸易额占成员国对外贸易总额的比重从 30%上升到 50%。80 年代,区内贸易从 1982 年的 55%提高到 1988 年的 62%。90 年代,欧洲共同体区域内贸易额进一步增长,到 1993 年上涨到 69.9%。

2. 区域经济一体化提高和增强了区域经济贸易集团在国际贸易中的地位和谈判力量

经济一体化组织的建立,对成员国的经济发展起到了一定的促进作用,区域经济一体化使得原来一些单个经济力量比较薄弱的国家以整个集团的姿态出现在世界经济舞台上,其经济实力大大增强,经济地位明显提高。由于其地位的提高和竞争能力的加强,加重了这些国家在国际贸易谈判桌上的分量,在一定程度上维护了它们的贸易利益。

3. 区域经济一体化促进了区域内部国际分工的深化和技术合作的加强,加速了产业结构的优化组合

经济一体化的建立有助于成员国之间科技的协调与合作。在当代世界经济的竞争中,科学技术的研究与开发成为各国竞争的焦点,经济一体化促进了区域内的科技一体化,使得成员国在许多单纯依靠本国力量难以胜任的重大科研项目中可以通过合作来实现。

另外,经济一体化创造了自由贸易和共同市场,给区域内企业提供了重新组织和提高竞争能力的机会与客观条件。通过兼并或企业间的合作,促进了企业效率的提高,实现了产业结构的高级化和优化。

区域经济一体化对成员国的影响主要是积极的,但也有消极的一面。第一,加速了区域内部资本的集中和垄断。贸易自由化和市场一体化加剧了成员国间市场的竞争,优胜劣汰,一些中小企业遭到淘汰或被兼并。同时,大企业在市场扩大和竞争的压力下,力求扩大生产规模、增强资本实力,趋向于结成或扩大一国的或跨国的垄断组织,于是造成资本流动在成员国间加快。政府一方面为了追求规模经济效益,另一方面也为了增强应对来自其他国家和经济集团资本的竞争力,制定了一些政策措施加速了资本的集中和垄断。第二,成员国经贸政策的自主权相应受到约束。区域经济一体化的建立都是以国家放弃某些权利为前提的,在区域经济一体化之前,各成员国的贸

易政策具有自主性,基本由自己决定和实施。但区域经济一体化之后,区域协调必然会渗透到各成员国经贸政策的制定过程之中,从而在一定程度上缩减了成员国自己的经济自主权。例如,成员国的进出口管理体制、外汇体制、产业政策及有关的经济体制和政策的制定,都要遵守区域性安排中的法规和规范,承担相应的义务,并不断协调彼此间的实施步伐和利益分配。随着经济一体化程度的不断深化,成员国的经济自主权将愈趋缩减。

(二)对区域非成员国经济的影响

区域性经济集团对非成员国的影响更多的是不利的。

1. 区域经济一体化通过贸易创造和贸易转移效应改变了商品和要素流向

扩大成员国之间的内部贸易是以牺牲与非成员国的部分贸易为代价的,使得非成员国国家本可以进入区内的商品和劳务受到严厉的保护主义的打击,这反映了其固有的排他性和歧视性。随着经济一体化的深化和扩大,世界范围的贸易保护主义将随之加强,这将使区外发展中国家的贸易环境恶化。

2. 区域经济集团化改变了国际直接投资的地区流向

由于贸易转移的影响,原来以出口方式进入市场的外国跨国公司,因受到歧视而改为以直接投资取代出口,在一体化区域内部直接生产。这样可以绕过进口国的关税与非关税壁垒,以保护通过出口所占领的市场。这是因为,虽然区域一体化并没有提高对非成员国商品的关税率,但由于成员国内部之间取消关税,就会使非成员国的跨国公司与成员国的跨国公司相比处于竞争劣势。只有投资于区域集团内部以享有国民待遇,才能使非成员国的跨国公司的劣势得以消除,进而保护其传统市场。显然,流入的外国直接投资是从世界其他地区潜在的投资转移来的,所以一体化区域内外国直接投资的增加,意味着一体化区域外投资的相应减少。这样,广大发展中国家发展经济贸易急需的资本不能引进,大大加剧了其国内资金短缺的矛盾,严重地阻碍了其经济贸易的发展和竞争能力的提高,使南北经济差距进一步拉大。

3. 区域经济一体化不利于多边贸易体系的改进和完善

世界经济区域一体化的趋势将使若干个实力相当或相近的区域性经贸

集团出现在世界经济的大舞台上。可以预计,在它们之间竞争与合作并行不悖。这样,现在的国与国之间的协调将转化为区域与区域之间的国际协调。相比之下,由于经济贸易集团具有错综复杂的利益格局,而任何一种国际协调都不可能完全符合各国的经济利益,因此不可避免地会出现反对国,国际协调将受到重重阻力,不能完全或顺利地贯彻。

区域经济一体化对非成员国的经济贸易活动也有一定的积极影响,例如区域性集团实现内部经济一体化,其成员国自身会增强经济活力,促进经济加速发展,扩大对外需求,这就为各国的经济发展提供了更多的机遇。此外,由于区域经济一体化在技术开发领域创造的新成果也会向外扩散,使得非成员国家也可获益。

总之,区域经济一体化具有双重性质。它是走向世界经济一体化的一个阶段,使世界各国的经济变得更加难以分割,但是又由于贸易保护的加强,使本来很紧密的世界经济分成若干个相对独立的区域,可能不利于世界经济一体化的发展。

二、国际经济一体化对国际经济格局和经济秩序的影响

通过对成员国与非成员国的经济产生不同的影响,区域经济一体化使全球的贸易格局和要素流动格局发生了变化。贸易格局的变化主要表现在两个方面:一是由一体化区域的贸易转移和贸易创造效应所引致的全球商品流动格局的变化;二是区域经济一体化所形成的集体谈判能力使全球贸易关系中实力对比发生了变化。要素流动格局的变化表现在区域集团内部的资本流动趋势增强,跨区域的资本流动也趋明显,而集团外国家尤其是欠发达国家对外资的吸引力下降。同样,技术、劳动力的流动也有类似的动向。技术转移日益内部化,在区域间日益替代商品流动而同资本相伴流向区域集团,劳动力在区域内流动的倾向得到加强。

随着区域经济一体化的全面发展,国际经济新秩序的探索也进入到一个新的时期。

第一,北北模式一定程度上使南北差距更趋扩大。纵观国际经济一体化

进程,欧盟无疑是最为成功的,它代表的是一种强强联合的所谓北北模式的区域经济一体化。参加一体化集团的都是发达的工业化国家,它们通过商品、资本、技术、劳动力四大要素的部分或者完全自由流动,形成了规模经济,以及更趋合理的产业结构和更高新的技术创新。加之宏观经济方面的协调,比如货币政策协调、汇率政策协调,使一体化迅速深化,造成南方国家进一步在贸易上丧失竞争优势,吸纳外部资金不力,在技术引进、转移方面的机会趋少,技术创新的差距更大,由此导致南北差距更加扩大。

第二,区域合作模式的发展——南北模式使南北关系的解决有可能进入一个新的阶段。以北美自由贸易区为代表的南北一体化模式,突破了原始意义上的一体化模式。它通过发达国家与发展中国家的区域内垂直分工,同样达到了规模经济,解决了发达国家资金相对过剩问题,解决了市场问题,使发达国家与发展中国家能够携手共进。

中国是国际经济一体化的积极参与者与推动者,逐渐在国际经济一体化及规则制定中发挥参与者和引领者作用。中国始终坚持开放的区域主义,倡导平等协商、广泛参与、普遍受益的区域合作框架,帮助发展中成员更多从国际贸易和投资中获益。中国在推动国际经济一体化的过程中倡导和践行建立利益共同体、责任共同体和命运共同体的主张,有利于国际经济一体化组织更好地发挥对世界经济的积极影响,并最大程度限制和避免其不利影响,促进世界经济的发展和各国福利的提升。

思考题:

1.简述国际经济一体化的内涵及其具体形式。

2.从局部均衡角度,分析关税同盟的福利效应。

3.试评价不同形式的国际经济一体化组织的绩效。

4.简要阐述国际经济一体化对世界经济的影响。

5.试结合运用图形阐释协议性分工原理。

第五章　国际分工、国际贸易与多边贸易体制

内容提要：

　　国际分工是指世界各国之间的劳动分工，它是社会生产力发展到一定阶段的产物，是国民经济内部分工超越国家界限的产物，是生产社会化向国际化发展的体现。关于国际分工产生的原因，传统的比较利益理论认为国际分工源于不同国家之间的技术差异、生产要素禀赋差异等，而现代国际贸易理论从规模经济、技术扩散和需求变动等方面来解释现代国际分工的成因。

　　国际分工在不同的发展阶段具有不同的特点，二战后国际分工进一步向纵深发展。国际加工的形式从过去的部门间专业分工向部门内专业化分工方向迅速发展，多层次产业内部分工日趋明显，多种形式的部门内分工迅速发展，企业内部分工和国际分工密切结合，国际分工结构的调整速度明显加快。

　　国际分工是国际贸易和世界市场的基础，伴随着国际分工的不断发展，现代国际贸易呈现出许多新的特点，主要有：国际贸易与经济增长之间的关系日趋密切，服务贸易迅速发展，国际贸易秩序逐步强化。但与此同时，国际贸易也出现了地区贸易发展不平衡扩大、国际贸易领域的竞争与摩擦加剧等问题。

　　为了维护国际贸易秩序，解决各国在参与国际贸易中产生的争端和摩擦，各国在签订关贸总协定的基础上，经过多年的不懈努力，建立了世界贸易组织，不断完善多边贸易体制。世界贸易组织对世界经济和国际贸易的发展做出了新的贡献，一方面，世界贸易组织为各国提供了谈判和合作的场

所,这为调节国际经济贸易纠纷发挥了更权威的作用;另一方面,较大幅度降低了关税水平,促进了货物贸易和服务贸易的自由化,维护国际贸易的有序进行。同时,实施了一些有利于发展中国家的条款,对发展中国家贸易的发展具有积极影响。

第一节 国际分工和国际贸易的理论

国际分工是跨国界的劳动分工。形成国际分工的基础和原因是多方面的,劳动的技术差异、生产要素的禀赋差异、自然资源在各国分布的不均匀,以及需求和供给结构的不同特征都会成为国际分工借以形成的基础,并推动国际分工的形成和扩展。国际贸易是跨国界的商品和服务的交换活动。国际分工是国际贸易赖以存在的基础,而国际贸易的发展又会促进国际分工的深化和发展。各国参与国际分工,进而参与国际贸易的基本动力是获取最大限度的利益。

一、古典的国际分工、国际贸易理论

古典的国际分工、国际贸易理论就是传统的比较利益理论。一般认为,它产生于 18 世纪中叶,完成于 20 世纪 30 年代。比较利益理论从两个方面说明国际分工、国际贸易产生的原因、结构和利益的分配。其一是从技术差异说明贸易的原因、结构和利益分配;其二是从生产要素的禀赋差异说明贸易的原因、结构和利益分配。本节主要阐述这些理论。

(一)技术差异论

技术差异论,是指各国在生产同一产品时劳动生产率不同所造成的国际分工和国际贸易。技术差异论分成绝对技术差异和相对技术差异两种类型。

1. 绝对技术差异论

绝对技术差异论认为,国际贸易产生于各国之间生产商品的技术水平的绝对差别;贸易是建立在国际分工的基础之上的;参加贸易的国家都可以从国际贸易中获得利益。

最早提出绝对技术差异论的是亚当·斯密。他在其所著的《国民财富的性质和原因的研究》(1776年)中就指出,既然劳动分工能够提高一国企业的生产率,按照各国劳动生产率的优势差异进行国际分工和国际贸易,一定能够提高各国和全世界的劳动生产率。

假定世界上只有两个国家,美国和中国,他们都能生产小麦和布,而且没有质量差异。现在我们进一步假定,美国如果将一个单位的劳动时间全部用来生产布,可以生产40码,如果全部用于生产小麦,可以生产100千克。中国如果将一个单位的劳动时间用于生产布,可以生产50码,如果全部用于生产小麦,可以生产25千克。

如果没有国际贸易,各国必须同时生产小麦和布,即美国和中国都需要将一个单位的劳动时间分成两部分,一部分用来生产布,另一部分用来生产小麦。我们假定,美国为满足国内的需要,用一部分时间生产70千克小麦,其余部分时间用于生产12码布。中国为满足国内的需求,用一部分时间生产15千克小麦,其余时间用于生产20码布。

在资源有限条件下, 这种产品的生产组合决定于各种商品生产所耗费的劳动量。关于这一点,我们用机会成本的理论来说明,可能更容易理解。正如我们在微观经济学中学到的,机会成本是在生产两种产品时,增加一单位某种产品的生产所放弃的另外一种产品的价值或数量。放弃另外一种产品一定数量的生产的目的是为了释放出一定的生产要素或经济资源,以生产选定的另外一种产品。在美国,如果放弃40码布的生产,就可以用全部一个单位的劳动时间生产100千克小麦。或者说增加1千克小麦的生产就得放弃0.4码布的生产。可以说增加一单位小麦生产的机会成本是0.4码布。在中国, 如果放弃25千克小麦的生产, 就可以用全部的劳动时间生产50码布。或者说,增加一单位布的生产的机会成本是0.5千克小麦。

实际上,各国的机会成本就是在封闭条件下小麦和布的国内比价。由上述假定可以推出,在美国,小麦与布的国内比价是2.5:1,在中国,这一比价为1:2。显然美国国内小麦的价格低于中国,中国国内布的价格低于美国。现在如果将美国的小麦运到中国来卖,1 单位小麦可以换 2 码布,比在美国国内多换 1.6 码布。价格差异使美国的小麦生产商产生了将小麦运到中国来卖的倾向(美国出口小麦)。从中国方面看,如果中国的生产商将布运到美国去卖,1 单位布可以换回 2.5 单位小麦,比在中国国内多换 2 单位的小麦。价格差促使中国的生产商产生了将布运到美国来卖的倾向(中国出口布)。

由此可见,国与国进行贸易的直接原因是两国同一产品的价格差。寻求较高的卖价是国际贸易产生的动力。

这种差价和贸易对各国的生产组合将产生进一步的影响,使参加贸易的国家倾向于专门生产在国外卖价较高的产品,从而形成国际分工。正如前面所述,美国在生产小麦方面劳动生产率较高,中国在生产布方面劳动生产率较高,这样美国专门生产小麦,中国则专门生产布。这种专业化分工的好处是,使参加分工的国家消费的产品量比封闭条件下的消费量要多。根据前面的例子,美国专门生产 100 千克小麦,中国专门生产 50 码布。但是两国都需要消费两种产品,这就决定了两国都需要拿出一部分产品换取自己未生产但需要消费的产品。随之而来的问题是,两国以什么样的价格相互交换产品。

这种价格确定的基本出发点是,形成的国际比价要在参加贸易的两个国家贸易前的两种商品的国内比价之间,否则其中一国可能会退出国际贸易。这意味着,任何一方卖出商品的价格不能等于,甚至低于在本国的卖价,否则厂商会选择在本国市场销售商品,而不出口。在此条件下,国际比价或两种商品的国际交换价格不能按照美国的国内比价来确定,即不能按 2.5∶1(2.5 千克小麦换 1 码布)交换。如果这样,美国的厂商就会退出国际贸易,将小麦销在国内;同样也不能按照中国的国内比价来确定国际比价,即 1∶2(1 千克小麦换 2 码布)。否则中国的布生产者将无利可图,中国的厂商也宁愿搞国内贸易。因此国际比价必须在两个参加贸易的国家两种商品的国内比价之间,只有在双方都有利的前提下,国际贸易才能够被所有的参加者(国)所接受。在我们的例子中,1∶1 的比价可能是比较好的。即 1 千克小麦换 1 码布。我们假定,美国生产 100 千克小麦,自己消费 80 千克,用 20 千克交换小麦,在 1∶1 的国际比价下,换来 20 码布。中国生产 50 码布,自己消费 30 码布,在 1∶1 的国际比价下,换来 20 千克小麦。结果是:美国消费 80 千克小麦,

20 码布；中国消费 20 千克小麦，30 码布。两国分别比贸易前多消费了小麦和布。美国比贸易前多消费 10 千克小麦和 8 码布，中国比贸易前多消费 5 千克小麦和 10 码布。显然，国际贸易使各参加国都获得了利益，两国消费的物质产品量都增加了。从这个意义上说，国际贸易是"非零和"的利益分配。

这种消费增加的根本原因来源于国际分工。在两国实行国际分工以前，全世界(美国和中国)共生产小麦 85 千克，生产布 32 码。实行国际分工以后，全世界生产 100 千克小麦和 50 码布。可见由于国际分工使各自的劳动生产率高的产品生产优势发挥出来了。因此可以说，全世界劳动生产率的提高产生于各国的技术优势得到充分的发挥。由此可以推论，在封闭的条件下，各国自给自足的生产限制了各自优势部门的发挥。各国的资源未能分配到最有效地发挥其技术优势部门中去。我们所谓的技术优势，就是各国在特定部门有较高的劳动生产率，在这里是指较高的劳动熟练程度。

这种情况，我们可以列出表 5-1 加以说明。

表 5-1　美中两国贸易前后生产、分工和利益分配情况

	中国	美国
一、贸易前		
(1)投入每单位劳动生产	50 码布或 25 千克小麦	40 码布或 100 千克小麦
(2)国内交换比价	2:1	1:2.5
(3)自给自足的生产组合	20 单位布和 15 千克小麦	12 单位布和 70 千克小麦
(4)各国消费	同生产	同生产
(5)全世界生产	32 码布和 85 千克小麦	
(6)全世界消费	同全世界生产	
二、贸易后		
(7)各国专业化生产量	50 码布	100 千克小麦
(8)假设国际价格	1:1	
(9)各国消费	30 码布和 20 千克小麦和 20 码布	80 千克小麦
(10)各国比贸易前多消费	10 码布和 5 千克小麦	8 码布和 10 千克小麦
(11)全世界生产比贸易前增加	18 码布和 15 千克小麦	
(12)全世界比贸易前多消费	同多生产	

第五章

由以上的论述可知，参加贸易的原因在于两国同种商品价格有差别，这种差价使参加贸易的双方有利可得。只要贸易的国际价格在两个参加贸易的国家贸易前的国内比价之间，参加国就可以从贸易中获利；一旦贸易固定化，各国间建立在各自技术优势基础上的国际分工就可以形成；国际分工以及由此带来的各国的技术优势的发挥，是国际贸易利益的根本来源。

2. 相对技术差异论

相对技术差异论是指用国与国之间生产同一产品的相对劳动生产率优势解释国际贸易原因的理论，是指在两国都能生产同样两种产品的条件下，其中一国在两种产品的生产上劳动生产率均高于另一国。该国可以专门生产优势较大的产品，处于劣势地位的另一国可以专门生产劣势较小的商品。通过国际分工和贸易，双方仍然可以从国际贸易中获得利益。简而言之，"两利相权取其重，两弊相权取其轻"。这一理论最早是由英国经济学家大卫·李嘉图于 1817 年在他的著作《政治经济学及其赋税原理》中提出的。劳动力的相对技术差异论指出，只要各国之间生产同一产品的劳动生产率有一定程度的差别，就会形成建立在相对技术优势基础上的国际分工。从而使亚当·斯密关于劳动力绝对技术差异的理论成为比较优势论的一种特殊形式，或者说绝对技术差异是相对技术差异的一种最直观的形式。

仍然假定世界上只有两个国家，美国和中国，他们都能生产小麦和布，而且没有质量差异。我们在这里假设中国每单位劳动投入在小麦的生产上，可以生产 20 千克，用在生产布上，可以生产 60 码布；美国的每单位劳动投入用在小麦上，可生产 60 千克，用在生产布上，可生产 80 码布。中国小麦和布的国内比价是 1:3，美国的同一比价是 1:1.333。

在封闭条件下，中国和美国必须同时生产两种产品——小麦和布。中国将一个单位的劳动时间分成两个部分，一部分用来生产小麦，另一部分用来生产布。从直观上看，美国在小麦和布的生产上，劳动生产率均高于中国，因此很难进行国际分工和国际贸易。但是如果从相对意义上看，就有所不同。首先，从美国方面看，尽管美国在两种商品的生产上劳动生产率均高于中国，但是高的程度不同。在生产小麦上，单位时间内美国比中国多生产 40 公斤；在布的生产上，单位时间内美国只比中国多生产 20 码布。其次，尽管中国在两种产品的生产上劳动生产率均低于美国,但是低的程度也不同,在小麦的生产上低 40 千克,在布的生产上只低 20 码布。从机会成本的角度看,在美国,多生产 1 单位小麦的机会成本是放弃 1.333 个单位的布,而中国多生产 1 单位小麦的机会成本是放弃 3 个单位的布;相反,中国多生产 1 单位布的机会成本是放弃 0.333 单位的小麦,而美国多生产 1 单位的布就要放弃 0.75 个单位的小麦。因此在小麦的生产上,美国的机会成本比中国低,在生产布上,美国的机会成本比中国高,或者说美国小麦的价格低于中国,中国的小麦的价格高于美国;相应地,中国布的价格低于美国,美国布的价格高于中国。这种价格差或机会成本的差别只要存在,国际贸易的动力就存在。

　　两国可以从国际贸易中获得利益这一动力,推动着中国与美国的相互贸易与国际分工。表现为,中国用全部的劳动时间生产其机会成本较低,或技术劣势相对较小的商品——布,而美国用全部的劳动时间生产其技术优势较大,或机会成本也较低的商品——小麦。中国用全部 1 个单位的劳动时间专门生产 60 码布,自己消费 30 码布,其余用来交换小麦,美国用全部 1 个单位的劳动时间专门生产 60 千克小麦,自己消费 45 千克小麦,其余 15 千克用来交换布。前面提到,国际比价确定的原则是,要使参加贸易的国家都获得利益,必须将国际比价定在两个参加贸易国家贸易前的国内比价之间。根据该原则,我们假定,国际比价为 2:1,即在美国的国内比价 1:1.333 和中国的国内比价 1:3 之间。在此国际交换比价下,美国可以用 15 单位的小麦换 30 单位的布。结果其消费组合为:中国消费 30 码布和 15 千克小麦,美国消费 45 千克小麦和 30 码布。通过贸易,两国都获得了利益。中国比贸易前多消费 5 千克小麦,美国比贸易前多消费 10 码布。

　　这种贸易利益是专业化的国际分工带来的。因为国际分工充分发挥了美国在生产小麦上的相对优势,也充分发挥了中国在生产布上的相对优势。相应地都避开了各自的相对劣势。在这里,各国专业化分工的选择不是直观上的劳动生产率方面的绝对优势,而是相对优势,即处在劳动生产率绝对优势的一方,要权衡哪种产品的劳动生产率优势较大;处在劣势的一方生产哪种产品的劣势较小。在我们假定只投入一种生产要素——劳动力的情况下,这种劳动生产率的权衡,就是相对技术差异的权衡。从这个意义上说,这种理论为相对技术差异论。从机会成本的角度分析,各国选择生产的产品就是自己机会成本较小的商品。有关贸易前后生产、价格、消费和获利情况,见表5-2。

表5-2 中美两国贸易前后的分工和利益获得情况

	中国	美国
一、贸易前		
(1)每单位劳动投入生产的产品	20千克小麦或60码布	60千克小麦或80码布
(2)国内交换比价	1:3	1:1.333
(3)自给自足的生产组合	10千克小麦和30码布	45千克小麦和20码布
(4)各国消费	同生产	同生产
(5)全世界生产	55千克小麦和50码布	
(6)全世界消费	同全世界生产	
二、贸易后		
(6)各国专业化生产量	60码布	60千克小麦
(7)假设国际比价	1:2	
(8)各国消费量	15千克小麦和30码布	45千克小麦和30码布
(9)各国比贸易前多消费量	10码布	5千克小麦
(10)全世界生产比贸易前增加	5千克小麦和10码布	
(11)全世界比贸易前多消费量	同多生产	

由相对技术差异论的阐述可以看出,即使一国处于绝对技术优势地位,另一国绝对处于技术劣势地位,通过优劣的相对分析,或机会成本的分析,国际分工和贸易的基础仍然存在,国际分工和贸易仍然可以给参加国带来物质消费水平提高的利益。

李嘉图的相对技术差异论也可以部分地解释当今世界经济技术发展水平和层次不同的国家之间进行贸易的基础,在这里,各国的技术发展水平差异也会产生各国之间的贸易。而且掌握的新技术越多,该国的贸易优势越大。然而李嘉图的相对技术差异论也有某些局限性。首先,他与亚当·斯密一样,假定资源在部门之间进行转移时,其机会成本不变。现实当中机会成本的变化会引起一系列贸易行为、贸易结构的变化。其次,他强调只有劳动要素创造价值。但现实中,生产要素的投入是多方面的,其他生产要素也会形

第五章

成产品价值的一部分。

(二)生产要素禀赋论

生产要素禀赋论,是用各国生产要素丰裕程度的差异解释国际分工的原因和结构的理论。李嘉图的相对技术差异论从各国生产同一产品时劳动生产率存在差异的角度,说明了国际贸易的原因和动力。然而国际贸易不仅是技术差异造成的。20世纪20年代,瑞典经济学家伊莱·赫克歇尔提出了生产要素禀赋理论,其学生伯蒂尔·俄林将该理论加以完善,提出了比较利益理论的另一个重要方面,即生产要素禀赋差异论。要素禀赋理论从各国生产要素丰裕程度的差异来解释比较优势的形成和国际贸易的原因,是古典派比较利益理论非常重要的组成部分。

生产要素禀赋理论的基本观点是,在各国生产要素存量一定的情况下,一国将出口较密集地使用其较丰裕的生产要素的产品,进口较密集地使用其稀缺的生产要素的产品。简言之,劳动相对丰裕的国家将会出口劳动密集型产品,进口资本密集型产品;而资本相对丰裕的国家将会出口资本密集型产品,进口劳动密集型产品。这一观点基于如下这样的推理过程:

各国生产同种产品时,其价格的绝对差异是国际贸易产生的直接原因。这是显然的。商品的价格差是国际贸易产生的利益驱动力。

这种价格的绝对差别是由生产同种产品时的成本差别造成的。价格差别的基本原因是形成价格的各项成本差构成的。

各国生产同种产品时的成本不同,是由于生产要素的价格不同造成的。假设生产 X 产品需要 2 个单位的资本和 5 个单位的劳力。在技术上,如果国家 1 和国家 2 是相同的,但是国家 1 每单位资本的价格是 6 美元,每单位劳动力的价格是 1 美元,而国家 2 每单位资本的价格是 3 美元,每单位劳动力的价格是 4 美元, 结果国家 1 每单位 X 产品的价格是 $2\times6+5\times1=17$ 美元,国家 2 每单位 X 产品的价格是 $2\times3+5\times4=26$ 美元。可见,各国生产同一产品的价格差,在这里是由生产要素的价格差造成的。

而各国生产要素的价格差是由他们生产要素的相对丰裕程度不同造成的。经济学理论告诉我们,商品和要素的价格决定于它们的供求。某种生产要素在一国相对比较丰裕时,其价格也比较便宜。相反,另一种生产要素在该国比较稀缺,则价格也比较贵。

各国生产要素的不同丰裕度和各种产品所需要的要素比例的不同（这种生产要素量的配比就是生产该产品的"要素密集度"）,使各国在生产相同产品时,分别在不同的产品上具有比较优势或成本优势。

生产要素禀赋论说明,在技术水平相同的情况下,各国生产要素的相对丰裕度是各国比较利益形成的基础。生产要素禀赋论也有其局限性。首先,这种理论仍然假定各国生产要素的质量没有差别,实际上这种差异是存在的。其次,生产要素的丰裕程度也不是固定不变的。一国可以通过不断地积累资金,由一个资本稀缺的国家逐步成为资本比较丰裕的国家,使生产要素的丰裕程度发生某种结构性的变化,从而引起该国产业结构的调整,进而引起国际分工和国际贸易的变动。因此生产要素的禀赋不是固定不变的。

(三)自然资源禀赋论、嗜好与国际贸易

国际贸易不仅产生于各国生产技术和生产要素禀赋的差异,在某些情况下是供给或需求方面的自然需要,各国自然资源的禀赋和嗜好的不同就是如此。

1. 自然资源禀赋理论

自然资源禀赋理论是指,由于各国的地理条件、气候条件以及自然资源蕴藏等方面的不同所导致的各国自然资源禀赋的差异,进而需要国际贸易调节各国间的"余缺"。对于建立在自然资源禀赋基础上的国际分工、国际贸易似乎不难理解。矿藏必须在发现它的地方开采,而各个国家不可能同时发现同样的矿产资源;靠水力来发电只有在水利资源丰富的地区或国家才可能;某些农作物只有在适于其生长的气候条件下才能种植和收获[①]。由于各国经济发展过程中所需要的资源常常是相同的,而各国的自然条件又明显不同,客观上存在着一种对国际贸易的需要,我们称之为"拾遗补缺"。在某些国家,参与国际贸易的最初动因可能就是建立在"拾遗补缺"的基础上的。

---

① 当然,随着科技的进步和人类努力,某些农作物的生产条件可以通过人工创造出来。因而人类对自然条件的依赖在一定程度上减弱了,但是现在尚未达到完全摆脱自然条件限制的程度。

自然资源禀赋论能够解释建立在单纯自然资源和气候条件基础上的商品贸易问题。从现实经济来看,这种观点对贸易现象的解释范围是有限的,随着人类认识和改造自然能力的提高,解决靠天吃饭的问题,以及摆脱自然力限制的能力在提高,以致科学技术发展到今天,许多产品对自然条件和资源的依赖已经很小了。

2. 嗜好与国际贸易

在前面的分析中,我们强调了供给方面与国际贸易之间的关系。有些情况下,需求对国际贸易起着非常关键的作用。我们会看到,即使两个国家供给方面的条件完全相同,存在嗜好等需求方面的差异也可成为互惠的国际分工、国际贸易发生的基础。

假定两个国家同样能够生产两种产品——小麦和大米,其生产可能性边界的形状和生产能力完全相同。但是其中一个国家喜食大米,而另一个国家的居民喜食小麦。在此情况下,喜食大米的国家可能米的价格较贵,而喜食小麦的国家,可能小麦就比较贵。这种市场价格的差异可能产生两种情况:一是喜食大米的国家,其生产者倾向于生产更多的大米,而喜食小麦的国家转而生产较多的小麦,从而满足各自的需要;另一个可能的结果是,喜食大米的国家将自己生产的小麦出口到国外换大米,而喜食小麦的国家可能将自己生产的大米出口到国外去换小麦。在此情况下,国际分工和国际贸易既不是由技术差异造成,也不是由生产要素的禀赋差异造成,而是由两国的嗜好,或饮食习惯的需求方面差异决定的。

二、现代的国际分工、国际贸易理论

现代国际分工理论是指 20 世纪 30 年代以后出现的用来解释国际分工、国际贸易的理论。现代国际分工、国际贸易理论从规模经济、技术扩散和需求变动等方面来解释现代国际分工的原因。

(一)规模经济与差异产品分工理论

在古典的贸易理论中,一个重要的假设是规模收益不变,且同一产业内部的产品是同质的。而在现实中,不少制造业部门的产品在技术上存在规模收益递增的情形。同时,差异产品的生产和销售在许多生产部门是一个普遍的现象。事实上,二战后建立在规模经济和差异产品基础上的国际贸易发展十分迅速。

规模经济,是指当企业或生产部门生产规模达到一定程度之后,扩大生产规模所导致的生产要素的节约或单位生产要素产出量的增加。规模经济产生于两个方面:一是外部规模经济,即一个企业的生产会由于外部的经济条件导致生产要素的节约或单位要素产出量的增加;二是内部规模经济,即企业生产规模扩大之后带来的要素节约。我们一般所谓的规模经济主要是指内部规模经济。内部规模经济产生于生产过程中耗费的固定成本会随着生产规模的扩大使分摊到每个单位产品上的成本递减,另外某些变动的生产成本也并不随着生产规模的扩大而同比例地增加。这意味着,各国在生产同样产品时,生产规模较大的产品要素生产率较高,在一定程度上就排斥其他国家从事该产品的生产。而且该国的生产规模越大,效率就越高,越是排斥其他国家从事该产品的生产。因此每个生产者都希望,在大规模生产的基础上占据优势地位。规模经济效果并非存在于所有的产业部门,它主要发生在飞机制造、船舶制造、汽车制造等重化工业部门,在这些资本品或固定资本密集的工业部门才容易形成规模经济效果。

垄断或获得某种对市场定价的控制权是所有希望获得较高利润企业的追求。一般而言,企业可以通过占有本行业生产较大部分的方法获得。但是当企业的生产规模还不足以大到可以影响全行业,或同类产品的生产价格时,企业要获得某种价格控制权还有另外一种选择,即生产差异产品。生产差异产品是生产者获得一定程度订价权的手段。一般而言,生产同质产品的厂商所生产的产品不可能将自己产品定出较高的价格。厂商要使自己的产品在市场上卖较高的价格,以获得额外利润,则必须生产差异产品。从狭义上讲,所谓差异产品是指,在设计、品牌明显不同于同质产品,且被消费者认可的产品。差异产品表现在多个方面,比如表现在产品的设计方面。内在质量相同的产品由于不平凡的设计也会引起消费者愿意出高价购买,相应地,厂商也借此定较高的价格。厂家还常常利用人们的追求"制造"名牌产品,可能这种名牌产品的内在质量与同质产品没有任何差异,但是由于这种名牌,或厂商凭借这种名牌获得了对该产品定价权的操纵。一些厂商还通过广告等方式制造出本产品不同于其他产品的"特征"来,在人们认可的基础上,获得某种程度的定价权。

无论是生产者追求差异产品,从而获得某种定价的操纵权,还是消费者对差异产品的需求,从而最大限度地满足自己的需要,都是与现代化大生产,或大规模生产的经济性相矛盾的。大规模生产的经济性要求生产规模大、批量大、标准化从而达到节约成本的目的。但是差异化则要求小批量、多品种、多样化,从而减少价格参照系,为生产者提供操纵价格的余地,同时满足消费者差异产品消费的欲望。然而小批量、多品种就意味着单位产品的成本,或平均成本比较高,难以达到规模经济的效果。要使现代生产和消费同时满足规模经济和差异产品生产与需求的要求,只有开展国际贸易和国际分工。由于国际贸易使厂商的市场规模扩大了,因而大规模生产就有了市场的保障。每一个国家的厂商可以集中生产少数几种差异产品,同时将大批量生产的产品分散到各国的市场上去。因而在每一个具体的市场上,表现为各种产品的小批量供应,并且小批量的差异产品是比较低价格的。因为在生产它们时,由于规模经济的效果,使各类产品的市场价格较低。对消费者而言,以规模经济为基础的差异产品国际贸易也为他们提供了更多的选择余地和较低的价格。这样,国际贸易就使生产者和消费者在追求差异产品的同时能够充分利用规模经济的好处。与古典的国际分工和国际贸易所不同的是,规模经济和差异产品下的国际分工和国际贸易具有不确定性,无法对分工和贸易的模式先验地进行预测。

(二)协议分工理论

所谓协议分工,是指两国在生产同类产品的生产效率相近的情况下,通过相互达成协议分别专门生产其中的一种产品,实现规模经济,实行国际分工,并在此基础上开展国际贸易。所谓生产率比较接近是指要素的生产率比较接近。从直观的意义上看,两国的生产率比较接近,就很难实现国际分工和国际贸易,如果通过达成协议,两国可以实现专业化分工,实现规模经济。

协议分工论是由日本的经济学家小岛清提出的。他指出,即使在两国不存在比较优势差异的极端情况下,还可以实现规模经济和协议分工,并进行国际贸易。这种国际分工和国际贸易有两个特点。从表面看,有关国家并不存在明显的技术差异或要素生产率差异,而是通过达成协议实现国际分工、获得规模经济,进行国际贸易。从根本上看,这种国际分工和国际贸易既不是建立在天然禀赋的基础上,也不是建立在技术差异的基础上,而是借助人为的协议所引发。

达成协议性分工必须满足的条件主要有:①参加协议的国家与地区的生产要素禀赋比率没有多大差别,工业化水平和经济发展水平相近,因而协议性分工的对象产品在每一个国家或地区都能生产。在这种条件下,互相竞争的各国之间扩大分工和贸易,既是关税同盟理论的贸易创造效果,也是协议性国际分工理论的目标。②作为协议分工对象的商品,必须能够获得规模经济效益,一般是重工业、化学工业的商品。③对于参加协议分工的国家来说,生产任何一种协议性对象商品的成本差别都不大,即每个国家自己实行专业化的产业与让给对方的产业之间没有优劣之分,否则不容易达成协议。这种产业优劣主要取决于规模扩大后的成本降低和随着分工而增加的需求量及其增长率。由此可以看出,区域经济一体化最好在同等发展阶段的国家之间建立,而且国家经济越发达,产业结构层次越高,能够达成区域经济一体化的可能性就越大,获得的利益也就越大。

(三)重叠需求国际贸易理论

重叠需求国际分工理论,是指用各国需求的相似性解释国际分工原因的理论。

1. 收入水平与需求水平

经济学的一般原理告诉我们,一国的需求水平取决于人均的收入。人均收入水平高,对产品和服务的需求水平也高。关于这一点,在家庭汽车的需求水平上表现最为突出。一般情况下,平均的实际收入水平越高的国家,对家庭汽车的需求量越大, 且档次也越高。这种反映一般收入水平的需求水平,我们称之为"代表性需求"。但是任何一国的收入水平都不是绝对平均的。因此每个国家的居民对产品的需求也有不同的档次：收入水平越高，其对家庭汽车需求的档次也相对较高。反之，个人的平均收入水平越低，其对家庭汽车的需求档次也比较低。这种收入水平的差异，反映在需求水平上，就表现为一国，或一个经济体对同一类产品的需求档次呈现多档次、多样性。

2. 代表性需求与规模经济

无论一国居民对同一类产品的需求多样性如何，该国生产者或厂商总是随着其代表性需求演变而发展。因为代表性需求代表了该国对各类产品需求中规模最大的部分需求量，厂商为实现生产的规模经济效果，总是瞄准本国代表性需求的产品档次，增加产品的产量或产出规模，以实现企业的规模经济效果。由于厂商的这种经营战略，一国的产业结构总是随着代表性需求而调整。该国的规模经济优势也会随着其产业结构的调整而变化。然而一国居民对同一产品的需求是多档次、多品种的，所以厂商对代表性需求的追求是难以满足消费者对不同档次产品需求的。

3. 重叠需求与国际贸易

正如前面所提到的，由于厂商追求代表性需求，以实现规模经济效果，就难以顾及不同档次产品消费者的需求。那么对一国而言，那些非代表性需求的消费者的消费需求又是由谁来满足的呢？当然国内的生产者也可能专门为了那些特殊的消费者而生产商品，但是它是以消费者付出较高价格为回报的。另一方面，这种产品生产的选择是不符合经济学最佳分配资源原则的。因此答案可能只有一个，就是国际贸易。

实际上，当每个国家的厂商都追求本国的代表性需求时，该国的非代表性需求就都难以在一国范围内得到满足，因而都需要借助国际贸易加以实现。更重要的是，通过国际贸易，本国生产的以满足代表性需求的产品生产规模也会随之扩大，从而规模经济效果更加明显。这种国际贸易或相互贸易不是无条件的，只有在收入水平相近的国家之间才可能存在，因为它们有相近或重叠的需求部分。

重叠需求是收入水平相近的国家之间，消费者需求产品档次相同的那部分需求。为了说明这一点，我们假定，美国、日本、韩国和中国都能生产家庭用汽车，再进一步假定家庭汽车共有五个档次，从低到高排列。美国的收入水平较高,且对汽车的需求较广泛,它需要3、4、5档次的汽车,但是其代表性需求的档次是第5档,因而国内专门生产第5档次的汽车。日本的收入水平也较高,但是国内保养汽车的成本较高,因而其需求是2、3、4、5档次的汽车,日本的代表性需求是第4档次,国内专门生产第4档次的汽车;韩国收入水平较低,它的需求档次是1、2、3、4、5的汽车,其代表性需求是第3档次,因而国内专门生产第3档次的汽车。中国在上述几个国家中收入水平最低,因而其需要的是1、2、3、4档次的汽车,其代表性需求是第2档次,其专门生产的汽车也是第2档次的汽车。如果没有贸易,这些国家的非代表性需求部分要么不能被满足,要么不得不通过高成本生产来满足。现在我们假定有国际贸易,美国就可以从日本进口第4档次的汽车,从韩国进口第3档次的汽车,同时向日本和韩国出口第5档次的汽车。日本可以从美国进口第5档次的汽车,从韩国进口第3档次的汽车,从中国进口第2档次的汽车,同时向美国、韩国和中国出口第4档次的汽车。同样,韩国可以从美国进口第5档次的汽车,从日本进口第4档次的汽车,从中国进口第2和第1档次的汽车,同时出口第3档次的汽车。中国则从日本、韩国分别进口第4和第3档次的汽车,同时向日本和韩国出口第2档次的汽车,向韩国出口第1档次的汽车。中国第1档次的汽车只能向韩国出口,因为只有韩国的一部分消费者对此类的汽车有需求。类似地,美国的第5档次的汽车不能出口到中国,因为中国尚没有与美国的代表性需求相重叠的需求部分。对此我们还可以用表5-3加以说明。

表5-3 四国进出口汽车档次和重叠需求表

	美国(进口)	日本(进口)	韩国(进口)	中国(进口)
美国(出口)	0	5	5	0
日本(出口)	4	0	4	4
韩国(出口)	3	3	0	3
中国(出口)	0	2	2,1	0

可以看出,收入水平相近的国家之间才会有相互贸易。同时,由于这种贸易使各国专门生产的产品有了更大的市场范围,因而规模经济效果可能更加明显。

重叠需求贸易理论表明，厂商对规模经济效果的追求使收入水平相近进而使需求水平相近的国家之间产生了贸易。同时正是由于收入水平的接近，才使需求出现重叠，进而有了相互的产品需求。这一理论还表明，收入水平差异较大的国家之间产业内，或行业内贸易可能较少。因为在这里存在较少的相互需求或相互依赖。重叠需求贸易理论对于解释二战以来迅速发展的、发达国家之间的相互贸易具有特别的意义。如果说规模经济与差异产品贸易理论主要从供给的角度对战后的产业内、行业内贸易加以概括的话，那么重叠需求贸易理论则是从需求的角度对产业内贸易加以概括和解释。该理论研究最初是由瑞典经济学家林德于 1961 年提出的。他认为，瑞典这样的国家专门生产高质量产品，并专门向世界各国少部分高收入阶层出口，以满足他们的需求。这一理论尽管是针对差异产品贸易而言的。但是其核心内容是收入水平相近国家，需求水平的相似或重叠会导致贸易数量的增加。这一结论与传统的贸易理论相反：在传统的贸易理论中，偏好的差异是导致贸易的因素之一，而且国家间需求偏好的差异越大，贸易量可能越大；但重叠需求贸易理论则认为，国家间的需求偏好越是相似，贸易量就越大。因而可以说这是对国际贸易理论的一个重要贡献。

第二节　现代国际分工、国际贸易的发展及其特征

二战结束后，世界经济走上和平发展的道路，各国经济参与国际分工和国际贸易的倾向日趋强烈。新出现的国际贸易理论在很大程度上是对新的国际分工和国际贸易现实的反映。本节将重点阐述二战以后国际分工和国际贸易的发展及其特征。

一、二战后国际分工的发展

二战以后，各国经济走上和平发展的道路。一些原来的殖民地和附属国在获得政治独立后纷纷寻求经济上的独立发展，探索迅速发展经济的道路，

第五章

已经实现了工业化的国家也在积极争取在和平的国际环境下寻求经济的稳定增长。鉴于国际贸易可以使各国获得经济利益,因此参与国际贸易、创造比较自由的国际分工环境,成为经济发展的重要趋向,从而使国际分工也迅猛发展。其主要表现是:

(一)产业内分工逐步代替产业间分工成为国际分工的主导

二战以前,国际分工主要表现为农产品生产国与工业制成品生产国之间的分工、原材料生产国与制成品生产国之间的分工。二战以后,各国的生产表现为技术水平逐步接近下的差异产品生产和制造业内部各行业产品的生产,因而国际分工也从传统的产业间分工为主导变成以产业内分工为主导。

(二)多层次产业内部分工日趋明显

随着科学技术的发展工业部门不断细分, 新的工业部门伴随着新技术不断涌现,产品的生产也日趋专门化,从而产生了多层次的生产分工。这些分工在全世界范围内展开,形成了多层次的国际分工格局。具体表现为,一些国家专门生产劳动密集型产品,一些国家专门生产资本密集型产品,还有一些国家专门生产技术含量高的技术密集型产品。另外还有一些国家由于工业刚刚起步,受自身自然资源的约束,专门生产或主要生产农产品、燃料和原材料。上述这种不同层次的、不同门类的专门生产是当代国际分工的主要特征之一。

(三)多种形式的部门内分工迅速发展

二战后,部门内的生产分工迅速发展。主要表现为两种形式。一是同一部门内的各个生产者分别从事不同档次、不同设计的产品生产,同一部门内的企业生产具有明显的非同质性。这种分工在服装业、汽车制造业、化工行业等表现突出。例如,在汽车行业,主要的高档汽车来自于英国、瑞典、德国,宽体、大马力汽车主要来自于美国,赛车主要来自于意大利等,而日本生产的汽车以小型、省油著称。部门分工的另一种形式是同一产品的零部件分别由不同的国家生产。例如,在空中客车的制造中,英国专门生产发动机,德国专门生产仪表,意大利专门生产轮胎和玻璃,法国专门生产机身并负责组装。

(四)企业内部分工和国际分工密切结合

二战后,国际分工与企业内部的劳动分工联系非常密切。以往的国际分工通常意味着不同国家的生产者专门从事某种产品的生产或不同零部件的生产。现代国际分工不仅包含着战前的两种分工形式,还表现为大企业或企业集团根据不同国家的生产要素优势或资源优势,将自己产品的不同生产环节或工序安排在不同的国家进行,以追求生产要素或资源的综合优势。结果使国际分工成为企业内的生产分工或劳动分工。一个典型的例子是福特汽车公司内部的生产分工。该公司的汽车底盘和车身在法国生产,发动机在英国生产,轮胎和汽车用玻璃在荷兰生产,车锁、方向盘、油箱及前轮在德国生产,输油管在挪威生产,传动皮带在丹麦生产,散热器和供暖系统在奥地利生产,车轴和挡风玻璃在日本生产,迈速表在瑞士生产,一般汽车用玻璃和汽缸在意大利生产,空气滤清器、电池和后视镜在西班牙生产,汽车音响系统在加拿大生产,美国自己只生产车轮和雨刷,最后汽车在英国的哈利伍德组装。这种高度的企业内分工和国际分工紧密结合起来,使国际分工成为企业内分工的附属,企业生产本身国际化了。

(五)国际分工结构的调整速度明显加快

二战后,国际分工结构调整的速度明显加快。20世纪60年代初,日本还是一个纺织品生产和出口的主要国家之一。到70年代初,该国已经是重化工业品的主要生产国和出口国,其次是生产和出口电器产品和汽车。进入90年代后,由于该国未能及时地进行产业结构调整,造成其整个经济的不景气。同时,后起的国家不断填补先进国家转移出去的产业空间,形成新的分工格局。因此,一方面国际分工结构的调整明显加快,另一方面跟不上这种调整速度的国家必然处于被动的境地,从而面临激烈的竞争挤压。

(六)各国生产的不完全专业化日趋明显

二战以前,由于殖民体系的存在,各国的分工表现为强制性的完全专业

第五章

化。二战后,各殖民地和附属国纷纷独立。这些国家迫切希望发展本国经济,希望在政府的支持下发展民族工业,走工业化的道路。同时经济发达的国家也在政府的支持下选择战略产业,力图在新兴产业竞争中居于有利地位。因此,各国的产业部门或行业跨度都大大增加,从而使国际分工呈现出不完全专业化的特征。

二、国际贸易发展的特征

国际贸易是指国家或独立行政区域之间的商品和服务的交换活动。它伴随着国际分工的不断发展,使现代国际贸易呈现出许多新的特点,归纳起来主要有以下七个方面:

(一)国际贸易的发展史无前例

二战结束后,在良好的国际贸易环境下,各国之间的商品和服务的交换活动有了非常迅速的发展,其发展速度是历史上未出现过的。据统计,1950年,全世界的出口总额为579亿美元,1979年达到15241亿美元,1997年达到65900亿美元,2001年达到74300亿美元。其中,1997年商品贸易额为52950亿美元,服务贸易额为12950亿美元,2001年时商品贸易总额为59900亿美元,服务贸易总额为14400亿美元。经过2002年、2003年短暂停滞之后,2004年又出现快速增长。据世界贸易组织的统计,2004年世界货物贸易(出口)额达到88800亿美元,服务贸易额达到21000亿美元,分别比上年增长21%、16%。如果从国际商品贸易的角度衡量,这期间,国际贸易的年均增长率接近10%。2017年,全球商品贸易量增长4.7%,为6年来最高;商品贸易额增长11%。2018年全年货物进出口总额305050亿元,比上年增长9.7%;贸易总量首次超过30万亿元,创历史新高。与此相比,1840—1870年全球贸易的年均增长率是5.8%,1870—1900年是4%,1913—1938年为0.9%。因此,可以说二战后的国际贸易增长是有史以来最快的。从发展水平不同的国家看,发展中国家对外贸易的增长速度又超过发达国家。据统计,进入20世纪90年代以来,发达国家的增长率平均为6%左右,而发展中国家增长率为近 10%。当代国际贸易迅速发展的原因主要有四个方面。

1. 科技革命为国际贸易的发展提供了技术基础和物质基础

当代国际贸易的迅速发展在很大程度上得益于科学技术的进步。二战以后,人类获得了和平发展的大环境,新的科学技术成果不断涌现,随着传播速度的不断加快,社会生产和需要又不断提出更新技术的迫切要求,以致在技术上不思进取的企业很难在竞争中占据有利地位。而科学技术发明成果的迅速传播又为社会生产的发展创造了条件,从而使国际贸易有了日益增长的物质基础。

2. 战后生产国际化的加快,为国际贸易的发展提供了一个稳定的载体

二战以后,跨国公司迅速发展,它们以追求全球各地的资源优势、要素优势、市场优势等为目标,将这些优势综合在公司发展的综合优势范畴,以占领全球市场为手段,以获取最大限度的利润为目标,形成大规模的生产国际化模式,它们的原料、半成品和制成品在全世界范围内被大规模地调动,由此形成了公司内部贸易规模的不断扩大,并表现为国际贸易规模的扩大。据联合国贸发会议统计,1997 年跨国公司内部贸易和与跨国公司相联系的公开市场贸易总额估计已经占到全世界贸易总额的 66%。

3. 区域经济合作组织的不断出现,为国际贸易的发展创造了越来越好的局部发展的环境

二战后,以地区内的自由贸易为特征的区域经济一体化组织和区域性自由贸易协议不断增加,使更多的地区形成自由贸易或趋近于自由贸易的环境。根据世界贸易组织的统计,到 2004 年底,全世界以优惠贸易安排为基本特征的、正在执行中的各种贸易协议有 200 个。这些区域性贸易自由化环境的形成为全球贸易的迅速发展奠定了坚实的基础。

4. 国际性经济组织的建立为国际贸易的发展创造了良好的制度环境

二战以后,为了恢复和改善国际经济环境,各国都希望能够创造一个良好的国际经济秩序。1944 年国际货币基金组织的成立和世界银行的建立,特别是关税与贸易总协定为战后国际贸易的迅速发展创造了条件。国际货币基金组织致力于维持国际货币体系,特别是与贸易密切相关的汇率的稳定为国际贸易的发展创造了尽可能避免风险的条件。随着关税与贸易总协定

第五章

缔约国的不断增加,越来越多的经济体进入国际贸易秩序的规范之中,为减少各国之间的贸易障碍创造了条件。1995年取代关税与贸易总协定的世界贸易组织更是强化了对各国对外贸易政策行为的约束,以便创造一个政府干预较少的贸易环境。

(二)制成品贸易在国际贸易中的比重逐步提高

战后国际贸易的一个重要特征是,制成品贸易在国际贸易中的比重不断增加。据统计,1940年,制成品贸易占全部对外贸易额的比重仅40%左右,1953年这一比重为50%,1960年为55%,1980年为57%,1990年达到70%,1995年达到80%,2004年达到84%左右,2017年工业制成品占所有商品出口的比重达70%。初级产品的贸易占全球有形贸易的比重逐步下降,但由于能源价格和某些需求弹性比较小的产品市场价格的上升,一定程度上阻止了初级产品贸易在全球对外贸易中地位的下滑。这种结构变化反映了战后产业间贸易和产业内贸易之间此消彼长的关系。

导致国际贸易中制成品贸易比重不断提高的原因主要有三个方面。第一,科学技术的发展促进了不可再生的原材料的节约,并发明了以廉价原材料合成的复合材料,从而减少了资源缺乏的国家对进口原材料的依赖。第二,产业结构的不断升级带来了制成品贸易的增加。到20世纪70年代,发达国家的第二产业一直保持快速发展的势头。其中资本密集型和技术密集型产品出口的增长速度非常快。80年代以后,依靠科技发展起来的高新技术产业迅速发展,其科技含量高、产品附加值大,为发达国家产业的转移带来了巨大的吸引力。产业结构的调整和升级为国际贸易提供了广泛的发展内容和空间。高技术含量的出口产品迅速成为国际贸易中的重要商品。第三,伴随着消费水平的提高,各国消费中食品、低附加价值品所占的比重相对下降,耐用消费品等工业制成品所占的比重日益提高,这些对国际贸易中商品结构的变化产生了重要的影响。

(三)地区贸易发展极不平衡

尽管国际贸易的发展非常迅速,但是各个地区在整个世界贸易中的地位极不平衡。在世纪之交的几年间,各地区对外贸易在全球对外贸易中的比重有明显的不同,从变化的情况看,亚洲对外贸易所占比重增长得最快,转型国家次之,拉丁美洲第三,而非洲的比重没有任何增长。同期,北美和西欧对外贸易在全球贸易中的比重有所下降。从总的情况看,北美、西欧和亚洲三者加在一起的贸易额 1997 年为 86.1%,2001 年为 83.6%,2004 年为 76.4%,2012 年为 78.65%,2015 年为 83%,2017 年为 83.1%。由此似乎可以得出结论,主要贸易地区在对外贸易中的比重仍然较高,拉丁美洲和转型国家对外贸易正在恢复和发展之中,亚洲是对外贸易增长特别引人注目的地区。

表 5-4　各个地区在世界贸易中的比重　　　　　单位:(%)

	1997 年	2001 年	2004 年	2012 年	2013 年
北美	17	16.1	15	13.55	13.51
拉丁美洲	5.2	5.7	30.6	3.9	3.7
西欧	42.9	40.3	34.5	33.6	34.3
转型国家	3.4	4.6	3.0		
非洲	2.3	2.3	2.6	3.2	2.9
中东	3.1	3.9	4.3	6.4	6.2
亚洲	26.2	27.1	26.9	31.5	31.5
	2014 年	2015 年	2016 年	2017 年	
北美	13.8	14.6	14.6	14.1	
拉丁美洲	3.5	3.2	3.2	3.2	
西欧	34.9	34.8	35.6	35.5	
转型国家					
非洲	2.7	2.3	2.1	2.2	
中东	5.9	5	4.8	5	
亚洲	31.9	33.6	33.4	33.5	

　　各地区贸易发展不平衡的主要原因有三个方面。①发达国家、新兴工业化国家和经济发展较快的国家和地区主要集中在北美、西欧和亚洲三个区域,它们在对外贸易中的地位是其经济发展程度和速度的反映。拉丁美洲和转型国家在贸易上的进步是其经济逐步从调整、转型中得到恢复的结果,而中东国家对外贸易比重的变化,在很大程度上反映了国际石油价格的变动。非洲经济尽管近年来有所起色,但是还处于不稳定之中。②发达国家生产结构调整,趋向于更多地生产和出口高技术产品,这些产品的高附加值以及较

高的利润水平刺激了这些国家对外贸易的迅速发展，比起发展中国家的初级产品和原材料出口具有更强的竞争性。这种竞争将初级产品及原材料国际市场价格压低，因而不利于发展中国家出口的增加。③国际贸易的发展具有某种惯性，贸易关系比较密切的国家之间会创造出更高的相互依赖度，对外贸易趋向于集中在某些地区。这种不平衡状态的改变有赖于有关国家和地区的不懈努力。

(四)服务贸易迅速发展

国际服务贸易是以获取经济收益为目的的非物质产品的跨国界交易活动的总称。二战后，特别是 20 世纪 80 年代以来，国际服务贸易发展十分迅速。根据世界贸易组织统计，1970 年全球服务贸易总额为 710 亿美元，1982 年为 4050 亿美元，1992 年就达到 10800 亿美元，1997 年达到 12950 亿美元，2001 年增加到 14400 亿美元，2004 年更增加到 21000 亿美元，在 35 年中增长了近 29 倍。据数据统计，全球服务贸易出口在 2009—2016 年期间的平均增长率为 4.55%，全球服务贸易出口规模在 2016 年高达 4.8 万亿美元，较 2015 年增长 0.38%，而 2016 年的全球货物出口规模和全球贸易出口规模分别较 2015 年降低 3.24%和 2.42%，2017 年全球服务贸易（按照出口额计算）金额进一步扩大到 5.3 万亿美元，同比增长 7.4%，服务贸易占国际贸易总额的比重在 2017 年提高到 23.1%。可见全球服务贸易出口已经成为世界贸易的主要推动力。

从结构看，国际服务贸易主要分为两部分：一是与商品贸易有关的"无形贸易"部分，我们称其为传统服务贸易部分，主要包括运输、保险、邮电、劳务输出等；另一部分是与商品贸易无直接关系的新型服务贸易，其中包括信息服务业务、银行服务业务、咨询业务等。按照世界贸易组织的分类，国际服务贸易被分为 11 个部门。主要是：商业服务、通信服务、建筑与有关工程服务、销售服务、教育服务、环境服务、金融服务、健康与社会服务、与旅游有关的服务以及运输服务等。20 世纪 80 年代中期以前，传统服务占有较大的比重，80 年代中期以后特别是 90 年代以来，信息服务、金融服务等后来居上。在服务贸易的发展中，发达国家具有举足轻重的作用。

服务贸易的迅速发展有着深刻的原因:①各国服务业本身的迅速发展。随着科技进步和生产力的巨大发展,产业划分日趋细化,对产业之间相互联系的要求也不断增加。只有这样才能保证各产业相互依赖关系的稳定和发展,因而为生产顺利进行而产生的服务部门日趋扩大和增多。②从需求的角度看,随着各国收入水平的提高,人们对消费的需求也日趋细化,多层次的消费需要使服务业有了明显的发展,服务业产值在各国国民生产总值中的比重有了明显的提高。在主要的发达国家,服务行业在国民生产总值中的比重均超过60%。③现代科学技术的飞跃发展。建立在高科技基础上的国际通信系统,为国际经济联系创造了方便快捷的条件,社会生产和经济交往要求该类产业固定化、独立化,以提高专业化分工的效率。国与国之间相互提供服务的过程就是国际服务贸易本身的发展。④经济全球化的要求。随着国际商品贸易、国际资本流动和区域经济合作的发展,各国经济的相互联系逐步加强,世界经济正在走向一体化。这种一体化的发展必然要求服务业向国际领域扩展,以便保证国际经济交往的顺利完成。⑤国际间技术贸易的发展。20世纪80年代以来,发达国家在产业结构调整的过程中,将产业的重心转向知识和技术密集型产业,与此相适应,微电子、信息技术、生物技术等高新技术的转让成为各国服务贸易中非常重要的内容。而发展中国家为实现经济的起飞和迅速发展也积极引进先进技术、专利、诀窍和管理咨询服务等。国际性经济组织为各国之间的技术转移和服务贸易的发展也创造了良好的制度环境。

(五)国际贸易与经济增长之间的关系日趋密切

二战以后,国际贸易与经济增长之间的联系日趋密切。学者们将这种联系归纳为两个方面。

一是对外贸易对各国经济增长和世界经济增长的促进作用或影响日趋增加。据统计,二战后初期,各国对外贸易的平均依赖度仅为7%左右,到2001年这一指标达到20%以上。经济学家们将这种现象概括为"对外贸易是经济增长的发动机"。由于对外贸易在各国经济中的地位不同,各国的规模不同,对外贸易与经济增长之间的关系又可进一步细化为三类,即对外贸易是经济增长的发动机,对外贸易是经济增长的侍女,对外贸易是经济增长的润滑剂。无论哪种情况都表明,对外贸易是"因",经济发展或经济增长是"果"。一国的经济增长在一定程度上决定于对外贸易的发展。对外贸易对经济增长的促进作用首先体现在它所创造的有效需求方面。以有效需求理论分析,对外贸易特别是商品的出口,为本国需求水平的提高创造了条件。一方面,出口增加本身就是有效需求的重要组成部分,使国内的生产能力得到充分的发挥。另一方面,进口的廉价原材料和先进的机械设备又是生产发展的重要推动因素。此外,根据凯恩斯的有效需求理论,有效需求的增加能够产生一种乘数作用,使国民收入呈现倍数的增减变动,即国外的净需求(出口减进口的需求量)的增减将使国民生产总值表现出波动性。因此各国对对外贸易的依赖越强,越是期望国际贸易有持续的发展。

二是对一些国家而言,对外贸易又依赖于经济的增长。可以说,没有一定的经济发展水平难以开展国际贸易活动,甚至可以说,经济发展水平的高低决定了一国对外贸易的发展。从直观上看,凡是经济规模相对比较大的国家,对外贸易的发展规模也比较大。特别是大国的情况更是如此。

对于有些国家而言,在不同的历史时期表现出来的对外贸易与经济增长之间的关系也有不同。在经济的发展或起飞阶段,对外贸易与经济增长的因果关系表现为国际贸易是"因",经济发展是"果"。随着该国经济的发展和成熟,对外贸易成为经济增长的结果。因此从历史的角度看,国际贸易发展与经济增长之间的因果关系是随着一国经济成熟程度的不同而有所差异的。在进行二者之间关系的定量分析中,我们需要利用有关的因果链的分析工具确定它们之间的关系。

(六)国际贸易秩序逐步强化

二战后的国际贸易不仅延续了原有的国际贸易惯例或规则,以保证国际贸易的顺利进行,更重要的是,为保证各国之间的贸易在比较自由的贸易环境下开展,从 1948 年 1 月开始启动了旨在促进贸易自由化、减少贸易壁垒的关贸总协定,随后于 1995 年 1 月 1 日建立的世界贸易组织正式取代关贸总协定,行使促进贸易自由化的职能。从全球贸易秩序的角度看,多边贸易体制所倡导的贸易自由化和协调、约束各国对外贸易政策的协议,在很大程度上促进了国际贸易的发展。特别是从关贸总协定和世界贸易组织的关系看,后者比前者对成员国的约束力更强,约束的范围更广。如果说前者只是约束了各国在制成品贸易方面的政策和政府行为,那么后者不仅约束着制成品贸易政策,还约束着农产品的贸易政策,与贸易有关的知识产权保护、服务贸易,与贸易有关的投资等方面的政府行为和政策、法规。

此外,在地区层次上,各地理上相邻的国家之间为了稳定它们之间的贸易关系,保证各自对外贸易市场的稳定,各国政府纷纷出面建立起区域经济一体化组织,期望通过这种一体化协议实现成员国之间贸易的自由化。许多国家之间还签订了相互给予贸易优惠待遇的长期协定。这些都对战后国际贸易的发展做出了贡献。

总之,二战后国际贸易发展的过程出现了许多新特征。它们是由多方面的因素促成的,充分反映了二战后经济贸易发展的趋向。这些新特征将继续影响国际贸易的发展。

(七)国际贸易领域的竞争与摩擦加剧

国际贸易是国际经济关系的主要方面,也是各国经济利益竞争的重要领域,因此在国际贸易领域一直存在着激烈的竞争。各国政府从本国的经济利益出发,都在出面干预,使各国企业的竞争与贸易摩擦密切联系在一起。在世界经济特别是发达国家经济出现衰退时,这种竞争和摩擦便表现得更加突出。

二战后初期,美国经济处于全球的霸主地位,在世界市场上占绝对优势地位,其对外贸易额占全世界贸易额的33%。随着各国经济的恢复和发展,美国经济在世界经济中的实力相对下降。同时,西欧和日本的经济、贸易地位逐步上升。尽管就每个国家而言,美国的对外贸易额一直保持第一的位置,但是从区域经济发展的趋势看,欧盟出口总额已经占全世界出口总额的40%左右,日本的出口总额已经被中国超过,退居到第四位。进入21世纪以来,国际贸易领域已经呈现出多元化的特征。国际贸易领域的竞争主要表现在两个层面上。

第
五
章

1. 借助新技术和新产品展开竞争

各国的企业为了占领全球市场,形成在国际市场上的垄断地位,它们不断推出新技术、新产品,使产品的生命周期大大缩短,并且凭借新技术和新产品在国际市场上展开激烈竞争。这种竞争在汽车生产和贸易、信息产品贸易、钢铁的生产和贸易中随时可见。20世纪70年代末和80年代初,随着两次石油危机的冲击,消费者对节油型汽车的需求日增,日本适时地推出节油型汽车。使得日本的企业不仅迅速地占领了本国的汽车销售市场,也扩大了它们在北美市场和欧洲市场上的销售份额。进入90年代,美国的公司充分利用它们的技术优势和庞大的国内市场优势推出多种类型的汽车,收回了一部分市场。在家用电器生产和贸易中,也是日本采用新技术推出多种类型的产品,迅速占领了欧美市场,乃至发展中国家的市场。随着产品生产技术的传播和标准化,发展中国家劳动力优势日趋明显,生产小型家用电器产品的优势转向发展中国家的企业。进入该领域并有较强竞争优势的国家主要包括韩国、中国以及东南亚的一些国家。在汽车生产行业,自80年代末期,韩国的汽车也出现在国际市场上。

2. 借助政府的干预展开竞争

二战后,各国政府对经济的干预已经成为它们经济运行的重要条件。为了给本国企业开辟市场,各国政府积极推进多边的贸易自由化,希望别国开放市场。为了增强企业的竞争力,它们提供显性的或隐性的政府补贴,鼓励本国企业走向国际市场。在欧洲,为了同美国争夺民用航天器市场,政府出面组织不同成员国的企业联合起来生产空中客车飞机、协和式飞机。为此政府不仅给企业大量的补贴,还为开拓国际市场而奔走于世界各国。处于优势地位的美国也不示弱,其波音飞机的出口常常是政府间谈判或讨价还价的结果。为了与欧洲、日本争夺市场,美国政府常常将国家之间的外交关系或友好往来与贸易关系密切联系。在国际交往当中,经济贸易色彩日趋浓重,集中体现了各国的关系本来就是对经济利益的追求。在保护本国市场方面,各国政府也积极参与,甚至成了企业利益的直接代表。为了保护本国企业的利益,政府采取一系列的贸易保护措施,如关税、数量限制、临时性保障措施、反倾销、技术性贸易壁垒等限制外国商品进入本国市场,以扶持本国企业的成长,维护本国企业在市场上的垄断地位。

在政府干预对外贸易的背景下,各国之间的贸易摩擦也层出不穷。1948年,关贸总协定正式启动。作为一个具有组织性的协定,自运行以来,约束着各国政府的贸易政策,协调着各缔约国之间的贸易关系。但是各国为了维护本国的经济贸易利益常常借助一些措施保护本国市场,由此引发了各国之间的贸易争端。这些贸易争端的出现与一些国家违背关贸总协定的基本原则密切相关,以致受害的一方将官司打到关贸总协定。1995年,世界贸易组织取代关贸总协定后,这种贸易摩擦并没有减少。一般而言,贸易摩擦出现频率比较高的产品主要是钢铁、纺织品、化工产品、农产品、与知识产权保护相关的贸易品、食品等。据统计,只钢铁产品一类,自20世纪60年代以来就发生了5次比较大规模的贸易争端,涉及的国家不仅包括欧、美、日三方,还涉及巴西、韩国、中国、俄罗斯、乌克兰等十多个国家和地区。根据世界贸易组织的统计,从1995年到2004年,成员经济体之间的贸易争端就有1600多起。尽管经过协商解决了其中一些,但是仍有60%以上的争端要诉诸世界贸易组织的争端解决机制。这一争端解决的过程一般要经过15个月的时间。

导致各国之间贸易摩擦的原因是多方面的:

(1)各国生产与市场之间的矛盾日趋成为影响各国经济运行的重要因素。随着科学技术的发展,新产品不断出现,各国在满足国内市场需求的同时,需要不断开拓市场才能适应劳动生产率提高、大规模生产对市场的依赖。因而国际市场竞争日趋激烈。

(2)从各国的角度看,主要国家之间贸易收支的严重失衡是导致贸易摩擦的重要原因。贸易平衡是协调各国贸易关系的共识,但是主要贸易方美国、西欧和日本之间的贸易收支存在着严重的失衡。二战后初期,美国在国际贸易中处于绝对优势地位,贸易收支保持顺差。20世纪60年代以后,随着欧洲和日本经济的恢复,美国贸易收支顺差的地位开始被动摇。进入70年代,两次石油危机使美国的贸易收支出现比较严重的逆差。美国为了摆脱困境,采取了一系列以邻为壑的贸易政策,公然违反关贸总协定的一些基本原则,采取临时性贸易限制措施,遭到了各国的反对。80年代,这种逆差进一步加大,对美国经济产生了比较严重的负面影响。在里根政府时期,美国采取了一系列的措施打开别国市场并实施贸易保护政策，特别是希望欧洲和日本开放本国市场，以便恢复三方的贸易收支平衡。在克林顿政府时期，美国制定了国家贸易战略，以期在公平贸易的旗帜下敲开别国的大门。而欧洲和日本采取了多种形式的隐蔽性贸易政策措施，限制别国产品进入本国市场，如日本市场的内在封闭性是众所周知的，欧盟对来自第三国商品的排斥也是其建立区域经济一体化组织的目的之一。

（3）随着科学技术的迅速发展，各国产业结构调整的速度有加快的趋向，在处于领先地位的国家尚未完成产业结构调整的时候，后起的国家可能已经赶上来了，这种情况必然引起各国之间在某些交叉部门中的竞争。一方面是在逐步失去优势后，担负大量就业人员的夕阳工业还不断生产并向市场供应着成本比较高的产品；另一方面是不断增长的工业规模和成本不断降低的产品向新的市场进军，从而使保护与争夺的矛盾在不同的部门展开。

（4）世界经济的周期性波动或衰退的出现是激化贸易摩擦的导火线。如果我们认真地考察二战后国际贸易发展的历史就会发现，每到世界经济特别是西方世界经济进入衰退的时期，保护贸易就会回潮，各国之间的贸易摩擦也就频繁发生。从根本上看，这是各国采取以本国利益为重的政策造成的，但是在客观上却损害了在世界贸易组织框架下所形成的比较自由的贸易环境。因此，在当今的世界里，只要世界各国还没有成为一个真正的利益共同体，各国的贸易摩擦就不会消失。

三、当前国际分工和国际贸易的基本格局

由于各国经济发展的水平不同，技术进步的速度又逐步加快，使国际分工和国际贸易的格局表现为既分工明确又错综复杂。主要表现在以下三个方面：

第一，经济发达国家制成品生产与不发达国家初级产品生产的国际分工和以此为基础的国际贸易依然存在。尽管这种传统形式的国际分工、国际贸易格局在不断地发生变化，但是从总体上看，对于大多数尚未实现工业化的国家而言，初级产品的生产和出口仍然是它们赖以生存和发展的基础产

业。这也决定了它们在国际分工格局中的地位。而发达国家在技术进步特别是信息技术革命的推动下，对以物质形式存在的原材料的需求在相对程度上逐步减小，在一定程度上可以形成"自我"发展的情形。

第二，新兴工业化国家和地区与不发达国家之间的制成品和初级产品生产的分工与贸易也比较明确。20世纪60年代以来，世界上有一部分发展中国家和地区由于经济的迅速发展，已经成为新兴工业化国家和地区。尽管它们在发展水平上与经济发达国家还有差距，但是经济的工业化过程即将完成。由此，它们与尚处于工业化起步阶段的国家拉开了距离，形成了生产上的国际分工，并找到了自己的中间地位。即在分工中既不是发达国家的绝对优势地位，也不是发展中国家绝对"边缘"的地位，而是居于两者之间的中间地位，与经济不发达国家有着明显的分工地位上的差异。

第三，发达国家之间制成品生产的分工和由此产生的贸易继续深化。早在20世纪20年代，西方的一些经济学者就发现了大规模生产的经济性与国际贸易的关系。到了70年代末期，学者们将大规模经济性所带来的国际贸易发展概括为产业内分工，而且这种产业内分工主要表现为经济发达国家之间的国际分工。随着科学技术的发展和产品多样化的增强，各国之间的产业分工日趋细化。这种分工不仅包含制造业内部的分工，还表现为同一行业内不同产品档次和品种的分工。

从国际分工的类型看，当前的国际分工既表现为一些部门之间的垂直分工，也表现为同一产业内部的水平分工，以及兼有两者特征的混合分工。就第一种分工看，它主要表现在资本密集型生产部门和高技术部门，第二种分工主要是纺织工业等劳动密集型产业等，而第三种分工则体现在一些高科技行业。

显然，经济发达国家在资本密集型产业和高科技行业中占据优势地位。应该看到，二战后一些发展中国家和地区奋力追赶，期望用不太长的时间赶上或超过发达国家的技术水平。但是由于科学技术的发展在很大程度上具有累积性，而且先进技术的发明创造需要大量的资金投入，因而原来技术比较先进的国家在航天、计算机、通信、生物技术等高科技领域一直处于领先地位，美国、德国、日本等发达国家是这些产品的主要生产国。近年来在软件

第五章

生产方面,印度在软件发明和出口方面居于世界的领先水平,给发展中国家极大的鼓舞。这无疑向人们表明,如果在外部设施一定的情况下,发展中国家同样可以在一些技术方面居领先地位。另一方面,发展中国家在劳动密集型产品的生产方面居于主导地位。发展中国家在经济发展的过程中,充分利用本国比较丰裕的自然资源和廉价的劳动力优势,发展本国劳动密集型产品的生产。因此在很大程度上,劳动密集型产品已经成为发展中国家的"专利产品",表现最突出的国家有中国、印度、韩国、新加坡、菲律宾、马来西亚、印度尼西亚、泰国等,它们生产的劳动密集型产品已经遍及全世界。这种国际分工和国际贸易的格局对处于不同发展程度的国家有着不同的影响。

首先,对发达国家而言,垂直型国际分工可以解决其获得原材料和商品销售市场的问题,从而使发达国家得以充分发挥它们的技术优势生产高附加值的商品,在国际分工中保持它们的有利地位。

其次,垂直分工对发展中国家的影响也有不同。依据比较优势原则,发展中国家可以利用国际分工节约社会劳动,将有限的社会经济资源投入到能够最有效生产的行业。同时,发展中国家还可以从以此为基础的国际贸易中获得经济发展所需要的相对比较先进的技术和设备。但是也应该看到,这种分工和贸易有可能将发展中国家长期固化在某一个比较低层次的分工阶段,使该国的经济很难有大的、持久性的发展。

再次,发达国家之间的分工造就了它们之间相互依赖的加强。从原材料、市场等关系方面可以说,过去发达国家和发展中国家谁也离不开谁,然而在发达国家之间的国际分工和依赖相互加强的情况下,发达国家之间有了"独立发展"的基础。当然,在国际分工日趋细化的同时也仍然存在着各国之间在分工地位方面的竞争。

最后,发展中国家之间的水平分工在很大程度上还比较少,相互间的贸易提升空间还很大,南南合作在一定程度上具有政治意义,只有在它们找到了合作的经济基础时,这种分工才是有意义的。由此,小岛清所倡导的协议分工可能具有一定的参考价值。

随着科学技术的发展和经济的全球化,国际分工和国际贸易也趋向于向纵深发展。国际分工的主流是由传统工业部门内部的产业分工向传统工业和高科技产业之间的分工发展，科技产品的生产将成为国际分工中占主导地位的部门。在国际分工向纵深发展的过程中，各国既有分工合作又存在对有利地位的竞争。这种趋势将在经济发展水平不同的国家之间表现出来。总之，现代国际分工和国际贸易的格局是各国生产要素优势和技术优势的综合反映，国际分工的发展趋势是分工的深化与分工地位的竞争并存。

第三节　多边国际贸易体制的形成和发展

二战以后，各国为重建国际贸易秩序，希望建立一个调整各国贸易关系的组织，以便各国能够在比较宽松的环境下开展国际贸易。经过循序渐进的方式，在签定多边贸易协定的基础上，经过多年的不懈努力，建立了世界贸易组织，形成了比较完整的国际贸易体系。

一、关税与贸易总协定及其多边贸易谈判

（一）关税与贸易总协定的签订

关税与贸易总协定是调整各国关税与贸易关系的多边国际协定。由于关税与总协定特殊的签定背景，以及它多年运行的特点，使它成为带有组织性的多边贸易协定。

1945 年，为了重建国际贸易秩序，美国建议成立世界贸易组织。1945 年12 月 6 日，美国政府单方面提出《扩大世界贸易和增加就业的建议》。主张在这个建议的基础上制定国际贸易宪章，以重建国际贸易秩序。美国在提出这些建议的同时，照会各国政府，提出召开世界贸易和就业会议。各国在美国提出的方案的基础上进行贸易谈判，实施关税减让。经过讨论，一个有 23 个国家代表签字的《国际贸易组织宪章》产生了，其宗旨是："通过促进国际贸易的发展，稳定生产和就业，鼓励落后地区的经济发展，为在世界范围内提高生活水平做出贡献。"为做好贯彻国际贸易组织宪章的准备工作，要求 23

个国家的代表在日内瓦进行关税减让谈判，并将此内容的贯彻与国际贸易组织宪章今后的执行相联系，签订一个临时性文件或协议，一旦《国际贸易组织宪章》被各国正式批准，这个临时性协议就完成了自己的历史使命。在这23个国家中，澳大利亚、比利时、加拿大、法国、卢森堡、荷兰、英国和美国于1947年10月30日签署了《关贸总协定临时议定书》。中国等15个国家也相继在临时议定书上签了字。因此最初的关贸总协定是临时性或过渡性的协议。只有《国际贸易组织宪章》才是建立国际贸易组织的基石。然而，1950年，美国突然宣布它不打算寻求国会批准《哈瓦那宪章》，世界贸易组织的建立就此夭折了。由于各国仍然希望有一个比较自由的贸易环境，在临时协定缔约国讨论并修改之后，继续执行"临时议定书"。因而，关税与贸易总协定也就"临时了"47年之久。

虽然关税与贸易总协定是临时性协定，但是它一直作为协调多边贸易与关税关系的、对缔约国具有约束力的文件，并且它类似一个组织，安排缔约国之间的旨在追求贸易自由化的谈判，因而在1947年以后的近半个世纪的时间里，它对形成一个比较自由的国际贸易环境做出了贡献。

(二)关税与贸易总协定的多边贸易谈判

自关税与贸易总协定签字以来，在其组织下进行了8轮多边贸易谈判。从谈判所要解决的主要问题划分，可以分为三个阶段，即进口关税减让为主阶段、非关税减让为主阶段和一揽子解决多边贸易体制根本性问题阶段。

1.关税减让为主阶段

在关贸总协定的安排下，以关税减让为目的的谈判共进行了六轮。第一轮谈判是从1947年4月至10月的日内瓦谈判，23个缔约国参加了该轮谈判，达成双边减税协议123项，占当时资本主义国家进口总值54%的商品平均降低关税35%。

第二轮谈判于1949年4月至10月在法国的安纳西举行。13个国家参加，达成147项关税减让协议。使占进口总值56%的商品平均降低关税35%。

第三轮回合于1951年9月至1952年4月在英国拖奎举行。有38个国家参加，达成关税减让协议150项。占进口总值的11.7%的商品平均降低关税 26%。

第四轮谈判于 1956 年 1 月至 5 月在日内瓦举行。共有 26 个国家参加，使工业品的进口关税下降了 15%。

第五轮谈判于 1960 年 9 月至 1961 年 7 月在日内瓦举行，共有 62 个国家参加，使工业品的进口关税下降了 35%。这次谈判第一次涉及非关税壁垒问题，通过了第一个反倾销协议。

第六轮谈判于 1964 至 1967 年在日内瓦举行，有 102 个国家参加了此次的关税和某些反倾销措施的谈判。

2. 非关税壁垒谈判为主阶段

以消除非关税壁垒为主的关贸总协定谈判是 1973 年 9 月至 1979 年 4 月的第七轮谈判。有 123 个国家参加此次谈判。这次谈判是在日本东京举行的部长级会议上发动的。在 1979 年谈判结束时达成一揽子大范围的关税减让和一系列的非关税壁垒措施、新协议以及对关贸总协定的法律框架的修改意见。就关税方面而言，总协定的一揽子协议规定，经过 8 年的时间，使世界 9 个主要工业国家制成品的加权平均进口关税从 7% 降到 4.7%。

在非关税壁垒方面，针对政府采购和其他公共机构提供的采购合同达成一致原则；规定了作为贸易壁垒的技术标准、证书及其检验制度的实施纪律；规定了进口许可程序不被用做制止贸易的手段；提出了关于为海关估价的建立公平、统一和公正的制度。

在这次谈判中，参加国还签署了补贴和反补贴措施的新协议，并且修改了反倾销守则。总之，在这次谈判中共达成 9 项反对非关税壁垒的协议。当然并非每个国家都在文件上签了字。

3. 一揽子解决多边贸易体制问题阶段

关贸总协定的第八轮谈判是 1986 年 9 月在乌拉圭埃斯特角城发动的。125 个国家和地区派代表参加了谈判。

参加谈判的各国部长们达成了总体的政治承诺，共有两大部分：①货物贸易的谈判。其目标是促成国际贸易的进一步自由化，加强关贸总协定的作用，改善多边贸易体系，增强关贸总协定对不断变化的国际经济环境的适应性，鼓励合作，以加强影响国际经济增长和发展与其他经济政策相互间的联系;②概述了服务贸易规则新框架的目标。

这些承诺的具体谈判事宜包括 15 个议题。

①关税问题。其目标是进一步推进贸易自由化,重点是扩大对高关税率的约束和缩小关税升级的程度。

②非关税壁垒。其目标是减少或消除非关税壁垒,包括数量限制。

③热带产品问题。其目标是实现热带产品贸易的自由化。一揽子减让关税计划涉及 200 亿美元的贸易。

④自然资源产品。其目标是实现鱼类和水产品、林业产品、有色金属和矿产品的贸易自由化。

⑤纺织品和服装。其目标是逐步消除与关贸总协定不一致的多种纤维协定和其他纺织品和服装的限制。从 2003 年 1 月 1 日起,纺织品要全部回到关贸总协定的约束机制之下。

⑥农业。其目标是制定更有效的关贸总协定的规则,通过进一步推进市场准入和减少补贴来改善国际竞争条件, 减少卫生检疫和植物卫生检疫规则对贸易的不利影响。

⑦关贸总协定条款。对现行的关贸总协定进行审议,提出改进意见,着手进行谈判。

⑧保障条款。西方各国提出,要使用选择性保障条款代替现行的非歧视性的保障条款。

⑨多边贸易谈判协议和安排。其目标是对第七轮谈判的协议做适当的改进、澄清和扩展。

⑩补贴和反补贴措施。其目标是拟订反倾销守则与反补贴措施。

⑪争议的解决。其目标是改善多边贸易体系,以保证对争端做出及时有效的解决,并遵守已正式通过的建议,中期审评后就初步改革,包括更严格的最后期限问题达成一致意见,并开始实施。

⑫与贸易有关的知识产权,包括假冒商品贸易。其目标是阐明与知识产权有关现行的关贸总协定规则,研究拟订新的适当的规则和纪律,同时就对付国际贸易中的假冒商品问题的多边框架协议进行谈判。

⑬与贸易有关的投资措施。它主要关系到国内投资措施对贸易的限制

或扭曲,并尽可能地研究拟订在关贸总协定中防止这些不利影响的新规则。

⑭关贸总协定体系的作用。对关贸总协定组织机构进行适当的调整,其中包括加强对贸易政策的监督,改进决策,为增加关贸总协定在全球经济决策中的作用做出贡献。

⑮服务贸易。其设想是,建立起服务贸易原则和规则的多边框架结构,包括研究和拟订重要的单个服务部门的附则。

乌拉圭回合原定 1990 年 12 月在布鲁塞尔贸易委员会的部长会议上结束,在部长会议之前和期间,许多领域都有明显的进展,但是未能结束。经过多方努力和讨价还价,乌拉圭回合最后文件于 1993 年 12 月 15 日草签。这些文件经各国议会通过后,于 1994 年 4 月正式签署。

4. 关贸总协定下多边贸易谈判的成就

尽管关贸总协定在执行过程中遇到了多方面的困难,但是在它组织之下,从 1947 年到 1994 年 47 年间所取得的成就也是十分显著的。

首先,通过关贸总协定组织的八轮谈判,使各缔约国的进口关税水平都有明显的下降。发达国家的平均关税从 40% 左右下降到 4% 左右。发展中国家的平均关税也下降到 13% 左右。因而保证了二战后的国际贸易能够在一个比较自由的环境下展开。据统计,1913—1938 年间,世界贸易的年平均增长率仅为 0.7%,而 1948—1973 年间,世界贸易的增长率为 7.8%。1950 年,世界贸易总额为 603 亿美元,而 1994 年,世界贸易总额已达到 5 万多亿美元,平均增长率达 6% 。从而为各国经济增长创造了良好的条件。

其次,关贸总协定创造了良好的国际贸易秩序。尽管关贸总协定还不是真正意义上的世界贸易组织或国际贸易体系,但是由于它的存在,使国际贸易能够有一个比较公认的法律或规章制度。从而能够规范国际贸易朝着自由化的正确方向发展。

最后,作为具有组织性的关贸总协定,其吸引力越来越大。由于关贸总协定在很大程度上符合世界上大多数国家自身的经济利益,而且这种利益大于由此带来的损失,所以它的吸引力逐渐增加,以致使关贸总协定的缔约国从 23 个增加到 128 个(截至 1994 年底)。

第
五
章

二、世界贸易组织的建立和作用

（一）世界贸易组织的建立

1993 年乌拉圭回合谈判结束前,各方原则上形成了《建立世界贸易组织协定》,1994 年该协定通过,经 104 个参加方政府代表签署,1995 年 1 月 1 日世界贸易组织(WTO)正式成立。经过一年的共存期,关贸总协定于 1995 年 12 月 31 日退出历史舞台,以世界贸易组织为核心的多边贸易体制终于取代了历经半个多世纪的关贸总协定体制,完成了世界贸易体制的重大变革。

世界贸易组织取代关贸总协定后,继承了关贸总协定的基本原则,除了在货物贸易领域继续推进自由化外,还在服务贸易、与贸易有关的知识产权以及与贸易有关的投资措施等新的领域加以适用和推广。与关贸总协定的不同之处在于,世界贸易组织是契约式的贸易组织,法律基础更加巩固,对成员方权利与义务的约束更强, 因此也就更加完善和具有权威性。可以看出,从关贸总协定到世界贸易组织,世界贸易多边制约形式的形成和演变历程也是全球多边贸易体制不断发展和完善的过程, 是世界贸易朝着更加自由化、规范化方向发展的过程。

（二）世界贸易组织的职能

世界贸易组织的基本职能是执行世界贸易组织的各个协定；组织国际贸易谈判, 并提供成员国进行贸易谈判的场所；解决成员国之间的贸易纠纷；指导各成员国制定对外贸易政策；向发展中国家提供技术帮助和培训；与其他国际组织进行合作。

执行世界贸易组织成员国所签署的多个国际协定是该组织的首要任务。在建立世界贸易组织的谈判中,成员国签署了一系列旨在推进商品和服务贸易自由化、国际贸易中的知识产权的保护,以及与贸易有关的投资问题等方面的协定。这些协定有赖于在世界贸易组织的监督下加以贯彻、执行。

组织成员国之间进行多边贸易, 并为此提供谈判的场所是致力于贸易自由化的世界贸易组织的重要职能。1997 年在世界贸易组织的主持下,在新加坡举行了该组织成立以来的第一次会议,并取得了一系列贸易自由化的进展(如知识产权保护、通信和信息产品贸易自由化等)。

指导各成员国制定对外贸易政策是指,各国制定的对外贸易政策,不应与世界贸易组织的有关条款相抵触。因此成员国任何与世界贸易组织有关条款不相一致的政策规定都是不允许的。

与其他国际组织的合作主要是指,世界贸易组织与联合国、国际货币基金组织、世界银行,以及地区性的经济一体化组织进行多方面的合作,以保证组织之间的协调性。

(三)世界贸易组织对世界多边贸易体制的贡献

从世界贸易组织成立至今的二十多年时间里,世界贸易组织作为贸易自由化的推动者对世界经济和国际贸易的发展做出了新的贡献,主要表现在以下三方面。

第一,为各国的国际贸易方面提供了谈判和合作的场所。作为一个正式的国际组织,世界贸易组织比关贸总协定在协调各国在国际经济贸易方面的利益、组织谈判和协商、促进各国良好地沟通、交流方面提供了更好的场所和平台。

第二,为调节国际经济贸易纠纷发挥了更大、更权威的作用。世界贸易组织的争端解决机制是其三大机制(争端解决机制、贸易政策评审机制、多边贸易谈判机制)中备受世人瞩目的一项。只要一成员方因争端未决而选择了申诉,另一成员方就必须应诉,且双方都需接受争端解决机制有关机构对最终通过的裁决或建议执行情况的监督。由于世界贸易组织的争端解决机制的效率比关贸总协定更高,约束力和执行力更强,因此对解决国际贸易争端起到了更为重要的作用,对多边贸易体制的遵守和执行起到了更大的保障,促进了国际贸易体系的顺畅运行。

第三,较大幅度降低了关税水平,维护了国际贸易的有序进行,进一步促进了货物贸易和服务贸易的自由化。世界贸易组织还较为注重发展中国家的利益,实施一些有利于发展中国家的条款,有利于发展中国家贸易的发展。

　　值得注意的是,近年世界贸易组织逐渐遭遇到困难和挑战,集中体现在其首轮多边贸易谈判—多哈回合旷日持久、陷入困境,说明世界多边贸易体制的运行受到了贸易保护主义和逆全球化势力的阻碍,发展前景面临的不确定性增加。在这种形势下,中国坚定捍卫多边主义和自由贸易,为经济全球化和世界多边贸易体系的健康发展不断注入正能量。

思考题:

　　1.试述二战后国际分工的发展及其主要特征。

　　2.试析今后国际分工发展趋势。

　　3.请对当前国际分工的基本格局进行简要分析。

　　4.今后的国际分工格局将发生怎样的变化?

　　5.试析中国参与国际分工的现状和未来应采取的对策。

　　6.简要分析二战后国际贸易迅速发展的原因和特征。

　　7.请分析当前国际贸易摩擦的突出表现及其原因。

　　8.试析中国对外贸易迅速发展的原因和面临的问题。

第五章

第六章 国际货币体系及其演变

内容提要:

国际货币体系是指国际间交易与结算所采取的货币制度。随着资本主义生产方式的确立和世界市场的形成,各国间经济交往日益密切。在各种交往中,只能按照共同行动准则和国际协定进行运作,国际货币体系经过了一个发展和演变的过程。二战后建立的布雷顿森林体系即美元黄金本位制,是根据美国当时的经济政治实力居先而强行通过的,同时也考虑到了战前金本位制的某些特点。在国际货币基金组织的监督和管理下,这一体系在一定时期内对稳定汇价、促进国际贸易和资本流动曾产生过巨大影响;但是,历史证明,以一国货币——美元作为中心货币,必然有其消极的一面,不会长久。

布雷顿森林体系运转时间不长。随着支撑这一体系的条件的恶化,终于在1960年爆发了愈演愈烈的美元危机。美国虽多次采取挽救措施,也无济于事,终于导致该体系的瓦解。在美元危机期间,基金组织和专家们纷纷出谋献策,提出了一系列改革方案,才使得崩溃后的国际货币关系得以继续运转。不过现行的国际货币制度并不是最理想的,今后如何建立一种为各国普遍接受的、行之有效的国际货币体系,至今尚未取得突破性进展。

国际货币体系是国与国之间进行支付的系统规定、做法与制度。这个制度从贸易和金融方面把世界经济联系起来。国际货币体系是随着世界市场的形成和国际贸易的发展而逐步形成的。国际货币体系形成以后,又经历了一个长期发展和演变的过程。这一过程,一方面同资本主义国家的国内货币制度和经济实力变化密切联系,另一方面又和不同时期的国际政治、经济关系的变化有着直接的联系。

第一节 第二次世界大战前的国际货币体系

一、国际金本位制的建立

国际金本位是世界上最早出现的一种国际货币制度。英国于 1816 年制定《金本位制法》,并在 1921 年在世界范围内首次实行金本位制,之后欧美各国和日本等相继仿效,使得金本位制逐渐演变成国际货币制度。早在第一次世界大战(以下简称为一战)以前,各个资本主义国家几乎全都实行金本位货币制度。金本位制是以黄金作为本位货币,实行以金币流通为主的货币制度。金本位制的主要内容是:①以黄金为本位货币,每个货币单位都有法定的含金量。人们可以按照本位货币的含金量,将金块交给国家造币局铸造成金币。②金币具有无限制的支付手段的权力,可以自由铸造、自由窖藏、自由流通,也可作为商品自由买卖。③各国货币当局根据本国本位货币的重量及成色,确定黄金官价,并按黄金官价无限制地买卖黄金。④各种价值符号(银行券和辅币)可按面额兑换黄金,以保证其名义价值代表黄金流通。⑤货币汇率根据本国货币含金量与外国货币含金量之比来确定,实行固定汇率制,货币储备一般是黄金。⑥黄金可以自由输出输入,国际的贸易往来与债权债务原则上用黄金进行结算。这些内容构成了金本位制的基础,由于世界各个主要国家都实行这种货币制度,国际金本位制也就形成了。

国际金本位制的上述内容,对世界经济的发展有着积极意义。主要表现在以下三个方面:①保持汇率稳定。各国货币的汇率由其金平价来决定,实行严格的固定汇率制,因而各国外汇市场相对稳定。②调节国际收支。在国际金本位制度下,各国的国际收支是自发进行调节的,即使受到供求因素的影响,市场汇率暂时出现背离金平价,但变动幅度不会超过一国对另一国的黄金输送点(即金平价加上或减去两国之间运送黄金的费用)。当一国出现国际收支逆差时,便会引起黄金外流,国内货币供应量减少,引起物价下降,有利于扩大出口,减少进口,使国际收支转为顺差;反之,当一国出现国际收支顺差时,便会自动引起黄金流入,货币供应量增加,物价上涨,出口减少,进口增加,对外收支出现逆差,结果黄金又会外流。③促进生产发展。在金本位制度下,因币值比较稳定,有助于促进商品流通和信用的扩大;同时生产成本计算相对容易,生产规模与设备投资规模不会经常因币值变动而变动,从而促进了世界生产的发展。

随着资本主义各种矛盾的加深,破坏国际货币体系稳定的因素也日益增多,因而动摇了国际金本位制存在的基础。首先,由于帝国主义各国经济发展的不平衡,使黄金存量日益集中在少数国家,金币自由铸造与自由流通的基础遭到破坏。到1913年末,英、美、法、德、俄五国占有世界黄金存量的66%,黄金占有的不平衡,削弱了黄金作为本位货币的基础。其次,帝国主义列强由于加紧扩军备战,造成国家财政日益困难,这时各国都尽量吸收流通中的黄金,全世界约有60%的货币用黄金集中到中央银行或国库里,以加强中央银行的金融基础并防止黄金外流,这严重地妨碍了各国间的金币流通。再次,代替金币流通的是各国银行券的大量发行。各国为了准备战争,应付财政困难,不得不大量发行银行券。银行券过多发行,不仅使银行信用受到影响,而且银行券兑换黄金也愈益困难,因此也就破坏了银行券自由兑换黄金的原则。最后,在经济危机时期,商品输出减少,资金流失严重,引起黄金大量外流,这时很多国家为了防止黄金外流,采取了许多限制黄金自由输出的政策措施。由于维持金本位制的基础遭到破坏,国际货币体系的稳定性也就失去了保证。

一战爆发后,各国都停止了银行券兑换黄金,禁止黄金输出,金本位制终于崩溃。战争期间,各国实行自由浮动汇率制,汇率波动剧烈而频繁,国际货币体系的稳定性遭到破坏,金本位制的国际货币体系不复存在了。

二、金块本位制与金汇兑本位制

一战结束后,世界经济形势发生了重大变化。战争使一些国家经济遭到破坏,另一些国家趁机增强了经济实力,世界经济格局发生新的变化。战争

第六章

期间由于扩大军费开支,实行通货膨胀政策,战后为了弥补财政赤字,又继续推行通货膨胀政策,由此引起物价普遍上涨,而黄金价格仍保持原有水平,必然导致黄金产量下降,使黄金数量对世界生产和国际贸易的比率低于战前水平。在这种情况下,各国要恢复传统的金本位制已不可能,只好实行浮动汇率,这显然不利于战后国际经济贸易的发展。另外,在1924—1928年,资本主义世界出现了一个相对稳定的时期,许多国家为了使通货稳定,促进世界贸易的迅速发展,都主张恢复金本位制,但因为恢复金本位制的客观条件已不存在,只好实行金块本位制和金汇兑本位制。

金块本位制的主要内容是:①货币单位仍规定有含金量,但国内停止金币流通,只能以国家发行的银行券当作本币流通。②为了维持黄金与货币的联系,中央银行负责以官价买卖黄金。国家购买黄金时,支付银行券等价值符号。不过,按规定银行券只能在一定数量以上才可按含金量兑换黄金。如英国在1925年改行金块本位制时所颁布的《新金本位法》规定,兑换黄金的最低数量是400盎司,约1700英镑。法国1928年规定持有银行券215000法郎才能兑换黄金。可见,在金块本位制度下,不仅国内没有金币流通,而且连银行券的兑换也受到一定的限制。

金汇兑本位制,又称虚金本位制。在这种货币制度下,货币单位也规定了含金量,国内不流通金币,只流通银行券,但银行券不能直接兑换成黄金,只能先兑换成某种外汇,再以这种外汇在国外兑换黄金,当时美、英、法等大多数国家都实行这种货币制度。实行这种货币制度国家的货币,同另一个实行金本位制或金块本位制国家的货币保持固定比价,并在该国存放大量外汇或黄金作为平准基金,在必要时出售外汇或黄金来稳定外汇行市。

不论是金块本位制还是金汇兑本位制,都是被削弱了的金本位制,远不如金本位制那样稳定。这是因为:①在金块本位和金汇兑本位制度下并没有金币流通,黄金所具有的自发调节作用受到了限制,因而起不到防止通货膨胀和货币贬值的作用。②在这两种货币制度下,银行券的兑换受到限制,因而影响了银行券的自由兑换性和这种货币制度的稳定性。③在这两种货币制度下,黄金都不能自由输出和输入,使各国货币失去了稳定的基础。正因为这样,1929—1933年资本主义世界经济危机爆发后,金块本位制和金汇兑本位制都无法继续存在下去了。

1929—1933 年的资本主义世界经济危机，是资本主义历史上持续时间最长、范围最广、破坏性最大的周期性经济危机，同时又引发了深刻的货币信用危机。这次危机首先从美国开始，1929 年 6 月美国爆发经济危机后，由于银行大量倒闭，美国政府不得不宣布暂停银行的活动。由于存款人纷纷挤兑，使联邦储备银行的黄金储备急剧减少，迫使美国政府宣布停止银行券兑换黄金，并禁止黄金输出。这样一来，在一战期间唯一维持金本位制的美国，终于宣告了金本位制的崩溃。美国的货币信用危机很快波及欧洲国家，使欧洲一些国家也相继放弃了金本位制。特别是作为国际金融中心的英国放弃金本位制以后，在资本主义世界进一步引起一系列连锁反应。因为当时许多国家都以英镑作为储备货币，一旦英国放弃金本位制，同英镑联系的国家和地区，也不得不被迫放弃金块本位制或金汇兑本位制。美英等国家放弃金本位制后，法国、瑞士、比利时、意大利等少数国家虽曾企图继续维持金块本位制和金汇兑本位制，但终因大势所趋，无法逆转，于 1936 年 8 月都放弃了金块本位制与金汇兑本位制。这样，一战后存在的残缺不全的金本位制，最终全面崩溃了。

国际金本位制彻底崩溃后，世界上大多数国家都实行不兑换的纸币制度，而且资本主义世界货币体系已陷入四分五裂的局面，出现了相互对立的英镑集团、法郎集团和美元集团。1931 年英国在放弃金本位制后，组建了以英镑为中心的英镑集团，1933 年美国放弃金本位制后，组建了以美元为中心的美元集团，后来法国也组建了以法郎为中心的法郎集团。各个货币集团对内实行外汇管制，对外争相贬值货币，相互展开激烈的货币战和贸易战。各国货币汇率动荡不定、变化无常，造成国际贸易萎缩，国际金融关系极度混乱，使资本主义货币信用危机进入一个新阶段。

第二节　布雷顿森林体系的建立

一、布雷顿森林体系的建立

二战后,资本主义世界建立了以美元为中心的国际货币体系,即布雷顿森林体系。这个货币体系是英美两国在国际金融领域争夺霸权的产物,也是当时世界经济贸易发展的需要。

二战使帝国主义国家之间的力量对比发生了巨大的变化。德、意、日成为战败国。英国在战争期间国民经济遭受严重破坏,但英镑区仍继续存在,国际贸易的 40%左右仍用英镑结算,英镑仍然是一种主要国际储备货币,因此英国还想保持英镑的国际货币地位。另一方面,美国在战争中发了横财,1948 年,美国的工业制成品生产占世界工业制成品生产的 53.9%,美国的对外贸易占世界贸易总额的 33%以上,国外投资总额急剧增加,黄金储备占资本主义世界黄金储备的 74.5%。美国已成为资本主义世界最大的债权国和经济实力最雄厚的国家, 这就为建立以美元为中心的世界货币制度创造了必要的条件。

二战结束前夕的 1944 年 7 月,44 个国家在美国新罕布什尔州的布雷顿森林举行了"联合国货币金融会议"(通称布雷顿森林会议)。在会上经过激烈争论,美国凭借其政治、经济实力,迫使与会国家接受了美国提出的方案,通过了《国际货币基金协定》(即"布雷顿森林协定")。根据协定,建立起一个以美元为中心的资本主义世界货币体系。

这个体系的主要内容可概括为以下两点:①美元与黄金直接挂钩,国际货币基金的会员国必须确认美国政府规定的 35 美元等于 1 盎司黄金的法定价格(美国在 1934 年 1 月所规定的),并协助美国政府维持黄金的官价水平。美国政府承担各国政府或中央银行按黄金官价用美元向美国兑换黄金的义务。②国际货币基金组织会员国的货币与美元挂钩,也就是规定各国货币与美元建立固定的比价关系。美国政府根据 35 美元等于 1 盎司黄金的官价，规定美元的含金量为 0.888671 克黄金，其他各国政府也应规定本国货币的含金量，根据各国货币含金量与美元含金量的对比，确定各国货币对美元的法定汇价。这个汇价一般只能在平价上下各 1% 的幅度内波动，各国政府有义务在外汇市场上进行干预活动，以保持外汇行市的稳定。只有在一国国际收支出现严重不平衡，必须调整法定汇价时，经过一定的手续，才可以升值或贬值。实际上，平时市场汇率波动的可容许幅度是法定汇率的 10%。所以这种固定汇率制度实际上结合了固定汇率与弹性汇率的特点，在短期内汇率要稳定，但在出现严重不平衡时可以调整，这又类似弹性汇率。

上述双重挂钩的规定构成了二战后国际货币体系的两大支柱。在这个体系中，各国货币与黄金的关系是间接的，它们只是通过美元与黄金发生关系。美元在这个体系中处于中心地位，并等同于黄金。作为国际储备资产及国际支付手段，美元起着世界货币的作用，其他各国货币则处于从属地位，几乎所有的资本主义国家货币都处于国际货币基金组织的控制之下，形成了一个在外表上类似国际金汇兑本位制的一种国际货币体系。

为了维持这个体系的正常运转，根据协议规定，建立了一个永久性的国际金融机构，即国际货币基金组织。到 1982 年底，该组织已扩大到 146 个成员国。它具有一定的职能和权力，起着维护国际金融和外汇交易秩序的作用。它的主要职能是：①融通资金。当会员国遇到经济结构失调、国际收支不平衡或初级产品出口价格不稳等问题，造成国际收支困难时，可向基金组织提出贷款申请，基金组织以卖出外汇的方式，向成员国提供 3—5 年的短期贷款。②基金组织建立基金储备。每个成员国按照它的国民收入大小、在世界贸易中所占比重，缴纳一定份额基金。会员国在需要动用这部分国际储备时，可用本国货币向基金组织申请购买一定数量的外汇。会员国缴纳的份额越大，得到的贷款也越多。会员国必须在规定时间内偿还借款。

以美元为中心的国际货币体系，使美元与黄金处于同等地位，因而美元便凌驾于其他各国货币之上，成为世界货币，这就确立了美元的霸权地位。

第六章

二、布雷顿森林体系的特点及其作用

二战后建立起来的国际货币体系，同战前的国际金汇兑本位制相比有了新的特点。

第一，在国际储备中黄金与美元并重，而不只是黄金，因此一般称其为美元黄金本位制。

第二，二战前处于统治地位的储备货币，除美元之外，还有英镑和法郎。当时依附于这些的，主要是美、英、法三国各自势力范围内国家的货币，而战后以美元为中心的国际货币体系，几乎包括世界所有国家的货币，但美元却是最主要的储备资产。

第三，二战前，实行金汇兑本位的国家，允许居民用外汇（英镑、美元、法郎）向英、美、法兑换黄金。二战后，美国只允许外国政府在一定条件下用美元兑换黄金，而不准居民这样做，所以说，美元的可兑换性是有限度的。

第四，在金本位制度下，金平价无需调整，但在二战后可调整的固定汇率制度下，当国际收支出现严重不平衡时，汇率是可以调整的。所以在调节机制方面，二战后的固定汇率比金本位制增加了一种汇率调节政策，可用以调节国际收支。

第五，二战前的金汇兑本位制，没有一个统一的国际金融机构来监督和管理国际货币体系的运行，而在布雷顿森林体系下，国际货币基金组织可以对各国汇率的波动界限、外汇管制措施、黄金官价、国际收支调节等，进行统一监督和管理。

二战后以美元为中心的世界货币体系，是适应美国推行金融霸权的需要建立的，同时又是为了解决战前国际金融领域的混乱局面，适应战后国际贸易和国际金融关系的发展需要建立的，这就决定了它具有双重作用。

以美元为中心的世界货币体系的确立，为美国推行金融霸权提供了有利的条件。

第一，美元成为主要国际储备货币，各国政府都将美元作为主要储备货币和国际支付手段，有些国家还以美元作为本国发行纸币的保证，其他国家的美元储备，主要以活期存款的形式存放于美国银行，或购买美国短期债券。美国便以创造派生存款的方式，以极少的现金储备，大量发放对外贷款和对外投资，以加强对其他国家财政金融的控制。

第二，由于美元获得了"等同于黄金"的特殊地位，使美元变成了主要国际储备货币，各国要增加外汇储备，就只有弄到大量的美元。同时，美元又是各国清偿对外贸易逆差和对外负债的主要支付手段，因此各国为了应付国际间的业务往来，就必须掌握一定数量的美元。但是一旦美元升值或贬值，就会对其他国家的对外贸易和金融市场造成直接的不良影响。

第三，由于美元等同于黄金，美国就可以利用自己发行的美元纸币，作为对外支付的手段。美国还可以在不动用自己的黄金储备的情况下，大量印刷美元纸币，扩大资本输出，造成美元在国际金融市场上泛滥成灾。

第四，由于各国货币同美元保持固定比价关系，不经基金组织许可不准随便变动，而且各国政府又担负着维持美元固定汇率的责任，因此一旦国际金融市场上出现大量过剩美元，造成美元贬值，美元汇率下跌时，有关国家政府就不得不作出牺牲，抛出大量本国货币购买美元，因而加剧了本国通货膨胀。这实际上变成了美国转嫁美元危机的一种手段。

这样的国际货币体系不仅对美国有利，在客观上，它对整个资本主义世界经济发展也起了一定的积极作用。

第一，以美元为中心的世界货币体系实行可调整的固定汇率制度，汇率的波动受到严格的限制，因而汇率相对稳定。这有利于国际贸易的发展和国际资本流动的扩大，在一定时期内为世界经济和贸易的迅速发展提供了有利条件。

第二，在这一国际货币体系下，美元是最主要的国际储备货币和国际支付手段，美元又等同于黄金，可作为黄金的补充。二战后在黄金产量增长不快的情况下，美元大量投放于世界货币市场，可以弥补国际清偿能力的不足，这在一定条件下解决了国际储备和国际支付不足的问题。

第三，为了维持国际货币体系的正常运转，二战后建立起国际货币基金组织，它在促进国际金融合作、建立多边支付关系方面起了积极作用。尤其是对会员国提供各种形式的短期和中期贷款，可以暂时缓解会员国国际收支逆差所造成的困难,有利于世界经济的稳定和增长。

第三节　布雷顿森林体系的崩溃

一、布雷顿森林体系的崩溃

二战后以美元为中心的国际货币体系,是在美国经济实力雄厚、国际收支保持大量顺差、黄金外汇储备充足,而其他国家却普遍存在"美元荒"的情况下建立的。如果这种情况能够继续保持下去,上述双重挂钩的原则就可以继续实行,否则这个体系就难以维持下去。具体说,这个体系要继续维持下去,必须具备三个条件:

第一个条件是美元的对外价值必须保持稳定。美元的对外价值保持稳定,最重要的一个条件是美国国际收支必须保持顺差。一国货币的对外价值受一国通货膨胀和国际收支情况所制约,同时还受一国利率水平高低等因素的影响。如果某国国内通货膨胀问题严重,或者国际收支情况严重恶化,该国货币对美元的法定汇率难以为继,则在国际货币基金组织的同意下,可以使本国货币贬值,改变对美元的法定汇价。这种情况虽然不会危及国际货币体系的稳定,但是如果发行关键通货的美国的国际收支长期陷入逆差状态,而美国又直接凭借增加发行美钞去支付国际收支逆差,美元的对外价值必然因此陷入疲软状态,作为这个国际货币体系中心的美元的基准作用就会逐渐丧失,甚至造成国际金融市场的动荡与混乱。

第二个条件是美国必须保持充足的黄金储备,用以应付外国政府或中央银行用美元兑换黄金的要求。如果美国黄金储备流失过多,或者由于其他原因而储备不足,兑现义务实现不了,这个国际货币体系也就难以维持下去。

第三个条件是黄金的市场价格必须能够长期保持在官价水平。当黄金的市场价格波动,离开1盎司黄金等于35美元的水平时,美国就应该通过抛售黄金或收购黄金的手段来影响价格,使其回到法定价格的水平。如果国际市场上黄金价格猛涨，而美国及有关组织又无力大量抛售黄金以平抑金价，这个国际货币体系的基础就将随之动摇。

以上这三点，归根到底就是美国的经济实力地位必须保持强大，强大到足以保证双挂钩原则得以实现。

在以美元为中心的国际货币体系建立的初期，美国的经济实力是比较巩固的，美国的黄金储备占资本主义世界黄金储备的75%左右。但是随着资本主义政治经济发展的不平衡，从20世纪50年代初起，美国的经济实力地位就逐步下降了。在50年代，美国的国际收支连年逆差，以美元支付逆差的数字越来越大，黄金逐渐流失，美元的国际地位开始削弱。进入60年代以后，美国的国际收支进一步恶化，为了支付大量国际收支逆差，大量美元不断流向国外，同时黄金储备大量外流，美元的国际信用与国际地位也因此进一步下降，从而在1960年10月爆发了二战后第一次美元危机。国际金融市场大量抛售美元，抢购黄金及其他硬通货，结果是黄金价格急剧上涨，美元对外汇率急剧下降。为了维持黄金官价水平及美元对外价值，美国不得不采取挽救危机的措施——抛售黄金、平抑金价，以便稳住美元对外汇率的跌势。但是这些措施虽可见效一时，却不能使局势就此稳定，这主要是由于两个基本原因：一是资本主义政治经济发展不平衡规律的作用不断加强，美国的经济实力地位仍在下降。二是美国用以弥补其国际收支逆差的美元数字越来越大，在1950—1972年的22%年间，美国国际收支逆差累计额达886亿美元，其中绝大部分是以美元偿付的，这就造成了美元泛滥的局面。在这种形势下，美元危机的一再爆发是不可避免的了。

从第一次美元危机的爆发到布雷顿森林体系的崩溃，美国和它所利用的国际货币基金组织采取了一系列措施，以挽救这个摇摇欲坠的体系。但是由于种种矛盾无法克服，最后终于挽救不了这个体系的崩溃。下面简要地叙述一下这些修修补补的办法，借以窥视国际货币体系的演变及其趋势。

(1)在第一次美元危机爆发后，黄金市场上金价猛涨，为了平抑涨势，美国迫使欧洲主要国家的中央银行与其达成协定，彼此约定不以高于35.20美元兑1盎司黄金的价格购买黄金。同时，美国同意向英格兰银行提供黄金，以便在市场上按官价出售，平抑金价。此后，黄金价格涨势未止，美国深恐把

第六章

自己的家底搞光,于是要求其他国家共同来平抑金价,这种牺牲别国利益来挽救美元危机的行径,当然会遭到别国的抵制。但在美国一再强求之下,经讨价还价,在 1961 年 10 月,美、英、法、瑞士、德、意、荷、比八国还是达成了建立"黄金总库"(Gold Pool)的协议。

其主要内容是:参加国的中央银行按约定比例,共同分摊黄金,以英格兰银行为黄金总库的代理机构,负责维持伦敦这个最大的黄金市场的金价的稳定。这个黄金总库在 20 世纪 60 年代前六七年间,对维持金价及保卫美元起过一定作用,但是它所拼凑到的黄金储备,相对于国际黄金市场的巨额吞吐量来说,毕竟太少了。在 1967—1968 年黄金风潮的袭击下,这个黄金总库终于在 1968 年 3 月解体。

(2)与黄金总库的建立差不多同时,国际货币基金组织还出面搞了一个《借款总协定》(*General Arrangementto Borrow*,简写为 GAB)。由于美元汇价相对疲软,美国时时需要借入德国马克、法国法郎等以维持美元汇价。在国际货币基金组织的储备中,美元所占比重较大,西欧各国货币的比例较小,不足以应付美国对西欧各国货币的需要。为此,国际货币基金组织与十个工业国家(美、英、加、德、法、意、荷、比、瑞典、日)在 1962 年签订了《借款总协定》,其实质目的是便于用从西欧各国借入的货币去支援美国的需要,以维持相对疲软的美元汇价。

《借款总协定》的基金为 60 亿美元,美国出 33%,英国和德国各出 16%,其余由其他国家分摊。当某一国需要借入其他国家的货币时,可由基金组织向有关国家借入,再转贷给需要此项货币的国家,实质上是给美国开方便之门。参加《借款总协定》的十国由此被称为"十国集团"(The Groups Ten)。

(3)《借款总协定》是由国际货币基金组织出面安排的。为了补其不足,美国联邦储备银行还在 1962 年 3 月分别与 14 个西方国家的中央银行签订了《货币互换协定》(*Swap Agreement*)。这是因为,自从进入 20 世纪 60 年代以后,美元汇价不稳,美国经常要抛售西方其他国家的货币,收回过剩美元,这就需要有西方各国的货币来提供出售。《货币互换协定》总额为 117.3 亿美元,1973 年又扩大为 197.8 亿美元。

此项协定是由美国与西方各国分别签订的双边协定组成的,内容虽不

第六章

完全一样,但都包含下列三个方面的主要内容:

①两国中央银行应在约定期间内(如3—6个月等),互相交换一定金额的对方货币,为维持汇率的稳定,各国可随时动用对方的货币以干预外汇市场。

②约定期满互相偿还对方货币时,应采用进行互换时的汇率,以避免汇率波动的风险。

③约定互相交换的货币,在未使用期间,可以作为定期存款或购买证券存于对方,一方需要动用此项资产时,应在两天前通知对方。

显而易见,《货币互换协定》是美元实力地位下降的又一个反映。借助其他国家的力量维护以美元为中心的国际货币体系的这些措施,虽有助于缓和问题于一时,但并不能从根本上扭转美元的颓势。

(4)20世纪60年代中期,美国扩大了侵越战争,国际收支进一步恶化,致使1968年3月爆发了严重的第二次美元危机。半个多月中,美国的黄金储备就流失了14亿多美元。3月14日一天当中,伦敦黄金市场的成交量达350—400吨的破纪录数字。面对这样的局势,黄金总库是不可能应付得了的。黄金总库成员国经过协商后决定,美国及黄金总库不再按35美元1盎司黄金的官价在自由市场上供应黄金,即不再维持黄金官价,黄金市场听其自由上涨。但是各国政府和中央银行仍可按黄金官价以美元向美国兑换黄金,自由市场上的金价与黄金官价不发生联系了,这就是所谓的"黄金双价制"。与此同时,美国与原黄金总库各成员国达成一个非正式的《克制提取黄金协议》,各国同意原则上不再以美元向美国大量兑换黄金,以减轻美国兑现黄金的压力。这都说明,美国的经济实力已经陷入十分虚弱的境地(1968年底,美国占有西方世界的黄金总量的比例已下降到25%)。

(5)在实行黄金双价制的同时,美国还通过基金组织提出一个创立"特别提款权"的方案,并于1969年9月在国际货币基金组织第24届年会上通过。特别提款权是国际货币基金组织分配给会员国的一种特别的支付权力,它有利于维护以美元为中心的国际货币体系。第一,美国在国际货币基金中所占份额最大,因此它所分配到的特别提款权也最多。例如第一次分配时,它就分到特别提款权总额的20%,约21.8亿美元,这就使日益耗竭的美国的国际储备有所增加,从而增加了它应付国际收支逆差的能力。第二,外国政府和中央银行如要求以其持有的美元兑换黄金，美国可以特别提款权这种纸黄金来应付，从而减少美国黄金储备的流失。第三，特别提款权只能用于各国政府间的结算，国际上为数众多的债权债务的清结，仍需使用美元，这样美元仍能保持作为国际支付的主要手段的地位。

20世纪60年代所采取的种种挽救措施，虽然暂时缓和了美元危机，但是相对于使这个国际货币体系发生动摇的根本原因来说，它们所能起的作用是极其有限的。

进入70年代以后，美国经济实力地位进一步下降，国际收支逆差继续扩大，加上通货膨胀日益严重，美元购买力也日益下降。据统计，1970年每1美元的购买力只相当于1939年的0.361%，美元的对内价值的贬值自然引起其对外价值的下降。1971年5月和7—8月，连续爆发两次美元危机。西欧主要国家外汇市场纷纷抛出美元，抢购黄金及硬货币。1971年底，美国黄金储备减少到102亿美元，而其对外短期负债却增加到520亿美元，黄金储备仅及对外短期负债的20%，美元陷于十分虚弱的地位。一些西方国家对于美国不顾美元实际价值的大幅度跌落，强行维持固定汇率的做法十分不满，要求美元贬值，美国不予理睬，于是德国、意大利、比利时、荷兰、加拿大等国先后实行浮动汇率制。这样的措施当然严重影响了以美元为中心的国际货币体系的威信。与此同时，许多西方国家又要求向美国兑换黄金，使美国处于十分狼狈尴尬的境地。美国为了摆脱困境，转嫁美元危机，终于在1971年8月15日宣布实行"新经济政策"。其内容主要是停止履行外国政府和中央银行以美元向美国兑换黄金的义务，并对进口商品征收10%的进口附加税。本来以美元为中心的国际货币体系是靠"双重挂钩"来维持的，这样一来，这两大支柱之一倒塌了。美元不再能兑换黄金，也就是美元实质上与黄金脱钩。西方国家对此当然非常不满，要求美元恢复兑现，并要求美元贬值。许多国家为了避免国际游资对本国货币的冲击，相继实行浮动汇率制，不再与美元挂钩，固定汇率制这一支柱处于风雨飘摇之中。

形势如此危急，于是十国集团于1971年12月在华盛顿史密森学会大厦举行了财政部长及中央银行行长会议，并达成了《史密森协议》(Smithsonian Agreement)。其主要内容是：美元对黄金贬值7.89%，黄金官价从每盎司35

美元提高到 38 美元；美国宣布取消 10% 的进口附加税。同时，对有些国家货币的金平价作了调整，如日元升值 7.66%，德国马克、瑞士法郎各升值 4.61%，比利时法郎、荷兰盾各升值 2.76%，意大利里拉和瑞典克郎各贬值 1%，英镑及法国法郎金平价不变。此外，各国货币对美元汇率的波动可容许幅度由原来的 ±1% 扩大到 ±2%。

尽管采取了这些措施，仍未能遏止美元危机。1972 年 6 月及 1973 年 2 月，国际金融市场上又掀起抛售美元，抢购德国马克、日元和黄金的浪潮。在这种情况下，美国只好在 1973 年 2 月 12 日又一次宣布美元贬值 10%，黄金官价相应由每盎司 38 美元提高到 42.22 美元。可是，时过不久，1973 年 3 月，欧洲金融市场又出现抛售美元，抢购黄金及德国马克等硬通货的风暴，黄金价格一涨再涨，美元汇价一跌再跌。各主要资本主义国家为了抵制对美元实质上评价过高的固定汇率制，纷纷实行浮动汇率制。至此，二战后支持以美元为中心的国际货币体系的另一支柱，即各国货币与美元挂钩、汇价钉住美元也垮台了。《史密森协定》是为了挽救布雷顿森林体系而出台的，它非但未能挽救美元危机，反而以崩溃而告终。

二战后以美元为中心的国际货币体系所赖以存在的两根支柱的倒塌，使这个体系实质上也就不存在了，国际货币体系再次陷入了混乱的局面。

还需要指出，布雷顿森林体系以美元与黄金挂钩存在着无法克服的根本性矛盾，这就是有名的"特里芬（Triffin）难题"。它认为，如果美国国际收支为顺差，世界美元供应就会出现不足，亦即世界关键货币不足影响对世界通用货币的需求；如果美国出现国际收支逆差，美元对外供应过多，这又会形成货币贬值。因此，这一体系本质上存在的这种缺陷也决定了它难免走向崩溃。

布林顿森林体系从 1944 年建立到 1973 年崩溃经历了稳定运行、动荡运行、逐渐瓦解三个阶段。

二、布雷顿森林体系崩溃后的影响

以美元为中心的国际货币体系崩溃以后，并不意味着美元的作用完全消失，实际上美元在国际储备和国际支付中仍占有重要地位。当然，与二战后初期相比,它的作用已经大为减弱,而且已经丧失了作为法定国际中心货币的地位。

布雷顿森林体系的崩溃,使国际金融陷入一种"无体系"的局面,汇率变动不定,国家间的经济往来受到严重影响,各国的经济发展也都不同程度地受到限制,国际货币基金组织于是不得不设法进行一些"改革"。

早在1972年已经成立的"二十国委员会"(Committee of Twenty)(它的正式名称是"国际货币制度改革及有关问题专家委员会",由9个发展中国家的代表和11个发达国家的代表组成),代替了原来的"十国集团"。这个委员会在1974年6月提出一项具有12项内容的临时性改革方案,交付国际货币基金组织审议。12项方案的主要内容有:①特别提款权不再按美元(亦即不再按美元的含金量)定值,改按16种主要国家货币定值。②鉴于浮动汇率制的普遍化,应制定浮动汇率的指导原则。③为保证国际贸易的正常进行,各国应避免采取限制进口的措施。

"二十国委员会"提出此项方案后即宣告工作结束。1974年10月,基金组织决定设立"理事会关于国际货币制度问题的临时委员会"(简称"临时委员会"Interim Committee)去代替它。"临时委员会"由5个在基金组织中占份额最多的国家各派1名代表,另外由9个发展中国家和6个发达国家各派1名代表组成,仍然是20名委员。"临时委员会"原来是个临时性组织,后来改为常设机构。

1976年1月,"临时委员会"在牙买加举行会议,就许多有关国际货币制度改革的问题达成协议,并建议修改国际货币基金协定的条款。1976年4月,国际货币基金理事会通过了这个修改草案,并送交各会员国完成立法批准手续。1978年4月1日,获得法定多数批准,修改后的国际货币基金协定正式生效。经过修改,在协定上正式承认了国际货币体制发生了如下的重大变化:

第一,承认了浮动汇率制的合法化。《史密森协议》的崩溃是以主要发达国家普遍实行浮动汇率制为标志的。国际货币基金组织在回天无力的情况下,只好取消原协定中必须维持统一的固定汇率制的条款,而代之以可以实行所谓有管理的浮动汇率制的条款。也就是追认了既成事实,使浮动汇率制合法化。

第二，贬低了黄金在国际货币体系中的作用。新条款删除了原协议中有关黄金的所有协议：①黄金不再作为各国货币定值标准，即黄金非货币化。②废除黄金官价，会员国可以在自由市场上互相买卖黄金。③会员国对国际货币基金结算应用黄金支付的规定一律废除。此外，还规定国际货币基金在4年内按市价出售基金中黄金的16%，以所得收入建立专门基金，按优惠条件贷予国际收支有困难的低收入国家。

第三，扩大特别提款权的使用范围。随着美元国际地位的衰落，特别提款权的作用事实上不断增强，在基金组织与成员国的经济往来中，在成员国彼此间的经济往来中，特别提款权都逐渐取代美元成为计算单位。

其后，国际货币基金组织还设计了另一项重大措施，那就是"替代账户"（Substitution Account）的建立。这是进一步提高特别提款权的国际地位的措施。其目的主要在于冻结各国持有的过剩美元储备，减少各国抛售美元购进其他货币所造成的国际金融局势的动荡。1979年10月，在南斯拉夫首都贝尔格莱德召开的国际货币基金组织第34届年会上，原则上通过设立以特别提款权为计算单位的"替换账户"的建议。

"替换账户"是国际货币基金组织设立的一种特别账户，以特别提款权为计算单位，鼓励各国中央银行将其所保有的美元储备存入这一账户，基金组织则用所收进的美元去购买美国财政部的长期债券，所得收益以某种方式偿还给开立"特别账户"的国家。这等于用美国的长期债券经过"替换账户"的中介代替了可以自由流动的美元储备，减少了美国的短期负债数字，而各国中央银行的美元储备也可经过这个途径得以保值。特别提款权的储备地位也因此得到进一步提高。

但是在1980年4月国际货币基金组织在汉堡召开的临时委员会上，这个建议却被搁置起来。表面上的原因是还有一些技术性问题没有解决，实质上，这与1980年春季以来的美元汇价回升有关，美元对各主要货币的汇率不同程度的回升，使各个美元储备较多的国家对替换账户的兴趣淡薄了。

《牙买加协定》尽管采取了这些重大改革措施，但现行的国际货币体系的各项内容仍然残缺不全，遗留下许多问题有待于解决。如何建立起一个统

第六章

一的、有组织的、为各国普遍接受的新的国际货币体系,是当时也是今后举世关注的重大课题。

第四节　当前的国际货币体系及其运作

《牙买加协定》尽管没有解决国际货币体系的根本问题,但它毕竟是二战后国际货币关系中继《布雷顿森林协定》之后的又一重大协定,为现行的国际货币体系奠定了基础,使现行国际货币体系得以继续运转,在某些方面也为今后的国际货币体系改革提供了启示。下面就现行国际货币体系中的几个主要方面分别加以叙述。

一、"特别提款权"制度

早在 1965 年美国就已提出了建立"特别提款权"的方案,以扩大国际货币基金的贷款能力,但当时因遭到法国的坚决抵制而未能实行。经过几年的争吵,直到 1969 年 9 月,才在国际货币基金组织第 24 届年会上正式通过了创立特别提款权的方案,并在《牙买加协定》中得到肯定,而且使用的范围也扩大了。

特别提款权,是指国际货币基金组织分配给会员国的一种特别支付权利。它既是一种基金组织分配给成员国的使用资金的权利,也是一种新的记账单位。开始发放时,特别提款权与当时的美元等值,即 1 个特别提款权等于 1 美元,一单位特别提款权的金平价为 0.888671 克黄金。它根据会员国在国际货币基金中的份额按比例进行分配。会员国分配到的特别提款权只是一种账面资产,可以作为会员国的国际储备资产,用于偿还国际货币基金的贷款,以及会员国之间偿付国际收支逆差。但它不能兑换黄金,也不能当作现实的货币用于国际的一般支付,所以也被称为"纸黄金"。

但在《牙买加协定》以后,主要发达国家普遍实行浮动汇率制,为了保持特别提款权的相对稳定性,从 1974 年 7 月 1 日起,基金组织根据"二十国委员会"的建议,宣布特别提款权与黄金脱钩,改按"一篮子"货币定值,即按 16 种主要货币定值,实行浮动利率,逐日算出对各种主要货币的比价并公布。最初选定 1968—1972 年平均出口额占世界平均出口额 1%以上的 16 个国家的货币,并确定加权比例。

从 1981 年 1 月 1 日起, 特别提款权又简化为按 1975—1979 年期间 5 个最大出口国的 5 种货币定值,这 5 种货币为美元、德国马克、法郎、日元和英镑。之所以采取 16 种和 5 种货币作为计算特别提款权的价值基础,是因为美元贬值以后, 许多西方国家货币实行了浮动汇率制, 汇率不断发生变化,如果采用几种货币作为计算价值的基础,就可以减少由于各国汇率变动所产生的影响,所以这样计算出来的价值比较稳定。

经过多次调整,在 2001 年由于欧元的启动,货币篮子中的货币改为美元、欧元、日元和英镑。自 2016 年 10 月 1 日起,人民币将被认定为可自由使用的货币,并作为除美元、欧元、日元和英镑之外的第五种货币加入特别提款权货币篮子。执董会当时还决定,每种货币的权重分别为,美元 41.73%,欧元 30.93%,人民币 10.92%,日元 8.33%,英镑 8.09%。在新特别提款权货币篮子生效之际,基金组织总裁克里斯蒂娜·拉加德女士表示:特别提款权货币篮子的扩大对于特别提款权、基金组织、中国以及国际货币体系都是一个重要的、历史性的里程碑。对基金组织来说,这是一个重大变化,因为这是自欧元采用以来第一次将一种货币增添到篮子中。

特别提款权与普通提款权不同,其区别在于:①特别提款权是一种补充的储备资产。但它与黄金不同,黄金是价值实体,而特别提款权不是价值实体;它与外汇也不同,外汇可直接用作国际支付手段,特别提款权则不具备这种职能,它只起着换取外汇的中介作用。②特别提款权与普通提款权两者的基础不同,普通提款权是有会员国缴纳的基金作基础,会员国发生资金困难时可向基金组织申请贷款;但是特别提款权则没有缴纳的基金作基础。③普通提款权借用后限期归还,是一种贷款性质的(但不叫贷款,而称作提款);而特别提款权使用后在 70%的范围内无需偿还,可以继续使用下去,这对分配到特别提款权的国家来说,无疑是一种额外的资金收入和储备资产的补充。正因为特别提款权有其有利的一面, 所以它的建立受到了越来越多国家的

第六章

欢迎,不仅使用的范围扩大了,而且逐步成为一种重要的储备资产。

特别提款权尽管自建立以来进行了多次调整,但由于受许多条件的限制仍存在着一些不足之处,妨碍了它的发展和使用范围的进一步扩大。其不足之处主要表现在:

第一,特别提款权发行的数量有限,在整个外汇储备中的比重很小,直到 1983 年只占整个外汇储备的 4% 左右,至今仍变化不大。因此如果用它作为主要储备资产,就会产生国际清偿手段不足的问题。

第二,特别提款权分配不平衡。它是按照会员国在基金组织中所占份额进行分配的,因此份额较多的发达国家分配的数量占了绝大部分,约占 75%以上, 其中美国一国分配到的数额差不多相当于一百多个发展中国家分配到的总和。由于分配不合理,用它作为主要储备资产,不能满足大多数发展中国家平衡国际收支的需要。

第三,特别提款权只是基金组织的一种记账单位,只能用于各国政府之间的国际结算,通过相互转账作为支付手段,而不能作为流通手段用来在国际贸易和金融往来中进行直接支付, 因此特别提款权的作用有很大的局限性。20 世纪 80 年代初,由于美元坚挺,特别提款权对美元贬值,在各国之间进行国际结算时,使用特别提款权趋于减少,说明它的地位和作用不是加强而是减弱了。

第四,特别提款权作为主要国际储备资产,是《牙买加协定》人为规定的,是虚构的世界货币,它既不像黄金本身具有价值,也不像美元有本国的经济实力作为后盾,一旦国际经济、政治关系发生剧变,就可能成为废纸。因此,现阶段实质上它只能作为国际储备资产的补充,而不能代替整个国际储备资产。

二、浮动汇率制取代固定汇率制

如上所述,《布雷顿森林协定》规定了固定平价制,即美元与黄金挂钩,其他会员国货币与美元挂钩, 通过双挂钩形成了以美元为中心的国际货币体系。各国货币汇价波动不得超过法定平价上下各 1%,各国政府承担了维持这一固定平价的义务。但布雷顿森林体系崩溃后，各国货币与美元或黄金脱离了固定比价关系，主要发达国家货币都实行了浮动汇率制。在《牙买加协定》中，浮动汇率制又得到国际货币基金组织的正式承认，浮动汇率制因此合法化，成为世界各国的现行汇率制度。

浮动汇率制是指一国货币的汇率根据市场货币供求变化，任其自由涨落，各国政府和中央银行原则上不加限制，也不承担维持汇率稳定的义务，这样的汇率就是浮动汇率制。尽管各国都实行了浮动汇率制，但其中采取"钉住汇率制"的国家占大多数。所谓钉住汇率制，就是一国货币按固定比价同某种货币或混合货币单位相联系的汇率制度。在布雷顿森林体系下，各国货币钉住美元，这一体系崩溃后，主要发达国家普遍实行了浮动汇率制，而发展中国家大多数则采用钉住汇率制。据 1988 年 3 月 31 日统计，采取钉住汇率制的国家共 93 个，其中钉住美元的有 40 个国家，钉住法郎的有 14 个国家，钉住英镑的有 3 个国家，钉住特别提款权的有 7 个国家，钉住混合货币(一篮子货币)的有 29 个国家，而采取其他汇率安排的有 61 个国家。这说明在世界 154 个国家和地区中，有九十多个国家和地区保持一种比较稳定的货币关系。这在当时有助于各国经济和贸易的稳定发展。但是随着美元汇率日趋不稳，世界和地区性金融危机时有发生，各国贸易不平衡长期存在，迫使越来越多的国家放弃钉住汇率而采取灵活的浮动汇率制。

浮动汇率制按照国家是否干预外汇市场，可分为自由浮动和管理浮动。自由浮动汇率制，就是政府完全不干预外汇市场，听任市场供求自由波动。管理浮动汇率制，就是各国政府为了避免汇率的剧烈波动，防止对本国金融市场和对外贸易造成不良影响，通常都要对外汇市场进行一定的干预。实际上，今天没有哪个国家实行完全的自由浮动，各国政府都对外汇市场进行不同程度的干预。

浮动汇率制还有单独浮动与联合浮动之分。单独浮动就是一国货币对任何外币都没有固定比价关系，汇率都是由外汇市场供求状况决定的。现在大多数国家都是实行单独浮动汇率制。所谓联合浮动，就是一些国家由于经济贸易联系十分紧密，为了稳定货币汇率，促进相互间经济贸易的发展，在彼此之间实行的是固定汇率制，而对外则实行联合浮动汇率制。目前，欧洲

第六章

联盟实行的汇率制度就是成员国之间实行固定汇率,对外实行联合浮动汇率。

在浮动汇率制度下,一国汇率变动受到多种因素的影响,除了经济因素经常发生作用外,也包括政治和心理方面的因素,这些因素经常发生变化,有时以这个因素为主,有时以另一因素为主。所以汇率变化是一个非常错综复杂的问题,在实践中很难准确预测。这里仅就这方面的一些主要因素进行分析。

(1)国际收支状况。在影响汇率变动的因素中,国际收支的经常项目是最重要的因素。当一国进口增长过快或出现逆差时,该国将对外币产生额外的需求,这时外汇市场上就会引起本币汇率下降。反之,当一国国际收支出现顺差时,就会引起外国对本币需求的增加和外币供给的增加,顺差国货币汇率就会上升。

(2)通货膨胀的影响。通货膨胀对汇率的影响也是一个重要因素。在纸币流通制度下,两国货币之间的比价,实质上是由各自货币所代表的价值量的对比关系决定的。因此当一国发生通货膨胀时,该国货币所代表的价值量就会减少,实际购买力也随之下降,这样对外币的比价也同时趋于下跌。通货膨胀对汇率的影响一般是间接的,即通过一定的渠道才能起作用。例如,因物价上涨削弱该国商品和劳务在国际市场的竞争力,从而影响到经常项目;通货膨胀影响一国利率的变化,从而影响到国际资本流动;通货膨胀还会影响人们对汇率和利率的预期心理,从而影响外汇市场参与者的外汇持有数额,等等,这些都会不同程度地影响汇率的变动。

(3)经济增长率的高低。一国经济增长速度较快,其国民收入提高也较快,就会引起对外国商品和劳务需求的增加,结果造成外汇短缺,导致本币汇率下跌。如果这个国家经济是出口导向型的,随着生产发展而出口也在扩大,在这种情况下,可通过出口的增加来弥补进口的增加,就不会导致本币汇率的下跌。此外,如果国外投资者把该国经济增长迅速看作是增加资本收益的好机会,就可能出现对该国的资本净流入,也可以抵消经常项目的逆差。这时,该国货币汇率就可能不下跌,甚至向上浮动。

汇率变动除了受国际收支的经常项目变化的影响以外,受国际收支的资本项目的影响也很大。因为在外汇市场上,人们是把外汇作为一种金融资产来进行交易。这部分金融资产远远大于因国际贸易所派生出来的外汇交易。金融资产交易的特点是速度快、变动大,由于通信手段的高度发达,在金融市场上常常转眼之间就会从一国转向另一国, 从一种货币流向另一种货币。这样就必然对汇率的波动产生重大影响。引起国际收支资本项目变动的因素,主要有以下几点:

(1)货币供应量的大小。如上所述,在纸币流通下,汇率的变动决定于两国纸币所代表的价值量的变动,而纸币所代表的价值量的变动,通常是由纸币供应量的大小引起的。如果一国货币供应量增长过快,该国公众持有的货币量超过了他们所需要的数量,超过部分就可能流向国外,促使该国汇率下降。另外,货币供应量增长过快还会增加一国通货膨胀的压力,削弱出口商品的竞争力,间接地对汇率产生影响。

(2)利率的高低。利率的高低会影响一国金融资产的流动。如果一国的利率高于其他国家,就会增强别国对其金融资产的吸引力,从而导致外国资本内流,引起本国货币汇率上升。反之,一国利率低于其他国家,就可能导致本国货币汇率下跌。

(3)国家对外汇市场的直接干预。各国政府和中央银行为了稳定外汇市场,不致于因汇率剧烈波动对本国经济贸易带来严重影响,通常要对外汇市场进行干预。干预的措施主要是贴现政策、汇兑政策、外汇管制及国际间货币金融政策协调四个方面。

国家采用贴现政策干预汇率主要是通过提高或降低利息率, 以吸引国外资本流入或本国资本流出来实现。提高利息率,可使国外资本流入增多,本国资本流出减少,外汇供过于求,本国货币对外汇率上升。例如,1980 年美国提高利息率,吸引国外资本流入,美元对外汇率上升。汇兑政策(即外汇政策)是国家金融机构通过外汇市场直接进行外汇买卖,以影响货币对外汇率。如本国货币对外汇率上升,外国货币汇率下跌,即可抛出本国货币,购进外国货币;反之,如本国货币对外汇率下跌,外国货币汇率上涨,即可抛出外国货币,收回本国货币。至于政府干预外汇市场能力的大小,决定于政府拥有的外汇储备的数量。此项资金称为外汇平准基金。国际间的货币金融政策协调是指随着各国金融的国际化, 一国货币汇率的变动不可避免地牵扯到一

第六章

系列国家货币汇率的相应变化，这就需要有关国家政府出面共同协调政策以达成协议。近年来由于美元不断贬值，德国马克、日元不断升值，西方七国首脑或财长多次举行会议协调各国的货币政策，就说明了这一点。

此外，人们的预期心理因素对汇率变动也会产生重要影响。当人们预期某种货币汇价将要下跌时，为了避免损失就会大量抛出这种货币。相反，当他们预期某种货币汇率将要上升时，就会大量买进这种外币。这种预期心理往往成为短期汇率变化的决定因素。而这种外汇交易者的预期心理的形成，主要受有关国家经济增长率、货币供应量、利率变化、国际收支、外汇储备状况、政府经济政策以及国际政治形势等多种因素的影响。

浮动汇率对世界经济的影响和作用，既有积极的一面，也有消极的一面。其积极作用主要表现在：①根据外汇的供求，不断调整汇率，使汇率相对稳定，波动幅度不大，有利于进出口贸易的平衡，同时也有利于企业成本核算，不致因汇率升降幅度过大而发生亏本现象，故汇率稳定有利于促进国际贸易的增长和生产的发展。②有利于促进资本流动。短期资本的移动对汇率变动的反应最为敏感、迅速。当以本币所表示的外币汇价上涨时，本国货币价值下降，本国资本为了防止货币贬值的损失，常常逃往国外。为了防止出现这种情况，在浮动汇率制度下可以自主调整本国货币的汇价，使本国货币所表示的外币汇率下降，这样对资本移动的影响就会与上述情况相反。③实行浮动汇率制，不必承担因为维持固定汇率而抛出本国货币干预外汇市场的义务，这样既可以避免为维持固定汇率造成的损失，又可以减轻因本国货币供应过多而造成通货膨胀的压力。

从实际情况看，1973年实行浮动汇率是必要的。这是因为：两次石油提价的冲击和石油资金的积累，导致石油生产国的资金需要外流；国际资本的大规模移动，需要有一个不受限制的浮动汇率制来实现；欧洲美元市场规模达到数千亿美元，也需要通过浮动汇率使其分散；主要工业国家间出现了严重的国际收支不平衡；贸易战此起彼伏，如果继续实行固定汇率制只会加剧而不会解决这些问题。

浮动汇率目前虽已成为一种正式的汇率制度，但并不是最理想的汇率制度，还存在着不利的一面：①汇率波动剧烈而频繁，对未来汇率变化又难以预期,显然不利于长期国际贸易和国际投资的进行。②浮动汇率制助长国际间的套汇、套利活动,使大量短期资金从事投机活动,不利于金融市场的稳定。③基金组织对汇率的监督难以奏效,国际收支的不平衡状况依然得不到根本解决。④浮动汇率制对发展中国家更为不利。因为它们的外汇储备主要是发达国家的货币,它们的债务多以美元来结算,汇率的频繁波动,特别是美元汇率不稳,不仅影响国际贸易和资本流动,而且使其外汇储备管理和外债偿还问题更加复杂化。正因为如此,世界各国都希望建立一个比较稳定的国际货币秩序,但如何稳定汇率,仍是一个悬而未决的问题。

三、现行汇率制度运作中的金融风险

随着国际资本流动的迅速扩大, 现行汇率制度运作中的金融风险也在日益增强。其突出表现之一就是巨额国际游资的流动与金融危机常常伴随而行, 因而使得现行汇率机制不能充分发挥作用。1995 年的墨西哥金融危机、1997 年 7 月爆发的东南亚金融危机和 2008 年美国金融危机, 都是巨额国际游资的冲击并动摇一国货币的汇率制度, 进而扩展到整个货币市场和证券市场,最终导致的金融危机的爆发。随着经济全球化的发展,这种由国际游资对现行汇率制造成的冲击, 进而引发全面金融危机的现象有可能继续发生。因此,这一问题已引起了各国的普遍关注。

1. 国际游资对汇率制度的冲击

国际资本流动按其投资形式区分为直接投资和间接投资。直接投资形式总的说来有利于一国生产资本的流入和货币汇率的稳定。但是间接投资作为国际短期资本则作用不同。短期资本常常改变资本移动方向,投资者可以随时调动游资进出一国市场,以获得正常投资收益以外的资本收益。一旦接受投资国的投资收益减少或出现其他资本风险时, 这部分游资就会立即撤出该国市场,从而对该国经济和金融市场造成重大冲击。

自从布雷顿森林体系瓦解以后, 国际货币体系由固定汇率制走向浮动汇率制。在浮动汇率制度下,虽然多数国家实行的是管理浮动汇率制,但仍有相当多的国家仍实行钉住汇率制,特别是钉住美元,即随着美元汇率的变动而相应地调整本国的汇率波动幅度。也有的国家实行有限灵活钉住型汇率机制,即钉住一种货币或一组货币并在一定的波动幅度内进行浮动。从目前看,实行钉住或有限钉住汇率制的国家和地区,除欧洲货币联盟成员国外,多数为发展中国家和地区。发展中国家一般经济规模小,经济实力较弱,经济发展对外依存度高,被钉住国家多是其重要贸易伙伴和资金来源国,它们之间有着较为密切的经济联系。

因汇率制度上的差异,国际游资对汇率制度的冲击的表现形式也不尽相同:①在完全浮动汇率制下,国际游资冲击汇率主要表现为国际外汇市场的日常炒作,冲击力度容易被汇率的自由上下波动所控制,因而不会产生大的震荡,形成金融危机。②在钉住汇率制或有限钉住汇率制下,国际游资对汇率制的冲击,表现为国际金融市场上的投机力量与被冲击国中央银行之间围绕一个相对稳定的汇率水平进行着激烈的争夺。其结果有两种可能:一是投机力量不甘失败,准备卷土重来;二是受冲击国中央银行被迫放弃钉住汇率,与联动货币脱钩,但骤然放弃钉住汇率制就可能对投资者以及整个经济造成不利影响。因此,对国际游资的破坏作用人们不能不高度重视并采取防范措施。

2. 国际游资冲击钉住汇率制的发展过程及其可能性

国际游资冲击钉住汇率制所选择的对象,一般具有下列共同特点:①被冲击的国家和地区对短期国际资本依赖程度高、国内储蓄率低、资本市场监控不严等,给国际游资的冲击以种种可乘之机。②被冲击国和地区因国内消费过度和储蓄不足引起供求失衡和物价上涨,政府为控制通货膨胀,被迫采取高利率的货币政策。由此引起的国内外利差,就会吸引大量游资内流。在外汇市场上,这种大量游资将推高本币汇率,迫使其升值。升值后的本币及国内物价的上涨就为出口设置了障碍,从而引起贸易收支恶化。外贸管理部门为了扭转这种状况,不得不采取货币贬值政策。随着本币汇率的下滑,资本外流就会加剧。由于资本大量外流,汇率更加不稳,被迫与钉住的货币脱钩,实行完全的浮动汇率制。这样,本币继续贬值,资本继续大量外流,并不断地产生新的贬值压力,从而形成恶性循环,并迅速扩展到整个货币市场和证券市场,最终导致整个金融市场的剧烈动荡。

国际短期流动资本对某种货币汇率的冲击并非偶然现象，它要在一个较长的时间内跟踪目标国的宏观经济发展情况、目标国的经常项目变化以及外汇储备状况多少，寻找发动进攻的有利时机。墨西哥、东南亚和美国的金融危机都说明了这一点。以东南亚金融危机为例，国际游资首先选择泰铢作为发动冲击的突破口，无疑与泰国经济出现的问题息息相关。泰国经济在20世纪90年代前期平均以8%的速度增长。经济的持续高速增长和加速全面对外开放，使泰国原有的宏观经济调控机制跟不上发展，经济结构日益严重失调，因而形成了一系列隐患：房地产过热，银行信用膨胀，坏账大量增加，投资过热，进口增长过快，出口竞争力下降，经常项目失衡，金融调控体制不健全，因此难以适应经济全面开放和国际化的需要。与此同时，外资大量流入，外资结构失调，短期流动资金过多，基本放弃监管资本市场，这些问题的严重化，就为国际游资冲击泰铢汇率制度提供了可乘之机。另外，整个东南亚经济正在走向一体化，各国经济联系十分紧密，经济结构基本相似，宏观经济政策和所面临的问题也大体相似，所以以泰国为开端的金融危机很快席卷了东南亚。

但是，东南亚金融危机的直接起因在于钉住汇率本身所固有的脆弱性。长期以来，东南亚一些国家货币同美元保持联动的汇率制度，而美元汇率先是大幅度贬值，继而又对日元、马克急剧升值，在东南亚金融危机爆发前，东南亚多数国家的货币对日元、马克出现与美元几乎同步升值的趋势。本币跟随美元的不断升值，加上工资成本的大幅度升高，使出口商品竞争力减弱，贸易条件不断恶化，为投机资本冲击这些国家的货币提供了可乘之机。

东南亚金融危机的爆发再一次说明，对一个小规模的开放经济体来说，与主要贸易对象国的货币维持较为固定的比价，固然有其避免汇率变动因而带来损失，并可刺激外贸发展的有利的一面，但是在浮动汇率成为主要国际汇率制度而又频繁波动的情况下，如果不具备或丧失维持固定汇率的条件，人为地将本币与某一种货币保持固定比价，一旦本国的宏观经济状况和所处的外部环境发生了变化，就会给该国金融机构的宏观调控造成困难，因而金融风暴也就不可避免。在亚洲经历了金融危机之后，面对欧洲不稳定的局势，美国相对安全稳定的情况无疑会更加吸引资金。

第六章

美国在 20 世纪 90 年代就开始了信息技术革命，由于美国高科技时代的来临，全世界的资本更倾向于涌入美国，涌入硅谷，涌向纳斯达克证券交易市场。伴着 1997 年东南亚金融危机和 1999 年科索沃的炮火，在仅仅两年的时间里，纳斯达克指数从 1000 多点一路狂奔到 5000 点以上。到 2000 年，美国纳斯达克股市的泡沫开始破灭，而此时，亚洲经济也已复苏，欧洲也慢慢恢复了科索沃战争之后的平静，资本又开始向亚洲和欧洲回流。再加上当时的国际政治形势，使得美国面临十分紧迫的形势。采取宽松的货币政策，利用房地产来拉动美国经济，从而让美国的经济继续保持繁荣，在这种情况下次级贷款就逐渐产生了。在这一经济政策下，商业银行承担着巨大的风险。与此同时，全球金融体系快速的创新成长，金融机构为获取利润，重新包装不同种类的贷款，包括次级房贷转换成证券化商品在全球兜售，使得衍生性商品快速的成长。而一旦最根本的目标物（如次级房贷）发生了违约，由它所衍生出来的金融商品以及相关的金融机构、投资人便如"多米诺骨牌效应"，一一倾倒。2007 年 7 月美国房市暴跌，使次级房贷及衍生性商品价格大跌，由于衍生性商品具有高杠杆运作的特性，因此投资机构损失惨重。2008 年，世界资产价格的非理性上涨以及金融危机的爆发，国际游资都起到推波助澜的作用，国际资本流动过剩以及流动过快加大了危机波及全世界的速度。与此同时，美国自爆发次贷危机以来不断降低利率，使各国间利差不断扩大，为国际游资流动提供了动力，导致美国的经济形势迅速波及全世界。

除了国际游资的推波助澜作用外，创新无约束、政府疏于监管、投资者贪婪、评级机构信用危机等问题也是导致 2008 年金融危机的重要原因。

总之，从 20 世纪 90 年代国际游资对汇率制度冲击的历程看，从 1992 年的欧洲货币制度风波，到 1995 年的墨西哥金融危机，再发展到 1997 年的东南亚金融危机，最后到 2008 年的美国金融危机，都说明国际金融投机者都是经过充分准备，选择薄弱环节加以突破，使脆弱的钉住汇率制难以为继，从中谋取暴利。在经济全球化的今天，国际资本流动大大加快，一个国家选择钉住汇率或相近汇率作为本国的汇率制度，应当慎之又慎。

3. 国际游资冲击钉住汇率的主要形式

国际游资冲击钉住汇率制度,通常采取的做法有:一是国际金融投机者借助一些突发性经济金融事件冲击一国货币,即大量抛售该国货币,以压低本币的汇率;二是国际游资趁本币持有人对货币汇率信心动摇之机,促使货币持有人将货币资产全部转换成外币资产。

国际金融投机者要达到上述目的,往往采取两种形式:一是沽空本币。即通过远期汇率间接作用于即期汇率。对于缺乏该国货币头寸的国际投机者来说,若要大量沽空这种货币,最终还必须向市场借入本币平盘。二是现汇市场的直接冲击。即先通过各种渠道借入该国货币,然后抛出以压低汇率水平,再廉价买进该国货币偿还借款,从中谋取价格差。这两种方式的前提条件都要求投机者直接掌握大量该国货币,只有这样才可能冲击这种货币汇率。而要筹措到足够的这种货币,主要从三个方面入手:①通过当地银行间拆放往来吸收该国货币;②通过该国银行与海外银行间的拆放往来吸收该国货币;③在该国市场上发行各种可转让的债券。当然,要做到这一点离不开该国金融市场的自由化和对外开放。以东南亚国家为例,泰铢的出境几乎不受限制,曼谷国际银行设施为投机者提供获取本币的便利,对于非居民在泰国开设泰铢账户也放任自流,等等,这就为投机者通过各种渠道弄到大量泰铢,在泰国国内市场和离岸市场上借助现货交易和期货交易不断抛出泰铢提供了条件。待泰铢汇率剧烈下跌后,投机者再以升值了的外币买进泰铢偿还借款。由此可见,国际金融投机者获得本币是冲击该国汇率制度的前提条件,一国金融当局不加限制地放任非本国居民持有本币并可兑换成外币是酿成金融危机的隐患,尤其是对实行钉住汇率制而又基础不健全的国家来说,由此而引发金融危机的可能性更大。在再以 2008 美国金融危机为例,发达国家中,由于 20 世纪 70 年代以来金融市场放松了管制,全球化的加剧等都促进了庞大并愈加复杂的跨境金融机构的形成。全球市场变得越来越一体化,越来越多的资本在各个国家之间流动,加上监管不严,一定程度上给了国际资本很大的机会。

第六章

四、国际储备的多样化

国际储备是指一国货币当局(或中央银行)所掌握的为国际上普遍接受的流动资产的总和。作为国际储备,不包括一国进出口企业进行对外贸易向国内银行提取的资金和借款,而是一个国家所拥有的可以作为国际货币的资产总和;另外它必须能够自由地在国际上使用,即具有通用性和流动性。

根据国际货币基金组织的规定,国际储备包括黄金和外汇,而对基金组织成员国来说还包括普通提款权和特别提款权。实际上,国际储备的大部分是由主要国家的货币组成,其中又以美元、英镑、日元、欧元(取代了马克、法郎)等占大部分,但不能是本国发行的货币,如美元不构成美国的国际储备。向国外的借款也不能作为储备资产,因为借款迟早是要偿还的。

自布雷顿森林体系崩溃,由固定汇率走向浮动汇率以后,国际储备出现了多样化的趋势。在布雷顿森林体系下,作为中心货币的是美元,美元在国际储备中占绝大部分。而这一体系崩溃以后,作为现行国际货币体系下的国际储备,除了美元以外,其他国家货币的比重也日益增加。多种货币储备体系出现的原因有很多,如主要货币汇率经常发生变动、国际资本市场的巨大发展、国际清偿能力的迅速扩大以及储备资产缺乏适当管理等,但最根本的原因是美国和其他国家的相对经济地位发生了变化。由于美国的经济实力相对下降,竞争能力被削弱,因而美国的国际收支逆差越来越大,美元连续不断贬值,这种情况直到现在仍未得到制止。美元的不断贬值及其购买力的不断下降,给许多国家的美元外汇储备造成损失。因此,很多国家担心美元储备过多,一旦出现美元贬值就会遭受更大的损失,于是便把国际储备中的一部分美元兑换成德国马克、日元和瑞士法郎等(现在统一为欧元)硬通货,甚至抢购黄金,使储备资产多样化、分散化。这样,储备中的各种货币的升值和贬值可以互相抵消,以保持外汇储备价值不受损失。形象地说,就是不把所有的鸡蛋放在一个篮子里,以免稍有差错,全部遭到损失。储备资产的分散化,可以保持外汇储备对进口货物的购买力,拥有外债的国家也可调节外汇储备构成,减少外债的汇率风险,所以各国都力图调整自己的储备结构,使官方的外汇储备形成了几种货币与美元同时并存的局面。不过美元在国际储备中的比重虽然有所下降,但美元仍然是国际储备的核心。

美元汇率的变化对国际储备资产结构的变化具有决定性影响。尤其是到了20世纪80年代,美元在国际金融领域中的地位又有所加强。例如,美元在世界官方外汇储备总额中所占比重,由1980年的67.3%提高到1981年的71.6%、1982年的70.7%和1983年的71.5%。80年代后期,虽然美元所占比重有所下降,但仍占62.9%,其他硬通货如德国马克为13.1%、日元为8.5%,远不及美元比重大。进入90年代以后,随着美国经济状况的好转,美元由弱变强,美元作为各国外汇储备的吸引力仍有所加强。据《美国新闻与世界报道》周刊1998年4月27日一期报道,在4500亿美元纸币和硬币中,在美国境外流通的部分(绝大部分为储备资产)约有3000亿美元,约占流通总量的66%。这一比例仍在上升。国外美元流量的增多,表明对美元的信赖和赞成。同样,美元在欧洲货币市场中的比重,由1980年的69.1%提高到1982年的76.3%、1983年的80.0%;在欧洲债券市场中的比重,同期由66.3%提高到83.3%和79.2%。与此同时,美元对其他主要发达国家货币的汇价也有不同程度的提高。总之,80年代初美元的再次坚挺,特别是90年代后期美元保持着高汇价,说明美元在国际储备构成中仍占据重要地位,美元在国际金融市场中仍发挥着不可替代的重要作用。但是,自从欧元启动以后,很多国家特别是同欧盟经贸关系密切的国家,在外汇储备中已用欧元取代了很大一部分美元,欧元在储备中的比重日益提高。欧元现钞于2002年1月1日起正式流通,国际货币基金组织报告指出:2007年第三季度美元储备在全球外汇储备中占63.8%的份额,明显低于前一季度的65.0%和2006年同期的66.5%。与此同时,欧元储备在全球外汇储备中的比重第三季度已达到26.4%,高于前一季度的25.5%和2006年同期的24.4%。2013年欧元已成为汇率市场的绝对黑马,欧元对美元年内涨幅已经超过4%。

美元在国际储备资产中之所以长期占据主要地位,主要是因为:①外国中央银行掌握更多的美元,便于在美国资本市场上进行投资,其他国家货币还代替不了这种作用。②美国的经济实力是美元的坚强后盾,美国又是很多国家最大的贸易伙伴,使用美元计价结算比较方便。③在现行的国际货币制度下,还没有一种货币能够代替美元成为各国普遍接受的货币,美元仍然是国际贸易和国际金融业务中使用最多的货币,当时的德国马克、日元尽管相当坚挺,但在国际结算和国际储备中所占比重不大。④由于美元的广泛使用,美元同其他货币的汇率波动经常发生,许多国家中央银行为了干预外汇市场,不得不储备相当数量的美元。不过,美元虽然在国际储备中占有重要地位,但并不意味着美元还会重新变成世界中心货币。在国际货币体系改革没有突破之前,今后在相当长的时期内,美元仍将同欧元、日元、英镑等共同组成国际储备资产,国际储备多样化的趋势短期内是不会改变的。

另外,在《牙买加协定》实行黄金非货币化之后,黄金在国际储备中虽已退居次要地位,但由于它具有特殊的作用,是价值实体和贮藏手段,可以转换成任何一种货币,再加上现在的国际货币体系改革长期没有突破,所以黄金仍不失其重要作用,各国都力图保持一定数量的黄金储备。但黄金作为世界货币重新出现的可能性已经不大。

国际储备多样化有其积极的一面,也有其消极的一面。其积极作用主要表现在:

(1)摆脱对美元的过分依赖,使储备货币分散化,可以减少外汇风险。各种货币的升值和贬值,可以互相抵消影响,从而保持外汇储备不受或少受损失。

(2)储备资产多样化,有利于采取不同形式货币的贸易结算,有利于进出口贸易的发展。

(3)对于借入外资的国家来说,储备资产多样化可以调节外汇储备构成,减少外债上的汇率风险。

但是,国际储备多样化也有其不利的一面,突出表现在多种货币储备体系具有内在的不稳定性,具体表现在以下四方面:

(1)国际储备多样化容易造成储备体系的不稳。国际储备体系的稳定不仅取决于美国经济的发展变化,而且还受到其他国家经济的影响。这种依赖于多种外汇的储备制度,一旦其中某种有影响的货币储备出现问题,就可能使整个储备体系受到冲击。

(2)储备资产的多样化,容易造成储备资产总量过多,从而带来通货膨胀的压力。例如，当某种货币坚挺而美元汇率不稳时，很多国家就会把美元换成硬通货，而硬通货国家为了防止本币汇价大幅度上涨对贸易造成不利影响，就不得不干预外汇市场，抛出本国货币购进美元，因而增加了新的外汇储备。自从实行储备资产多样化以来，整个世界外汇储备的迅速增加，很显然是同许多国家不断干预外汇市场分不开的。国际储备的变化对世界货币的供给有着直接或间接的关系，而世界货币供给的增加必将助长世界范围的通货膨胀。

（3）储备资产多样化容易引起对坚挺货币的投资，加剧外汇市场的动荡。在浮动汇率下，外汇市场的波动，除受国际收支失衡、短期资本流动、通货膨胀、货币供求变化等因素的影响以外，储备资产日益多样化也是加剧外汇市场不稳的一个重要因素。由于外汇储备种类的增多，各种外币受汇率变动的影响，常常从一种货币转换成另一种货币，这种套汇、套利行为是构成外汇市场动荡的一个重要因素。

（4）在浮动汇率制度下，储备资产多样化，使得储备资产管理复杂化，给储备保值增加了难度，而且无法对每一种货币汇率变动作出准确的预测，常常会因为某种货币汇率变动而遭受损失。

五、当前国际货币体系的变革与走向

自布雷顿森林体系崩溃以后，国际货币关系长期处于混乱无序的状态，如国际汇率频繁波动、国际资金流动变化无常、国际债务危机加深、全球性国际收支失衡、基金组织作用遭到削弱等，对各国乃至世界经济造成了不良影响。在这种情况下，国际货币体系改革早已是大势所趋，也是全球金融界面临的迫切任务。因此，自20世纪80年代以来，一些国家和金融学家又进行了种种改革尝试。

（一）当前国际货币体系变革的主要内容和措施

以美元为中心的国际货币体系崩溃以后，各国对如何改革现行不合理的国际货币体系，先后提出了不少的改革方案。但是对如何改革很难取得一致意见,也无法达成一个各国普遍接受的改革方案。在全面而又彻底地改革暂且不成的情况下,不少经济学家把注意力集中到最迫切的现行汇率制度上,试图首先在汇率制度上取得突破,为以后的改革创造条件。

1. 国际货币体系由单一汇率制走向多元化

在布雷顿森林体系下,各国货币都钉住美元,实行固定汇率制。这一体系崩溃后,在浮动汇率制度下,国际货币体系一改美元中心汇率制,变成了一个没有中心、不再统一钉住一个国家货币的汇率制度,实际上是一种不统一的、多元化的国际货币体系。例如,有些国家的货币对外比价随供求的变动而自由浮动;有些国家的货币比价相互固定,而对外则联合浮动;还有些国家则将本国货币与一种货币建立固定比价(主要是与美元、法郎、英镑建立固定比价),或与"一篮子货币"(如特别提款权)建立固定比价,等等。由此可见,国际货币体系多元化已成为当前和今后相当长时期内的一种变革方向和特点。

2. 建立"汇率目标区"制度

在国际货币汇率制度改革中,建立货币"汇率目标区"制度得到了许多国家和经济学家的赞赏,这已成为今后货币制度改革的重要选择方案之一。

汇率目标区制度是要在主要工业国家的货币之间确定汇率波动的幅度,作为目标区,其他货币则钉住目标区或随之浮动。目标区旨在反映基本经济情况或实际汇率,因为实际汇率对资源分配的决定和国际收支的调节最为重要,它可以导致与资本流动相协调的经常项目的平衡。汇率目标区的基本要点是:①为本国货币确定一个中期(3—4年)的波动幅度;②各国政府运用经济政策或干预外汇市场,将汇率的波动控制在规定的幅度内;③目标汇率应随经济情况的变动而及时加以调整。与目标区相适应的还要建立目标体系,包括目标区的实施范围,目标区变化的频率,目标区的公开性,保持目标区的承诺程度。可见,目标区吸取了布雷顿森林体系和特别提款权中某些可行之处,但它仍然是一种浮动汇率的形式,而且只是对少数几种货币的波动规定一个幅度。当汇率波动达到目标区的上下限时,有关国家可以不承担干预义务,但必须运用经济政策特别是汇率政策来调整汇率,使其回到目标区内。

在目标区的基础上,1994 年 12 月,布雷顿森林委员会又提出了新的改革方案,即主张在美元、日元和德国马克等各货币区域内采用固定汇率制,同时在国际货币基金组织的管理下平稳地调整这三种货币的汇率,推行"松散的固定汇率制"。为了实现这一目标,将由国际货币基金组织来担当发达七国财长和中央银行行长会议秘书处的职能,以加强各国政策上的协调。

目标区和松散固定汇率制虽然有其优点,但由于各国的利害冲突,对其并未取得一致的看法。一些国家认为,建立这样的汇率区将加重发达国家的国内政策压力,因此很难达成协议,即使达成协议要维持也很困难。因为汇率目标区的实行要求各国货币政策担负起维持稳定汇率的责任,但是以牺牲国内利益来保持国际汇率的做法很难实现。如果各国存在分歧,国际货币基金组织的调整是无用的。另外,在当今汇率剧烈波动的情况下,把汇率目标区上下幅度规定得太宽,并根据经济形势变化不断进行调整,很难达到所规定的稳定汇率的要求。

(二)建立区域货币集团

随着世界经济区域集团化的发展,在有条件的地区已经建立和正在建立不同形式的区域货币集团或组合汇率机制。下面重点介绍一下欧洲货币体系、亚洲货币单位和非洲货币联盟。

1. "欧元"的诞生及其对美元的冲击

关于欧元本身的问题将在第六章第三节有关欧洲经济一体化中作以介绍,这里不再赘述,而着重从国际货币体系及其与美元的关系方面加以分析。

自从 1999 年 1 月 1 日欧元启动以来,在经历了种种考验之后,现已确立并牢牢占据着仅次于美元的世界第二大货币的地位,对美元的霸权地位形成了挑战,欧元作为一种世界货币,在各个方面发挥着积极作用。

在世界贸易结算中,美元虽然还是主要的计价货币,但这一职能越来越多地被欧元所取代。目前世界已有五十多个国家和地区的货币与欧元建立了联系汇率制,并用欧元进行贸易计价;为维护各自的汇率稳定,大多数国家都把欧元作为主要的干预货币。在外汇交易中,欧元与美元的全球交易额比过去马克与美元的交易额高 10%以上;欧元在全球外汇交易中的份额高于原欧元区成员国货币份额的总和。欧元在外汇交易中的不断增长,说明这是一种有活力的货币。

在国际外汇储备中,欧元的地位也迅速提高。由于欧元的坚挺,不仅与欧元建立汇率联系制度的国家外汇储备的大部分是以欧元取代了美元,其他与欧盟有贸易往来的国家的外汇储备中欧元的比重也日益增大。目前欧元在全球外汇储备中约占20%以上,而美元所占比重则相对下降。这种情况还在继续发生变化。

在国际资本市场上,欧元作为国际金融货币的作用日益显著。欧元在启动的当年即1999年就已超过了美元,占据国际债券发行中的首位。目前,非欧元区居民持有的欧元面额债券存量已增至8000亿欧元。2004年,欧元在国际债券存量中所占比重由1999年的20%增至30%以上;而美元面额债券的比重仍维持在45%左右。同年,欧元在国际债券发行额中的比重为39%,接近美元的45%。美国财政部公布的国际资本流动(TIC)报告显示,2018年8月,中国所持美债规模环比减少59亿美元至1.0299万亿美元,创2011年10月以来新低,在这种背景下,美元资产在全球央行资产储备中的占比,也延续近年来持续下滑的态势。国际货币基金组织数据显示,美元在全球央行外汇储备中的占比已经降至62.3%,创2013年来新低。而与此同时,欧元在全球央行的外汇储备中的占比明显上升。

由此可见,欧元正在发挥着世界货币的作用,并越来越多地取代美元的各项职能。欧元地位的日益提高,并发挥世界货币的作用,主要是由于具备了支撑欧元的国家经济实力、日益增强的综合国力以及具备成为国际货币所需的综合条件。除了以经济实力作后盾外,欧盟还在制度和法律方面保障了欧元的稳定,如有关条约从法律上保障了欧洲中央银行体系的独立性,还为加入欧元区的国家规定了一系列经济趋同标准。这一系列经济、政治和法律等条件保障了欧元的正常运行。目前,欧元区的经济增长率虽然不及美国,但欧元的健康运行使欧元区经济增长与经济社会改革已产生了积极效应,具体包括汇率风险消失、交易成本降低、货币金融市场稳定、投资与消费兴旺、竞争气氛明显,以及各项经济政治改革加快等,从而提高了欧元区整体经济实力地位。2002年,欧元区的国内生产总值达到70733亿欧元(按购买力平价计算），相当于美国的75%，是日本的两倍以上。欧元对欧洲经济的发展的确起到了稳定和促进的作用，而欧元区经济的发展，又支持了欧元更趋稳定及其各项货币职能的发挥。两者相辅相成，形成了互动。除了经济效应之外，欧元运行还对欧洲政治联合不断提出新的要求，以促进欧洲政治一体化的发展，巩固欧元的政治基础。随着欧元区的扩大及其综合实力的不断提升，欧洲国家正力图改变美欧的主从关系，与美国争夺在欧洲乃至全球事务中的主导权。

2."亚洲货币单位"——"亚元"雏形

随着亚洲经济一体化进程的加快发展，各国和地区之间经济贸易关系日趋紧密，加上从欧元区经济实力不断增强得到的启示，一个举世瞩目的亚洲货币单位（ACU）即将诞生。

据亚洲多国媒体报道，亚洲开发银行将从2006年开始编制和公布显示亚洲各国货币加权平均值的亚洲货币单位。亚洲货币单位将成为未来的亚洲共同货币——"亚元"的雏形。

亚洲货币单位将组合日本、韩国、中国和东盟10国等13个国家的货币而成，并主要用于测试成员国的货币稳定程度。亚洲货币单位是参照欧元前身欧洲货币单位设计的，即采用"一篮子货币"模式，按比例反映成员国的国内生产总值和贸易额，因此日元、人民币和韩元所占的比重较大。其中是否组合进台币和港币尚在研究之中。亚洲开发银行每天在自己的网页上公布亚洲货币单位对美元、欧元以及对各成员国货币的汇率。

据有关专家反映，亚洲各国经历了1997年的金融危机冲击之后，都渴望维持汇率的稳定，区域内签署自由贸易协定的国家日益增加，区域经济一体化的进程迅速发展。区域内大部分国家仍然重视本国货币与美元的联系，但美元汇率频繁波动，影响区域内贸易和资本的快速发展。因此，有必要将亚洲国家的货币浮动幅度控制在小范围内，而且有亚洲开发银行的具体操作，可以达到预期的目标和要求。

专家们认为，亚洲货币单位的出现将进一步推动已初露端倪的亚洲货币一体化进程。尽管亚洲地区目前尚未达到建立最佳货币区的全部标准，出现一个亚洲中央银行和一种亚洲共同货币可能还需要很长时间，但亚洲货

第六章

币单位的出现意味着区域金融一体化的进程正在加快，在此基础上为进一步推动金融合作的制度化和高层次化提供了可能。不过也有人认为，对亚洲货币一体化不能期望过高。这种观点认为，亚洲开发银行的这种方案是不切实际的：在亚洲经济一体化过程中，实行亚洲的统一货币，创造亚元，一直是一种梦想；亚洲目前的情况和当时的欧洲有所不同，亚洲的经济发展不平衡，地区和经济差距较大，一体化进程较慢，因此亚元的正式诞生仍需要经过相当长的时间。也有人认为，亚洲的文化、民族、历史、地理环境与欧洲不相同，欧元的道路在亚洲是行不通的。亚洲有少数几个经济强国，经济强国之间的关系决定了亚元的进程，中日关系紧张成为亚元推行的一大障碍。不过另一方面也应看到，中国、日本、韩国以及东盟十国的央行和财政部官员已在2005年2月的曼谷会议上签署了协议，计划建立亚洲贝列吉欧集团组织(Asian Bellagio Group, ABG)来帮助协调亚洲各国央行和财政部长的货币行动。说明亚洲各国在促进地区紧密合作、稳定货币汇率、防范货币危机方面有着共同的愿望，容易达成共识。

3. 原货币区继续活跃

在布雷顿森林体系崩溃以后，原有货币区不但没有被削弱，反而有所扩大并积极活动。

原法郎区在金融领域中是一个比较大且颇有影响的区域性货币集团。原属法郎区的国家，目前有的组织"西非货币联盟"(现发展为西非经济货币联盟)，有的组成"中非货币联盟"。随后东非共同体三国(肯尼亚、乌干达和坦桑尼亚)的中央银行一致同意建立货币联盟，三个国家将采用单一货币。有些原属法郎区的国家虽然未加入货币联盟，但它们的货币与非洲货币联盟、中非货币联盟的成员国一起与法国的法郎挂钩。法国则通过参加西非国家中央银行董事会和中非国家货币委员会，实际上监督和影响这两个组织的货币发行与运作。此外，法国还通过与这些国家签订货币合作协定，使法郎与这些国家的货币自由兑换，对资本、商品的输出不加限制，甚至在一定时期还以这些国家的外汇储备来解决法国国际收支的临时困难。但是应该看到，非洲某些国家的政治、经济现状阻碍了非洲货币联盟的发展进程，使其很难如期实现计划目标。

除此以外,还有不少国家的货币与美元保持联动关系。布雷顿森林体系的崩溃,并不意味着美元在国际支付和国际经济交往中的作用消失,美国仍然是世界头号经济强国,美元仍然在国际经济生活中扮演重要角色。因此,很多国家、特别是发展中国家的货币还不得不和美元保持固定比价。尽管美元贬值常常给这些国家造成不利影响,但是与美元挂钩的国家仍要保持这种货币金融关系,这如同法国与法郎有关国家的关系相似,实际上也是一个货币集团。

另外,发展中国家为了摆脱经济大国的经济控制与掠夺,也积极加强互助合作,建立地区性的经济货币联盟,并有进一步发展壮大的趋势。如拉丁美洲国家建立的拉美自由贸易区、中美共同市场、加勒比共同市场、加勒比发展银行等;非洲国家建立的西非国家经济共同体、非洲发展基金、非洲中央银行联盟;亚洲国家的东南亚国家联盟等地区一体化组织,都或多或少、或迟或早涉及货币联盟与合作问题。

思考题:

1.布雷顿森林体系的主要内容及其作用。

2.布雷顿森林体系的崩溃及主要原因。

3.浮动汇率制度及其影响因素。如何评价浮动汇率的作用?

4.国际储备资产的现状及其结构变化。

5.我国由钉住汇率走向管理浮动汇率的必然性和经济影响。

第六章

第七章 国际金融市场的
发展及其影响

内容提要:

国际金融市场原指从事国际资金借贷、外汇与黄金买卖,以及有价证券的发行和交易等国际金融业务的场所。随着信息技术的发展,当今国际金融市场是指在国际范围内从事各种专业性金融交易活动,从而实现国际收支的平衡、国际信贷的融通、国际债权债务关系的清算、促进世界各地金融交易的顺利进行、推动国际关系不断发展的交易渠道和交易场所。

国际金融市场是随着资本主义商品生产日益扩大、国际贸易迅速增长而逐渐形成发展起来的,同时也是国内金融市场发展到一定阶段的必然结果。20 世纪 60 年代以前,国际金融市场的所在地必须有充足的资金供应来源。70 年代以后,欧洲货币市场迅速扩散。同时,发展中国家的金融市场也逐渐提高了其在国际金融市场中的地位和作用。国际金融市场进入了一个新的历史发展阶段。

由于国际金融市场是世界范围资金和资本得以有效配置的主渠道,对世界经济、国际经济与贸易合作以及对各国经济的发展具有重要作用。然而国际金融市场也是一把双刃剑,可能产生消极的作用。其为国际投机活动提供了便利条件和场所,使大量资本在国家间流动,造成外汇市场不稳定,同时加剧了世界性通货膨胀或经济危机。

伴随着金融市场的国际化和全球化,国际金融市场也对世界经济的发展产生了多方面的影响。金融市场国际化促使全球经济的联系更加紧密,同时金融服务自由化丰富了贸易自由化的范畴。金融机构全球化支撑了生产一体化的持续发展，也对发展中国家的经济发展产生了积极的推动作用，但国际资本流动往往同时伴随着金融风险，可能对资本接受国的经济发展产生负面的影响。

为应对金融风险和金融危机的全球化，加强金融监管的国际合作成为各国的共识，如由国际清算银行领导进行的有效的国际金融监管合作。同时进一步完善其各类监管标准、制度及金融机构的行为准则。

第一节 国际金融市场的产生与发展

一、国际金融市场的基本概念

国际金融市场原指从事国际资金借贷、外汇与黄金买卖，以及有价证券的发行和交易等国际金融业务的场所。由于现代化通信设备的使用，国际金融市场从有形市场向无形市场发展。国际金融市场分为广义和狭义两种。广义的国际金融市场包括短期资金市场（货币市场）、长期资金市场（资本市场）、外汇市场和黄金市场，以及 20 世纪 70 年代以后形成的国际金融期货和期权交易市场等。狭义的国际金融市场仅指从事国际资金借贷和融通的市场，包括货币市场和资本市场两部分。在当今国际金融市场上，资金的借贷和融通一般是通过国际商业银行或证券投资机构来完成的，所以国际金融市场的基本概念是：在国际范围内从事各种专业性金融交易活动，如外汇、黄金的买卖、短期资金的借贷、长期资本的流动、信用证券的发行等，从而达到国际收支的实现、国际信贷的融通、国际债权债务关系的清理，促进世界各地金融交易的顺利进行，推动国际关系不断发展的交易渠道和交易场所。

第七章

二、国际金融市场的形成与发展

(一)国际金融市场的形成

国际金融市场是随着资本主义商品生产日益扩大、国际贸易迅速增长而逐渐形成发展起来的，同时也是国内金融市场发展到一定阶段的必然结果。但这并不意味着所有的国内金融市场都能发展成为国际金融市场。由国内金融市场发展到国际金融市场,需要具备的条件主要有：

第一,国内政局稳定。这是最基本的条件。政局稳定才能吸引国际资本,才能保证本金的安全,才能形成国际金融市场。

第二,有较强的国际经济活力。一个国家对外开放程度高,进出口贸易达到一定的规模,其他对外往来活跃,就有可能成为国际资金的集散地。一个闭关自守的国家很难产生国际金融市场。

第三,具有完备的金融制度和众多的金融机构。这代表金融管理制度及法规比较健全,银行机构比较集中,信用网络发达。

第四,具有完整的市场结构。市场结构包括市场体系的分类结构和市场要素结构。完整的分类结构是指具有比较健全有效的货币、资本、黄金、外汇等市场和融资手段。市场要素结构是指市场主体(资金供求双方和中介机构)、市场客体(交易对象和业务范围)、市场手段(现代化的国际通信设施和较为便利的国际交通的地理位置)等。

第五,宽松的金融政策与优惠措施。一般来说,没有实施外汇管制或管制较松,货币自由兑换、资金的出入比较自由,在存款准备金、税率、利率等方面比较优惠。

第六,拥有一大批素质较高的国际金融人才。这些人才既有国际金融的专业知识,又有比较丰富的实际经验,以提供高效率的服务。

(二)国际金融市场的发展

从国际金融市场的发展情况来看,一战以前,英国的自由资本主义迅速发展并向海外积极扩张,使其经济实力跃居世界首位,英国伦敦在当时囊括了世界上大部分金融财富,英镑成为世界上主要国际储备货币和国际结算货币,伦敦以其政治稳定、经济繁荣和较完备的金融制度等优越条件率先成为世界上最大的国际金融市场。一战爆发至二战结束后,英国经济持续遭到战争重创,伦敦国际金融市场的作用随之逐步削弱。同时,美国利用二战积累的巨额资本,成为世界上最大的资金供应者,控制着整个西方经济,美元成为各国的储备货币和国际结算货币,美国纽约金融市场迅速崛起,继伦敦之后并超过伦敦,成为世界上最大的国际金融市场。

二战后,国际金融市场的发展经历了三个阶段。

第一阶段:纽约、苏黎世与伦敦并列,构成三大金融中心。

由于伦敦的国际金融市场作用相对削弱,纽约和苏黎世的金融市场作用和地位不断提升,形成了国际金融市场的三足鼎立之势。在二战期间,美国的经济实力迅速膨胀,成为资本主义世界经济的新霸主。美国以其在资本主义世界中的经济优势(工业生产占 1/2,出口贸易占 1/3,黄金储备占 2/3,发达国家资本输出占 1/3),建立了美元国际货币制度中的中心地位,纽约成为二战后国际贸易的美元结算中心和西方最大的国际资本市场。在同一时期,西欧的瑞士因免受战争灾难,并具有良好的金融环境和瑞士法郎能够自由兑换的优势,使苏黎世金融市场的外汇交易和黄金交易非常活跃,金融市场规模也迅速扩大。在这一阶段,纽约、伦敦和苏黎世被公认为世界三大国际金融市场。

第二阶段:欧洲货币市场的建立与扩展。

从 20 世纪 50 年代冷战开始,苏联和东欧国家的政府担心其在美国的资产被冻结而将美元存款从纽约转移到伦敦,由此产生了最早的“境外美元”。60 年代,美国的国际收支出现了巨额的逆差,美国政府为了制止资金外流,采取了一系列的限制措施,但并未奏效,反而加剧了资本外逃。同一时期,英国政府对英镑也加强了管制,英国银行的英镑业务受到限制,开始把兴趣转向美元,吸收境外美元存款。因此,大部分的境外美元转移到了伦敦,并在伦敦形成了一个新兴的国际金融市场,即欧洲美元市场。随着欧洲主要发达国家货币的自由兑换,英镑、西德马克、法国法郎等也出现了脱离货币

第七章

发行国家监控的境外货币，逐步形成了以欧洲主要国家的境外货币为交易内容的金融市场,这些市场同欧洲美元市场一起被称为欧洲货币市场。这是真正意义上的国际金融市场,其特点是:信贷交易更加国际化;摆脱了各国金融当局的管理约束,不受其法规和规制的限制;业务主体是非居民交易;等等。这是一个与传统的国际金融市场(必须是国内资金的供应中心)相区别的完全自由化的现代国际金融市场——离岸国际金融市场。此后,国际金融市场不再局限于少数传统的金融中心,而是迅速地扩散到巴黎、法兰克福、布鲁塞尔、阿姆斯特丹、米兰、斯德哥尔摩、东京等传统的金融市场,使现代国际金融市场发展成为以欧洲货币市场为主体的国际化市场。

第三阶段:国际金融市场的扩散。

20 世纪 60 年代以前,国际金融市场的所在地必须有充足的资金供应来源。欧洲货币市场的出现改变了这种状况。它的中转型离岸金融交易特点,即主要是接受非居民的外币存款、并为非居民提供外币贷款的中介服务性质,使国内资本供应是否充足不再是一个必要的条件。只要某个地方管制比较松,征税比较低或者完全免税,地理位置或其他条件比较适宜吸引国际投资者和借款人,即使本身并无巨大资金积累的岛屿或风景胜地,也可能成为一个国际离岸金融中心,形成离岸国际金融市场(Off-shore Financial Market)。70 年代以后,欧洲货币市场的扩散速度很快。卢森堡、新加坡、香港等国家和地区相继成为国际金融中心,巴哈马、开曼群岛、马尔他和巴林等地在国际金融交易中也日益重要。同时,发展中国家的金融市场也逐渐提高了在国际金融市场中的地位和作用。这些都标志着国际金融市场进入了一个新的历史发展阶段。

第二节　国际金融市场的作用和特点

一、国际金融市场的作用

(一)积极作用

现代金融是世界经济发展的动力，而国际金融市场则是世界范围资金和资本得以有效配置的主渠道。当今国际金融市场对世界经济、国际经济与贸易合作以及对各国国民经济的发展具有重要作用。表现在：

第一，有利于各国政府调节本国的国际收支。国际金融市场汇集了世界各国数额巨大的金融资本。很多国家政府出于政策性考虑，或迫于外汇储备困境，往往会设法从国际金融市场筹措短期借贷资金，以平衡国际收支，或用以发展本国经济。近年来，发达国家和发展中国家纷纷转向欧洲货币市场筹措资金，用于本国财政或进口需求等领域。日趋发达的国际金融市场逐渐成为许多国家宏观调控和发展经济的重要资本来源之一。

第二，有助于推动国际贸易和国际投资的进一步发展。国际金融市场之所以产生，主要是为了适应国际贸易发展和国家清算的需要。相应地，国际金融市场的建立和完善又极大地便利了各国之间资金的划拨和结算，从而为国际贸易和投资的进一步发展创造了有利的条件。跨国公司及其遍布世界各地的子公司在推进生产国际化的过程中，一方面要求生产发展到哪里，商品就运销到哪里，力求得到必不可少的资金供应和资金调拨的便利；另一方面跨国公司在全球性的生产、流通过程中暂时游离出来的资金，也需要通过金融市场来得到更有效率的利用。二战之后，一些新兴工业化国家和地区之所以能在短时间内实现国民经济的高速发展，其中一个重要原因就是不失时机地利用了国际金融市场，大力发展外贸加工工业，积极利用国际金融市场资金进行长期经济发展项目建设，尤其是与扩大对外贸易有关的重化工业、商业和服务业项目。

第三,促进了国际分工和世界经济一体化。传统国际金融市场主要是为国际货币提供清算和融通资金服务。现代新型国际金融市场则比较好地保持和加强了这种作用。国际金融市场的发展降低了国际资金的调拨成本,促进国际贸易发展,加速国际资本的流动,为跨国公司的生产和经营创造了有力的条件。与此同时,它还促使资金流向经济效益好、资金利润率高的国家和地区,在加速生产和资本国际化的同时,对优化世界经济资源配置和建立合理的国际分工体系等方面,均起到一定的推动和促进作用。可以预期,在国际金融市场进一步的推动下,各国之间的经济联系必然愈加紧密,从而加速世界经济的一体化进程。

第四,国际金融市场成为国际资本角逐竞争的场所,为垄断资本的对外扩张牟取暴利开辟了更广的渠道。在国际金融市场上,跨国公司和跨国银行,既是最大的资金供给者又是最大的资金需求者。一方面,它们利用国际金融市场调拨运用资本获取利益,另一方面,直接利用这个市场从事外汇投机和套汇套利活动以牟取利益。货币战、利率战和汇率战,特别是 20 世纪 70年代以后各国金融当局经常调整利率和汇率,导致数千亿美元的国际游资冲击各个金融市场,加剧了国际金融局势的动荡,这些都是垄断资本竞争加剧的表现。

(二)消极作用

国际金融市场为国际投机活动提供了便利条件和场所。当然,国际投机活动是把双刃剑,既有积极作用,亦有消极作用。

第一,大量资本在国家间流动,不利于有关国家执行自己制定的货币政策,造成外汇市场不稳定。同时,规模巨大的短期资金通过外汇市场及整个国际金融市场对一些国家的经济形成强大的冲击。

第二,加剧世界性通货膨胀或经济危机。一国经济出现物价上涨或下跌,通过国际金融市场迅速传递到其他国家,出现连锁反应,导致其他国家亦发生通货膨胀或通货紧缩。一国出现金融或经济危机,通过国际金融市场迅速传导到世界各国,引起全球性金融或经济危机。

二、国际金融市场的特点

二战后国际金融市场受客观形势的影响以及经营方式的改变，表现出一些新的特点。表现在：

第一，随着国际经济关系的发展，世界各地主要的金融市场联成一片，形成了多元化的世界性金融市场。它缩小了时间和空间上的距离，使金融市场的运行更有效率。

第二，随着西方经济危机和货币信用危机的出现，国际借贷信用正受到威胁。离岸金融市场的出现使资金贷放交易的竞争性、投机性增强，风险也随之增大。

第三，金融市场经营方式发生了重大变化。银行吸收短期资金充作长期贷款，因此出现了信贷联合贷放方式；国际性借贷业务由集中转为分散，垄断组织的活动直接渗透到发展中国家和地区；银行资金的来源由吸收一般存款逐步发展到发行大额可转让存单和银行债券；国际借贷的计算单位开始使用综合货币单位；等等。

第四，由于世界各地金融市场一体化程度增强，任何市场的任何变化都会迅速波及其他市场，带来巨大的冲击和影响。这些冲击和影响往往会引发一国经济危机激化和货币金融政策失效。

第五，国际金融市场成为反映国际政治经济动态的晴雨表。由于各国的对外贸易和金融活动都要通过国际金融市场来进行，因此国际上的一切政治经济动态都可以从敏感的市场变化中反映出来。对国际金融市场变化的分析，有助于了解各国经济发展的情况，判断各国货币地位的强弱和各国政府可能采取的政策，从而把握国际政治经济关系发展的趋势。

第七章

第三节　国际金融市场对世界经济的影响

一、金融市场国际化促使全球经济的联系更加紧密

　　伴随着金融市场的国际化和全球化,一批新兴的国际金融市场崛起,全球性金融中心、地区性金融中心和大批离岸金融市场共同构成了全球性的金融网络,使各国的经济和金融活动紧密地联系在一起。24 小时不间断运行的外汇市场为货币交易提供了有效的国际机制, 而这种货币交易是跨国经济活动的重要基础。日益证券化的国际资本市场使得发达国家的资本供给和发展中国家的投资机会有效结合,形成了资本有效配置的国际机制。在国际金融活动中,制度、政策和货币的障碍变得越来越小,有力地推动了经济全球化的进程。

二、金融服务自由化丰富了贸易自由化的覆盖范围

　　世界经济全球化主要由贸易自由化、生产一体化和金融国际化三个方面的内容交融组合而成。代表贸易自由化的乌拉圭回合谈判不仅包括贸易自由化的内容, 而且还涵盖了金融服务业自由化的内容。尤其值得注意的是,金融服务贸易总协定已经达成,建立一个消除了金融服务领域国家障碍的新体制被提到议事日程上。世界各国有可能在国际金融中逐步建立一个类似于国际贸易的自由体系。

三、金融机构全球化支撑了生产一体化的持续发展

　　跨国银行和其他跨国金融机构是金融全球化的微观基础。金融机构的跨国经营不仅是国际贸易持续扩张的金融基础, 更是跨国公司全球化运行

的坚强后盾。20 世纪 90 年代以来，全球范围的信用支撑能力直接相关，金融全球化和信息技术革命背景下以强强联手为特征的大规模跨国并购浪潮明显带有构筑一体化生产网络的动机。

四、金融全球化对发展中国家的影响

20 世纪 90 年代以来，发展中国家对外国直接投资政策的自由化趋势日益明显，除了东亚、拉美实行更加开放的政策外，南亚、中东欧乃至非洲不少国家都转而对外实行开放政策，对外开放已逐步成为发展中国家和地区的共同选择。外国直接投资流入的增加对发展中国家的出口扩大、产业升级、技术进步和经济增长起到明显的推动作用。相反，一些未参加经济全球化进程的国家却日益被边缘化，无法分享世界经济贸易的成果。

就发展中国家而言，大多实行开放战略的国家，其经济都得到了较好的发展。合理利用国际资本对发展中国家的金融发展和经济增长是有益的。当然，国际资本流动也会伴随金融风险，甚至对资本接受国的经济发展产生负面的影响，20 世纪 80 年代的债务危机、1994 年的墨西哥金融危机、1997 年的东南亚金融危机、2008 年的国际金融危机等都与国际资本流动密切相关。

（一）1994 年墨西哥金融危机

在 1982 年发生债务危机以后，墨西哥在国际货币基金组织的监督下实行了全面的改革政策，紧缩经济并大幅度削减财政赤字。1987 年重新固定比索与美元的汇率，1989 年 1 月改为爬行钉住汇率制，1991 年 12 月又变为移动目标区域汇率制，并逐步扩大比索允许波动的范围。这一系列经济改革措施收到一定成效，墨西哥国民经济稳步回升，逐步发展成为世界上经济最具活力的国家之一。

但是到了 1994 年 1 月 1 日，墨西哥的恰帕斯州发生了暴乱。紧接着 2 月 4 日美联储将联邦基金利率提高了 25 个基点（由 3% 升至 3.25%），这引起全球加息的风潮。此后，美国曾 4 次提高官方利率。美国提高利率给墨西哥金融市场带来很大压力，因为短期资本很可能为寻求高利率而抽逃。此时墨西哥国内政治局势也日趋紧张。在内外交困下,比索贬值的预期和传闻不断加强,资本纷纷外逃。

1994年12月20日,墨西哥政府被迫宣布比索兑美元汇价的干预上限放宽15%,其目的是将比索币值稳定在一定幅度内。这一举措引起了资本市场的恐慌,外资大规模撤出,股市暴跌。中央银行的干预措施使市场利率急剧上升,同时国家外汇储备不断降低。12月30日墨西哥政府宣布比索贬值。然而贬值后的新汇率立即受到投机性冲击,墨西哥政府不得不转而实行浮动汇率制。此后的经济状况和政治局势使外国投资者极度恐慌,资金继续外逃,银行受到挤兑,经济陷入危机。

危机发生后,国际货币基金组织和美国政府以及国际清算银行联手,一起介入并提供援助。三方宣布将斥资近500亿美元帮助墨西哥稳定比索,并弥补该国公共部门和私人部门将于1995年到期的470亿美元的债务。在这笔资金中,美国政府出资200亿美元,国际货币基金组织出资180亿美元(因此墨西哥成为当时接受该组织援助最多的国家)。如果没有这次一揽子援助计划,墨西哥有可能拖欠其偿债责任,而比索则很可能呈现自由落体式的贬值。国际货币基金组织按照这类"稳定计划"的惯用做法,坚持要求墨西哥采取紧缩性的货币政策和进一步削减公共支出,二者的共同作用使墨西哥陷入了严重衰退。然而这次衰退相对来讲时间较短,到1997年,墨西哥再一次走上了经济增长的道路,削减了债务,并提前还清了美国政府200亿美元的贷款。

(二)东南亚金融危机

1997年东南亚"四小虎"(泰国、马来西亚、印度尼西亚、菲律宾)和东亚"四小龙"中的韩国都发生了较为严重的金融危机,新加坡、中国台湾、中国香港以及日本也受到金融危机不同程度的打击。危机的种子是这些国家和地区在前十年经历史无前例的经济增长时播下的。尽管这些国家和地区相互之间曾经而且依然存在很大的差异,但大部分国家和地区在有些方面是极为相同的。在这些国家和地区,出口一直是经济增长的发动机。在20世纪80年代和90年代初,东南亚各国加快金融自由化的步伐,形成快速的经济增长,被称为"东南亚奇迹"。但进入90年代中期以后,劳动力成本的上升使产品的国际竞争力有所下降,一些国家出现经常账户的逆差。由于不能够及时地提升产业结构,提高产品竞争力,持续涌入的外部资金及国内投资推动形成泡沫经济和房地产投资过热,国际收支经常账户逆差持续扩大,本国货币贬值预期最终导致了投机性资本冲击,使得东南亚各国货币汇率自1997年7月开始急剧贬值,引发金融危机,并影响到韩国、俄罗斯甚至日本。

(三)2008年的国际金融危机

2007年4月以来,美国在全世界范围内引爆了一场严重冲击金融信用的新一轮金融危机,即次贷危机。次贷危机是"次级贷款危机"的简称,也经常被称为"次贷风暴"。

美国抵押贷款市场可以分为"优惠级"和"次级"。优惠级与次级是以借款人的信用条件作为划分标准和界限的。根据信用的高低,金融机构对借款人区别对待,从而形成了两个层次的市场。

次级贷款对放贷机构来讲是一项高回报业务,由于次级贷款对借款人的信用要求比较低,次级房贷机构面临的风险也更大。这种风险随着利率的上升会逐步升级,因为在利率不断走高的情况下,贷款客户的还款负担逐渐走到极限,特别是信用等级差的借款人因还不起贷款而违约的概率自然就会上升,因而在次级贷款市场上出现大量的违约客户,不再支付贷款,造成金融机构坏账激增。

金融机构从贷款机构手中收购住房抵押贷款,将贷款集中起来组成资金池以分散风险,而后将资金池分成小份出售。在打包发行证券化产品并代理客户交易或自行交易的过程中,这些金融机构巨头也都纷纷卷入次级市场住房抵押贷款业务。这使得在一定条件下发生的次级按揭贷款违约事件规模在扩大,甚至到了引发危机的程度。

次贷危机发生的条件,就是信贷环境改变,特别是房价停止上涨。次级按揭贷款人的资信信用状况比较差,或缺乏足够的收入证明,或还存在其他的负债,还不起房贷、违约是很容易发生的事。但在信贷环境宽松或者房价上涨的情况下,放贷机构因贷款人违约收不回贷款,它们也可以通过再融

第七章

资,或者直接把抵押的房子收回来,再卖出去即可。但在信贷环境改变,特别是房价下降的情况下，再融资或者把抵押的房子收回来再卖就不容易实现或者会亏损。在较大规模地、集中地发生这类事件时,危机就出现了。

2007 年 12 月,美国经济开始陷入一次新的经济危机,危机开始阶段还较为温和,但在 2008 年 9 月,次贷危机演变成为一场"百年一遇"的金融危机,加剧了已经发生的美国经济危机。由于这场危机是在金融、经济全球化加速发展的背景下发生的,而且始于世界头号经济强国美国,加之各种高风险的"毒资产"早已扩散到全球,所以危机通过金融、贸易、投资等各种渠道迅速传导至世界各地,从金融领域很快扩散到实体经济领域,演变成为二战后空前严重的经济大危机。

第四节　国际金融市场的风险与监管

金融全球化不仅是各国金融活动联系日益紧密的过程，而且是各国金融风险发生机制联系日益紧密的过程。20 世纪 80 年代后半期以来,金融全球化的发展使任何一国的金融危机都有可能迅速转化为地区性乃至全球性的金融危机。金融风险和金融危机的全球化,使加强金融监管的国际合作成为各国的共识。

一、国际金融风险

所谓国际金融风险,是指在国际贸易和国际投融资过程中,由于各种事先无法预料的不确定因素带来的影响，使参与主体的实际收益与预期收益发生一定的偏差,从而有蒙受损失和获得额外收益的机会或可能性。可见,国际金融风险与一般意义上的金融风险有所不同。从内涵来说,国际金融风险的内容要比一般金融风险的内容更为丰富;从外延来看,国际金融风险相比一般金融风险的范围较小，前者仅限于发生或存在于国际资金借贷和经营过程中的风险,而后者则包括发生与存在的金融领域的一切风险。

一国的金融风险通常可以从宏观层面和微观层面进行分析。宏观金融风险是指一国或某个地区发生各种金融危机的风险,如爆发银行危机、债务危机、货币危机、股市危机及债市危机等风险。这种风险对宏观经济运行构成严重的影响。微观金融风险则是某个或某些金融机构所发生的风险,如经营管理风险以及亏损或破产风险。一般而言,当宏观金融风险加剧时,大部分金融机构的风险也趋于加剧。反之,当个别或少数金融机构发生风险时,这种风险不一定导致宏观金融风险的加剧,也不一定对宏观经济运行构成严重影响。但是当某个或某些金融机构的倒闭是大批金融机构倒闭的前兆,或者是一些大的金融机构出现严重亏损时,这种微观金融风险就可能演化为宏观金融风险,从而对宏观经济运行构成严重影响。因此,宏观金融风险与微观金融风险之间存在着密切的联系。

在20世纪80年代后半期以前,如果把欧洲货币市场排除在外,各民族国家的金融市场尚未实现一体化,跨越国界的金融活动经常与各国的国内金融市场相分离,即采取一种相对独立各国金融体系的形式来进行。在这种情况下,一国与他国的金融风险发生机制之间基本上不存在必然的联系。当时对国际金融活动相互影响的关注,主要集中在由固定汇率制所导致的通货膨胀在国家之间的传递,以及发达国家的金融机构和金融制度向发展中国家的传递。直到20世纪80年代后半期,随着金融自由化和金融全球化的扩展和深化,一国与他国的金融风险发生机制之间的联系才日趋紧密。一方面,金融自由化的发展拆除了阻碍资金跨国流动的藩篱,使各国的金融机构能够更为自由地跨越国界在相同的"游戏规则"下进行金融交易,从而使原本独立运行的一国金融逐渐融入到全球金融之中,各国的金融市场也因此而成为全球金融市场的一个有机组成部分;另一方面,金融创新的发展使各种新的金融工具成为引导资金跨国流动的载体,最终将各国的金融市场真正联结在一起,从根本上改变了全球金融运作的基础。在这种情况下,一国政府尤其是某个大国政府的货币金融政策的变化,常常会通过一体化的金融市场,迅速地传递到其他国家,从而产生了巨大的国际影响。如美国联邦储备委员会对国内利率的每一次调整,都对全球金融市场的运行产生巨大的影响和冲击。一体化的金融市场还使各国金融市场的价格走势趋于一致。

这一点在股票市场中表现得最为突出。如纽约、伦敦、法兰克福以及东京股票市场价格往往同时出现大起大落就是一例。

国际金融体系中存在着各种各样的风险,其表现形式各不相同,概况来说主要有以下几种表现形式:

1. 国际货币汇率制度的风险

布雷顿森林体系崩溃以来,现行国际货币汇率制度以浮动汇率制度为主,频繁波动的汇率给各国带来了大量的交易风险,而主要国际货币汇率的频繁波动给广大发展中国家和地区的金融市场产生了很大的压力。由于一些发展中国家的固定汇率制度和准固定汇率制度与宏观经济政策时常存在的不协调,其货币容易受到投机资本的攻击,面临的风险非常大,往往会成为货币危机的突破口。

2. 国际银行业的系统风险

随着银行业跨国经营的不断发展,其危机或严重问题的溢出效应往往也会变得越来越大,使得存在类似脆弱性的国际银行业面临的压力和风险也越来越大,尤其是新兴市场银行业更容易受到这种溢出效应的影响。而且,跨国银行还可以通过资产重组的方式,对其发生联系的不同国家银行和企业产生连锁影响。跨国银行的监管缺失也增大了潜在风险。2007年爆发的美国次贷危机,后来演变为国际金融危机,使得很多发展中国家的商业银行业深受其害,损失巨大。

3. 国际证券化市场的系统风险

伴随着国际证券市场一体化程度的加深,各国证券市场形成了高度依存的关系,如美股、H股和A股的联动。发达国家股市的动荡会显著波及新兴市场,与此同时,新兴市场的股市波动对发达国家股市的影响也在不断增大,亚洲金融危机和墨西哥金融危机就是很明显的例子。全球股票市场的系统性风险有超越国际外汇市场动荡的势头,也是最大的风险来源。

4. 国际资本大规模流动的风险

国际资本市场的空前扩张,特别是投机资本的迅速扩张,以及以美国对冲基金为代表的国际游资泛滥,给整个国际金融体系带来了前所未有的风险,尤其是广大发展中国家和地区及新兴市场也被充分暴露在这一巨大的风险面前。

5. 国际金融衍生交易的巨大风险

金融衍生工具是伴随着金融创新不断发展起来的，其初衷是为了规避金融风险。然而随着金融全球化的发展，金融衍生工具逐渐被国际游资所利用，其投机职能被不断扩大，衍生工具这种角色的转变为金融市场带来了巨大的危险。

20世纪70年代以来，特别是90年代以来，国际金融市场日趋活跃，金融衍生工具不断创新。由于金融衍生工具具有极大的渗透性，它打破了银行业与证券市场之间、衍生产品与原生产品之间，以及各国金融体系之间的传统界限，从而将金融衍生产品的风险通过这种联系传递到金融体系的各个角落，加剧了金融体系的系统性风险。金融衍生工具在本质上是跨越国界的，系统性风险也更多地呈现出全球化的特征，这也为风险的防范带来了困难。

6. 金融运行与实体经济脱节导致的经济泡沫产生的风险

伴随着金融自由化，世界经济出现了一个新的趋势，就是经济的虚拟化，这表现为金融服务业、知识信息业等非物质生产部门迅速成长，而实体经济则开始萎缩。当虚拟经济过度膨胀时，就会不可避免地产生泡沫经济或者金融危机。随着经济全球化的发展，金融自由化程度的提高，虚拟资本的流动速度越来越快。由于缺少实体经济的支撑，同时在监管缺位的情况下资产证券化过度发展，衍生金融工具过分膨胀，最终致使虚拟经济与实体经济的关系严重失调，导致虚拟经济泡沫化，最终导致危机不断爆发。

二、国际金融监管

21世纪初，随着金融全球化的快速发展，全球性金融动荡和金融风险已经引起人们广泛关注，产生动荡与风险的体制性原因也得到越来越多深刻的揭示。在金融全球化的发展中，重要的已经不是发展的动力，也不是各国是否实行金融对外开放，而是确保全球化稳定发展和运行的有效体系与制度框架。一个与金融全球化相适应的国际金融体制建设，是金融全球化能否得到健康发展的关键。

巨额资本的高速流动既是金融全球化的一个基本特点，也是近年来国际金融危机一再爆发的一个重要因素。通过加强对国际资本流动的监管以防范金融危机的爆发，已经是摆在国际社会面前的一个重大紧迫任务。从制度上实现这种监管有两种不同的选择：一是由政府进行监管，制止各种违规行为；二是增强透明度，由市场进行监管。不论是何种方式，目的都是为了减缓大规模资金流动的冲击。

1. 金融监管的国际化

金融市场和金融交易的国际化，使银行和非银行金融机构日益摆脱各国政府的监管，国际金融市场上的不平等竞争和经营风险日益加剧。迄今为止，比较有效的国际金融监管合作一直是由国际清算银行领导进行的，其制定的一系列《巴塞尔协议》也就成为国际金融监管的规范化、指导性文件。1975 年 9 月，巴塞尔委员会提出了第一个对银行业实施国际监管的条例，该条例被国际社会称为第一个《巴塞尔协议》，其主要意义在于它首次用国际协议的方式确定了国际监管合作的指导原则。1983 年 5 月，巴塞尔委员会通过了第二个《巴塞尔协议》。新协议与旧协议相比，主要区别在于采取了综合监管法，对迅速发展的银行持股公司作出了说明，将监管责任在母国和东道国之间进行了重新划分等。1988 年 7 月，巴塞尔委员会通过了第三个《巴塞尔协议》，就衡量和确定国际银行资本的内容及监管的标准达成了一致意见。第三个《巴塞尔协议》突出了风险防范在金融业运作中的核心地位，用资本充足率等一系列以防范风险为核心的指标取代了传统的各种指标，为衡量现代金融业的运行状况提供了新的尺度，从而推动了金融业的管理模式从传统的资产负债管理走向现代的风险资产管理。1999 年 6 月，针对国际金融领域的变化，巴塞尔委员会决定对《巴塞尔协议》进行修订。修订后的协议被称为《新巴塞尔协议》，于 2004 年正式定案。新协议强调三大支柱在现代监管体制中的作用。支柱一，最低资本要求；支柱二，监督评估过程；支柱三，市场约束规则。

2. 国际金融监管的合作方向

金融作为一种特殊的行业，随着其一体化程度的加深，需要进一步完善各类监管标准、制度及金融机构的行为准则。具体来说，应该进一步研究制定对国际短期投机资本、衍生金融市场和跨国金融机构的监管标准和规范，加强各国间的交流与合作；同时，进一步加强各主要国际金融监管组织之间及其与区域性监管组织之间的交流与合作，尤其是与现有的两大国际金融组织——国际货币基金组织与世界银行的合作。国际货币基金组织与巴塞尔委员会之间在加强国际金融监管方面的合作具有很大的潜力。

目前金融监管合作仅作为少数西方发达国家所专有，这种格局已经大大落后于世界经济金融发展的需要。20世纪90年代以来，一些发展中国家已经成为国际金融市场的重要参与者，在金融全球一体化的现实状况下，任何一个国家的金融业出现问题和风险，都会直接或间接对有关国家乃至整个世界金融体系的稳定和运作效率产生影响。因此，在加强对国际金融体系审慎监管的过程中，把新兴市场国家和发展中国家纳入就显得十分必要。随着金融全球化的发展，各国将会更加认识到增强国际金融监管标准和规则约束力的重要性，因此需要更广泛的监管，而巴塞尔委员会向真正的全球化金融组织转变还需要一段很长的历程。从长期看，国际金融监管合作机构很可能也需要具有世界贸易组织那样的法律地位。

思考题：

1.简述国际金融市场的形成与发展。

2.试分析国际金融市场的作用。

3.简析国际金融市场对世界经济的影响。

4.结合实例说明发展中国家发生金融危机的原因。

5.试分析国际金融风险有哪些。

第七章

第八章 国际直接投资与跨国公司

内容提要：

国际直接投资的扩大和跨国公司的兴起，从不同侧面反映出二战后生产和资本国际化的发展，也是经济全球化的一个突出表现。

二战后，国际直接投资迅猛增加，作为国际直接投资载体的跨国公司也同时获得空前发展。两者已成为推动国际资本流动和生产国际化的主要形式和巨大动力。进入20世纪80年代以后，这一发展趋势进一步加强。它对加速经济全球化的进程、促进世界经济的发展，产生了深刻影响。深入了解和研究国际直接投资和跨国公司的理论依据、发展变化、经营特点及其经济影响，对于更好地把握世界经济的变化规律及其趋势，具有重要的理论和现实意义。

本章依据国际直接投资和跨国公司理论，对二战后国际直接投资的现状、原因和特征进行深入分析；对跨国公司的发展、特征、经营战略与策略进行剖析。国际直接投资的载体是跨国公司，二战后直接投资的扩大及其流向，都是由跨国公司以获取高额利润为目的及其经营战略所决定的；而国际直接投资的扩大又为跨国公司获取经营资源、实现战略目标提供了基础和保障。二战后迅速发展的跨国公司和直接投资绝大部分来自发达国家，但也有相当部分来自新兴工业化国家和地区。跨国公司的资本流向多集中在发达国家之间的对向流动，打破了传统的单向流动的格局。当代跨国公司既是全球的资本、技术、经营管理经验和商品的提供者，同时又是全球资源掠夺者、财富攫取者乃至西方政治与文化传播者，因此它对经济发展既有积极的一面又有消极的一面。尤其是20世纪80年代经过战略调整后的跨国公司，其双重性更为明显。这就要求引进外资的国家有效地利用跨国公司的积极面，防止或减少其消极面,使其对本国经济增长切实起到促进作用。

第一节　国际直接投资和跨国公司理论概述

关于资本输出和对外直接投资的理论,包括马克思、列宁关于资本输出的理论和西方经济学者所提出的理论。下面分别加以介绍。

一、马克思、列宁关于资本输出的理论

马克思认为,资本的过剩是由于在资本主义制度下,生产和资本积累的不断扩大与人民群众有支付能力的需求相对缩小这个矛盾引起的。为了追求资本更多的剩余价值,资本家必然要扩大生产规模,加快资本积累,提高资本有机构成。资本的另一个本性是剥削,为了榨取更多的剩余价值,资本家必然要剥削雇佣工人,造成他们的支付能力相对下降。但是资本家不是把过剩的资本用于提高人民的生活水平, 而是输出到国外,"因为它在国外能够按更高的利润率来使用"[1]。马克思还指出,资本生来就具有国际性,它为了获取剩余价值,不受国家和民族疆界的局限。它要开拓世界市场,要到遥远的异国他乡去寻找原料, 对它的剥削对象进行掠夺。在马克思生活的时代,虽然资本输出已经出现,但输出额还很小,而今天频繁且大规模的资本输出却证明了马克思上述的科学论断。

列宁在马克思剩余价值理论的基础上发展了资本输出的理论。19 世纪末 20 世纪初,资本主义进入垄断资本主义和帝国主义阶段,资本输出代替商品输出成为这一时期的典型特征。垄断资本主义阶段形成了大量的过剩资本:垄断资本家手中积累起来的大量货币资本,由于在国内找不到足够的有利可图的投资场所而形成过剩资本。这些过剩资本为了追求垄断高额利润,必然要涌向国外,特别是那些资金少、工资低、地价贱、原料便宜以及利

---

① 《马克思恩格斯全集》(第 25 卷),人民出版社,1974 年,第 285 页。

润率高的落后国家和地区。在帝国主义阶段，资本输出不仅有其必然性，也有其可能性。列宁指出："其所以有输出资本的可能性，是因为许多落后的国家已经卷入世界资本主义的流通范围，主要的铁路线已经建成或已经开始兴建，发展工业的起码条件已有保证等等。"①列宁的资本输出理论，至今仍然是正确的。随着经济全球化的发展和世界政治经济格局的变化，使得现代国际资本流动与列宁当初论断的资本输出的动机、效果相比出现了一些新的特征：①现代资本流动顺应世界各国经济发展的要求，已经成为国际间生产要素交流的一种形式。不论是发达国家还是发展中国家，都在进行资本输出和输入，尽管对其性质不能完全等同而论。因此这种现象已和当初的少数帝国主义国家向殖民地国家单向资本输出不同。②现代资本输出的主要形式是对外直接投资，与当初资本输出的主要形式——证券投资不同。③现代资本流动是在殖民体系瓦解、各国主权平等条件下进行的，当初的资本输出则是和帝国主义国家对殖民地的扩张和掠夺相联系的。④现代资本输出的结果，对投资国和受资国都有促进经济发展的一面，而并非只有利于资本输出国而不利于输入国。

二、西方关于国际直接投资和跨国公司的理论

二战后，随着西方跨国公司的发展和对外直接投资的扩大，其有关理论也在实践中不断演进，经过了从简单的概念到完善的理论体系、从静态研究到动态研究、从单纯经济学角度到组织和制度的研究与发展这一过程。而理论的系统化与不断完善又促进了对外直接投资与跨国经营的发展。具有代表性的理论有垄断优势理论、产品生命周期理论、市场内部化理论、国际生产折中理论、比较优势理论，以及新近发展着的战略管理和组织管理理论等。

1. 垄断优势理论

垄断优势理论为 20 世纪 60 年代美国麻省理工学院教授斯蒂芬·海默（Hymer，1976）所首创。他认为跨国公司进行直接投资的动机源自市场缺陷。

---

① 《列宁选集》（第二卷），人民出版社，1976 年，第 783 页。

首先,不同国家的企业常常彼此竞争,但市场缺陷意味着有些公司居于垄断或寡占地位,因此这些公司有可能通过同时拥有并控制多家企业(包括外国企业)而牟利。其次,在同一产业中,不同企业的经营能力各不相同,当企业拥有生产某种产品的优势时,就会想方设法将其发挥到极致。这两方面都说明跨国公司和直接投资出现的可能性。海默还进一步指出,从消除东道国市场障碍的角度看,跨国公司的优势有一种补偿的作用,亦即它们起码足以抵消东道国当地企业的优势(如当地经营知识、当地营销渠道等)。海默的导师金德伯格对此作了进一步引申,列出了各种可能的补偿优势,如商标、营销技巧、专利技术和专有技术、融资渠道、管理技能、规模经济等。

垄断优势理论从理论上开创了以国际直接投资为对象的新研究领域,使国际直接投资的理论研究开始成为独立学科。这一理论既解释了跨国公司为了在更大范围内发挥垄断优势而进行横向投资,也解释了跨国公司为了维护垄断地位而将部分工序,尤其是劳动密集型工序,转移到国外生产的纵向投资,因而对跨国公司对外直接投资理论发展产生很大影响。

2. 产品生命周期理论

继海默之后,其他关于国际直接投资和跨国公司的理论相继出现。其中,美国哈佛大学教授弗农(Vernon,1979)的产品生命周期学说是一种颇有影响、分析独特的理论。弗农认为,产品在市场上呈现周期性特征,该周期大致可分三个阶段,即产品创始阶段、成熟阶段和标准化阶段。在第一阶段,由于新产品需求弹性小,成本差异对企业生产区位的选择影响不大,因此一般集中在国内生产,国外市场的需求基本上是靠出口来满足。在第二阶段,产品的技术逐渐成熟,并开始呈扩张态势,因而在竞争的压力下以对外直接投资的方式占据国外主要销售市场。第三阶段,由于市场准入障碍已经弱化,企业面临新的竞争压力,生产区位更多的是由成本差别因素所决定。由于发展中国家在技术上处于相对滞后的地位,因而处于标准化的产品生产将转入低工资、劳动密集的国家和地区,开辟当地市场或出口到传统的消费市场。

产品生命周期理论较为确切地描述了二战前及战后初期美国跨国公司的产品策略,而且它还为跨国公司对外直接投资理论的发展提供了重要启示:为跨国公司的行为研究引进了动态分析;展示了跨国公司在直接投资过

第八章

程中供给与需求两方面的交互作用;通过对生产区位决策的论证,说明了区位因素在跨国经营理论发展中的重要性。

3. 市场内部化理论

由巴克利(Buckley,1976)和卡森(Casson,1976)首次提出的市场内部化理论,试图在垄断优势理论基础上进一步阐明跨国公司对外直接投资的利益所在。巴克利等人认为:①外部市场机制失败,主要是同中间产品(如原材料、半成品、技术、信息、商誉等)的性质和买方不确定性有关。例如,信息极易扩散,使市场失败,因此跨国公司需要横向一体化。买方不确定性是指买方对技术不了解,而卖方对产品保密,不愿透露技术内容,因此跨国公司愿意纵向一体化。从横向和纵向考虑,跨国公司都愿意向外国投资。②因交易成本受各种因素的影响,公司无法控制全部因素。如果实现市场内部化,即把市场建立在公司内部,通过内部转移价格可以起到润滑作用。③市场内部化可以合理配置资源,提高经济效率。国际直接投资倾向于高技术产业,强调管理能力,使交易成本最小化,保证跨国公司经验优势,都是为了实现上述各方面要求。

由于内部化理论综合吸收了其他理论的合理内核,能解释大部分对外直接投资的动因,因而有助于对跨国公司的成因及其直接投资行为的进一步深入理解。

4. 国际生产折中理论

上述各种国际直接投资理论,主要是从跨国公司本身所拥有的优势特征和外部市场机制不完善的角度论述了跨国公司的成因和海外直接投资的合理性。而英国经济学家邓宁(Dunning,1988)则提出了具有广泛影响的国际生产折中理论。

20世纪80年代初,邓宁提出了投资发展的周期理论,按照他的解释,跨国公司对外直接投资的具体形态和发展程度将取决于三方面优势的整合结果。①若外国企业想要在另一国家进行生产,与当地企业竞争,必须拥有所有权优势(又称企业优势、垄断优势、竞争优势等),而且这些优势足以补偿国外生产经营的附加成本。②企业对其优势进行跨国转移时,必须考虑到内部组织和外部市场两种转移途径,只有当前者所带来的经济利益较后者大时,对外直接投资才可能发生。③区位优势,即企业在把在母国生产的中间产品从空间上转移到别国,并同该国的生产要素或其他中间产品结合以后,能够获得最佳利益时,才会在国外进行投资和生产。

国际生产折中理论对跨国公司的运作有其指导作用,它促使企业领导层形成更全面的决策思想,用整体观念去考察与所有权、内部化优势和区位优势相联系的各种因素,以及其他诸多因素之间的相互作用,从而可以减少企业决策上的失误。

5. 比较优势理论

比较优势理论是日本一桥大学教授、经济学家小岛清在 20 世纪 70 年代中期提出来的。小岛清认为,各国经济情况均有特点,所以根据美国对外直接投资状况研究出来的理论无法解释日本的对外直接投资。美国对外直接投资主要分布在具有比较优势的制造业部门,与传统的国际分工原则相违背。这种"贸易替代型"投资必然会减少美国同类产品的出口量,长此以往就会导致国际收支失衡,贸易条件恶化。而日本则不同,日本的资源开发型投资占相当大的比重,而在制造业方面的投资则属于"投资创造型",即对外投资不仅没有取代国内同类产品的出口,反而开辟了新的市场,并带动与此产品相关联的同一系列产品出口,从而将对外直接投资与对外贸易结合起来。小岛清认为,日本对外投资之所以成功,主要是由于对外投资企业能够利用国际分工原则,把国内失去优势的部门转移到国外,建立新的出口基地。在国内集中发展那些具有比较优势的产业,使国内产业结构更趋合理,促进对外贸易的发展。由此,小岛清总结出"日本式对外直接投资理论",即对外直接投资应该从投资国已经或即将陷于比较劣势的产业——边际产业依次进行。概括小岛清的比较优势理论,可突出以下三方面内容:

第一,摒弃了"市场不完全竞争"的观点,提出了从投资国的具体情况出发,据以制定切实可行的对外投资策略。

第二,摒弃了"垄断优势"的观点,强调了比较优势的原则,继续维护传统的国际分工原理。

第三,摒弃了"贸易替代型"的观点,提出了"贸易创造型"的发展战略。

这种从国际分工角度来解释对外直接投资的理论,与其他理论相比显

第八章

然有其独到之处,对传统的国际直接投资无疑是一种冲击。小岛清在区别日本式对外直接投资与美国式对外直接投资的不同方面,在阐述边际产业向外转移方面,以及在提出的政策主张方面,都只是反映和解释了 20 世纪 60—70 年代尚处于初期阶段的日本对外直接投资状况。这种理论既不能解释当时处于鼎盛阶段的美国的对外直接投资活动,也不能完全解释 80 年代以后日本迅速崛起的新的对外直接投资情况。可以说,这种理论具有较强的时代特色。

6. 跨国公司理论的新发展

20 世纪 80 年代以来,随着国际市场竞争日趋尖锐,跨国公司经营战略进入重大调整时期。与此同时,对跨国公司理论的研究也在进一步深入。议论的主要问题包括跨国公司的政治行为、发展中国家的跨国公司,以及跨国公司的战略管理、联盟形式和网络组织等。在这些议论中,有的是对原来理论体系的部分修正,而有的如战略管理、联盟形式和网络组织的研究,则展示了跨国公司理论的最新发展,孕育着重要的理论变革。

跨国公司的战略管理研究起源于史托福(Stopford)与威尔士(Wells)的早期工作。80 年代末和 90 年代初,初步形成了战略管理学派的理论体系。这种理论简单说来,就是跨国公司战略的权变性和经营环境与组织结构之间的动态调整的相互适应性。亦即跨国公司的战略,应当是选择或开辟能够发挥其独特竞争优势的环境,而这一战略的实现,有赖于企业目标、政策和各种职能部门紧密一致的协调。

波特(Porter)对战略管理学派的思想作了更为细致的阐述。他将产业部门视为基本的竞争环境,并用价值链的概念去说明跨国公司战略形成过程和竞争优势的来源。具体说,跨国公司在国际竞争的过程中,要考虑到两方面的情况:一是企业在世界各地经营活动的整合态势,即跨国公司在组织价值链上各个环节进行经营活动时,应依据在世界各地的区位布局;二是跨国公司的协调,即跨国公司在不同国家开展价值链上各个环节的经营活动时,它们彼此之间的协调情况。跨国公司的战略实际上就是在上述两个战略方面的不同组合。不同的战略选择会对其竞争优势和组织结构产生不同的影响。

从理论发展的角度看,战略管理学派的主张有若干重要贡献。它以当今跨国公司经营的发展态势为依据,突破传统的跨国公司理论范畴,促使对跨国公司研究的重点由存在机制向发展机制转移,从而激发了对传统有关理论问题的重新认识。传统上,市场与企业内部组织被认为是经济交易的两种基本途径,这是以往研究跨国公司的出发点之一。然而近年来由于全球性竞争的加剧,企业跨国经营范围和职能分布扩展,不同企业间各种合作安排急剧增多,境界模糊的混合型国际合作经营方式不断出现,这就对以往的传统理论提出了挑战,并展示出新的理论发展空间。正如邓宁所做的那样,他试图扩充折中理论体系,以便考虑在跨国经营过程中,因企业交易增多、中间市场相互依赖程度提高、区域间资源分布格局拓广而产生的竞争优势,从而反映出因各种相互依赖活动而出现的外部经济效果。

　　近年来,学者们针对以往对外直接投资理论的片面性和局限性,提出了投资诱发要素组合理论。其核心内容是:任何形式的对外直接投资都是在投资直接诱发要素和间接诱发要素的组合作用下而发生的。投资诱发要素组合理论试图从新的角度阐释对外直接投资的动因和条件,其创新之处在于强调间接诱发要素,包括经济政策、法规、投资环境以及宏观经济对国际直接投资所起的重要作用,而以往诸多理论都仅从直接诱发要素单方面来解释对外直接投资的产生,从而导致某些片面性和局限性。在一般情况下,直接诱发要素是对外直接投资的主要诱发因素,因为对外直接投资本身就是资本、技术、管理和信息等生产要素的跨国流动。但是单纯的直接诱发要素不可能全面地解释对外直接投资的动因和条件。尤其是对大多数发展中国家的企业而言,在资本、技术等直接诱发要素方面往往并不处于优势地位,其对外直接投资在很大程度上是间接诱发要素作用的结果。从这个意义上说,投资诱发要素组合理论为发展中国家对外直接投资提供了新的理论支持。

第二节　国际直接投资及其发展

第八章

　　国际直接投资理论是 20 世纪 60 年代初海默提出的,后经过弗农、巴克利、小岛清等学者的发展,到 70 年代形成了由邓宁完成的一般理论。国际直接投资是国际投资的一种主要形式。二战后,国际直接投资的发展速度、流动规模及其影响都远远超过了其他形式的投资。它的发展不仅引起货币资本在国际间的流动,而且促进了企业其他生产要素的国际间转移,从而加速了生产和资本的国际化。

一、国际直接投资的含义及其特点

1. 国际直接投资的含义

直接投资是相对于间接投资的一种投资形式。国际直接投资是投资者在国外直接经营企业的投资行为。这种直接经营企业的投资,包括制造业、商业、服务业和金融业。在国外直接投资的行业因国家不同所受到的重视程度也不同。一般说来,在发展中国家更重视投资于制造业,而在发达国家除制造业以外,服务业和金融业也受到很大的重视。

国际直接投资的概念具有丰富的内涵,在现有的著作中对这一概念的表述各有侧重。综合各种不同表述,可概括为:国际直接投资是指投资者以国际直接投资为媒介,以取得企业经营权或经营控制权为手段,以获取多种效益为目的,在国外从事制造业、商业、服务业和金融业等的一种投资行为。从中可以看出,直接投资的主观意图是通过参与、控制企业经营权以获取收益,这是同间接投资最根本的区别。但是对有些投资很难从外表上区别投资者的主观意图,因此美国、日本等国家通常以出资比率作为区分两者的标准,即出资比例在 10%以上者为直接投资,若不足 10%者属于间接投资。

国际直接投资同其他投资相比,由于所涉及的投资主体、投资领域、投资的地区和投资目的不同,具有明显的实体性、控制性、渗透性和跨国性的重要特点。

(1)国际直接投资是长期资本流动的一种主要形式,不同于短期资本流动,它要求投资主体必须在国外拥有企业实体,直接从事各类经营活动。这种经营活动一般通过投资主体在境外建立或合办生产企业、商业企业及金融机构等多种经营形式来实现。它通过直接投资所引起的经营资源的转移,可以给受资国带来更多的好处,有利于经济技术发展,因而成为当前国际资本流动的主要形式。而短期资本流动(一年以下)则不同,它多同国际贸易支付和银行间资金往来相联系。在很多场合下,它又同国际性套利和投机活动相联系。私人短期资本的投机性移动,常会对一国或国际金融市场造成突发性、破坏性的金融震荡。尤其是在金融信息高度发达的今天,更是如此。

(2)国际直接投资表现为资产的国际转移和拥有经营控制权的资本国际流动两种形态,既有货币投资形式又有实物投资形式。国际直接投资实质上是经营资产转移和拥有经营权的资本流动这两者相互联系的结合体。首先,就经营资产的国际转移来说,具体表现为与直接投资有关的财物的输出。这种作为实物形态的生产要素转移,通过现金结算以后,一般不会引起两国之间债权债务关系的变化。其次,就资本的国际流动来说,作为国际直接投资的资本流动与单纯的资产国际转移不同,国际直接投资是具有经营权的资本流动,作为货币资本形态的生产要素的转移,会带来投资国与被投资国之间债权债务关系的变化。另外,作为资本流动的特定形式,国际直接投资在获取国外资源和产品市场的过程中,既可以达到获取收益的目的,也可以与本国宏观经济政策目标相结合。

国际直接投资所具有的经营权,包括对企业直接控制或参与经营管理。而实现直接控制所采取的形式包括:在国外开办企业、设立子公司;与受资国共同出资开办合资企业;购买外国企业的股票以控制外国企业。参与经营管理,主要是向投资企业派遣管理或技术人员,提供制造技术和原材料,与投资企业发生产品进出口业务往来,与对方缔结契约及资金援助等。

(3)国际直接投资与间接投资不同,两者既有区别又有联系。两者的区别在于:直接投资的目的,是取得对企业经营的控制权;间接投资则以获得利息、股息等为主要目的,而不谋求对企业的控制权。但如果所购买的股票超过了一定限度,不仅可以获得股息也可能控制企业的经营权。因此,一些国家为了维护本国企业的控制权,对外国企业占有股票数量作了规定,超过限度者为直接投资,未达到限度者则为间接投资。

国际直接投资的本质是生产要素的国际流动。它对受资国的经济发展有着重要意义,除了可以带来资金以弥补国内储蓄不足之外,还可以带来其他经营资源的转移。这种经营资源的转移包括实物资源、生产技术、销售网

第八章

络和管理知识等。随着国际直接投资和经营资源的流入,受资国可以加速其企业的资本形成;促进人力资源的开发,提高企业素质;促进产业结构升级;获得外国的原材料和技术供应;利用投资者的国际销售网络迅速进入国际市场,扩大产品出口,增加外汇收入。可见,国际直接投资对受资国的好处,是其他国际资本流动形式所不具备的。但另一方面,直接投资对受资国、特别是发展中国家也有消极作用。这将在后面具体叙述。

2. 国际直接投资的形式

目前为止国际直接投资的形式主要有三种:创办新企业,控制国外企业股权,利润再投资。

(1)创办新企业,也叫绿地投资(Green Field Investment),是跨国公司单独或合作方式创建新企业组建新的子公司等, 是早期跨国公司投资的最主要形式。一般分为独资和合资两种方式。

(2)控制国外企业股权。这种直接投资是通过购买国外公司股权达到一定比例,或与之合作,获得对企业的生产经营控制权。具体方式除了直接投资购买目标企业股份以外,就是对目标企业进行跨国并购。而且跨国公司的并购越来越成为国际直接投资的主要方式。这和其本身的优势有关,比如可以迅速进入他国市场,有效利用各种现有资源,有效避开进入壁垒,享有对外直接融资的便利, 更便于以较低价格获得目标企业的资产和股权以及控制权,等等。

(3)利润再投资。随着国际投资和跨国公司的发展,利润再投资成为直接投资的重要形式。它可以减少一次性投资的支付成本, 提高资金使用效率,还可以降低投资风险。东道国也可以因此获得后续的发展资金。

二、当代国际直接投资的发展与流向

二战后的国际直接投资获得了空前迅猛的发展。不仅在投资规模上急剧扩大,而且国际直接投资的地区结构、部门结构和投资主体等也都发生了深刻变化,并出现了许多新的特点。

1. 国际直接投资规模日益扩大

二战后，随着国际投资环境的变化、经济全球化的发展，国际直接投资的规模不断扩大，增长速度不断加快。据联合国跨国公司中心与投资司《世界投资报告》(1996)的资料显示，国际直接投资累计额由 1960 年的 1053 亿美元增加到 1990 年的 16675.8 亿美元，30 年间增长近 16 倍。到 20 世纪 90年代后半期，国际直接投资出现了突飞猛进的增长。据联合国贸发会议历年《世界投资报告》统计，国际直接投资 1995 年突破 3000 亿美元，1999 年再突破 1 万亿美元，2000 年达到创纪录的 13930 亿美元。21 世纪以前，国际直接投资之所以出现长期增长的趋势，究其原因主要是：在新科技革命的推动下，世界经济正处于上升时期；世界经济国际化、全球化的进程大大加快；跨国公司的并购活动日趋活跃，对国际直接投资所起的作用越来越大；发展中国家作为投资国和受资国在全球投资高潮中扮演了重要角色；世界范围的贸易自由化、投资自由化正在进一步扩大。所有这些都构成国际直接投资不断扩大的重要因素。

进入 21 世纪初期，国际直接投资逐年下降。由于受世界经济衰退、企业盈利锐减、跨国并购数量剧减等因素的影响，全球投资转入了低潮。据联合国贸发会议公布的《世界投资报告》的统计，全球跨国直接投资 2001 年比上年减少了 41%，为 8238 亿美元；2002 年同比减少 21%，为 6512 亿美元；2003年只有 5600 亿美元。从地区看，流入发达国家的外国直接投资在 2003 年较上年下降了 25%，为 3670 亿美元。这是时隔 10 年出现的大幅度下降。而流入发展中国家的外国直接投资 2003 年同比却增长了 9%，达到 1720 亿美元，其中流入亚洲地区的外资占绝大部分，为 1070 亿美元。亚洲特别是东亚地区经济持续强劲增长，以及良好的投资环境，是发展中国家引入的外资在世界投资额下降情况下得以继续增加的一个重要原因。

随着整个世界经济的好转，国际直接投资在经历了 2001—2003 年低位徘徊之后，从 2004 年开始呈现恢复性增长。这首先是因为跨国公司并购在经历了 2003 年的低迷之后开始活跃，其次是投资国和东道国的经济增长加快、公司盈利增加、股票价值上涨等因素，促进了 2004 年国际直接投资流量的增长。据联合国贸发会议 2005 年 9 月 29 日发布的《2005 年世界投资报告》称,2004年全球外国直接投资流入总量为6480亿美元,较上一年增长了2%。其中流入发展中国家的外国直接投资达到2330亿美元,同比增长40%,占全球外国直接投资总量的36%,为1997年以来的最高水平。2004年美国吸收的外国直接投资名列榜首,英国和中国分别位列第二、三位。中国吸收的外国直接投资达606亿美元,仍为吸收外国直接投资最多的发展中国家。同年,东亚地区由于经济增长较快等原因,其外国直接投资流入量较2003年增长了46%,达到1050亿美元。

概括2000年至2004年全球直接投资的变动趋势,这5年的外国直接投资总流入量依次为13965亿、8259亿、7161亿、6326亿和6480亿美元,全球外国直接投资的流出总量依次为12391亿、7435亿、6522亿、6169亿和7303亿美元。据贸发会议预测,2005年和2006年全球直接投资流量将继续保持上升趋势。同时,随着服务业的进一步开放,进入中国的外国直接投资将继续增加。

在国际直接投资的长期发展过程中,发达国家和发展中国家的投资地位和格局都在不断地发生变化。首先,从发达国家看,在20世纪80年代以前,国际直接投资主要来自美国,美国对外直接投资约占全球对外直接投资总量的一半以上。80年代以后至90年代,由于日本经济实力的迅速崛起,欧盟整体经济实力也日益增强,它们的对外直接投资也随之迅速扩大,从而形成了美国、欧盟、日本的三极投资格局。1995—2001年,美国对外直接投资由921亿美元增加到1393亿美元,增加了51%,欧盟同期对外直接投资不论在数量上还是速度上都超过了美国。相比之下,日本在1989—1991年一度成为对外直接投资大国,甚至超过了美国,但随后由于日本国内泡沫经济的破灭,经济长期萧条,到90年代后期对外直接投资连年下滑,现已降为第三位投资大国。现在,美、欧、日的对外直接投资约占全世界对外直接投资存量的80%以上,其中70%以上为美国和欧盟所占有。可见,美国、欧盟、日本对外直接投资的发展变化,对全球直接投资的增减会带来直接的影响。另外,再从流入发达国家的直接投资来看,对内直接投资格局与对外直接投资格局大体相似。仅以2004年为例,发达国家总共吸收的外国直接投资为3210亿美元,比上年减少了16%。具体到不同国家则有增有减,其中对外投资大国美国由于经济复苏较快,2004年吸收外资出现了大幅度增加,由上一年的300亿美元猛增至1070亿美元,重新恢复了全球头号吸收外资大国的地位;流入欧盟15国的外资为1960亿美元,已连续三年下降,但仍居第二位;流入日本和加拿大的外国直接投资略有增加,但远不及美国和欧盟。

其次,从发展中国家看,发展中国家作为接受国际直接投资的重要经济体,其格局变化也不小。从地区分布看,据贸发会议《2005年世界投资报告》显示,以2004年为例,流向发展中国家的外国直接投资强劲增长,达到2330亿美元（世界银行2005年4月6日发布的年度报告揭示,2004年流入发展中国家的私人资本净流量为3013亿美元）,同比增长了40%,为1997年以来的最高水平。其中,中东欧地区从515亿美元增加到532亿美元,创历史最高纪录;非洲地区从136亿美元增加到200亿美元,继续保持增势;独联体国家从38亿美元增加到近100亿美元,增长势头良好。相比之下,拉丁美洲则增长有限。亚洲特别是东亚地区,长期以来一直是发展中国家和地区外资流入增长最多的地区。2004年达到1050亿美元,占该年发展中国家接受外资总额的30%以上。尤其是举世瞩目的中国,该年吸收的外资多达606亿美元,仍为发展中国家中吸收外资最多的国家,也是当年仅次于美国的第二位引资大国。东亚地区吸收外资的不断扩大,既是这一地区经济持续增长的结果,也是推动这一地区经济较快增长的一个重要因素。

2. 国际直接投资由单向流动变为对向流动

随着各发达国家经济发展的不平衡,以及新兴工业化国家和地区经济的迅速崛起,国际直接投资的资本流动由过去的单向流动变为长期对向流动。这种情况过去主要出现在发达国家之间,而现在在发展中国家之间也表现得日益明显。

二战后初期,美国的直接投资基本上是大量流向西欧,其次是流向加拿大和日本,而西欧、日本等发达国家则很少对美国进行直接投资。但是到20世纪70年代末和80年代初,从西欧、日本、加拿大等国家流向美国的直接投资迅速增加。如表8-1、表8-2所示,到80年代各主要发达国家间的相互投资的金额已达相当规模,且涉及各个领域。这种情况,随着美国经济实力的相对削弱,西欧、日本经济实力的增强,以及它们之间贸易摩擦的加剧,到

80年代末和90年代初又出现进一步加快趋势。特别是日本对美国和西欧的大量出口所引起的贸易摩擦愈演愈烈,为了回避这一矛盾,对美、欧的直接投资增加更为迅速,尤其是对美投资更为突出。美国既是一个对外投资大国,又是吸收外资最多的国家。到21世纪初,由于全球直接投资连续3年下降,流入发达国家的直接投资出现了下降趋势。但尽管如此,发达国家之间相互投资的局面仍未改变,至今发达国家间的相互投资仍约占它们对外直接投资的80%左右。迄今美国吸收外国直接投资的85%来自欧洲,而美国对外直接投资的50%以上则在欧洲。另外,日本对欧盟的投资占欧盟吸收外资总额的8%,欧盟对日本的投资则占欧盟对外投资总额的4%。发达国家之间的资本流动日益扩大说明,发达国家不仅是世界最大的直接投资提供者,也是最大的直接投资吸收者,从这个意义上说,发达国家对二战后国际直接投

表8-1　世界主要国家和地区对外直接投资状况

单位:百万美元

国家和地区	1993年	1994年	1995年	1996年	1997年	1998年
美国	84 413	80 697	99 481	92 692	109 954	132 829
加拿大	5 711	9 303	11 940	12 890	22 057	26 411
欧盟	95 411	121 054	160 364	184 280	23 961	382 136
英国	26 811	34 149	44 464	35 157	63 49	106 734
德国	15 263	17 258	39 100	5 773	41 211	7 693
法国	20 605	24 438	15 824	30 362	35 484	40 796
澳大利亚	2 499	2 472	3 842	5 851	6 220	2 464
日本	13 834	18 089	22 508	2 342	26 059	24 625
亚洲"四小龙"	6 103	9 678	12 819	14 788	14 434	11 743
韩国	1 340	2 461	3 552	4 671	4 449	4 799
中国台湾	2 611	2 640	2 983	3 843	5 243	3 836
新加坡	2 152	4 577	6 281	6 274	4 722	3 108
泰国	233	493	886	931	390	130
中国	4 400	200	2 000	2 114	2 563	2 634
拉丁美洲	7 575	6 255	7 510	7 202	15 598	15 455
世界	247 425	284 915	358 573	579 872	475 125	648 920
发达国家	207 378	242 029	306 025	319 820	406 668	594 699
发展中国家	39 756	42 600	52 089	58 947	65 031	52 318

资料来源:International Financial Staristics,1999年11月号IMF,World Investment Report 1999(UNCTAD)。引自《日本贸易振兴会投资白皮书》,2000年,第2~3页。

资迅猛发展起了重大促进作用。

发达国家的对外直接投资重点之所以在发达国家，并长期保持着资本对向流动趋势，其原因是多方面的。概括起来主要有以下四点：①工业发达国家集中了最新的科学技术成果，有着熟练的劳动力，较容易吸收和消化先进技术和巨额投资。西欧、日本在经济恢复和发展过程中，又深感资金和技术的不足，为美国资本和技术最早流入这些国家提供了机会。②发达国家的产业结构和消费结构大致相似，适宜采用现代技术进行大规模生产，产品销售也能适应市场需求变化的要求。③区域经济一体化的发展，如欧洲共同体（现为欧洲联盟）和北美自由贸易区的建立，对进入这些市场的国家构成了威胁，为了绕过贸易壁垒，各发达国家都抢先扩大直接投资，或采取并购与跨国合作的形式，这也促进了相互投资的扩大。④除了这些共同性因素外，日本和西欧能够对美国进行大量投资，是由于当时美元危机的加深，日元和马克大幅度升值，扩大对美投资不仅有利于投资者，也有利于美国改善日益恶化的国际收支，增加就业，因此美国采取了一系列吸引外资的政策措施。

表 8-2　日美、美欧的相互直接投资（1984 年余额）　单位：亿美元

国家和地区	日→美	美→日	C=(1)÷(2)	欧共体→美	美→欧共体	C=(4)÷(5)
总额	148.17	83.74	1.769	948.50	788.67	1.203
制造业合计	26.62	41.20	0.549	326.97	399.35	0.818
1.商业	99.40	13.87	7.167	149.45	69.49	2.151
2.银行	17.78	(D)3.64	(D)1.445	54.88	34.17	1.606
3.金融、保险、不动产	5.26	(D)0	(D)	153.42	63.72	2.408
4.其他产业	4.81	21.00	JA	28.08	20.12	1.396
5.矿业	0.07	1.93	1.021	12.13	0.31	39.129
6.石油	-1.781.97	8.44	0.316	225.57	201.52	1.119
7.食品	2.67	8.33	0.869	63.87	37.87	1.687
8.化学	7.24	(D)17.97	(D)0.300	123.76	98.08	1.262
9.其他制造业	5.35			73.43	75.84	0.968
10.基础金属制品	5.39			20.37	20.30	1.003
11.机械类合计				45.53	167.26	0.272

注：(D)表示因保密无公开发表数字，C 表示相互投资比率。

资料来源：《现代商业概览》，美国商务部经济分析局，1985 年。

第八章

3.发展中国家国际直接投资日趋活跃

长期以来,发达国家一直是国际直接投资的提供者,而发展中国家则是国际直接投资的吸收者。但从 20 世纪 70 年代中期开始,随着一些发展中国家经济的迅速崛起,企业经营能力的迅速成长,逐步形成了一批具有从事海外经营能力的跨国企业,为向国外直接投资提供了可能。尤其是亚洲和拉丁美洲的新兴工业化国家和地区率先步入了国际直接投资的行列。发展中国家的对外直接投资不仅投向市场广阔、成本低廉的其他发展中国家和地区,而且有越来越多的国家和地区投向技术先进的工业发达国家。

在 20 世纪 70 年代,发展中国家的对外直接投资数额还十分有限。后来随着一些发展中国家经济快速增长,发展成为后工业化国家和地区,包括亚洲"四小龙"、中国、印度、墨西哥、阿根廷、巴西等,出现了一些比较有实力的对外投资企业。70 年代初,这些国家和地区仅有 17 家企业进行对外直接投资,80 年代增加到近 1000 多家,直接投资额达 50—100 亿美元,投资分布在120 多个国家和地区。1990 年和 1991 年虽然受世界经济不景气的影响投资有所放慢,但 1990 年仍达到 120 亿美元,占全球对外直接投资总额的 6%。直到 21 世纪初,发展中国家和地区对外直接投资都在继续扩大。据统计,在世界经济不景气的 2001—2003 年, 在全球外国直接投资中,2003 年发达国家所占比重较上年锐减了 25%,仅为 3670 亿美元;而同期发展中国家和地区吸收的外国直接投资却增长了 9%,达到 1720 亿美元,其中仅中国吸收的外资就达到 530 亿美元,超过了美国成为该年全球最大的外资吸收国。另据联合国贸发会议《2004 年世界投资报告》显示,由于有越来越多的发展中国家成为资本输出和输入国,以及发展中国家对外直接投资速度的加快,目前其在全球直接投资存量中的份额不断扩大。20 世纪 80 年代中期,发展中国家对外直接投资占全球对外直接投资存量的比例不到 6%;到 90 年代最后 5年,这一比例一度上升至 11%。2001 至 2003 年,这一比例稳定在 7% 左右;2003 年,发展中国家对外直接投资的存量累计为 8590 亿美元,约占全球总存量的 10%。目前,发展中国家正在大举进行对外直接投资,其增长速度已经超过了发达国家。以中国为代表的东亚和东南亚经济体都拥有相当数量的经常项目盈余,再加上其他一些有利因素,发展中国家流入和流出的直接投资速度将进一步加快，其在全球对外直接投资存量中的比重也将进一步上升。

发展中国家对外直接投资的地区分布也日益广泛，不仅对其他发展中国家和地区投资增长迅速，而且对欧美等发达国家的投资也急剧扩大。特别是亚洲"四小龙"和部分拉美国家对发达国家的直接投资增加得更为显著。1996 年，韩国民间企业通过购买不动产和企业对美国直接投资达 1568 亿美元，1998 年因亚洲金融危机的影响则下降到 874 亿美元。韩国企业收买美国的高技术企业最为积极，1996 年继三星电子公司以 378 亿美元购买了个人计算机厂家 AST 研究公司 40%的股份之后，现代电子公司也购买了信息技术企业 TVCOM 国际公司。与此同时，亚洲的民间企业还在欧洲掀起投资设厂热。据新加坡经济开发厅和新加坡统计局的资料，新加坡对以英国为主的欧洲的投资 1998 年达 11391 亿美元，比上年增加了 301%。在 20 世纪 90 年代，通过直接投资与合作建立的独资和合资企业大约有 2000—3000 家。亚洲"四小龙"在欧盟内部的投资重点在英国，其次是德国，最近几年又扩大到欧洲其他国家。据统计，到目前为止，亚洲"四小龙"对外直接投资约有 20%在发达国家，其中主要集中在美国。中国对外直接投资起步较晚，对欧美投资始于 20 世纪 70 年代，且投资金额一直较少，但最近几年随着经常项目盈余的扩大、企业经济实力的增强，双边贸易关系日趋紧密，在从美欧大量引进资本的同时，对美欧的直接投资也逐年增加。

发展中国家和地区重视对美欧发达国家的直接投资的原因在于以下几点：首先，在理论上，一种"不均衡论"认为，企业不仅可以因为其所有权优势对外投资，也可以因为所有权劣势到国外投资。而且正是由于资源和要素方面的不均衡，才导致发展中国家对外直接投资，特别是向资源和要素丰厚的发达国家进行投资。具体来说，主要是由五方面因素促成的：为了寻求国外市场；为了寻求恰当的生产要素供应；为了便于对竞争对手做出反应；为了回避风险进行海外投资；为了原产国效应及解决产品形象定位问题。这些因素在不同的国家和地区、不同的企业而各有所侧重，不可能五个因素都适用于每个国家和每个企业。

其次，从实际情况看，发展中国家和地区在美国的投资是因为：①亚洲日益增长的雄厚的资金实力和美元贬值。由于亚洲的区域内贸易和对美出口的不断扩大,亚洲企业掌握的美元资金急剧增加。②民间金融机构的迅速兴起,使得收买资金的筹措更加容易。③韩国和中国台湾在海外投资的重点已摆脱了80年代末和90年代初单纯追求低工资的倾向,而转向学习国外先进科学技术和开拓海外市场,它们购买美国企业是为了迅速提高技术力量、开拓美国市场。它们扩大对欧洲投资的主要原因是:①欧盟实施的进口配额、进口许可证、自动出口限制以及反倾销税,抑制了亚洲国家和地区的出口,迫使亚洲企业加速将生产转移到欧洲,以绕过贸易壁垒。②开拓东欧和俄罗斯市场的需要。匈牙利、波兰、俄罗斯等对来自亚洲的高技术产品和物美价廉的消费品需求量大,另外受资国较高的教育水平和低工资对亚洲"四小龙"颇具吸引力。英国成为欧洲投资的重点,除了欧盟的一些共同因素外,还有着语言相似和历史原因,这对投资者有着特殊的吸引力。

4.国际直接投资部门结构发生重大变化

二战后,国际直接投资的部门结构变化,总的说来经历了资源开发—制造业—金融服务业的发展过程。二战后初期到50年代末,美、英、日等国家对外直接投资的领域主要集中在原料和能源开采方面。这种情况仍带有早期资本输出的殖民色彩。50年代末到70年代,随着科学技术的进步和各国经济的迅速发展,以及欧洲共同体的建立,美国和西欧等发达国家加强了对制造业的投资,并由初级产品转向高附加值产品,由传统工业向新兴工业、从制造业向服务业领域扩展。据统计,1978年,七个主要工业发达国家(美、英、联邦德国、日、法、加拿大、荷)对外直接投资的行业分布为,第一位的制造业占一半以上,第二位的服务业占30%以上,第三位的采矿业下降到26%左右。这种制造业、服务业居领先地位的投资结构,进入90年代后有所改变:对制造业的投资增长有所放缓,而对非制造业则大大加快投资。

联合国贸发会议《2004年世界投资报告》指出,目前全球外国直接投资的重点已由制造业转向服务业。20世纪70年代,服务业吸收的外国直接投资占全球外国直接投资的25%。到1990年这一比例仍不到一半。而到2003年,这一比例已经上升到60%,大约为44万亿美元,已经超过了制造业的比例。在非制造业方面,除传统的贸易和金融服务业继续占重要地位外,近年来电力、电信、交通、不动产和其他商业服务业吸收的外资也大幅度增加。

值得指出的是,非制造业的直接投资虽增长较快,但制造业中的某些尖端技术产业仍然是各国投资争夺的热点之一。20世纪80年代以来,随着高新技术的兴起和应用,各国产业结构不断优化,加之各国争夺高新技术产品市场的激化,属于尖端技术产业和信息产业的直接投资一直增加最快。从世界跨国并购的前10种行业变化看,电气通信业在1995年居第九位,直接投资金额比重为34%;到1999年已上升到第1位,投资比重远高于其他行业。此外,电子和电气机械、精密化学制品、生物工程等高新技术产业的位次都有不同程度的提高。

国际直接投资的部门结构变化,是和战后科学技术进步、世界产业结构升级以及投资地区结构变化相一致的。第一,科技革命发展到今天,已进入了以微电子为中心的高科技时代,高科技的发展及其应用为对外直接投资的部门结构提供了先决条件。第二,随着科技进步,世界产业结构经过了劳动密集型—资本密集型—技术和知识密集型的逐步高级化的变化过程,美国对其他发达国家的投资,发达国家对发展中国家的投资过程,正是和产业结构的逐步升级以及边际产业向外转移的过程同步发展的。第三,服务业在国际直接投资中的地位日益重要,这是由于服务业已成为世界经济中增长最快的部门,在各国经济中都占据重要地位,其占发达国家和发展中国家国内生产总值的比重分别达到72%和52%。现在的许多服务部门发生了深刻的质的变化,其中技术、信息、知识含量高的服务部门迅速增多,已成为推动经济增长、获利最多的主导部门。随着跨国公司自身经营规模的扩大,向跨国公司提供服务的金融保险、交通运输、通信等对外直接投资也相应得到扩大。服务部门的许多产品无法通过贸易转移,而只能在消费地生产,因此直接投资是服务产品打入国外市场的主要方式。此外,各国已普遍放宽对外资进入服务业市场的限制,为外资广泛进入第三产业创造了有利条件。

第八章

第三节　跨国公司的发展及其原因

二战后,特别是 20 世纪 50 年代后期以来,随着主要发达资本主义国家经济的发展及其对外直接投资的迅速增加, 作为经济全球化载体的跨国公司有了急剧而广泛的发展,它对世界经济发展产生了深刻的影响,并引起了人们越来越大的关注。

一、跨国公司的含义、发展和特征

1. 跨国公司的含义

跨国公司的概念,最早是 1960 年 4 月由里恩索尔(D.H.Lienthal)在卡内基工业大学工业经济学院创立 10 周年纪念会上第一次提出的。随后,在西方国家的报刊上经常出现"多国公司""国际公司""宇宙公司"之类的名称。直到 1974 年, 由联合国经济社会理事会作出决议, 统一使用 "跨国公司" (Transnational Corporations, TNCS)这一名称。尽管名称统一起来了,但对于跨国公司定义的解释却众说纷纭。在经过多次讨论的基础上,1983 年联合国跨国公司中心发表了题为《世界发展中的跨国公司第三次调查》的报告,对跨国公司的特点作了概括,就下列三个问题取得了一致的看法,认为跨国公司应是这样一种企业:第一,在两个或两个以上的国家建立有经营实体,不管这些实体采取何种法律形式和在哪个领域从事经营。第二,这种企业在一个中央决策体系下进行经营决策,并制定共同的政策,这些政策可以反映出跨国企业的共同战略目标。第三,这种实体通过股权或其他方式形成联系,使其中的一个或几个实体可能对别的实体施加重大影响, 并同其他实体分享资源、信息,同时负担责任。但对跨国公司的这一调查并未就不同类型国家的跨国公司及其经营动机、所有权性质、企业经营规模等问题取得一致意见。

跨国公司的业务非常广泛, 根据其现行的国际业务活动可以区分为以下五种类型:①产品制造、采矿和推销业务;②商品的进出口贸易业务;③专利、商标和技术转让等许可证贸易；④国际金融领域的资金融通；⑤不动产业务等。跨国公司的经营特点是以全球为战略目标，通过直接投资或企业合作，在国外建立子公司和分支机构，实行企业内国际分工与专业化协作，从国内到国外、从生产到销售、金融、劳务等各个领域，形成国际性的经营体系，对生产和资本国际化起着巨大的推动作用。

2. 跨国公司的发展及其特征

跨国公司是经济发达国家生产和资本高度集中的结果，是科学技术和生产力高度发展的产物。19 世纪末和 20 世纪初，随着科学技术进步和工业生产的发展，主要发达国家由自由资本主义进入垄断阶段，出现了同行业和跨行业的垄断集团。这些垄断资本集团为了追逐垄断高额利润，对国内市场已经不能满足，将"过剩资本"输出到资金少、地价便宜、工资低、原料丰富，因而利润比较高的国家和地区，在这些国家和地区设立了分支机构，形成了早期的跨国经营的企业。最早出现的跨国企业主要有德国的释尔公司和美国的胜家公司、杜邦公司、通用电气公司等，这些国际托拉斯之间签订了分割世界市场的卡特尔协议。

在两次世界大战之间，随着日益增多的跨国公司进入世界市场及其竞争的加剧，这些国际性企业组织为了从经济上瓜分世界，订立了各种国际卡特尔，由生产同类产品的几个国家的跨国企业，在划分商品销售范围、规定商品产量和销售价格等方面，相互达成协定。同时，有些经济技术实力较强的垄断企业通过对外直接投资，建立了少数新兴工业企业，以跨国公司的形式向外扩张。不过当时这种企业的规模和数目，由于受到 1929—1933 年经济危机的严重打击，以及各国对于外资企业的多方排斥，它们的发展受到很大限制，其业务经营多以局部地区为重点，而没有形成全球性的经营规模。直到二战以前，作为典型的跨国公司尚处在形成的过程中，国际卡特尔仍然是帝国主义国家从经济上瓜分世界的普遍形式。二战后大量出现的跨国公司，很多就是在战前的国际垄断组织基础上发展起来的。不过战后跨国公司的大发展又不是战前的国际垄断组织的简单继续，在业务内容、活动范围、经营方式上都有了许多新的发展和特征，是生产和资本国际化发展到新阶段的产物。

第八章

二战后,尤其到 50 年代后期,各主要发达国家经济经过恢复都已相继进入了高速发展时期, 以美欧为主的主要发达国家的对外直接投资迅速增加,跨国公司特别是美国跨国公司迅猛发展起来。它们在经营规模、组织体系、经营方式等方面,都显示出与过去跨国企业不同的特点,成为世界经济中一股强大的势力。

第一,跨国公司的规模迅速扩大。据联合国跨国公司中心公布的数字,1968—1969 年, 发达国家跨国公司已达 7276 家,1973 年增加到 9481 家,1993 年又增加到 3.7 万家,20 年间增加了将近 3 倍。1995 年全球跨国公司增加到 4 万家,所属子公司和分支机构达 27 万家,分布在 144 个国家和地区。到目前为止,全球跨国公司已增加到 65 万家,国外子公司和分支机构增加到 85 万家, 通过这些国外子公司渗透到各国和地区几乎所有产业部门,进行跨越国家和地区界限的生产要素和资源的优化组合。另据联合国贸发会议 2002 年 8 月 12 日公布的报告,对 2000 年各国的国内生产总值和公司附加值(工资+税前利润+折旧+偿还贷款)作出的评估比较,名列世界前 100 名的经济实体中有 29 个是跨国公司。在排名前 200 位的大公司中, 有 172 家分别隶属于美国、日本、德国、英国和法国这 5 个主要发达国家。另据统计,发达国家的 11 万家跨国公司,在 1—10 个国家设有子公司和分支机构的共 8525 家,占公司总数的 90%;在 11—20 个国家设有子公司和分支机构的有 632 家;还有 324 家大型跨国公司在 20 个以上国家设有子公司和分支机构。这说明跨国公司的规模日益庞大,超越国境的经济联合几乎遍及世界各个国家和地区。

跨国公司不仅发展规模空前, 而且已是当今跨越国界的全球经济活动的核心,是集生产、贸易、投资、金融以及技术开发和转移为一体的经济实体。据统计,目前跨国公司控制世界生产总值的 33%以上,跨国公司内部和相互贸易占世界贸易的 66%以上, 它还控制着全球技术研究与开发和技术转让的 80%左右, 以及世界对外直接投资的 90%以上。到 20 世纪 90 年代末,跨国公司在国外拥有的总资产(包括工厂、设备、财产)超过 3 万亿美元,相当于资本主义世界国民生产总值的 25%。这是它能够控制上述世界经济各个领域的重要经济基础。可以说,现在国与国之间的竞争已经主要体现在

第八章

企业特别是跨国公司之间的竞争上。

在跨国公司的经济实力不断加强的进程中，最令人瞩目的莫过于美国的大跨国公司。据美国《财富》杂志 2004 年 7 月 26 日一期公布的全球 500 强中，属于美国的公司从 10 年前的 15 家增加到 189 家。美国通过跨国公司从全球聚敛了大量财富。仅从跨国公司贸易这一项看，按原产地规则统计，美国虽然是贸易逆差最多的国家，但从全球市场占有率看，美国跨国公司获得的贸易收益即相当于美国逆差的 10 倍。美国沃尔玛公司的全球收入多达 2630 亿美元，相当于印度尼西亚和巴基斯坦的国内生产总值。

还应看到，在发达国家的跨国公司规模迅速膨胀的同时，发展中国家的跨国公司也在逐渐兴起。随着亚洲、拉丁美洲一些新兴工业化国家与地区经济的崛起，出现了一些有相当经济实力的跨国公司。20 世纪 70 年代初，这些国家和地区仅有 17 家跨国公司；80 年代增加到近 1000 家，拥有 2000 家海外子公司；90 年代再增加到 1800 家，海外子公司 3000 多家，分布在 120 多个国家和地区。这些跨国公司的经济实力虽不及发达国家的大，经营目的也不完全相同，但其增长速度却是非常惊人的。

第二，各发达国家经济发展的不平衡使跨国公司的来源具有国际性。资本主义经济发展的不平衡性，在跨国公司的发展与角逐中充分体现出来。原来美国和英国的跨国公司处于领先地位，1970 年，在联合国认定的 7000 家跨国公司中，一半以上属于美、英两国。目前，在联合国认定的 3.5 万家跨国公司中，有近半数来自美国、德国、日本和瑞士，英国已退居第七位。在1982—1992 年的 10 年中，排名前 200 位的美国公司从 80 家减少到 60 家，日本公司则从 35 家增加到 54 家。同时，英国的公司也在减少，而法国、德国、瑞士的公司在增加。今后随着国际金融市场资本流量的增大，发达国家资本继续相对过剩，以及某些地区经济增长较快和企业实力的壮大，还会有越来越多国家的跨国企业参与国际经济领域的竞争。在激烈的竞争中，各国跨国公司的经济实力地位还会出现新的排列。

第三，跨国公司走向多样化经营。多样化经营是跨国公司的普遍发展趋势。从 60 年代开始这种经营方针就已被大跨国公司所采用，到了 70 年代特别是 80 年代其步伐进一步加快。至今，随着跨国并购的发展以及服务业成

第八章

为各国投资争夺的重点,多样化经营的趋势还在继续扩大。多样化经营的不断发展,使各生产部门之间的联系更趋紧密,生产和资本更加具有国际性,同时也使各国垄断企业争夺市场的矛盾更加扩大化。

美国跨国公司的多样化经营规模尤其庞大。据对最大的180家美国公司的子公司的调查,它们所经营的商品和服务项目1965年只有674种,到2000年增加到2145种,增加了218%。如美国的国际电报电话公司,不只是经营电报电话和电气用具业务,而且渗透到食品、汽车零部件、军火、宇航、出版、保险、建筑等各个领域。美国埃克森石油公司不仅经营石油,而且增加了采煤、制造、打字机等项目。日本最大的贸易公司综合商社也是多样化经营的典型。各大综合商社在国外都有独自开设或与别国合办的几十家甚至上百家子公司,它们的活动范围远远超出流通领域,在国内外投资于工业、采矿、贸易、农业、交通运输、不动产直到各种服务行业。大商社之一的三菱商事公司,最得意的广告是"从方便面条到导弹",可谓无孔不入,无所不包。20世纪80年代后期和90年代,由于世界经济增长速度放慢,导致市场需求增长不振,或由于老的产品丧失优势而使企业失去竞争力,各国企业都纷纷进行经营结构调整。在调整过程中采取的一项重要策略就是进一步扩大经营范围,即公司在加强具有竞争力的重点产品生产的同时,向其他新兴领域扩展,寻求更多的经营机会,以适应国际市场变化的需要。

第四,跨国公司经营的内部化与网络化。内部化理论认为,跨国经营就是企业内部化过程超越国界的表现,跨国公司就是在将其资源在国际范围内进行内部转移的基础上建立的。企业从事生产、营销、采购、研究开发、人员雇用与培训等各种活动都要与市场发生关系,既要利用市场又要支付代价,这就是交易成本。为了节省交易成本,就需要把企业的各项交易纳入企业内部进行。跨国公司以整体利益最大化为目标,要求把自身优势与国外的政治经济、关税壁垒和生产要素优势等联系起来统筹考虑。各国都有各自的优势,跨国公司在国外的子公司网络的形成,以及现代信息网络技术的普及,为在全球范围内进行一体化生产和销售活动提供了可能。跨国经营的范围越广,就越需要实行经营内部化。跨国公司经营内部化主要体现在以下几方面:①信息内部化;②资本货物内部化;③中间产品交易内部化;④最终产

第八章

品价格内部化;⑤资金调拨内部化;等等。

　　跨国公司经营内部化是为了解决利用外部市场不完善和解决中间产品市场失效等问题而发展起来的。更为重要的是利用各国税收、关税和非关税壁垒、生产要素优势等投资环境的不同条件,使跨国公司通过内部化以获得更大利益。随着内部化的发展以及国外子公司经营规模的扩大,跨国公司的经济实力也进一步增强,因此就需要建立地区总部,减少和避免由于权力过分集中给总公司所造成的弊端。为此,跨国公司的管理体系,便由原来的自上而下的纵向联系为主,转向以网络型的多边横向联系为主;由总公司集中决策和直接指挥的工作方式,日益转向分散决策和灵活反应。而且有越来越多的不同国家的子公司,势均力敌,出于增强实力和提高竞争优势的需要,采取联合与合作的方式,形成你中有我、我中有你的"无国籍公司"。这样就更难以确定究竟哪一家应负总公司的法律责任,使得跨国公司的国籍变得模糊起来。

　　第五,跨国公司融资的分散化和投资流向多元化。跨国公司在国外建立子公司和对外直接投资,首先要考虑的是融资问题。一般说来,资金来源除了由总公司提供一部分外,很大一部分是在国内外金融市场上以各种形式筹资和公司利润的再投资,随着公司经营规模的扩大,这一部分所占比重越来越大。

　　充分利用国际金融市场的资金,已经成为跨国公司一项重要的筹资原则,即融资分散化原则。利用国际金融市场融资,主要是在国际债券市场发行债券,借入国际银团贷款,在国际股票市场发行和上市交易本公司股票,在东道国的债券和股票市场借入贷款资金或发行和上市交易本公司股票。为了避免融资风险,跨国公司的融资战略有越来越多的选择余地。在融资方式与期限方面,有银行贷款、欧洲票据及欧洲商业票据、欧洲中期票据和欧洲债券等可供选择;在货币类别方面,金融创新工具中的货币互换的发展,受到跨国公司极大重视和充分利用;利率互换则使跨国公司可以在希望筹措固定利率债券资金时发行浮动利率票据或债券等进行融资。国际金融市场的迅速发展和融资方式的日益增多,为跨国公司融资分散化提供了有利条件,因此跨国公司的外部融资所占比重越来越大。

第八章

融资是为了增加投资。国际直接投资同跨国公司多渠道融资有着直接联系，甚至受其制约并决定和影响对外直接投资的部门和地区流向。20世纪80年代以来，跨国公司大型收购、兼并的增加，投资于发达国家的高新技术产业比重的增大，都说明了这种情况。

二、跨国公司迅速发展的原因

二战后，各主要发达国家的跨国公司迅速而广泛地发展起来，并出现许多新的特点，是有其深刻的经济和政治原因的。概括起来，主要有以下几方面：

1. 资本的高度集中垄断和资本过剩是推动跨国公司向外扩张的根本原因

从本质上说，跨国公司的发展及其对外直接投资的迅速增加，是由于战后主要发达国家的资本高度积聚和集中，垄断程度进一步加强，在垄断资本控制了国内主要工业部门和垄断了市场之后，必然要形成过剩资本，并把这些过剩资本输出到国外进行投资，谋取垄断的高额利润。正是在其向外扩张中，这些垄断企业变成了国际性垄断组织。

二战后初期，各主要发达国家经济在经过恢复和发展之后，生产和资本的积聚和集中都大大加快。1947年，美国最大的200家工业公司（占股份公司总数的万分之三），其产值占制造业总产值的30%，到1972年增加到43%。在生产集中的同时，资本集中也在加剧。1950年资产在1亿美元以上的700家公司（占公司总数的0.1%），其资产占全部公司资产总额的50.8%，到1973年这类公司增加到3500家（占公司总数的0.2%），其资产占公司资产总额的73.3%。其他主要发达国家的情况也大体相同。随着生产和资本的日益集中垄断，许多重要工业部门中的垄断统治也不断加强。1970年，美国通用、福特、克莱斯勒三大汽车公司的营业额，占美国汽车行业营业额比重的76%；在电子计算机制造业中，仅国际商用机器公司一家就垄断了美国电子计算机市场的60%~70%。其他如钢铁、飞机、石油、电气、化工等部门的产品市场也被少数几家大公司所控制。由于生产和资本的高度集中垄断，各垄断企业的经济实力相差无几，生产同一种产品的垄断组织要在国内取得更大的销售额越来越困难，国内有利可图的投资场所相对狭小，这时拥有过剩

第八章

资本的垄断组织只有将资本转移到国外，而那些拥有廉价劳动力、资本短缺、资源丰富和市场广阔的国家，就成为各国垄断组织争夺的主要投资场所。

在战争期间和二战后膨胀起来的美国垄断组织，既掌握了雄厚资本又拥有先进技术和管理经验，抓住英、法等被战争削弱而急需恢复和发展，以及德、日、意战败也急需恢复和发展的时机，不仅打进了这些国家原来的殖民势力范围，而且不断渗透到它们的各个经济领域中去。利用这些国家劳动力价格、税收水平、劳动强度上的差异，以及同一部门利润率的不同，大量投资于各工业部门，就地生产与销售，或购买与兼并当地企业，因而使美国跨国公司的势力在这些国家很快发展起来。

到70年代，除了上述因素之外，各主要发达国家经济出现新的不平衡也加速了跨国公司的发展。随着经济实力地位的相对下降，美国在国外建立和购买的子公司出现相对下降的趋势。而西欧、日本的经济经过60年代的迅速发展，各国经济实力地位都在急剧上升，许多大企业已积累了庞大的经营资源，并力图跨越国界参与国际竞争，重新分割世界市场。另外，从70年代初开始，各主要发达国家经济普遍陷于"停滞膨胀"的困境，世界市场特别是美国市场相对萎缩，促使贸易保护主义盛行，各国经济摩擦日趋激化。一些国家的传统工业因劳动成本升高和燃料价格上涨，正在丧失竞争优势，这一切不利因素都要求加速经济结构与产业结构调整，以适应变化了的国际经济环境。在这种背景下，日本和西欧的跨国企业一方面为了降低生产成本而增加对发展中国家的直接投资，另一方面为了确保市场并占领新的市场，回避贸易摩擦，扩大了对美国的直接投资，在美国建立分支机构和子公司，就地生产和销售。到了80年代，由于争夺市场的矛盾进一步激化，这种情况不但没减弱反而出现了扩大的趋势。尤其是欧洲国家、日本对美投资不仅增长速度快，而且占了各国对美投资的绝大部分比重。其中日本同美国的贸易不平衡更为严重，为了回避美国的贸易壁垒，80年代中期以来日本对美国投资所占比重急剧上升，1990年比1985年增长了336%以上，比欧洲国家快3倍。日欧资本大量流入美国，对美国经济和相互贸易关系产生了深刻影响。

2. 科学技术革命为跨国公司向外扩张提供了有利条件

二战后以科学技术革命为内容的生产力的迅速发展，促进了生产和资

第八章

本国际化,为跨国公司的广泛发展提供了有利条件。二战后,以电子、原子能为代表的第三次科技革命及其成果在生产中的广泛应用,引起了发达国家的产业部门结构的深刻变化。一方面,出现了诸如电子、石油化工、宇宙航空、精密机械等新兴工业部门;另一方面,传统工业部门也得到技术改造,从而大大提高了劳动生产率,推动了社会生产力的迅速发展。这些新兴工业部门的特点是技术水平高,生产能力大,生产过程复杂,产品质量要求高,需要的设备投资多,能够进行大批量和多样化生产,因此不论在产品生产还是在市场方面都远远超过了一国的狭小范围,要求企业在国际范围实行分工协作。为适应这种生产国际化的要求,跨国公司在海外建立子公司和分支机构,根据地区和自身的优势,定点生产,定向销售,广泛开展企业内的分工与协作。

另外,二战后由于各国科学技术发展的不平衡,任何一个国家的大企业都不可能垄断全部的最新技术成果,也不可能垄断最新产品和销售市场,这就为那些掌握了某项先进技术和某个生产部门的大公司进入其他国家进行直接投资提供了必要和可能。20世纪60年代,美国跨国公司之所以能以压倒性的优势渗透进西欧、日本等发达国家的新兴工业部门,其中一个重要原因就是依靠所掌握的先进技术和管理经验。70年代以后,随着西欧、日本科学技术的迅速发展(特别是民用工业技术),这些国家的垄断企业依靠自己的技术优势对美国增加投资。这些垄断组织在跨越国界之后,不仅可以施展自己的技术优势,生产出具有竞争力的产品,占领当地消费市场,还可以通过雇用当地技术人员和熟练工人、共同研究开发等办法,掌握所在国的先进科学技术成果,增强自己的技术实力。这可以说是跨国公司增加对发达国家直接投资的重要原因之一。

进入80年代,世界范围的科技进步又进入了以微电子、生物工程、新型材料等为中心的高新技术的时代。随着高新技术的发展,各发达国家都在重新调整各自的产业结构,加速产业结构的升级。伴随着产业结构的重新调整,发达国家对外直接投资的行业结构也相应发生变化,即对制造业投资的比重有所提高,而制造业中的技术密集型产业投资比重上升又最快。80年代以来,各发达国家争夺高新技术的竞争异常激烈,并把技术转让作为投资的一种手段,为此各发达国家的跨国公司都非常重视新技术、新产品的研究开发,依靠技术上的优势占领国际市场。一些发展中国家为了获得新技术,加快了对发达国家的直接投资,从而推动了发展中国家跨国公司的发展。

科学技术的大发展还为交通运输、通信联络、信息传递带来了根本变革,从地理上、时间上缩短了国家与国家、公司与公司之间的距离,为跨国公司开展全球性经营活动提供了便利条件。由于跨国公司的管理体制和经营策略的特殊性,公司的决策集中在总公司,实行集中管理、分散经营、企业内分工协作的经营原则,各公司之间只有凭借现代化的通信设备和交通工具,才能及时传递和处理大量信息,保证零部件在各个公司之间及时运送,才能把分散在全球各地的子公司和分支机构联结成一个整体,便于总公司适时地策划、指挥和管理整体业务活动。

3. 主要发达国家对国际市场的激烈争夺推动了跨国公司的迅速发展

二战后初期,美国是唯一能够进行大规模对外直接投资的国家,当时美国对外直接投资的重点在加拿大和一部分发展中国家,主要是为了获取自然资源。20 世纪 50 年代以后,西欧和日本经济得到恢复,并走向高速发展时期。这时西欧一些主要发达国家建立了欧洲共同市场、欧洲自由贸易联盟,这些区域集团建立了种种关税壁垒和规章制度,限制了以美国为主的商品进口。美国为了绕过贸易壁垒,维持和扩大自己在西欧的市场阵地,对这一地区的直接投资迅速增加,就地生产和销售,实行所谓"出口替代"的经营战略。同时,西欧国家为了利用美国的资金和技术,也采取了一些引进外资的开放政策。这样就使美国跨国公司在西欧的实力不断增强,并渗透到各个生产领域和非生产领域,特别是新兴工业部门。

到 70 年代,美国经济实力相对削弱,日本和西欧的经济实力崛起,这些国家的跨国公司又通过对美国的投资,夺取美国这个世界最大的市场。尤其是进入 80 年代,由于日美、欧美之间的贸易不平衡日趋加剧,贸易摩擦愈益激化,美国的贸易保护主义盛行,针对这种情况,日本和西欧进一步加快了对美投资步伐,通过直接投资以实现"出口替代",而投资方向又主要集中在对美出口多、容易引起贸易纠纷的汽车、电子等敏感部门,以缓和同美国之间的贸易不平衡。表 8-3 是美国和日本跨国公司的各类市场占有比率。

第八章

表 8—3　美国、日本跨国公司的产品销售流向结构

单位:亿美元,%

结构 销售分类	全部产业				制造业				电气、电子			
	全部销售额(地区构成)	当地销售占比	本国返销占比	向第三国出口占比	全部销售额(地区构成)	当地销售占比	本国返销占比	向第三国出口占比	全部销售额(地区构成)	当地销售占比	本国返销占比	向第三国出口占比
美国公司												
对世界	10 199.66(100.0)	67.7	11.2	21.1	5 093.08(100.0)	62.2	13.8	24.0	396.78(100.0)	55.0	19.5	25.3
欧洲	5 732.70(56.2)	65.8	4.8	29.4	2917.24(57.3)	59.0	5.6	35.4	169.79(42.8)	59.4	4.6	35.9
加拿大	1 732.51(17.0)	73.5	23.6	3.0	987.28(19.4)	61.5	35.3	3.3	5.66(14.0)	80.2	16.4	3.4
亚洲"四小龙"	407.46(4.0)	41.5	28.9	29.6	175.19(3.4)	32.1	42.6	25.3	64.99(16.4)	27.0	39.8	33.2
东盟	199.00(2.0)	60.7	16.6	21.8	64.77(1.3)	36.3	34.2	29.5*	24.89(6.3)	14.3	54.4	30.5
拉美	870.14(8.5)	64.4	21.2	14.3	48.24(9.5)	78.0	13.9	8.1	35.68(9.0)	56.8	38.5	4.7
日本公司												
对世界	6674.48(100.0)	69.8	11.8	18.4	1 907.86(100.0)	69.5	8.4	22.1	609.78(100.0)	64.0	10.9	25.0
美国	2832.18(84.4)	84.8	10.5	4.7	757.56(39.7)	91.3	3.6	5.1	219.51(36.0)	92.5	3.0	4.5
欧洲	1779.74(26.7)	63.4	5.3	21.3	348.01(18.2)	56.3	1.9	41.9	137.95(22.6)	61.7	1.7	36.6
亚洲"四小龙"	870.74(13.0)	54.1	16.4	29.5	335.54(17.6)	51.9	16.0	32.0	138.41(22.7)	39.3	22.1	38.6
东盟	354.54(5.3)	60.4	13.9	25.7	232.67(12.2)	53.2	16.2	30.6	80.20(13.2)	24.7	47.6	27.6

注:*表示:美国公司的制造业中不包括印度尼西亚;电气、电子中不包括泰国,印度尼西亚。

资料来源:美国商务部:《美国海外直接投资基本调查》,1989年;日本通产省:《第22次海外事业活动动向调查》,1991年。

第八章

可以看出,美、日两国跨国公司为了占领当地市场而使制造业就地销售的比重都很高,如美国这一比重占62%以上,日本占近70%;美国在欧洲的当地销售比重占59%,在加拿大占61.5%,都远高于发展中国家;日本在美国当地销售比重高达91.3%以上,在欧洲也达56.3%,尤其是日本在获取贸易顺差较多的电气和电子部门, 这一比重在美国和欧洲分别高达92.5%和61.7%。这说明,美、日在发达国家对制造业投资主要是为了占领当地市场,以"出口替代"的办法缓和它们之间的贸易摩擦。此外,跨国公司通过在当地投资建厂,还可以带动出口,继续控制已取得的市场。

4. 国家垄断资本主义对国际经济的干预成为跨国公司向外扩张的重要支柱

二战后,生产和资本国际化的发展,国家之间资本、商品、劳务等国际流动的扩大,使各国之间经济相互依赖不断加强,要求国家积极参与国际经济生活,从各方面调节国家与国家、企业与企业之间的经济关系。在这方面,政府除了直接以对外"援助"的名义增加国家资本输出以外,还通过国家的财政金融渠道和各种政策措施,鼓励和支持私人企业扩大对外投资,减免它们汇回利润的税收负担,或鼓励它们把利润用于再投资;国家将对外援助的款项,投资于对象国的基础设施,为跨国公司扩大对外直接投资创造有利的经营环境;国家从事风险大的研究开发, 把研究成果无偿提供给跨国公司使用;国家还通过各种立法手段,保障它们在海外的经营活动。此外,国家还同其他国家政府进行政策协调,签订各种国际协定,建立区域性和跨区域性的经济组织,为跨国公司的商品、资本的自由流通创造有利条件。另一方面,东道国政府为了发展本国经济,也采取了开放政策,为跨国公司的进入提供了机会。在20世纪70年代以前,许多国家曾禁止或限制外国的直接投资和证券投资,但在北美、西欧、日本等发达国家地区,在70年代末和80年代初,多次就资本自由化进行谈判并达成协议, 妨碍资本自由流动的障碍已经被消除。与此同时,宏观经济状况导致日本、德国形成大量过剩资本,而美国因国内积累不足对外资有着大量需求,这就为日本和西欧一些国家的私人资本大量涌入美国提供了条件。

第四节　跨国公司的全球战略与经营策略

一、跨国公司的全球战略

　　跨国公司的全球战略是企业国际化经营发展到一定阶段的产物。它既不同于早期的跨国公司以获取市场、增加出口为目标的"国际市场战略",也不同于以就地生产和销售为目标的"国际投资战略"。它是跨国公司的子公司和分支机构遍布全球各地,实行国际化经营以后所形成的新的全球战略。哈佛大学教授彼特在论述当代跨国公司全球战略时指出, 所谓全球战略并不单纯指企业的经营活动跨越国界, 而且还包括如何将这些国外的各个子公司的经营活动有机地结合起来,寻求各种机遇,从全球范围构造企业的整体竞争优势。

　　跨国公司全球战略的形成,是随着科学技术的发展、国际分工的日益深化和世界市场的高度发达,跨国公司获得迅猛发展的结果。特别是 20 世纪 80 年代以来,跨国公司的经营活动更具全球性,它的子公司和分支机构遍布全球各个地区,为了保证其全球目标的实现,就需要在总公司与子公司、子公司与子公司之间就产品生产、市场销售、研究与开发、财务管理、经营体制等方面进行合理决策和统筹安排,并通过世界各地的子公司、分支机构予以实现,以保证跨国公司从全球获得高额利润。

　　跨国公司的全球战略尽管因各国公司的经济实力不同而存在差异,但总起来说可归纳为以下四方面内容:①全球战略的目标是在世界范围内构筑公司的整体竞争优势,提高公司产品、服务的世界市场占有率,以获得最大限度的利益。②跨国公司追求的是全球利益和长远利益,而不在于某个子公司的局部利益和一时得失,把对公司全球战略贡献的大小作为衡量子公司业绩的标准。③推行全球战略的企业经营方式和管理体制,实行集中与民主相结合的原则。传统的经营管理是以母国为中心,决策权高度集中在总公司手中,而现在的跨国公司是以世界为中心,把总公司和子公司作为有机整体,充分调动子公司的自主性、积极性和创造性,在公司内淡化国籍概念,实现子公司的"当地化"。④依据跨国公司企业内国际分工的原则,优化公司生产体系和经营体系,在全球范围合理配置资源,把生产与工艺、产品设计、产品销售、零部件筹集等再生产各个环节安排在成本最低、效益最高的地区。

跨国公司全球战略的确立及其实施,使公司的经营活动具有了统一性、灵活性和效率性。它可以在全球范围内配置经营资源和拓展市场,并根据企业内国际分工的原则,有效地使用资金、技术、人力和物力,获取一般企业难以得到的经济效益。

二、跨国公司的全球经营策略

全球经营策略是跨国公司根据全球战略要求,在其经营活动的各个方面所制订与实施的具体策略和手段。全球经营策略是由跨国公司整个再生产过程国际化决定的。过去公司的经营策略主要体现在流通领域,而现在跨国公司再生产的各个环节都已国际化,与此相适应,必然形成全球性的经营体系和经营策略。同时,由于公司活动遍布各国和各地区,并受到所在国和地区的资源禀赋、经济状况、科技水平、财税制度、政治、法律以及文化等多种因素的制约,它必须根据不同国家和地区的具体情况采取不同的、灵活的经营策略。这种经营策略的灵活性与多样性,正是当代跨国公司的基本特征。跨国公司的全球经营策略体现在许多方面,主要有所有权选择、管理方式、进入与撤退、经营组织结构、生产与营销、技术转让、人事与劳务、财务与交换价格、国际谈判、信息获得与处理、研究与开发等,下面着重介绍几种主要的经营策略。

1. 企业所有权选择

(1)股权占有。股权占有策略是跨国公司全球战略的核心部分。跨国公司能否获得成功,关键在于它所拥有的国外子公司的股权占有程度。因此,股权问题常常是跨国公司与所在国讨价还价的焦点。

跨国公司的国外子公司的所有权一般有四种类型:全部拥有(股权占有

第八章

95%以上)、多数拥有(股权占有50%~94%)、对等拥有(双方各占50%)和少数拥有(股权占有49%以下)。全部拥有股权的公司为独资企业,其余均为合资企业。公司内部资金的多少、技术水平和产品特点、生产能力和经营管理水平,以及东道国的外资政策、贸易与市场管理、利润率大小等,都直接影响到股权的占有份额。一般说来,母公司拥有最先进的技术,资金雄厚,占市场优势,而东道国在这些方面都不占优势,有求于跨国公司,这种公司可能采取独资经营的方式;跨国公司虽拥有先进技术和雄厚资金,但东道国的实力也较强,可能同意建立占有多数股权或对等占有的合资企业;技术和产品都已过时的公司,而东道国又有某种重要实力和资源,这种公司在国际上又面临着强大的竞争对手,可能同意接受少数股权的安排。当然,就跨国公司的愿望来说,都力求控制全部或多数股权,以便于对技术和管理保密,对企业经营进行严格控制,减少同所在国之间在经营决策、利润分配等方面出现的矛盾。事实上,近年来,由于外部因素的变化,特别是面对发展中国家对股权的强烈要求,跨国公司为了维护其自身的存在和发展,不再坚持全部拥有或多数拥有股权,而是趋向于平等占有或少数占有的合资企业,甚至采取合作经营的方式。

跨国公司发展的基本因素之一是资本的占有,只有掌握大量资本才能向外扩张。但是现在跨国公司除了利用资金向外扩张以外,日益重视利用先进技术和经营管理来进行投资,这也是东道国因自己实力所限而欢迎的做法。因此,跨国公司对当地企业的股权的安排,有时占重要地位的不是资本而是提供技术和管理。美国在拉丁美洲的子公司,提供的资金项目往往不到全部投资的20%,其余部分均在当地金融市场筹措,而技术和管理投资却有95%以上来自总公司。德国和日本在国外的子公司也有类似情况。这种把资金与技术、管理投资结合起来,从总体上加以考虑的经营策略,当然只有巨大的跨国公司才能做到。对于跨国公司来说,利用技术与管理投资,不仅可以避免发展中国家实行国有化的风险,又能带动商品输出,从而获得稳定的高额利润。

上面从不同方面分析了股权占有策略。一般说来,股权占有的越多越容易控制企业,从而影响公司的重大决策和重要职务的任命。但是事实证明,所有权并不等于企业控制权,企业控制权并不完全是由股权决定的。对于东道国来说,必要时可以通过对企业的宏观调控来影响公司的决策。例如,东道国可以规定跨国公司权益的最高限额、跨国公司中东道国股东的最低人数、当地原材料在产品中应占的比重,限制产品定价与转移价格、利润汇回的比率、工人的雇用与解雇,等等,这些规定都可以对跨国公司的控制权施加影响。同样,就跨国公司来说,也可以通过股权以外的其他方法来控制企业。例如,它们掌握了生产、工艺、技术、销售渠道等,以此对企业进行控制。正因为这样,跨国公司在股权策略上既有原则性,即在股权协商时力图占有多数股权;又有灵活性,即不一定坚持多数占有,也可以通过其他非股权方式控制企业。

(2)非股权参与。上面谈到的所有权策略,不论哪种股权参与形式,它们的共同特点都是跨国公司在子公司中掌握股权资本。但是自70年代以来,跨国公司在东道国建立的非股权安排的合作企业日益增多。所谓非股权安排,是指跨国公司在东道国的公司中不参与股权,而是通过与股权没有直接联系的技术授权、管理合同、生产合同、提供或租赁工厂设备、分包合同、共同研究开发、合作营销、共同投标和共同承担工程等方式与东道国进行合作。其中尤以技术授权、管理合同、生产合同与销售合同被广为采用。技术授权是跨国公司将其研究开发成果中的专利权、商标及产品加工技术传授给当地企业,只收取专利费和技术费。管理合同即跨国公司将其先进的企业管理技术运用到当地企业,收取管理费。生产合同是与当地企业订立提供产品的合同,所需生产设备、原材料、生产方法、制造工艺及生产技术等由甲方提供,而乙方负责承担实际生产任务。

非股权参与的出现,主要是跨国公司针对发展中国家实行的国有化或逐步退出的政策,以及东道国要实现工业化但面临经营资源不足的状况,采取的一种更为灵活的策略。对跨国公司来说,这样做既可以减少承担的风险,又可以发挥其技术、管理、销售等方面的特长,获取高额利润。对东道国来说,采取非股权安排,既可以弥补技术、资金、管理上的不足,又可以保证对企业的控制权。但是如上所述,非股权安排虽然与股权占有无关,跨国公司不能通过股权直接控制企业,但却可以通过它们所掌握的先进技术、经营

第八章

管理和销售渠道达到对东道国企业控制的目的。

2. 产品的生产与销售

产品策略是跨国公司的又一项重要经营策略。跨国公司为使其产品具有竞争力并占领国际市场,都十分重视制定和选择自己的产品策略。在不同时期,不同跨国公司的产品策略重点也有所不同,最主要的有定点生产和定向销售的企业内国际分工策略、产品的供应与分配策略、产品多样化策略以及产品生命周期策略等。

(1)实行定点生产、定向销售的企业内国际分工策略。跨国公司为了瓜分和占领世界市场,以最低生产成本获得最大经济效益,依据企业内国际分工的原则,采取在世界范围内广泛建立生产据点和选择产品生产的策略。

跨国公司的企业内国际分工包括水平分工和垂直分工两种形式。企业内水平分工,是公司内分布在不同地区的各子公司分别承担同一种产品不同零部件的生产,然后集中到某个子公司进行装配和向外销售。垂直分工是国外子公司分别承担不同产品的生产或同一生产部门不同阶段的生产任务。这种企业内国际分工,不但要求最终产品实现标准化(机种、尺寸、质量、规格、商标等),而且构成产品的多数零部件也要做到标准化和通用化,以满足分布于世界各地从事专业化生产的各个企业的需要。

跨国公司为实现企业内的国际分工原则,首先要把从事生产经营的子公司配置在最有利的国家和地区。在解决子公司的设置问题时,企业以最低生产成本和最高经济效益为原则,把子公司的国际配置同零部件、产品的流转合理化统一起来。总公司在决定子公司的国际配置时,要根据自己的技术、经营、资本等能力的大小,以及所在国的经济、政治和社会投资环境等多方面因素进行综合判断,尤其重视市场容量、消费结构、工资、劳动生产率等影响成本的各种因素,同时还要考虑运输费、关税、外汇市场的状况。通过对多种因素的综合判断,把提供原材料、零部件、最终产品的各种子公司分别设置在最有利的国家和地区。

国外子公司的产品政策,是根据总公司的长期经营计划和战略目标制定的。在具体贯彻产品政策时,总公司既要把子公司的经营活动与全公司的整体利益统一起来,又要根据所在国的不同环境允许子公司采取灵活的经营策略。总公司的统一产品计划,要求子公司根据企业内国际分工和生产专业化的方针,合理分配资源,采用现代化生产设备,进行大规模专业化生产。在产品上,规定某个国家的子公司专门生产轿车,其他国家的子公司专门生产卡车,实行产品专业化;在部件上,规定某些公司分别生产发动机、变速器、汽车车身,实行部件生产专业化。这种生产的国际专业化,要求最终产品及其零部件必须实现世界标准化和通用化,也就是通过所谓"一个工厂一种产品"的最理想的专业化生产方式,以求最大限度地降低生产成本。但是跨国公司在全球范围追求产品标准化和专业化生产方式时,还必须重视使这种产品适合于进口国家的市场需要,力求根据不同国家的收入水平、消费者的文化特点、风俗习惯及其他环境因素,来决定子公司的产品设计、形状、花色等。同时还要把垄断企业间的非价格竞争作为改进产品的一种经常手段,推动各子公司不断提高产品质量和加速产品更新换代。跨国公司这种适应当地市场需要、不断提高产品质量和增加花色品种的政策,促进了产品多样化,并扩大了专业化生产方式。

(2)产品的供应与分配策略。跨国公司实行企业内国际分工的另一个重要方面是,怎样高效率地把企业内的原材料、部件、产品从生产基地运往其他子公司和销售市场。这是跨国公司重要的供应和分配策略。

在实行这一分配策略时,总公司首先要考虑的问题是:一个公司最后生产阶段所生产出来的产品(包括部件和半成品),是直接供给子公司所在国市场,还是出口到本国或第三国市场。据统计,1989 年,美国制造业中拥有半数以上资本的"多数占有"的子公司的销售情况是:在销售总额 1093.08 亿美元中,在当地销售的占 62.2%,出口到本国的占 13.8%,出口到第三国的占24%,说明子公司所在国市场是它的主体。这恰好反映了制造业公司的直接投资是以"市场指向型投资"为中心的,也反映了跨国公司在"一个国家一个市场"的原则下,在海外主要国家分别建立生产企业、分别包揽市场的分配策略。

美国跨国公司在考虑所属子公司出口市场的分配问题时,凡属国外子公司生产同一种产品的,就要根据各地区的生产成本、运输费、关税和汇率等条件的差异和是否有利于推动国外子公司间的自由竞争等条件,把某些国家子公司的出口市场分配在欧洲,另一些国家子公司的出口市场分配在亚洲,等等。尽管分配地区因企业而有所不同,但总的说来,总公司要从资源的合理分配和有效管理出发,以全球观点统筹各子公司的投资计划,做到合理分配出口市场。

跨国公司在推行其分配策略时所重视的另一个方面,就是统一调配企业内的原材料、部件和中间产品的供应。跨国公司的企业内贸易,是由总公司向子公司、子公司向总公司、子公司向子公司出口这三个部分构成的。从企业内的贸易规模来看,美国制造业跨国公司的企业内贸易额,占其出口总额的48%,几乎占了一半。在出口总额中,由总公司出口到子公司的为39%,国外子公司出口到同系企业的为61%。这种企业内贸易,多数是由于跨国公司的企业内垂直分工而决定的。跨国公司的总公司为了使分散在世界各地的处于不同生产阶段的各个子公司能够协调地、有效率地进行生产,必须保证原材料、部件等的充分供应,从而使整个公司的生产得以正常进行。因此,这就要求总公司和一部分国外子公司所统辖的地区,根据对最终产品需求的预测,有计划地组织原材料、部件和中间产品的生产和分配,并对生产这些产品的子公司规定出具体的产品产量、供应对象、供应数量、交货日期和出售价格。各个参与最终产品生产和分配的子公司,都必须把自己的一切活动纳入总公司的生产和分配体系中,实现总公司依据全球战略所制订的整体计划。跨国公司这种以世界为扩张目标,在许多国家设立并拥有子公司,把整个世界作为自己的产品供应和销售市场的策略,突出反映了跨国公司经营的特点。

(3)产品多样化策略。产品多样化就是一家跨国公司不只是生产和经营一种产品,而是生产并经营多种产品,甚至还生产和经营同本行业无关的产品。跨国公司经营多样化的趋势从20世纪60年代就已开始扩大,后来随着国际市场竞争的加剧,到70年代和80年代又有新的发展,现在则几乎找不到一家公司不是从事多种经营的。

跨国公司产品经营多样化的发展不是偶然的现象,这是生产和资本国际化的必然结果,也是70年代以后结构危机加深、争夺国际市场的斗争加剧的反映。具体说来,第一,一家跨国公司渗透到几个领域,可以灵活运用资金,取长补短,那些投资多、回报时间长的项目,可以通过投资少、收益快的

第八章

项目来弥补。第二，在世界市场竞争加剧、市场行情瞬息万变的情况下，多样化经营可以减少行情波动造成的损失——某种滞销产品可以靠另一种畅销产品来调节。第三，多种经营有利于分散风险，可以根据市场供求和行情变化，灵活安排生产项目，谋取更多的利润，至少可以保持利润的稳定。第四，开展多种经营还可以进行多种研究开发活动，有更多的机会提供新产品，以增强国际竞争力。

（4）产品生命周期策略。如本章第一节所述，产品生命周期理论是美国哈佛大学教授弗农提出的。这一理论经过实践证明是有说服力的，在学术界和企业界颇有影响。这一理论认为，跨国公司在国外的产品生产，是随着产品生命周期的变化而逐步展开的，即任何一种产品的产生和发展，都要经过新产品创始阶段、产品成熟阶段和产品标准化阶段。跨国公司的国外直接投资和生产活动也是这样依次展开的。

产品生命周期策略多出自技术密集型产业的跨国公司，早期的美国跨国公司广为采用，尤其是汽车、化学、机械、电子等部门更为明显。二战后初期，美国既是新技术的发明国又是新产品的创始国和出口国；接着这种比较优势转移到西欧和日本等发达国家，使产品进入成熟时期；最后是这种比较优势转移到一部分发展中国家，使产品实现了普及，进入标准化时期。这时发达国家所需要的劳动密集型、标准化产品，主要来自发展中国家。尽管这一理论还有其一定的影响，但是 80 年代以来随着各国跨国公司争夺国际市场竞争的加剧，以及发展中国家对跨国公司投资中的技术要求日益强烈，许多跨国公司的投资技术和产品选择就不完全受这种阶段性的制约，更多考虑的是抢先占据市场，在竞争中取胜。

3. 企业内财务链与转移价格

跨国公司在总公司与子公司、子公司与子公司之间有着多方面的财务联系与交换关系，而这种内部的财务联系与交换关系又是通过特殊的企业内财务链和转移价格来实现的，避免由于经济、政治环境变化所带来的风险，保证公司获取最大限度的利润。

（1）企业内财务链。跨国公司内部各公司之间存在着多种现金支付和财务联系，如图 8-1 所示，这种现金支付和财务联系既多又紧密。而且，如图 8-

第八章

2 所显示，这种财务联系和支付项目伴随子公司数量的增加呈几何级数增加。例如，一家总公司拥有两家子公司，就有 10 项财务联系。一家总公司拥有 3 个子公司，其财务联系就是 60 项，说明子公司数量越多其财务联系也越多。因此，在从财务方面分析企业动机时，根据这样的内部财务联系，才能说明企业内部资金的最佳分配以及利润的最大化。此外，这样的财务结构还可以起到以下作用：减少由于国际货币危机带来的汇兑风险，回避政治性风险，作为应对各种国际规则限制的措施等。

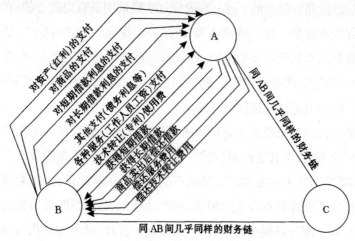

图 8-1　跨国公司的企业内财务链

资料来源：山崎清、竹田志郎编：《跨国经营》，有斐阁书社，1985 年。

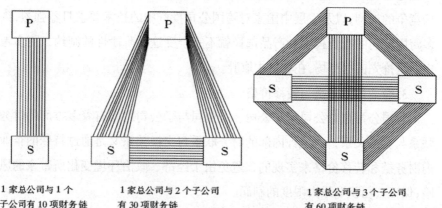

1 家总公司与 1 个子公司有 10 项财务链

1 家总公司与 2 个子公司有 30 项财务链

1 家总公司与 3 个子公司有 60 项财务链

图 8-2　企业内财务链数目及其效果

资料来源：同图 8-1。

（2）转移价格。与跨国公司的内部财务联系密切相关的是它实行的转移价格。公司的财务往来和相互交换很多都是通过转移价格实现的。跨国公司的经营特点决定了它的交易活动采取两种形式：一是公司与其他国家和企业进行的商品和劳务交换，一是公司内部各子公司之间和子公司与总公司之间进行的商品和劳务交换。前一种形式通常采用由国际价值和供求关系决定的国际市场价格；后一种形式则普遍实行"转移价格"（Transfer Pricing，还可译作"划拨价格"）。

转移价格，是指公司内部在总公司与子公司、子公司与子公司之间相互约定的出口、采购商品和劳务时所规定的价格。这种价格是根据子公司所在国的具体情况和总公司全球战略利益的需要人为制定的。这种价格可能大大高于生产成本，也可能远远低于生产成本，因而它不但和社会价值相背离，而且在一定程度上也不受市场供求关系的影响。由于跨国公司加强了对国际贸易的垄断，公司内部的贸易比重日益提高，垄断价格占据支配地位，市场价格无从比较，这就为跨国公司实行转移价格提供了条件。

转移价格是跨国公司谋取高额利润的一种手段。通过转移价格，可以回避所在国的价格管制，占领别国市场，逃避纳税和外汇管制，利用汇率变动，在别国特别是在发展中国家大搞投机活动。它们通常的做法是：①当子公司所在国外汇管制严格，利润汇出受到限制，或对营业利润抽税比较高的时候，总公司就抬高供给其子公司的商品和劳务的价格，或子公司降低对总公司的销售价格，使子公司增加生产成本，减少利润，从而少纳税并少汇出利润。这实际上就是通过转移价格形式把子公司的利润转移到总公司，逃避了所在国的征税和外汇管制，以谋取更大的利润收入。②当子公司的产品面临当地企业产品竞争时，总公司就大幅度降低转移价格，从而降低子公司产品成本，增强竞争能力，一旦打垮了竞争对手，垄断了当地市场，再大幅度提高产品销售价格。③跨国公司还利用各国利息率变动的差异，从利率低的地区筹措资金，通过转移价格转移给利率高地区的子公司使用。④当所在国货币将要贬值时，就用转移价格将子公司的利润和现款尽快转移出去；当所在国货币坚挺时，就设法使子公司扩大资金。跨国公司就是如此利用利率和汇率的变动，通过转移价格大搞金融投机，谋取了巨额利润收入。

此外,跨国公司还选择某些小国和地区作为"逃税港",来实现其逃税的策略。这些国家和地区,如瑞士、巴哈马群岛、百慕大群岛、开曼群岛、巴拿马等,对跨国公司不征税或税率极低,外汇管制也很松,资金可以自由调拨,公司活动有很大的自由。跨国公司就利用这些有利条件在当地设立分支机构,把各地子公司的结算集中在这里进行,利润集中在这里实现,这样就可以不纳税或少纳税。有了这样名副其实的"低税天堂",就更便于跨国公司进行投机活动了。

4. 研究与开发

跨国公司为了垄断国际市场,打败竞争对手,都很注重对新技术的研究与开发,从新产品的制造与技术专利中谋取高额利润,不少跨国公司往往就是通过这种途径建立和发展起来的。特别是美国跨国公司的海外子公司,依靠母公司所提供的技术专利,在生产和销售方面都以压倒性的优势超过了当地厂商。它们向海外扩张最快的部门,主要就是那些利用最新科学技术装备起来的电子、化学、汽车、机械等新兴工业部门。

跨国公司为了垄断科学技术、占领国际市场、适应全球化的发展趋势,一般都拿出公司利润的很大一部分从事研究和开发(R&D)活动。特别是世界大型跨国公司,它们的这项开支一般都占营业额的 5%以上,有的甚至高达 15%~20%。据英国发表的《2001 年跨国公司 R&D 投资报告》称,尽管世界经济出现不同程度的停滞, 但世界 300 强大企业的研发费用依然比上年同期增长了 10%,总计多达 2900 亿美元。另据统计,全球 500 强的研发费用占全球跨国公司研发费用的 65%以上,这一比例还在不断上升中。近年来,跨国公司加大对海外研发的投入已成为其实施全球经营战略的一个重要组成部分。尤其是美国、欧盟、日本这三极地区跨国公司海外此项费用支出的增加,反映了跨国公司研发战略的主流和趋势:美国跨国公司国外研发支出占国内该项支出的 33%;欧盟为 42%;日本跨国公司过去的这项活动主要安排在国内进行,进入 90 年代以后,企业的研发国际化步伐明显加快,目前国外的这项支出比例高达 57%。这些国家和地区的海外研发投资大部分集中在高新技术领域,诸如计算机、汽车、感光材料、航天航空、精密化学等产业。显然,加强对高新技术产业的研发投资,充分体现了全球大型跨国公司为取得垄断优势对高新技术产业的激烈争夺。

　　跨国公司之所以不断增加研究开发投资，其动机不外有两个：从长远看，只有始终不渝地在研究和技术方面取得国际领先地位，才能迎接 21 世纪所面临的挑战；从近期看，通过研究与开发来支持其在全球迅速扩大的跨国公司的经营活动。同时，在国外获得的研究与开发成果，还可以增强国内公司的实力。具体表现在以下三个方面：①跨国公司的全球化，促使各国工业研究与开发投资流向国外。例如，随着美国、日本、西欧把更多的制造业经营活动转移到国外，设计和管理活动也步其后尘。这样，既可以使其在当地市场生产的产品符合当地的需要，同时又可以试验未尝试过的新技术。②知识越来越在全球传播。二战后数十年来，美国在生产最先进产品的知识基础方面一直处于主导地位。但今天不仅欧洲在创新，而且日本、韩国、中国和拉美国家也在创新，对美国展开了挑战。③国外的科技工作者以及工程技术工人的工资要比发达国家廉价得多。例如，在美国成本为 100 万美元的软件，在印度只花 5 万美元就够了。正是在这些因素的强有力的影响下，二战后特别是 20 世纪 80 年代中期以来，主要发达国家工业的国外研究与开发投资迅猛增加。跨国公司在获得了一项重要研究成果之后，首先由总公司加以控制，然后传播给海外子公司使用，以保持跨国公司在一定时期内技术上的领先优势，达到技术上的垄断。

　　此外，跨国公司还利用它们所垄断的科学技术，通过技术转让，或把专利技术折成股权投资于合营企业，攫取一般投资所得不到的高额利润。尤其是美国公司所获得的专利权使用费最多。联邦德国的海外子公司支付给母公司的专利特许费，占其购买专利特许权总支出的 70%。对发达国家来说，技术转让费的支付互有来往，但在发展中国家则是单向支付。据对阿根廷、巴西、墨西哥等 6 个发展中国家的统计，每年专利权使用费的支出额共达 4.57 亿美元，占当年国内生产总值的 0.68%，占出口总值的 7.3%。联邦德国、日本子公司的投资设备，也绝大部分是母公司的产品。这样一来，尽管公司录用的雇员多数为当地人，但企业的技术操作权和经营管理权，实际上却掌握在外国人的手里。

　　进入 21 世纪，国际市场竞争日趋激烈，随之带来的跨国公司技术与开发

第八章

组织形式也进行了改变。为了在国际市场占有优势,大型企业利用各国的技术资源在全球范围内优化资源配置以达到降低研发新产品费用的目的。并通过调整发展战略,由最初的单纯依靠传统的研发战略,转向在东道国建立产品研发基地,从事新产品和新技术研发工作,促使其研发活动走向全球化。

科技进步导致研发高精尖产品的需要,这必须以巨额的资金做后盾,因此跨国公司在重大科研项目研发过程中,除了利用本国的技术资源,也加强了与其他企业展开广泛交流与合作,以弥补技术资源的不足,提高研发效率。比如,加大对国外研发的投入,增加研发人员的数量,与其他国家在高新技术领域相互投资合作,加大在市场潜力大国家和地区的研发投入。

三、跨国公司的经营战略调整

经过 20 世纪 60 年代和 70 年代的发展,进入 80 年代以后,跨国公司由于各自经济和技术实力出现新的不平衡, 争夺商品市场和投资场所更趋激烈。为了适应新的国际经济环境,适应经济全球化的加速发展,各国的大型跨国公司都纷纷调整自己的经营战略。跨国公司的经营战略调整体现在许多方面,诸如所有权的占有、投资结构的变化、跨国并购加速、国际联盟与生产合作、海外研究与开发等,为了避免重复,这里只就其中的几个主要方面加以论述。

1. 对外投资的行业结构变化

如上所述,20 世纪 80 年代以后, 跨国公司的海外直接投资速度大大加快。与此同时,投资的部门结构向高新技术产业和服务业转移。从投资行业结构看,跨国公司的投资重点部门,从材料工业向深加工工业,从标准技术产品向高新技术产品,从制造业向非制造业转移。特别是发达国家的高新技术产业,以及金融业、商业、服务业、不动产业成为被争夺的投资重点。例如,1990 年各国对欧洲共同体的直接投资, 一半以上集中在电子计算机和其他电子公司方面。又如, 外国企业对日本的投资,1990 年制造业为 1570 亿美元,非制造业(包括商业贸易、服务、金融保险、不动产、交通通信等)为 1208 亿美元,前者大于后者;但 1991 年后发生逆转,上述变化趋势至今仍未改变。2002年,在全球500强及43个主要行业中,金融和信息产业的业绩成为各行各业的佼佼者。这些行业加上新技术行业的整体业绩,已大大超过钢铁、汽车、能源等传统行业。

发达国家对外直接投资部门的结构变化,同时也就意味着它们对外直接投资结构也发生类似的变化。例如美国的英特尔公司在马来西亚的槟榔屿设厂生产最新发明的芯片,而且这家公司不雇用美国工程师,专聘用当地工程师。产品设计和研究开发,都依靠国外的技术力量,所以近年来跨国公司在国外投入的研究与开发资金猛增了许多倍。例如美国的软件公司1991年在国外投入的研究与开发经费比1985年增长了672%。与此同时,公司由单独在国外进行研究与开发,发展到国际联合研究与开发。例如日本的东芝公司,它与美国的国际商用机器公司以及德国的西门子公司联合研究与开发第二代64兆位存储芯片。由于这三家大公司在这一领域各有所长,通过相互投资,取长补短,协力合作,也就取得了更大的进步。

2. 跨国并购风靡全球

20世纪90年代以来,为了完善经营体系、降低经营成本、提高全球化经营效率以及增强国际竞争力,一些大型跨国公司将对外直接投资结构和方式都进行了调整。投资结构由传统的制造业转向高技术行业和金融服务业。另外,为了适应日益缩短的产品生命周期、高新技术行业的不断涌现和高昂的研发成本,许多跨国公司借助战略联盟方式广泛开展经营合作,形成了全球范围的跨国经营和信息网络,使得跨国公司的对外直接投资方式发生了深刻变化。

跨国公司在境外投资通常有两种方式:新建投资和兼并收购东道国企业。新建投资的特点是初期规模较小、周期长、便于控制,一旦时机成熟就可以进入大规模扩张阶段。兼并收购是控制东道国企业的股权,这样不仅可以控制当地企业,还可以节约时间,降低进入成本,迅速进入东道国企业及其市场,还可以获取经营资料,扩大市场占有份额,增强竞争能力。因此,跨国并购已经成为跨国公司进入东道国的首选方式。

20世纪90年代以后掀起的跨国并购浪潮,至今盛行不衰,遍及全球的各行各业。据联合国贸发会议历年世界投资报告的统计,90年代跨国并购的

第八章

平均增长速度为 302%,超过了国际直接投资 155%的增长速度。全球跨国并购由 1990 年的 15996 亿美元,增加到 1996 年的 27461 亿美元,占当年跨国公司对外直接投资总额的 71%;2000 年占当年跨国公司对外直接投资总额的 82%。到了 21 世纪初期,这种趋势仍未改变。2001 年和 2002 年受世界经济不景气的影响,并购投资分别比上年下降了 48%和 38%,但随着全球经济的好转,跨国并购又重新掀起高潮。据联合国贸发会议《2004 年世界投资报告》的数据显示,2004 年上半年全球并购比上年同期增长 3%;预计 2008 年国际直接投资将恢复到 1999 年的高水平,达 12 万亿美元以上,其中 80%以上仍属跨国并购投资。跨国并购投资的发展,推动了高新技术领域中生产要素、高附加值的尖端制造业及研究发展环节的国际转移,而这些又成为跨国并购投资进一步扩大的引擎。

90 年代兴起的跨国并购浪潮,具有以下特点:

第一,跨国并购多发生在大型跨国公司之间,且并购交易金额巨大。如 1989 年全球被兼并的企业达 646 起,交易金额多达 1303 亿美元,平均每起 2 亿多美元。而且每起交易金额呈上升趋势,最近几年世界并购金额多者高达 250 亿美元以上,这已屡见不鲜。

第二,跨国并购与直接投资相互推动。对外直接投资除少部分用于新建和扩建企业外,其余绝大部分用于兼并或购买当地企业。例如,外国跨国公司收购美国现有公司的投资,比在美国创立新公司的投资高 10 倍。[1]

第三,跨国并购多发生在发达国家跨国公司之间。起初是英国和日本的跨国公司之间的并购最为活跃,很快又扩大到美国、德国、法国、加拿大、荷兰等发达国家。即美国和日本公司大肆并购欧洲企业,日本跨国企业又疯狂并购美国企业(主要是房地产和金融保险业)。到 20 世纪 90 年代末,德国、英国、比利时等欧洲国家的跨国企业又大举并购美国的企业。在这期间的所有越境交易中,有 60%左右来自欧洲发达国家的并购者。此外,欧洲的并购活动很快又扩展到亚洲。1997 年开始的亚洲金融危机,使亚洲一些国家政府所受到的压力加大,包括要求开放市场、改革企业所有权规制、修改破产法,

第八章

---

[1] 资料来源:美国国务院国际信息局。

以及允许更多的并购交易活动。这样,就为欧洲的企业并购包括日本、韩国、泰国等的企业提供了机会。

第四,跨国并购涉及各个领域,由制造业扩展到服务业、金融业、不动产业等。美国的高层写字楼和夏威夷避暑胜地不少变成了日本的资产。尤其是美国的高技术产业,近年来成了各国跨国公司竞相争夺收购与兼并的重点部门。最近几年,全球跨国并购主要集中在以下行业:丧失比较优势的行业,生产能力过剩或需求不足的行业(如汽车),研发投资较大的行业(如制药),以及实行自由化和取消管制的行业(如电信业)等。

第五,发展中国家的跨国并购多通过私有化方式实现。并购主要集中在原国家控制的电信业和公用事业等资本密集型基础设施行业,以及汽车和石油等与产业重组有关的行业。在巴西、阿根廷等国家发生的巨额并购交易,多数都与私有化相关。

跨国公司热衷于采取并购方式进行国际投资的主要原因是:

第一,经济全球化和对外开放推波助澜。随着经济全球化的发展,各国对世界市场的依赖不断加强,相互之间的依存程度也日益加深。加上区域经济一体化的广泛发展,很多国家的市场对外开放,如《北美自由贸易协定》的签订,乌拉圭回合取得的成果,欧盟市场的扩大和欧元的启动,计算机互联网络的运用等,有力地促进了投资与贸易自由化和便利化,这对跨国公司开展全球范围的并购活动提供了一个极为有利的国际环境。

第二,跨国公司自身发展的需要。跨国公司为了增强自身的竞争实力,通过并购可以实现优势互补,不断扩大生产和规模效益,并向巨型和超巨型公司发展。

第三,政府的大力扶持。发达国家政府把争夺国际市场作为对外经济发展战略的重要组成部分。制定了一系列扶持垄断大企业的政策措施,逐步放宽对企业兼并的限制,这为大企业的并购创造了有利条件。

近年,跨国公司的并购交易仍异常活跃。据全球金融数据供应商(Dealogic)公布的数据,2005 年全球并购交易总额高达 29 万亿美元, 比上一年增加了40%。这是自 2000 年以来并购交易额最高的一年,也是全球并购交易发展的第三大高峰年。推动跨国公司并购活动继续扩大的主要原因:一是近年来企业收益增加,公司累积了大量的现金;二是私人公司积极参与企业并购活动;三是欧洲和亚洲地区企业并购交易更趋活跃,再加上原本已经十分活跃的美国市场,使得企业并购活动格外活跃。

3. 走向国际联盟和生产合作

20世纪90年代以来,随着新技术革命的发展和国际分工日益深化,跨国公司的经营开始朝着跨国联盟方向发展。跨国联盟是指两个或两个以上的跨国公司出于对整个世界市场的预期目标和企业自身总体目标的需要,采取一种长期性联盟与合作的经营方式。具体表现为:

第一,联盟与合作的领域相对集中。包括国际竞争剧烈的半导体、信息技术、电子、生物工程、汽车制造、航空和银行等资本与技术密集型行业,其战略合作覆盖面很广,从科研开发到生产、销售和服务的全过程的合作。

第二,跨国联盟与合作采取非股权参与的国际合作经营方式。它的形成不是一国企业对另一国企业进行股权控制和经营支配的从属关系,而是通过相互协商、达成协议建立起来的合作联盟。

第三,合作伙伴拥有特殊竞争优势并愿意与对方利益共享,合作的形式包括生产技术交换、聚集资源和分享、共同商定重大战略决策等。不过联盟企业在合作范围以外的市场上仍然保持竞争关系。

第四,以技术联盟为主,联盟的战略目标是占领高新技术领域。

第五,在组织上以大型跨国公司为主体,形成规模更加庞大的国际合作网络,积极开拓包括发达国家、新兴工业化国家和广大发展中国家的市场。

在这方面,汽车工业是最早出现跨国合作的产业。20世纪90年代,美国的福特和日本的马自达两家公司共同研制了10种新车型,两家公司还联合在墨西哥建造和设计了一个装配和盖印厂,利用高效的协同生产技能为美国市场生产两种车型。此外,福特与大众、现代与三菱和克莱斯勒、大宇与通用、铃木、五十铃,都属于这种情况。

航空业进行跨国合作主要是波音公司和空中客车公司。西欧和美国两大航空集团跨国联合,它们共同出资40亿美元,联合开发更高级的777喷气客机。后来,波音宣布与法国、德国、英国、西班牙四国航空公司耗资40亿美元,共同研制载客量为700多人的新型客机。2005年4月试飞成功并投入批量生产的世界最大的 A380 空中客机,也是欧洲多国合作的产物。

电子通信行业的公司合作发展尤其迅速。通信市场原来作为公益事业多由国家垄断和供给,但 20 世纪 80—90 年代,各国都放松了限制,这一市场成为外国投资者可以进入的领域。另一方面,由于移动电话和通信网络的发达,通信业的重要性大大提高,因而促进了这一领域的并购与合作。具体到美国,1996 年联邦通信法的修正为远距离通信服务、地区通信服务和电报服务的相互进入提供了可能。不仅促使国内的同行业者的互相进入,而且外国同行企业也可以进入。据统计,从 1998 年 1 月到 1999 年 6 月,仅在美国通信领域的大型合作事项就有 6 个,涉及金额也很巨大。

实践证明,跨国公司通过联盟与合作,既节约了研制开发费用,共同承担风险,分享研究与开发成果,又做到了优势互补,降低成本,加快技术进步,并有效利用资源。因而已经被越来越多的大型跨国公司所采用,成为当前跨国公司经营策略的新趋势。

推动跨国公司经营策略调整的原因,概括起来有两个方面:一是各国跨国公司的发展出现新的不平衡,不论是强者或弱者为了维持和增强国际竞争力,都需要调整各自的经营策略;二是为了适应新的国际经济贸易环境变化和新技术革命迅速发展的要求。具体体现在以下几方面:

(1)突破贸易壁垒,扩大就地生产和销售。20 世纪 80 年代以来,由于世界贸易发展严重失衡,加剧了发达国家之间以及发达国家与发展中国家之间的贸易摩擦和斗争,各国都高筑关税和非关税壁垒,限制别国商品的进入。尤其是在贸易大国美日、美欧、日欧之间,这种矛盾与斗争更为激烈。美国由于长期存在巨额贸易逆差,动辄挥舞《301 特别条款》,不仅严重地阻碍了发达国家的对美贸易,也妨碍了许多发展中国家的商品出口。面对这种局面,跨国公司不得不寻求新的对策,或者通过直接投资,绕过贸易壁垒,就地生产和销售;或者借助于跨国联合与合作,以逃避所在国的进口限制。

(2)世界经济区域集团化构成新的市场威胁。80 年代以来,世界经济区域集团化的趋势大大加强。欧洲共同体走向统一大市场,北美自由贸易区的建立、亚洲区域经济合作的加强等,都对跨国公司的对外扩张构成新的威胁。面对这种形势,跨国公司要保持原有市场或占领新的市场,采取的对策就是抢先占领别国市场,在区域内部建立独资或合资企业,形成你中有我、我中有你的局面。跨国公司加紧向北美、欧洲和亚洲地区扩大投资,从生产、市场、金融等方面建立起合作关系,正是在这种威胁下出现的必然趋势。

(3)跨国并购有助于扩大自己的经济技术实力。跨国公司收购和兼并现成的国外企业特别是知名大企业,不仅有利于收购企业在国外事业的迅速发展和扩大,而且能充分利用被收购兼并企业现成的经营资源,尤其是可以利用其先进技术、知名的商标商号、优秀的经营管理人才和工程技术人才。跨国公司与所在国企业进行合作,不仅可以保持其在东道国的存在和发展,而且可以完善和优化自己的经营结构、销售渠道、信息网络,从多方面保证其全球战略的实现。正因为如此,对外国企业的并购就被视为买时间、抢效益的投资,被资金雄厚的大公司广为采用。

(4)新技术革命发展的要求。正在兴起的新技术革命给世界经济发展注入了新的活力,也给产业结构与企业经营结构调整带来新的转机,可以说,未来国际市场的竞争主要体现为高新技术及其产品的竞争。因此各国跨国公司都在增加研究与开发投资,力争在高新技术领域处于优势地位。但是高新技术具有综合性、难度大、风险多的特点,一项新技术从研究到开发、应用和商品化,往往不是一家公司力量所能达到的。尤其是进入高新技术发展的今天,产品生命周期进一步缩短,产品更新换代加快,因此所需要的研究开发投入更加昂贵,已大大超出了一个甚至几个企业的资金和技术能力,这就在客观上要求跨国公司从国际范围寻找合作企业,以便共同发挥各自的优势,共同承担风险,来分享研究与开发成果。

(5)世界政治经济格局出现的重大变化,为跨国公司把全球经济连成一片创造了有利条件。20世纪80年代以来,随着苏联及东欧社会主义国家市场纷纷对外开放,为跨国公司渗透到独联体和东欧各国创造了有利条件。跨国公司的对外直接投资由原来以资本主义世界为主发展到整个世界市场。后来参与世界市场的国家,为了加速本国经济的发展,普遍采取了对外资放松限制的政策,在国内放松了经济与金融领域的管制,各国私人经济的发展也为跨国公司提供了拓展业务活动的领域。现在各国政府不仅放松了对物质生产领域直接投资的限制,而且对非制造业领域也逐步采取开放政策,如电力、煤气、采矿、铁路、航空、金融、通信等部门，如今都已成为跨国公司的重点投资领域。

第五节　跨国公司对世界经济的影响

跨国公司拥有雄厚的经济实力，垄断了最先进的技术，它的子公司和分支机构遍布全球，其活动深入各个经济领域。因此它的经营活动对整个世界的生产、销售、资源配置、研究与开发等各方面，都产生了重大影响。发达国家的跨国公司对世界经济的影响是双重的，既有正面效应，也有负面效应。

一、跨国公司对世界经济的正面效应

跨国公司对世界经济的正面效应主要有以下几方面：

1. 跨国公司的发展加快了经济全球化的进程

跨国公司的子公司遍布世界各地，开展国际化生产经营，扩大与加强了国与国、公司与公司之间的经济联系，密切了世界各国之间生产、交换、流通、消费、技术、研究与开发等方面的协作关系。经济全球化是当前世界经济一大趋势，虽然它也存在一些不利因素和制约因素，但跨国公司的实力雄厚，凭借其所有权特定优势，即技术垄断优势、市场垄断优势、产品差异化优势、规模经济优势，以及内部化优势和国际投资选择的区位优势，能够在全球范围内将生产、销售、市场营销、通信、金融、运输等有机地联系起来。这样既保证了跨国公司全球战略目标的实现，同时又有力地促进了经济全球化的发展。

2. 跨国公司促进了生产要素的国际流动和生产国际化

跨国公司有完备的全球生产体系和销售体系，它的商品、劳务、资本、人才、技术和信息等生产要素能在国际范围流动和合理配置。近年来，跨国公司国际直接投资和内部贸易的规模不断扩大，以及由此所带动的各种经营资源的全球流动，都充分地说明了这一点。跨国公司还有内部化市场及其销

售网络,生产要素能在全球范围内有效、合理地自由流动,这样既促进了生产要素的国际流动,又推动了生产国际化的发展。

跨国公司既是生产国际化的产物,又极大地推动了生产国际化的发展。随着跨国公司经营规模的不断扩大,公司的企业内国际分工也日益深化,在跨国公司的各个子公司之间广泛开展生产专业化协作,分别生产零部件和半成品,并集中装配成制成品,从而使整个生产过程实现了国际化。

3. 跨国公司促进了国际贸易的扩大

跨国公司在国际范围依据企业内国际分工的原则组织生产和销售,必然对国际贸易的发展产生深刻的影响。

二战后国际贸易发展的一个重要特点,就是出口贸易的增长超过工农业生产的增长速度,其中发达国家之间的工业制成品的贸易量增长更快。出现这种状况,无疑是和跨国公司作为国际贸易领域的一支主要力量分不开的。跨国公司为了向外扩张,在海外不断新建、扩建、兼并和购买企业,这样一方面它要向海外子公司提供所必需的各种生产设备,还要出口某些原材料和半成品;另一方面由于进行大规模的国际化生产,增加了产品产量,这就为它进一步扩大国际贸易提供了雄厚的物质基础。另外,由于跨国公司实行生产专业化和协作化,在各公司之间采取分工制造零部件、集中组装、定向销售的做法,造成各种零部件、半成品和制成品的相互往返运输。一家公司既是买者,又是卖者,进行商品内部调拨与供应,使世界贸易量更加扩大。例如,许多美国跨国公司利用了西欧各国之间距离很近、交通便利的条件,组成了"国际生产线",在不同国家分别生产零部件,或在不同国家子公司之间分配任务,经营不同种类的产品。其中,在联邦德国的子公司奥培尔主要生产轿车,而汽车零部件则由法国的两家子公司提供。国际商业机器公司在欧洲生产的计算机,部件分别由英国、法国、荷兰、意大利等多家子公司提供,最后在法国装配。这种分别加工、集中装配的经营方式,使美国和所在国的贸易量大大增加,同时也促进了世界贸易的不断扩大。

4. 跨国公司推动了全球科技的发展和产业结构的调整

跨国公司充当着全球科技主力军和全球产业组织者的角色,在世界范围内优化配置资源,组织研发制造和销售,推动国际贸易的蓬勃发展。跨国公司推动了世界科技的进步,一直是世界科技创新的主力军,而跨国公司凭借着其强大的经济实力,广布的商业网络,有效利用智力资源,据不完全统计,现在世界上有70%的专利和66%的研究经费出资于跨国公司,跨国公司对今天全球科技的大发展有着巨大的推动作用。其研发活动从20世纪60年代前集中于欧美,到20世纪中后期的美、欧、日"大三角"格局,再到近年来向新兴工业化国家扩散的趋势,其研发也呈现出全球化格局,不论是研发资金投向还是研发机构的设置,都体现出了这一特色。而且海外机构申请的专利不断增加,跨国技术战略联盟和合作的日益加强。

跨国公司加快了全球产业结构调整,进入21世纪以来,跨国公司加速发展,在全球范围内兼并重组,极大地推动了全球的产业化升级和结构调整。其跨国经营活动直接促进了全球产业结构的重新整合,对产业结构和产品结构本身都实行了新一轮的调整,不仅增强了自身的发展活力也促进了其他国家经济结构的调整和优化。

二、跨国公司对世界经济的负面效应

尽管跨国公司的发展对世界经济起到了积极的推动作用,但是跨国公司受其全球战略和经营策略的局限,对世界经济也产生了一定的负面影响。

1. 跨国公司的发展加剧了国际金融市场的动荡

跨国公司在经营过程中拥有大量流动资金。它们在国外进行直接投资,必然要带去大量资本,并在所在国和国际金融市场筹措资金。在生产和销售过程中又形成大量闲散资金,这些闲散资金或用于再投资,或暂时存入金融机构,或用于金融投机以谋取暴利,这些巨额资金构成了国际资本流动的重要组成部分。在全球流动的私人资本中约有一半以上为跨国公司所控制。此外,跨国公司在母公司与子公司、子公司与子公司之间的资金频繁转移,数额巨大,这是造成国际资本市场不稳定的一个重要因素。跨国公司还拥有大量的股票和债券,积极参与证券市场的交易活动。跨国公司在货币和证券市场上的短期投资活动,比其直接投资的资本数额大好几倍。这种短期资本流动随时都可能对国际金融市场造成重大的冲击,从而加剧国际金融市场的动荡。因为跨国公司的资金移动是以获取最大限度的利润为目标,依据其经营战略与策略进行经营活动,在资金运用过程中,很少考虑所在国的金融市场和经济发展的特殊情况,所在国也无法加以控制,因此给所在国的国际收支平衡、汇率稳定、信用政策的贯彻造成困难。此外,跨国公司还采用各种手段扰乱金融市场。例如利用内部转移价格逃避税收,在金融市场上套利套汇、买卖证券,利用各国汇率差异转移资金等,都会引起所在国和相关国家金融市场的动荡。加上当今世界电子信息技术的高度发达,一国金融市场出现动荡立刻就会波及其他国家,给整个世界金融市场造成混乱。

2. 跨国公司对国际贸易的不良影响

跨国公司对世界经济贸易的发展一方面起了推动作用,另一方面在一定程度上妨碍了国际贸易的正常发展,特别是对发展中国家经济贸易的发展造成的危害尤其不可忽视。

(1)跨国公司从全球战略出发安排它的商品生产和销售方向,使东道国难以干预它的进出口数量和贸易方向,对所在国的市场结构和国际收支都有不同程度的影响。有时东道国要求出口到一定的国家市场,以平衡国际收支或赚取外汇,但跨国公司却根据自己的利益,偏偏不向该国市场出口,致使东道国的出口计划落空。有时,子公司根据总公司的安排,本来可以在当地采购的部件却要向其他国家的子公司采购,影响了所在国的贸易收入。

(2)跨国公司垄断了某些产品的贸易和市场之后,往往会操纵国际市场价格,进行不等价交换,损害了所在国企业的经济利益。尤其是跨国公司实行"转移价格",逃避所在国的税收和外汇管制,对所在国的经济影响更大。这种转移价格不仅对发展中国家造成影响,也对工业发达国家造成一定的危害。

(3)跨国公司对所在国贸易的控制,加剧了各国垄断资本争夺市场的矛盾和斗争。如美国跨国公司向西欧各国市场大举进攻,使西欧国家对外贸易利益的很大一部分被美国跨国公司所攫取,从而造成各国之间的贸易战愈演愈烈。因此各国政府都互相筑起关税壁垒和非关税壁垒,采取贸易保护主义政策,严重地妨碍了国际贸易的正常发展。

第八章

3. 跨国公司的发展加剧了同所在国的经济不平衡和矛盾

跨国公司的国际化生产经营促进了世界经济的发展，但是跨国公司的国际直接投资和全球化经营，目的是为了取得最大限度的利润，其直接投资的重点在条件好的国家，对基础设施差、经营环境不佳的发展中国家的直接投资较少。而且对发达国家的投资多集中在资本和技术密集型部门，在发展中国家主要集中在劳动密集型部门，因而加剧了国家和地区之间的经济发展不平衡。

另外，跨国公司的发展还加剧了同所在国之间的矛盾。跨国公司的对外投资是为了追逐高额利润，为了争夺有利可图的投资场所和销售市场，因此跨国公司在所在国的不断扩张，影响到民族经济的顺利发展，常常会引起所在国的不满，加剧它们之间的矛盾。这种情况在不同国家有不同的表现：

（1）就发达国家来说，跨国公司的对外投资对其母国经济具有积极影响。首先，对外直接投资可以促进本国的资本积累，在国外市场上筹措资金进行投资，不会减少本国的资本存量，而且未来投资利润的汇回，还可以增加母国的资本积累。其次，对外投资有利于跨国公司母国的对外产业转移，从而推动母国的产业结构的升级和优化。最后，对外投资可以为母国获取廉价的自然资源。有些发达国家资源比较缺乏，大型跨国公司依靠其强大的财力和先进技术，对东道国有选择地进行投资，或参与、购买当地企业，致使某些重要工业部门被控制。例如，美国跨国公司深深地打进了加拿大经济，并控制了它的主要工业部门。西欧国家一些重要工业部门也不同程度地被控制。外资企业对所在国某些重要工业部门的控制，虽然对双方都有其有利的一面，但也常常同所在国发生纠纷。

跨国公司的投资对于发达和发展中东道国经济都产生了较大的影响。表现在跨国公司的投资直接促进了东道国的资本形成，对提高当地的科技水平、促进经济高速发展做出了一定的贡献，并促进了东道国的就业。当然，其负面影响也是显而易见的。除了极力控制所在国的重要工业部门之外，它还根据自己的经营战略需要，千方百计从东道国汇出利润，影响所在国的国际收支平衡。每当跨国公司母国发生经济危机或生产下降时，就使所在国成为转嫁危机的对象。跨国公司在国外雇佣的绝大多数是技术熟练工人，并以

第八章

高薪招聘科学家和工程师,造成了一部分人才流失。正因为这样,引起了所在国的日益不满,迫使受害国对待外资特别是美资的政策有所改变,即由过去的强调欢迎、吸收的政策改为既欢迎又适当限制的政策。同时,这些国家还把自己的资本加速投向美国,抢夺对方市场,猎取技术情报,加强在美国的实力地位。20世纪80年代以来,西欧、日本等发达国家在技术上逐步赶上甚至超过美国,在国内生产总值、对外贸易或黄金外汇储备等方面,也已接近或大大超过美国,因此它们之间的实力对比出现了不利于美国的变化。随着这种变化的发展,它们之间的矛盾和斗争也日益尖锐化。

（2）就发展中国家来说,发展中国家利用跨国公司,一方面可以弥补经济建设资金的不足,通过技术转让引进一些先进技术和生产设备,促进新兴工业部门的建立,改变不合理的产业结构。但是另一方面跨国公司对发展中国家经济的消极作用也是不可忽视的。

跨国公司依靠自己强大的资本实力和先进技术,常使所在国的民族企业受到控制,妨碍了民族工业独立自主地发展。如拉美引资最多的巴西和墨西哥,其制造业和采矿业最大的100家公司中,属于外资企业的超过半数以上;巴西和墨西哥的化学制品中,外资所占比重也在50%以上;其他如橡胶、电机、汽车等行业也都不同程度地被外资企业所支配。这种情况在阿根廷、秘鲁、菲律宾等国家也不同程度地存在。其结果是,这些国家的许多基础工业部门的产品市场被外资企业所控制。发展中国家在认识到这种危害以后,在外资政策上对股权的安排采取了适当的限制措施,上述不利于发展中国家的局面现已大大改善。

此外,由于跨国公司在世界范围采取企业内国际分工的原则,总公司对子公司实行严格的产品生产计划和企业内贸易,从而使接受外资的发展中国家的产业结构具有很大的从属性。如果所在国对外资企业不能采取有效的限制措施,跨国公司就很少考虑所在国的需要和经济发展的优先顺序,而集中投资于能够带来高额利润的产业部门。加上某些拉丁美洲和亚洲的发展中国家为了节约外汇而采取进口替代工业化的政策,在资本、技术和经营管理方面依赖于外国资本,更给外资企业以可乘之机。跨国公司对那些欠发达的"低收入发展中国家",集中投资于纺织、食品、水泥、家具等材料密集型的轻工业部门;对"中等收入发展中国家",集中投资于汽车、电机、钢铁等资本密集型重工业、化学工业部门。这样一来,使本来就不合理的产业结构更加不平衡,而本国工业化所迫切需要的机械设备等不得不从发达国家进口,即使像汽车、电机之类的工业发展起来,某些关键零部件也不能自给,仍需要从别国进口。结果不但工业化所需要的外汇没有节省下来,反而使国际收支进一步恶化,妨碍了这些国家经济的快速发展。

跨国公司通过自己的专业化生产和庞大的金融组织、销售机构,凭借多年积累的扩张经验,在其经营活动中巧取豪夺,使东道国吃亏上当的事例屡见不鲜。例如,跨国公司利用对外投资、技术转让和资金借贷等方面的苛刻条件,造成东道国负债过重,常年处于国际收支逆差地位。发展中国家往往接受的投资越多,对跨国公司的依赖越大,被控制的程度也越深,一旦主要发达国家发生经济危机和生产下降,东道国就会成为转嫁经济危机的对象,以致严重影响经济的增长速度。跨国公司甚至利用它在经济上的控制地位,肆意干涉所在国的国家主权,直到在政治上进行颠覆活动。但是发展中国家在同跨国公司打交道过程中,也积累了反控制的斗争经验,可以通过国内和国际的立法措施,对跨国公司的进入、股权大小、投资部门、财务管理、人事安排等方面进行监督和限制,尽可能减少它的消极影响。

通过分析可以看出,在经济全球化浪潮中,跨国公司这一世界经济舞台的主力军对其产生着深刻的影响。跨国公司以强大的经济实力主导着全球经济的发展趋势。它提高了世界产业和企业的技术水平和国际竞争力,促进了全球经济的增长以及生产要素在世界范围内流动。同时,跨国公司促进了出口增加,财政收入的增长和扩大了就业,并推动着整个世界的技术进步和产业结构升级,改善了市场结构。当然跨国公司的发展过程中不可避免地对投资东道国乃至整个世界经济产生负面影响,因此因势利导趋利避害是所有国家引进跨国公司过程中的重要课题。

第八章

思考题:

1.二战后国际直接投资的发展、特征和原因。

2.国际直接投资与技术转移、贸易发展的相互关系。

3.二战后跨国公司的迅速发展及其原因。

4.试述跨国公司的经营策略。

5.如何评价跨国公司对世界经济的影响?

6.外资企业在我国经济发展中的主要利弊和我国应采取的对策。

7.跨国公司经营策略中的转移价格对我国经济的危害。

第九章 科学技术革命与
当代世界经济发展

内容提要：

二战后发生的以原子能利用、信息技术、宇航技术、高分子化学技术等为主要标志的科学技术革命内容丰富、规模空前、影响深远，展现出了全面性、综合性、应用于生产的周期大为缩短、要求大力开发科技人才资源、科学技术在经济增长中的作用日益突出的特点。

科学技术是第一生产力。二战后科学技术的巨大进步，推动新旧产业更替与产业结构变化，使产品中科技含量日益增加，提高了劳动生产率，对经济全球化产生了深刻影响。现代科学技术已成为影响世界经济发展变化的决定性因素。科学技术通过科技成果的商品化、海外直接投资带动技术转移、国际间的技术专利转让以及科技领域的国际竞争由少数国家传播到世界其他国家，并同经济中其他生产要素结合起来成为推动经济发展的核心动力。

在全球化的新时期，电子信息技术飞速发展，借助于现代通信手段的国际交流日益密切，使得科学活动的全球化及其影响远远超出国界。在信息技术领域主要发生了三场革命：数字化、全球电话网主干线开始使用光导纤维以及计算机成本的大幅度下降。随着信息技术的发展及应用，信息产业应运而生，互联网络覆盖的范围迅速扩大。从2016年开始，云计算、大数据等新兴领域进入高速发展期，新模式、新业态快速发展，将继续成为信息技术新的增长点。

以信息技术为主要内容的新技术革命加速了工业经济向知识经济转

变,促进了国际贸易的信息化、国际金融关系的信息化、跨国公司经营业务的信息化,对改变传统的国际经济关系起着重大作用。它在促进世界经济的增长、推动全球经济一体化、提高劳动生产率的同时,也加剧了科技领域发展的不平衡,进一步激化了国际间的竞争。

第一节　二战后科学技术革命的内容和特点

一、二战后科学技术革命的主要内容

二战后,西方主要发达国家发生了一场新的科学技术革命。这场科技革命目前还在继续向纵深发展。这次科技革命于 20 世纪 50 年代从美国开始,接着波及西欧、日本等发达国家,随后又扩展到许多发展中国家和地区,逐渐形成世界范围的科技革命。

二战后这次科技革命的内容丰富、规模空前、影响深远。作为这次科技革命主要标志的原子能利用、电子技术、宇航技术、高分子化学技术等各个领域,在科学理论上和生产技术上都出现重大突破。不过,它也经过了一个逐步积累的发展过程。从当代科技革命演变过程看,它先后经过了多次重大变革。以 10 年为一个阶段,1945—1955 年的第一个 10 年,是以原子能的释放与和平利用为标志,人类开始利用核能的新时代;1955—1965 年的第二个 10 年,是以地球卫星的发射成功为标志, 人类开始了摆脱地球引力向外层空间进军;1965—1975 年的第三个 10 年,是以 1973 年重组脱氧核糖核酸(Deoxyribo Nucleic Acid,DNA)实验的成功为标志,人类进入了可以控制遗传和生命过程的新阶段;1975—1985 年的第四个 10 年, 是以微处理机大量生产和广泛使用为标志,揭开了扩大人脑智能的新篇章;1985—1995 年,这是战后经历过的第五个 10 年,是以软件开发和大规模信息产业化为标志,人类进入了信息革命的新纪元。1995 年以后至今, 以电子信息技术为中心的新技术革命,在理论和应用方面又不断取得了新的突破,其深度和广度都已远远超过了过去。当代科学技术研究与开发所取得的成果日新月异，预示着未来很有可能还将不断取得新的突破。科学家们预言，聚变反应堆将成为"最终能源"，可以一劳永逸地解决社会发展出现的能源危机，纳米（超微）技术将成为今后的核心技术，也将引发21世纪的一场新的产业革命，给人类带来无数的新产品和新工艺。在今天，科学技术正在步步逼近自然界的各种"极限"，如超高温、超低温、超真空、超导、超强磁场、彻底失重等已取得了新的进展，预示着21世纪将出现超脱"尘寰世界"。当前宇宙空间技术和海洋开发技术也取得重大进展，预示着21世纪人类将进入宇宙工艺学和宇宙工厂的时代，无限地开拓人类的生产和经济活动的新领域。另外，正在进行的"人工智能"的开发和遗传工程的研究，也已经取得累累硕果。

二、二战后科学技术革命的特点

二战后科技革命既是以往科技革命的延续，又是突破性发展，但在其发展过程中又形成了许多新特点。

第一，这次科技革命具有全面性，影响到生产力的各个方面。过去的历次科技革命，没有一次能与这次相比，在生产工具、劳动对象以及人在物质生产中的地位等方面都发生了全面的重大变化。

在生产工具方面，以往科技革命所生产的机器只是人的体力的扩大、人的手足的延长，即只能用机器制造机器代替人的体力劳动。而这次科技革命中出现的机器，不但能代替人的体力劳动，而且还能作为人的智力的延伸，部分地代替人的脑力劳动。马克思很早以前就曾预见："通过传动机由一个中央自动机推动的工作机的有组织的体系，是机器生产的最发达的形态。"这次科技革命出现的机器，如电子计算机、数控机床、机器人等，不但能代替人的体力劳动，而且部分取代了人的脑力劳动，使劳动者从繁重的体力劳动中解放出来，并大大提高了劳动生产率。

在劳动对象方面，过去生产使用的原材料主要是原始材料和初级产品，如矿产品、钢材、木材、化工产品、农产品等，而现在使用的原材料已远远超出了这个范围，已扩大到合成材料、代替能源，如塑料、合成纤维、人造橡胶等,不仅降低了生产成本,提高了劳动生产率,而且增加了产品种类,提高了产品质量,增加了社会财富。再从劳动力的变化看,过去在生产过程中非熟练工人、文盲工人比重很大,而今天面对新技术产业,必须是具有文化技能的熟练工人能适应企业技术革新的需要。现在,日本工厂企业职工中具有大学学历的达 33.6%,高中文化程度的占 57.3%,初中毕业的只占 9.1%。这说明利用新技术建立的现代企业,对劳动者的质量要求大大提高,从而引起劳动力结构的变化。

第二,当代科学技术革命具有综合性。在 19 世纪以前,科学和技术是分离的,没有形成一个统一的革命过程。技术进步往往依靠传统技艺的提高和改进,只凭经验摸索前进,科学理论也经常跟在实践之后来概括和总结人们在生产技术活动过程中积累起来的经验材料。因此往往出现这种情况:在科学理论上还未形成完整的科学体系,但在技术上却可以生产出新产品,或在科学理论上首先突破了,而在生产技术上却长期没有过关。

现代的技术发明越来越依靠科学,科学与技术已密不可分。现代技术完全是建立在科学理论的基础上,现代科学也装备了复杂的技术设施。科学技术化和技术科学化是现代科学技术的鲜明特点。特别是今天高科技的发展更是如此,越是高技术包含的科学知识越密集。同样,现代科学的进步也离不开最新技术装备的支持。现代科学与技术二者之间的界限变得愈益模糊不清。

现代科学技术的综合性,还表现为现代科学各门学科相互交叉渗透所形成的整体联系,同时现代各种技术相互融合又形成一系列新技术。当前的重大尖端技术、高新技术都具有多个领域相互融合的特点。一般认为,21 世纪将是不同领域科技创造性融合的时代,不仅科学和技术两者更加接近,而且采取多学科融合战略解决各种难题,这将导致新的跨学科研究领域的出现,并将形成具有特定概念和方法的新学科和新领域,开辟出一个全新的研究系列。例如,生物化学作为生物学和物理学之间的桥梁,将生命世界中所提出的重大而复杂的问题展示在物理学面前,产生了生物物理学、量子生物化学等边缘学科,从而丰富了物理学的研究内容,促进了物理学和生物学的发展。

由于现代技术的融合趋势,各种高新技术都有组合技术的性质,所以技术不断向大型化、复杂化方向发展,而大型、复杂技术成功的关键在于机械技术向"智能技术"方面扩展。由硬件技术向软件技术、从有形产品向无形产品转变,成为当前高科技发展的一个新特点、新趋势。

第三,科学技术应用于生产的周期大为缩短。当代科技革命从科学发现到技术应用再到投入生产的周期愈来愈缩短。由于科学革命与技术革命形成一个统一的过程,科学技术转化为生产力的时间大大加快。据计算,在1885—1919 年间,从一项新发明到在工业上应用,平均是 30 年,从生产上掌握它到产品投入市场,平均是 7 年,整个过程需要 37 年;1920—1944 年间,这三个时间缩短为 16 年、8 年和 24 年;1945—1964 年间,再分别缩短为 9 年、5 年和 14 年。随着现代高科技的发展和研究开发手段日趋先进,这一过程还在继续缩短。目前,许多新技术从发明到投产只需一两年或两三年时间,如集成电路从无到有仅 2 年,激光器仅用了 1 年。特别是电子技术问世以后,其变革速度更是惊人。从 1973 年研制成功第一台微处理机到 20 世纪80 年代初期已更换了 3 代:1976 年研制出 MCS-48 系列单片微处理机,1980年研制出 MCS-50 系列 8 位单片微处理机,1983 年又研制出 MCS-96 系列16 单位单片微处理机,如此等等。

第四,现代科技革命要求大力开发科技人才资源。目前,人类正从工业社会向信息社会转变的过程中,这是一场深刻的变革。这场变革的重要标志是社会赖以发展的战略资源发生了重大变化。在工业社会,钢铁、汽车等资本密集型产业,其战略资源是物质资本。到信息社会,微电子等高技术产业是知识密集型产业,其战略资源则是人力资本,是知识。

人才是人力资本的核心。因为人力资本表现为人的知识、技能、经验和熟练程度等,概括起来就是人的能力和素质。在科学技术已经成为第一生产力的时代,产品价值和社会经济增长主要是通过智力实现的。知识生产力已成为生产力、竞争力和经济发展的关键因素。国外研究表明,企业职工的科学文化水平的提高和经济效益的增长成正比。例如,日本的一项研究成果表明,一般工人的建议能使成本降低 5%,经过培训的工人的建议能使成本降低 10%~15%,受过良好教育的工人的建议能使成本降低 30% 以上。可见,在高科技时代,产品的价值主要取决于科学技术的含量。作为科学技术的载体,掌握现代科技和专业知识的人才是人力资源的核心。

第
九
章

正因为这样,发达国家大幅度增加智力投资,大力培养科技人才。例如,日本的教育经费 1985 年占国民收入的 1.8%,1988 年提高到 5.5%,3 年中增加了 2 倍。美国经济学家认为,在过去的 10 年中美国生产力的提高,半数是技术创新带来的结果,也就是说,美国经济的发展半数是科学家和工程师知识和技能的结晶。

第五,科学技术在经济增长中的作用日益突出。随着科学技术的不断进步,科学技术在经济增长中的作用也越来越大,而资本和劳动的投入比重相对下降。现在,一个国家经济实力的强弱、国际竞争能力的高低、社会经济增长的快慢,越来越取决于科学技术的水平。据世界银行估计,发达国家科技进步对经济增长的贡献率,20 世纪初为 5%~20%,50 年代为 40%,目前平均为 50%以上。即使在发展中国家也不例外。以我国为例,据有关部门统计测算,我国科技进步因素在经济增值中的比重,已由"六五"期间的 10%左右提高到现在的 60%~80%;全国科技成果推广应用率,已由改革前的 20%~30%提高到目前的 60%~70%,显示出科技进步在经济增长中的巨大作用。

第二节 科学技术革命是世界经济发展的动力

科学技术与世界经济发展息息相关,没有科学技术进步就不会有世界经济的发展,而世界经济的发展又推动着科学技术进步。尤其是当代科技革命,科学技术在世界经济发展和社会生活变革中所起的作用更加突出,已经成为世界经济发展的驱动力。

一、科学技术是第一生产力

"科学技术是生产力"的思想,在马克思《资本论》等著作中多处可见。马克思在谈到资本的发展时明确指出:"生产力中也包括科学。"马克思在谈到资本利用科学、占有科学使之成为发财致富的手段时,也强调了这种观点,他指出:"另一种不需要资本家花钱的生产力是科学力量。"马克思还精辟地指出："社会劳动生产力，首先是科学的力量。"马克思、恩格斯所处的时代，正是第一次产业革命时期，那时科学技术对社会生产力发展的影响远没有当代这样强烈。但是他们不但揭示了科学技术对生产力发展的伟大变革作用，而且指出了科学在生产力发展中的巨大推动作用。马克思说："大工业把巨大的自然力和自然科学并入生产过程，必然大大提高劳动生产率。"邓小平不仅重申了马克思的科学技术是生产力的观点，而且根据科学技术发展的新特点和世界经济的新情况，提出了"科学技术是第一生产力"的新论断。这是对马克思主义科学技术是生产力理论的丰富和发展，使人们对科学技术的认识又有了新的提高和推进。在社会生产力的诸要素中，劳动者是最积极、最活跃的因素，但劳动者的劳动能力不仅取决于体力的大小，更取决于知识的高低，只有掌握了科学技术的劳动者才能创造出远远超过普通劳动者所创造的使用价值。随着科学技术的发展、生产过程自动化水平的提高，劳动者的智能也迅速提高，劳动力的结构日趋智能化，体力劳动相对于脑力劳动的人数不断下降。在机械化的初级阶段，两者之比为 9∶1；在中等机械化条件下，两者之比为 6∶4；在自动化条件下，两者之比为 1∶9。美国在 1930—1968 年期间，蓝领职工增加 60%，工程技术人员却增加了 450%，科研人员更是增加了 900%。1977 年，美国脑力劳动者所占比例为 50.1%，脑力劳动者人数已超过体力劳动者。

劳动工具的技术革新，对生产力的发展起着巨大的作用。不同时代使用不同的劳动工具，这是由当时的科技水平决定的。人类历史的每一次产业革命，都是以劳动工具的变革为标志的。某些机器设备和生产工艺的先进，归根到底是物化了的科学技术进步，以及人们不断发现、利用、改造、扩大劳动对象的结果。现在劳动对象已不再限于自然和半自然品，更多的是人类利用科学技术创造的新材料、原材料。特别是合成材料越来越多地取代了原始材料，极大地拓宽了劳动对象。

由此可见，依靠现代科学技术发展生产力的显著特点是，科学技术人员将愈益成为主要劳动者，以电子计算机控制的自动化机械体系日益成为主要的劳动工具，合成材料和扩展型资源正在成为主要劳动对象。经济学家们认为，随着科学技术的进步，现代科学技术与生产力诸要素的关系，可以用

第九章

公式表示为:生产力=科学技术进步×(劳动力+劳动工具+劳动对象)。从中可以看出,由于科学技术具有乘数效应,科学技术进步越快其乘数值也越大。这说明科技作用已上升到第一位,是"第一生产力"。

二、科学技术是世界经济发展的主要动力

二战后科学技术的巨大进步,特别是20世纪80年代以来,电子信息、生物工程和新型材料、空间技术等高新技术取得的重大进展,极大地推动了世界经济的发展,科学技术日益渗透到世界经济和社会生活的各个领域,已经成为世界经济增长的最主要驱动力。其主要表现如下:

(一)科技革命推动新旧产业更替与产业结构变化

实践证明,每一次科学技术的重大突破,都会建立一批新的产业,已经过时的旧产业或被淘汰或被改造。而新旧产业的这种交替过程,又是和某种专门技术自身的周期发展过程同步进行的,即是在特定的技术推动下使产业发展变化的。

首先,从科学技术的周期变化看,它表现为S型曲线的发展模式。即任何一种技术都要经过创始期→成长期→饱和期的发展过程。

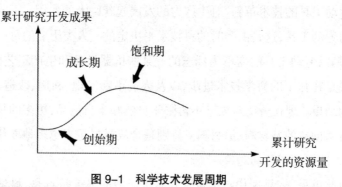

图9-1　科学技术发展周期

如图9-1所示,人们通过研究开发活动,不断投入研究开发资源,创造出某种最新科技成果,并利用这一成果建立某种新的产业,从此也开始了新产业的生命周期。这种新产业的生命周期的发展过程,就是沿着S曲线的技

第九章

术发展过程向前移动的。在科学技术创始阶段,最容易产生出"追加技术"(在原有技术基础上又有新的提高或发明),在这个阶段,既有对旧产品的技术革新,同时又有许多产品是采用新工艺生产出来的。随后这种技术革新进入"成长期",这时有更多的产品是采用新工艺生产出来的。最后达到顶点即进入"饱和期"。一项技术一旦到了饱和期,即使在研究开发上作出更大的努力,投入的资源再多,也很难取得新的科技成果,当然也就很难建立新的产业。这时就不得不寻求新的研究与开发方向,从其他领域探索新的技术,把注意力转移到"组合技术"(由几种单一技术组合而成的复合技术)方面。在组合技术基础上继续努力下去,就会产生出"飞跃技术",即科技革命,同时建立起新兴产业群,实现新的产业革命。

科技进步和新产业的出现,引起经济结构的变化。在经济增长因素中,科学技术越来越取代传统的资本、劳动力、土地而成为主要生产要素,技术作为经济资源的作用更显突出,技术资源的开发与应用已成为促进产业结构变化的主要动力。20世纪60年代和80年代,既是世界经济增长较快的时期,同时又是全球产业结构走向高级化的时期。60年代以来,高技术产业、研究与开发、金融保险业、商业服务业等各种产业都增长很快,成为这个时期的主导产业。产业结构的高级化和软化,标志着科学技术在产业中的密集程度提高。在发达国家,第二产业比重超过第一产业,第三产业比重又超过第二产业,高达50%以上,可以认为,科学技术的贡献度超过了劳动力和资本,已经成为第一生产力。

科学技术不仅推动产业结构的升级,也使贸易结构发生变化。在国际贸易结构中,无形贸易增长速度超过有形贸易,而有形贸易中工业制成品所占比重早已超过初级产品;在工业制成品中,资本、技术和知识密集型产品所占比重迅速提高,劳动密集型产品所占比重不断下降,尤其是发达国家之间的高科技产品贸易占其制成品贸易的比重急剧上升。这说明科学技术对推动国际贸易结构变化同样起着决定性作用。

(二)产品中科技含量日益增加

由于科学技术是第一生产力,在生产过程中发挥着越来越大的作用,各

第九章

种产品的科技含量也日益增加。尤其是 20 世纪 80 年代以来,随着高科技的迅速发展,物化在商品中的科技含量增加更快。为了便于比较不同产品中的技术含量,国内外许多经济学家用产品单位重量价格来表示不同时期科技含量的差别。统计资料表明,二战后产品中的科技含量每隔 10 年增加 10 倍。20 世纪 50 年代,代表性产品是钢材,每千克不到 1 元;60 年代,代表性产品是汽车、洗衣机和电冰箱,它们每千克的价格分别为 30 元、60 元和 90 元,若以 30~100 元作为 60 年代产品科技含量的比较指数,比 50 年代提高约 10 倍以上;70 年代,代表性产品是微机,每千克为 1000 多元,比 60 年代又提高了 10 倍;80 年代以来,随着高科技产业的发展,其代表性产品首推软件,它没有什么重量,科技含量却很高,比 70 年代不是提高 10 倍,而是百倍、千倍,甚至上万倍。可见,随着科学技术的进步,制成品由重、厚、长、大转向轻、薄、短、小,其中所包含的价值量则越来越多。

(三)科技进步提高了劳动生产率

有了现代科学技术,既可以建立高技术产业,又可以改造和装备生产设备,大大提高生产能力和经济效益。在企业产品设计中,利用计算机快速运算的高效图形处理能力,取代原始计算方式,可以降低成本的 15%~30%,缩短设计周期的 30%~60%。在企业生产过程中,广泛采用自动化控制设备,就可以加快生产节奏,减少资源和能源消耗,使生产更加灵活并提高效率,还可精减从业人员。在企业生产组织和管理方面,现代技术特别是电子技术的应用,可以实现企业生产管理、营销管理、资金管理的科学化和高效化,大大提高企业的经营决策水平。据测算,部门、车间采用自动监控技术操作,可以节省管理费用并提高效率 40%~70%。美国实施信息网络后劳动效率提高了 20%~30%,并使经济保持稳定增长。

(四)科技进步对经济全球化产生深刻影响

二战后,由于科技革命的发展,加速了生产国际化和资本国际化。跨国公司通过直接投资把它的生产据点、销售网络、研究与开发和金融机构等各种经营活动遍布世界各地,从而把世界上不同生产方式、不同经济发展水平的国家的经济活动紧密联系起来,形成相互联系、相互制约的经济关系。具体表现为:各国之间的国际分工日益深化,国际贸易大幅度增加,世界市场走向一体化,国际资本流动大大加快;与此同时,各国之间贸易摩擦也愈演愈烈,国际金融市场日趋动荡,以及发达国家与发展中国家之间贫富差距在扩大,发展中国家之间的经济合作层次不高,等等。这些都不外乎是经济全球化在各个领域的具体表现,而经济全球化又是和现代科技进步分不开的。

总之,现代科学技术已成为影响世界经济发展变化的决定性因素。随着科学技术的影响日益广泛和深刻,科技在各国经济实力、军事实力和国际竞争能力中占有突出位置。无论是经济发展和经济竞争,还是政治与军事斗争,其结局在很大程度上都取决于科学技术特别是高科技的发展。因此,高科技已成为当前各国争夺的焦点,是一国综合国力的决定性因素。

三、科学技术的国际传播机制

历次科学技术革命都是首先从少数发达国家开始的, 然后传播到其他国家,最终形成世界范围的科技革命。科学技术到底以什么方式、通过哪些渠道由少数国家传播到其他国家, 并同经济有机结合起来成为推动经济发展的真正动力呢? 科学技术成果由少数创始国向国际范围传播,必须具备能够推动科技转移的有利条件和有效途径。具体包括:国际商品贸易、技术贸易(技术转让、成套设备贸易)、对外直接投资和国际技术竞争等。

(一)科技成果的商品化

科学技术是基于技术革新的需要和技术资源的供给而发展的。科学技术的研究与开发的成果有很多被商品化并进入市场流通。某项技术一旦变成了商品,技术革新的需要和资源的供给就会通过市场机制而结合起来。这时,企业为了增强自己的技术实力,获得巨额利润,就只能到市场(包括国际市场)上去购买技术革新资源。

二战后世界经济的迅速发展为达到上述目的提供了可能。随着世界经济的发展、国际经济关系相互依赖的加深、科学技术的大型化和经济的国际

第九章

化,从事技术革新和生产活动的行为主体也在加速国际化。例如,跨国公司的研究开发活动转移到国外,就为在国际市场上筹措革新资源提供了可能。另外,跨国公司通过直接投资和技术转让,也给筹集革新资源提供了有利条件。事实说明,跨国公司越是采取开放的战略,就越能促进技术革新资源的顺利转移。但是进入20世纪80年代以后,随着科技领域竞争的加剧,跨国公司采取国际垄断和寡占行为,使得科技转移遇到了障碍,相对于60年代科技转让的速度是大大放慢了。

(二)海外直接投资带动技术转移

在这方面,美国哈佛大学教授弗农的产品生命周期理论认为,技术创始国通过对外直接投资和技术转让,把新技术、新产品转移到其他国家,首先是发达国家。日本经济学家赤松要的"雁行形态"理论认为,根据比较优势,后进国家采取进口→国内生产→出口的追赶模式,说明了商品贸易对技术转移的促进作用。

由于新兴产业的技术革新国几乎都是发达国家,而发展中国家多为技术引进的国家,只有在具备一定条件的情况下,新技术和新产业才能沿着先进国家(创始国)→后发国或中进国→发展中国家的顺序进行转移,从而促进世界经济的发展。这里所说的一定条件是:

第一,对先进国家来说,具备刺激技术革新和向外转让技术的诱发因素,并能给创始国带来充分的先发利益。

第二,对引进技术的国家来说,应当具备引进新技术和建立新产业的资源,并能获得引进技术的后发利益,还要为此做出巨大的努力。

第三,有效地进行技术转移和产业移植的国际机构能够起到促进作用。

美国在战争期间积累了大量的先进科学技术,在二战后近20年的时间内,它通过各种途径向其他国家进行了转移。由于发达国家一般都具有较好的转移机制和引进条件,所以发达国家之间的科技差距已大为缩小。到了20世纪70年代,由于各国技术差距缩小,这时国际竞争的决定因素便由资本转向技术方面,因而技术保护主义开始抬头。以美国为首的一些发达国家,为了确保科技竞争和经济竞争上的优势,相继采取技术保护主义政策,限制尖端科技向外转移,以致妨碍了科学技术的国际传播。

进入 80 年代以后,一方面存在着激烈的高科技竞争和技术垄断,但另一方面,随着信息化社会、服务经济的发展,又加快了科学技术的国际化。尤其是跨国公司由于推行全球战略的需要,不得不进行必要的技术转让和产业移植,通过扩大对外直接投资和企业内贸易,使科学技术的国际传播又重新加快。但是尽管这样,由于美国等少数发达国家对高新技术的国际垄断,国际间的技术差距仍然很大,特别是在一些特殊科技领域,不仅把发展中国家作为限制出口的对象,一些发达国家的引进也受到了一定的限制。

(三)国际间的技术专利转让

科学技术国际传播的另一个重要渠道,是国际间的技术专利转让。能够作为国际专利转让的技术,不仅要在国内注册,而且也要在国外注册,也包括别国技术在本国注册。因此,这种技术专利应该具有国际水平,比其他技术专利具有更高的使用价值,可以带来更大的经济效益。

新技术的发明者之所以要把专利拿到国外注册,是为了保护发明者的国际知识产权,确保该项技术的国际转让,作为向海外直接投资的一种手段,实现国际技术专利战略(技术垄断)等。

一国的技术专利转让的程度,可以反映出该国新技术、新产业的发展状况,还可以看出海外直接投资的状况。此外,通过对国际技术转让动向的分析,还可以预测未来的新产业国际移植、对外直接投资以及世界技术竞争的发展趋势。

根据调查显示,在 20 世纪 60 和 70 年代初期,即在世界经济快速增长期间,世界主要发达国家的国际技术转让件数几乎是与经济发展同步的,由 10 万件增加到 26 万件。在 70 年代,世界经济转入低速增长期间,转让件数出现大幅度下降趋势,由 1972 年的 26 万件缩小到 1979 年的 14 万件。在这期间,海外直接投资虽有新的增加,但总起来看跨国公司相继撤退,处于低潮,使技术转让受到很大限制。

进入 20 世纪 80 年代,各国普遍进入产业结构调整和企业经营革新时期,因此海外直接投资相应加快,世界经济也恢复了增长势头。支撑这种新

第九章

趋势的主要就是技术革新。这时的国际技术转让件数急剧增加,由 1979 年的 14 万件增加到 1996 年的 32 万件。其中电子信息技术增长尤其迅猛,说明高科技领域的竞争异常激烈,微电子与计算机技术、通信技术、生物技术、新型材料技术、激光技术等已成为各国争夺的焦点。此外,发达国家之间的相互直接投资也恢复了增长趋势,投资的重点转向知识和技术密集型部门;即使对发展中国家的直接投资,也增加了新技术产业的投资。伴随着 20 世纪 80 年代产业结构调整的加快和直接投资的增加,国际技术转让的件数也相应迅速扩大。

(四)科技领域的国际竞争

世界各国越来越认识到,商品竞争实质上就是技术竞争,只有掌握了最新科学技术才能在国际市场上增强自己的竞争优势。因此各国都以大量资源投入研究开发,争夺高科技阵地,从而有力地推动了世界范围的科技进步。下边从一些主要发达国家在国际技术转让总件数中所占比重的变化来说明这种情况。

早在 1965 年,世界技术专利占有件数的排列顺序是:美国第一,联邦德国第二,英国第三,法国第四,瑞士第五,荷兰第六,意大利第七,瑞典第八,日本第九(只占 2.4%),美国处于绝对领先地位。经过 1965—1986 年 22 年的变化过程,美国由占 37%下降到 27%,相对优势已经被削弱。联邦德国仍占据第二位,为 20%左右。英国的比重由 10.2%下降到 6.5%,由第三位降到第五位。由于担心技术实力继续下滑,英国从 70 年代中期开始在国内掀起科学技术政策的争论,力图挽回失去的地盘,但效果不大。法国由于采取了积极的科技政策,保住了原来的地位。在这期间,只有日本的技术地位上升最快。在 50 年代和 60 年代,日本从美国和西欧引进大量的先进技术,经过消化、吸收并同本国的技术开发结合起来,日本的国际技术专利转让件数比重从 1965 年的 3%提高到 16%,一跃从第九位上升到 1973 年的第三位。此后,日本一直保持着领先地位,同第一位美国的差距大大缩小。在世界经济不景气的 70 年代,在美欧对外直接投资陷于低潮时期,日本仍在继续扩大海外直接投资,一方面是为了回避贸易摩擦增加对美欧的投资,另一方面扩大对东南亚各国的投资。东南亚国家和地区为了设备更新,建立以电子、汽车、家电等为主的零部件供应基地,向国外申请的技术专利急剧增加,尤其是从日本引进的技术专利最多。

以上各国的技术竞争及其技术地位的变化,可以说明以下三个问题:

第一,这五个国家是当时技术革命的中心国,世界的技术竞争也主要是在这些国家之间展开,并且最为激烈。在竞争中,胜者与败者主要取决于技术革新机制是否有效和科技政策是否正确, 以及在革新行动上的主观努力程度。

第二,各国技术地位的交替变化说明,如果后进国家(如日本)技术引进的速度快于新技术的开发速度,同先进国家的差距就会迅速缩小;否则,差距就可能扩大。这主要是因为技术转移的速度一般要比开发的速度相对快些。

第三,实践证明,技术转移在中心国之间是迅速的,而在中心国与周边国(主要是发展中国家)之间,以及周边国与周边国之间是缓慢的。在周边国家和地区,除亚洲"四小龙"的技术转移较快以外,其他经济落后、资源缺乏的广大发展中国家都较缓慢。这样就在一定程度上影响了科学技术在世界范围内迅速而广泛地传播。

第三节　蓬勃发展的高新技术与世界经济信息化

一、蓬勃兴起的高新技术及其全球传播

当今的经济全球化是由高新技术的迅猛发展推动的,正如 19 世纪末 20 世纪初那样,科学技术的发展促进了商品、资金、人员等流向全球各个角落。特别是电子信息技术突飞猛进的发展, 正在深刻影响到社会经济和人们生活的各个方面。电脑、电话、电视的"三网融合"早已进入了实用推广阶段;电子商务、电子教育正在普及,量子计算机、ONA 计算机、光学计算机也在加紧研发;植物和动物的遗传、克隆技术也已取得重大突破;在航空航天技术方

面,国际合作、联合攻关、宇宙探索更是引人注目。如美国、俄罗斯、欧洲、日本和加拿大等国家和地区合作建设的"国际空间站",取得了重大成果。空间站的构件由各参加国分工建造,并分批、分期由美国航天飞机、欧洲阿丽亚娜火箭、俄罗斯"联盟质子"号火箭和日本的 H2A 型火箭送入太空。这个国际太空站在太空环地球运行,将成为永久性的载人科技设施。

在全球化的新时期,电子信息技术的飞跃发展,跨国界的信息沟通与交流的日益增多,不同国家的科技工作者在探索自然奥秘方面所关心的课题不断趋同。与此同时,人类共同面临的自然及社会问题也日益增加;世界各国科学与工程技术人员作为一个科技整体所要探索和解决的问题也逐渐趋同。例如,各国科学家对于人类遗传基因的研究,对解决全球气候变暖问题所作出的努力,以及 2001 年由美、英、法、德等国联合宣布完成了的人类基因组草图,截至 2003 年 4 月 14 日,人类基因组计划的测序工作已经完成,使科学技术成为一种有益于全人类的国际社会行为,其研究内容的全球化趋势越来越明显。

上述科学活动的全球化及其影响远远超出国界。借助于现代通信手段的发达和国际交流的日益密切,一国科学技术活动的成果会很快在全球范围内得到广泛的传播。随着科学技术研发及其成果应用周期的缩短,以及在全球应用范围的扩大,科学技术的进步将会渗透到社会经济生活的各个领域,必将对全球经济和人类社会产生巨大和深远的影响。

二、信息技术与信息产业的兴起

在高新技术领域中,电子信息技术及其广泛应用,尤其引人注目。电子信息技术和由它所发展起来的信息产业,将成为各国最大的支柱产业。因此,现在许多国家都高度重视发展本国的信息技术和信息产业,而且在两方面获得了日益巨大的成果。

在信息技术领域主要发生了三场革命。

第一,数字化。以重新安排 1 和 0 这两个数字组合为基础,开始了一个崭新的经济时代。几乎每一件东西都可以转换成计算机代码的组合,如字词、数字、声波、影像、建筑设计以及软件等都可以转换。数字化的世界将使人们从稀缺的资源束缚中解放出来，从而可以大大促进经济的增长。

第二，全球电话网主干线开始使用光导纤维。仅仅一束像头发丝那么细的光纤就可以同时进行数百万次电话交谈或数百次视频传输。迄今为止，光纤主要是铺设在国际和国家的主干线上，连接的国家越来越多。

第三，计算机功能成本的大幅度下降。无论是数字革命，还是光纤革命，如果没有计算机能力成本的下降都是很难实现的。同工业革命的成果要花费 100 多年才广泛传播不同，信息时代的成果可在较短的时间内就能成为人们普遍买得起的东西。现在许多公司都打算把入网费削减 66%，而且新的网络计算机已经省去了个人计算机（包括磁盘驱动器）的所有复杂之处，以便使任何人既能买得起又便于掌握它。

随着信息技术的发展及其应用，信息产业也就应运而生，正在形成一个日益庞大的产业群体。一般认为，信息产业是指现代信息设备生产、制造，以及利用这些设备进行采集、储存、传递、处理与服务的部门的总和。现代信息产业按其功能特征可分为两大类：一类是以电子、计算机和通信设备制造为主要内容的信息技术产业；另一类是利用电子通信和数据处理技术提供服务的信息服务业。据统计，2018 年世界信息产业产值已达 5 万亿美元，预计将于 2019 年突破 5 万亿美元，信息产业即将超过传统产业而成为发达国家最大的产业。美国投入信息产业的资本占资本总量的 40% 以上，大大超过了其他产业。

上述两种信息产业是把"互联网络"作为主要媒体而逐步形成的。因此，伴随着信息技术和信息产业的发展，互联网络席卷的范围迅速扩大。从推出一项新技术到累计 1 千万个用户的时间，电话用了 30 年，录像机用了 9 年，而环境网络（World Wide Web，互联网络的一个重要组成部分）仅用了 3 年。据国际电信联盟发布的资料，全球信息网络用户从 2002 年 4 月的 5.8 亿个猛增至同年 7 月的 6.7 亿个。不过，在全球信息网络不断发展的同时，"数字鸿沟"依然存在。目前，在国际电信联网的 191 个成员国中，有 25% 国家的电话普及率低于 1%，全世界有 25% 以上的人没打过电话，占世界人口 15% 的发达国家却拥有 62% 的电话，即使在发展中国家内部差距也很大。在最新的

第九章

信息网络业务中,差距更明显,全世界84%的移动电话用户、91%的传真机和97%的因特网主机分布在发达国家。经济、技术等方面的差异,造成世界信息通信领域的发展严重不平衡。如何缩小信息消费的贫富差距,是人类面临的一个迫切需要解决的问题。

云计算、大数据等新兴领域迈入高速发展期,新模式、新业态快速发展,将继续成为软件产业新的增长点。近年来,以云计算、大数据为代表的信息技术推动信息化向纵深发展,其对软件业的改变愈发明显,不仅表现在软件的开发方式上,更为重要的是软件和服务之间的界限逐渐模糊。基于云计算的咨询和服务将成为软件企业新的利润增长点。随着云计算应用不断深化,发展潜力空间逐步释放,云计算产业也受到投资机构的青睐,成为投资的热点。在大数据方面,Synergy Research发布的最新数据显示,全球各国都在大力推进数据中心的建设,目前超大规模的数据中心数量已超过300个。总体来看,截至2016年12月,全球45%的云和互联网数据中心在美国建设;中国和日本分别列第二位和第三位,占8%和7%。英国、澳大利亚、加拿大、新加坡、德国和印度列第四至第九位,所占的份额在3%~5%。Synergy Research预计,未来数据中心的建设将持续加快,到2018年全球超大规模的数据中心将超过400个,而美国仍将是云和互联网技术方面最领先的国家。

互联网络市场前景十分广阔,是各国大公司激烈争夺的重点领域。在这方面目前有两个战场,一个是控制基础设施,包括世界电话网、地下电缆系统、卫星和无线电传输,以及拥有大批计算机和服务器的互联网络,它们正在迅速地成长为一个个独立的工业部门。世界上一些著名的欧美的老牌媒体和一大批新兴公司,都在为控制这一领域展开激烈的争夺战。另一个战场,也是最重要的一个战场,是争夺通过全球信息网络传输的内容。这种内容提供者之间的竞争首先是在美国大公司之间展开的,很快又扩展到其他发达国家。在争夺信息市场中,"信息网络"又是其中的焦点。未来的信息网络与最新的电脑技术结合形成的"互联网络",所产生的影响将更为深远。目前全球最大的半导体厂家英特尔,正在把视讯会议和部分网络功能直接放进电脑的微处理机,让新一代电子技术与信息网络紧密结合。英特尔总裁格罗夫(AndrewS.Grove)在《十倍速时代》中指出:"互联网络会对产业带来十倍速影响"。其所以会产生如此巨大的效应,是因为这种信息技术与信息产业的形成息息相关。

第一,信息网络加速了电脑产业对家电市场的侵蚀。过去电脑的主要市场是企业用户,家电的主要市场在家庭。随着信息网络深入家庭,电脑产业打入家庭市场,各种类似电视造型的家用电脑便纷纷出现,并把传真、电话、音响、光盘和电视等多种功能融为一体,形成多媒体产业。现在以信息网络为核心的信息市场正在迅猛成长,明显超过了家电业。据初步统计,现在全球信息产业产值已达 5 万亿美元,每年以 15%~20% 的比例增长;但 2018 年家电产业销售量仅为 1170 亿美元,最近几年家电业成长率都低于 4%,市场已接近饱和。现在最大的信息产品生产国是美国,原来世界最大的家电生产国——日本的厂商不甘就此落后,正在急起直追,抢占信息网络带起的新市场。美日电脑的争夺战也波及亚洲"四小龙",我国台湾省的宏碁不仅要和 IBM、康柏电脑公司竞争,还要和日本家电厂家竞争电脑中的家电功能。

第二,信息网络将改变电脑产业的版图。近 15 年来,以发展个人电脑为中心的电脑产业已走入剧烈竞争的谷底,现在许多公司都把发展的重点放在互联网络的电脑上。太阳微系统、奥瑞克、网景、苹果和 IBM 五家公司提倡的网络电脑,就是要打破由微软、英特尔所垄断的电脑工业。因为网络电脑没有软件,也不要硬盘,使用软件和资料存取都到网络上做,因此软硬件都不用升级,售价也下降了,约为一般个人电脑的 1/40。网络电脑能否成功固然还有待于进一步做出努力,但它却指出了今后电脑产业的一个新方向。

第三,信息网络将重塑传播和商业媒介。信息网络集声音、影像和文字于一体,又有即时和互动的特点,被视为未来最理想的媒体。美国时代华纳集团已投巨资用于开发信息网络事业,并将其《财务》《时代》杂志上网,还结合有线电视即时播放新闻。另外,随着信息技术的飞速发展,网络商业也应运而生。许多公司正在研究利用信息网络开展生意活动,这就是当前最热门的"电子商务"。据统计,自将 1998 年定为电子商务年以来,全球电子商务市场从 1999 年的 54 亿美元发展到 2017 年的 1.3 万亿美元,并预计到 2021 年,全球电商销售额将达 4.9 万亿美元。美国是电子商务发展最早且最成熟的国家,2018 年美国零售电子商务销售额达 504.6 亿美元,增长 12.9%,网络

第
九
章

零售成全球零售市场强劲拉动力。另据《亚洲电子商务》杂志研究指出,如果目前在亚洲推广电子商务,日本、韩国、新加坡、澳大利亚、新西兰和中国内地、中国香港、中国台湾等,是最有机会和条件的国家和地区。中国稳居全球规模最大、最具活力的电子商务市场地位,2017年,电子商务交易总额达29.2万亿元,同比增长11.7%,B2C销售额和网购消费者人数均排名全球第一。现在电子商务已经成为我国非常重要的产业,而且从根本上改变了我国的商业环境与业态。近年来,政府围绕"互联网+"、供给侧结构性改革、"一带一路"推出相关政策,积极推动电商市场的发展。随着"互联网+"行动的持续深入,电商市场向细分领域发力,农业和跨境电商成为重点领域,此外,"互联网+流通"和金融服务领域政策法规的出台,提升了电商市场的配套设施。由传统行业向电商行业转型的单纯线上模式,到发展至现今线上与线下相结合的"新零售"模式,不断为市场提供新的产品服务,创造新的消费者需求,为国内电商行业的发展不断注入新活力。

其他发达国家和一些发展中国家(地区)的电子商务也发展很快。电子商务的使用和迅速普及,正在造就一个全球范围的新经济时代。这个新经济就是利用信息技术,使企业获得新的价值、新的商机、新的增长和新的管理手段。这种经济发展模式正在改变我们传统的经济生活和社会面貌,使企业经营方式发生根本性变革。

三、信息技术对世界经济的深远影响

当今世界,以信息技术为主要内容的新技术革命,不但对传统的国际经济关系产生巨大冲击,引起世界经济从工业经济向知识经济转变,而且对世界经济其他各个领域也正在产生深刻的影响。

(一)加速工业经济向知识经济转变

世界经济正处在工业经济向知识经济转变的时代。在现代经济的生产要素中,知识是比原材料、资本、劳动力等更重要的经济因素,成为真正的资本和首要的财富。"知识经济"恰当地概括了当前世界经济的最新特点和发展趋势。

知识经济的崛起发源于20世纪40年代开始的信息技术革命，特别是80年代兴起的高科技革命。1991年东西方冷战结束后，国际竞争重点转移到经济科技领域，这又进一步加速了经济知识化的步伐。一个全新的经济时代——"知识经济"（knowledge economy）时代已经来临。

在20世纪90年代初，人们还只看到信息技术革命引起新的经济增长，但是现在事实愈益清楚地表明，这场新的高科技革命更深刻的意义在于引起知识经济的全面崛起。其突出表现如下：

第一，一些发达国家的知识经济已开始取代工业经济。经合组织（OECD）指出，在过去10年中，该组织成员国的高技术产品在制造业产品中的比重翻了一番以上，达到30%~40%。知识密集型服务部门，如教育、通信、信息等的发展则更为迅速。经合组织主要成员国的国内生产总值的50%以上是以知识和技术为基础的。科技进步对经济增长的贡献率，已从20世纪初的5%~20%提高到如今的70%~80%，全球信息网络建成后将提高到90%。在不久的将来，发达国家的高新技术产业中的信息产业、生物技术、新材料技术等产值将全面超过汽车、建筑、钢铁、运输、纺织等传统产业。

第二，目前知识经济最突出的现象是对信息技术的广泛应用。35年前，全世界仅有5万台电脑，而现在，仅2018年的个人电脑的产量为2.59亿台。今后几年中，这一数字将飙升至每13至14人就拥有一台。2003年，全球因特网使用者为近5亿人，到2018年6月末，达到42亿人。在全球信息网络建设的推动下，全球国内生产总值中已有2/3以上的产值与信息行业有关。现在美国经济增长的1/4以上归功于信息技术，美国许多大公司都通过因特网寻找供货商或顾客，以降低成本。

第三，服务业在发达国家经济中所占比重迅速提高。在经合组织成员国中，服务部门研究与开发投资的增长速度比制造业快得多，已占其全部研究与开发投资的1/4以上。在过去10年中，绝大多数的就业机会来自服务业。在美国，进入20世纪90年代以来，服务业占国内生产总值的比重已达70%，从业人员已占私人经济非农业从业人数的75%。在创造财富和就业上，服务业如今已成为支配欧盟经济的主要行业。欧盟统计局公布的报告指出，

第
九
章

2017 年欧盟服务业创造的就业已占总就业人数的 74%。

第四,科研投资向知识经济领域倾斜,增加研究开发与教育的投入。经合组织成员国的平均研究与开发费用占其国内生产总值(GDP)的 23%,其中美国、日本等还高于这一比重。美国对信息产业的投资于 20 世纪 90 年代初就已超过其他领域。

为了迎接知识经济时代的到来,现在各发达国家都在纷纷调整和制定战略,加快以信息技术为主要内容的高科技的发展,以期在 21 世纪的国际舞台上占据领先地位。

(二)促进国际贸易的信息化

国际贸易信息化是指信息技术、信息产品和信息服务日益渗透到国际贸易的各个方面,使国际贸易结构、贸易形式和贸易结算实现电子信息化。具体表现为:

(1)以信息技术为中心的高技术产品贸易迅速增加,从而使传统的贸易结构发生变化。特别是技术贸易已成为国际贸易的重要组成部分。技术贸易量的迅速扩大,既反映信息技术在国际贸易中的地位和影响的增强,也反映了知识产业化和国际贸易信息化的发展趋势。

(2)信息服务业在国际贸易中的作用日益重要。在国际贸易中,市场行情的获得、国际贸易商品和地区结构的变动、商品价格和汇率的变动趋势等,通过信息服务所获得的资料既迅速而又准确,推动了国际贸易量的扩大。

(3)国际贸易交换方式走向电子化。即把电子数据交换(EDI)运用到电子计算机信息系统,通过现代通信系统传输各种数据,实现"无纸化交易"。由于省钱省时而又准确,美国和其他国家正在加紧开发运用电子贸易方式。据美国的投资公司哈姆布莱特奎斯特集团的一项研究报告表明,电子贸易额从 1995 年的不到 1 千亿美元增长到 2017 年的 1.3 万亿美元,而预计到 2021 年可达到 4.9 万亿美元。可以预见,这一切都将改变传统的贸易方式,使信息时代的贸易关系发生根本性变革。

国际贸易的信息化、信息网络的全球普及,使各国、各地企业不受时间和空间的约束,不仅可以自由且迅速地交流信息,还可以诱使产业结构发生变化。因为土地、劳力、技术、资金等产业发展所需资源,在其贸易交换中受信息引导,所以在网络上取得资源就更为重要。在这个过程中,就会有更多的企业基于自己的发展战略,创造发展事业的机会,设立新的产业部门,实现企业的快速成长。

由此可见,随着高度信息社会的到来,产业与企业组织必将走向"开放型、网络型"的经营方式。未来的国际贸易将是经济价值与知识价值相融合,以国际信息网络的"电子交易"为基础,重新塑造国际交换的体系。

(三)国际金融关系的信息化

国际金融关系的信息化主要表现为流动资金与信息联系更加密切,以及资金流动方式的电子化和金融机构经营的国际化。目前,国际间网上银行日益增多,流动资金规模大而且流动速度快,世界各地外汇市场交易额巨大,海外金融机构迅速增多,这些现象都和国际金融关系的信息化密切相关。

第一,银行纷纷上网。现在"电子银行"已经普及,大多国家都已实现通过因特网来提供能够使用现金卡购物和向存款户头存入现款或转账、金融商品咨询和投资咨询等项服务。在利用因特网的各国银行界,日本首先推出的因特网标准技术很快推动了世界银行使用上网技术的新浪潮。

第二,银行业务国际网络化。目前,国际间利用电子通信进行资金结算,放弃传统的支付方式日益盛行。1993 年,美国、欧洲、加拿大等国的许多银行建立了国际金融网络,开展跨国性的金融网络业务。据初步统计,该国际金融网络已与 39 个国家的 900 多家银行建立了业务联系, 在美国一国就有400 多家金融机构推出国际网络业务。

第三,虚拟银行成为现实。1995 年 10 月,美国花旗银行率先在信息网络上设站, 带动了其他国家和地区的银行也纷纷联网, 虚拟银行终于成为现实。1995 年 10 月诞生的全球第一家网络银行——"安全第一网络银行"(Security First Network Bank)即属虚拟银行。这家银行没有建筑物,没有行址,只有网址;营业厅就是首页画面,所有交易都通过互联网络来进行。1996年存款金额达 1400 万美元,1999 年达到 4 亿美元。这家银行尽管不能和资产超过 2000 亿美元的花旗银行相比,但至少可以说明网络银行是一种可行的模式。

第四,电子货币时代来临。目前世界各地都在推广电子货币的实验,希望未来电脑网络的电子交易,可以完全取代现在的支票和现金;同时利用电子货币作支付工具,还具有低成本、高效率的优点,因此对各大金融机构产生了很大的吸引力。目前,我国支付宝和微信支付都在兴起,逐渐削减了现金在日常商品流通中媒介的作用,也极大地方便了我们的生活。

电子货币是指利用电脑或储值进行金融转移,所用卡片如同现金一样,在每次消费时从卡片储存的金额中扣除。另一种是新型"电子钱包",这是由金融机构发行的金额卡,不仅可以在自动提款机提取现金、转账,并具有一般信用卡功能,还可从银行账户内的存款拨出部分金额转入随身携带的卡片上储存。当"电子钱包"的现金储值用完,可随时通过网上电脑、自动柜员机或电话操作来进行补充。美国和西欧的大型银行,目前都在开发国内和国际电子货币系统,一旦开发完成,可提供企业和消费者在全球各地通过网络支付账款。但是随着电子货币技术的逐步推广,作为消费者的团体及相关单位也产生了不安心理。为此,十大工业发达国家的中央银行在 1976 年 6 月间,替电子货币做了安全性背书,指出目前电子货币的安全措施足以保护客户不受欺骗,但同时又提出警告,电子货币科技只有不断发展和创新才能确保交易上的安全。

总之,金融互联网络的兴起,使得支付方式发生变革,资本流动速度加快,利率、汇率及各种票据的金融市场反应迅疾,大量资金从一国很快流向另一国。但与此同时也带来一定的金融风险,会使一国金融市场受到意外冲击,必须采取相应的有效防范措施。

(四)跨国公司经营业务的信息化

现代信息技术加快了信息传递的国际化,形成超国家的信息空间,全球性的跨国公司可以把它们的研究开发、加工基地、销售部门、财务管理乃至领导机构分布在世界各地。这些部门之间通过电子信息网络,相互交流业务信息,如同在一座办公楼办公那样方便,有利于跨国公司推行全球战略。跨国公司经营业务的信息化主要表现在以下几个方面:

第九章

第一,跨国公司纷纷投资于信息产业。随着信息技术的发展、传统产业的衰落,大型跨国公司经营的信息产业正在迅速崛起,对电子信息服务业的国际投资迅速增加。20世纪80年代以来,跨国公司投资于这一领域的金额占全部投资的55%~60%。美国、日本和西欧与一些发展中国家在全球的服务业投资总额达9250亿美元,占投资总额的45%,远远超过了20世纪50年代末的22%。随着对这一领域投资的扩大,微电子信息市场也急剧扩大,全球微电子行业产值由2012年的2935亿美元增加到2016年的3390亿美元。尤其是对与汽车、远程通信、金融保险等行业有关的电子信息产业的投资更为重视。

第二,跨国公司建立内部信息网络。制造业是昔日经济发展的动力,信息产业则是今天经济发展的先驱。许多大型跨国公司过去多投资于汽车、化工、纺织等物质生产领域,同时又是信息网络服务的使用者。今天这些公司越来越重视开发和使用自己的信息网络。如前所述,美国时代华纳集团就极力利用信息网络扩大生意。不久前,德国、法国、意大利等西欧一些跨国公司还缺少先进的公共通信网,但近年来,多数欧洲跨国公司都走上了信息科技发展的轨道。如法国钢铁制造商犹齐诺—洛林公司,由于采用了电子邮件和世界范围的订货系统,从而把加工时间从15天缩短到24小时。现在许多公司正在使用互联网络,以提供比竞争对手更好、更快的服务。跨国公司经营业务的现代化和信息化,大大提高了经营效率,缩短了总公司与子公司、子公司与子公司在时间和空间上的距离。

信息技术除了对改变传统的国际经济关系起着重大作用外,对促进世界经济的增长、推动全球经济一体化、提高劳动生产率、加剧科技领域发展的不平衡和激化国际间的竞争,也产生日益深刻的影响。

第一,信息产业在经济增长中的地位迅速提高。20世纪80年代以来,随着信息技术的飞速发展,世界信息产业也得以高速地发展。据统计,近年来世界信息产业每年以两位数的速度递增,远远超过了世界国内生产总值的增长速度。现在世界信息产业的发展已达相当规模,其总产值1995年已达到1000亿美元,1996年又增加到近2000亿美元。近年来,世界信息产业年均增长率将高达约20%,到2001年,全球信息产业的总产值已超3.5万亿美元,成为全球最大的产业。到 2018 年,全球信息技术产业产值达 5 万亿美元。目前,信息产业总产值占国内生产总值的比重,在发达国家为 40%~60%,在发展中国家为 10%~20%。信息产业已成为许多国家最大的产业,尤其是在发达国家,信息产业已成为推动国民经济增长的发动机,正在加速信息社会的到来。

第二,推动经济全球化的发展。二战后科技进步和生产力的发展,加快了经济全球化的进程。尤其是信息技术的应用,进一步促进了生产和资本的国际化,使各国和地区之间的经济联系更趋紧密。就信息技术发展最快的近 10 年的情况看,全球商品和服务贸易除个别年份外都保持较快的增长率,增长速度连续 6 年超过世界产出的增长率,前者约为后者的 3 倍;世界金融市场继续扩大,目前外汇市场每天交易额为 4 万亿美元以上,国际资本流动量每年平均以 30% 左右的速度增长,超过了国际贸易的增长速度。这说明,由于信息技术的迅速发展,世界经济的各个领域都在迅速扩大,把世界各国、各地区经济更加紧密地联系在一起,经济全球化的进程大大加快。

第三,提高劳动生产率。信息技术是高科技的核心内容,它既可以建立多种信息产业,提高劳动生产率,又可以用来全面而有效地改造原有的传统产业,实现机械和电子一体化,大大提高了生产能力和经济效率。在产品设计、生产过程、生产管理、营销管理、资金管理等各个方面实行计算机自动监控,既能降低生产成本,又可以大大提高劳动生产率。据美国有关人员估计,美国企业实施信息网络后劳动生产率提高了 20%~30%,企业获得的收益占全部企业利润的 75% 以上。20 世纪 90 年代初美国经济由长期停滞转入持续增长,在很大程度上得益于信息技术及其在经济领域的广泛应用。

第四,信息技术领域发展不平衡和竞争加剧。世界各国在高科技领域中的争夺,一方面促进了信息技术的开发和应用,另一方面使各国在高科技领域出现新的不平衡,竞争进一步激化。

(1)信息技术发展的不平衡性。由于信息技术在世界经济发展中的地位日益重要,因此信息技术的研究开发和应用自然成为各国竞争最激烈的一个焦点,美国、日本和西欧都倾注了大量的人力和物力。世界上最大的信息技术研究开发成果大多出自美国,美国在信息技术革命中一马当先,日本的信息技术是在引进美国技术基础上经过消化、吸收、创新迅速发展起来的。日本在20世纪60年代后期生产出集成电路,70年代生产出大规模集成电路,80年代开始大规模生产微处理机,90年代初超大规模集成电路技术一直领先于美国,并有很大一部分产品出口到美国。在应用电子技术研制的机器设备方面,由于日本很少受机器排挤工人的影响,生产和使用的机器人台数超过了美国,居世界首位。

(2)国际竞争加剧。信息技术的发展,加速了统一世界市场的形成,市场竞争变得更加激烈,竞争的范围也进一步扩大。许多国家经济发展的实践证明,自然资源(土地、矿产)和劳动力的优势不再是决定竞争力的关键因素,一个国家和一个企业的竞争优势在很大程度上取决于科技发展水平,而目前科技水平的高低又取决于对信息资源的占有量。如果不能借助先进的通信手段,及时准确地获取市场信息,就很难在竞争中取胜。此外,国际竞争的综合因素也日益增强,吸收、开发和应用技术的能力,产品更新换代的速度,物资供应网络和市场营销,售后服务的质量等都构成竞争能力的重要因素,而这些因素又往往是靠信息技术促成的。

(3)进一步扩大了发达国家与发展中国家的技术差距。信息技术正在蓬勃兴起,由于发展中国家的技术基础落后,要发展本国的高科技特别是信息技术,既受到自身条件的局限,又受到发达国家技术转让的阻力,结果是现有的信息基础设施和信息产业明显落后于发达国家。据统计,目前全球70%的主要电话线路、90%的移动电话用户、70%的计算机、80%的光纤电缆分布在经合组织成员当中。在这种情况下,一方面发展中国家为进口先进信息技术和设备,不得不依赖发达国家的科学技术;另一方面由于信息技术的发展和广泛应用,一部分传统能源和材料被新能源、新材料所取代,使发展中国家的资源出口减少,引起发展中国家贸易条件恶化。由此可见,在信息技术及其应用的竞争中,广大发展中国家远落后于发达国家,发展中国家要发展信息技术,建立起自己的信息网络,缩小与发达国家的差距,面临着长期而又艰巨的任务。但世界经济信息化是大势所趋,发展中国家只有积极创造条件,不失时机地引进发达国家在信息技术领域的成果,才会逐渐改变原来的落后状况。近年来,一些发展中国家和地区的信息技术和产业飞速发展的事实充分说明了这一点。

(五)信息技术对世界经济可能产生的负面影响

迄今为止,我们论述了科技革命,尤其是信息技术革命对世界经济的积极促进作用。然而我们也应当看到信息技术革命等科学技术的进步对世界经济也有可能带来一定的负面影响。例如,信息技术进步在带来新的商业模式的同时,有可能对传统的商业模式造成极大的冲击,从而导致世界经济中各国,甚至整个世界经济出现巨大的调整成本。例如美国亚马逊电子商务平台问世以来,网上购物交易(包括了国内、国际贸易)迅猛发展,结果对传统的实体商业购物模式造成了巨大冲击,很多实体商场利润下降、裁减员工、商业地产价值下降,甚至破产倒闭。中国淘宝、京东等网络购物平台出现后,对传统的实体商场销售同样产生了极大的冲击,导致了传统商业模式举步维艰、大幅度裁员等调整转型成本。又如,在2008年全球金融危机以后中国大量电子商务购物平台蓬勃发展,使得消费者能够通过互联网精准地发出订单,在降低消费者购物成本的同时,使得传统实体商业购物模式下消费者在逛商场时相对情感化和随意性的消费需求极大下降,在一定程度上是对消费需求的一种削弱,有可能在经济有效需求不足的背景下产生负面影响。

当然,科技革命的负面影响只要我们应对得当,其影响是非常有限的。科学技术是第一生产力的论断在当今各国经济发展和整个世界经济发展中仍然成立并决定着世界经济未来的发展和格局变化。

党的二十大报告指出,教育、科技、人才是全面建设社会主义现代化国家的基础性、战略性支撑。必须坚持科技是第一生产力、人才是第一资源、创新是第一动力,深入实施科教兴国战略、人才强国战略、创新驱动发展战略,开辟发展新领域新赛道,不断塑造发展新动能新优势。要坚持教育优先发展、科技自立自强、人才引领驱动,加快建设教育强国、科技强国、人才强国,坚持为党育人、为国育才,全面提高人才自主培养质量,着力造就拔尖创新人才,聚天下英才而用之。完善科技创新体系,坚持创新在我国现代化建设全局中的核心地位,健全新型举国体制,强化国家战略科技力量,提升国家创新体系整体效能,形成具有全球竞争力的开放创新生态。加快实施创新驱

第九章

动发展战略,加快实现高水平科技自立自强,以国家战略需求为导向,集聚力量进行原创性引领性科技攻关,坚决打赢关键核心技术攻坚战,加快实施一批具有战略性全局性前瞻性的国家重大科技项目,增强自主创新能力。深入实施人才强国战略,坚持尊重劳动、尊重知识、尊重人才、尊重创造,完善人才战略布局,加快建设世界重要人才中心和创新高地,着力形成人才国际竞争的比较优势,把各方面优秀人才集聚到党和人民事业中来。可以预见,科技革命将对我国经济发展起到越来越重要的推动作用,而我国的科教兴国战略、人才强国战略、创新驱动发展战略,也使得中国经济发展的同时,对世界新的科技革命做出巨大的贡献。

思考题:

1.简述二战后科学技术革命的内容。

2.简述二战后科学技术革命的特点。

3.简述科学技术的国际传播机制。

4.为什么说科学技术是第一生产力,是世界经济发展的主要动力?

5.信息技术对世界经济有哪些深远的影响?

6.信息技术对世界经济发展是否完全是有益的? 可能会产生哪些负面影响?

第九章

第十章　二战后世界经济发展周期与经济危机

内容提要：

世界经济周期是指世界多数国家的总体经济活动有规律地扩张与收缩的交替波动过程，一般是指世界范围内总产量、就业率、价格水平等各种宏观经济指标同时上升和下降的交替波动过程。经济危机是指在资本主义社会再生产过程中，周期性地出现的生产相对过剩的危机。由于资本主义经济仍在现代世界经济中占据主体地位，资本主义的基本矛盾即生产的社会性和生产资料私人占有制之间的矛盾是经济危机产生的根源。正是这一社会基本矛盾的运动和演变，使得资本主义再生产比例关系的失调成为一种常态，市场的扩张总是赶不上生产的扩张，当这种矛盾得以激化，就必然会爆发普遍性的生产过剩的经济危机，并以此为起点和终点，形成资本主义经济进而整个世界经济的周期性波动。

经济周期理论包括马克思主义周期理论和"长波理论"。马克思主义周期理论的主要观点包括：资本主义经济危机周期性爆发的根本原因在于资本主义的基本矛盾；周期波动是资本主义经济的运行规律；资本主义经济周期由危机、萧条、复苏和高涨四个阶段组成；固定资本更新是经济危机周期性的物质基础。

"长波理论"是指苏联著名经济学家康德拉季耶夫提出的在资本主义经济发展中存在着平均长约50年的长期波动这一结论。其核心观点是全世界的商品、资源和金融市场会以50—60年为周期进行波动。二战后70年的世界经济运行的轨迹，在相当大的程度上验证了康德拉季耶夫所提出的长波理论,后人将资本主义经济运行中的长周期叫作"康德拉季耶夫周期"。出现这种长周期波动的原因主要包括外源性因素和内源性因素。

二战结束以后,随着国际形势的发展,世界经济周期赖以运行的内外条件,均发生了巨大变化。二战后世界经济运行周期和经济危机与二战前相比,出现了某些重要的特点。概括起来就是:经济周期的阶段性不甚明显;生产下降幅度较小,打击程度相对较轻;生产过剩危机与财政金融危机交织发生;"停滞膨胀"一度成为各国的普遍现象;周期性危机与结构性危机交织在一起;新经济周期与高新技术产业息息相关。

第一节　世界经济周期与经济危机的理论

一、世界经济周期和经济危机的含义

(一)世界经济周期

1. 经济周期的含义

世界经济自从其形成时起,就呈现出周期性发展的态势。19 世纪 60 年代,马克思通过对资本主义生产关系的研究,指出资本主义基本矛盾的发展必然导致经济危机的发生,并且指出危机是周期发生的,一般是 7—10 年发生一次,还指出资本主义再生产周期分危机、萧条、复苏、高涨四个阶段。进而指出,资本主义经济是循环发展的,且资本主义经济的循环发展有一个不均质的平均周期(7—10 年),但由于具体历史条件的变化,使得每次经济周期的时间间隔、周期各阶段的深度和广度并不体现为简单的重复。

古典经济学家认为,经济周期是经济总量的上升和下降的交替过程。1860 年,朱格拉(Clement Juglar)将经济周期定义为"重复发生的,虽然不一定是完全相同的经济波动形式"。哈耶克(Friedrich A. Hayek,1929)认为经济波动是对均衡状态的偏离,而经济周期则是这种偏离状态的反复出现。米切尔(Wesley Clair Mitchell)在 1927 年出版的《商业循环问题及其调整》(*Business Cycles：The Problem and Its Setting*)一书中将经济周期定义为"经济变量水平的扩张和收缩的系列"，这是常被引用的一个古典经济周期定义。

在西方学术界，对经济周期的经典定义是由 Mitchell 和 Burns 在 1946 年出版的《衡量经济周期》(*Measuring Business Cycles*)一书中表述的："经济周期是在主要按商业企业来组织经济活动的国家总体经济活动中所看到的一种波动：一个周期由几乎同时在许多经济活动中所发生的扩张，随之而来的同样普遍的衰退、收缩和与下一个周期的扩张阶段相连的复苏所组成；这种变化的顺序反复出现，但并不是定时的。经济周期的持续时间在 1 年以上到 10 年或 12 年，它们不再分为具有接近自己的振幅的类似特征的更短周期。"该定义在强调经济活动的扩张、收缩反复循环的同时，认为它并不是定时发生的。

二战后，总产量绝对量下降的现象几乎不存在了，因此现代经济学家对经济周期的定义也产生了改变，认为经济周期是经济增长率的周期性变动，卢卡斯(Robert E.Lucas，1977)对经济周期的定义是："经济周期是经济变量对平稳增长趋势的偏离"，即认为经济周期是经济增长率的上升和下降的交替过程。

2. 世界经济周期的含义

世界经济的周期性发展是同资本主义市场经济以及生产国际化的发展直接相关的。在资本主义市场经济中，经济危机和经济周期性波动是不可避免的，生产国际化的发展又使各国的经济危机和经济周期汇合成同期性越来越强的世界经济危机和经济周期。

世界经济周期一般是指世界范围内总体经济活动呈现出大约 10 年一次的周期性波动过程。具体而言：

(1)其对象为总体经济活动。世界经济周期所分析的对象是总体经济活动，它是指宏观经济运行，即总产量、就业率、价格水平等宏观经济指标的变化状况。

(2)其内容为总体经济活动活跃与呆滞循环交替的波动。即各种宏观经济指标同时上升和下降的交替波动。在上升期，总产量、就业率和价格水平等宏观经济指标趋于活跃,表现为经济繁荣或扩张;在下降期,上述宏观经济指标趋于呆滞,表现为经济萧条和收缩。

(3)其特征为总体经济活动的波动呈现出大约 10 年一次的周期性。从时间序列来看,总体经济活动活跃与呆滞循环交替的波动具有明显的规律性,大约 10 年一次。由于总体经济活动呈现出明显的规律性波动变化,称之为世界经济周期。

(4)其范围为整个世界经济。世界经济周期的考察范围显然是整个世界经济,主要包括了发达资本主义国家,尤其是当今世界经济中起主导作用的主要发达资本主义国家, 同时也包括在经济上从属于发达资本主义国家的发展中国家。虽然 20 世纪 80 年代以来,世界经济形势发生了很大变化,一方面是发展中国家的整体经济实力有了一定提高, 另一方面是绝大多数非市场经济国家都走上了向市场经济转型的道路, 它们越来越深地融合进世界市场经济体系之中。但上述变化,并没有改变世界市场经济体系中发达资本主义国家占主导地位的局面。发达的生产力以及强大的经济实力,使这些国家的经济危机和经济周期仍然决定着世界经济危机和世界经济周期。

按照持续的时间,一般可以将世界经济周期划分为:为期 50—60 年的世界经济长周期(康德拉季耶夫周期),为期 20 年左右的中长周期(库兹涅茨周期),为期 10 年左右的世界经济主周期(中周期),为期约 40 个月的短波周期(基钦周期)。

(二)世界经济危机

1. 世界经济危机的含义

马克思指出资本主义经济危机是资本再生产过程中固有矛盾的必然结果,他所指出的经济危机是指在资本主义社会再生产过程中,周期性地出现的生产相对过剩的危机。马克思认为,资本主义经济制度存在的基本矛盾,即生产的社会性和生产资料私人占有制之间的矛盾是经济危机的根源。这一矛盾是与资本主义制度与生俱来的,是资本主义生产方式的内在矛盾。经济危机爆发的直接原因是无限扩大的生产能力超过了市场上有支付能力的需求,生产出来的产品不能在市场上全部被出售,从而导致生产的急剧缩减和失业者的大量增加,导致社会经济秩序的混乱。

资本主义世界范围内的经济危机,马克思根据危机的广度,将其分为普遍危机和局部危机。普遍危机是指资本主义世界范围经济的主要部分,如主要国家、主要部门以及主要交易品所发生的危机,即世界经济危机,是世界范围资本主义经济的全面危机。普遍危机具有周期性:"自从 1825 年第一次普遍危机爆发以来,整个商业世界,一切文明民族及其多少尚未开化的附属地中的生产和交换,差不多每隔 10 年就要出现一次。"局部危机是相对于普遍危机而言的,是世界范围内资本主义经济总体的某一部分发生的危机。由于局部危机发生在两次普遍危机之间的期间, 所以从时间上看是相对于周期性普遍危机的中间危机,从范围看,局部危机可以是一国或数国的全面危机。

在现代资本主义经济中, 作为世界经济危机形态的基本形式的普遍危机与中间的局部危机不仅仍然存在,而且在内容、范围、形式以及周期进程等方面出现了许多变化。

2. 世界经济危机产生的基础

马克思在《资本论》等一系列经典著作中深刻分析了资本主义生产关系的本质,揭示了资本主义的基本矛盾,指出了资本主义经济危机周期性爆发的可能性和必然性,为我们研究战后世界经济周期与危机提供了强大的理论武器。资本主义经济的内在矛盾是危机的基础。资本主义经济的各种危机是其各种内在具体矛盾激化的结果, 而这都根源于生产社会化同生产资料私人占有制之间的基本矛盾。

统一的世界资本再生产运动的形成, 使资本主义的商品和货币关系在世界范围展开,为世界经济危机的爆发提供了可能性。世界经济危机产生的基础,与一般经济危机产生的基础一样,是资本主义的基本矛盾,即生产社会化和生产资料资本主义占有形式之间的矛盾的激化。由于在统一的世界资本再生产过程中, 每一个国家的社会资本再生产过程都是世界有机的组成部分,但又具有相对的独立性。因而,这里所说的资本主义基本矛盾具有双重含义:一方面是指各主要资本主义国家经济内部的资本主义基本矛盾;另一方面是指资本主义世界经济范围内的资本主义基本矛盾。

(1)各主要资本主义国家内部资本主义基本矛盾的激化。资本主义经济在一国范围内发展的初期，资本主义生产关系在经济生活中的地位对前资本主义生产关系还不具有压倒的优势，作为资本主义生产关系物质技术基础的大机器工业正在形成过程中。这时，在该国内部初步产生的资本主义基本矛盾尚未发展到爆发生产过剩危机的程度。只有当资本主义基本矛盾激化到一定程度时，才能产生生产过剩的危机。而造成基本矛盾尖锐化的物质基础则是产业革命和机器大工业。正是在机器大工业基础上形成的社会化大生产和巨大生产能力，使资本主义生产具有一种不顾市场的限制而无限扩大的趋势。但在生产资料资本主义私有制基础上发生作用的剩余价值规律和资本积累一般规律把劳动群众的有支付能力的需求限制在一个狭小的范围。这样，资本主义的基本矛盾必然会造成资本主义生产无限扩大与广大劳动人民有支付能力的需求相对狭小之间的矛盾，使生产出来的大量商品不能得到实现，造成生产过剩，再加上资本主义的商业和信用会造成虚假的需求，这样，就使生产过剩越来越严重，终于导致生产过剩危机的爆发。但是，如果机器大工业只在个别资本主义国家建立，尽管这个国家爆发了经济危机，而且这种危机也可能波及其他一些国家，但这仍然只是个别国家的经济危机，而不是世界经济危机。

（2）资本主义世界经济范围内资本主义基本矛盾。资本主义世界经济范围内资本主义基本矛盾即生产国际化与生产资料资本主义占有形式之间的矛盾激化。各主要资本主义国家经济内部资本主义基本矛盾的普遍激化，只为各国普遍发生生产过剩的危机创造了条件，但并不等于说这些国家的危机必然是同时爆发的。如果它们不是同时爆发的，那么也不可能形成世界经济危机。世界经济危机的爆发，需要有另外一个基础，即资本主义世界经济范围内资本主义基本矛盾的激化。

机器大工业在各主要资本国家经济中的统治地位的确立，使这些国家的生产能力有了空前巨大的增长，它一方面要求吸收越来越多的原料，另一方面又生产出越来越多的产品，要求越来越广阔的市场。其发展的结果，终于达到这样一个状态：这些国家的社会资本的流通和再生产过程通过国际商品交换联结成为一个国际的过程，即生产国际化。生产的国际化，广阔的世界市场（不仅包括各主要资本主义国家的市场，而且包括各落后的、不发达国家的市场),以及世界市场上的激烈竞争,促使这些国家的资本家不断地扩大资本积累规模,改进生产技术,提高劳动生产率,从而大大地推动了资本主义生产关系的增长。但是在生产资料资本主义私有制基础上产生的资本积累的规律在国际范围内发生作用的结果,却把世界各国劳动人民有支付能力的需求限制在一个相对狭小的范围,因此资本主义世界经济范围内的资本主义基本矛盾就具体地表现为资本主义世界经济范围内生产无限扩大的趋势与各国劳动人民有支付能力的需求相对狭小之间的矛盾。这种矛盾发展的结果就会造成资本主义世界范围内的生产过剩。同时,由于国际上的生产无政府状态比一国范围内更加严重,而且国际贸易和国际信用比国内贸易和国内信用更易于把生产过剩的真相掩盖起来,这就会使世界范围内的生产过剩在更大程度上积累起来,终于爆发世界性的生产过剩危机。

如果不存在世界范围内的生产过剩,而只存在个别或少数几个国家内的生产过剩,那么这些国家显然可以通过在国外市场上销售其一部分商品,来缓和生产过剩状况,推迟危机的爆发。但是,如果在世界范围内发生了生产过剩,这就意味着世界市场都处于饱和状态,所以任何国家都不可能通过世界市场来推迟危机的到来。这就决定了危机必然是在各主要资本主义国家中同时爆发。

3. 经济危机的周期性

一次经济危机,既是上一个经济周期的终点,又是下一个经济周期的起点。传统的经济周期依次经过危机、萧条、复苏和高涨四个阶段,然后又重新爆发新的危机。经济危机是经济周期中决定性和确定的阶段,支配整个周期的进程。经济危机的周期性有两重含义,一是重复出现,一次危机过后总会出现下一次危机;二是重复出现的间隔时间是相对固定的,马克思和恩格斯经过深入研究认为,资本主义自由竞争时期的周期长度为 10 年左右。经济危机的周期运动是由资本主义经济内在的各种矛盾的发展状况决定的,而大规模的固定资本更新则是危机周期爆发的物质基础。因此,固定资本更新是说明经济周期的重要因素之一。特别是在世界经济周期与各主要资本主义国家经济周期同步或基本同步发展的情况下,经济周期的长度基本上是由固定资本大规模更新的周期决定的。

二、马克思主义的周期理论

马克思主义的周期理论是根据马克思主义政治经济学中有关资本主义生产方式的基本矛盾和资本主义经济规律提出的,从生产力与生产关系的矛盾运动的角度,从资本主义的经济制度本身去寻找经济周期产生的根源,揭示了周期各阶段更迭的机理及危机产生的物质基础。其主要内容是论述经济危机的必然性、周期性,以及周期的阶段性。具体而言:

(一)资本主义经济危机周期性爆发的根本原因在于资本主义的基本矛盾

资本主义基本矛盾,即生产的社会化和生产资料的私人占有之间的矛盾。马克思指出:"构成现代生产过剩的基础的,正是生产力的无限制的发展和由此产生的大规模的生产,这种大规模的生产的基础是:一方面,广大的生产者的消费只限于必需品的范围,另一方面,资本家的利润成为生产的界限。"①资本主义基本矛盾通过以下两种形式表现出来:其一是资本主义生产有着无限扩大的趋势,而广大劳动群众有支付能力的需求又总是有限;其二是个别厂商生产的有组织而整个社会生产却处于无政府状态。资本主义基本矛盾的发展,使得资本主义再生产比例关系的失调成为一种常态,市场的扩张总是赶不上生产的扩张,当这种矛盾进一步激化,就必然会爆发普遍性的生产过剩的经济危机,资本主义再生产过程也就会被这种生产过剩危机所打断。

(二)周期波动是资本主义经济的运行规律

马克思主义经济学认为,在资本主义生产方式下,生产的目的是为了获取利润,实现资本增值,而不是满足社会的需要。这个历史局限性使生产发展到一定程度便与资本增值的目的发生冲突,激化剩余价值的生产和剩余价值的实现条件之间的矛盾,最终不可避免地导致经济危机的爆发。资本主

---

① 《马克思恩格斯文集》(第八卷),人民出版社,2009年,第268页。

义经济就是这样在扩张与收缩的交替中靠牺牲已经生产出来的生产力来发展社会生产力的,这是资本主义经济多种内在因素作用的结果,是不以人的意志为转移的。周期波动是资本主义经济的运行规律。资本主义再生产就是这样在收缩—扩张—再收缩的周期循环中进行着,恩格斯指出:"资本主义生产方式在它生而具有的矛盾的这两种表现形式中运动着,它毫无出路地处在早已为傅立叶所发现的'恶性循环'中。"①

(三)资本主义经济周期由若干阶段组成

关于资本主义经济周期进程不同阶段的特征,马克思曾根据当时的情况多次作过精辟描述,后人根据这些描述,将这种收缩与扩张的变动过程划分为各自有着鲜明特征的四个阶段,即危机、萧条、复苏和高涨阶段。

危机阶段是经济周期的决定性阶段,因为危机的发生标志着前一个周期的结束和下一个新的周期的开始。危机阶段的典型特征是商品生产过剩,库存增加,价格大幅度下降,企业被迫削减投资,压缩生产,不得不把一部分机器设备闲置起来,从而导致企业开工率降低,工人大量失业,社会消费需求下降。由于企业利润下滑,部分企业陷入破产倒闭。生产领域中发生的这些变化反映到金融领域,则会引起银行业由于企业发生亏损和破产,资金链条断裂,出于对现金的追求和对银行存款的担心,人们纷纷挤兑存款,这就使更多陷入困境的银行倒闭。经济危机的过程也就是对资本主义再生产比例关系严重失调的一种强制调整过程。经过经济危机的强烈冲击和强制调整,以生产能力和产品的闲置与浪费以及工人的大量失业和蒙受痛苦为代价,多种经济失衡得到强制调整,经济活动下降到"谷底",生产规模被压缩到与市场容量大体相应的水平,于是进入经济周期运行的萧条阶段。

萧条阶段的典型特征是生产停止下降,但也未出现明显的回升,而是在低水平上徘徊;商品价格停止下跌,但由于大量失业工人尚未重新就业,社会购买力仍然低下,市场销售不旺。同时,由于借贷资本需求有限,游资充斥,利率处于较低水平。股市行情则因经济形势不佳而在底部震荡,因此整

---

① 《马克思恩格斯文集》(第九卷),人民出版社,2009年,第290页。

个经济呈现萧条景象。随着时间的推移,大量过剩商品被以低廉的价格销售出去,一部分企业转而开始重建库存以应对生产和销售之需。较低的利率,促使企业更新设备,加之原来无利可言的投资项目变得有利可图,于是投资开始扩大,经济活动逐渐摆脱萧条阶段而转入复苏阶段。

进入复苏阶段后,企业投资继续扩大,失业率下降,就业人数开始增加,个人可支配收入上升,消费者信心增强,市场销售日趋活跃,物价趋于稳步回升,企业利润增加,利润率提高。这种局面又驱使企业进一步扩大生产,增加投资。而投资的增长又带动消费的增长,推动工业生产和整个经济活动一浪高过一浪地向前发展。当整个生产与经济活动超过危机前的最高点时,经济便进入周期性的高涨即繁荣阶段。

在周期性高涨阶段,经济呈现一派繁荣景象,生产加速,就业增加,失业率进一步下降,工资水平提高,需求旺盛,物价不断上涨,整个生产过程呈现购销两旺景象,企业开工率达到高点,哪怕利息率提高也无法阻挡资本投资规模的扩大,其他经济领域也相应地快速增长。正如马克思所指出的:"前一个繁荣时期在危机以前的最高点,每次都作为下一个繁荣时期的最低点而再现出来,然后又上升到一个高得多的新的最高点。"①然而"这个狂热发展阶段也只不过是崩溃的先声"。在经济一派繁荣景象的背后,爆发一次新的经济危机的条件正在酝酿成熟,经过"几次拼命的跳跃"之后资本主义经济将重新进入"崩溃的深渊"。

(四)固定资本更新是经济危机周期性的物质基础

马克思指出:"虽然资本投入的那段期间是极不相同和极不一致的,但危机总是大规模新投资的起点。因此,就整个社会考察,危机又或多或少地是下一个周期的新的物质基础。"②在危机过后的萧条和复苏阶段,固定资本的大规模更新引起对生产资料和生活资料需求的增加,成为带动经济趋于活跃的主要驱动力。投资的扩大带来对借贷资本的旺盛需求,信贷规模迅速

---

① 《马克思恩格斯文集》(第七卷),人民出版社,2009年,第567页。
② 《马克思恩格斯文集》(第六卷),人民出版社,2009年,第206页。

扩展,银行利率提高,利润增大,股市行情也随着上市公司的业绩增长而一路趋升。与此同时,固定资本投资的增加又使生产能力不断扩大,又为再生产比例关系新的失调创造物质条件, 在整个经济活动一派繁荣景象的背后是资本主义基本矛盾的再次激化,爆发一次新的经济危机的条件逐步孕育成熟。经过一段时期的迅速扩张后,整个经济又会陷入危机的泥沼。资本主义的经济周期就是循着"危机—萧条—复苏—高涨—再次危机"的轨迹在周而复始地循环中运行着,而随着经济危机的一再爆发,资本主义的各种经济社会矛盾也在不断积累。危机只是资本主义基本矛盾的强制性的暂时的解决,虽然每一次危机都为克服它本身创造了前提,但资本主义在其自身范围内是无法克服危机的,因为它克服危机的办法不过是"资产阶级准备更全面更猛烈的危机的办法,不过是使防止危机的手段越来越少的办法"①。危机暴露了资本主义的一切病症,体现了资本主义生产方式的历史局限性。

马克思主义经济周期理论是马克思主义经济学的重要组成部分。二战以后资本主义世界经济周期与危机虽然发生了许多重大变化, 但事实一再证明,马克思主义经济周期理论并没有过时,仍然具有强大的生命力。

三、长波理论

20 世纪 70 年代的经济危机以后, 发达国家经济结束了二战后长达 20 年之久的高速增长,进入了"滞胀"和低速发展的阶段;90 年代以来,世界经济形势持续看好。这一系列情况促使国内外学者再一次对长波理论的研究产生极大兴趣。

(一)长波理论的形成与内容

1. 长波理论的由来

对资本主义经济发展中长期波动现象的研究, 最早出现在 19 世纪末。1896 年,俄国人帕尔乌斯通过对资本主义农业危机的研究,发现经济发展中

---

① 《马克思恩格斯文集》(第二卷),人民出版社,2009 年,第 37 页。

存在着一种带有规律性的现象,即大体 50—60 年有一次长期波动。1913 年,荷兰经济学家冯·盖尔德伦发表了一篇论文,列举了一系列数据说明资本主义经济发展中 60 年为一个大循环的问题,并且比较详细地阐明了之所以出现 60 年一个大循环的原因。最系统最明确地提出长波理论的还是苏联著名经济学家康德拉季夫。1925 年,康德拉季耶夫发表了《经济生活中的长期波动》一文,正式提出了在资本主义经济发展中存在着平均长约 50 年的长期波动这一结论,即所谓的"长波理论"。

2. 长波理论的基本内容

19 世纪 60 年代,马克思通过对资本主义生产关系的研究,指出资本主义基本矛盾的发展必然导致经济危机的发生,并且指出危机是周期发生的,一般是 7—10 年发生一次,还指出资本主义再生产周期分危机、萧条、复苏、高涨四个阶段。从那以后,无论是马克思主义还是非马克思主义的学者,都对资本主义再生产周期问题进行了一系列的研究,其中最详细、最精辟、最具有代表性的,就是康德拉季耶夫,所以后人就将资本主义经济运行中的长周期叫作"康德拉季耶夫周期"。

康德拉季耶夫收集了英国、法国、美国等国家 1790—1920 年这一百多年中的商品价格、利率、工资、对外贸易等一系列经济指标的变动情况,还收集了生铁、煤炭等主要原料、燃料的产量及消费量的变化情况,并对一系列数据进行了比较分析,在此基础上提出他的长周期理论。康德拉季耶夫认为,在资本主义经济发展过程中,不仅存在着像马克思所说的那种 7—10 年为一个长度的商业周期,而且还存在着一个 50—60 年的长周期,每个周期当中又分为上升与下降两个时期,各持续 20—30 年,一般情况是长期波动的上升期繁荣年份较多,而下降期则以萧条年份为主。根据统计分析,康德拉季耶夫得出结论说,1790—1920 年这一百多年中已经出现过 2.5 个长波:第一个长波大约是 1790—1845 年,高峰期是 1810—1817 年;第二个长波大约是 1845—1895 年,高峰期是 1870—1875 年;第三个长波大约是从 1895 年开始,高峰期是 1914—1920 年。

此外,康德拉季耶夫还列举了长期波动中的一些不同于其他经济周期的特点:一是在长期波动的衰退期,农业通常出现显著的、长期的萧条;二是在长期衰退期,生产领域和交通运输业有较多的重要发现和发明,但这些发现和发明要在下一个长波高涨开始时才能够得到大规模的应用；三是在一次长期高涨开始的时候,通常会有黄金产量的增长,会有较为后进国家的经济突进,世界商品市场一般也有所扩大。

(二)长波形成的原因

对于经济发展过程中为什么会出现长期波动,学术界存在着一些不同的看法。一派认为长期波动来自外源性因素:战争与革命,过激的阶级斗争形式,如1789年法国大革命、1848年欧洲革命,等等。这种意见认为,生产力腾飞的起点是某一不同寻常的历史事件。另一派认为,长期波动来自内源性因素,即生产力体系内部的深刻变革是迅速增长阶段与缓慢增长阶段周期性交替的根据。他们认为这种变革是由基础性革新所引起的,由此而产生的"例外的生产力"导致新的增长部门利润率提高,因而发展迅速,带动整个经济增长；但过了20—30年之后,这种效益潜力发挥到一定程度就会出现部门利润率下降,资本贬值,因而整个经济呈缓慢增长或下降趋势。持"内源性因素"观点的人为数不少,经济学家熊彼特的"创新理论"颇具代表性。他认为,在资本主义经济发展的过程中,之所以会出现各种长短不一的经济周期,都是由创新引起的。按照熊彼特的解释,所谓"创新"就是建立一种新的生产函数,也就是说,把一种从来没有用过的生产要素和生产条件的新组合引入生产体系。熊彼特所说的"创新""新组合",具体包括以下五种情况:一是引进新产品；二是引进新技术,即采用新的生产方法；三是开辟新的市场；四是控制原材料新的供应来源；五是实现新的企业组织。熊彼特认为"创新"的引进不是连续地平稳地进行,而是时高时低,有时密集,有时稀疏,所以就产生了"商业循环"或"经济周期"。同时,在资本主义的历史发展过程中,创新是多种多样、千差万别的,因而对经济发展的影响也就有大有小,由此而形成的经济周期也就会有长有短。而长波的出现,往往与一些重大创新有关。

熊彼特的创新理论,并不一定全面。假如我们深入考察1790年以来历次长波周期变动的条件,应当说至少有三个因素对繁荣周期的形成具有同等重要的意义。这三个因素是:

第一，技术创新的因素。这里主要是指那些能够推动生产力巨大发展的重大变革，而非一般的科技进步。这些巨大变革能够强有力地转化为生产力，进而形成以新技术为基础的新兴产业，作为推动社会经济进步的带头产业，从而推动全社会的生产力发展。

第二，"火车头"因素。即新技术的采用和新兴产业的发展相对集中于一两个有经济实力的经济大国，由这一两个经济大国充当国际技术转移和推动各国经济繁荣的火车头。

第三，后进国的经济突变。即国际间的技术转移触发一部分经济发展相对落后的国家出现跳跃式发展。

从资本主义发展的历史进程来看，第一个繁荣周期（1790—1825 年），是以蒸汽机和机器（主要是纺织机）为代表的技术创新，由当时世界工业的中心国——英国充当火车头，居首位的增长部门是纺织工业。第二个繁荣时期（1850—1873 年）的中心也还是英国，主要是在钢铁和采煤方面。这期间法国、美国、瑞典、德国、俄国等相对后进国实现了经济起飞。第三个繁荣周期（1890—1913 年），具有创新性的科学技术是电的发明，发电机、电动机的推广和应用，以及化学领域里的变革。它在推动生产力发展方面比前两个繁荣时期发挥了更为巨大的作用，化学、电气、无线电、电话、汽车、飞机、机器制造等带动了工业的发展进入重工业、化学工业化阶段。这期间充当"火车头"的国家首先是德国，接着又有美国，欧洲其他国家及日本、加拿大等国经济也加速发展起来。第四个繁荣周期的准备是从二战开始的，在战争结束后至1973 年期间有了长足的发展，并达到顶点。此期间科学技术的创新来自更多领域，如原子能、电子计算机、航天技术等蓬勃发展，出现了一系列新兴工业部门，传统部门也在新的技术基础上得到了改造，社会生产和人们的生活都发生了革命性的变化。在这个繁荣周期中，美国充当了"火车头"国家，日本、亚洲"四小龙"等国和地区出现了经济腾飞。

当然不能否认，在历次长周期运动中，上述三要素对形成繁荣周期的贡献是有差异的，这些差异在相当程度上取决于各次波动的国际经济和政治的大环境。

长波理论与马克思主义的危机理论并不矛盾，从其考察的对象来看，有共同点。从危机、萧条到复苏、高涨是一种周期,从波谷到波峰再回到波谷,也是一种周期。所不同的是长波理论并不像经济危机理论那样以分析生产关系为主,而是着重分析社会生产力这一方面。科学技术是第一生产力,在经济发展处于上升期的时候,起决定性作用的是生产力,尤其是科学技术中某些重大变革的出现,往往能起到长期推动经济发展的作用。长波理论所涉及的经济周期一般长达 50—60 年,能较好地反映经济发展的长期趋势,因而在进行经济预测方面,具有重大的参考价值。

(三)用长波理论看当代世界经济的发展

从康德拉季耶夫提出长波理论到现在,将近一个世纪的时间过去了。回顾过去所经历的漫长岁月,特别是二战后近 80 年的历史,我们不能不承认,世界经济运行的轨迹,在相当大的程度上验证了康德拉季耶夫所提出的长波理论。假如以 50 年为一个周期进行计算,把康德拉季耶夫提出的第 2.5 个长波延续下去(当然对前几个长波的起止时间还有不同看法),应当在 1945 年左右结束,此前的 25 年是第三个长波的下降期,期间发生过 20 世纪 30 年代大危机和以后的长期萧条、1939 年的世界经济危机和二战。从战后初期开始进入第四个长波的上升期,至 70 年代初的经济危机以前,达到这一上升期的顶峰,接着就是以资本主义经济"滞胀"低速发展、80 年代和 90 年代危机为标志的下降期,二战后世界经济发展的历史恰好经历了又一个长波。

如果我们再依照长波理论进行观察和推测,那么第四个长波已经在七八十年代的经济危机中终结。在 90 年代初期进入第五个长波的上升期,使世界经济发展面临一个新的时期。虽然经济生活的发展变化往往具有一些偶然性和不确定性,如东南亚金融危机、科索沃战争、"9·11"事件、伊拉克战争等的影响。但是作为一种发展趋势,世界经济在今后二三十年的时间里有一个比较快的发展速度是完全可能的。

二战后科技革命由于自身发展规律和 20 世纪 70 年代经济危机的影响,70 年代以后曾一度陷入低潮,但是在 20 世纪 80 年代开始,又出现了加速发展的迹象,在微电子、生物工程、新材料、新能源、宇宙开发、海洋开发等一系列科技领域已经发生和将要发生重大突破,而且各学科、各领域间的相互渗透也日益深化,必将促进今后几十年的经济发展。如电子技术与生物技术的融合将产生第六代生物计算机;生物技术与能源技术的融合已经开发出生物电池和酶电池;超导研究的两次冲击使其迅速走进商业化应用的大门,超导计算机、超导变压器、超导电磁推进船和磁水动力推进船的下水成功,预示着工业和运输业的革命性变革;纳米技术的推广和应用将使世界制造业出现新的革命。

这次新技术革命的浪潮,是在环太平洋地区掀起的,太平洋两岸的美国和日本,是技术创新的导源地。为确保在新兴技术上占领先地位,美国投入大量人力、物力和财力,确定生物工程、航天工业、超大规模集成电路电子计算机、激光技术为今后若干年技术开发之重点。目前美国的研究开发经费居世界第一位,占发达国家的一半,约 500 亿美元以上。日本也不示弱,在新兴技术研究上的投资仅次于美国而居世界第二位, 并把开发重点放在超大规模电路电子计算机、新能源、新材料与生物工程上。综观美日竞争态势,美国尽管在出口产品方面的竞争优势趋于丧失,财政赤字和贸易赤字包袱沉重,航天事业接连受挫,但在竞争战略上不无成功之处,并保持一定的技术竞争优势。1994 年 1 月克林顿政府提出的"信息高速公路"计划,很快燃起世界范围内"信息革命"的火炬。日本自然在这场竞争中不甘落后,很快制定了一项"省际研究信息网络计划",以美国"信息高速公路"为蓝本,计划耗资 9500 万美元,到 2015 年,光纤电缆将把日本的每个企业和家庭联成一体。美国"信息高速公路"计划出台后,欧洲报刊立即出现了"欧洲面临挑战"的大标题。早在 1993 年 12 月,欧洲共同体委员会主席德路尔就提出了建立"欧洲信息高速公路"的建议,并很快得到各成员国的响应。1995 年 2 月 16 日,欧洲共同体委员会工业委员马丁·本杰曼宣布欧洲决定建立自己的大规模新型通信网络,即"信息高速公路",并计划今后 5 年投资 4500 亿法郎用于该计划的开展。时隔不久,西方七国首脑会议及部长级会议也就全球"信息高速公路"问题进行磋商。"信息高速公路"的建设、多媒体技术及其他相关技术的发展,把人类带入了信息时代。

在新技术革命的推动下,以美国为代表的发达国家出现了"新经济",与此相适应的也出现了"新经济周期"。美国经济持续 10 年的增长使新经济的发展达到顶峰,"9·11"事件之后的经济衰退则源于新经济的周期性调整。新经济没有也不可改变经济周期,不过它不单单是一个普通的经济周期,也是康德拉季耶夫所说的长周期中的一个阶段。根据康氏长周期理论,每个这样的周期均由两个阶段组成:平均25—30年的繁荣阶段和平均25—30年的衰退阶段。美国新经济的酝酿始于20世纪70年代的经济危机——石油危机(油价暴涨)和金融危机(布雷顿森林体系瓦解),80年代以后孕育出现代科学技术的一系列重大突破,90年代出现了信息革命和金融创新,从而进入长周期的繁荣阶段。而美国新经济的周期调整,不过是长周期中繁荣阶段的一个调整。虽然美国是长周期繁荣阶段经济增长的火车头国家,但又不可能是唯一的一个火车头国家,以信息革命所引发的新技术革命对世界各国经济发展的影响还没有完全展现出来。

经过短时间的调整,21世纪初的危机(可以称之为较为温和的危机)已经过去,世界经济的繁荣周期还有可能继续下去。在这一个繁荣周期中,中国经济的地位和作用不容忽视。国外诸多有影响的媒体和各国知名人士都对此发表过评论,如美国《财富》双周刊2004年10月4日一期刊登《透视新中国》的文章,认为中国已成为世界经济的"中心舞台"。文章说,随着过去25年的发展,中国已经成为世界经济中最强大的、最不可预测的一支力量。中国已吸引了数千亿美元的外国投资,那些跨国公司渴望利用中国新兴市场中巨大的廉价劳动力资源和稳定的宏观经济形势。中国已经成为世界制造业的中心,它超过了日本,成为对美贸易顺差最大的国家,而且它也是持有美国国债最多的国家之一,仅次于日本。文章指出,中国现在正吸收其亚洲邻国的商品,它对各种各样原材料的需求也促发了全球商品市场的空前繁荣。中国已经成为世界铜、铝和水泥的最大消费国,超过日本成为世界第二大石油进口国。中国现在是世界头号手机市场,是个人计算机的第二大销售市场。许多分析家认为,中国很快也将成为世界第二大汽车销售市场。麦肯锡全球总裁伊恩·戴维斯说,对于《财富》杂志500强企业的总裁来说,中国"目前绝对是中心舞台"。

从当前的形势看,中国不一定被称为"火车头"国家,但其跨越式发展已成定局;此外,还有像印度这样的发展中大国也可能出现跳跃式发展。可以预见,如果世界上两个人口最多的发展中大国相继出现经济腾飞,将有可能极大地改变世界经济的面貌及未来的世界经济格局。

第二节　二战后世界经济危机的发展

如前所述,世界经济危机是世界范围内生产"过剩"的危机。经济危机的根源在于资本主义的基本矛盾,即生产社会化与资本主义私有制的矛盾。这种基本矛盾,一方面使资本主义生产有着不断扩大的趋势,另一方面又使劳动群众有支付能力的需求相对缩小,因而生产和市场之间形成对抗性的矛盾,这种对抗发展到一定程度就不可避免地造成生产过剩,引起经济危机的爆发。经过各主要国家在开放经济条件下经济运行的跨国传导和相互作用,便导致世界经济危机。

二战结束以后,随着国际形势的发展变化,一系列国家脱离了资本主义世界体系,走上了社会主义道路。亚洲、非洲、拉丁美洲民族解放运动风起云涌,新独立国家纷纷出现,使帝国主义殖民体系土崩瓦解,从而使帝国主义的统治范围大大缩小,资本主义政治经济危机不断加深。20世纪60年代以后,苏、美两个超级大国争夺霸权的斗争日益激烈。西欧和日本等发达国家随着战后经济的恢复和发展,在世界范围内争夺商品市场、原料来源、投资场所的斗争也愈演愈烈。在侵略与反侵略、掠夺与反掠夺、转嫁危机与反转嫁危机的斗争中,资本主义固有的各种矛盾不断激化,因而世界性的经济危机也有所发展。

经济危机最根本的特征是生产过剩,要判断一次危机是不是周期性经济危机,必须同时考察生产过剩、工业生产下降、失业状况以及固定资本投资变动等因素,其中生产下降(尤其是工业生产的下降)是周期性经济危机最重要的指标之一。战后资本主义再生产周期的进程和经济危机的发生又有其特殊的表现:一方面,由于各国的国家垄断资本主义发展程度不同,各国政府为干预经济所采取的政策、措施不完全一致,所以各国危机成熟的程度和危机发生的早晚就不完全相同;另一方面,由于二战后科学技术和生产力的迅速发展,生产和资本国际化空前扩大,各国之间在生产、交换、金融等各方面的联系更加密切, 这就又使各国经济周期进程不能不仍然保持一致性,危机爆发的时间比较接近,出现所谓同期性的世界经济危机。二战后,世界再生产周期和经济危机就是同期性与非同期性交错发展的。

二战后 70 年来,主要资本主义国家先后发生过 6 次世界性周期经济危机, 这就是:1957—1958 年的经济危机,1974—1975 年的经济危机,1979—1982 年的经济危机,20 世纪 90 年代初的经济危机,21 世纪初发生的经济危机,2008 年由美国次贷危机引发的全球金融经济危机。

一、1957—1958 年的经济危机

这是二战后第一次世界经济危机。由于二战打乱了资本主义再生产过程,战争对各国经济破坏程度不同,各国经济的恢复进程和发展速度也存在差别,拖延了统一的世界经济周期的形成。不过,随着主要国家经济的恢复,生产与市场的矛盾也在不断积累,各国都曾发生过不同程度的经济危机,如美国 1948 年 1 月—1949 年 10 月、英国 1951 年 6 月—1952 年 6 月、联邦德国 1952 年 1 月—1952 年 5 月、法国 1952 年 1 月—1953 年 1 月、日本 1951 年 5 月—1951 年 10 月的经济危机。危机持续时间长者 1 年以上,短者几个月,工业生产下降幅度大者 20%以上,小者如日本、联邦德国只有 2%~3%。但是随着各国经济普遍完成了恢复并进入迅速发展时期, 各国经济周期的同期性开始趋向一致。从 20 世纪 50 年代中期开始,主要发达国家都出现了以大规模固定资本更新为内容的经济高涨阶段, 同时生产与市场的矛盾也日趋激化,终于在 1957 年初爆发了二战后第一次世界经济危机。

这次经济危机是在各国周期高涨阶段趋于一致、爆发危机条件同时成熟的情况下发生的,危机在各主要资本主义国家几乎同时发生,具有明显的同期性。危机于 1957 年 3 月首先在美国爆发,接着,日本、加拿大、英国、意大利也都在同年相继卷入危机,次年又波及法国和原联邦德国。关于这次危机在各国持续的时间及工业生产下降幅度等情况如表 10-1 所示。

从表 10-1 可以看出,这次经济危机几乎在各国同时爆发,而且危机也

达到一定的深度。从危机持续时间来看,美国最长,工业生产连续下降了 13 个月,下降幅度达 13.5%。在美国经济中占重要地位的钢铁、小汽车以及煤炭的产量下降最多,分别降到 51%、48.5% 和 31.5%。失业人数达 508 万,失业率达 7.5%,破产企业 1958 年 4 月达 1458 家。在危机期间,整个资本主义世界工业生产指数,1958 年比 1957 年下降了 2.5%,进出口贸易总额下降了 6%,而实际上各国遭受危机打击的程度比指数所表明的情况要严重得多。特别值得指出的是,在这次危机期间物价不但没有下降,反而继续上升,批发物价指数(1947—1949=100)由 1957 年 2 月的 117.0 上升到 1958 年 4 月的 119.3;消费物价指数由 118.7 上升到 123.5。在危机期间出现物价持续上涨的现象还是第一次。此外,1958 年美国在国际收支方面出现了 33.5 亿美元的巨额逆差,造成二战后以来的第一次黄金大量外流,削弱了美国在国际金融领域中的霸权地位。

表 10-1　1957—1958 年世界经济危机概况

国别	危机前的最高点	危机时的最低点	工业生产下降幅度(%)	下降月数	失业人数(万人)	失业率(%)
美国	1957 年 4 月	1958 年 4 月	13.5	13	508	7.5
日本	1957 年 6 月	1958 年 6 月	10.4	13	92	—
英国	1957 年 10 月	1958 年 10 月	3.7	13	59.6	2.1
法国	1958 年 3 月	1959 年 2 月	5.0	11	17.9	—
联邦德国	1958 年 2 月	1958 年 5 月	1.4	4	113.2	6.3
意大利	1957 年 10 月	1958 年 8 月	3.4	8	176.6	—

* 英国为制造业指数。

资料来源:根据 1949—1976 年《国际经济统计资料》编制。

在西欧国家中,英国和法国的这次危机最为严重。英国工业生产下降了 13 个月,下降幅度为 3.7%;法国工业生产下降了 11 个月,下降幅度为 5.0%;只有联邦德国遭受打击较轻;日本这次危机也较深重,工矿业生产下降 13 个月,下降幅度为 10% 以上,全失业人数高达 92 万人。在危机期间,这些国家在工业生产大幅度下降的同时,也都同样出现了不同程度的物价上涨现象。

这次世界经济危机标志着二战后第一个经济周期的结束和第二个经济周期的开始。危机的发生仍然是资本主义再生产过程中各种周期因素起作用的结果。进入 20 世纪 50 年代以后,美国一度由于侵朝战争的刺激使经济出现"高涨"的那些不稳定因素已经消失,有的甚至变成了加深基本矛盾的因素。因此,最早促成了美国 1953—1954 年的经济危机的爆发。这次危机过后,美国政府继续采取了扩大资本投资和设备更新的刺激措施,盲目扩大生产能力,造成生产能力的严重过剩,又为爆发 1957—1958 年的危机准备了条件。此外,在资本主义政治经济发展不平衡规律的作用下,联邦德国、日本等经过经济恢复之后开始进入了迅速发展的时期,日益成为美国在国际市场上的竞争对手,使美国国外市场进一步缩小。在美国国内外市场日益缩小的情况下,经过 1955 年和 1956 年的短暂"高涨"之后,一场新的经济危机终于又爆发了。20 世纪 50 年代后期,其他主要资本主义国家也都完成了战后恢复,进入了大规模固定资本更新和生产发展的时期,随着生产的扩大与有支付能力需求之间矛盾的加深,爆发新的经济危机的条件也都成熟起来。

　　1957—1958 年的经济危机同时席卷了各主要资本主义国家,显示了危机的同期性。原因如下:20 世纪 50 年代后期,二战对各国造成的不同后果和影响已逐渐消失,各国经济都进入了正常的周期运行时期;随着战后各国经济的恢复和发展,各国的经济联系日益密切,相互间的影响正在加深,各国社会资本的再生产形成了一个统一的整体;在世界经济体系中,美国的实力地位经过侵朝战争虽然被削弱,但仍然拥有经济优势和重要影响。在各国经济周期逐步趋于一致的情况下,一旦某个经济实力较强、影响较大的国家首先爆发危机,就会很快引起连锁反应,波及其他国家,加速各国经济危机的到来。在上述国家中,加拿大、日本和美国的经济关系尤其密切,日本 1954 年的经济危机就是紧接着美国 1953—1954 年的经济危机之后发生的。日本在度过 1954 年的经济危机之后,由于继续依赖于美国的资金、技术和市场,展开了大规模的固定资本投资和更新,极大地加速了日本的周期进程。随着日本国内生产能力的急剧膨胀与国内外市场的需求之间矛盾的扩大,再加上受美国转嫁危机的严重影响,在美国 1957 年 3 月爆发危机后不到 3 个月,日本的经济危机也就接踵而来,成为第二个生产幅度下降最大的国家,尤其是严重依赖美国市场的日本钢铁、有色金属、皮革、橡胶等工业,下降幅度之大分别达到 20%、23%、21% 和 20%。

二、1974—1975 年的经济危机

各主要国家经历了 1972 年下半年到 1973 年上半年的短暂"高涨"之后，在 1973 年末和 1974 年初几乎同时又陷入了危机。这次危机首先在英国、美国、日本、联邦德国等几个主要国家爆发，接着很快蔓延到与这些大国有密切经济联系的中小国家，形成了一次更加广泛的世界经济危机。

1974—1975 年的世界经济危机是在主要资本主义国家财政金融危机日益加深，通货膨胀继续恶化，以美元为中心的资本主义货币体系瓦解，以石油生产国为代表的第三世界国家反对帝国主义掠夺的斗争空前高涨的形势下发生的。因此，这次危机波及的范围广、程度深、时间长，对各国经济的打击格外沉重，是二战后以来最严重的一次经济危机。

第一，工业生产普遍大幅度下降。在危机中，各主要国家的工业生产和国民生产总值都出现了大幅度下降。关于这次危机持续的时间、工业生产下降的具体情况如表 10-2 所示。从表 10-2 可以看出，在这次危机中，各国工业生产下降幅度、危机的持续时间都超过了上次危机，而且是二战后历次危机中最长的一次。美国工业生产连续下降了 17 个月，降幅为 15.3%；英国制造业生产下降了 23 个月，降幅为 11.0%；日本工业生产下降了 25 个月，降幅为 20.0%；联邦德国下降了 15 个月，降幅为 11.4%。其他如法国、加拿大、意大利等都大幅度下降。美国工业三大支柱——建筑业、汽车和钢铁工业，下降尤为严重，其中住宅建筑投资下降了 64.7%，小汽车产量下降了 56%，钢铁生产下降了 31.9%。工业生产和各种经济活动萎缩的结果，造成各国的国民生产总值大幅度下降，是战后历次危机中下降最为严重的一次。

第二，各国工商企业大量倒闭，失业队伍急剧扩大。由于生产下降，产品滞销，资金周转困难，债务骤增，引起大批企业破产倒闭。仅就美、日、联邦德国、英、法、意、加 7 个国家的不完全统计，100 万美元以上的公司，两年内破产的高达 12 万多家，一些大银行、大企业也被卷进破产的行列。由于破产、减产的企业急剧增加，造成大批工人失业。美国全失业人数由危机前的 410 万增加到 825 万人，失业率高达 8.9%，创 1940 年以来的最高纪录。二战后

10多年来一向"劳动力不足"的日本,失业人数在最高月份也达113万人,英、法、联邦德国、意等国家的失业人数,也都达到战后最高纪录。

表 10-2　1974—1975 年世界经济危机概况

国别	危机起讫年月	危机持续月数	工业生产指数			下降幅度(％)	国民生产总值下降幅度(％)
			基本指数	危机前最高点	危机期最低点		
美国	1973.12—1975.4	17	1967=100	127.5	109.9	15.3	5.7
英国	1973.10—1975.8	23	1970=100	111.4	98.5	11.0	5.4
日本	1973.1—1975.1	25	1970=100	132.9	105.2	20.0	3.4
意大利	1974.5—1975.8	16	1970=100	126.0	97.8	22.4	—
联邦德国	1974.5—1975.7	15	1970=100	111	101	11.4	4.4
法国	1974.7—1975.5	11	1970=100	129	108	16.3	5.4

注:英、法为国内生产总值。

资料来源:根据联合国《统计月报》1974—1976年各期资料编制。

第三,固定资本投资普遍下降。企业大批破产倒闭,使企业家感到前景暗淡而不愿扩大投资,造成固定资本投资明显下降。在危机期间,各主要资本主义国家的私人投资,按固定价格计算减少了10.1%,其中生产性投资下降了4.5%,房屋建筑投资下降了32.5%。同20世纪60年代急剧扩大固定资本投资的情景形成了鲜明的对照。

第四,股票价格猛烈下跌。股票价格是经济状况的"晴雨表",股票价格猛烈下跌意味着经济危机的深化。在这次危机来临之前,于1973年初,一些国家就已出现股票价格下跌的现象,到1974年下半年进一步下跌。同危机前的最高点相比,美国、日本、联邦德国、英国、法国分别下降了45.1%、35.6%、32.4%、70.2%和48.3%,都超过了在二战后历次危机中的下降幅度。

第五,各国物价猛涨,国际贸易恶化,货币金融危机加深。在危机期间,各国通货膨胀和物价上涨率有如脱缰之马直线上升。消费物价指数,1974年同1973年相比,美国上涨了11.1%,日本上涨了22.7%,英国上涨了16.0%,法国上涨了13.7%,都在两位数以上。

很多国家由于国际市场萎缩而导致出口贸易额大大下降。除联邦德国以外,其他各国都出现了贸易入超和国际收支逆差。根据经济合作与发展组织的资料,1974年和1975年两年内,发达国家的贸易入超额共达203亿美元,国际收支逆差共达 392 亿美元。应该指出,当时一些发达国家出现的国际收支逆差与 20 世纪 70 年代出现的石油价格上涨也有关系。一些国家银行为了弥补外汇短缺,纷纷从国际货币市场大量购进"欧洲美元"或"石油美元"。而且,这种美元多属短期存款,利率高、流动性大,常常被用来进行金融投机活动,因此造成国际货币金融市场的动荡不稳,加剧了国际货币金融危机。

从 1975 年下半年开始,各主要国家都相继渡过了危机阶段,经济逐渐走向回升。但与此同时,又普遍出现了工业生产增长缓慢,长期存在庞大失业队伍,物价继续上涨的现象,这就是通常所说的"停滞膨胀"或简称为"滞胀"。这种现象的出现,是二战后资本主义经济周期发展的必然结果。二战后,发达国家为了对付经济危机,都采取了一次又一次的"反危机"措施,人为地刺激经济增长,其结果是必然导致资本主义再生产过程中的各种矛盾日益积累和加深,再加上一系列结构性危机如石油危机、工业结构调整等等,以致形成难以解决的"滞胀"局面。由于"停滞膨胀"的持续存在,到了 20 世纪 70 年代后期,各发达国家尽管出现了周期性的高涨阶段,但大多数国家仍然摆脱不了经济增长迟缓、物价上涨和存在大量失业的现象。

三、1979—1982 年的经济危机

这是二战后第三次世界经济危机。这次危机持续时间和生产下降幅度参见表 10-3。

表 10-3　1979—1982 年世界经济危机概况

	危机起讫年月	危机持续月数	工业生产下降幅度(%)	失业率(%)
美国	1979.4—1982.12	45	11.8	10.8
日本	1980.3—1983.1	35	4.1	2.5
联邦德国	1980.5—1983.1	33	12.1	8.5
英国	1979.7—1983.1	43	14.8	12.5
法国	1980.3—1983.1	35	7.4	8.2
意大利	1980.5—1983.1	33	22.0	10.5

注:失业率为危机期间最高失业率。

资料来源:根据联合国《统计月报》1980—1984 年各期资料编制。

　　这次经济危机是在发达国家日益严重的经济"滞胀"背景下发生的。各国国内需求长期不振,国际市场相对缩小,生产与市场的矛盾趋于尖锐化,再加上美国和西欧一些国家长期推行高利率的紧缩政策,以及第二次"石油危机"的冲击等非周期因素的影响,终于使这次世界经济危机不可避免。危机沉重地打击了资本主义国家的经济。

　　这次世界性经济危机,是在 1979 年 4 月首先从美国爆发的。由于美国经济长期陷于"滞胀"的困境,通货膨胀日益加剧,危机前美国居民纷纷减少储蓄或利用消费信贷进行所谓保值性购买:有些居民把原有较贵的房地产出卖后再买进便宜的,或用房地产作为抵押借入新的贷款。通过这种买卖出现的余额,最后形成很大一部分购买力用于其他消费开支,这样就使得由于物价上涨而出现的生产和市场的矛盾暂时被掩盖起来。但是到了 1979 年,随着通货膨胀的加剧和居民税收负担的加重,这种人为造成膨胀的居民购买力终于达到了极限而转为下降,使生产与消费的矛盾尖锐起来,终于爆发了这次经济危机。里根政府上台后,把对付通货膨胀作为首要问题,使优惠利率一度高达 20% 以上,拖延了这次危机的解决。紧接美国的危机之后,欧洲共同体各国,如英国、联邦德国、法国等也于 1979、1980 年先后爆发了经济危机。这是一次涉及整个发达资本主义国家而对美国、西欧打击尤重的世界性经济危机,危机的周期性也较明显,与二战后历次危机相比也更为严重。

　　第一,危机持续的时间超过二战后历次危机。美国从 1979 年 4 月开始工业生产缓慢下降,中间经过 1 年的复苏,尚未出现高涨就又出现下降,危机持续了 45 个月之久。欧洲共同体主要国家从 1979、1980 年初进入经济衰退,到 1983 年 1 月也持续了 33~35 个月。1982 年 12 月,美国工业生产指数比 1981 年 7 月下降了 12%,企业开工率平均只达 68.4%。这次危机时间之长、程度之深都是战后所未有的。1957—1958 年危机,持续时间仅几个月,受打击的部门主要是煤炭和纺织业;1974—1975 年的危机持续 1 年多,受打击的部门主要是建筑业和化工业。而这次危机,受打击的部门已扩及机器制造业、炼油业、电讯和航空、金融等重要部门。

　　第二,企业破产倒闭成风,市场萎缩,生产下降,使许多企业开工不足,亏损严重,债务增加,甚至被迫破产倒闭。西欧各国企业破产数都在急剧增加。1981 年,法国倒闭企业比上年增加了 20.3%,英国增加了 25%。二战后经济状况一直较好的联邦德国也未幸免,1982 年倒闭企业约为 12700 家,较上年增加 30% 以上,达到战后最高水平。美国则更为严重,1981 年倒闭企业多达 22587 家。美国企业倒闭的浪潮不但袭击了大批中小企业,而且袭击了大企业,就连美国最大的 500 家公司中的艾姆国际公司和萨克森公司,也几乎在同一时间相继倒闭。企业倒闭涉及的范围广泛,包括汽车销售和零件供应、机械制造业、建筑业、批发和零售业、航空工业等,都受到倒闭浪潮的冲击。即使能够维持下来的企业,设备利用率也很低。如美国制造业设备利用率 1982 年 10 月下降到 67.4% 的低水平,欧洲共同体重要工业部门之一的钢铁工业,设备利用率仅及 60% 左右。

第三,失业率达到空前水平。由于经济持续衰退,企业大批倒闭,失业人数激增,失业率已超过战后历次危机。据统计,到 1982 年,25 个发达资本主义国家失业人数已达 3200 万。美国的失业率从 1981 年 7 月的 7% 上升到 1982 年 11 月的 10.8%,失业人数达 1200 万,失业率达 42 年来的最高纪录。欧洲共同市场 10 国同年失业人数达到 1120 万,失业率也超过 10%。就连失业率一向低的日本,也达 2.5%,超过二战后历次危机。西方各国失业问题如此严重,不但加剧了经济危机的严重程度,而且形成了日益严重的社会问题。

第四,世界贸易严重萎缩,贸易逆差不断扩大。在经济危机的打击下,发达国家纷纷采取贸易保护主义政策,各国市场普遍不景气,造成世界出口贸易严重萎缩。又加上发达国家向发展中国家转嫁经济危机,纷纷削减进口和压低初级产品价格,发展中国家负债累累,无力购买西方国家的过剩产品,更加剧了世界贸易的萎缩程度。在 1974—1975 年危机期间,发达国家出口贸易量平均每年增长 4.1%,而 1979—1981 年平均只增长 3.1%。1978 年以来,欧洲共同体出口贸易每年增加 4% 以上,但 1982 年向外部市场的出口下降了 1.7%。出口贸易的严重萎缩,导致了发达国家出现巨额贸易逆差,各国之间的贸易战更趋激烈,保护主义已经成为扩大国际贸易的严重障碍。

四、20世纪90年代初的经济危机

发达国家在20世纪80年代初发生第三次世界经济危机之后，经过8年左右的增长，发生经济危机的周期因素逐渐积累成熟。刚跨入90年代，它们就相继陷入了经济衰退。首先是加拿大和澳大利亚等少数国家于1990年第二季度出现负增长，前者于1991年第一季度达到谷底，后者持续到1991年第三季度。接着一些主要国家相继进入了经济衰退。

美国经济自1990年7月陷入衰退，1991年3月蹒跚走出谷底，连续下降了8个月。走出衰退之后一度回升乏力，但到1992年便出现转机，实际国内生产总值由1991年的-1.0%上升到1992年的2.7%。美国是各发达国家中下降时间最短、复苏最快的一个国家，其他主要经济指标也反映良好，工业生产、失业率等重要指标明显好转，1993年全年工业生产指数较上年增长4.2%，是1988年以来的最大升幅。该年第四季度，企业对新建筑物和设备的投资激增21%，为1978年以来的最大增幅；而消费者的耐用消费品开支增长高达14.3%。1994年美国国内生产总值增长率达到3.5%，高于1993年的2.2%；通货膨胀率仅为2.7%，降到了历年来的最低水平；失业率已从1992年的7.5%降到1995年的5.7%，是主要发达国家中除日本外失业率最低的。

美国经济复苏的加快，很大程度上与政府的调整经济政策有关。在低速增长期间，美国经济经历了重大调整：在宏观方面，克林顿政府决心缩减财政赤字，使长期利率下降，增强了投资者信心；在微观方面，美国企业正在进行一场前所未有的结构改革，大力发展高科技产业，提高劳动生产率。由于经济周期中促进增长的因素逐渐加强，加上其他因素的变化，1994年经济继续好转，年经济增长率达到3.5%。这种强劲增长的势头，至1997年已经保持了长达7年之久，失业率维持在百分之四点多，消费物价上涨率稳定在百分之二点多的水平，呈现出良好的经济势态。但贸易赤字不平衡的机制并未改变；储蓄率低下和投资不足仍然是大问题，投资不足的矛盾虽有所缓和，但储蓄率依然低下，1987年民间储蓄率为5.0%，1996年下降到4.3%，储蓄率低下是导致贸易逆差和财政赤字的原因之一；劳动生产率也呈下降趋势，由

60 年代的 2.8%、70 年代的 1.7%、80 年代的 1.1%，下降到 1996 年均只有 0.9%。这些因素仍将制约着美国经济的发展。

1991 年，日本"泡沫经济"开始崩溃，造成一次"大地震"，其余波经久不消。80 年代下半期，日本金融当局过度放松银根，引起前所未有的资金过剩，并大量投向房地产和股票市场，致使土地和股票价格猛涨，形成虚假繁荣。但好景不长，1991 年"泡沫经济"开始崩溃，到 1992 年资产损失达 403 亿日元，相当于同年国民生产总值的 88%。1991 年春季开始，日本经济出现衰退，形成所谓"平成萧条"。1992—1995 年，日本经济连续四年呈下降趋势。其间，1993、1994、1995 年分别下降 0.1%、0.5% 和 0.9%，是二战后以来历次经济衰退中下降时间最长也是最严重的一次。面对这种严重衰退局面，日本政府已接连六次采取"紧急行动"对策，企图通过扩大政府开支来阻止经济的继续滑坡，但都收效甚微，1996 年虽已开始走向复苏，但全年的增长率仅为 2.2%。由于促使这次经济衰退的各种因素尚未被消除，至今日本经济增长速度仍缓慢，很难走向全面复苏。

日本经济如此长期衰退的原因是多方面的。首先应归因于生产与市场的矛盾不断激化。20 世纪 90 年代初，世界经济普遍陷于周期性经济衰退，世界市场相对缩小，特别是作为日本主要出口对象的美欧市场的萎缩，给日本出口造成严重困难。当日本经济在衰退与复苏之间摇摆不定之时，克林顿政府在贸易上给了日本当头一棒，致使复苏很不稳定。1993 年的日元大幅度升值，沉重地打击了日本的出口企业，日元汇率由 1993 年 2 月的 1 美元兑换 125 日元，升至同年 8 月的 1 美元兑换 100 日元左右，远远超出了日本出口产业成本核算 115 日元的限度。到年底日元汇率又突破 1:100 日元大关，升至 1:95 日元。到 1995 年 4 月一度突破 1:80 日元，升至 1:79.75 日元的历史最高水平。日元的长期大幅度升值，不仅打击了日本的出口企业，而且延缓了日本经济从谷底走向复苏。

日本经济衰退时间拖长且复苏乏力的另一个重要原因是，"泡沫经济"破灭的后遗症起了抑制作用。如上所述，由于股票和土地价格的暴跌，给银行和企业的金融资产造成巨大损失。据日本官方公布的数据，日本各种公司拖欠银行不还的"呆账"总额高达 57 万亿日元。因此，企业得不到足够的资金进行设备投资和技术革新，致使日本的电子、汽车、机械、钢铁等支柱产业成为重灾区，同时新兴主导产业又难以迅速形成，这也加重了日本经济衰退的严重性和长期性。1996年日本经济刚走向复苏，但第二年遇上了东南亚金融危机，给面临重重困难的经济雪上加霜，1997年又出现负增长。日本作为第二经济大国的这种长期经济衰退，不仅抑制了日本经济的发展，而且也影响到世界经济的复苏和增长。

20世纪90年代初，西欧各国经济也相继出现衰退局面。1991年，欧洲联盟国内生产总值下降到1.6%，1992年、1993年又下降到1.0%和0.5%。直到1994年才走出谷底，进入经济复苏时期。从欧盟主要国家来看，1991—1992年间，英国实际经济增长率分别下降到-2.0%和-0.5%、法国为0.8%和-1.3%（1993年）、意大利为1.1%和1.2%、瑞士为0和-0.8%、荷兰为2.3%和0.2%、瑞典为-1.1%和2.2%，德国较晚，1993年才出现负增长为-1.1%，可见欧盟各国在发达国家中是经济衰退最为严重的。自1994年开始走出谷底以后，除英国经济继续保持复苏势头外，欧盟其他一些国家经过1994年一年好转之后，又出现下降趋势，直到1996年仍在0.5%~2%之间徘徊，复苏明显乏力。

在出现负增长的几个西欧国家中，被称为欧洲经济"火车头"的德国，由于统一后联邦政府每年要向东部地区提供高达1800亿马克的资金，支持东部的经济转轨，巨额资金投入一时又不能产生经济效益，使政府的财政赤字急剧增大，国家债台高筑、利率升高，制约了德国经济的发展，终于出现了二战后最严重的经济衰退。1993年，德国国内实际经济增长率降为-1.2%，进入1994年经济呈复苏态势，全年实际增长率为2.9%，但1995年又转为下降趋势，仅为1.9%，1996年再降为1.4%，可见德国经济复苏是相当缓慢的。二战后，德国曾经历三次大的经济衰退。1967年、1974年两次衰退后的复苏速度都很快，增幅达5%，1982年衰退后的复苏速度也达3%，唯有这次最为迟缓。发达国家在20世纪90年代初发生的这次危机是一次世界性的周期性经济危机。尽管到1992年第三季度止，在7个主要发达国家中只有美、英、加三国出现两个季度以上的衰退，似乎危机面并不广，但是其他国家经济增长速度普遍下降，有的还出现了负增长。特别是工业生产都出现过长短不一的持续下降期,到 1993 年,日、德、意、法四国没有摆脱危机的辐射,由危机前的低速增长转化为严重的经济危机。尤其是日、德两国,1993 年出现经济大滑坡之后, 迅速跌入谷底。虽然美国经济在较快摆脱危机后出现强劲增长势头,但带动世界经济的另外两个国家———日本、德国的经济却增长迟缓。

五、"9·11"事件前后的经济危机

1991 年 3 月至 2000 年第二季度,美国经济处于历史上最长的连续增长期,而且经济运行态势出现了"高增长+低通胀+低失业"的最佳组合。因此,经济学家们提出了"新经济""新周期"的说法。迄今为止,国内外经济学界关于此次周期形成原因的较为一致的看法是:在美国经济上升时期,美国经济模式的更新、新兴网络产业的发展,使劳动生产率大幅度提高。1995—1999 年间,美国经济的年均增长率为 4.8%,这个增长速度近 50%的贡献来自劳动力投入的增加、失业率的下降;另外 50%以上的贡献来自平均劳动生产率的提高,这一时期劳动生产率的提高是 25 年前的两倍。劳动生产率的提高使经济高速增长与低通货膨胀、低失业率同时并存,但后来由于互联网企业盈利前景暗淡,新型技术创新缺乏,使经济进入全面衰退状态。

金融市场在这次经济周期中的表现,受"虚体经济"发展及其对实体经济的影响,已成为人们关注的新现象、新特征。据此,学术界提出了"虚体经济周期理论"。[①]以处于经济增长阶段的 1995—1999 年为例,美国道琼斯指数上涨 3 倍,同大萧条前的 1924—1929 年间股市涨幅不分伯仲,而作为"新经济"代表的纳斯达克指数则上升了 9 倍还多。再从股票市盈率的变化来看:1999 年底,道琼斯指数的平均市盈率为 45 倍,高于 1929 年最高峰时的水平,而纳斯达克 100 指数的平均市盈率则高达 120 倍。然而从 2000 年第三季度开始,美国经济持续 10 年的稳定增长局面终于被打破,其国内生产总值(GDP)增长率突然下降到不足 2%的水平(除 2002 年第一季度的 6.1%以外)。金融市场也全面紧缩,各股指全面下挫,尤其是作为高科技象征的纳

---

① 《世界经济》,2003 年第 2 期,第 25~30 页。

斯达克指数比 2000 年 3 月最高峰时缩水了一半以上。在以往的经济周期中,股市波动现象并不令人感到奇怪,但如此大幅度的股市波动在美国历次经济周期中却是罕见的。它表明金融市场与美国"新经济"和"新经济周期"之间的关联,已经向传统经济周期理论提出了挑战。

从 2000 年底开始,美国经济增长就已出现疲软状态。据美联储当时公布的数字显示,美国工业生产持续 12 个月下降;商业公司的总利润下滑20%,裁员 100 万人;总体失业率上升至 4.9%;消费者信心指数已经连续 3个月大幅度下降。

2001 年 9 月 11 日,作为美国经济与文化中心的纽约市受到国际恐怖组织的突然袭击,象征美国经济实力与繁荣的世贸大楼双塔全部倒塌,使美国经济遭受沉重打击。美国经济也从 2000 年第四季度开始的疲软状态变为正式衰退。2001 年 11 月 26 日,美国全国经济研究局发布的研究报告指出,自2001 年 3 月开始第 9 轮历史性经济扩张结束,衰退和新一轮周期开始。

"9·11"事件对美国造成的巨大冲击,不仅使美国经济陷入衰退,而且对世界经济发展也产生深刻的影响,首当其冲的则是最具活力的东亚地区的经济。东亚经济与美国经济有着密切的联系,尤其是很多国家和地区的出口严重依赖美国市场,如中国香港特区、新加坡、马来西亚及菲律宾对美出口占其国内生产总值的 26%。所以,"9·11"事件以后,受美国需求下降的影响,所有东亚国家和地区对美出口都出现下降趋势,而且下降幅度接近或超过10%。出口下降使以城市经济为特征的新加坡经济严重衰退;中国台湾的经济也严重衰退;对香港特区的打击程度甚至超过 1997 年的亚洲金融危机。韩国、马来西亚、泰国等在度过了金融危机之后,曾经在 2000 年出现较快的增长和显著改善,但"9·11"事件之后都受到美国经济衰退的巨大影响。日本作为世界第二经济大国,自 1990 年以来一直陷入缓慢与停滞的状态之中,"9·11"事件之后,则进入了 10 年里的第四次衰退,其重要原因之一是占其出口 20%~30%的美国市场的变化所带来的深刻影响。

由于欧美经济的关联性,美国经济下滑必然殃及欧盟。如果只拿欧盟与欧元区对美国的直接出口来衡量,欧美之间的直接经济联系是相对有限的,大约只相当于欧元区国内生产总值的 2%~3%。但是欧元区的国内生产总值有 15%~18%是出口到一些对美国市场依赖程度很高的地区,尤其是亚洲国家和地区,这样,两方面因素综合起来,就会出现"美国经济每减少 1 个百分点,欧盟经济就会下降 0.5 个百分点"的结果。更重要的是,欧美企业之间的相互投资与渗透,使欧资美国企业经营状况恶化,不能不使这些子公司在欧洲的母公司受到很大的拖累与影响。欧盟经济在 2000 年曾和美国一样达到 10 年前的最佳成绩——经济增长率为 3.4%。本来预测 2001 年可能会减速到 2.8%~3.0%,但后来一再调低预测,再经"9·11"事件的打击,预测的增长率每况愈下,据分析,欧盟的产值损失率超过千亿美元。除了这些直接的经济损失给欧盟经济造成的负面影响以外,欧盟的"心理经济"、虚拟经济(金融市场)与实体经济也受到不同程度的损失。所谓"心理经济"是指"9·11"事件引起的不确定性和不稳定性对投资者、消费者信心的影响;所谓虚拟经济则是指股市的大量缩水;而实体经济则是指"9·11"事件沉重打击了某些工商部门、航空、保险、旅游、零售业等等,如欧盟 15 国当中有 14 家航空公司都是以"国航"的身份活跃在国际航空市场上,它们的政府绝对不会容忍其受"9·11"事件的影响出现倒闭事件,但这样做会带来一系列其他经济问题。"9·11"事件之后,欧洲的许多大保险公司也陷入困境,它们承保了相当大一部分被毁的美国世贸中心客户的财产险,如伦敦劳埃德必须支付高达 15 亿美元的保险赔款。此外,"9·11"事件后欧美经济竞争关系被强化、欧元对美元的大幅度升值,也给欧盟经济发展、外贸出口等带来诸多负面的影响。

"9·11"事件前后的美国经济危机,从衰退到复苏,表现出了时间短、程度轻的特点,究其原因,可能发生作用的因素是:①全球化的新趋势,使美国经济得以利用良好的外部环境减轻了衰退的压力,如廉价的中国商品和印度劳务;②日益重要的财富效应,使美国的私人消费有力增长,支持了经济的复苏;③技术因素的作用,支持了美国劳动生产率的提高,尤其是信息技术的推广和应用,提高了经济运作的效率;④克林顿政府的财政遗产,现政府的良好货币政策及降息、减税、政府支出的扩张等财政政策,对缓解衰退、刺激复苏也发挥了应有的作用。

在美国经济的带动下,世界经济出现了复苏,2003 年下半年出现了高速增长的势头。2004 年世界经济强劲增长,达 5.0%,是 30 年来最高纪录,发达国家三大经济体国内生产总值增长普遍提高,美国为 4.3%、日本为 4.4%、欧元区为 2.2%;新兴市场与发展中国家和地区为 6.6%,其中中国为 9%,印度为 6.4%;体制转型国家为 6.0%~8.5%,高油价收益使俄罗斯经济增长超过7%。这一切是世界经济周期运行的必然结果。受周期发展的制约及其他一系列不确定因素的影响,2005 年世界经济增长率明显放慢,但仍将保持适中的速度发展。

六、2008 年美国次贷危机导致的全球金融经济危机

此次经济危机是二战后资本主义世界最为严重的一次,从性质上看它是一次由金融危机引发的周期性的生产过剩的经济危机。危机的根本原因在于资本主义基本矛盾,但其直接诱因则是 2007 年 4 月开始的美国次贷危机(Sub-prime Crisis)及其引发的空前严重的全球金融危机。

所谓次贷危机,又称次级房贷危机,系由美国房地产市场上的次级抵押贷款而引发的金融危机。表现为相关金融机构出现巨额亏损甚至破产倒闭,投资基金被迫关闭、股市剧烈震荡。美国次贷危机的原因在于:

第一,直接原因和导火索是美联储货币政策的大幅度调整导致美国房地产泡沫破裂。为了克服高科技泡沫破裂和"9·11"事件造成的恶果,美国政府采取了强有力的刺激经济的措施,美联储先后 13 次降低联邦基金利率,试图通过刺激低收入、原本无力购买房产的次级贷款者购房来刺激美国经济增长。在低利率的刺激下,美国房屋销售增加,房价不断加速上涨,房地产泡沫越鼓越大,次级房贷比例不断提高。由于担心通货膨胀,美联储从 2004 年6 月开始转而大幅度调整货币政策,先后 17 次加息。利率的上升加重了抵押贷款者还款的负担,使房屋销售下降,房价大幅度下跌,抵押贷款特别是次级抵押贷款的违约率大幅度飙升,房地产泡沫开始破裂。

第二,金融机构过度使用金融杠杆以及政府金融监管的缺失。为了尽快回收资金和分散风险,美国次级贷款的发放机构的做法是将住房抵押贷款证券化。这些本来就建立在房价不断上涨的脆弱基础上的、蕴含极大风险的次级债券经由华尔街的各种金融机构、评级机构层层包装之后又销售给了

全球各种类型的投资者,面对风险极高的金融衍生工具泛滥的局面,美国政府和以格林斯潘为首的美国联邦储备委员会却听之任之,放弃监管。

第三,现行国际货币体系的根本性缺陷导致全球经济严重失衡是危机发生的深层次原因。20世纪90年代后期以来全球经济的严重失衡突出表现在美国国际收支逆差日趋庞大,而东亚国家则有着越来越多的贸易盈余和外汇储备。在现有国际货币体制下,美元既是美国的主权国家货币,同时又是全球主导储备货币,这就促使世界各国尤其是东亚国家和石油输出国的大量外汇储备流入美国。正是巨额国外资金的流入使美联储可以将利率保持在很低的水平,从而创造出宽松的借贷条件,刺激了房地产泡沫,抬高了资产价格。与此同时,美国财政部可以通过增发债券来让国外投资者购买,从而帮助美国政府维持高赤字、高债务。这种举债方式造成美国流动性泛滥,为美国人的低储蓄、高消费提供了资金,造成高增长与低通胀二者兼顾的虚假繁荣。

次贷危机的发生带来了严重的"财富负效应",使广大居民所持有的各种资产,包括房地产的价值大幅度缩水,房地产价格及与次级债券相关的各种证券价格的急剧下跌,又使美国那些涉足次级房贷并在次债市场上有着巨额投资的金融机构严重亏损,金融机构的实力及其对外贷款能力受到侵蚀,一度存在的流动性过剩迅即转变为流动性不足,这不仅改变了美国的信贷条件,也使投资者、消费者的信心和支付能力严重受挫,消费需求和投资需求急剧萎缩,使原来依靠住宅抵押贷款特别是次级抵押贷款及次级债券这种特定信用手段支撑起来的美国周期性繁荣破灭,使实体经济领域的生产与市场的矛盾急剧激化。历史再一次印证了马克思关于"信用制度表现为生产过剩和商业过度投机的主要杠杆"[①]的精辟论断。实际上,美国房地产领域的生产与市场早已严重脱节,生产已经远远超过广大居民有支付能力的需求,只是依靠着金融创新下的各种过高的金融杠杆所创造的人为需求在维持着虚假的繁荣。2007年12月,美国经济开始陷入一次新的经济危机,危机开始阶段还较为温和,而在2008年9月次贷危机演变成为一场"百年一

---

① 《马克思恩格斯文集》(第七卷),人民出版社,2009年,第499页。

遇"的金融危机之后,又反过来加剧了已经发生的美国经济危机,从而引起世界一片惊恐。由于这场危机是在金融、经济全球化加速发展的背景下发生的,而且始于头号经济强国——美国,加之各种高风险的"毒资产"早已扩散到全球,所以危机一旦发生便通过金融、贸易、投资等各种渠道迅速传导至世界各地,从金融领域很快扩散到实体经济领域,终于演变成为二战后空前严重的经济大危机。在二战后空前严重的金融危机和周期性经济危机的双重打击下,所有发达国家的国内生产总值增长率均出现下降,2009 年的降幅为 3.2%,其中美国下降 2.5%,日本下降 5.3%,欧元区下降了 3.9%;危机期间,美国、日本、德国、英国、法国的工业生产分别下降了 13.9%、33.9%、26.0%、14.0%和 16.4%;在危机冲击下,各国失业人数和失业率均大幅度上升,例如,美国的失业率便由 2007 年的年平均 4.6%上升到 2009 年第四季度的10.1%, 所有经济合作与发展组织国家的总体失业率则由危机开始前 2007年的 5.7%上升为 2009 年 8—9 月间的 8.6%。[①]

针对次贷危机及其所引发的空前严重的金融危机和经济大危机,各国政府纷纷采取了大幅度降息、大规模注资以及实行空前规模的国有化等措施,力图通过财政政策、货币政策来刺激经济,同时还通过举行 G20 全球金融峰会等来寻求国际合作以共同应对等举措, 政府干预和调节经济的力度之大实属二战后罕见。正是在这一系列刺激政策的作用下,发达资本主义国家经济在 2009 年秋季先后进入经济复苏期, 但金融危机的影响并未消除,尤其欧洲主权债务危机的发生更是给世界经济的复苏和整个世界经济周期进程带来了严重冲击和诸多不确定性。近期,伴随着美国经济的复苏和美联储进入加息周期,土耳其、阿根廷等多个新兴市场国家出现了汇率急剧贬值导致的金融危机,给世界经济的前景再次蒙上了阴影。

---

① 2010 年《美国总统经济报告》。

第三节　二战后世界经济危机的特点

二战后世界经济周期赖以运行的国内外条件,均发生了巨大变化。从国内看,二战后各发达国家普遍出现的科学技术革命浪潮,国家垄断资本主义的发展与强化,跨国公司的对外扩张,信用制度的健全与发展,都在不同程度上影响着发达国家的再生产过程。从国际上看,二战后初期,两种不同社会制度的对峙,美国国际地位由极盛到衰落的转化,西欧国家区域一体化组织的建立、发展与扩大,"福利国家"政策在欧美发达国家的流行,原殖民地半殖民地民族解放运动的发展和第三世界的崛起, 以及世界经济全球化所带来的各国之间经济联系日益密切等,都在不同程度上影响着再生产周期。因此,二战后世界经济运行周期和经济危机与二战前相比,出现了某些重要的特点。

一、经济周期的阶段性不甚明显

世界再生产周期运动规律一般是在一次经济危机过去之后, 依次经过萧条、复苏和高涨三个阶段,又为下一次危机准备了条件,周期的各个阶段较为清楚。二战后则不完全相同,再生产周期四个阶段的依次交替不如过去那样清楚,各个阶段的特点也不如过去那样容易区分,尤其是萧条和复苏阶段更难明确划分。各个阶段的起伏波动不大,其间又往往被较长的生产停滞或局部性经济危机所间断。

二战后经济周期各阶段之所以不像过去那样明显, 主要是因为战后各国政府都加强了对经济周期的干预和调节活动,即在经济萧条时期,政府通过扩大财政开支、减免税收、扩大社会保险、实行赤字财政和膨胀信用等项刺激措施,以扩大社会需求,使萧条和复苏过程缩短,进入高涨阶段;政府为了抑制"过热",又通过增加税收、提高利率和减少财政支出等项措施,以紧缩需求,防止经济危机的爆发。二战后各发达国家政府不仅通过政策措施极力干预经济,而且还依靠自己的经济和技术实力直接参与再生产过程,为充分行使调节经济的职能提供了有利条件, 这对经济周期的发展也产生了很大的影响。例如,第一次到第二次危机间隔时间较长,主要是由于美国20世纪60年代初扩大侵越战争之后,军费开支猛增,通过国家财政预算拨款,扩大政府的商品和劳务需求, 从而带动了市场的扩大, 人为地延长再生产周期,推迟了这次经济危机的爆发。第一次经济危机生产下降到最低点时,美国政府便采取增加军费开支,增加公共工程、房屋建筑和失业补助等措施,刺激经济的回升。接着又采取放宽折旧和投资减税等优惠办法鼓励私人投资。这些措施对缩短危机后的萧条与复苏阶段,加速高涨阶段的到来,都起了一定的刺激作用。这种情况在其他发达国家也不例外。

二、生产下降幅度较小,打击程度相对较轻

二战后的经济危机同二战前相比,危机持续时间较短,生产下降幅度较小,危机对经济的打击程度也相对较轻。但战后危机的破坏程度也有一个由弱变强的发展过程。在世界经济恢复和迅速发展时期,危机的打击程度相对较轻,进入"停滞膨胀"时期以后,危机则表现出日益深化的趋势。

二战后,主要发达国家虽然多次发生过经济危机和生产下降,但总的说来都不如二战前的危机那样深重, 持续时间也没有那样长, 更没有出现过1929—1933年那样震撼资本主义制度的大危机。

从危机持续的时间看,以美国为例,在二战前,如果把1920—1921年、1929—1933年和1937—1938年三次危机连同1923—1924年和1926—1927年的生产下降合并计算,平均每次危机的持续时间为17.6个月,二战后美国的每次危机延续时间都没有这么长。其他资本主义国家情况也大体相似。这说明,二战后经济危机持续的时间相对缩短。

再从生产下降幅度看,美国除了1974—1975年危机使工业生产下降了15.3%之外,其余几次最多为13.5%和11.8%。日本除了1957—1958年、1974—1975年两次危机使工矿业生产分别下降了10.4%和20.0%以外,其余两次各为4.1%和4.2%。英国除1951—1952年、1974—1975年两次危机下降较多,

分别为 23.6% 和 11.0% 以外,其余两次各为 3.6% 和 10.9%。其他各国的情况也大致相似。同 1929—1933 年大危机使美国工业生产下降 46.2%、英国下降 23.8%、德国下降 40.6%、法国下降 32.9% 相比,下降的幅度都相对小得多。

二战后危机之所以出现上述特征,是由多种因素促成的。其中主要的是:①国家垄断资本主义调节作用的加强,垄断企业经营管理能力的不断提高,以及各种非物质生产部门的迅速扩大,有可能使生产与市场的矛盾在一定程度上和一定时间内得到缓和。②二战后各国的经济危机次数不等、时间参差不齐、深度不同,同时各国之间经济联系更加密切,为各国向外转嫁危机、减少工业生产下降幅度提供了条件。③随着科学技术和生产设备的不断革新,一方面使再生产周期进程大大加快,另一方面涌现出许多新兴工业部门、新产品,这些新兴部门和新产品在危机期间受周期变动的影响相对较小,甚至在危机期间仍然能够继续扩大生产和出口,对整个工业生产的下降起了一定的抑制作用。此外,在经济危机期间,固定资本投资下降幅度较小对周期进程也产生一定的影响。

二战后,由于各国政府对经济周期进行了干预和调节,在生产下降期间,政府从财政、金融等方面极力支持垄断资本进行投资,这样就不至于使固定资本投资下降得太快。国家还对过剩生产力采取保护措施,例如通过国家加工订货以维持企业的生产等,使那些濒临破产的企业,不必把机器设备完全毁掉,甚至还可以继续增加设备投资。正因为在危机中固定资产被破坏得不够,所以作为周期物质基础的固定资本更新的作用被削弱,危机对于解决生产和消费的矛盾的作用也受到了限制,于是便出现了生产下降幅度较小的现象。

进入 20 世纪 70 年代以后,由于主要发达国家深陷"停滞膨胀"的困境,国家面对这种困境进退维谷,以及结构危机的日益加深,所发生的生产过剩经济危机就呈现出不断深化的趋势。1974—1975 年的经济危机,对经济的破坏程度就超过战后历次危机;而 1979—1982 年的经济危机,其时间之长、企业倒闭之多、失业率之高,以及世界贸易的萎缩等,又都超过了 1974—1975 年的危机。

三、生产过剩危机与财政金融危机交织发生

如上所述,二战后各国家政府为了加强对经济周期的干预,增加财政开支,扩大政府投资,降低利率和扩大信贷,增加军费支出等,人为地刺激经济。其结果是,造成了各国日益庞大的财政赤字和巨额国债。政府为了弥补不断恶化的财政赤字和巨额国债,不得不扩大货币供应量和盲目扩大信贷,造成经常性的通货膨胀和物价上涨。在 20 世纪 50 年代,各国货币供应量的增长和工业生产的发展大体上是一致的。但是到了 60 年代,多数资本主义国家都出现了货币供应量快于工业增长的现象,以致引起货币不断贬值,物价持续上涨。尤其是在 1974—1975 年这次较为严重的经济危机期间和危机以后,各国物价上涨更为剧烈。

在财政危机和通货膨胀的袭击下, 货币金融危机也日益加深。美国从 1950 年以来,除了 1957 年以外,国际收支年年出现逆差,而且逆差数字不断增大,因此造成美国的黄金大量外流,黄金储备急剧减少。特别是到了 60 年代,在美国国际收支逆差急剧扩大的同时,国际金融市场上接连发生各国抛售美元、抢购黄金的美元危机。在多次美元危机的冲击下,美国政府于 1971 年 8 月被迫宣布停止外国中央银行用美元兑换黄金。从此以后,美元连续贬值,引起西欧货币和日元纷纷浮动,固定汇率制垮台,宣告以美元为中心的资本主义世界货币制度瓦解。这种货币金融危机同当时的世界经济危机紧密地交织在一起,进一步加剧了经济危机的严重性。

四、"停滞膨胀"一度成为各国的普遍现象

经济周期发生和通常的现象是,在危机期间生产急剧下降,危机阶段过去后,经过萧条、复苏又出现新的高涨。同时,在危机中因商品滞销而物价猛跌,以后伴随着经济的恢复,失业的减少,重新出现物价上涨的趋势。可是到 20 世纪 60 年代末和 70 年代初, 却出现了一种与以往经济周期过程不同的新现象,即"停滞膨胀"。它包括两方面的内容:一方面,生产增长迟缓,经济

发展停滞,失业率长期较高;另一方面,长期存在通货膨胀,物价持续上涨。这两种现象互相交织并发,贯穿于再生产周期的各个阶段,而不只是出现在周期的某个阶段;也不只是出现在少数几个主要国家,而已成为所有发达国家共同的经济现象。

二战后发达国家经济周期中普遍出现的"停滞膨胀"现象,是资本主义基本矛盾发展的必然产物,也是国家垄断资本主义长期干预经济生活的必然结果。在国家垄断资本主义还没有占统治地位的时候,为解决生产的不断扩大同人民群众有支付能力的需求相对缩小的矛盾,通常是通过生产过剩的经济危机造成对生产力的严重破坏,使生产与市场的矛盾得到强制性的暂时的缓和。到了二战以后,随着国家垄断资本主义发展到新的阶段,由于国家对经济周期的各个阶段进行全面长期的干预,致使每次危机都不能充分展开,生产与市场的矛盾不但没有解决反而被掩盖和积累起来。同时,由于国家进行干预造成的通货膨胀和物价上涨的加剧,又会引起社会购买力的下降。市场长期萎缩不振,就会影响生产的持续增长,导致"停滞"与"膨胀"并发的严重局面。可见,"停滞膨胀"既是国家长期干预经济的结果,又是政府用以刺激经济的各项政策措施再也不能奏效的表现。"停滞膨胀"的出现,是政府长期推行凯恩斯主义的结果,同时也证明凯恩斯主义已经失灵,根据这种理论制定的政策措施无法医治资本主义的痼疾。

为了摆脱"滞胀"的困境,主要资本主义国家都另谋出路。英国撒切尔夫人执政以后,首先采取了货币主义经济政策,限制货币发行数量,削减政府开支,以控制通货膨胀。美国里根政府上台后,依据供应学派和货币主义的理论,削减政府开支,控制货币发行量,提高利率,以制止通货膨胀;对公司和富有的人实行减税政策,以鼓励投资,增加生产;减少政府对经济的干预,废除一些规章条例的限制,使企业活动有更多的自由,等等。经过几年的努力,通货膨胀虽然得以控制,但也付出了沉重的代价。如美国里根政府采取严厉的货币紧缩措施,虽然控制了通货膨胀,但却造成严重的财政赤字,在他的第一个任期内,平均每年财政赤字达 1400 亿美元,累计为 5392 亿美元,超过了从美国开国总统华盛顿直到卡特政府的 4484 亿美元的财政赤字总和。里根执政 8 年,赤字累计达 16673 亿美元,为历届总统 204 年中预算赤字总和的 1.8 倍。在布什任期内,美财政赤字不仅没有减少,反而继续增加。克林顿政府上台后,继承了这笔庞大的遗产,不得不以解决巨额财政赤字作为其施政的主要目标。

五、周期性危机与结构性危机交织在一起

结构性危机是指因国民经济结构和部门结构的急剧变动而引起的生产与消费,供给与需求之间长期、严重的比例失调。它产生的直接原因则是由资本主义经济结构内部各部门、各要素间的联系受到严重破坏而引起的。20世纪五六十年代,当发达国家经济处于"黄金时期"的时候,结构性危机并不明显。但进入 70 年代以后,结构性危机日益发展,并与周期性经济危机交织在一起。战后在科学技术推动下出现了一系列新兴工业部门,这些部门的利润高,垄断资本争相投资,因而发展速度快,被称为"朝阳工业",而传统工业由于受到新兴工业的排挤而成为"夕阳工业"。70 年代危机以后,钢铁、造船、纺织等遭受结构性危机影响的"夕阳工业"每况愈下,在周期性危机与结构性危机的双重打击下,长期处于委靡不振的状态。以钢铁工业为例,1973—1983 年这 10 年间,美国的钢产量从创纪录的 13600 万吨下降为 7650 万吨,80 年代初钢铁工业的开工率仅为 44% 左右。同期,日本及欧洲共同体国家也面临同样情况。由于结构性危机与周期性危机交织在一起,使周期性危机变得更为复杂,更难以解决,这在危机持续的时间、生产下降的幅度,以及失业人数的增加等方面都有明显的表现。

80 年代以及 90 年代初发生的这两次经济危机的结构性特点表现得尤为明显。因为这两次危机是在 70 年代危机以来近 10 至 20 年时间里,发达国家经济结构问题一直未得到解决的情况下又发生的周期性危机,因而危机的严重性大大高于统计数字上所显示的下降幅度。突出表现之一就是,就业情况恶化,高失业率呈现出长期化趋势。失业问题严重一直是西方国家近些年来难以克服的顽症,虽然各国都把解决失业问题作为政府首要的任务,但仍无法阻挡其不断攀升的势头。在结构失调的情况下,传统工业普遍萧条,"夕阳工业"部门的失业情况更为严重,而当周期性危机到来的时候,最

先受到打击的又是这些传统工业和"夕阳工业"部门。如在 1981 年危机期间,美国的失业率为 7.4%,制造业的失业率为 13.8%,而汽车工业和钢铁工业则分别高达 20.8%和 45%。另外,新兴工业规模小、自动化程度高,没有力量提供足够的就业机会,即使有有限的就业机会,那些从传统部门被排挤出来的工人一时也适应不了新技术产业发展的需要。

90 年代初期,随着发达国家经济相继出现衰退,就业情况又进一步恶化,可以说是雪上加霜。根据经济合作与发展组织 1994 年 7 月 19 日的报告,25 个成员国 1993 年的失业率为 8.5%,约 3500 万人,1994 年达 3600 万人。这还不包括那些半失业者,估计约有 1300 万(1991 年)。其中美国的失业率 1990—1993 年依次为 5.4%、6.6%、7.3%、6.7%。欧洲联盟各国的失业情况最为严重,在 80 年代初失业率平均高达 9.7%的基础上,进入 90 年代以后又继续攀升。1992 年 1 月以后,其失业率已连续 20 个月上升,1993 年成员国的平均失业率高达 10.5%,失业人数为 1750 万,其中丹麦为 10.5%,法国为 10.8%,爱尔兰为 18.4%,英国为 10.4%,西班牙居首位则高达 21.2%。这么高的失业率是一颗暗藏着的定时炸弹。

因此欧洲联盟委员会在它的《增长、竞争能力和就业》白皮书中制定了到 2000 年前将失业人数减少一半的计划。但考虑到新的劳动人口的增长,必须再创造 1500 万个额外的就业位置才行。二战后以来,日本的失业率一直没有超过 3%,但由于泡沫经济破碎后严重经济衰退的影响,加上日元不断升值而打击了出口企业,许多公司都面临着工人过剩的沉重负担。据日本官方公布的数字,1994 年的失业率已达到 3.2%的空前水平,如果按照国际通行的计算方法,日本的实际失业率则为 6%以上。在过去,当所有经济大国的经济衰退时,失业率也随之迅速上升;当经济情况好转时多数国家的就业问题也就得到缓和。但是当美国经济最早出现好转,西欧最严重的衰退也已过去,在这两个国家和地区中,除了美国的失业率由 1992 年的 7.5%下降到 1995 年的 5.4%外,西欧的失业率一直在 10%以上。发达国家失业率为两位数的 8 个国家都在欧洲(德国、法国、意大利、比利时、希腊、爱尔兰、芬兰和西班牙)。大批失业者的继续存在已经构成了西方国家、特别是西欧的一个最头痛的问题。

发达国家结构性危机的另一个重要表现就是固定资本投资长期呆滞。20世纪五六十年代,发达国家出现了固定资本投资浪潮;到70年代以后,情况则迥然不同了,美国、联邦德国、日本的固定资本投资平均年增长率分别从60年代的4.5%、8.5%和17.9%下降到2.1%、3.4%和2.3%。在周期性危机到来的情况下,固定资本投资更加委靡不振,危机更加深化,也导致萧条时期拖长。这也是70年代危机以来,西方国家经济长期低速增长的一个重要原因。

六、新经济周期与高新技术产业息息相关

通常的经济周期变动与住宅和汽车市场变化密切相关,而现在则是高科技与高技术产业占据主导地位。而且高技术产业一旦停滞,就可能阻碍经济发展,出现新的经济衰退。

这种情况在进入20世纪90年代以后日益显示出来。发达国家在摆脱了90年代初期的经济衰退之后,已相继进入复苏和持续增长时期。尤其是起着牵引作用的美国经济,由于高新技术产业的迅速发展,不但衰退时间短,而且增长时间长,就业稳定,通货膨胀率低,这说明以往的周而复始的繁荣和衰退的经济周期,以及影响经济周期的因素有所变化。

美国经济持续增长近10年时间,这在经济发展史上是少有的。为了解释这一现象,"美国新经济"理论应运而生。2001年3月以来,美国经济出现衰退,人们又把原因归结为新经济引发的经济泡沫。

美国进步经济研究所将新经济定义为:以知识和思想为基础的经济。在这一经济中,创造就业和提高生活水平的关键是体现在服务和制造业产品中的创新思想和技术。新经济是一种高技术、服务和办公型的经济,是建立在新技术、新劳动组织方式和新产业基础之上的经济,是建立在贸易依存度不断提高基础上的经济,新经济依存的是不断创新、迅速发展的高新科技公司。它的基本特征有四点:

一是经济全球化。生产要素的组合在全球范围内实现,知识流(知识生产、分配、交换、传播和消费、信息流、技术流)的规模和发展速度大大超过以

往的商品流和物流，使世界各国都可以同时享用人类所共有的上述智力资源。信息的网络化及其快速传播，可以使生产要素在全球范围内流动并达到最优配置。

二是经济服务化。其表现有两个方面：一方面，知识创新能力在各生产要素的组合中发挥决定性作用，它作为生产函数的内生变量服务于资本、土地、劳动等其他变量，并优化其他变量；另一方面，服务经济在总体经济结构中的比重不断提高，对国内生产总值的贡献率超过制造业及其他产业。

三是经济网络化。即数字通信技术和网络技术使社会生产的组织方式、社会经济交往方式、社会财富分配方式、社会消费方式都发生重大变革。生产者与生产者之间，生产者与消费者之间，消费者与消费者之间，居民、企业与政府之间，世界各国与地区之间，通过纵横交错的网络系统联系在一起，使全球化经济活动的时间缩短、空间缩短、频率加快，协同性增强，效益增大。

四是经济轻型化。具体表现在两个方面：①产值轻型化：如美国的国内生产总值如以吨计算，几乎与一个世纪前相差无几，但以价值来计算却增长了20倍；产业结构轻型化由于信息技术投入少、产出快、升级快、资源可反复使用和复制，因而作为新兴产业逐步取代原材料投入多、能耗大、产出少、升级慢的传统产业。②经济结构智能化：以高技术为代表的知识密集型产业逐步取代粗放型的劳动，资本密集型产业成为主导产业，科技进步的高集约度使产品的附加价值增大，并使经济增长方式发生质变。

20世纪80年代后期和90年代以来，以微电子为中心的高技术产业飞跃发展，日益取代传统的周期性行业，成为推动经济增长的主要动力。新的经济周期与高技术产业息息相关。在主要发达国家中，计算机、软件业以及通信业取得了长足的发展，发展速度远远超过了经济领域中的其他行业，大大有助于延长经济增长的持续时间。实际上，在美国高技术产业已经取代传统的周期性产业。例如，美国在1994—1996年的3年间，27%的国内生产总值来自高技术部门，相比之下，过去影响经济周期的主导产业如房地产和汽车等行业创造的价值分别只占国内生产总值的14%和4%。仅1996年一年，高达33%的国内生产总值来自信息产业。这一行业从互联网络蓬勃发展到直播卫星电视的崛起等，都促进了经济的发展。1995年和1996年正值美国汽车、房地产转为萧条期间,却适逢高技术产业异军突起,抑制了经济下滑趋势。

信息技术的发展,使各公司通过利用计算机和先进通信技术更好地管理库存和提高劳动生产率,避免或减少出现过去的生产过剩现象。美联储主席格林斯潘在1997年2月26日国会听证会上说:"信息技术无疑巩固了企业经营的稳定性。"

另外,高科技主导的经济发展,还可以说明为什么美国能够在保持低失业率的同时实现了经济持续增长和低通货膨胀。由于信息技术的广泛应用,使得为生产和消费方面的服务业领域迅速扩大,相应的就业门路急剧增加,同时又抑制了工资的较快上涨。目前,美国尽管出现了程序技术人员、网络技术人员以及其他高技术人员严重短缺和工资上涨现象,但是其他大多数服务业就业者的工资偏低,加上像计算机和通信设备这类产品不断下调价格,从而抵消了通货膨胀的压力,同时又促进了就业的增加。

但是高技术产业的发展并不意味着资本主义经济周期的消失。相反,依靠高技术推动的经济周期更有其脆弱的一面:高科技产业比传统的周期性产业更易于波动,而且波动的幅度可能更要大些。这是因为,高技术产业已经发展到如此大的规模和重要程度,对其他部门有着重要影响,一旦对它的产品的需求下降,投资放慢,就会引起一系列部门的需求下滑,这样所产生的经济衰退比过去可能更为严重。

思考题:

1.简述什么是经济周期。

2.世界经济周期有什么特点?

3.简述什么是世界经济危机。

4.如何理解经济危机的周期性?

5.简述马克思主义周期理论的内容。

6.简述长波理论的形成与基本内容。

7.二战后的经济危机普遍具有什么特点?

8.如何理解高新技术产业对新经济危机的影响?

第十一章　国家垄断资本主义的发展与宏观经济调控

内容提要：

国家垄断资本主义是国家政权和垄断资本相结合的垄断资本主义，是垄断组织控制和利用国家政权干预经济生活的产物。二战后，国家垄断资本主义获得空前的发展。它一方面适应社会生产力的发展要求，加强宏观经济调控，对社会经济发展产生极为深刻的影响；另一方面由于过度干预经济，使生产力和生产关系的矛盾趋于激化。

同以往相比，当代国家垄断资本主义的发展出现许多新的特征。概括起来就是：自身发展的持续性、经济调节的全面性。其发展和特征形成的主要原因是，现代科技进步使社会基本矛盾加深；生产社会化发展同私人垄断资本经营局限发生矛盾；阶级矛盾的激化；经济全球化迅速发展，这一切都需要国家进行干预。

为了加强宏观经济调控，国家依据有关资产阶级理论，提出了一系列国内和国际宏观调控的政策措施。但是长期、过多地干预的结果必然走向它的反面，国家被迫不得不对宏观经济政策进行调整。调整后，由于市场机制增强，减少政府干预，才使得陷于停滞的经济走出困境。

国家垄断资本主义是国家政权和垄断资本相结合的垄断资本主义，是垄断组织控制和利用国家政权干预社会经济生活，从而保证高额垄断利润的手段，是资本主义基本矛盾加深的产物。二战后，随着经济全球化、社会生产力的迅速发展和资本主义基本矛盾的加深，国家垄断资本主义获得了空前的发展。一方面，它适应经济全球化和社会生产力的发展要求，加强宏观经济调控，对资本主义国家经济乃至世界经济发展产生深刻影响；另一方面，在一定时期它又阻碍经济的顺利发展，使生产力和生产关系的矛盾出现激化。

第一节　当代国家垄断资本主义的发展及其原因

一、国家垄断资本主义的发展及其特征

国家垄断资本主义形成后经过了一个漫长的发展变化过程。二战前，国家垄断资本主义主要是受战争和危机的影响而发展起来，并对国家经济生活进行一定程度的干预。当战争和危机一过，国家对经济生活的干预就放松，干预的范围也仅限于某些基础部门和重要经济领域。但是当代国家垄断资本主义获得了空前的发展，国家的职能和干预的范围发生了深刻的变化，已由一般垄断资本主义发展到国家垄断资本主义。二战后国家垄断资本主义的空前发展主要表现为：①国家政权与私人垄断资本更加紧密地融合在一起，牢牢地控制着国民经济命脉；②国家通过庞大的财政支出和政策措施，不仅从外部保证社会再生产的进行，而且通过建立国有企业直接参与社会再生产的全过程，对社会生活的各个方面进行全面的、长期的调节，以保证私人资本家获得高额利润；③国家以政治、经济等各种手段对国际经济关系进行全面干预和调节，以保证私人垄断资本的国外经济利益。

当代国家垄断资本主义的发展同以往相比出现了许多新的特征，这些特征概括起来就是发展上的连续性、经济调节的全面性。

从发展的连续性看，在二战前，国家垄断资本主义虽然发挥着维护资产阶级利益的作用，但主要表现在同战争和经济危机联系在一起，即为应付战争和经济危机的需要而发展的，战争和危机一过或走向缓和，它的作用就减弱而处于低潮。可以说，二战前国家垄断资本主义是在特殊环境下采取的一种临时性政策措施，并不具有连贯性。二战后则不同，随着国内外政治经济

环境的变化,尤其是代表先进生产力巨大发展的第三次科技革命的兴起,国家垄断资本也发生了新的变化,除了继承传统的作用外,在社会经济生活的各个方面,在国际经济关系协调的过程中,时时处处都显示出国家的干预和调节,这就使国家垄断资本主义的存在和作用具有一贯性了。

从经济调节的全面性看,二战后国家垄断资本主义的支配和调节,已不再限于某些局部方面,而是渗透到国家经济生活的各个领域。国家通过自己手中掌握的国有资产,以投资者(投资于生产、科研、教育、公共事业等)、资金供应者、商品和劳务购买者、资本和商品输出者以及国际关系协调者等多重身份,直接或间接地参与了社会再生产过程和国际经济生活,对社会经济生活进行全面的干预和调节,以保证资本主义社会再生产的顺利进行。

垄断组织利用国家政权为自己服务体现在各个方面。具体包括:①通过国家预算拨款,在国民经济重要领域建立国有企业,增强国家垄断资本实力,并在有利于私人垄断资本的前提下,由国家收购面临破产的私人企业,或将有利可图的国有企业廉价卖给私人经营;②通过国家采购和订货,为垄断资本家提供大量资金、商品市场,以获取高额垄断利润;③利用国家的优惠贷款、各种补贴和减免税收等,增强垄断企业的竞争力;④实行有利于垄断资本的关税政策和金融政策,以扩大商品输出和资本输出,争夺国际市场;⑤积极参与国际经济关系的协调,为垄断资本向外扩张创造有利的国际环境。

总之,当代国家垄断资本已经渗透到社会再生产的各个领域和国际经济关系的各个方面,对国内外经济运行进行全面的干预和调节,因此国家垄断资本主义的地位和职能发生了深刻而全面的变化,已由一般垄断资本主义转变为国家垄断资本主义。但是这种变化并不意味着根本改变了国家垄断资本的性质。就其根本性质来说,仍然是私人垄断资本与国家政权相结合,仍以维护垄断资产阶级利益、加强对整个国民经济的统治为目的。

二、国家垄断资本主义迅速发展的主要原因

二战后,国家垄断资本主义之所以获得持续、全面的发展,主要是因为

社会生产力和生产社会化有了空前发展，而生产资料和生产成果却愈益集中在少数垄断组织手里，使资本主义基本矛盾出现激化，需要国家进行干预和调节，因而推动了国家垄断资本主义的迅速发展。另外，就国际环境而言，随着经济全球化的深入发展，各国之间争夺商品市场和投资场所的竞争也日趋激烈。二战后殖民体系的瓦解，社会主义国家的存在，促使垄断资本加紧向外扩张，这也要求国家进行国际间的宏观经济协调。具体来说有以下几方面原因：

（1）由于现代科学技术的飞速发展，一方面引起社会生产力的迅速发展，另一方面广大劳动群众有支付能力的需求相对缩小，使社会基本矛盾激化了，造成各国经济危机频繁爆发。经济危机的发生，暴露出单靠私人垄断组织无力驾驭现代化大生产，必须借助国家力量来干预经济，通过国家的财政支出、扩大贷款、商品与劳务购买、协调劳资关系等来缓和基本矛盾。因此，促使国家垄断资本有了迅速发展。

（2）二战后的科学技术革命，导致一系列新兴工业部门的建立，如原子能工业、宇航工业、电子工业、石油化学工业等。这些部门的建立、生产和经营的规模大，涉及的相关部门多，既需要有大量的资金和先进技术，又需要有总资本家——国家的全面调控，这就同私人垄断资本所能承担的资金数量、技术力量、经营范围的局限性发生了矛盾；而且有些大型工程项目的开发、公共事业的投资、重大科研项目的进行等，都是回收时间长、短期收益小、担负风险大的事业，尽管是社会再生产所不可缺少的，但往往是私人垄断资本不愿意投资的。为了解决这些矛盾，就只能依靠国家的投资，或国家从财政、金融、技术方面给予支持，才能保证这些大型投资项目的进行。

（3）生产社会化的发展同私人垄断资本经营管理的局限性发生矛盾。二战后依靠现代科学技术建立起来的规模庞大的垄断大企业，从原材料筹措到产品生产、销售的各个环节，都需要严密的生产组织管理和各个部门之间的协调；还需要对本国和世界市场的容量、价格等进行观测，并同其他国家对瓜分市场、货币汇价、贸易纠纷进行协商、达成协议。显然要组织好这种高度社会化、国际化的大生产，绝不是个别企业、个别垄断组织所能办得到的，这就出现了现代科学经营管理与私人垄断企业经营范围狭小的矛盾。因此，在客观上就要求凌驾于私人企业之上的国家出面予以调节。

（4）经济全球化的发展要求国家对国际经济关系进行干预。二战后，跨国公司的生产、交换、融资、技术转让等各项经营活动，已由一国范围扩大到国际范围，实现了经营的全球化。同时各国跨国公司争夺商品市场、投资场所、原料来源的斗争也日趋尖锐。跨国公司为了在争夺中取胜，保持在国际市场上的竞争优势，就不能不依靠国家力量给予支持。为满足跨国企业对外扩张的需要，缓和各国之间的利害冲突，国家直接出面进行协调，建立双边和多边的国际经济组织，订立各种协议和立法。

（5）资本主义国家阶级矛盾激化要求国家出面干预。随着资本主义社会政治经济危机的加深，垄断资产阶级和广大劳动人民之间的矛盾也时有激化，各国劳动者要求增加工资、反对转嫁经济危机、反对物价上涨的群众运动，至今仍时有发生。政府为了缓和劳资纠纷，便利用预算拨款、兴办社会福利事业、制定工资政策以扩大社会需求来缓和各种矛盾，稳定社会秩序，保证社会再生产的顺利进行。

第二节　西方发达国家宏观调控的经济理论

在20世纪30年代大危机以前，西方国家多信奉自由竞争和自我调节的古典经济理论，政府很少干预经济。大危机之后，西方国家开始认识到，单靠市场自由竞争并不能解决总供给与总需求之间的矛盾，也不能解决就业问题，因而需要国家进行干预和调节，于是产生了凯恩斯的经济理论。

一、凯恩斯和后凯恩斯学派的经济理论

凯恩斯提出的基本理论和政策主张是：一个国家的就业量是由有效需求决定的，而有效需求是由消费需求和投资需求两部分构成的。这两部分需求也叫作"总需求"。由于所谓"边际消费倾向""资本边际效率"和"流动偏好"规律的作用，单靠市场自发地起作用，必然出现消费需求不足、投资需求

不足的现象。

就"边际消费倾向"来说,凯恩斯认为,消费取决于收入,随着收入的增加,消费的增加相对下降,边际消费倾向呈递减的趋势,结果就会形成消费需求不足。

再就"资本边际效率"来说,凯恩斯认为,投资的大小决定于资本的边际效率和市场利率。从长期看,资本边际效率是下降的趋势,因为随着投资的增加,产品供给也会增多,但产品价格会下降,企业收益减少,因而资本边际效率趋于下降。另外,当市场利率低于资本边际效率时(银行利息低于企业获得的利润),厂商会增加投资,否则就不会增加投资,因此就会出现投资需求不足。

流动偏好,是指人们在现金和其他资产之间作出选择时,倾向于持有现金或货币的心理偏好。由于人们受交易动机、谨慎动机(应付意外)、投机动机的影响,就会引起货币流量的变化。如果厂商对未来收益进行预测,看到流动偏好大,利率居高不下,就会造成投资需求下降。

上述消费需求和投资需求不足,结果就会造成总需求不足,经济得不到发展,达不到充分就业的均衡水平。在资本主义经济条件下,单靠市场自发调节,不能解决有效需求的矛盾,也达不到充分就业。因此,凯恩斯提出的政策主张是:征收累进税和遗产税,使收入有利于对穷人的再分配;同时扩大政府财政支出,以弥补私人投资的不足,从而扩大就业。

继凯恩斯之衣钵又形成了后凯恩斯学派。后凯恩斯学派主要有两大派,一是以英国琼·罗宾逊(J.V.Robinson,1903—1984)为主要代表的新剑桥学派,一是以美国萨缪尔森(P.A.SamueLson,1915—2009)为主要代表的新古典综合派。新剑桥学派的经济理论认为,有效需求不足主要是因为收入分配不合理,工人消费多则储蓄少,富人储蓄多则消费少,而投资主要来自资本家的储蓄。储蓄增加,投资也相应扩大,利润提高,利润占国民收入的比重越大,工资收入比重就越小。因此,工人陷于贫困,造成需求不足,不能充分就业。解决的办法是改革分配制度,实行政府调节,通过财政开支、税制改革和货币政策,以实现公平分配和有效需求。

后凯恩斯学派中影响较大的是新古典综合派(又称后凯恩斯主流学

派）。新古典综合派继承总供给和总需求的均衡理论,认为过度需求会造成通货膨胀,需求不足会造成失业,政府应采取货币政策加以调节,使总供求均衡,避免通货膨胀和失业。他们还强调宏观分析和微观分析相结合,以弥补宏观分析之不足。并提出公私混合的生产与消费的理论,即所谓"公私混合经济",实际上就是建立在市场经济机制上的国家宏观调节。新古典综合派的理论主张是在 20 世纪 60 年代西方发达国家中颇有影响的主流经济理论和政策依据,但是也有很大的局限性。它们的理论和政策偏重于利用低利率、扩大政府开支,减少税收、提高利润率来刺激经济,其中强调大量增加政府财政支出,增加采购,以弥补私人投资需求之不足。其结果是,导致 70 年代达 10 年之久的"停滞膨胀",使政府的财政货币政策陷入进退两难的困境。

二、货币主义和供应学派的经济理论

二战后到 20 世纪 70 年代末期,发达国家的经济政策基本上是依据凯恩斯主义制定的, 政府调节经济的目标是通过调节总需求实现经济增长和充分就业。但是这样做不但没有达到目的,反而使积累的矛盾越来越多。70 年代"滞胀"的教训、各国财政赤字的膨胀、严重的失业问题,使凯恩斯主义经济政策陷于危机,迫使西方国家不得不调整干预经济的政策。在这种背景下,西方国家的政策理论依据,转向了反凯恩斯主义的货币主义和供应学派的经济理论。货币主义和供应学派都属于新古典学派,它们在理论上强调对传统的古典学派的继承,在经济政策上都倾向更多地发挥市场的作用,减少国家干预,只是各自的侧重点有所不同。

货币主义的创始人为美国芝加哥大学教授米尔顿·弗里德曼(Milton-Friedman,1912—2006),他在理论上批判了凯恩斯主义的消费倾向递减论。认为在国民收入中消费和储蓄的比例是稳定的, 边际消费倾向对经济的影响力不大;从长期看,随着国民收入的增加,消费倾向不是递减而是提高的趋势,有效需求也会扩大,可以使经济处于充分就业的均衡。货币主义攻击凯恩斯学派,认为长期的国家干预,使市场机制不能充分发挥作用,造成经济增长不稳定,因此他们的政策主张减少国家干预。此外,在货币问题上,他们强调稳定货币数量的增加，货币量变动是物价变动和生产变动的根本原因。因此,他们反对凯恩斯主义的赤字财政政策,也反对国家用"相机选择"的货币政策(中央银行根据景气变化随时调整贴现率、准备金比例和买卖政府债券)调节货币供求数量。主张实行所谓"单一规则"的货币政策,即把货币供给量作为唯一的政策手段,由政府公布一个每年的货币增长率,并在较长时间内维持在一个相对稳定的水平上，而货币的增长率应当同生产发展速度相适应,使长期内的平均物价水平保持稳定。

供应学派是着重从供给方面考察经济的现状和寻找对策的资产阶级庸俗经济理论,20世纪70年代出现于美国,主要代表有孟德尔(RobertMundell)、拉弗(AutherBertLaffer)等。其信奉19世纪资产阶级庸俗经济学萨伊的供给(生产)能自行产生需求的理论,认为生产的增长取决于生产要素的投入和有效使用;要增加投资和有效地使用生产要素，必须有各种刺激并消除障碍。主要政策主张是:①大幅度降低个人和企业纳税的税率,以提高企业的投资积极性,刺激人们工作的积极性。②取消国家对经济的干预,加强劳动和商品市场上的竞争。③严格控制货币供应量的增加,使货币的增加与经济的增长相适应。④减缓政府预算支出的增长速度,逐步实现预算平衡;削减社会福利支出;降低税收负担在国民生产总值中的比重。当时美国总统里根按照这一理论调整了经济政策,因此这一理论有时又被称为"里根经济学"。

货币主义和供应学派的理论和政策对于西方国家摆脱"滞胀"的困境,以及70年代和80年代的政策调整产生重要影响,但是从长期趋势看,凯恩斯学派仍然是主流,特别是在摆脱了"滞胀"以后,西方国家又重新拾起了凯恩斯主义。近年来,西方发达国家实际上执行的是凯恩斯主义、货币主义和供应学派融合为一体的宏观调节理论和政策。

三、理性预期学派的经济理论

理性预期经济学是20世纪70年代在美国出现的一个经济学流派。它是从货币学派中分化出来的。主要代表人物有小罗伯特·卢卡斯、罗伯特·巴罗、托马斯·萨金特。

　　理性预期学派的基本论点是：人们在经济活动中，根据过去价格变化的资料，在进入市场之前就对价格做出预期，这样，他们的决策是有根据的。市场会发生一些偶然情况，成为干扰因素，但可以事先计算它的概率分布，因此可以选出最小风险的方案，以预防不利后果的侵害。例如在确定房租、债券利息，议定工资，规定供给价格时，都可以把未来价格波动估计进去，订的高一些，以防止因通货膨胀而降低实际收入。因此合理预期起了加速通货膨胀的作用。同时，由于政府对经济信息的反应不如公众那样灵活及时，所以政府的决策不可能像个人决策那样灵活，政府的任何一项稳定经济的措施也就会被公众的合理预期所抵消，成为无效措施，迫使政府放弃实行。因此，理性预期学派认为，国家干预经济的任何措施都是无效的。要保持经济稳定，就应该听任市场经济的自动调节，反对任何形式的国家干预，所以一般认为理性预期学派是比货币学派更彻底的经济自由主义。

第三节　西方发达国家宏观经济调控的政策措施

　　西方发达国家根据上述的理论主张，制定和实施了宏观经济调节的目标和政策措施。

一、宏观经济目标

　　西方发达国家宏观调节所追求的目标有四个方面：充分就业、经济增长、稳定物价和国际收支平衡。

　　根据西方国家学者的解释：①充分就业就是愿意工作者都能找到适合其工资要求的职业。但这并不意味百分之百的就业，有一部分属于摩擦性失业——因劳动不能充分流动、生产季节变动、信息不灵、改换工作等引起的失业，或因对现行工资不满而自愿失业，扣除这两部分失业人员（一般不超过5%），剩下的就业者就算是充分就业。②经济增长是一定时期的生产量和人均收入的持续增长。在经济周期中，从一个周期的最高点到另一个周期最高点有所提高就算是增长，否则就不算增长。经济增长通常只用国内生产总值增长率来衡量。③物价稳定是指相对的物价稳定，而不是绝对的物价稳定。如果在市场经济条件下，物价总是起伏不定，涨幅不超过 5%~6% 就算是相对稳定。④国际收支平衡要求经常项目和资本项目能够实现经常收支平衡，如果其中的经常项目出现逆差或顺差，通常用资本项目转移加以弥补。

在现实生活中，这四大目标既相互联系又相互排斥：经济增长、充分就业可能引起物价上涨，而物价稳定可能引起经济停滞、失业增加；又如，经济增长、进口增加，可能引起国际收支失衡。因此，在不同的国家、不同的时期，随着条件的变化，其侧重点也有所区别。二战后 70 多年间的事实说明，西方国家所追求的宏观经济目标，常常是顾此失彼，很难同时兼得。例如 20 世纪 70 年代以前，充分就业和经济增长两大目标基本上实现了，但很多国家的物价稳定、国际收支平衡未能实现。80 年代，稳定物价实现了，经济增长和充分就业两大目标未能实现。90 年代，多数国家实现了经济增长和物价稳定，但不少国家充分就业和国际收支出现了恶化。

二、宏观经济调控的政策措施

为了实现上述目标，西方发达国家在宏观调控方面提出了一系列政策措施，主要有财政政策、货币政策、收入政策、产业政策以及指导计划、国有化政策等。

1. 调节财政政策

财政政策是国家为了控制总体经济活动，对政府开支、税收、公债规模等加以确定，借以影响和调节经济活动。二战后，西方国家根据凯恩斯的政策主张，随着经济形势的发展变化，不断调整财政政策。在这方面主要有以下几点具体政策措施：

（1）增加和缩小政府的支出。当社会出现总需求不足、经济不景气、失业增加或因战争而扩大军费开支时，政府便扩大财政支出，增加对商品和劳务的采购，以弥补私人需求的不足，刺激经济的复苏。反之，当总需求出现过热、价格过分上涨时，政府则减少采购，压缩财政开支。

（2）调节税收政策。当总需求不足、失业增加、经济衰退时，政府采取减税政策，增加企业和个人的收入，促进企业投资和个人消费；反之，在总需求出现过热、物价急剧上涨时，政府则采取紧缩政策，防止出现经济衰退。

（3）运用公债手段。在总需求不足的情况下，由于政府扩大采购、减免税收，造成政府支出扩大、收入减少，出现财政赤字。这时只能靠发行公债来弥补赤字。

例如在美国，以罗斯福为首的政府在 30 年代实施罗斯福新政政策，推行扩张性财政政策，全面干预经济。主要有改革所得税制使所得税成为美国主体税种；在预算拨款方面，不惜举债来扩大政府开支；发行政府公债等。在 60 年代初，肯尼迪·约翰逊政府再一次推行扩张性财政政策以实施宏观调控。

2. 调节货币信用政策

西方发达国家的货币政策是依据经济周期的发展变化，通过中央银行进行扩大或收缩流通中的货币数量，以及扩张或收缩信用贷款，来影响宏观经济总体水平的金融政策。采取的具体政策措施有以下几种：

（1）调节中央银行的贴现率，借以紧缩或扩张信用贷款，影响货币的供求数量。中央银行的贴现率，实际上是中央银行贷给商业银行的利息率。央行的贴现率决定了商业银行贷款利率的下限。央行通过调整贴现率可以影响商业银行的放贷数量。

一般说来，在经济处于高涨时，由于投资活跃，生产过热，信用膨胀，央行便采取提高贴现率的办法来收缩信用，减少货币供应量。反之，当经济出现萧条或陷于危机时，央行便降低贴现率，促使商业银行等信用机构也相应降低贷款利率，达到刺激投资、增加生产、扩大就业的目的。

发达国家的贴现率的变动，除了受国内经济景气状况的影响外，有时还受到国际收支状况的影响。当一国长期处于国际收支逆差或外贸逆差而造成外汇短缺时，央行有可能采取提高利率的措施，这样既可以防止本国资金外流，又可以吸引国外短期资金内流，缓和外汇供应不足的问题。

（2）推行公开市场业务政策。这是西方发达国家普遍实行的一项货币信用政策。所谓公开市场业务，就是中央银行根据经济周期变动和市场供求状况，在金融市场上公开买进或卖出政府发行的长期、短期有价证券，以扩大或收缩信用,影响经济周期的发展变化和货币供求状况。

(3)变动存款准备金比例。这是央行调节货币供求状况所采取的又一货币信用政策。央行为了控制商业银行的放贷能力,普遍实行法定存款准备金制度(支付准备金),即央行规定商业银行不能把全部存款都借贷出去,必须保留一定比例的现金作为存款准备金,以应付客户的提取。央行根据市场货币供求状况,通过对存款准备金比例大小的调整,来影响银行的信贷规模。

(4)扩大抵押贷款和消费信用,支持建筑业和耐用消费品的生产和需求。西方发达国家的住宅和耐用消费品很多都是靠抵押贷款、分期付款的银行信用来出售的。信用机构根据此类商品的市场供求状况,采取降低利息、放松信贷,以刺激相关部门的生产和消费,从而促进经济增长和缓和生产过剩的经济危机。

以上各种货币信用政策,在实际经济生活中常常是同时交替使用的。如在 1958—1959 年的经济危机期间,美国联邦储备局为增加货币流通量和扩大信用,曾数次降低贴现率,从 3.5% 降到 1.75%,5 次变动准备金比率,购买了相当于 30 亿美元的政府债券。在 21 世纪初的这次经济衰退中,由于经济长时间不见起色,美联储一再降低贴现率,一直降到了接近零利率。2009 年金融危机期间,美国经济遭受重创,美联储第一次启动了"量化宽松"的货币政策。19 个月后,美国经济复苏不容乐观,国内生产总值、利率、通胀和失业率几乎又达到临界点。为促进经济更强劲复苏和避免通缩的出现,美联储于 2010 年 11 月 3 日宣布了新一轮的量化宽松货币政策,表示将在 2011 年年中前购买总额为 6000 亿美元的长期国债以提振经济,并对资产负债表中的债券资产到期回笼资金进行再投资。这是继 2008 年 12 月到 2010 年 3 月间购买价值 1.725 万亿美元的资产后,美联储第二次采用量化宽松政策。与此同时政府还大量购进公债和降低准备金比率。同样,在德国、日本等发达国家也采取了类似的政策措施。

3. 调节收入政策

财政政策和货币政策主要是依据凯恩斯主义解决有效需求不足来进行经济调节的。但是 20 世纪 60 年代和 70 年代的物价上涨并不都是由于需求拉起的,也和需求过热、成本上升有直接的关系。例如提高垄断价格,追求垄断利润,工会组织要求增加工资,引起物价和工资螺旋上升。于是后凯恩斯综合派对凯恩斯理论加以修正和发挥,形成了需求拉起、成本推进和供求混合推进的几种理论和政策主张。

后凯恩斯学派理论认为,垄断企业抬高物价,工会组织要求增加工资,工资上涨超过劳动生产率的提高,人为地造成工资与物价相互推动。在这种情况下,不但解决不了通货膨胀,还会限制投资的增加,不利于提高劳动生产率,因而不能阻止工资上涨、利润增加推进的通货膨胀,反而会造成新的失业和生产下降。因此,这时西方国家不得不求助收入政策。所谓收入政策,最主要的是限制工资上涨,工资上涨不能超过劳动生产率的提高。所以60年代美国政府提出了根据劳动生产率增长来指导工资增加的政策,同时又采取加强物价管理的政策。70年代初,尼克松上台不久后就宣布将在一段时间内冻结物价、工资,后来又实行了工资和物价指导政策。在这期间,英国和法国等发达国家也实行了不同形式的调节收入政策,对工资、物价、房租、股息等加以限制或冻结。

4. 调整产业政策

西方发达国家为促进产业供求均衡发展和产业结构优化而推行产业政策,即对一定时期内的产业结构调整、产业先后发展次序、未来产业发展趋势等提出设想,以及为实现这一设想所采取的政策措施,包括财政、金融、投资、技术、地区发展、企业管理、进出口等诸多措施,以达到优化经济结构的目的。在这方面,日本在不同时期提出不同的产业结构调整设想,被普遍认为是一个成功的范例。在20世纪50年代后期,日本产业政策重点从"瓶颈"产业转向了"支柱"产业和"出口先导"产业。具体做法是:通过日本开发银行等金融机构提供特别贷款以给予长期资金支持;在重点产业实行特别折旧制度;对重点产业技术设备进口实行免税支持;促进生产集中和规模经济的建立,允许成立"合理卡特尔"等。在经济高速增长的60年代,重点发展资本密集型的重工业和化学工业,政府对这些部门采取减税、加速折旧、低息贷款等优惠政策,大力加以扶植。到了70年代和80年代,又转换为新的产业结构政策,鼓励企业将消耗资源多的重化工业转换为知识技术密集型的微电子、生物技术、新型材料工业,并对这些产业实行种种优惠措施,重点加以扶植;而对所谓"夕阳产业"采取相反的措施,促使其"减量经营",或实行技术改造,向海外转移。90 年代之后日本提出了"创造性知识密集型"的产业政策。这一阶段 ,日本政府提出了"新技术立国"和"科学技术立国"的方针 ,但由于泡沫经济崩溃以后 ,日本经济陷入了长期萧条的局面,使整个产业结构高度化的进程被大大推迟。1995 年 10 月,指出以制造业为中心开展国际分工不可避免,日本应开发新的产业领域 ,现有产业应向高附加值产业转移;放宽规制 ,促进竞争 ,改革有关的企业制度。1998 年通产省推出了《经济结构改革行动计划》,该计划提出面对全球经济环境变化的挑战 ,创造新产业。其他国家也采取了大体相同的产业政策,扶植高新技术产业的迅速发展,促使产业结构升级。

5. 实施指导性计划

西方主要资本主义国家为了加强宏观管理 ,制订和实施国民经济发展计划,把计划调节作为国家干预经济的一项重要手段。

(1)计划的制订

资本主义国家经济主要是靠市场调节,做不到整个社会有计划地生产,但这并不等于说不搞计划调节。事实上,二战后一些主要资本主义国家特别是日本、法国等,在市场经济的基础上都不同程度地实行国民经济发展计划。所不同的是,这种计划不是指令性的,而是指导性的计划调节。

这种国家计划调节主要体现在两个方面:一是在计划内容上不是面面俱到,国家只对整体经济发展方向、发展速度、经济结构、投资与消费、就业水平、国际收支平衡等提出重点发展要求和达到的目标,以及为实现这一计划采取的政策手段。例如,在 1976—1980 年的第 7 个计划中,法国政府规定了 25 个重点发展项目,并提供财政拨款以保证这些重点项目的完成。二是在计划的期限上,包括短期计划(3~5 年)和中长计划(5~10 年)。短期计划常常因政治经济环境变化而加以调整。例如,法国从 1947 年到 20 世纪 90 年代初期,连续制订和实施了 10 个中期计划。在 21 世纪初法国又提出"竞争力极点"中期计划。日本从 1955 年到 1992 年,历届政府连续编制了 11 个全国性中期和长期计划。其他发达国家如英国、意大利等也不同程度地采取了一些计划措施。美国则有所不同,美国更多地强调通过财政、货币政策,对宏观经济实行短期的调节。

(2)实施计划的政策措施

西方发达国家的计划是指导性计划,对私人企业不具有约束力,但国家可以采取各种政策措施来影响和指导企业,尽可能地把企业的经济活动纳入国家的计划轨道。目前西方国家采取的主要政策措施有以下几点:

第一,用增加或减少投资的办法来影响企业。凡是国家计划的重点项目,政府优先提供资金,降低贷款利息,刺激企业增加投资。

第二,用增加或减少税收的办法来影响企业。对国家的重点发展项目,给予税收优惠和加速折旧;对非重点项目或不支持的项目,则加重税收,以促使其调整经营结构。

第三,对扩大出口、增加外汇收入的企业和项目,国家通过关税和非关税等优惠政策,加以保护。

第四,对计划内的重点项目,国家增加科研投资,鼓励企业采用新工艺、新技术,或无偿使用国家转让的科研成果,以提高企业竞争能力。

此外,国家还经常采用增加或减少订货、促使企业并购、调整工资政策等方法,以影响企业的发展方向。

总之,资本主义国家的计划调节是市场调节的一种补充,作为一种指导性计划的作用和效果是有限的,但它对扩大市场需求、加速固定资本更新、合理利用资源、产业结构合理化等方面起到了一定的作用。在长期推行"计划化"的国家这种作用尤其明显。

6.重视经济立法,以法规范经济行为

市场经济并不是无秩序的,商品经济越发达越是要求建立公平竞争的环境秩序。要做到这一点,就要靠国家大量、严格的经济立法来保障。一般而言,发达国家经济立法包括这样几方面:总体经济发展的立法,针对某些关乎国计民生的行业和事业的立法,调节国内、国际经济关系的立法,规范企业经营行为的立法,等等。例如,法国政府通过制定各项法规,对国民经济和企业行为进行直接和强制性干预,主要有《反竞争限制法》《经济稳定和增长法》《信贷法》《对外贸易法》等。另外,在经济形势动荡时期,法国还实施某些临时管制性措施,如进出口贸易管制、能源进出口和消费管制、物价冻结法等。

美国政府的经济立法更是多如牛毛,通过各项经济立法规范经济活动。例如,为保护公平竞争,抑制大企业的过度行为,早在1980年联邦政府就通过了反垄断的反托拉斯法《谢尔曼法》,在20世纪前还颁布了两个类似的法律;规范企业关系的重要法律有《企业破产法》《企业并购法》等;政府还通过《空气浮化法》《噪音控制法》来监督和规范企业的经营活动;涉及消费品安全保障的法律也是多种多样。这些法律有效地约束并规范了企业的各种经营行为,使政府在调控经济活动中有法可依。

日本现行的各种法规约有1万件以上,其中大部分涉及经济领域,其中有关工业交通的如《工业标准法》《中小企业基本法》《电子事业法》《产业结构合理化法》《公路交通法》《广播事业法》等,有关商贸的有《关于禁止私人垄断和确保公平交易法》《货币法》《百货店法》等,有关农业的有《农业基本法》《肥料管理与使用法》《耕地改良法》,有关环境的有《废弃物处理法》《资源有效利用促进法》《车辆再生法》等。这些法律有效地规范了日本各行各业的经济秩序。

7. 国家对对外经济关系的调节

为了扩大商品输出和资本输出,争夺国外市场,转嫁经济危机,发达国家各国政府都积极干预国际经济关系,通过双边和多边谈判,签订诸如对外贸易、对外投资、对外援助等协定。

资产阶级理论认为,扩大商品出口,不仅可以解决生产过剩问题,而且还可以取得外汇收入,增加国内支出,促进消费和投资的增加,这样既可以扩大生产又会增加就业。还认为扩大生产和增加就业的多少,取决于"边际进口倾向"的大小,如果进口过分大于出口,就会打击国内的工业,引起国内生产下降和就业减少,等于"进口失业"。为了避免出现这种情况,一方面要限制和减少来自其他国家的进口;另一方面要鼓励和扩大本国出口,增加外汇收入。

基于这种理论,发达国家极力鼓励扩大出口,尽管受到国际经济组织的各种经济法规的限制,但各国政府还是要采取包括对本国企业实行出口补贴、增加出口信贷、奖出限入等多种鼓励出口措施。此外,还采取了一系列调节对外经济关系的政策措施。

（1）通过贸易谈判，突破对方国家的关税壁垒和非关税壁垒。关税壁垒是指对进口商品征收高额进口关税，旨在提高进口商品的销售价格，削弱其竞争力，从而使本国商品在国内市场上保持优势。非关税壁垒是指除关税以外的各种直接或间接限制进口商品的政策措施。前者包括海关对进口商品的数量、品种加以限制的措施，如进口配额制、进口许可证制、关税配额制和自动出口限额等；后者包括外汇管制、复杂的海关手续、繁琐的卫生、安全、质量标准和包装装潢标准，以及对进口商品征收国内税等。

二战后，各国为了实现贸易自由化，互减关税，取消贸易保护主义，在发达国家之间以及发达国家与发展中国家之间建立了世界贸易组织（此前为关税及贸易总协定）和许多地区性的自由贸易区，各国政府还多次举行双边和多边贸易谈判，其中心议题就是如何促进贸易的发展，实现贸易自由化。

（2）国家通过对外援助或贷款来带动商品出口和资本输出。发达国家的对外援助一般是附有条件的，即贷款用于购买本国的商品，同时又要求受援国开放市场，接受援助国企业参与受援国的工程项目。实际上对外援助和贷款是争夺国外市场、扩大出口、输出资本的一种手段。例如，美国总统特朗普在国情咨文演讲中表示，美国的每一美元对外援助资金都必须为美国的利益服务，并且只给美国的朋友。

（3）通过商品倾销和外汇倾销争夺国外市场。商品倾销是指出口企业以低于国内市场价格、甚至低于生产成本的价格，在国外市场上抛售商品。由于廉价抛售所造成的损失，可以从国家得到补贴。一旦打败国外的竞争对手，夺回了国外市场，再以高价出售商品，获得高额利润。各主要经济体针对国际市场上出现的商品倾销现象，都采取了征收反倾销税或进口配额的政策，以限制这种商品占领本国市场。如中国对进口浆粕的反倾销措施从 2014 年开始；我国对原产于美国的进口高粱实施临时反倾销措施。根据裁定，自 2018 年 4 月 18 日起，进口经营者在进口原产于美国的进口高粱时，应依据裁定所确定的各公司保证金比率（178.6%）向中华人民共和国海关提供相应的保证金。

迄今为止，商品倾销仍然被发达国家作为战略性的保护贸易政策，而且有向全球蔓延的趋势。它们鼓吹"工业界与政府建立新的伙伴关系"，在争夺未来的市场斗争中,政府要发挥越来越大的干预作用。而企业也越来越依靠大规模出口补贴,因而加剧了国际间的贸易冲突。例如,在航空工业,欧洲企业曾花了250亿马克研究建立空中客车工业,垄断了宽体客机的制造,美国发现得到高额补贴的空中客车在世界上所占份额越来越大,1994年的销售量第一次超过了波音公司,由此所引发的美欧之间的贸易纠纷时有发生。

近年来,类似情况已波及高科技工业领域,如微电子通信技术和生物技术等高技术领域,因这些行业被看作最有希望的战略性工业,各国企业都得到了政府的大量补贴和资助。有人说"这些部门没有自由竞争,只有人为造成的竞争优势"。在微电子行业,日本20世纪80年代靠政府支持成功地打开了几乎整个半导体市场,日本企业还以倾销价格挤进芯片市场,但是摩托罗拉、英特尔公司等美国竞争对手奋起反抗,依靠美的政府保护政策,征收大量的反倾销税,并通过贸易制裁手段,迫使日本政府签署了自动限制出口协议,从而限制了日本企业的出口,保护了美国的生产者,夺回了被日本夺走的市场。

外汇倾销,也叫作外汇贬值,即降低本国货币同外币的比价,使本国出口商品在外国市场上按照外币计算的价格就会下降,以提高本国出口商品的竞争力,扩大出口。另一方面,通过货币贬值,还可以使进口商品在本国市场上用本币表示的价格上升,从而限制进口。可见外汇倾销是各国争夺国际市场的重要手段之一。直到今天,通过外汇倾销来争夺国际市场仍然是各国普遍采用的做法。尤其是当有关国家出现严重的贸易不平衡时,常常采用货币贬值的办法,以扩大出口并限制进口。

第四节　西方发达国家宏观经济政策的调整

西方发达国家宏观经济调控的理论和政策措施,根据国内经济形势的变化时常加以调整。20世纪70年代的滞胀对西方国家经济的严重打击、国家过多干预经济造成的弊端、国家财政赤字的日益庞大,标志着凯恩斯主义的理论和政策陷入危机。在这种背景下,西方国家拾起了反凯恩斯主义的货币主义和供应学派的理论和政策主张，对以往的宏观经济政策进行了重大调整，并取得了显著的经济效果。

一、政府减少集中，强调市场机制

在这方面采取的政策和措施主要有以下两方面：

1. 实行国有企业私有化

西方发达国家都把一部分甚至全部国有企业和财产的股份出售给私人，充分发挥私人企业的经济效益。80 年代以来，私有化之风一度波及几乎所有西方发达国家。不仅国有企业较多的西欧国家如此，即使国有企业相对较少的日本，为了消除庞大的赤字国债，把仅有的国营铁路、电信电话公司、日本航空公司、专卖公署等由国营改为民营。在私有化浪潮中，各国政府都试图尽快卖掉全部或部分国有企业。据不完全估计，到 2000 年，全球私有化所得资金总额比 1985 年的 3280 亿美元又翻了一番以上。尤其西欧各国，据摩根士丹利商业银行的估计，1993—1998 年西欧出售的国有企业价值多达 1500 亿美元。

2. 减少政府干预，鼓励企业竞争和创新

政府对各种私人企业，在法律和政策方面放松限制。例如，国家为了减少对企业的经济干预，修订或废除了某些限制性的法令条款，允许国有企业参与价格竞争，为企业提供更多的自由化措施。在这方面，美国里根政府改弦易辙，在滞胀时期采用了四个措施：稳定货币供应量、减轻税赋、缩减开支、减少政府干预。其中最为有效的两条是稳定货币供应量和减少政府干预。美国继 1978 年取消航空、铁路和公共汽车运输的管制法之后，1985 年又取消了国家航空委员会。法国 1986 年后废除了对工资、物价、外汇、证券等的管理制度。加拿大、荷兰、爱尔兰、西班牙等国政府，也先后采取了一些非国有化措施。很多国家还在金融领域放松了限制，给金融机构以更多的自主权，扩大贷款限额，放松银行进入股票市场的限制等。到了 20 世纪 90 年代，各国政府仍在继续采取减少干预的政策措施。

二、实行税制改革

发达国家的税制改革,主要表现为削减和简化税率制度。具体来说,主要表现在以下方面。首先,按照"宽税基,低税率"等原则对所得税进行改革,把改革的重点放在三个方面:一是减少税率的档次,例如,美国通过税制改革,把个人所得税的税率从 15 档降为 2 档;二是降低各个税率档次的边际税率,如美国的个人所得税的最高边际税率从 50%降到 28%,而瑞典则从之前的 50%降至 20%,成为削减幅度最大的国家;三是通过堵住税法漏洞以尽可能的扩大税基,各国都开始修订国家税法,并削减大量的税收优惠项目。其次,西方国家开始注重提高增值税在国家税收收入中的比重,各国都开始逐步减少对所得税的依赖,在发达国家,除了美国以外,都把增加增值税在整个国家税制结构中所占的比重作为重要改革内容。最后,西方各国都开始逐渐加快税收一体化的进程,主要体现在四个方面,一是各国税收比率开始趋同,各国税收比率一般都以 45%为中值,正负偏差基本在 5%以内,并且增长趋势也基本一致,到 90 年代,除了不发达国家,大多数国家的税收比率增长率基本仅为 5%,有的国家甚至出现负增长;二是税制结构开始趋同,各国公司所得税基本稳定在 8%,个人所得税比重略有下降,社会保险税比重稍有上升,像增值税之类的商品、服务税比重普遍提高,财产税的比重也在缓慢提升;三是各国的税收协调不断加强,采取了许多协调国际税收的措施;四是税收征管趋同,正是由于税收征管的不断社会化,税收的征管效率不断提高。

一些西方经济学者认为,由于政府长期推行"福利国家"政策,加重了财政负担,不得不提高税率,结果阻碍了私人储蓄和投资,削弱了企业的活力,使国民经济出现僵化。因此,需要削减国家福利开支,实行减税政策,以刺激经济和企业投资。当时的美国里根政府推行的税制改革、日本政府推行的消费税改革、西欧一些国家的税制改革,都说明税制改革已成为发达国家政策调整的一项重要内容。

三、紧缩财政政策

在这方面，重点放在减少政府的总需求，特别是压缩社会公共事业开支、精简机构、削减行政支出等。由于当时发达国家都面临着日益严重的财政赤字和巨额国债，不得不削减政府预算拨款，包括教育补贴、保健支出、公共运输补贴、住房补贴、精简国家行政机关人员与开支，等等。例如，在 1989 年，日本当局为了防止通货膨胀，分别在当年 5 月 31 日和年末两次提高利率，先是提高到了 3.25%，又提高到了 4.25%，到了 1990 年 8 月，又再次将法定利率提高到 6%，此外，日本的国债余额与国内生产总值之比在 1990 年降低为 38.1%。当时美国强调的是削减庞大的行政开支，英国强调鼓励私人办社会福利事业。21 世纪以来，特别是从 2005 年底开始，欧元区也开始采取了紧缩性货币财政政策，截至 2007 年 6 月，欧洲央行连续 8 次提高利率，其基准利率提高到了 4%，达到自 2001 年以来的最高水平；在紧缩性财政政策方面，欧元区国家也采取了不少措施，例如，在 2007 年，德国将其增值税税率由 16% 调整为 19%。总之，各国都力图减少国家的总需求，减少政府的财政支出。

四、调整产业政策

产业政策包括产业结构调整、产业组织调整和产业地区调整。根据国家的总体发展战略目标和高新技术的蓬勃发展趋势，迫切需要调整原有的产业结构、产业组织结构和产业地区分布，以促进经济的较快增长。

1. 产业结构调整

对包括钢铁、汽车、造船、机械、纺织等在内的传统产业，在政策上鼓励企业采取收缩、改造和转移等措施；对消耗资源多、效益低下的部门实行关、停、并、转等措施；对长期亏损而又不可缺少的企业，实行减税，增加补贴和贷款，以及加强员工重新技术培训等。

与此同时，高新技术产业得到迅速发展，包括微电子、信息技术、生物工程、新材料新能源、宇航技术和海洋开发等。由于国家增加对这些领域的研究开发投资，制定长远发展规划，加强国际间的协调与合作，联合攻关共同开发，取得了明显效果。经过 80 年代和 90 年代的高技术产业的迅速发展，主要发达国家都相继建立起一大批知识技术密集型产业；而一些传统的"夕阳产业"也得到了处理，其比重明显下降。在新兴产业中，特别是电子信息产业迅速兴起，如美国、日本等电子信息产业的国内生产总值已超过了原来居首位的汽车产业。另外，第三产业也普遍得到了迅速发展，特别是其中与信息服务有关的领域的增长更为迅猛。

例如，日本的产业结构调整的具体做法主要体现在四个方面：一是淘汰国家的高污染、高排放、高耗能产业，或者削减这些产业的产能；二是考虑到产业结构的完整性问题，对于一些产能过剩但是实在难以淘汰的相关产业进行优化、升级，例如对水泥、电力、钢铁、化工等各种产业均进行了严格的限制且对其制定了许多节能目标；三是将制造业的发展重点由基础材料产业转移到一些附加值较高且有较强吸纳劳动力能力的汽车、机械或电子加工产业；四是积极培育一些知识技术密集型产业，努力发展并侧重扶持电子计算机、生物技术、新型材料、信息技术等产业。

2. 产业组织和产业地区调整

产业组织调整主要包括国有企业私有化、公私企业合营与合作、同国外企业合作与合资等，以增强企业的活力，进一步提高竞争能力。从事这种活动的企业不但有经营亏损的企业，还包括很多获利丰厚的大企业。这些大企业通过并购，其经济实力大大增强，竞争能力也进一步提高。20 世纪 90 年代在国际范围出现的并购高潮充分说明了这种情况。另外，产业地区调整主要包括将工业、服务业发展重心由大城市逐步向中小城市转移，解决"过密"与"过疏"的问题；同时兴建"科学园区"，集一部分重点企业、高等院校、科研机构，共同研究开发具有战略意义的尖端技术，如美国的硅谷、日本的筑波城等都是适应这种需要而建立起来的。此外，当时日韩国家为了迅速以实现工业化为中心的需要，将政府政策侧重于鼓励生产的集中和垄断，从而确定了产业组织政策，即确立能与工业化适应的大批量生产体系，并相应的形成较高效率的生产集中体制。

总之,二战后西方发达国家宏观调控的目标、涉及的范围、政策措施在不同时期发生了不同的变化。但是这种变化只是建立在私有制和市场经济上的国家干预形式上的调整,是一种局部的、结构性的调整,而不是国家垄断资本主义生产关系的根本变革。

第五节　国家宏观调控的经济影响

西方发达国家宏观经济调控的经济影响在不同时期有不同的表现。总的来说:一方面,有着促进生产力发展、缓和资本主义基本矛盾的积极作用;另一方面;在一定时期它又有加剧资本主义社会的各种矛盾,阻碍生产力和经济发展的消极作用。就其积极作用来看,主要有以下几点:

1. 国家推行反周期政策,减轻危机的严重程度

二战后,主要资本主义国家经历了多次周期性的经济危机。这些经济危机有一个共同的特点,即危机对资本主义经济的打击较战前为轻,生产下降幅度不大,周期的四个阶段很难区分,危机期间物价不但未下跌反而继续上涨。出现这种现象的一个重要原因,就是国家采取反周期的财政和货币政策所致,包括扩大政府开支、减免税收、放松银根、刺激消费和投资,以防止经济过分下降;而在危机来临前的高涨阶段,政府为防止经济过热,则采取相反的政策措施,防止危机的发生。这样就在一定程度上减轻了危机对经济的打击,周期的四个阶段、特别是危机和萧条阶段区别不大。

2. 国家扩大采购和社会福利开支,有助于缓和社会矛盾

西方发达国家通过庞大的财政支出,扩大采购,不仅有助于国家企业的直接投资和扩大消费,而且通过采购刺激私人投资和社会消费,进一步扩大了商品市场,对缓和生产和市场的矛盾、增加就业、促进经济发展,起着推动作用。另外,国家还不断增加社会福利开支,这不仅有利于扩大商品市场,促进经济增长,而且还可以缓和阶级矛盾,稳定社会秩序。尤其是在资本主义政治、经济危机加深,各种社会矛盾激化时,国家更是重视增加社会福利开支,对缓和各种社会矛盾起到重要作用。20世纪80年代以后,由于发达国家

受庞大财政赤字的困扰,一些国家的社会福利开支有所下降。尽管如此,至今社会福利开支仍不失为发达国家用以缓和各种矛盾的一种重要手段。

3. 国家计划调节减少生产的盲目性

资本主义国家的经济计划是指导性的,不可能解决整个社会生产的盲目性。但是由于发达国家积累了长期管理社会化大生产的经验,特别是一些连续实施计划化的国家,采用现代化的科学手段,由政府牵头吸收官、企、学多方专家参加,为保证计划的实现又提出一系列政策措施,这样制订出来的计划是比较科学并具可行性的。在计划实施过程中,根据条件的变化又不断加以调整。因此,凡实行计划调节的国家都取得较好的效果。以日本为例,从1956年到1992年连续制订和实施了11个全国性经济发展计划,其中最具影响的是"国民收入倍增计划"(1961—1970年)。在计划中不仅规定了明确的发展目标,还提出了实现计划的一系列配套的政策措施:要在10年内把国民收入和GNP增加一倍;国民生活水平要有显著提高;达到充分就业;实现经济高速增长。这是一个推动日本经济高速增长的10年发展计划。实践证明,它对推动日本重工业和化学工业的发展,对技术革新、提高商品的国际竞争力、加速整个经济的高速发展,都起了重要的推动作用。例如,国民生产总值6年实现了倍增,国民收入7年实现了倍增。在计划实现的1970年,GNP增长2倍,国民收入增长2倍,人均收入增长1.84倍,工业生产总值增长3倍,农业产值增长1.3倍。同样,法国从1947年到20世纪90年代初已制订了10个中期经济发展计划。法国的计划有强大的国营企业作后盾,政府同国营企业签订具有法律效力的合同,规定企业必须完成指标所规定的任务,为计划的实现提供了物质和法律上的保证。在计划执行中,政府通过投资、订货、贷款和补贴等多项措施,既保证了国有企业的发展,又诱导了私人企业按国家计划规定的方向发展。因此,法国的发展计划最终也取得了很大的效果,对推动法国经济发展起了积极作用。

4. 灵活的货币政策使通货膨胀由高走低

20世纪70年代以前,西方国家执行凯恩斯主义膨胀政策,使通货膨胀持续发展,致使资本主义陷入"滞胀"的困境。但西方国家总结了滞胀的教训,依据货币主义和供应学派的理论,提出了"没有通货膨胀的适度经济增长"的指导方针。依据这一方针政策,及时调高贴现率,紧缩信贷,配合以"抑制通货膨胀制度创新",终于使通货膨胀得到了有效抑制,从此以后发达国家的通胀率维持在2%~3%左右,低者不到1%。尽管物价过度下跌对经济增长有不利的一面,但对提高社会购买力,缓和生产和市场的矛盾,从而促进经济增长,又起到了积极作用。

5. 国家对科技、教育大量投资,有利于促进科技进步和经济增长

二战后的科技革命、新兴部门的建立、大型公共工程的建设,以及人才的培育等,都离不开国家资金的大量投入。二战后资本主义国家能够获得迅速发展,无疑是和国家对科技、教育的大量投入分不开的。二战后,各国政府在这方面的投入不断增加。据不完全统计,20世纪80年代各国政府的投入在全国科研经费中所占比重,美国为48%,法国为59%,英国为49%,联邦德国为41%,日本为27%(日本科技投资主要来自大企业,约占80%左右)。这样就为科技进步和人才培养提供了保证,促进了社会生产力和国民经济的迅速发展。后来由于财政负担加重,政府对科研投入的比重有所下降,如到2000年各国政府投入比重平均下降到30%左右,但国家研究机构、大学等机构以及基础研究、国防技术等领域仍依靠政府的大量财政投入。此外,政府还牵头吸收大学、企业、政府研究机构联合攻关,一些战略性科技项目如微电子、信息技术、生物工程、新型材料等研究开发取得的成果,都离不开国家的协调和干预。尤其是美国这个科技大国更不例外,如美国的"星球大战"计划、反导弹技术等,从设计到研发,政府既是资金的提供者,又是协调和组织者,以保证重大科研项目取得成果。此外,在教育方面,"9·11"事件后,纽约市教育局获得了联邦政府400万美元的紧急拨款,用于学生的心理疏导。

国家宏观经济的调控,除了推动经济增长与科技进步、抑制通货膨胀、缓和各种矛盾以外,同时在执行过程中也积累了许多矛盾。这些矛盾的爆发,暴露了国家宏观调控的局限性,对生产力的发展产生了消极影响。

1. 宏观调控不能阻止周期性经济衰退

国家干预经济在一定时期和一定程度上缓和了资本主义基本矛盾,但依据凯恩斯主义长期过度进行干预必将走向它的反面,宏观调控所带来的消极和破坏作用就会上升到主要方面,成为经济持续增长的阻力。例如,国

家对财政货币政策的运用,在 20 世纪 70 年代以前,刺激了经济增长,扩大了就业与社会总需求,但是到 70 年代,伴随着世界周期性经济危机的爆发,这种财政金融政策所积累的矛盾也充分暴露出来。集中表现为:物价急剧上涨和经济停滞,通货膨胀与经济停滞两者相互推动。后来虽然采取紧缩的财政和货币政策,使通货膨胀得到抑制,但又引发并加剧了 80 年代初期的经济衰退。进入 21 世纪初,一度带动发达国家经济增长的高新技术产业出现生产过剩,加上工人失业增加、市场萎缩,又进入了新一轮的周期性经济衰退。

2. 长期干预经济导致 70 年代的"停滞膨胀"

"停滞膨胀"对资本主义世界的经济打击尤其深刻。滞胀产生的根本原因是由于发达国家长期推行凯恩斯主义的赤字财政政策和廉价货币政策。同时,国家过度干预经济,限制了市场机制的充分发挥,国家只强调刺激总需求而对总供给重视不够,结果引起了长达 10 年的物价急剧上涨,同时伴随经济停滞,即所谓"停滞膨胀"。例如,西方发达国家以消费物价上涨指数为代表的通货膨胀率,1970—1982 年平均高达 9.9%,远远超过 50 年代平均 2%、60 年代平均 4.3%的水平。在这期间, 发达国家经济增长又长期处于停滞状态。1970—1982 年间,发达国家的工业生产年均增长率只有 2.5%,相当于 60 年代平均增长率 5.9%的一半。1983 年和 1984 年,美国和日本经济增长速度虽略有提高,但就整体经济来看,并未摆脱生产停滞的局面。

3. 国家用于武器采购的财政开支大幅度增加

某些发达国家在宏观调节中,财政支出的很大一部分用于军费开支,即使在冷战结束以后, 某些军事大国一度缩减了的军费开支而现在又在继续扩大。新武器的研究和大量生产不仅加剧了国际间的军备竞赛,造成资源的大量浪费,而且加重了广大民众的税收负担,降低了消费者的社会购买力,进一步加深了资本主义的基本矛盾。

综上所述,西方发达国家的宏观经济调控,虽然能够在一定程度、一定时期暂时适应生产力的发展要求,推动生产力的继续发展和经济增长,但从实质上看, 国家的宏观经济调控只能是对国家垄断资本生产关系的局部调节,并未消除资本主义的基本矛盾。70 年代出现的滞胀,80 年代和 21 世纪初的两次周期性经济衰退,都是这种基本矛盾的集中表现。

思考题:

1.战后国家垄断资本主义的迅速发展及其原因。

2.发达国家宏观经济调控的主要内容及其对经济发展的影响。

3.20 世纪 80 年代后发达国家宏观经济政策调整的原因和后果。

4.简述进入 21 世纪西方国家宏观调控的新发展。

第十二章 国际经济协调
及其经济效应

内容提要：

国际经济协调是为维持世界经济秩序和推动经济发展而通过协商或协议，对全球经济生活进行联合干预和调节的政策行为。随着经济全球化的发展，国际间和地区间的经济关系日益密切，各种交往、合作与矛盾也日益加强和凸显，只能通过国际协调才能使矛盾得到缓和与解决。

二战后的国际经济协调，在组织上经过了由全球到地区、由多边到双边、由少数发达国家参与到发展中国家也参与的变革过程；在内容上经过了由经济到政治、环境、反恐等无所不包的发展过程。实践证明，对于全球的许多重大问题而言，只靠国际经济组织和少数大国集团并不能使之得到彻底解决。因此，20世纪80年代以来，不仅原有的地区经济组织加快发展，而且还不断地涌现出许多新的区域性经济组织，协调的内容和方式更具针对性和灵活性，实际上这是对全球多边协调的一种有效补充与替代。

国际经济协调是世界经济发展的客观要求，同时它又对全球经济发展产生深刻的影响。它既有稳定国际经济秩序、促进全球和地区经济发展的积极作用，又产生一定的消极作用，因此需要继续进行改革和完善，特别是对由少数发达国家控制的国际协调组织进行改革和完善。

经济全球化的深入发展，各国经济交往日益密切，以及阻碍世界经济发展的各种矛盾日益增多和复杂化，在客观上就要求各国加强国际宏观经济调控，在全球范围内建立起更加有效的经济协调机制。

在经济全球化过程中，各国经济内部是受一国政府的宏观经济政策调控,而全球经济调控只靠一国和几个国家是很难实现的,必须由多个国家乃至世界各国共同参与,采取多边协调行动和措施,才有助于缓和与解决各种矛盾,从而为世界经济的顺利发展创造条件。

第一节　国际经济协调的发展

一、国际经济协调的含义

国际经济协调是指由多数国家组成的世界经济组织及区域经济组织为了维持国际经济的稳定并促进其发展,通过协商或协议对国际经济活动进行联合干预和调节的政策行为。各国政府和国际经济组织是国际经济协调的参与主体。稳定和促进国际经济发展是协调行为的目的。国际经济协调的范围极其广泛,它既包括全球范围的经济协调,也包括区域经济和多边经济协调;既包括由世界性经济机构所进行的国际经济协调,如国际货币基金组织、关贸总协定(现世贸组织)安排的多边协调,也包括由主要国家和地区进行的国际经济协调,如西方发达国家政府首脑和部长定期举行的对全球经济有重大影响的协调行动。

二、国际经济协调的发展

二战后,随着经济全球化的迅速发展,国际经济协调的内容和形式经过了一个从局部到全面、从依靠少数国际经济组织、少数国家到多边经济协调的演进过程。根据战后世界经济的发展进程和协调的进展情况,可将国际经济协调划分为四个不同的阶段。

第一阶段是二战后初期到 20 世纪 70 年代初期,为国际经济协调的建立与启动时期。在这个时期,西方各国建立了一系列超越国家的国际经济组织,包括国际货币基金组织、世界银行、关税及贸易总协定、经济合作与发展组织等。这些机构从维护资本主义世界经济利益出发，协调资本主义国家经济关系，对世界经济和国际金融、国际贸易的发展产生一定的促进作用。在这些经济组织中，当时美国依靠其政治、军事和经济上的优势，在很大程度上影响甚至控制了国际经济协调。因此，这时期的国际经济协调的特征可以说是以美国为核心，以布雷顿森林体系和关贸总协定为基本框架，着重于国际金融和贸易的机构性协调。协调的内容是局部的，作用是有限的，是初步的经济协调。到 60 年代后期和 70 年代初期，布雷顿森林体系走向瓦解，美国经济实力相对下降，而日本和西欧经济实力迅速崛起，这时的国际经济关系面临一系列新的矛盾，随着固定汇率制的瓦解，宣告第一阶段结束。

第二阶段从 20 世纪 70 年代初到 80 年代初，是世界经济转向全面动荡和国际经济协调频繁的时期。具体表现为：①西方国家经济普遍陷于滞胀的困境，除日本外，美国和西欧都在滞胀中挣扎了 10 年之久。如美国在 1970—1982 年的 13 年间，国民生产总值与工业产值有 5 年为负增长，其他年份的增长率也很低，这两项指标平均增长速度只有 2.44% 和 1.99%；年均通货膨胀率高达 7.8%。②布雷顿森林体系解体后，国际金融秩序陷于混乱和动荡，汇率波动频繁，国际收支严重失衡，发达国家之间的货币纠纷愈演愈烈；贸易保护主义盛行，非关税壁垒层出不穷，严重地妨碍了国际贸易的正常发展；世界经济格局由美国一统天下走向美、日、欧三极争夺的格局。70 年代以后，美国经济地位日趋相对衰落，而日本和西欧经济地位则迅速提高，但美国并不情愿退出历史舞台，继续借助其政治上的优势以维持其经济地位。为了恢复国际经济秩序，稳定国际货币金融市场，消除贸易壁垒，迫切需要加强国际经济多边协调与合作。在这期间，国际货币基金组织多次召开有关国际货币体系问题的会议，就汇率制度、本位货币等重大问题进行磋商和协调，虽然取得了一定效果但十分有限。与此同时，关贸总协定为了实现全球贸易自由化，也多次举行消除贸易壁垒的多边谈判，就一些问题达成协议，但执行起来阻力重重，收效不大。

在这期间，从 1975 年开始，西方 7 个主要发达国家美国、英国、法国、联邦德国、意大利、日本和加拿大每年举行一次政府首脑会议，即通常所说的"西方七国首脑会议"。七国首脑会议协调的内容非常广泛，主要有宏观经济政策、经济结构改革、国际贸易、汇率管理、能源对策、发展中国家债务、东西方国家经济关系、全球环境保护等。除了对国际经济政策进行协调外，还根据国际形势发展变化的需要，对国际政治进行政策协调。不过在这期间，七国首脑会议协调尚处于探索阶段。从讨论的内容看，主要是关于抑制通货膨胀、减少石油危机冲击和货币汇率等经济方面的议题，涉及政治方面的问题很少。经济政策协调也只限于交换意见，达成限制性协议的不多，即使达成协议也未能完全付诸实施，因此对扭转西方经济停滞的影响不大。但是 1978 年在波恩召开的第四次首脑会议使首脑协调出现转机。为了解决滞胀问题，这次会议为各国的宏观经济政策第一次提出了数值指标：联邦德国追加相当于国民生产总值 1% 的政府支出，法国增加 100 亿法郎赤字，加拿大保证经济增长率达到 5%，日本为 7%，美国着手解决通货膨胀并减少石油进口。在 1979 年第二次石油危机中，东京首脑会议的中心议题就是如何对付这次石油危机，由于首脑会议的高度关注和协调一致的行动，使西方国家渡过了经济难关，显示出国际经济协调的效果。但总的来说，这期间虽多次举行首脑会议，达成的协议是"义务性的多，强制性的少"，议论性多，可操作性少。

　　第三个阶段从 20 世纪 80 年代初到 90 年代初。这是以世界经济多极化为基础，以西方大国为主的多层次全方位的多边国际经济政策协调的时期。到 90 年代初期，国际经济政策协调已经发展到一个具有多种形式和相当规模的协调体系。在这个体系中，既有国际机构性协调，又有区域经济集团之间的协调和政府之间的协调，但仍以国际机构性协调为主。具体表现在以下几方面：

　　(1)多层次多边经济协调，但以全球性多边协调为主。包括：①全球性多边协调，如联合国属下的国际货币基金组织、世界银行、联合国贸发会议等国际经济机构和会议，以及关贸总协定的全球性多边贸易谈判。这些组织就有关全球性经济、贸易、金融等问题展开讨论，协调的内容对世界经济发展产生重要影响。②以美、日、欧为核心的"西方七国首脑会议"为主体的大国协调进一步加强。它们在当今世界经济的许多重大问题上发挥着越来越多的协调作用，一年一度的"西方七国首脑会议"已成为美、日、欧三边协调的常规形式，而且协调的内容远远超过经济领域。③区域集团之间的协调有所加强,但尚未成为国际经济多边协调的主要组织形式,而且只限于早期建立的少数大型区域集团。例如,欧洲经济共同体、北美自由贸易区、亚太经济合作组织等。尤其是北美、欧洲、亚洲三大经济中心的形成,进一步加剧了美、日、欧之间的竞争,为了增强各自的国际竞争地位,都在寻求依靠区域经济联合,以提高其对竞争对手的抗衡能力。④区域集团内部成员之间的多边经济协调也在加强,但对全球性经济协调的影响有限。尽管区域经济组织的层次高低不同,但都积极要求在其成员国之间加强经济协调与合作,以保证协调的经济效果,实现集团的共同目标利益。

多层次多边协调为国际经济问题的解决提供了更多的可供选择的场合和机会,可根据不同问题、涉及的不同范围采取不同形式进行协调和解决。但另一方面也增加了协调的复杂性和难度。

(2)全方位多边经济协调。国际经济多边协调不仅在层次上多样化,而且随着经济全球化的发展,协调的范围也在不断扩大,几乎涉及世界经济的所有领域的各种问题,甚至扩大到社会政治领域,进入了一个全方位的多边协调的新时期。在贸易领域,已从过去的消除关税和非关税壁垒、一般商品进出口贸易问题,开始转向涉及农产品、信息通信服务和知识产权等问题,纳入世界贸易组织全球多边谈判的问题日益增多和复杂化。在国际金融领域,由汇率目标安排、主要国家的金融与利率政策协调,逐步扩大到国际债务危机、国际金融与货币危机的解决。这期间的国际经济协调,既有世界经济中的全局性问题,也有区域性问题和专题性问题;既有经常性的经济协调,又有临时性的紧急磋商,充分显示了国际协调的全面性和灵活性。

(3)世界贸易组织取代关贸总协定,成为当今国际经济多边协调的重要组织形式。关贸总协定对调控世界贸易、协调国际经济关系、促进国际经济合作,从而加速世界经济全球化,起到了极其重要的作用。但是20世纪80年代以来,面对日益复杂的国际经济形势,以及日趋剧烈的贸易摩擦和严重的贸易保护主义,关贸总协定越来越不适应这种发展要求。1994年4月15日,在摩洛哥的马拉喀什市举行的关贸总协定马拉圭回合部长会议,决定成立更具全球性的世界贸易组织,以取代1947年拟定的关贸总协定。1995年1月1日,世界贸易组织正式开始运作。1996年1月1日,它正式取代关贸总协定临时机构。世界贸易组织的协调领域日渐广泛,把服务贸易、保护知识产权、投资、金融、旅游等都纳入多边贸易管理体系,它作为一个正式的国际经济组织对成员具有更严格的法律约束力和贸易争端调节机制。可以预料,世贸组织将大大推动今后全球贸易的进一步发展。

事实说明,自世贸组织取代关贸总协定以后,它的工作效率、取得的成果都比过去有所提高。以 1997 年 12 月 12 日举行的由各国谈判代表参加的会议来看,经过一夜会谈就在 13 日达成一项拖延已久的全球贸易协议。这是世贸组织在不到一年时间内达成的第三项全球性协议,前两项是信息技术协议和电信贸易协议。该项协议包括 70 个国家,这些国家都保证使其银行、保险和证券市场对外国公司开放。这项协议涉及广泛的服务业领域,包括 18 万亿美元的全球证券资产、38 万亿美元的全球银行贷款和大约 2.5 万亿美元的世界保险费。世贸组织就开放金融服务市场问题达成如此内容广泛的协议,正是在许多亚洲国家努力摆脱金融危机困境的时候,它不仅为金融服务业的扩展铺平了道路,还在国际准则的基础上创造了一个更有预测性和更安全的商业环境。因此,新达成的协议增强了世界经济发展,有助于恢复投资者对东南亚的信心。所以,一些国家把它称作"恢复信心的多边框架"、有"明显改进"的协议。不过也有的国家认为"这是一种单向交通",因为从这项协议中受益最多的是工业化国家,它们借此打入发展中国家的市场,直至兼并这些国家的企业。

(4)"七国首脑会议"扩大为"八国首脑会议"并对全球经济产生日益重要的影响。八国集团 1997 年建立直至 2014 年西方七国因克里米亚危机冻结俄罗斯的成员资格,重新回到七国集团,每年讨论的议题日益广泛。由于冷战结束后世界经济政治问题更加繁杂,八国集团由过去侧重于讨论经济问题,如减少失业、抑制通货膨胀、削减财政赤字、平息国际货币金融动荡等问题,扩大到将环境保护、人口、核安全与不扩散、全球经济接轨和防范恐怖袭击等也都列入议事日程。而且八国政府首脑会议的政治色彩愈益浓厚。

特别是于 1997 年 6 月 20—22 日在美国丹佛举行的首脑会议,最后发表的联合声明几乎罗列了当今世界面临的所有问题。这次会议涉及的政治问题有:联合国改革问题,关于防止核扩散、军备控制和裁军问题,关于为非洲发展建立伙伴关系问题,关于中东问题,关于中国香港问题等等。国际舆论认为,丹佛会议成为转折点,首脑会议的性质已发生重大变化,其重点已不是经济问题,而是具有强烈的政治色彩。不难看出,这次会议广泛地讨论了全球和地区性问题,而且对属于一些国家的内政事务横加干涉。虽然国际贸易组织和国际货币基金组织在全球性多边谈判上声势要大得多,但以美国为首的西方少数大国从自己的立场出发,往往在国际多边协调的几乎所有领域都凭借其政治影响扮演着关键角色,它们决定着国际经济和政治多边协调的内容、决议乃至实施过程,很少考虑其他国家特别是发展中国家的利益和要求,这种协调呈现由少数大国控制的色彩。这次的丹佛首脑会议已由七国变为八国,即俄罗斯领导人从过去几年的"编外"地位晋升为正式成员,使西方七国首脑会议变为八国首脑会议,但由于俄罗斯的经济实力悬殊,无法与其他七国平起平坐地讨论经济问题,实际上还是七国首脑说了算。

(5)国际金融领域成为当今国际经济多边协调的一个焦点。布雷顿森林体系瓦解后,由固定汇率制变成管理浮动汇率制,伴随着世界经济贸易发展的不平衡和各国争夺市场斗争的日趋激烈,汇率的波动更加频繁,各发达国家围绕货币升值与贬值的斗争也时起时伏,以致引起金融市场动荡,进而对世界经济发展产生不良影响,因此稳定货币汇率和国际金融秩序成为各国普遍关注和各国联合干预的重要内容之一。到20世纪80年代中后期,这种多边国际货币协调体系进一步加强。1985年9月西方五国财长会议通过的《广场协议》,就联合干预外汇市场取得一致意见;以后西方五国或七国多次联合干预国际外汇市场,并取得一定的效果;美国和日本等发达国家为挽救墨西哥金融危机和1997年发生的东南亚金融危机,都被认为是西方发达国家和国际金融机构加强多边经济协调的重要体现。特别是1997年爆发的东南亚金融危机,来势凶猛,持续时间长,波及范围广,影响深远。面对这种状况,国际货币基金组织和各国政府曾多次磋商,分析形势、研究对策,提出了为泰国、印尼和韩国提供570亿美元的一揽子救助计划,终于在多方联合协调干预下,使这次金融风暴得以缓和下来。不过这次基金组织在向救助国提供巨额贷款的同时,还要求使用这笔资金的国家以整顿本国金融机构、开放金融市场、减少政府干预、加速本国的结构调整作为受援条件。特别是对使用这笔资金最多的韩国所规定的条件更为苛刻，作为提供近 400 亿美元的一揽子援助的交换条件，国际货币基金组织为韩国开出了一剂苦药，包括大幅度减缓经济增长、提高税收和削减开支等紧缩措施。韩国为了尽快摆脱困境，防止危机进一步扩大，也只好吞下这颗苦果。

第四阶段从 90 年代中期开始到现在。这个阶段是国际经济协调由以多边协调为主走向多边协调与区域协调并举的变革时期。由于多边国际经济协调面临的问题日益增多、更加复杂，尤其是有越来越多的发展中国家加入经济全球化当中，出现了全球经济协调与区域经济协调并举的新局面，这样就使得长期以美国为核心、以发达国家利益为主导的多边国际经济协调形式无法适应经济全球化的发展要求，从协调的组织形式、功能到参与的国家范围等都需要进行变革。这方面的主要变化如下：

（1）"西方七国首脑"（一度为八国）适应新形势，在组织和内容上进行调整。20 世纪 70 年代出现的西方七国首脑会议，是适应当时国际环境而较早出现的由少数经济大国参加的全球性协调组织。在 80 年代和 90 年代初期曾发挥过重要作用，对稳定世界经济秩序、缓解周期性经济危机、促进世界经济增长，产生过积极影响。但是随着经济全球化的深入而广泛地发展，发达国家与发达国家、发达国家与发展中国家之间出现的经济与政治摩擦日益增多。很多问题不是只靠少数几个经济大国的协商就能解决的，特别是涉及与广大发展中国家利益相关的问题（如石油危机、债务危机、对外援助、生态环境问题等），不听取发展中国家的呼声是很难公平合理解决的。另外，这些问题往往又是世界经济组织面临的长期悬而未决的问题。在这种情况下，一方面，需要在组织形式上加以充实和调整，更好地发挥具有影响力且无法替代的少数大国的协调作用；另一方面，作为大国的议事日程，应当把大国的利益和发展中国家的利益适当结合起来，做到公平合理、互利互赢。为此，近十年来，西方七国首脑会议迫于形势的压力，也为了维护其自身的利益，除在组织上加强与充实七国首脑会议之外，今后还有可能吸收部分发展中国家参与，并制定出共同的行动准则，来规范他们的共同行动。例如，发展中国家欠发达国家的外债总额，已由 1993 年的 15368 亿美元增加到 2014 年的 67000 亿美元，如此巨额款项既是发达国家一个长期最头痛的问题，又困扰着发展中国家的经济贸易发展；既是八国首脑经常议论的问题，又是世界经济组织协调的一个重要问题。发达国家权衡利弊，经过协商最终达成协议，决定由大国采取不同形式，逐步减免发展中国家的债务负担，而且承诺减免债务的国家必须遵守协议如期完成任务。中国作为负责任的大国，也多次对与我国有外交关系的非洲国家减免债务。又如，西方发达国家长期以来因贸易不平衡而引起贸易摩擦，西方大国经过协商并达成协议，决定共同干预外汇市场，使汇率波动回到有利于解决贸易不平衡的轨道上。为了实现这一目标，协议还要求有关国家对本国的财政政策和货币政策进行协调，并在利率、经济增长率、就业率等方面的宏观政策上采取协调行动。由此可见，在全球性经济组织协调之外，八国首脑协调不但没有减弱，反而有所加强，成为全球经济组织协调的一种不可缺少的重要补充。

但是八国首脑协调毕竟是在少数经济大国之间进行的，仍然是以大国利益为主导，而发展中国家的利益和要求经常被忽视。事实日益证明，许多国际重大经济政治问题，只靠少数几个大国协调，而不直接听取发展中国家的呼声和要求，没有发展中国家的参与和合作，是不能彻底解决问题的。正是基于这种情况，2005年7月6日在英国苏格兰召开的以援助非洲和环境问题为主题的八国集团峰会，在组织上改变了以往的做法，而采取了"8（八国首脑）+5（中国、印度、巴西、南非和墨西哥）"的形式，加强发达国家与发展中国家之间的对话，在一系列重大问题上加强沟通、了解与合作。受邀请的五国都是举足轻重的发展中国家，在世界经济政治舞台上具有日益重要的影响。很显然，如果把这些国家排除在外，对世界许多重大问题与政策，例如全球贸易失衡、能源政策、生态环境、贫富差距、汇率调整等，都很难进行讨论，即使是少数大国首脑达成了协议也难以实现。

这次八国首脑会议是一个重要转折，为以后一年一度的会议提供了一个范例。一些分析人士认为，"8+5"架构的形式，意味着八国集团峰会作为一个时代的结束、一个新时代的开始。由于乌克兰危机的持续发展，2014年3月25日，白宫宣布，奥巴马和G7集团其他国家领导人已决定，将暂停俄罗斯G8成员国地位。八国集团日益成为美国主导的发达国家俱乐部，面临新的发展和挑战。

（2）在全球经济组织的协调能力受限，同时区域经济一体化组织又纷纷建立并积极发挥协调作用的情况下，区域协调和双边协调则得到了人们越来越大的关注，参与区域协调和双边协调的国家、特别是发展中国家越来越多。以世界贸易组织为例，如上所述，该组织自建立以来曾取得了巨大成就，为协调全球贸易关系，推动全球贸易快速发展发挥了积极作用。但世贸组织是一个多边协调组织，面临的问题成堆，协商时不可能面面俱到，即使达成协议也不可能使每个成员都得到满意，尤其最近几年，协调中出现的分歧越来越大，显示了世贸组织协调能力的局限性。例如，在世界贸易组织框架下，最近于 2004 年 8 月 1 日举行的"多哈回合"，是为解决以前悬而未决的议题而召开的。多哈会议虽然最终达成协议，在包括农业、非农产品、服务贸易、发展问题和贸易便利化五个方面获得了重要的阶段性进展，但是由于协议框架仅仅明确了今后谈判的一些指导性原则和基本内容，许多棘手且分歧较大的问题被搁置。随着谈判的深入，这些问题以及深层次的矛盾必将显现出来，因此下一阶段谈判的任务将更加艰巨。

相对于世贸组织的多边国际经济协调来说，区域经济协调与双边自由贸易协调由于决策过程的有效性和对象选择的灵活性较强，从 20 世纪 90 年代初开始获得了迅速发展。虽然世贸组织的多边国际协调体制不会因此而解体，但由此所引发的结果将会延缓世界多边协调的发展进程，并有可能在部分地区造成全球经济协调与区域经济协调之间的关系发生逆转，即从两者的并行与相互促进转向相互替代。正如世贸组织发表的《2003 年世界贸易报告》所指出：近年来在世贸组织新一轮多边谈判举步不前的同时，双边自由贸易谈判硕果累累，渐成潮流。到 2003 年底，全球累积共签署了 225 个区域贸易协定，其中 99 个是双边自由贸易协定。事实上，现在包括一些经济大国在内已把协调的重点逐步转向区域组织或双边贸易协议。如 2004 年以来，美国和新加坡、智利、中美洲四国之间相继签订了双边或区域自由贸易协定；日本与新加坡、墨西哥、东盟、韩国已达成协议，决定建立双边自由贸易协定；新加坡除了和美国、日本密切合作与协调以外，还和中国、澳大利亚积极接触，以尽快达成双边合作协议；东盟–中国（10+1）自由贸易区以及中国、日本、韩国和东盟（10+3）自由贸易协定框架下的行动计划也已正式启动，并取得了迅速进展。值得提出的是，在"10+3"的框架下，发挥东盟的主导作用，于2005年12月14日举行了首届"东亚峰会"。同时达成协议，发表了《吉隆坡宣言》，宣言首次提出"有必要支持建设一个强大的东盟共同体"；并将东亚峰会定性为"一个开放、包容、透明和外向型的论坛"，这为今后该峰会进一步扩大、开展对话与协调，创造了有利条件。东亚是一个政治、经济十分活跃并颇具吸引力的地区，在美日激烈争夺亚洲这个大市场的背景下，欧盟也不甘示弱，早在1994年就制定了《走向亚洲新战略》的规划，经过多次协调与协商，终于在1995年达成协议，建立了《亚欧会议》，于1996年3月正式启动。亚欧会议自成立以来，成员国之间的政治经济对话与协调不断深入，在经济、技术、环境、文化与教育等领域进行了广泛地交流与合作，在某些方面的合作甚至走在了美日的前面。

在亚欧会议协调机制不断深入发展的同时，中国与欧盟之间的双边高峰会晤也定期举行，并已正式建立了战略伙伴合作关系。2005年9月5日举行的第八次中欧领导人会晤，经过双边协商，达成了共识，一致同意采取措施进一步发展中欧全面战略伙伴关系，深化在政治、经济、能源、交通、环保、科技、文化以及国际和地区事务中的交流与合作；发表了《第八次中欧领导人会晤公报》，签署了关于交通运输、环境保护、空间开发、北京首都机场建设等领域开发的六个合作文件。双方领导人高度评价了这次中欧高峰会晤的重大意义。可以说，这是双边协调机制的又一个范例。

另一个值得重视的区域协调组织是2001年6月正式成立的由中国近邻五国组成的"上海合作组织"（前身是"上海五国"）。五国共同签署了《上海合作组织宪章》，其主要宗旨是：加强成员国之间的相互信任和睦邻友好；发展成员国在政治、经贸、科技、文化、教育、能源、交通、环保等领域的有效合作；共同维护地区和平、安全与稳定；推动建立民主、公正、合理的国际政治经济秩序。自该组织成立以来，已举行了多次领导人会议，在广泛协商与协调的基础上，就地区的许多政治、经济议题达成一致，并在实施中取得了重要进展。2017年6月1日，中国外交部发言人华春莹在例行记者会上表示，印度和巴基斯坦将在阿斯塔纳上合组织峰会上成为正式成员。这是上合组织2001年成立以来首次扩大。实践证明，上海合作组织的成立与实践，是一种新型的对话、合作与协调的有效机制,为今后的地区合作与协调提供了极为宝贵的经验。

"亚洲合作对话"(ACD)成立于 2002 年,由亚洲 22 个国家组成。这是目前唯一面向整个亚洲的官方对话与合作的协调机制。自成立以来到 2005 年,已开过四次外长会议,在一些具体领域开展了有效合作,促进了亚洲整体意识的协调一致。亚洲合作对话虽然是一个非正式、非机构化的论坛,但它就国际地区问题、亚洲合作的发展方向、ACD 具体领域合作以及机制建设等问题经常交换看法,并相继发表了《伊斯兰堡宣言》《关于亚洲经济合作的倡议》等,对推动今后亚洲国家对话与合作的发展将产生重要影响。这也是亚洲其他区域合作组织的一个重要补充。

近年来,除了上述新建立的地区与双边合作组织在继续扩大并加强协调以外,早期建立的区域协调组织如欧洲联盟(EC)、北美自由贸易区(NAFTA)、亚太经济合作组织(APEC),随着经济全球化的加快发展,以及区域经济一体化的纷纷出现,在组织建设、合作内容、协调范围等多方面不断取得新的进展。尤其是在各种世界经济组织协调能力受到限制的情况下,更加显示出这三大区域组织在协调上的替代性和效率性。

第一,最早出现的欧洲共同体、现在的欧洲联盟,是当今世界上最大的区域经济一体化组织。它的协调领域不仅包括早已实现了关税同盟的贸易、投资、工业和农业的一体化,而且经过协商签订了《马斯特里赫特条约》,实现了货币联盟,有条件的国家使用统一的货币——"欧元";甚至成员国把各自国家主权的一部分让渡给欧盟的最高权力机构。今天的欧盟在内部协调一致,对外用一个声音讲话。欧盟在不少经济合作领域走在了世界经济组织议事议题的前面,所以当世界经济组织在协调中同欧盟出现分歧时,由于有了欧盟内部协调一致作后盾,欧盟成员提出的意见和建议不能不被考虑。这对世界经济组织的协调来说,虽然带来了一定的阻力,但对全球经济协调又是一种补充和推动。

第二,北美自由贸易区的成立与实践,对拉美国家产生了越来越大的吸引力,也加剧了区域外其他国家对这一地区的争夺。因此,成立一个更加广泛的"美洲自由贸易区"已是大势所趋。经过美洲首脑协商最终达成协议,确定 2005 年为谈判达成建立自由贸易区协定的最后期限。这标志着南北国家之间的协调关系,出现了以经济合作与协调为主的新趋势。由于参加国是除古巴以外的 34 个国家,各国经济发展水平不同,各国的宏观经济目标与重点也不同,所以各国对协调内容仍有较大分歧,这个协议只能是一种被称作"自助餐"式的框架协议,即成员国根据自己的国情可以有选择地执行有关条款。但协议的达成,毕竟为今后进一步的谈判与协调,并最终达成一个各国都能接受的协议奠定了基础。可以看到,如果美洲自由贸易区一旦实现,对协调地区乃至全球经济都将产生重要影响。因为美洲自由贸易区将是世界上最大的区域一体化组织之一,它虽然不像欧盟走得那样远,也不像亚太经济合作组织那样松散而无约束力,但按照它的行动纲领最终将成为一个有行动准则、实现全面一体化的大型区域经济组织。然而如上所述,因为它的成员既有少数高度发达的超级经济大国,又有占大多数的落后的发展中国家,还有一部分居于中间水平的新兴工业化国家,国家利益和发展目标各不相同,因此在区域内部经济协调上既有其一致的一面又必然产生诸多分歧。这种协调—分歧—协调的局面不可能在短时间内得到根本解决。

第三,亚太经济合作组织自成立以来不断取得新的进展。其规模还在继续扩大,合作的领域日益广泛,协调时也比较容易达成一致。作为推进亚太地区贸易与投资自由化和经济技术合作的庞大的官方区域一体化的协调组织,APEC 已经认识到,进入 21 世纪将面临许多新情况和新问题,不能总是停留在对贸易投资自由化和经济技术合作这类问题的议论上,迫切需要更进一步扩大合作的范围和深度,不断地取得新的合作成果。为此,各成员要求该组织加速调整它的发展战略,充分发挥它的协调机制和有效的作用。要实现上述要求有其有利条件:亚太经合组织的特点之一是,一年一度的非正式首脑会议是各成员国的政府高官和最高领导人进行协商和出席会议,讨论的议题和通过的决议都是各国普遍关注和正在实施的重大课题,在讨论和协调过程中容易达成一致,很少出现国际经济组织协调中那样的严重分歧和激烈争论。另外,亚太经合组织有着广泛的协调一致的基础,在亚太区域合作组织中又有若干个双边和次多边的贸易自由化协议,这些合作组织在某些方面比整个区域合作组织走得更远更快,成员之间更容易做到协调一致。再加上亚太地区又是全球经济贸易增长中最快的地区,对全球经济合作与协调有着举足轻重的影响,因此,亚太经合组织所讨论的问题和达成的协议,常常受到世界经济组织的重视,而世界经济组织所讨论的问题和通过的决议,也常与亚太经合组织的年会议题相一致,所以两者实际上形成了一种相互促进、相辅相成的协调关系。今后随着亚太经合组织的发展壮大,这种相互协调关系必将更加密切。尽管该组织是一个无统一规制的松散的组织,但由于各国经济利益趋同,比起有行动准则的贸易自由化组织,在协调与合作方面作用更大。

　　综上所述,随着经济全球化的深入发展以及区域经济一体化的兴起,国际经济协调已由过去的以全球多边协调为主走向全球多边协调与区域协调、次区域协调、双边协调并举的新时期。经过 20 世纪 90 年代的多次调整,早期的国际经济组织已建立起逐步健全的全方位的协调机制,而新产生的区域和双边协调组织,根据地区的特点和发展要求,提出新的议题,以灵活且成本低廉的形式从多方面进行协调,因而取得了全球经济协调难以达到的效果。两者相互配合、相互促进,共同推动着全球经济向前发展。参与经济协调的国家、特别是发展中国家日益增多,一改过去由少数经济大国包揽国际经济组织,主导国际协调的格局。但是当今的国际经济协调不论是全球性的还是区域性的,都面临着协调与机制改革的艰巨任务,需要继续努力才能达到预期的效果。

第二节　国际经济协调的动因

　　当代国际经济协调的形成和发展有其深刻的多方面的原因。从根本上来说,随着经济全球化的发展,世界经济相互依存但又存在种种矛盾和阻力,客观上要求进行国际经济协调;另一方面,在世界经济发展过程中,由于世界经济危机、经济动荡和不平衡的出现与加剧,为了寻求平衡和稳定国际经济秩序,经常需要各国采取协调行动。具体说来主要有以下几方面原因:

一、经济全球化的发展要求国际经济协调

如上所述,二战后特别是 20 世纪 80 年代中后期以来,经济全球化进程进一步加快。在国际贸易、资本流动和生产国际化加快发展的同时,由于现代通信技术的应用和各国放松金融管制、金融衍生商品的涌现,国际金融市场正在迅猛扩大。经济全球化的发展,还使世界各国、特别是发达国家的经济活动和经济政策的"溢出效应"不断加强。在这种情况下,一国的宏观经济政策很难单独发生作用。为了避免由于各国内外政策配合不当而给其他国家乃至世界经济造成不良后果,在客观上要求各国通过各种形式的国际组织和政府领导人会议共同进行磋商、协调与合作。事实说明,通过国际协调与合作,各国经济政策的"溢出"和"传递"效应越来越明显。近年来,西方经济学家针对各种客观经济政策的"溢出"效应所作的深入研究认为,国际宏观经济政策并非一国对外经济政策的简单延伸,而是从全球出发对各国经济政策进行协调的结果。一国的经济政策和财政金融政策的作用远不限于国内,如通货膨胀、金融危机等经过"传递"和"溢出",会很快成为世界性的。因此,这就决定了各国应从相互依存、相互影响的角度来看待和处理国际宏观经济政策协调。

事实上,自 20 世纪 70 年代以来,伴随经济全球化的迅速发展,世界经济发生的重大变化的国际同步性都大大加强了。例如,70 年代各发达国家经济普遍陷于滞胀;80 年代初美国走出滞胀以后其他国家也相继摆脱了滞胀困境;1974—1975 年、1979—1982 年和 90 年代初的世界同期性经济危机,以及 1983—1988 年出现的世界性经济景气,都说明在经济全球化的今天,各国经济变量所具有的"溢出"和"传递"效应,同时也说明只有通过多边国际经济协调才能解决各国面临的共同性问题。2008 年美国次贷危机不仅冲击了本国实体经济和金融市场,也对包括中国在内的世界经济造成了巨大冲击;2017 年以来的中美贸易争端也同样引起各国对全球经济的担心。

这种"溢出"和"传递"效应主要是通过以下途径实现的:

(1)资本流动情况下的国际贸易收支。如果一国发生贸易逆差,会传递

给另一个或一些国家,使这些国家出现贸易顺差。顺差国的资金又会通过融资流向逆差国。另外,在资本自由流动的情况下,有关国家通过套利活动会使其利率趋同。如果美国为了弥补财政赤字而发行公债,通过公债在金融市场融资会使美国利率升高,从而吸引大量外资流向美国,导致美元汇率上升,出口价格上涨,进口价格下降,结果出口减少,进口增加,使美国贸易收支恶化。如果美元升值,使日元、马克贬值,日本和德国贸易收支得到改善,既为增加国内投资和消费创造条件,又会增加对美国的投资。1982—1983年的情况即是如此。当时美国的高利率吸引了欧洲、日本的大量资金流入美国,使美元持续升值,造成贸易收支进一步恶化。而美国从欧洲、日本大量进口则扩大了它们的贸易盈余,从而增加了投资并刺激了消费需求,使欧、日经济迅速摆脱衰退。这种情况说明,各国利率差异所引起的传递效应,会因对一个国家的贸易收支的不同影响而产生消极或积极效应。2015年底美联储退出量化宽松政策,逐渐加息,人民币相对贬值,使得贸易顺差有扩大趋势。

(2)汇率变动引起的国际传递。汇率变动对国际传递也有着重要影响。汇率变动不但会影响一国进出口价格的变化,而且会对一国的货币、工资、生产和就业等方面产生影响。例如,美国实行扩张性财政政策,导致利率升高,吸引外国资金流入美国,引起美元升值和外币贬值,货币贬值国家的出口增加,进口减少,取得贸易顺差,从而使其生产和就业扩大。这是从需求方面考察汇率变动的国际传递效应。再从供给方面看,以石油为例,如果石油以美元定价,美元对外币贬值,会引起从外国进口的石油成本上升,促使物价和工资上涨,如果商品价格上涨赶不上工资上涨,厂商就会减少产量。

根据这种传递效应,西方经济学家认为,单靠一国甚至几个国家实行内外均衡政策,不足以解决全球问题。因为:①政策工具及其作用有限。一国财政货币政策主要是为解决国内均衡而制定的,即使在浮动汇率制度下,一国也很难单独通过汇率政策达到内外均衡。②各国政策目标不协调。例如,对通货膨胀和失业问题,各国的优先选择治理目标不同,有的国家更重视通货稳定,有的国家则把解决失业问题放在首位,这种情况在西欧表现得尤其突出。③由于各国政策不协调,致使政策工具的效应降低。

国际经济协调的理论与实践主要就是依据"溢出"和"传递"效应提出和

运作的。随着国际资本流动和商品流动不断加快,世界经济相互依存、相互影响日益密切,各国只有通过协调与合作,才能使大家都受益,并防止一国的消极因素传递到其他国家。70 年代特别是 80 年代以来,世界上在继续发挥已有的各种国际经济组织的协调作用的同时,西方七国(八国)首脑会议和五国(七国)财长会议等频频进行多边国际协调,在很大程度上都是依据相互依存和国际经济协调的理论展开的。早在 1978 年的波恩首脑会议上,提出由美国、日本、联邦德国三个经济实力最强、影响较大的国家带头推行膨胀政策以刺激经济复苏的"火车头"主张,并强调在经济衰退期间,如果一国单独实行膨胀政策,会使贸易收支继续恶化,而多国合作共同实行膨胀政策,可以取得合作性均衡和最大利益。很显然,这种主张正是基于相互依存和国际协调理论的产物。

二、世界经济中出现的危机和冲突要求加强国际协调

二战后的世界经济危机一种是周期性的世界经济危机,另一种是非周期性的局部危机。周期性世界经济危机,到 90 年代末共发生 5 次,每次经济危机虽然在各国发生的时间不完全相同,但总的说来具有同期性,特别是前 3 次危机的同期性更为明显。危机使各主要资本主义国家经济遭受很大打击,特别是 1974—1975 年、1979—1982 年两次经济危机,由于世界经济全球化、各国经济相互依存的加深,经济危机的国际传播加快,只要一国特别是美国经济危机一爆发,很快就会波及其他国家。在这种情况下,各国只是单独解决国内经济危机很难奏效,因此这就提出了国际协调的必要性。二战后初期到 70 年代中期,随着经济全球化的发展,西方主要发达国家日益认识到,面对同期性世界经济危机,必须协调各国的宏观经济政策。1975 年 11 月召开的布朗依埃首脑会议,是协调对付经济危机取得突破性进展的标志。此后每遇到周期性经济衰退即召开七国首脑会议,共同磋商解决对策。针对 2001—2003 年世界经济衰退以及如何摆脱这次危机,西方八国首脑会议曾从多方面提出解决对策,加快经济复苏。2008 年美国次贷危机以及 2012 年欧洲债务危机,都对世界经济产生了负面影响。

除周期性世界经济危机外，在某些国家的某些经济领域还时常发生局部性危机，这种危机也会对世界经济产生重要影响。如70年代的两次石油危机、80年代形成的发展中国家的债务危机、90年代墨西哥和东南亚先后发生的金融危机等，这些局部性危机都对世界经济发展造成不同程度的危害，因此要求世界各国、特别是主要发达国家举行不同层次的专门国际会议，协调各国政府的解决对策。例如，石油危机对严重依赖石油进口国家的经济构成重大威胁，迫使西方首脑多次举行会议把石油问题列入议事日程，共同提出了节省能源消耗、减少石油进口数量和开发替代能源的对策。80年代的债务危机和90年代的金融危机，不仅给一国经济增长造成困难，也危及国际金融体系和世界经济的稳定。面对这种情况，国际货币基金组织、世界银行都曾进行多边协调，提出了一系列解决方案，使问题得到缓解或初步解决。

70年代的滞胀和80年代的汇率以及2008年的次贷危机剧烈波动，给国际贸易的正常发展造成严重障碍。由于各国长期推行凯恩斯主义膨胀政策，以及各国经济失调等原因，导致经济停滞与通货膨胀交织并发，利率与汇率剧烈波动，造成国际金融市场经常动荡，贸易保护主义抬头，以致各国之间的贸易战、货币战愈演愈烈。为了恢复和维持国际金融和货币领域的正常秩序，国际货币基金组织、西方七国首脑会议和区域经济组织，都多次进行协调，磋商对策。全球性的国际贸易和国际金融机构，在协调各国的金融政策、减少贸易纠纷、稳定国际经济秩序方面，发挥了积极的协调作用。

三、世界经济多极化格局的形成要求多边协调

经济全球化对世界经济格局的形成有着重大影响，而多极化格局的形成和发展在客观上又要求加强国际经济协调。

二战后，世界经济经历了由两极格局到多极格局的演变过程。目前世界经济格局继续向着多极化的纵深方向发展。70年代以来，在世界经济剧烈动荡、全面调整的过程中，各主要经济大国在世界经济中的地位发生了深刻变化。两极格局的终结，标志着美国经济实力地位的相对下降，日本和西欧经

济地位的提高,当今世界经济走向了多极化的新格局。经济全球化的发展,不仅是通过企业即跨国公司和跨国银行跨越国界的经济活动来实现,而且还要通过政府的积极参与来实现。而后者的直接结果之一是加速地区经济集团的形成,西方国家纷纷参加区域经济集团,就使得各大国之间的竞争变得更加激烈和复杂。因此,多极化格局中所产生的各种矛盾和斗争,只有通过协调才能得到缓和。展望未来,今后世界经济格局还将继续朝着实力均衡化方向发展。随着这种势均力敌的美、日、欧三大经济中心的形成和发展,它们之间争夺国际市场、投资场所和其他领域的斗争将更趋激烈。在这种情况下,世界经济各极之间除了加强协调与合作外别无选择。

四、世界政治经济发展不平衡和国际竞争加剧需要国际协调

20 世纪 70 年代中期到 80 年代末,美国经济地位相对下降,日本经济地位急剧上升,欧洲各国经济地位有升有降,这种发展不平衡状况表现在许多方面。在贸易方面,美国多年来占有的世界最大制成品出口国地位被联邦德国所取代;80 年代后期,联邦德国连续 3 年成为世界最大出口国。日本则是美国另一个巨大的竞争对手,到 70 年代末和 80 年代,曾经是美国占据优势的机电产品市场,一个个被日本所夺走,成为日本包括对美出口的优势产品。因此,美国的贸易逆差不断扩大,到 1987 年达到历史最高纪录的 1703 亿美元,其中的 40%左右又是欠日本的。至今日美之间的贸易不平衡仍未解决,贸易纠纷时有发生。在对外投资方面,1988 年,外国在美国的直接投资总额(3288.5 亿美元)第一次超过美国在外国的直接投资总额(3269 亿美元),原来是吸收美国投资最多的国家和地区(如西欧、日本、加拿大等),如今则变成了对美投资最多的国家和地区。在国际货币金融领域,二战后初期和 60 年代,一度被拥有强大金融实力的美国所控制,但进入 70 年代以后,美元更趋疲软和动荡,在国际借贷市场、世界外汇储备等所占比重不断下降,美国在国际金融业务的许多方面,失去了世界第一的地位,并由世界最大的债权国变成了最大的债务国。

世界经济的另一极——日本与美国相比向相反方向转变。日本的崛起

突出表现在它的国际贸易和国际金融地位的变化。日本的对外贸易在世界贸易中的比重急剧上升，从 1975 年的 6.4%提高到 1989 年的 8.9%和 1996 年的 12%。直到 2000 年，由于其他国家贸易地位的迅速上升，日本贸易在世界贸易中的比重才下降到 8%左右，但其对外贸易总额已增加到 10628 亿美元，仍居世界第三位。日本对外贸易自 1965 年转为顺差以后，贸易顺差金额除个别年份外几乎每年都在增加，而且这种巨额顺差主要来自美国和西欧，致使它们之间的贸易纠纷日趋尖锐和突出。西欧国家为了弥补对外贸易的巨额逆差，加强了对美国的出口攻势，并限制从美国等的进口，这又使西欧同美国等国家的竞争变得尖锐起来，美欧之间的贸易摩擦成为长期得不到解决的难题。在国际金融和投资领域，日美力量对比也发生了不利于美国的变化。在对外投资方面，根据日本大藏省的统计资料，1988 年 8 月，日本购入的外国证券多达 103.2 亿美元。从 1985 年起，日本已取代美国成为世界最大的债权国，而且日本债权的大部分来自美国。日本对美直接投资、特别是不动产投资迅猛增加，截至 1990 年，日本对美直接投资累计额多达 1305.28 亿美元，占该年日本全部对外直接投资 3108.08 亿美元的 42%。随着日本国际贸易和金融地位的变化，日元国际化的速度也在加快，在国际结算中日元所占比重迅速提高，仅次于美元和德国马克。上述这种国际金融和货币领域的格局变化，必然使西方国家之间的矛盾变得更加尖锐和复杂化。与此同时，它们之间的国际协调也需要加强。

这期间，西欧作为世界经济和国际经济关系的重要一极，其经济实力总的说来是上升趋势，各国经济虽然增长不算快，但作为一个经济整体还是在不断扩大。80 年代中期以来，欧洲共同体（现为欧洲联盟）各国在推进一体化方面取得重大进展，对世界经济和区域经济集团化的发展产生重要影响，而且随着欧洲统一大市场的加快建立，也为欧洲经济打下了复兴的基础。另外，随着东欧剧变和苏联解体，冷战后的世界经济发展又出现新的不平衡趋势。

随着世界经济发展不平衡的加剧，多极格局中的各国经济地位又出现新的变化。欧洲共同体经济经过 90 年代初期的动荡和改革之后，在新的基础上得到了进一步发展。但是日本遭受政局动荡和"泡沫经济"的打击，其经济增长速度大大放慢，国际竞争能力被严重削弱，特别是在某些高科技产品的研究与开发及其出口方面,明显被美国抛在后头。美国经济在走出 80 年代末的衰退后增长强劲,技术实力不断增强,国际竞争能力正在重新走向恢复和迅速提高。美国还借助北美自由贸易区的集团力量,进一步壮大自己的经济实力来抗衡日本和欧洲。世界经济这种发展不平衡的趋势,实际上是西方大国政治经济实力消长变化的集中体现。在这个过程中充满了矛盾和斗争。在美国经济地位下降时,它力图借助其政治和军事上的优势,从日本、欧洲获得经济上的利益,或者在经济上与日本、欧盟达成妥协,而日本和欧盟迫于美国的政治压力或者为了换取美国政治上的支持有时不得不牺牲一定的经济利益。这种错综复杂的政治经济关系,决定了国际协调的必要性。而少数大国之间政治经济的不平衡,又常常使全球经济发展受到影响,这又需要通过多边国际经济组织来协调。

21 世纪以来,中国通过进一步深化改革开放,逐渐超过法国德国日本等国,成为仅次于美国的世界第二大经济体和最大的发展中国家,国际经济地位和话语权与日俱增。国际经济政策的协调和配合离不开中国的参与。

第三节 国际经济协调的经济效应

国际经济协调作为稳定国际经济秩序并推动世界经济发展的机制,一直在发挥着有效的积极作用。但它又有其局限性和一定的消极作用,需要不断地加以改进和完善,以扩大其积极影响。

一、国际经济协调的积极作用

国际经济协调对减轻世界经济受到的冲击、缓和各国经济之间的矛盾、抑制通货膨胀压力、促进国际贸易和资本流动等都起到了积极作用,成为推动世界经济发展不可缺少的协调机制。

1. 减轻各种危机对世界经济的冲击

如上所述,二战后除了世界范围的周期性经济危机外,其他局部性危机如石油危机、债务危机、货币金融危机等也时有发生。这些危机都将对世界经济整体或某个部分造成破坏性冲击。但是由于各国政府和国际经济组织等采取了各种积极对策，就大大减轻了它的破坏作用。

以世界周期性危机来说，二战后发生的经济危机同战前相比，总的说来对资本主义经济的打击程度较轻，出现这种情况除了各国政府加强宏观调控、采取一系列反危机措施外，也和各国加强国际宏观经济政策协调是分不开的。二战后每次爆发经济危机，国际货币基金组织和关贸总协定等国际经济组织都直接进行干预和协调，共同磋商对策，协调各国宏观经济政策，以阻止经济危机的发展和蔓延。例如，20 世纪 70 年代中期，西方七国首脑会议针对当时世界经济出现的不景气，决定采取一系列防止经济进一步衰退、刺激经济复苏的政策，包括协调各国利率政策，减少贸易壁垒，刺激国内消费等。在 70 年代末和 80 年代初，西方国家在通货膨胀方面虽然得到缓和，但又普遍陷于经济危机，面对这种状况，西方国家再次协调利率政策，以刺激经济的复苏。到 80 年代初由于美国继续推行高利率政策，引起其他国家资金外流，招致其他国家的不满和反对，于是西方七国首脑会议再次磋商，要求美国降低利率，以刺激经济的复苏。在 80 年代末和 90 年代初的世界经济衰退期间，美国政府为了推动经济复苏，又重新调低利率，并敦促其他国家采取协调一致的行动，对减轻这次危机的打击程度，加快世界经济复苏产生了积极作用。

世界经济危机期间，同时也是各国相互转嫁危机和经济摩擦最为激烈的时候。当美日、日欧、美欧之间发生的贸易和金融矛盾和冲突变得一触即发时，出于共同利益的需要，它们通过多边协调使得矛盾得以缓解，为各国经济的复苏和发展减少了障碍。

2. 缓和各国经济之间的矛盾和冲突

如上所述，20 世纪 70 年代以来，国际经济处于剧烈动荡时期，如各国的利率、汇率、股价和世界主要商品市场行情等出现大幅度波动，对世界经济发展造成很大影响，由此所引起的各国之间的矛盾和冲突经常发生。国际社会对这些问题的协调解决，在很大程度上抑制了国际经济各方面的波动，使各国之间的利害冲突得到了暂时缓解。

首先，国际经济协调缓和了西方大国的矛盾。在这方面，美国为解决其日益增大的巨额贸易逆差，曾多次迫使日本进行双边和多边贸易谈判，就减少日本对美出口、日本开放本国市场、调整日元对美元汇价等问题作出让步；美国还为了维护其自身利益，经常在财政金融政策、利率政策、国际贸易政策等方面，对欧盟施加压力，迫使欧盟作出让步，其结果是虽然引起日、欧的不满，它们之间的矛盾也并未得到根本解决，但通过讨价还价的协商，毕竟使它们之间的利害冲突得到暂时缓解。这些颇具影响的经济大国之间冲突的缓和，对全球经济的稳定和发展也会产生积极效应。例如，80年代初期，伴随着美国经济的强劲增长，美元汇率升高，恶化了美国的贸易收支，进而加剧了整个世界贸易和国际收支失衡。为此，在美国要求下于1985年9月举行西方五国财政部长和银行行长会议，达成了《广场协议》，各国联合干预外汇市场，使日元、马克大幅度升值，美元汇价大幅度下调。日本等虽然遭受货币升值的巨大压力，但却使得紧张一时的日美、美欧关系得到缓解。同样，1987年10月突发的"黑色星期一"，引起世界股市连续暴跌，西方大国协调干预，使股市得以稳定，如此等等。事实说明，国际经济协调对缓和各国利害冲突起到积极作用。

其次，缓和了发达国家同发展中国家之间的矛盾。在经济全球化的浪潮中，发展中国家在国际交换、资本流动、生产国际化等方面同发达国家之间的联系越来越紧密，发展中国家在其经济发展过程中出现这样那样的问题，都会直接使西方发达国家经济遭受打击。因此，为缓和发达国家与发展中国家之间的矛盾，国际经济组织在向发展中国家提供支持方面做了不少有益的工作。主要有：

（1）信贷的发放集中于发展中国家和正在向市场经济过渡的国家。到1996年为止，有50多项贷款协定都是同这些国家缔结的。自70年代后期以来没有一个重要的工业国家同国际货币基金组织缔结过贷款协定。这是因为基金组织考虑到，国际资本市场在急剧发展，可供发达国家调节国际收支的资金增多；发达国家特别是欧洲联盟成员首先应当依靠联盟的支持。这样，就使为发展中国家提供更多的支持有了可能。

（2）国际经济组织（特别是国际货币基金组织）对发展中国家提供技术

援助。国际货币基金组织是财政政策、中央银行业务、货币政策以及经济统筹方面的专家。这种援助既采取总部成员短期访问的形式,也采取专家长期派驻当地的形式,以利于向有关国家提供急需的服务项目。尤其是对发展中国家和向市场经济转轨的国家,提供了较多的技术援助服务。

（3）为解决发展中国家遇到的各种危机提供帮助。例如,对 70 年代的石油危机、80 年代的债务危机和 90 年代的金融危机,以及不断扩大的南北差距问题,国际社会都积极进行干预和协调,提出各种解决方案,有些方案付诸实施,并收到预期效果。仅就金融危机来说,在 1995 年爆发的墨西哥金融危机中,尽管墨西哥政府采取了紧急对策,但如果没有国际社会的通力协调与支持,其后果将波及整个世界,给国际金融市场造成震荡。在国际社会帮助墨西哥的 500 亿美元一揽子计划中,美国提供了 200 亿美元,国际货币基金组织提供了 78 亿美元,国际清算银行承担 100 亿美元,同时拉丁美洲一些国家也提供了 10 多亿美元的援助,这样才使这次危机得到逐步解决。又如,1997 年 7 月开始的以泰铢大幅度贬值为开端的席卷东南亚的金融危机,很快波及马来西亚、印度尼西亚、菲律宾,直到亚洲"四小龙",特别是韩国,甚至引发一些发达国家的股市和汇价剧烈动荡。这说明,随着经济全球化的发展,国际资本流动会通过各种渠道迅即从一个国家流向另一个国家,一旦失去控制,哪怕是一个小国突发危机,也会引起世界经济震荡。正因为国际社会认识到这一点,国际货币基金组织、世界银行、亚太经合组织和一些有关国家政府迅速联合干预,使这次金融危机得到控制,防止了其进一步蔓延和深化。

目前,发达国家同发展中国家仍面临一系列问题,如富国和穷国的差距问题、发展中国家的债务问题、贸易不平衡问题等等,如果发达国家与发展中国家能够共同协商,充分发挥国际社会的协调作用,这些矛盾和问题是可以逐步得到缓和与解决的。

3. 抑制通货膨胀的发展

二战后的通货膨胀发展到 20 世纪 70 年代,波及所有资本主义国家,形成了空前严重的世界性通货膨胀。这次通货膨胀与经济停滞交织在一起,使发达国家政府处于进退维谷的困境。面对这一普遍性问题,西方七国首脑会议和国际货币基金组织等曾多次举行会议,协调行动,要求西方国家共同实施紧缩政策,控制货币供应量,提高贴现率,削减财政开支。由于各国政府在这一时期一致把抑制通货膨胀作为最重要的协调内容,到 80 年代初,终于使长达 10 年之久的高通胀得到抑制。到 80 年代中期,西方国家经济摆脱了经济衰退,随着经济高涨的出现,通货膨胀又开始抬头,这时西方国家吸取 70 年代治理通货膨胀的经验,都不同程度地提高利率,使刚刚抬头的通货膨胀得到了抑制,并出现了逐年下降的趋势。在 90 年代初危机过后的经济增长期间,西方发达国家仍继续保持着低通胀。据经合组织 1997 年公布的资料,整个经合组织国家 1994—1996 年平均通胀率分别为 3.9%、4.1% 和 3.3%;如果不包括几个高通胀的国家,经合组织国家的通胀率这 3 年仅为 1.7%、1.7% 和 1.9%。不仅日本、美国长期处于低通胀时期,即使过去保持高通胀率的欧洲国家,这 3 年的平均数也只有 1.8%、2.0% 和 2.0%。2015 年经合组织通胀率为 0.9%。发达国家 80 年代以来之所以出现无通胀或低通胀时期,是和西方国家在抑制通货膨胀有关因素方面取得共识分不开的。这就是:各国保持偏紧的利率水平;金融市场全球化;紧缩政府财政支出;新技术飞跃发展为工业竞争、降低物价创造条件;扩大就业并减少工资增长幅度。发达国家保持低通胀率,就可以大大抑制通货膨胀对世界的溢出效应。

此外,国际货币基金组织于 80 年代初还要求发展中国家采取紧缩政策,经过数年的努力,加上发达国家出现低通货膨胀的有利形势,多数发展中国家的通货膨胀也出现了逐年下降的趋势。据统计,发展中国家的通货膨胀率由 1994 年的 48.0% 下降到 1995 年的 17.4% 和 1996 年的 8.9%;即使经济增长最快的亚洲国家也不过 5.7%,低于发展中国家的平均数。很显然,如果没有国际社会所进行的长期努力和各国协调行动,是很难取得这样明显的效果的。而且经过 70 年代和 80 年代正反两方面的经验教训,七国首脑会议和国际经济组织都积累了丰富的控制通货膨胀的宝贵经验,为防止今后产生通货膨胀提供了可能。

4. 促进国际贸易和资本流动

国际货币基金组织和关税及贸易总协定的建立,对二战后国际贸易的迅速发展和国际资本流动的加快起到很大的推动作用。国际货币基金组织在发挥其自身的协调作用的同时,还要求其成员国在取消外汇管制、调节外汇供求、平衡国际收支等方面发挥积极作用, 对稳定国际金融市场做出贡献。关贸总协定和后来的世界贸易组织以贸易自由化为宗旨,通过多次减少关税谈判,使发达成员的关税减少到平均 5%,发展中成员平均减少到 15%。在取消非关税壁垒方面,经过关税总协定的多次协调也大大减少,贸易保护主义受到了限制。在世界贸易发展缓慢、国际贸易环境恶化和贸易保护主义盛行的形势下,关贸总协定决定发起新一轮多边贸易谈判,即 1986 年 9 月 15 日举行的"乌拉圭回合"谈判。通过多边协商就许多重大贸易问题达成协议,新协定在建立世界贸易组织、市场准入、农产品贸易、服务贸易、知识产权、反倾销原则、纺织品以及与贸易有关的投资措施等取得了突破性进展,对促进以后的国际商品和服务贸易产生了积极的推动作用。

尤其是当国际贸易和国际投资出现严重失衡, 因而危及世界经济正常运行时, 国际经济组织和西方首脑会议都把解决国际经济出现的各种失衡问题作为首要目标,采取相应措施极力加以解决。例如,80 年代初,发展中国家出现巨额国际收支逆差,因而加剧债务危机并影响经济发展,针对这一问题基金组织多次进行磋商,采取相应措施:先是要求发展中国家实行经济调整,着重紧缩经济;到 80 年代中期,基金组织又设立"结构调整贷款"基金,促进发展中国家增加投资,扩大供给,推动经济增长。随着发展中国家经济条件的改善,到 80 年代末,它们的国际收支严重失衡问题得到缓解。又如,80 年代中期, 日本对外贸易出现巨额顺差, 其中对美贸易顺差占相当大部分,而美国贸易逆差则越来越大。这种严重的贸易收支失衡,不仅加剧了两国的贸易摩擦,而且由于美国的贸易保护主义抬头,也给整个世界贸易造成不良影响。对此,西方七国首脑曾多次敦促日本开放市场,扩大内需,减少对美出口,并在 1985 年 9 月召开西方五国财长会议,通过《广场协议》,决定日元大幅度升值,使两国贸易失衡问题开始得到缓解。上述情况说明,国际经济组织的不断协调,在平抑国际经济失衡方面起到很大的推动作用。

5. 区域性协调受到关注

各个区域经济组织和双边、多边经贸协议的纷纷建立与启动,在解决地区经济中出现的问题,推动区域经济乃至全球经济发展中起到了积极作用。

特别是欧洲联盟、亚太经合组织、北美自由贸易区、东盟自由贸易区等，灵活且具针对性地推动地区贸易、投资、金融和技术的交流与合作，发挥了不可替代的作用，成为全球经济协议不可缺少的补充和替代。

二、国际经济协调的局限性

国际经济协调虽然取得了许多积极效果，但并不会因为各国的暂时协调而使国际经济领域的矛盾和分歧得到彻底解决。实际情况说明，往往是协调与矛盾、合作与分歧同步发展。因此，二战后的国家经济协调不可避免地有其局限性，特别是全球性经济组织的协调更是如此。

1. 缺乏约束力和彻底性

国际经济组织和西方首脑会议面对经济全球化出现的各种问题，缺乏长远考虑和解决对策，多是当世界经济出现重大问题，危及国际贸易体系、国际金融秩序和世界经济运行时，采取临时应急措施，没有对国际货币制度、世界经济秩序、南北经济关系等这类带有长远性、战略性问题制订出行之有效的方案和办法。因此，每次会议经过艰苦磋商和讨价还价，尽管勉强达成协议，既缺乏约束力又达不到预期效果，即使取得了一定效果也不巩固。例如，1985年9月西方五国财长达成《广场协议》之后，虽然日元升值了，但日本的对外贸易顺差（特别是对美贸易顺差）还在继续增加。1987年2月为稳定美元汇价，西方六国财长虽然达成了《卢浮宫协议》，但美元汇价刚稳定不久，由于各国利益上的矛盾，西方货币金融市场又出现动荡。1997年11月为挽救东南亚货币金融危机，国际货币基金组织协同美、日等大国达成近1千亿美元的一揽子紧急援救计划，但具体落实起来进展不快。特别是美国作为亚太地区头号经济大国，本应率先支持基金组织的行动计划，但它的实际行动却令人失望；日本是亚洲唯一的经济大国，但行动迟缓，贡献有限，也令各国失望。2005年初八国首脑集团会议作出免除穷国的巨额债务的承诺，真正执行起来一直进展缓慢，使免债国感到失望。事实说明，国际经济协调在矛盾尖锐化时可能达成某些协议，但过后不久，或因为暂时渡过难关，或因为各国利益上不一致，协议也就失去了作用。另外，某些国际协调往往被少数大国所控制,达成的协议既缺乏权威性,又不能强迫别国执行,这样的国际协调就更有其局限性。2017 年,作为最大的发达国家,美国宣布退出《巴黎协定》,使得世界环境问题面临新的挑战,经过艰难谈判达成的协议面临流产。

2. 缺乏公正与平等性

国际经济组织多从发达国家的利益出发,把发达国家的问题放在首位,而较少考虑到协调给发展中国家带来的经济后果。有时当发展中国家经济遇到严重问题而影响到西方国家总体利益时,国际经济组织才不得不把问题列入议事日程,但磋商的结果多有利于发达国家而不利于发展中国家。例如,20 世纪 80 年代初,西方国家为防止通货膨胀恶化,迅速提高了西方国家利率,结果使发展中国家债务的还本付息负担加重,从而引发了 80 年代的严重债务危机;同样,1994 年日元大幅度升值,使得使用日元借款的国家以美元偿还到期债务,增加了额外负担。这种沉重的债务负担不仅困扰着债务国的经济增长,而且也影响到债权国的切身利益。但是对于前者,西方国家长期偏向于美国提出的逐项解决的方案,只同意对那些采取紧缩措施和实施经济改革的国家给予优惠待遇。直到 1989 年,在发展中国家的强烈要求下,美国才提出一个"布雷迪计划",同意在减免债务国的部分债务和利息的同时,把原有债务转换成低面值或等面值的债券,或者转换成债务国企业的部分股权。对于后者,使用日元贷款的发展中国家强烈要求减免因日元升值而增加部分的还债负担,但日本却以种种理由作借口而予以拒绝。此外,国际经济组织及其协调本应具有广泛性和代表性,在解决国际经济重大问题时应当听取不同国家的呼声,兼顾到整体利益,特别是广大发展中国家的切身利益和要求,但是由于国际经济协调常常被西方少数大国所操纵,所以在磋商时总是把发达国家和本集团利益放在首位。这种情况不仅过去严重存在着,至今也时有出现。如 1997 年 11 月在日本京都举行的世界气候会议上,作为造成环境污染的罪魁祸首的发达国家,本应多承担一些治理费用;相反,美国却把主要责任推到发展中国家实现工业化问题上,自己拒不承担应当缴纳的治理费用,最后虽然达成了一个折中协定,显然也是有利于发达国家的。

第十二章

3. 目标与效果的非趋同性

在国际经济协调中,由于各国经济结构的差异性,各国发展战略和政策措施的不一致,以及某些国家在政策实施中的必要调整,因而各国共同达成的协议在被执行的过程中,常常偏离协调轨道,从而违背原定的协议目标,甚至产生某些负面效应,使效果与目标完全背离。例如,为了缩小日本与美、欧之间的贸易不平衡,迫使日本提高日元对美元的汇价。但是日元大幅度升值以后,日本对美国贸易顺差不但没有缩小,反而又在继续加大。同时日元的高汇价为扩大对美投资提供有利条件,使美国成为日本最大的海外投资国,美国的许多公司被日本企业兼并和收买。其原因是,除了80年代以前美国出口商品竞争力不强外,更重要的是两国经济结构存在巨大差异。又如,面对70年代的"滞胀",发达国家经过政策协调,在批判了凯恩斯主义的同时,又拾起起货币主义和供应学派理论,各自调整了国内的经济政策。美国实施"里根经济学"的结果是,虽然使恶性通货膨胀得到抑制,使美国经济出现了持续的强劲增长,但同时也给美国经济带来了两大难题,即巨额财政赤字和贸易赤字(简称"双赤字")。由于美国的"双赤字"长期得不到解决,不但妨碍了美国的经济、金融和贸易状况继续好转,而且也影响到世界经济的增长。尽管这已成为多次西方首脑会议讨论的焦点之一,也提出了不少解决"双赤字"的方案,但在里根当政期间所取得的效果却一直不佳,反而使美国由一个最大的债权国变成了世界最大的债务国。

4. 缺乏完善的监督机制

随着经济全球化的加快发展,各国经济交往日益紧密,世界经济中的突发事件更趋频繁,特别是金融领域的突发性风暴近年来更是经常发生,受到了人们更大的关注。据国际货币基金组织提供的资料,自20世纪80年代以来,金融危机已使50多个发展中国家的银行系统损失了全部资本,有些国家甚至不止一次出现这种情况。曾有10多个国家使用年度国内生产总值的10%以上来清理随之而来的危机。仅从1980年起,发展中国家的清理费用总额就高达2500亿美元之巨。发展中国家发生的一次次金融危机,造成如此严重的损失,然而在危机发生之前并没有出现在国际货币基金组织的雷达屏幕上,说明国际货币基金组织尚未建立起完善的监督体制,即使有了"预警系统",也是失灵的。

自 1971 年布雷顿森林体系崩溃以来,一向采取机会主义策略的国际货币基金组织,每当金融危机发生时都为自己找到理由:它设置了一个旨在向决策者和市场参与者提供更多、更广泛、更及时信息的预警系统。既然如此,本在危机酝酿时就应敲响警钟,但事实并非如此,在 1997 年东南亚金融危机爆发前,几乎一点动静也没有。一个时期以来,泰国的国内清偿能力及通货膨胀的增长速度已超过了泰铢与其他货币挂钩的那些国家;私营部门举债融资数额巨大,债务负担沉重,而且大部分是以未采取保值措施的外币计算债务。这种不平衡现象和政策失误是有目共睹的,但基金组织并没有及时发出警告,正像当年处理墨西哥金融危机那样,危机爆发后只是扮演了"消防队"的作用。国际货币基金组织在它的 1997 年度报告中承认了这一过失。报告写道:"董事会正在进一步思考如何加强监督的问题","应总结自墨西哥金融危机以来所采取的各项行动, 以便更好地发挥国际货币基金组织的监督作用,尽量做到防患于未然"。此后基金组织总结过去的经验教训,并积极完善监督体制。基金组织董事会认为:"要想国际货币基金更好地发挥监督资本流动的作用,就必须对它的有关章程进行修改。"这实际上是对它的成员国提出警告:某些经济大国既想让基金组织更好地完善监督体制,但又不愿给它提供更多的资金,这是行不通的。在欧债危机中,希腊等国的政党为了取悦选民长期实行脱离经济发展水平的高福利政策, 使得债务问题最终爆发,国际货币基金组织没有起到有效的预警和检测作用。

5. 首脑会议政治色彩多于经济色彩

国际经济协调本应是国际间的宏观经济政策的调控, 各国通过相互磋商促进经济发展与合作。但是后来国际经济协调掺杂的政治色彩越来越浓,甚至少数大国通过国际经济组织用政治问题作为解决经济问题的附加条件。这不仅减弱了对重大经济问题解决的力度,而且使协调的问题复杂化和困难化,从而加剧了各国之间的分歧和矛盾。尤其是被少数经济大国把持的西方八国首脑会议表现得最为明显。

以 1997 年 6 月举行的丹佛八国首脑会议为例,这次会议发表的政治声明罗列了当今世界面临的几乎所有问题,其政治色彩明显多于经济。日本一些报纸指出,丹佛会议成为转折点,"会议的性质已发生重大变化,重点不是经济问题,会议具有强烈的政治色彩"。这次会议讨论的问题,在经济问题上花费的时间仅为一个小时,大部分时间用于讨论全球和地区性政治问题,而且对一些国家的内部事务横加干涉,明显偏离了国际协调的轨道。例如,联合国改革、防止核扩散与军备控制、建立非洲发展伙伴关系、中东问题、香港回归等问题都成为讨论的重点。这次首脑会议由传统的经济会议转变为政治会议,不但未能解决当今世界面临的重大问题,而且与会国家对上述问题也拿不出切实可行的具体措施。因此,会议受到各国的冷落是很自然的,特别是欧洲一些国家对美国的独断专行极为不满。

八国首脑会议即使提出了经济问题,也拿不出具体有效的对策。在印度尼西亚局势趋于紧张和对印度进行核试验的反对之声高涨的背景下,于1998年5月召开的伯明翰八国首脑会议,虽然提出了金融危机、失业问题、环境破坏等各种全球性的棘手问题,但是对于最为迫切的亚洲金融危机等新型危机的蔓延,却不能提出行之有效的具体措施。八国集团发表的公报实际上回避了重要的世界经济问题和国际金融体制改革之类的难题,也未进行实质性的讨论。在经济全球化的光明面和阴暗面日趋扩大的过程中,首脑会议再次显现出它的局限性。2014年八国集团停止俄罗斯的资格,使得八国集团的代表性和权威性继续减弱。

综上所述,国际经济协调对于解决各种危机和经济失衡,促进经济全球化和世界经济稳定增长具有一定的积极作用,但同时也存在着难以克服的局限性。展望未来,世界经济仍将在矛盾和动荡中继续发展,国际间的合作与冲突、协调与摩擦仍将同时存在,这将成为国际经济协调的直接动因。可以预料,随着经济全球化的发展,国际经济协调必将频繁地进行并向纵深发展。只要经过国际社会的共同努力,减少大国的操纵,吸收有代表性的发展中国家参加,认真听取他们的呼声,就有可能推动协调机制不断趋于完善,从而减少它的局限性,扩大它积极协调的效果。

思考题：

1.简述国际经济协调的形成及其发展变化。

2.简述全球性国际经济协调与区域和双边协调的关系。

3.七国首脑会议今后在组织成员和会议内容上将可能发生怎样的变化？

4.国际经济协调的具体原因是什么？

5.如何评价国际经济协调的经济效应？

6.中国作为一个经济大国今后在国际和地区经济协调中应发挥怎样的作用？

第十三章　发达资本主义国家经济

内容提要：

　　本章首先按照二战后发达资本主义国家经济发展经历的几大阶段,分别介绍在不同阶段经济发展的主要状况和特点, 重点介绍 20 世纪 90 年代以来"知识经济"的崛起,给各主要发达国家带来的巨大变化;同时,分析各个发展阶段发达国家间经济发展不平衡的问题及其产生的原因；并在此基础上,分析了发达国家经济发展的几大趋势。其次,本章介绍三种具有代表性的发达资本主义国家的经济运行模式, 即以美国为代表的传统市场经济模式,以法国为代表的市场和计划相结合的经济运行模式,主要介绍各类经济模式的特点及政府主要的政策干预手段。最后,分析发达国家在世界经济中的主导地位和他们对全球经济的影响。

第一节　二战后发达资本主义国家的经济发展

一、二战后发达资本主义国家经济发展过程

　　二战后,发达资本主义国家的经济发展大体上经历了以下几个阶段:二战后初期,经过迅速的恢复与调整,于 20 世纪 50 年代初进入高速增长时期,高速增长持续了近 20 年之久;到 70 年代初期,以 1973 年的能源危机和 1974—1975 年的周期性经济危机为标志,进入滞胀时期;在经过了 70 年代末和 80

年代初的另一次经济危机的调整后,在整个 80 年代维持了较长时间的低速增长;90 年代初,由于日本"泡沫经济"的破裂和欧洲国家经济发展的低迷,世界经济继续保持了低速增长的趋势,但到 90 年代中期,在美国"新经济"的带动下,主要发达资本主义国家经济逐渐驶入快车道;进入 21 世纪后,世界经济受美国"新经济"调整的影响,进入了短期的衰退、复苏、回升之后,陷入了以美国次贷危机而引发的金融危机和经济危机。

1. 20 世纪 50 年代和 60 年代的高速增长

二战结束后,发达资本主义国家经历了一个历史上不多见的快速增长时期。从时间上看,这一时期从战争结束算起一直持续到 70 年代初,其中以 50 年代和 60 年代近 20 年时间最为典型。以 60 年代为例,主要资本主义发达国家英国、美国、法国、联邦德国、意大利、日本和加拿大的工业生产年平均增长率分别为 5.5%、3.5%、5.4%、5.8%、8.0%、14.8%、6.3%。导致这一时期发达国家经济迅速发展的主要原因有以下几方面:

(1)科技革命推动了社会生产力的迅速发展。一系列新兴工业部门的建立、传统工业部门的技术改造,带动了固定资本的大规模更新和扩大,从而扩大了再生产的规模;先进的科技成果在生产中的迅速采用,大大促进了劳动生产率的提高,加速了生产的发展。

(2)国家垄断资本主义的发展、政府对经济生活的干预,在一定时期内对生产力有推动作用。国家对科学技术研究的大规模投入,有助于科技进步;国家对垄断组织的资助,扩大了资本积累的规模;国家对经济的"反危机"调节,也在一定时期内对维持经济的繁荣起到了积极的作用。另外,国家对经济生活的干预还体现在对国际经济秩序的影响上。以美元为中心的国际货币体系和逐步趋于健全的国际贸易制度,在某种程度上稳定了国际资本市场,促进了国际贸易的发展

(3)发达资本主义国家经济的迅速发展还得益于南北之间不合理的国际分工。当时,发达国家凭借其在时间市场上的垄断地位,使工业制成品和原材料的相对价格长期处于有利于工业化国家的水平。发展中国家廉价的原材料和其他初级产品,成为发达国家垄断利润的重要来源。从某种意义上说,发达国家经济迅速发展在一定程度上是以发展中国家的进一步贫困化

为代价的。

(4)这一时期的经济快速发展还与战后经济恢复和战争的刺激有很大关系。例如,英国、法国、联邦德国和日本等这些在第二次世界大战中遭受严重破坏的国家,在战后的恢复重建过程中需要大量的固定资本投资,从而扩大了对生产资料的需求;由于战争而推迟的消费需求,在战后有待实现,这为消费品的生产提供了十分广阔的市场。此外,战争所导致的军事需求也是带动总需求上升从而成为刺激经济增长的重要力量。在这一时期,美国为维持其在亚洲的军事存在而发动的侵朝战争和侵越战争,大大扩大了对军工产品和相关民用产品的需求,一方面刺激了美国国内需求的增长和国民收入的提高,另一方面也带动了诸如日本等盟国经济的发展,对日本经济的快速增长也起了重要作用。

2. 20世纪70年代的经济"滞胀"

进入70年代后,特别是1974—1975年的世界经济危机之后,主要发达资本主义国际的经济发展出现了一个重要的转折,由高速增长转变为低速增长,并进而陷入"滞胀"的漩涡。在整个70年代,美国、英国、法国、联邦德国、意大利、日本和加拿大等西方经济大国的工业生产年平均增长率分别降到3.2%、1.2%、3.4%、2.7%、3.6%、5.1%和4%,差不多只有60年代的一半左右。尤其令人瞩目的是,西方主要国家在经济陷入停滞的同时,一般物价水平却持续上升,出现了经济停滞和通货膨胀相互交织的局面,资本主义经济陷入了历史上从未有过的"滞胀"困境中。1979—1982年,在经济滞胀条件下又爆发了二战后最严重的一次世界性的经济危机。这次危机持续达3年之久,失业率和企业倒闭率都创30年代大危机以来的历史最高纪录,国际贸易和国际金融局势在危机中更加动荡不定。

造成70年代资本主义经济滞胀的原因是多方面的,但是仍然可以从生产力和生产关系两方面找到对这一经济现象的基本解释。

(1)西方同家在战后所实行的反危机政策,主要是以凯恩斯主义的宏观经济理论为依据,实行的是需求管理的政策。这种政策从短期来看有缓解经济危机的作用,但是它并不能从根本上消除资本主义经济中产生的需求不足和生产过剩的矛盾。在没有国家宏观调节的 情况下,经济危机的爆发可以自动地对生产过剩进行破坏性的周期调节，然后再使经济在供求结构和水平基本平衡的情况下重新恢复和扩张。但是反危机的宏观调控措施，人为地推迟了危机的爆发和供求矛盾的解决，结果使问题积累得越来越多。这样连续的经济调节，逐步使过剩的生产能力越积累越多，这就为更加严重的危机和时间更长的生产停滞创造了条件。

（2）国家用扩张性的宏观经济政策刺激经济的增长，日积月累不可避免地会引起严重的通货膨胀。国家利用财政政策来调节经济的一切措施都会使财政支出与日俱增，造成巨额财政赤字。弥补财政赤字的途径主要有两种：一是增加税收，但增税的做法是同扩张性的政策原则相违背的；另一种主要方法就是发行公债，但这种方法会在扩张性的货币政策的配合下，导致信用膨胀，这是现代通货膨胀的主要表现形式。虽然从理论上讲，需求管理的政策并不是单方向的，它的基本逻辑是使政府的扩张性和紧缩性的政策与经济周期的方向相反，但是实际运用过程中，由于既得利益刚性的作用，往往是扩张容易紧难缩，或者说紧缩性的政策要比扩张性的政策要承担较高社会成本和既得利益集团的反对。从扩张性的财政政策来看，无论是政府支出的增加还是税收的减少，都会使一部分社会成员从中得到好处。但是一旦经济过热需要紧缩，这些既得利益者就会因为担心失去先前的利益，而在政治上对政府形成压力。减税大家都欢迎，但是要提高税收则要付出很高的政治代价。这就使得双向的需求管理的宏观调节政策失去了对称性，从而成为产生持续的通货膨胀压力的重要机制。

（3）发达国家的经济"滞胀"还与这一时期国际经济秩序的恶化有关。首先，从20世纪60年代起，美国国际收支连年逆差，黄金大量外流，不断发生美元危机，迫使美国政府不得不于70年代初宣布停止各国政府和中央银行用美元向美国兑换黄金，并使美元两次贬值，从而导致以美元为中心的国际货币体系趋于瓦解，引起资本主义货币金融市场的动荡和混乱。其次，在资本主义发展不平衡规律的作用下，美国的总体经济实力相对下降，和日本的地位相对逐渐上升，资本主义世界内部的摩擦和矛盾增多，二战后初期比较稳定的国际经济环境开始出现变化。

（4）旧的国际分工体系受到冲击。70年代以前的国际分工可以说是二战前旧的国际分工体系的延续,它是西方经济强国长期进行殖民统治的结果。在这一体系下,发达国家和发展中国家之间的分工以垂直分工为主。虽然战后多数殖民地已经取得政治上的独立,但是经济上对发达国家的依附在相当长一段时间内并没有改变,致使它们在国际贸易中处于十分不利的地位,以至于有人将50年代和60年代称为廉价原料和廉价能源的时代。随着发展中国家的觉醒,争取经济独立的斗争在70年代取得了重要的成果,出现了争取建立"国际经济新秩序"的浪潮,使得发达资本主义国家来自不平等国际分工的不合理利益减少。在这方面,典型的例子是中东国家争取石油资源控制权的胜利。由于产油国收回了石油的生产和定价权,发达国家建立在廉价能源基础上的经济受到了沉重的打击。1973年和1979年两次石油冲击,以及随后出现的石油输出国组织和其他一些原料生产国和输出国组织的建立,使发达资本主义国家在能源和原材料市场的买方垄断者的地位受到动摇。这样一个根本性的变化,对现代工业经济的影响是极其深刻的,也是70年代西方经济陷入"滞胀"的一个十分重要的外部原因。从这个意义上讲,70年代西方世界的经济危机,实际上也是旧的国际经济秩序的危机。

3. 20世纪80年代的低速增长

在经历了70年代的滞胀和80年代初的严重的经济危机之后,西方主要资本主义国家经济相继从1982年底和1983年初走出低谷,进入了经济缓慢增长的80年代。这种低速的经济增长一直持续到90年代初期,成为战后和平时期西方经济增长持续时间最长的一次。虽然持续时间长,但是平均增长速度较低,普遍低于前几个经济周期增长阶段的平均速度。1983—1990年,经济合作与发展组织国家经济年均增长率为3.4%,其中美国为3.2%,加拿大为3.6%,法国为2.7%,德国为3.0%,意大利为2.9%,英国为3.1%;日本情况稍好一些,达到4.6%。

整个80年代的经济增长有许多值得注意的特点。

(1)经济周期变形,出现所谓"增长性衰退"。与以往的经济周期增长过程相比,80年代的经济增长起伏不定,在其增长趋势中,不时地出现相对的而不是绝对水平的下降。整个周期由于短期波动,没有出现明显的高涨阶段。

(2)各国经济增长中存在着发展不平衡的现象。一方面,增长率的差异较大,1983—1985 年,经合组织平均年增长率为 3.8%,其中加拿大为 5.5%,美国和日本为 4.7%,增长率最低的是法国,仅为 1.6%。另一方面,周期的运动过程呈现出很明显的非同步性。在经过了整个 80 年代的缓慢增长后,美国、加拿大和英国于 1990 年相继进入危机,而日本和德国的经济却在继续增长。1991 年,美国经济出现 0.7%的负增长,英国和加拿大的经济也分别下降到 2.2%和 1.5%,而日本和德国,则分别增长到 4.5%和 3.1%。正是由于这种周期运动过程中的非同步性特点,使得 90 年代初陆续开始的西方国家的经济衰退并没有演化成一场全球性的经济危机。

（3）需求约束仍是经济增长的主要障碍。30 年代的大危机催生了凯恩斯主义的经济理论和需求管理的宏观经济政策,并一直发展到 70 年代的滞胀。自 1983 年 5 月美国总统里根在西方七国首脑会议宣读《威廉斯堡经济回升宣言》以后,宏观经济调控的指导思想开始向保守主义经济学倾斜。随后出现的所谓"撒切尔主义"和"里根经济学"就是这股潮流的反映。新保守经济学将国家干预经济的重点从需求管理转向供给刺激。一方面,通过降低边际税率等扩展性的财政政策刺激工商业增加生产和供给的积极性;另一方面, 为了对付通货膨胀又实行了紧缩性的货币政策。这种政策方案的搭配,虽然使通货膨胀得到了控制,但是紧缩的货币政策所造成的高利率又极大地打击了投资者的积极性,使投资需求和消费需求受到抑制。这在某种程度上形成了经济增长的另一个障碍,使得西方经济在整个 80 年代始终未能摆脱低速徘徊的局面。 而在各国需求不振的情况下,为本国商品寻找外部市场的努力,又势必使主要西方国家间的贸易摩擦加剧。因此可以说,80 年代的国际经济关系也体现了各国为克服需求约束的矛盾而相互竞争、相互掣肘的局面。

4. 20 世纪 90 年代"知识经济"的迅速崛起

发达国家经济经过 80 年代的低速增长,进入 90 年代之后,除日本等极少数国家之外, 美国和欧盟等都相继出现了以高新技术为基础的快速增长的新时期。国内外学者和有关国际机构将此称为知识经济时代。为了迎接知识经济时代的到来,发达国家都纷纷进行经济结构调整,制定新的经济技术发展战略,以期在新一轮的角逐中取得强劲优势。

知识经济是以知识为基础的经济。在现代经济中,知识成为真正的资本和首要财富。目前经合组织(OECD)主要成员国的国内生产总值中有50%以上是以知识为基础的,科技进步对经济增长的贡献率正由20世纪的5%~20%提高到现在的70%~80%。信息技术的广泛应用是知识经济的显著特点。现在发达国家的高新技术产业正在蓬勃发展,如信息产业、生物工程、新能源、新型材料和海洋开发等的产值正在快速增长,不久即将超过传统的建筑、钢铁、运输、纺织等产业。国防高科技工业更是一日千里、日新月异。一个从工业经济走向知识经济的时代正在到来。

为了加速知识经济时代的到来,各发达国家都在极力采取措施,制定新的经济技术发展战略。美国、日本和欧盟为了实施科技兴国战略,力争科技领先,都分别制定了促进知识经济发展的计划,如美国提出的"技术经济增长发动机计划";欧盟的"科技发展和研究框架计划"和正在实施中的"尤里卡计划";日本80年代提出的"科技立国"的中长期计划,都反映了发展高新技术、实现知识经济的决心和措施,并在实践中取得了巨大的成就。

此外,为了实现从工业经济向知识经济的转变,各发达国家都把投资的重点放在高新技术方面,增加对这一领域的研究与开发(R&D)以及教育的投入。据统计,OECD成员国平均研发费用占其国内生产总值的2.3%,其中美国为2.6%(1994年)、日本为3.0%(1996年),至今仍变化不大。尤其是美国的信息产业投资,90年代就已超过其他领域的投资。OECD各国教育经费平均占其政府开支的12%。各国在注重研究开发和教育投资的同时,还特别重视风险投资,以促进高新技术产业的发展及其产业化。因此,OECD主要成员国的高新科技成果不断涌现,并使其转化为商品的周期大为缩短,由原来的20年左右缩短到5~10年以下。高新技术迅速发展并转化为生产力,为加快知识经济的发展创造了前提条件。

90年代各发达国家以高新技术为基础的知识经济快速发展并非是同步进行的。由于各发达国家的具体情况不同,面临的问题有多有少,推动经济增长快慢的因素也不完全相同。总的来说,90年代发达国家经济虽然增长较快,但是具体到一个国家又不完全一致。在这期间,美国经济增长相对较快,被称作美国"新经济";其次是欧盟,实现"欧洲一体化";再次是日本,仍未走出"泡沫经济"困境。下面就这三个主要发达国家和地区分别加以叙述。

日本是发达国家中较早重视高新技术发展的国家。随着形势的变化不断调整本国的产业结构，使产业结构不断更新换代，继80年代的由资本密集型转变为技术密集型之后90年代又加快了技术密集型向知识密集型的转变。在知识密集型产业中特别强调把微电子和信息技术作为主导产业。为此，一方面，加速对普通电视机、音响机器等传统家电产业的改造；另一方面，促进有关汽车电子化、手机、信息家电和个人电脑及其网络系统服务等新技术产业的发展。通信和播放融合技术的出现，又促进了将通信、播放、电脑、影像、游戏等融合为一体的多媒体产业的发展。经过调整后的日本产业结构，更加趋向知识密集型和高附加值。可见，90年代的日本产业结构的变化方向，就是要使日本由传统的工业经济社会向知识经济社会转变，只是在速度上和范围上有日本自己的特点。为了促使知识经济社会的到来，日本政府在政策上把微电子和信息技术作为重点予以扶持，以推动这类高新技术、高附加值产业的迅速发展，并使高新技术产业在增加产值、增加出口、扩大内需、减少失业和改造传统产业等方面发挥主导作用。

但是日本新的产业结构在实现过程中遇到了重重困难，进展相对迟缓。80年代以前的几次结构调整，由一种产业结构转换成另一种产业结构，相对来说都比较顺利而又迅速，因而保持了经济的持续快速增长。其中的重要原因是企业所持有的经营资源移动阻力小，加上政府采取积极的引导和扶持政策，特别是由于企业实行终身雇佣制，不会因为结构调整带来失业问题，反而有利于劳动者在技术和知识上有所提高，因而劳动者对产业结构和企业经营结构调整采取合作的态度。90年代，新的产业结构升级却遇到了一系列难以解决的问题，例如：亟待发展的主导产业增多，终身雇佣制已名存实亡，企业破产与合并，政府与金融机构因"泡沫经济"困扰而惜贷，支持结构改革的技术革新进展迟缓等。因此，尽管这次产业结构升级方案早已出台，但落实起来却进展不快。在美国高新技术蓬勃发展的同时，日本的整体高新技术进步却相对缓慢。尤其是在日本原来领先于世界的微电子信息技术及其产业领域，美国已经超过日本并领先于世界。

高新技术发展迟缓，"泡沫经济"继续困扰，企业技术与设备投资长期低迷,内需一直不振,使得 90 年代的日本经济持续处于停滞状态。如表 13-1 所示,90 年代,日本经济的平均增长速度为 1.75%,通货膨胀率为 0.57%。自 1997 年第四季度开始,日本经济更是陷入战后最严重的衰退之中。失业率在 1999 年初一度达到 4.75%,达到战后的最高点。为了使经济摆脱由于泡沫经济崩溃所造成的不景气状态,日本政府在交替使用扩张性财政政策和货币政策的同时,加紧了对不良债权的处理。到 1999 年第一季度,这些政策起到了一定的成效,日本经济已停止了下滑的趋势,这一年日本的国内生产总值出现了 0.2%的正增长。(见表 13-1)

90 年代的欧盟经济,可以被概括为两方面的主要内容:一是面临美日知识经济日新月异的严峻挑战,加速产业结构调整,促使高新技术急起直追;一是欧元的启动标志着一体化的初步实现和统一大市场的形成,这两者共同推动着长期增长迟缓的欧盟经济恢复活力和实现较快增长。

表 13-1　20 世纪 90 年代日本的主要宏观经济指标　　　　单位:%

年份	1990	1991	1992	1993	1994	1995	1996	1997	1998	1999
国内生产总值增长率	5.1	3.8	1.0	0.3	0.6	1.5	5.0	1.6	−2.5	0.2
物价上涨率	2.31	2.67	1.74	0.61	0.17	−0.64	−1.44	0.27	0.33	−0.3
失业率	2.11	2.09	2.16	2.49	2.89	3.14	3.35	3.39	4.11	4.75

资料来源:EAEP,Vol.11,February 2000;日本银行国际部,2000 年 12 月 22 日。

90 年代,美日抓住信息技术兴起的有利时机,大力发展高新技术和产业,并取得了巨大成就。欧盟各国由于种种原因,高新技术发展相对落后。欧盟各国很快认识到这一点,纷纷加速产业结构升级,调整自己的科技政策,重点发展以信息技术为核心的高新技术产业,因而逐渐扭转了高科技相对落后的局面,提高了本国和本地区经济与技术的国际竞争力,并通过高新技术发展解决了很大一部分长期困扰西欧各国的失业问题。

欧盟大力发展高新技术和产业,其主要措施和成果突出表现在以下五方面:

(1)将信息技术及其产业化作为优先发展的重点。由于电子信息技术是高新技术的核心和基础,所有欧盟国家都把该项技术作为优先发展的重中之重;同时根据本国的经济发展需要和科技优势选择其他发展重点。例如,在优先发展信息技术的同时,英国将生物技术、新型材料、光学技术,法国将航空航天、生物技术和环保技术,德国将生物技术、微电子技术和环保技术等,列为高新技术产业的发展重点。其结果是,对于欧盟提高高科技的国际竞争力,促使产业结构升级,满足社会经济发展需要,都产生了积极作用。

(2)继续加大研究与开发投入,加快科研成果的产业化。在美日不断增加对研究开发投资的压力下,以德国、瑞典为代表的欧盟各国也不甘示弱,积极加快这方面的投入,鼓励技术创新,科研成果不断涌现,至今欧盟仍继续保持着仅次于美日的科技第三的地位。其中德国已是世界上注册技术专利最多的国家之一,每1000个职工就有190项发明,而日本则是180项,美国为140项。1996年,德国政府还提出"以高科技促使产业技术革新"的宏伟计划,并实行政府、企业多种形式的研究开发活动。德国政府为推动技术革新,在投入了10亿马克之后,1998年又增加了15亿马克,用于资助信息、通信设备等高新技术领域的科技进步和技术革新项目。德国科学研究协会和马克斯–普兰克等研究机构的研究费用,每年均以5%的速度增加。欧盟另一个成员国瑞典,近年来在研究与开发方面,也一直保持着较高的投入。据OECD公布的最新统计,瑞典科研投资占其国内生产总值总值的3.6%,超过日本、美国、德国、法国和英国等,居该组织成员国之首。

(3)加强对中小高科技企业的扶持。根据美国计算机智能公司(Computer Intelligence)的调查,同许多大企业相比,欧洲中小企业与美国同类企业的技术差距很小,同时又能提供更多的就业机会。

(4)改革欧盟机器成员国的科研体制,建立富有效率与竞争力的科研机构。欧盟各成员国的文化教育水平普遍较高,拥有许多世界闻名的高等院校和研究机构。为了充分发挥他们的作用,德国政府于1996年7月公布了"科研创新方针",意大利科研管理部门提出"关于科研改革大纲"以保证其积极开展科研活动。而且许多国家的科研项目的管理和实施都比以往更加严格。

(5)加强欧盟高科技领域的区域合作。欧盟各国已认识到,要在高新技术领域同美日竞争并取胜,单靠各国分散进行是做不到的,必须实行科技一体化的高新技术产业的区域内各国之间的广泛合作,集优秀科学家联合攻关。由于现代科学技术日新月异,产品更新换代十分迅速,新技术新产品的研究开发成本越来越高,特别是技术含量高的电子信息技术,更需要投入大量的人力、物力和财力,加强各国之间的合作。

欧盟在发展以高新技术为基础的知识经济方面,虽然较美日晚了一步,但是由于采取了上述积极而有效的政策和措施,不甘落后,积极追赶,终于取得了丰硕成果—— 一个世界上最大的一体化组织,正在迎接知识经济时代的到来。例如,欧盟正在实施的"尤里卡计划"中许多高科技项目:欧洲阿丽亚娜火箭经过不断改进并多次发射成功, 世界最大的空中客车 A380 飞机,以及多座核电站的建立等,都是欧洲高新技术发展的集中体现。又如,欧盟近年来实施的为期 5 年的"科技发展与研究框架计划",在侧重基础研究与市场开发之间的应用基础性研究方面, 到 1998 年已取得了 6 项重要成果,其中包括解释和利用生物技术、生态系统、信息技术等,对于提高欧盟的国际竞争力和谋求可持续发展发挥了重要作用。为实现该项计划,从 1994年开始,多次增加资金投入。目前,"尤里卡计划"研究开发的重点,是欧盟联合进行的包括电子、光学、人力智能、新材料等的一系列高新技术项目。该计划在已取得丰硕成果的基础上,又在实施第三个为期 4 年的中期计划,预计项目研究完成后, 将产生巨大的经济效益。由于高新技术不断取得新的成果,近年来欧盟经济逐渐走出衰退,为深入进行产业结构调整提供了宽松环境;某些高新技术领域还提供了更多的就业机会,缓和了长期困扰欧盟各国的高失业率。近年来,欧盟的科技企业的研究开发、产品生产与销售等呈现出前所未有的活跃景象。据美国《商业周刊》最近公布的按照企业经营状况排序的世界信息技术 100 家企业中,前 10 名中美国占 7 家,欧洲占 3 家;欧盟的世界闻名的跨国公司,如飞利浦、西门子等公司,已经随着全球高科技发展潮流而做出了相应的跨世纪的战略调整。资料显示,近几年的全球高新技术产业并购之风愈演愈烈, 其中许多并购案都与欧洲企业有关, 如 1998年全球医药业的 3 家大型并购案都发生在欧洲, 因而大大增强了欧盟企业的国际竞争力。总之,可以说,欧盟致力于发展高新技术产业的环境和条件更趋于完善,在欧盟一体化组织的精心策划下,各成员国积极配合与协作,彻底改革旧的科技体制,摒弃保守的科技政策,欧盟的高新技术在 21 世纪的振兴,在许多领域赶上或超过美国是完全可能的。

20世纪90年代欧盟经济发展的另一个重要方面,是1991年12月《欧洲联盟条约》(即《马斯特里赫特条约》)的诞生,以及1999年欧元的正式启动,它们标志着欧洲政治、经济议题进入新的阶段,一个欧洲统一的大市场终于实现。货币联盟的实现和统一货币的诞生将推动欧洲经济向纵深发展,有助于增强欧洲市场的凝聚力,促进欧盟经济和内部贸易的发展,有效地抗衡美国和日本的竞争,在经济全球化进程中占据更有利的地位。然而欧元在启动后不久就开始一路下滑,2000年10月曾跌到1欧元兑0.82美元的最低点。欧元走软的主要原因是欧洲经济的疲软,其中问题最严重的欧元国家是德国和意大利。此后,由于欧盟国家中央银行采取的降息政策和亚洲国家经济形势的好转,在1999年下半年之后,欧盟国家的内需和出口出现较快增长,欧洲各国经济开始普遍好转。欧盟主要的三个核心国——德国、英国、法国1995年、1998年和1999年的国内生产总值增长率分别为:德国,1.7%、2.0%、2.0%;英国,2.9%、2.9%、2.4%;法国,1.8%、3.5%、3.2%。

在这一时期,世界经济发展中最引人瞩目的就属美国的"新经济"了,"新经济"是对美国90年代经济现象和经济增长模式的一种概括性描述。从1991年3月到2001年6月,美国实现了长达124个月的持续性经济增长。这是自1854年以来,美国经济史上32个周期中最长的一次。在这次经济增长过程中,出现了与以往经济增长不同的特点,即伴随着低失业率、低通货膨胀率和低财政赤字的高经济增长,见表13-2。

表 13-2　20 世纪 90 年代美国宏观经济运行情况

年份	国内生产总值增长率(%)	CPI 增长率(%)	失业率(%)	财政收支情况(10 亿美元)
1990	1.2	5.4	5.6	−221.2
1991	−0.9	4.2	6.8	−269.4
1992	2.7	3.0	7.5	−290.4
1993	2.3	3.0	6.9	−255.0
1994	3.5	2.6	6.1	−213.1
1995	2.0	2.5	5.6	−163.9
1996	2.8	3.0	5.4	−107.5

续表

年份	国内生产总值增长率(%)	CPI 增长率(%)	失业率(%)	财政收支情况(10 亿美元)
1997	3.8	2.3	4.9	−21.9
1998	3.9	1.6	4.5	62.9
1999	4.0	1.5	4.2	124.4
2000	4.4	3.7	4.02	237.0

资料来源:2000 年《总统经济报告》、美国商务部经济分析局和劳工部 2000 年 11 月相关数据整理。

　　1990 年联合国研究机构提出了知识经济的概念,明确了这种新型经济的性质。1996 年 OECD 明确定义了"以知识为基础的经济"(Knowledge based Economy),第一次提出了这种新型经济的指标体系和测度。1996 年 12 月 30 日的美国《商业周刊》发表一组文章,提出"新经济",指出一种新型经济已经形成。1997 年 2 月美国总统克林顿又采用了联合国研究机构以前用过的提法,把新经济概括为"知识经济"。世界银行《世界发展报告》1998 年版已经定名为"发展的知识"(Knowledge for Development)。这些概念的形成其实都在试图说明,"人类正在步入一个以智力资源的占有、配置,知识的生产、分配、使用(消费)为最主要特征的经济时代"。因此,新经济实际上是区别于以前的、以传统工业为产业支柱,以稀缺自然资源为依托的一种新型经济,它以高技术产业为第一产业支柱,以智力资源为首要依托,因此是可持续发展的经济。新经济的主要特点是:以知识为基础,以信息为主导,以全球化为导向,以网络为载体,以经济周期淡化为特征(1998 年虽然美国股市存在过热,但是依然保持了强劲的增长势头,就是例证),也就是说新经济不会改变经济周期规律,它主要是代表着一种新的经济增长方式,不会改变市场经济发展的基本规律。因此,2000 年下半年美国经济出现的下滑,应当理解为是对经济周期的调整。

　　美国新经济的出现,是一系列因素综合作用的结果。总的看来,可以概括为以下几个方面:

　　(1)以信息化为先导的美国经济结构大调整。信息技术和设备的投资已经成为美国企业投资的重要组成部分。自 20 世纪 90 年代以来,美国对信息技术的投资就大于对其他产业的投资。1993 年,全美投入信息技术产业的资本占资本总量的 36.2%;到 1996 年,全美信息技术产业的资本占资本总量的 41.5%,远远超过对其他单个产业的投入。信息技术及其产业化成为美国经济新的增长点和国民经济的主导产业。据 1997 年 3 月 31 日《商业周刊》报道,过去 3 年中,美国国民生产总值的 27% 来自高新技术产业。1996 年,随着互联网络的蓬勃发展, 信息技术产业创造的产值已占当年美国国民生产总值的 33%。

（2）以制度创新为后盾的支撑。信息技术产业推动的美国产业结构调整要求有与之相适应的体制改革,需要制度创新。例如:在生产领域,小型初创公司(startups)的兴起,大公司与小公司在创新上的协作关系;在流通领域,各种金融创新,如二板市场、风险资本的出现;在分配领域,股票期权的盛行;在企业管理领域,等级制度被扁平化管理和授权所取代,都是适应产业结构调整而进行的制度创新。应该说,在美国新经济的产生和发展过程中,制度创新的因素要比单纯技术的因素更重要。

（3）以政策创新为前提的宏观经济改革。在美国,无论是金融业、高科技产业的发展,还是开放度的加大,一方面,得益于政府放松管制,使经济自由化、市场化程度加深;另一方面,在其他一些领域政府的作用不是减弱了,而是更为重要了,政府的直接干预减少了,而政府的职能更集中于为市场机制发挥作用、为保持经济的持续和稳定增长创造必要的政策与制度条件。

克林顿在 2000 年度的《总统经济报告》中,从政府政策的角度,将 90 年代美国经济的成功归因于经济政策的三大支柱:其一,财政约束,以利于降低利率和刺激商业投资;其二,投资于教育、医疗保健,以及科学和技术,以迎接 21 世纪的挑战;其三,打开国外市场,以便美国人能有更好的机会参与海外竞争。他把这三大支柱称为美国政府"新的经济战略",这些政策为新经济的繁荣创造了基础条件。克林顿政府的财政政策在削减财政赤字上取得了成功。90 年代,困扰美国多年的财政赤字出现了大幅度的下降,平均每年的降幅达 20% 左右,到 1998 年财政赤字不仅消失,而且实现了财政盈余。在货币政策方面,美联储以反通货膨胀为目标,从 1994 年开始,美联储采取了"中性货币政策",并对利率进行微调,这有利于促使私人实际可支配收入的增长,使消费信贷稳步扩大,同时避免了经济和物价水平的大起大落,减少了金融市场动荡带来的风险。

(4)以全球化为背景的资源优化配置。经济全球化是二战以来世界经济发展中一个非常突出的新现象,它带来了生产要素在全球范围内组合的巨大变化。美国以本国强大的经济实力为基础,充分利用了经济全球化的机遇,企业在全球范围内进行资源配置,达到成本最小化和收益最大化的目标,为其劳动生产率的提高做出了重大贡献。1985—1999年,美国对外直接投资和外国对美国直接投资累计额占国内生产总值的比例从11%提高到24%,进出口占国内生产总值的比例从14%提高到24%以上。

新经济首先产生于美国,这固然有其特殊和深刻的技术与制度背景,但是新经济"并不是美国的专利",它一旦出现,同以往任何形式的经济一样,会产生明显的扩散效应,其他国家和地区在具备条件的情况下,也将走上新经济的轨道。近年来,欧盟各国和日本在进行经济结构调整和经济回升的同时,也在朝着发展新经济的方向前进。欧、日的高科技正在奋起直追,信息技术正在迅速发展,他们的经济体制也在被深化改革和调整,主要目标是减少政府的过多干预,增强经济活力。许多发展中国家也在努力地发展新经济,当然,对于发展中国家而言,这将面临着更多的困难。因为多数发展中国家的工业化尚未完成,他们的科技力量、人才力量和资金力量相对较弱。但发展中国家可以在实现工业化中加速信息化,通过信息化加速工业化,从而利用"后发优势"实现跨越式发展。

在这一时期,还有一个值得关注的事件是:开始于1997年的亚洲金融危机以及由此所引发的深刻的世界经济危机,已经成为世纪之交世界经济增长的最严重的负面力量。它深层次的影响后来逐步显现出来,严重地阻碍了世界经济的增长。虽然有关国家趁此机会解决本国经济结构和地区产业结构中存在的问题,对世界经济的发展产生很大的影响,但是并未解决经济增长与有效需求不足这一基本矛盾。从2000年第三季度开始,增长持续10年之久的美国经济首先陷入了衰退,很快又波及欧洲,并加剧了长期衰退中的日本的经济危机。

5. 21 世纪以来的经济衰退、复苏、回升和危机

自 2000 年后期以来，世界三大经济体同时告别了 90 年代以来的高速增长，而进入了所谓增长衰退期，直到 2002 年经济才开始缓慢地回升。2001 年到 2003 年世界经济增长率分别为 2.4%、3.0%、3.9%。

自 2000 年第二季度以来，美国消费需求和固定资产投资需求的增长速度急剧下滑，再加上后来的"9·11"事件、企业会计丑闻等对美国经济的打击，造成了美国经济增长速度的急剧下降。同时伴随着的是失业明显增加，仅在 2001 年 3 月到 7 月期间，私人部门的失业人数就增加了 39 万。2001 年美国的国内生产总值增长率仅为 0.3%，这种情况是自 1991 年以来未曾有过的。如果不考虑特殊历史事件的影响，美国这次的经济衰退是由于"非理性的亢奋"导致股票价格暴涨、投资过度（特别是 IT 产业的投资过度），投资过度又导致生产过剩和盈利水平下降，于是企业开始压缩生产、减少投资，从而导致经济衰退。在这一过程中，财富效应导致的消费增长缓慢对经济衰退也起到重要作用。直到 2002 年后，美国的消费和投资对经济的拉动作用才开始逐渐地恢复，再加上美国有效的货币和财政政策对经济增长的刺激，美国经济开始温和复苏，国内生产总值增长率达到了 2.4%。2003 年初的伊拉克战争以及 SARS 没有对美国经济的增长势头产生过大的阻力，2004 年美国经济开始出现了强劲的增长，从而摆脱了通货紧缩的威胁。

但好景不长，由于美联储采取宽松的货币政策，在短短的两年时间里连续 13 次下调基准利率至 1%，成为二战以来之最低水平。低利率刺激了金融、房地产与初级产品市场的过度膨胀，经济膨胀的表面现象又使美国政府放松了对金融创新的监管。市场缺陷与政策缺陷共同影响着经济平衡机制的正常运作，以致使矛盾不断积累，并最终爆发了金融危机，使美国经济遭受沉重打击。

在过去的十几年中，为了摆脱泡沫经济破灭后的不景气，日本政府大力推行积极的财政政策和宽松的货币政策以刺激经济。1999 年 4 月以后，日本经济出现了缓慢回升，但从 2000 年 8 月开始重新出现滑坡。特别是从 2001 年初起，受美国经济发展减速和石油价格上升的影响，日本的出口和设备投资下降，个人消费低迷，物价持续下跌。日本经济所面临的问题依然是内需不足,不良债权居高不下,股市持续暴跌,财政状况继续恶化。直到 2002 年后,美国经济的缓慢回升和中国经济的高增长,推动了日本对外贸易的迅猛发展,由此长期低迷的日本经济复苏加快了步伐。主要体现在:首先,日本通货紧缩压力有所缓解,2003 年以来消费物价指数的负增开始渐显下降;其次,工业生产形势好转,2003 年以来,机械订单扭转持续下降局面,开始呈现增长基调;再次,失业率开始下降,居民收入有所增长;最后,美国和亚太等形势趋好,使日本经济的外部环境转好,股市大幅度反弹,投资者信心恢复。当然,日元升值、银行坏账、结构改革等问题,依然制约着日本经济的发展。而 2007 年美国次贷危机爆发以后,日本出口市场的严重萎缩,使日本成为发达经济体中遭受打击最为沉重的一员。

　　进入 21 世纪后,欧盟又发生了几件令人振奋的事件。2002 年 2 月底,欧元区内各国的原货币完全退出流通,欧元作为欧元区内 11 个国家唯一的货币诞生了。另外,欧洲经济一体化的不断发展吸引着其周边国家向其靠拢,2004 年 5 月 1 日,塞浦路斯、捷克等 10 国成为欧盟正式的成员国。欧洲经济自 1999 年出现回升以来, 发展势头一直稳中见涨,2000 年欧盟十五国经济增长了 3.4%,比上一年高出一个百分点,虽然不及美国的 5%,但是远高于日本的 1.5%。同时,从 2002 年上半年起,欧元终止了自启动以来一路下滑的态势,开始逐渐升值。但是欧洲一体化进程的顺利发展,也没有能够阻挡全球经济,尤其是美国经济下滑给欧洲经济带来的负面影响,到 2001 年第二季度经济增长速度便开始显著放缓。这次欧盟的经济增速下降可归结于以下诸原因:贸易条件恶化(石油价格、食品价格提高和其他输入的通货膨胀);过去几年高技术领域投资过度和世界贸易速度的下降;欧盟地区的三个最重要国家——德国、意大利和法国 2001 年的经济状况都很不理想,特别是德国,由于投资需求急剧下降,2001 年经济增长率只有 0.8%,大大低于 2000 年 3%的水平。2002 年后,虽然美国、日本的经济都开始缓慢地回升,但是欧盟经济发展形势仍然不容乐观,尤其是欧元区的三大经济体——德、意、法经济状况继续恶化。欧盟经济的继续下滑除了与欧元升值、失业率攀升、内需不旺有关外, 欧元区现有体制制约成员国采取更灵活的财政与货币政策也是一个比较主要的原因。直到 2003 年,欧盟经济才实现了大的好转,这一年欧盟的国内生产总值达到 110060 亿美元,第一次超过了美国,成为世界上最大的经济体。同时,伴随着欧元的逐渐走强,欧元在国际金融体系中的地位大幅度提升,这些都表明欧盟在提升实力地位和统一欧洲的道路上实现了一次历史性的跨越。

然而欧盟扩大以后,各国经济发展水平上的差别进一步扩大,内部统一协调的难度也进一步加大,因而以整齐的步伐度过由 2007 年美国次贷危机而引发的经济危机的难度无疑也进一步加大了。

综观 2018 年,作为国际金融危机全面爆发 10 周年,也是世界经济格局大发展大变革大调整的一个重要转折点。主要经济体增长态势、通胀水平和货币政策分化明显,美国经济表现超出市场预期。美联储持续加息,新兴经济体资本流出加剧,金融市场持续震荡。主要发达经济体经济维持相对强劲的增长:2018 年前三季度美国实际国内生产总值按年率分别增长 2.2%、4.2%和3.4%,其中第二和第三季度增速明显超过 2017 年同期的 3.0%和2.8%;11 月美国失业率保持在 3.7%,为 49 年来最低;产能利用率较 2017 年进一步提高,11 月为 78.5%,逐步接近 1967 年以来 80.26%的历史平均水平。欧元区经济保持稳步增长,2018 年前三季度实际国内生产总值同比增速分别为2.4%、2.2%和 1.6%,希腊经济经历长期衰退后复苏步伐有所加快;10 月欧元区失业率保持在 8.1%,处于 2008 年 9 月以来最低。与此同时,日本经济增速有所回落。

二、发达国家经济发展的不平衡性

二战后主要资本主义国家经济发展的不平衡现象,总的来讲,其实就是世界经济由单极格局向多极格局转化的过程。在世界经济、政治不平衡的发展中,各国的经济实力在世界经济中的地位是经常发生变化的,这种变化是旧的不平衡关系不断被打破,新的不平衡关系不断生成。在这个过程中,各国之间的摩擦和矛盾不断扩大和加剧,各国都力图扩大自己的势力范围,在世界经济中占据优势地位。西方发达国家的不平衡发展,主要体现在以下六个时期:

第一个时期(从战后初期到 20 世纪 50 年代末 60 年代初)是美国独霸世界经济舞台的时期,也是资本主义世界单极格局表现得最为典型的时期。第二次世界大战给美国和其他大国带来的经济后果是完全不同的：由于战争没有直接发生在美国的国土上,因此美国经济的基础条件没有受到根本性的破坏,而且作为其盟国的"兵工厂",它的生产能力在战争中反而得到迅速扩张,其经济实力也因此大大增加;其他主要资本主义国家,无论是战胜国英国和法国,还是战败国德国、日本、意大利,经过战争的破坏,国民经济的基础都受到严重的影响,有的甚至到了崩溃的边缘。结果,战后初期美国在资本主义世界经济中所占的比重大大超过了大战前夕。1937—1948 年,美国在资本主义世界经济中的比重变化是：工业生产由 42%(该年份英、德、法、日四国的总比重为 32%,美国为四国总和的 1.3 倍)上升到 53.4%(该年份英、联邦德国、法、日四国的总比币为 19.7%,美国为四国总和的 2.7 倍);出口贸易由 14.2%上升到 32.4%;黄金储备由 50.5%上升到 74.5%。鉴于苏联当时在世界经济中所占的比重有限,上述变化基本上可以表明美国在整个世界经济中地位的变化。战后初期美国国际经济地位所达到的这种顶峰状态,大体上维持到 20 世纪 50 年代中后期(1955 年和 1960 年美国的工业产值仍分别为英、法、联邦德国和日本总和的 2.04 倍和 1.64 倍),此后便经历了第一次转折,并转入下一个时期。

第二个时期(从 20 世纪 50 年代末 60 年代初到 70 年代前期)是苏联经济实力迅速上升,并成为世界经济中能在相当程度上同美国抗衡的力量的时期。经互会的发展和苏联在经互会中的主导地位,更加强了苏联的经济影响力,从而进入了美苏两大经济中心即两极并存的时期。二战后 15 年,苏联通过执行"四、五、六"三个五年计划,国民经济得到恢复和迅速发展,经济实力迅速增强。1960 年,就一系列重要经济指标而言,苏联已大大缩小了同美国的差距,其国民生产总值、工业生产和农业产值已分别相当于美国的45.1%、55%和 70%。苏联已上升为当时的第二经济大国,并成为另一个超级大国,从而揭开了两个超级大国在军事、政治、经济诸领域全面激烈对抗的序幕,美国的霸权包括其经济霸权受到了严重威胁。值得指出的是,50 年代末由西欧六国组成的欧洲经济共同体,在 60 年代也有初步发展,并开始在经济上向美国提出挑战。这些意味着,美国在资本主义世界的经济霸主地位已摇摇欲坠了。一次新的转折已在所难免,世界经济向多极化格局的演变开始了。

第三个时期(从 20 世纪 70 年代前期到 80 年代前、中期)是美国国际经济地位显著下降,美国、欧洲共同体和苏联彼此抗衡,世界经济由美苏两极走向多极化,即美、苏和欧洲共同体三级的时期。造成这一转折的关键性因素是欧洲共同体的第一次扩大及其发展。1973 年,英国、爱尔兰和丹麦加入欧洲共同体,欧洲共同体由原来的六国扩大为九国,其实力大为增强。该年份美国、欧洲共同体和苏联的人口分别为 2.1 亿、2.57 亿和 2.5 亿;国内生产总值分别为 1.31 万亿、1.07 万亿和 0.68 万亿美元;出口贸易依次为 702 亿、2100 亿和 215 亿美元;美国和欧洲共同体黄金外汇储备各为 116.6 亿和 606.2 亿美元。这表明,就整体经济实力而言,美国对苏联仍具有较大优势,但经过第一次扩大后的欧洲共同体已经完全能够同美国分庭抗礼了。这是对业已从顶峰跌落下来的美国国际经济地位的新的强有力挑战的开始,它使美国经济面临着进一步的巨大冲击。与此同时,经济增长率较快的日本也正加紧追赶美国。60 年代末,日本已成为资本主义世界仅次于美国的第二经济大国。70 年代后期,日本人口略多于 1.1 亿,即约为美国的 1/2,其整体经济实力虽然还不到美国的一半,但是双方的差距正迅速缩小,部分重要经济指标的人均水平甚至赶上或超过了美国。1975 年及 1980 年,日本和美国的宏观经济指标情况如下:国内生产总值分别为 32.8% 和 40%;工业生产各为 25.3% 和 48.6%;出口贸易额各为 56.7% 和 59.1%。上述指标按人均水平计算,日本均超过美国。国际储备数量分别达 80.7% 和 93.9%,按人均水平,日本各比美国当年数额多出 1/2 强或近一倍。这表明,另一个新的较强的竞争对手正在崛起,并已加速逼近美国和欧洲共同体。正是这种形势的发展,促成了又一次转折的到来。

第四个时期(从 80 年代前、中期到 80 年代末期)是在日本崛起为世界第二经济大国的情况下开始的,世界经济从"旧"的三极格局走向美、欧、日"新"的三级格局。在整个世界经济中,美国的国际地位进一步下降。先是形成了美、欧洲共同体、日、苏四极抗衡的局面;而在苏联解体、东欧剧变之后,苏联继承国的经济力量迅速分散并被严重削弱，最大继承国俄罗斯也已离开了世界经济大国的行列，从而导致了世界经济走到现有三极并存，即美国、欧洲共同体和日本三大经济中心鼎足而立和彼此抗衡的新格局。80年代中期，在主要经济指标方面，如果假定美国为100，欧洲共同体(经过80年代前期再度扩大后的12国)、日、苏三方的国民生产总值依次为79.9、47和54.9；工业生产分别为116.6、49.3和80；出口贸易额分别为36、96.6和42；国际储备额欧洲共同体和日本各为223.3和36.8。上述数据说明，当时美国只在国民生产总值上拥有优势，欧洲共同体十二国在后三个指标方面已超过或成倍超过美国，苏联同美国的差距继续缩小，日本则加紧追赶美国，其出口贸易额已大体上与美国持平，国民生产总值与工业生产虽然只有美国的一半，但是按人均计算，也与美国不相上下了。

进入20世纪90年代后，形势进一步发展。由于走向解体的苏联已失去一极的地位，世界经济中的三极只能是发达资本主义三大经济中心。1990年，美、日、欧洲共同体三方的比例如下：国民生产总值为100:53.3:108.8；工业生产为100:54:114.5；出口贸易额为100:77.1:363.4；国际储备额为100:108.6:439.9。同80年代中期比，美国除在出口贸易方面的相对地位略有改善外，在其他几个指标方面的地位都有程度不同的恶化，欧洲共同体和日本的国民生产总值与美国的差距进一步缩小，从1988年起日本的人均国民生产总值已超过美国；相对于美国而言，欧洲共同体的工业生产水平基本未变，而日本的工业地位又有提高；在国际储备额方面，欧洲共同体的优势大大加强，日本也超过了美国。日本的迅速崛起是对美国国际经济地位的又一次强烈的冲击和震撼，使世界经济中的三极格局趋于定型。

第五个时期(从80年代末期到21世纪初期)是日本经济泡沫破裂后经济衰退并缓慢复苏，美国"新经济"繁荣发展及调整，以及欧盟一体化进程加快发展三者并存的时期，美、欧、日三极格局将长期存在。从二战结束到90年代初，美、日、欧经济实力对比变化的总趋势是美国相对衰落和美国与欧、日的经济科技差距逐渐缩小。但是从90年代初以后，他们的对比关系出现了一些复杂的情况，即出现了某种逆转：如前文所述，伴随着"新经济"的出现，美国经济实力有了较大的恢复，并迅速增长；而欧、日，特别是日本在"泡沫经济"破裂后,经济衰退久拖不愈。1991—2000年,美国、欧盟和日本的国内生产总值年均增长率分别为3.8%、2.1%和1.2%。其中,美国1999年增长率最高,为5.1%;欧盟2000年经济增长率达到最高点3.4%;日本从进入90年代以来,受"泡沫经济"的影响,经济增长率一直处于低位,1998年国内生产总值增长率曾一度达到-2.5%的水平。

第六个时期(21世纪以来)全球金融危机后,美国、欧洲、日本等发达国家经济缓慢复苏,新兴经济体成为世界经济增长的新引擎,推动全球贸易、金融、投资和生产的多元化。2008年金融危机后,美国经济和美元地位遭受重创。2008年世界经济增长率只有1.7%,2009年整个世界经济增长率是负2.2%,也是危机最深重的一年。这场危机从2010年开始复苏,在复苏过程中一波三折,出现了欧洲的主权债务危机、美国的财政悬崖、日本的技术性衰退,等等。

21世纪第一个10年,美国10年年均2.5%的增长率,21世纪第二个10年,美国在复苏过程中预计年均增长率2.2%左右,比上一个十年的2.5%略低一点。欧洲经济最近这次衰退的谷底是在2009年,增长率只有-4%,比美国同年的负2.4%还要低。欧洲经济从2010年开始复苏到今天,遇到了主权债务危机,拖累了经济复苏的进程,2012年、2013年甚至出现负增长。真正开始转向正增长是在2014年,2015年持续增长,2016年增长率达到1.7%,是它复苏以来增长率最高的一年,比美国同年1.6%的增长率略高。虽然欧元区经济这两年转好,但是失业问题、债务问题、英国脱欧等都在困扰着它的经济复苏进程。2009年危机最严重的那一年,美国的增长率是负2.4%,欧洲增长率是负4%,日本经济增长率是负6%多,而且日本在2010年以来这七八年复苏的过程中,连续出现过三次两个季度以上的负增长。21世纪第一个10年,日本经济保持了年均1.5%的增长率,21世纪的第二个10年,日本经济仍处于1.5%的低增长。在世界经济中出现的这种逆转是全面的还是局部的?是暂时的还是长期的?美国经济的增长势头是否会导致再次出现美国独霸世界的局面?

从总的情况来看,这种逆转是局部和暂时的;从长期看,美、欧、日经济科技差距将继续趋于缩小,它们的经济实力对比关系的总趋势不至于根本

改变,或者说这种美、欧、日三极格局并存的局面将长期存在,同时,其他新经济力量中心正在崛起。这主要基于如下一些原因:

第一,美国经济发展中存在着诸多不稳定因素。首先,美国经济实力的恢复当然最主要的是由于美国企业普遍进行了技术结构和管理体制的改革和调整,在新技术革命中处于领先地位;但是也应该看到美国经济增长的主要动力来自强劲的个人消费需求,而强劲的个人消费需求的增长又是建立在金融资产,特别是股票价格不断增值的所谓财富效应基础上的,也就是说美国经济增长前景如何在很大程度上要看美国股市的发展前景。如果美国股市发生逆转,美国居民消费必将相应减少。此外,美国个人消费增长率已经远远超过了居民实际收入的增长速度,导致美国居民的负债率不断提高,这将严重影响美国未来市场的消费需求,从而影响美国经济的增速。以上都说明作为美国经济增长主要动力的消费增长缺乏坚实的基础。其次,美国贸易逆差的不断增加,从长期来看,也威胁着美国经济的健康发展。在1998年,美国贸易逆差额高达2300亿美元以上,外债总额已超过1万亿美元。任何国家都不可能无限期保持外贸逆差,无止境地积累外债。如果美国政府不能主动减少外贸逆差,致使外债进一步增加,外资就会停止流入或流出美国,美元就会急剧下跌。如果这种调整发生得过快过猛,美国国内经济和世界经济的平衡就会受到巨大冲击。

第二,日、欧经济将逐渐恢复活力。近几年日本经济陷入很深的泥潭之中,这主要是由于泡沫经济破灭和日元大幅度升值,而日本政府又未能及时采取正确的应对措施造成的,但是这双重打击并未能阻止日本金融实力的继续增长,贸易盈余和外资流入继续增加。另外,日本的工业实力基础没有遭受严重的影响;日本的信息技术虽然落后于美国,但是它的工业主体,如汽车、机器、特种化工等依然非常强大,特别是在高技术元器件和新型材料方面,日本仍居世界垄断地位。由于西欧国家深受高工资、高福利、高税收和高成本等传统问题的拖累,欧洲的一体化进程经受了很大的挫折,但是在世界竞争加剧和各国经济依赖性增强的推动下,欧洲经济与货币联盟还是如期成立了,同时欧元于1999年1月1日也启动了。这对于刺激区域内和来自区域外的投资和贸易,提高企业效率和生产效率,并最终促进欧盟经济的发展起到了兴奋制的作用。得益于世界经济总体形势的好转和欧元的贬值，欧元区的净出口明显增加，同时欧洲的投资需求和消费需求也出现明显增加，2000年欧洲经济形势出现了较大的好转。

由美国次贷危机而引发的全球金融危机和经济危机将使发达国家经济发展不平衡进入一个新的阶段，不平衡状况会进一步发展。美国作为这次危机的发源地，受到的打击可能最为沉重，实力地位会进一步衰落；日本次之；欧盟扩大之后，整体实力增强，回旋的余地加大，抗危机的能力稍强。

三、发达资本主义国家经济发展趋势

1. 科学技术革命进一步推动生产力飞速提高

80年代下半期以来，出现了以信息技术革命为中心的高科技大发展的新高潮。这个高潮迄今仍方兴未艾。高科技研究和开发的成果，很快应用于生产，形成新产业部门。高新技术产业又以惊人的速度扩大，在经济中的地位和作用不断提高。据估计，美国的高技术产业(包括信息技术产业、航空航天业、生物技术产业、新材料产业等)的产值占其国内生产总值的比重已达1/3，今后这一比重还将进一步提高。在欧洲，这一比重也约达10%。问题还不仅仅在于数量，还在于高新技术特有的"渗透力"，即与其他部门和领域(包括传统产业、农业和服务业)广泛结合，使这些部门和领域发生重大变化。即使一向被认为是"夕阳工业"的传统产业部门，也能得到根本改造。如此，在发达资本主义国家，信息技术产业和其他高技术产业在经济中的主导作用将越来越大，传统的工业经济经过改造也将转变为信息化经济。以此为基础，整个社会将逐步转变为信息社会，知识经济时代已悄然来临。

随着知识经济时代的到来，社会对人的素质提出了新的、更高的要求：要求就业者具有现代科学知识、使用高技术设备的技能和更高的文化素养，更要求各行各业、各种岗位上的工作者能发挥更大的创造性和开拓进取的精神。目前在西方发达国家新增加的就业者中，"知识工人"所占的比例越来越大。这些新一代的劳动者到处受到青睐，不难得到较好的工作和较高的待遇；而那些一般的、传统的"白领"和"蓝领"工人，则处境日益艰难，不是被解雇,就是工资低微、待遇微薄。就业结构的这种新的变化,今后将更加突出,并将导致雇佣劳动者队伍的新分化。

2. 在资本主义制度范围内生产关系作适应性调整

这一点首先反映在企业制度的变革和经营机制的转变上。近十多年来,西方国家都在实行国有企业民存化;公司兼并形成热潮;对企业管理机构进行精简和重组;企业经营方式讲求更大的灵活性;企业管理战略受到更大重视;更多的企业把自己的"业务"扩大到世界各地,跨国公司兴旺发达;以"人本主义"为中心的新的企业文化正在建立;企业进入信息网络,大大增强了企业管理的机动性、灵活性;中小企业获得了新的优势,蓬勃发展。企业制度的这此变化,得到政府的支持和鼓励。这些变化的目标旨在充分利用信息技术手段和管理科学思想,最大限度地提高生产效率和质量,加强竞争力,占领更大市场,获取更大利润。随着企业制度的新的变革,现代新型企业正在兴起。这是与工业经济时期的传统企业不同的新企业。与此同时,新一代企业家登上了经济活动的舞台,他们既是资本家,也是具有专门科技知识、高超的管理才能和实行出奇制胜的管理战略的企业家。这类企业家与那些脱离生产管理、专门依靠金融投机活动发财致富的资本家不同,他们的出现和成长,意味着现代资产阶级发生新的分化。

在企业制度发生变革的同时,发达国家的宏观经济体制也在变革。发达资本主义国家的经济体制,是在历史上形成的,特别是在战后形成的。各国经济体制不尽相同,但都在其经济发展中起到一定的促进作用。然而在今天经济信息化和全球化日益加强的新条件下,原有的经济体制的许多方面已显得过时,不再适应生产力发展的要求,必须进行改革。近十多年来,西方国家经济体制的改革逐步展开,涉及各个部门和领域,如国有企业、社会保障制度、劳动工资制度、财政税收制度、金融体制、中央与地方的关系以及对外经济贸易体制等等。为了进行改革,政府对经济进行宏观调控的指导思想和政策也在发生变化,变得更加务实,其目标是在保持经济适度增长和对通货膨胀实行控制的前提下,增强经济活力,提高经济质量和效益。随着经济体制改革的进行,各国原有的各具特色的经济模式也在发生变化。目前,西方国家正在围绕经济模式的重建问题进行争论。各国都希望为建立既能适应新形势，又保有本国特色的新模式而探索新途径。但无论经济体制的改革还是经济模式的重建，都是十分艰难的系统工程，短期内难以奏效。

3. 借助区域一体化组织来提高各国自身经济实力成为必然

世界经济走向一体化是社会经济发展的客观趋势，也是经济全球化发展的必然结果；同时，经济政治发展不平衡又是世界各国、各地区发展中长期存在的客观现实。这个现实决定了世界或全球经济走向一体化的过程必然经历许多过渡性步骤，不可能一蹴而就。区域经济一体化的各种形式，就是在世界经济走向一体化的过程中，各国为避免在残酷的竞争中势单力薄而采取的一个过渡性步骤。事实证明，脱离区域经济集团的国家最终将在国际竞争中失去自己的地位。在大国关系逐渐演化为集团之间的关系中，主要发达国家开始高度重视并有效利用区域经济一体化的趋势，从而提高自己的国际地位。区域经济一体化组织虽然早在 20 世纪 50 年代末即已出现，但是作为一种趋势却是自 80 年代后半期开始的。这主要基于以下几个原因：一是世界各国之间（尤其是区域内）的经济联系日益密切，相互依存日益加深；二是科技革命推动生产力极大地提高，客观上需要跨越国界，走向联合；三是国际市场竞争激烈，贸易保护倾向加剧。

欧洲一体化组织是出现最早，也是迄今为止一体化程度最高的区域合作组织。它开始产生的动力就是为了摆脱美国的控制，增强欧洲国家内部的凝聚力，扩大欧洲的势力范围。之后，随着欧盟一体化的加深，各国都从中得到了更多的利益，在提高自身经济实力的同时，也提升了欧盟在国际经济中的形象和地位，从而可以更好地维护自身的利益。

二战后以来，美国一直以先进的技术和强大的经济为基础，通过关贸总协定，倡导和维持国际自由贸易体制。但是随着西欧、日本经济的迅速发展和经济实力的增强，美国在世界经济中的地位相对削弱，国际竞争力下降，对外贸易赤字不断扩大，严重威胁着美国的世界地位和世界利益，因而美国积极倡导和组建北美自由贸易区和亚太区域一体化组织，以同欧洲经济集团相抗衡，挽救自己在世界经济中的颓势。

已经成长为世界第二经济大国的日本，当然也不甘孤立于经济集团之外，不甘坐视欧洲和美洲经济集团化的发展也力图在亚洲建立以自己为核心的区域一体化组织,以取得"三分天下有其一"的地位。于是,日本加紧了与东盟建立自由贸易区的步伐。在2002年9月举行的文莱经济部长会议上,日本就缔结自由贸易协定与东盟进行磋商。2002年1月,日本与新加坡缔结了第一个自由贸易协定,与菲律宾、泰国的磋商也在进行之中。2003年被定位为"东盟外交"年,2003年1月开始的"东盟—日本交流年"活动在各东盟国家举办。日本的策略是在同整个东盟缔结合作协定的同时,也同东盟各成员国分别缔结协定。近些年来日本对东盟十国与中国、韩国、日本的"10+3"会谈也采取了积极进取的态度。

在大国之间利用区域贸易协定竞争的过程中,欧盟是领先者,但近年来美国的发展势头迅猛,足以和欧盟平分秋色,相比之下日本是一个真正的后来者。在当今经济全球化的时代,大国之间对国际经济规则制定权的争夺,已经演变为区域经济一体化组织之间的争夺。

4. 发达国家在经贸领域既竞争又合作

资本主义国家的矛盾,包括美、日、欧等发达国家之间的矛盾,发达国家与发展中国家的矛盾,发展中国家之间的矛盾,都将继续存在并因发展不平衡而趋于激化。资本主义的发展向来是不平衡的。二战后,资本主义发展不平衡的突出表现是,作为超级大国的美国相对被削弱,日本和欧洲崛起。90年代以来,这种趋势发生了转折:美国由于科技基础雄厚,高科技的发展占有领先地位,工业经济向信息经济转变较快,企业制度的变革和经济体制的改革也较有成效,加上冷战结束后美国从军备竞赛的沉重负担中解脱出来,有可能以更大力量发展科技和经济,因而其总体实力转而加强;而日本和欧盟国家则困难较大,改革进展迟缓,高科技发展相对落后,经济力量相对下降。但是日欧并不甘落后,正在努力克服困难,与美国展开新一轮的争夺。美国作为当前世界唯一的超级大国,力图营造一个单极世界,但世界格局多极化已是势所必然。今后美、日、欧之间的斗争将趋于激化。

发达国家的经济关系走向是:既竞争又协调的框架不会改变;美、日、欧的经济利益错综交织、互相影响,形成"你中有我,我中有你"的局面;相互依存所产生的利害关系将成为制约矛盾和冲突升级的内在基础,使发达国家之间的贸易摩擦不至演变为大规模的贸易战;在多极化的世界中,相互制约

第十三章

是大国经济关系的显著特点,美国的霸权行径必将受到盟国的抵制和反对;由于在资金、技术和市场上高度融合,美、欧、日之间的矛盾尚在可协调的范围之内,相互协调仍将主导今后一段时间西方大国的经济关系,但协调的难度将会越来越大。

5. 资本主义经济周期发生变化,但难以从根本上消除

近十多年来,发达资本主义国家已把通货膨胀抑制在低水平上,但经济增长率并不比过去高。信息技术的广泛应用和经济信息化,开辟了新的市场,改进了生产管理,因而国家和企业对社会经济的自我调节能力大大加强。正因如此,二战后尽管周期性经济危机未能停止过,但资本主义生产和市场的矛盾并不像过去那样尖锐,危机对资本主义经济的打击较轻微,生产力也未遭到严重破坏。但这种抑制作用是有限度的,周期和危机并没有从此消逝。由于垄断资本财富积累的规模和速度远远大于和快于消费需求和投资需求,这种矛盾一旦激化,周期性经济衰退就必然发生。此外,结构性经济失衡和危机的种种现象仍然存在,如欧洲的大规模失业、许多国家的巨额财政赤字、沉重的国债、贸易收支的严重失衡,以及发展中国家的巨额外债等等,均难以消除。

更使人吃惊和忧虑的是:90年代以来,从日本的"泡沫经济"破裂开始遍及世界各地的金融震荡和危机此伏彼起,接连不断;货币汇率大起大落,股市剧烈波动、银行破产、资金外逃严重影响着经济的增长和企业的正常经营,使一些国家的经济利益遭到巨大损害。1997年7月2日,泰国发生的金融风暴,迅速席卷东南亚,并不同程度地影响全世界,尤其令人震惊。金融危机的发生,有复杂的原因如一些国家的金融体系不健全,对金融机构的监管不力,对资金流向缺乏引导和控制,等等。但就全球金融体系来说,自布雷顿森林体系瓦解后,金融活动与实物经济严重"脱节",虚拟金融资本惊人膨胀,投机活动猖獗,实是金融祸患的总根源。如1971年前,在所有的外汇交易中有90%是用于贸易和投资,只有10%用于投机;今天,情况恰好相反,用于投机的超过90%,而用于贸易和投资的不到10%。在这种情况下,那些大国际投机家才得以兴风作浪。只要这些深层次的根源存在,资本主义世界经济的发展就不会是一帆风顺的。由美国次贷危机所引发的全球性金融风暴

也充分地证明了这一点。

第二节　发达资本主义国家经济运行的不同模式

尽管发达资本主义国家经济从根本上讲有共性，都是建立在私有制基础上的资本主义市场经济，但各国在自己的发展过程中又形成了各具特色的不同模式。这里我们对有典型意义的几种模式作以下简要介绍。

一、以美国为代表的传统市场经济模式

（一）市场机制在资源配置中的基础作用

美国的经济制度是以经典的自由市场经济理论为依据的。因此在经济运行中一贯强调自由竞争、自由放任，主张经济活动依照客观经济规律的要求自发地运转，在充分发挥市场机制调节作用的前提下，达到充分就业和资源的优化配置。据美国经济学家的计算，在美国有 3/4 的经济活动是私营部门在市场机制支配下进行的，剩下的 1/4 左右归政府经营或监督。显然，市场机制在资源配置中的基础作用是不容置疑的。

市场机制的这一基础作用主要表现为，在微观领域，企业生产什么和生产多少、如何生产、为谁生产的问题，主要是由市场价格来支配和决定的。这就是说，在美国没有一个专门的组织机构来强制或统一领导社会经济活动，千百万人生产着千百万种商品，都是根据市场要求由自己的意志支配的。竞争的市场和价格制度被认为是一架精巧的机器，通过一系列的价格和市场变动，发生着无意识的调节作用。市场也是一台传达信息的机器，它把千百万不同个人的知识和行动汇合在一起。它虽然不具有智力，但却能解决一种牵涉数以万计的未知数和各种关系的最复杂的问题。

首先，生产什么取决于消费者的购买决策。表现为市场需求是决定生产者生产什么的客观依据。生产什么始终以市场需要什么为转移，不需要任何

个人或机构来向各个生产者下达生产什么的指令,市场自发地决定着生产,调节着各个生产部门生产什么品种、生产多少数量,把资源在它们中间进行合理配置。消费者购买时付给企业的货币最终构成工资租金和利息,这些项目又是消费者的收入,由此形成一个完整的循环。

其次,如何生产取决于不同生产者之间的竞争。在任何时候,最便宜的生产方法,由于成本低效率高,必然会代替费用较高的生产方法。为了应付价格竞争和获取最大利润,生产者的唯一办法是采用效率最高的生产方法,以便把成本压缩到最低点。价格制度用利润和亏损来解决如何生产的问题。

在此,为谁生产取决于生产要素市场的供给和需求,取决于工资地租利润和利息在总收入中所占的相对份额。各生产要素的所有者提供要素所得到的收入多少,构成了他们在市场上购买力的大小。

最后,生产者为谁生产也不是由任何人来安排的,而是以各生产要素供给者得到的收入,即他们在市场上的购买力为转移的。通过市场机制实现资源合理配置的过程,其实质也就是市场各要素相互作用、自我协调、实现经济均衡的过程。美国十分重视各市场要素的作用,价格、竞争是最重要的市场要素。

价格是反映市场活动综合状况的最重要的信号。它是在与市场竞争、市场供求的相互作用下变动的。价格变动直接影响着生产者的经营决策和消费者的购买决策,同时又是市场竞争的重要手段,并对实现社会供给与需求的平衡起着关键性的作用。价格正是通过这些作用,不断调节着社会资源的配置方向,推动经济的发展。价格要能够充分发挥其所具有的功能,前提条件之一是建立起自由价格制度。因此,美国一贯地把实行自由价格制度作为自由市场经济体制的一个核心内容,政府除在特殊情况下,通常不干预一般商品的市场价格而让价格在市场运行中自发地形成和变动。竞争被认为是保持市场活力的基本要素,它迫使生产者千方百计地提高经济活动的效率因而保持竞争也就成为政府的一项基本政策。美国政府正是通过实行保护竞争政策、自由价格制度,并尽可能少地对经济活动进行干预,从而保证了市场机制充分、有效地调节经济高效率地运行,并实现对资源的合理配置。

(二)政府对经济干预的基本框架

美国政府对经济的干预，是建立在以自由企业制度为特点的市场经济基础上的。因而，保证市场机制在经济运行中起基础性作用，是政府干预经济的一个基本前提，政府在这一前提下来构建干预经济的框架和体系。

第一，政府对经济的干预和调控，是以实现宏观经济的均衡运行和国民经济的增长为目标的。一般涉及以下四方面的具体目标：①经济增长速度；②充分就业；③物价稳定；④国际收支平衡。当然，要使这四个方面的目标同时实现是非常困难的。通常是政府根据市场经济运行的实际情况和出现的问题，以其中的某一方面或几方面作为宏观调控的重点目标，采取有针对性的政策和措施。虽然有的时候某一项对经济的干预和调节措施会给上述这些目标带来相反的效应，如为实现充分就业和经济以较快速度增长而采取的措施，往往会造成通货膨胀的压力，但是为了实现宏观经济的总体目标，政策往往会在一段时间里以牺牲某一方面的目标为代价。因此，政府的干预和调控在保证实现宏观经济总体目标的前提下，对于具体目标是有所侧重的。

第二，政府宏观调控的主要对象是总需求和总供给。二战以后，美国政府以凯恩斯主义理论为依据，把社会总需求看作决定经济发展的最重要的因素，只要解决总需求不足的问题，其他的各种经济问题都可以迎刃而解。因此，政府把干预和调节经济的重点放在总需求上，在消费、投资和外贸领域制定一系列政策和措施，通过政府的行为来增加和刺激总需求。20世纪70年代以后，由于现代货币主义和供给学派的兴起，它们的理论成为政府的政策依据，政府宏观调控的对象又转向了对供给的管理，即由以刺激总需求为主转向了以刺激总供给为主。当然，对此政府采取的政策措施不同于刺激总需求的情况。从80年代后期开始，政府的干预和调节对象不再单一地集中于总需求或总供给，而是把两者结合起来，并十分注重解决两者的结构性问题。

第三，政府干预和调控经济的主要手段是财政政策和货币政策。财政是政府掌握的最大的经济权力，也是政府经济活动最主要的内容。政府通过采取或紧或松的财政政策，直接减少或增加社会总需求水平，以达到干预和调控经济的目的。货币政策也是联邦政府有权运用的手段,中央银行通过采取或紧或松的货币政策,直接、间接地扩张或紧缩社会经济活动的水平,以达到干预和调控经济的目的。货币政策的主要工具是公开市场业务、改变再贴现率和法定存款准备率以及信贷业务等。在实际运用过程中,政府往往同时采用财政政策和货币政策两种手段,并使之相互配合。

第四,政府干预和调控经济的其他措施。政府对经济的干预和调控除了运用财政、货币政策这两种主要手段以外,还通过其他一些方式和途径。一是政府直接介入市场经济的活动。政府通过兴办国有企业或向社会提供基础设施及公共服务的方式,使自己作为独立的法人实体直接参与市场经济活动,以此对社会经济活动产生影响。但由于美国政府直接介入市场经济的比重很小,而且经营活动大多限于不适合私人经营的一些基础设施及公共服务业,所以在这方面政府的作用并不十分突出。二是政府运用法律手段来直接干预和规范经济活动。直接干预经济活动的法律,最主要的是反对垄断保护竞争的《反托拉斯法》。规范经济活动的法律是就经济活动能做什么、不能做什么、违反者该受什么处罚等作出规范,它涉及经济生活的各个方面。三是政府运用收入政策来干预经济活动。收入政策主要表现为政府对工资和物价的控制。政府并不经常采用这一政策,而只是在一些非常时期临时性地采用。此外,政府还通过贸易政策和一些特殊的管理措施,在一定时期、从某一个方面对经济进行干预。

二、以法国为代表的市场与计划相结合的经济运行模式

1. 基本特征

半个世纪以来,法国实行政府指导的混合式市场经济模式,其特点是:国有部门和私有部门同时并存;计划指导和市场机制互为补充;国家调控和自由竞争相辅相成;讲究效率又谋求平等;主张贸易自由又保护本国市场;市场体系、市场机制、保障体制、宏观调控手段和微观操作机制均已达到了成熟程度,并还在继续自我完善。法国特色的市场经济模式是法国传统文化和现代经济理论相结合的产物。

第十三章

二战结束后,法国经济学家让·莫奈向戴高乐建议将计划引入法国市场经济,对大型垄断企业实行国有化。戴高乐采纳了他的建议,并于1946年1月颁布法令成立法国"计划总署"。法国政界和经济界人士普遍认为,上述这种经济模式符合法国国情。

法国实行政府监控下的自由竞争机制:在能源、邮政、公共交通领域保留了垄断;在通信、海陆空运输等领域正在引入竞争机制;在其他领域已普遍实行凭价格质量和技术进行竞争的体制。政府在市场竞争中的职能是制定竞争规则、监督竞争各方、惩处犯规行为,保证竞争在公平的条件下进行。法律禁止任何损害市场竞争的"联合行动""协议""谅解"和"结盟",禁止妨碍其他企业进入市场,妨碍进行自由竞争,妨碍自由定价,限制或控制生产,控制阻碍投资和技术进步,瓜分市场和原料产地的行为。多层次、多渠道的信息调节在法国市场经济中起着极其重要的作用,政府通过信息了解市场动态,制定或调整政策,引导市场,市场参与者通过信息了解行情和政府意向,进行自我调节。

法国国有资产和私有资产同时并存。对国有资产,法国实行中央和地方各级分级管理;对私有资产实行申报注册和征税的管理办法。对超过一定数额的私有资产,政府征收"巨富税"。法国家庭的私有资产包括:地产、房产、农场、林场、企业、商业基金、工业及文化和艺术产权、家具、有价证券、汽车、金银珠宝等。按法律规定,私有资产可以继承、自由转让和买卖,但须办理资产转移手续,并缴纳资产转移税,税率按转移性质(继承赠送、买卖)的不同而不同。通过计划对市场进行宏观调控,是法国模式的市场经济的主要特征。

2. 计划干预与财政政策

自二战结束以来,法国已经制定和执行了十多个年度的发展计划。法国经济体制中的计划是一种指导性计划,不规定具体经济指标,可以按经济情况的变化随时进行调整,是为政府和社会团体制定的包含远期前景分析的中期框架文件。发展计划一般通过三个途径来落实:①政府根据对重点和优先领域的选择制定多年度的规划,如"军备规划""就业规划""企业私有化计划"等;②政府和企业、中央政府和地方政府签订多年度的"计划合同",双方对计划的实施承担政治责任;③每年制定财政预算,确定每个年度的优先领域重点投资趋向和税收政策。

计划和预算是法国政府手中重要的宏观调控手段。国家通过年度预算使跨年度的计划得以实施，国家通过预算确定税收总额和分摊收入的使用和分配，确定财政收支的盈亏，直接影响国家储蓄和货币总量，勾画出国家在国民经济中的活动轮廓和意向，从而对全社会的经济发展发挥影响和引导作用。

税收是法国国家财政收入的主要来源，也是政府对经济实行宏观调控的重要手段。法国政府常常通过调整税收政策，提高或降低某些税种的税率，对企业投资、银行储蓄、证券交易、家庭消费进行引导调控，达到控制物价、促进消费和投资、增加就业，从而保持宏观经济平衡和促进增长的目的。

法国中央和地方的主要税种的税收按税种分流，各设税收机构和金库。所得税、企业利润税、个人财产税、增值税、巨富税一律由国家征收，纳入财政预算；建筑土地税、非建筑土地税、住房税、职业税、房产出售税、机动车辆税、建筑工程税等归地方征收，按一定的比例作为地区、省、乡镇的财政收入，用于本地公共设施的建设和行政支出。资产转移特别税等少数税种，由中央、地区、省和乡镇四级共同征收，按比例分配。

3. 金融政策

在法国市场对外开放、国际市场竞争激烈的条件下，法国政府和货币当局以金融和货币调控为手段，对外保持法郎坚挺，保持法郎在欧洲货币体系内汇率的相对稳定，对内控制通货膨胀，成功地使最近几年的法国通货膨胀率保持在一个较低的水平。执行金融和货币调控的机构是经济部国库局和中央银行——法兰西银行。国库局行使五项职能：①管理国库；②发挥财政中介人和资金分配人的作用；③在经济和金融领域行使国家权威，对金融机构、银行和保险公司实施管理监督，代表国家购买股票，通过国库从属机构——法兰西银行、信托局、地产信贷银行、中小企业设备银行、外贸保险公司法国外贸银行等国营、合营和私营金融机构对市场施加影响；④以利息补贴和借贷保证金的形式实行干预，为企业服务；⑤维护"五大平衡"即国库收支平衡、资本市场平衡、货币流通平衡、对外收支平衡和汇兑平衡。

法兰西银行从 1993 年 5 月起实行自主，内设货币政策委员会，按市场情况和国家总的经济政策自主操作,自行决定货币政策。它的主要职能是:①发行货币,调节信用货币流通量;②在国库中拥有并管理国家黄金和外汇储备管理汇兑稳定基金,对外汇市场进行干预,结清对外外汇业务,协调法郎和外汇的关系;③自主制定货币政策,通过对货币市场的干预和对贷款监督机构的管理行使国家对货币和货款的监督职能,通过调整主导利率、调整商业银行存入的强制性储备金比例和法兰西银行货币总量,控制货币的发行总量;④监督银行系统的运行状况,通过银行规章委员会、信贷机构委员会和银行委员会三个机构制定规章制度,管理和监督信贷机构。

法国于1979年加入欧洲货币体系,货币政策实现从控制货币量到控制货币价格的改革。1986年起开始货币总量划分的改革,并已于1991年按新的划分实行。按照新的划分,法国货币量分为四类:M1,包括纸币、硬币和活期存款;M2,包括M1和国内非金融常住户储蓄账户;M3,包括M2和外汇存款、货币市场外汇证券、定期存款以及公众持有的货币证券、境内非金融常住户的有价证券和集体投资机构发行的短期证券;M4,包括M3和国内非金融常住户的债券和国库券。1995年法国货币政策的目标是将通货膨胀率控制在2%以下。为此,对外将努力保持法郎汇率稳定,对内将把M3的增长幅度控制在5%以内。

80年代中期以前,法国货币当局实行货币政策的手段主要是控制货币总量、制定货币总量的增长指标实行利率调整和强制性储备。1987年以来调控手段有新的发展:①通过招标干预银行间市场,并据此规划出极短时间内银行间业务利率的正常浮动范围;②必要时,按市场利率进行交易和信托、收购或抛售国库券;③继续通过强制性储备金对银行施加影响,对银行间市场进行干预,对信贷机构的投资进行调控。1994年,法兰西银行成功地采用上述手段,保持了法郎汇率的相对稳定,并将市场干预利率从年初的6.2%降到了5%,有力地支持了经济回升。1999年1月1日,法国和其他11个欧洲国家共同参与使用欧元,并在2002年初正式开始使用欧元硬币和纸币,完全取代之前的法国法郎。2018年,由于欧元区经济增速强劲不足,通胀势头也稍显不够,经济的下行风险导致欧洲央行在货币政策正常化进程中趋于谨慎。

4. 产业政策

为了保证法国在国际市场上的竞争力，保证法国产品在国际技术领域的领先地位，近年来法国的产业政策有如下特点：第一，重视核能航天、航空、电子、信息、通信等科技密集的"未来行业"，使法国在核电站建造、核燃料加工处理、航天航空、高速列车和电子通信等领域走在世界的前列，技术上有独到之处。为此，对上述各领域的科研开发，政府一向给予大量投入。第二，对化工、冶金、造船、煤炭、机床及纺织业等困难行业，努力实行调整和整顿，关闭陈旧落后的生产单位，鼓励转产，同时采取消除整顿关闭造成影响的社会措施，安排职工转业。第三，扶植劳动密集型的中小企业和家庭用工，以增加就业机会。

三、以市场机制为基础、国家干预主导型的日本模式

二战后的日本经济得以高速发展，首要原因是实行了市场经济体制的改革，充分发挥了市场的活力。但是作为一个落后国家，要实行赶超型的现代化，仅仅依靠市场机制的自发作用，不仅道路曲折，资源浪费大，而且时间长。为此，日本政府充分利用后发达国家的长处，积极借鉴发达市场经济国家的经验，密切结合本国实际，对于看准了的事，通过政府介入来努力办成它。这就是所谓的有日本特色的市场经济模式——以市场为基础的政府导向型的市场经济模式。

1. 基本特征

日本市场经济模式突出地表现为：①在本质上和主体上发挥市场的作用，遵守市场机制，推行财产私有、契约化和风险自担的三原则，建立较为完备的市场体系，通过市场来配置资源，并以价格机制和竞争中的优胜劣汰来促进经济的发展；②政府又通过产业政策和经济计划对经济活动特别是对企业决策进行强有力的干预和诱导，依靠财政、金融、税收等经济杠杆对经济活动进行宏观、间接、有效的调控，并一直管到微观，落实到企业；③大力发挥民间团体的领导作用，通过官民协商、政企交流的方式使政府政策充分反映民间的愿望，又使民间积极配合政府导向，从而使官民（政企）合一；④

通过终身雇用、终身教育、工人参加管理、职员晋升高级管理人员、年功序列工资等把职工与企业扭成一团,使之成为利益共同体,等等。在政府主导型的市场经济中,政府并不是排挤和替代市场的作用与企业的活力;相反,也确实做到了弥补市场机制自身的缺陷和不足。

日本市场经济模式并不是任何理论家和决策者事前设计出来的,而是在实际中结合世情和国情自发形成的。半个世纪以来,日本市场经济模式也在不断调整,并朝着更加自由化的方向推进。1991年虚幻的"泡沫经济"破灭后,日本经济要走出二战后又一次灾难性的困境,必须对日本式市场经济模式作表皮甚至是伤筋动骨的修调,至少政府主导的力度、领域、方向有了新的变化。近年来,随着"安倍经济学"的推出,日本的经济也逐渐出现比较好的发展趋势,但是全球经济总体的不景气,也会对日本经济产生较大的影响。

日本企业是以大企业(母企业)为顶点,中坚企业(一般为子企业)为骨干,广大中小企业为基础而组成"垂直型"的企业群体结构。大企业与中小企业既竞争又依存,并日益从直接竞争走向"协调"竞争且有渐成"命运共同体"之势。当然,中小企业在命运共同体中只能是从属性和依附性的,常常成为大型企业转嫁风险的"替罪羊"。企业集团是日本大型企业的代表。从形态上看有:①以旧式财阀和银行为中心的企业集团,如三菱、三井等六大集团;②以巨型企业和关联企业组成的独立系财阀集团,如重工业中的住友金属等。这两类企业集团也常相互交叉。第一类是战前的财阀战后改组形成的;第二类是20世纪50年代和60年代重化工业发展产生的。企业集团在数量上仅占企业总数的1%~2%,但其销售总额却占企业销售量的63%,因而对国民经济有着支配性的作用。

日本大企业或企业集团以相互持股作为凝结各企业的资产联结组带,而相互派遣董事又是联结各企业的人事扣结,它利用承包制的办法,组织专业化协作,开展生产经营。企业集团发展到今天,"多角经营"和"多国经营"则成了它的显著优势和一大特色。

在企业集团中,有一种特殊的组织形式——综合商社。它通常指三井、三菱等九家公司。综合商社作为产业组织的具体形态,不仅规模庞大、实力雄厚、业务范围广泛,而且具有市场交易、资金融通、信息收集与反馈的特殊职能。同时它们又在政府与企业、企业与企业、生产与消费及国内与国外之间,通过集中与权变的行为方式,发挥着中介、关联、流通组织、筹划协同与控制的多重功能。正因如此,九大商社不仅在企业组织上,而且在运行机制上,区别于一般商社和集团公司。政府对经济活动的干预始终注意不对市场机制造成大的破坏,其预算比重、租税负担、政府工作人员、国营企业职工数在发达市场经济国家中都是较小的,从而使得日本经济能充分建立在以市场为主体的基础之上。

2. 计划干预

日本政府对经济的干预也有其自身的特色,它是通过民间团体的协调与沟通,并借助计划,产业政策、金融政策等来进行有效而适度的干预成为政府主导型的市场经济。日本的经济计划基本上是属诱导性的,在很大程度上属宏观预测。其主旨是指明经济的走势,确立发展目标,表明政府的意图,为企业提供决策的信号和方向,协调各种利益关系和各界的认识,避免市场经济本身的盲目性与自发性。正因如此,本通产省曾把日本政府主导型的市场经济模式称为"计划诱导型的市场经济模式"。

二战以来,日本共制定了十多次经济计划,每个计划的平均寿命不过两年,但一直未间断过。这些计划大体上可分为三类:一类是中长期计划,常由经济企划厅制定,一般为5~7年,个别为10年。到1985年为止,日本共制定和实施了9个中长期计划。中长期计划主要解决计划期内的经济目标和手段,并对各种宏观控制和发展指标作预测。二类是短期计划,也由企划厅制定,主要是政府下一年度的政策要点及对经济状况的预测,也常叫作年度经济预测。三类是国土开发及地区开发计划,主要解决地区差别发展的不平衡问题。

日本政府诱导性的计划具有如下特点:①根据各个时期经济面临和将要面临的重大问题来制定,并提出相应的课题和解决的措施;②应用一系列科学的计划方法保证了计划的严谨性与科学性,阻止了政府随心所欲的感情用事;③计划的作用和功能随着经济的发展不断调整;④加强对计划的教育和政、企乃至全民对计划的认识,使它们自觉地执行计划;⑤计划中表明的政府的经济方向和预测,对企业有较高的参考价值,为各自独立地进行决策的企业提供了参照；⑥政府通常以官助民办的行业组织和民间团体作为它与企业界联系的纽带,帮助政府对企业实行"行政指导",为政府计划的实行发挥桥梁作用。

除了具有诱导性的计划外,也有一些"法定性计划",这主要是政府部门针对国家重点产业和大规模事业制定的相关法律和有关计划。这类计划对于企业来讲,等于是在政府有关法律、计划和资金的保证下,接受了政府的特殊订货。

3. 财政政策

财政政策可分为税收政策、政府支出政策和公债政策等,它们通常不是独立地、而是相互配套地被使用,从而对经济运行形成一种合围之势。税收政策的具体运用主要体现为增减所得税和租税特别措施方面。增减所得税就是一方面通过累进税等财政的"自动稳定器"来调节消费和投资,进而调节总需求;另一方面又通过提高和降低各种税率及其额度,以控制经济波动。而租税特别措施则是为实现某一部门或某一产业的特定政策目标,而实行的对个别税种、税目的增、减、免、退措施,这为政府对某一特定产业的扶植或限制起着重要的作用,通常当政府的特定目标达到后,又及时取消这种特别(临时)措施。

日本税收分为国税和地方税两种。中央政府对地方税施以严格的租税统制,中央政府控制地方税的课税标准,通常称为"课税否决"。地方政府有时也有法定外课税和超出课税,但仍按统一的标准和税率来征收,并极为严格。税源在分配上遵循"基于能力原则的租税分配给国家,基于利益原则的租税分配给地方"的分配原则。税收政策中有一独特的协助税收缴纳与征收的税理事制度。税理事以税务代理为职业,其业务范围包括税务代理(不含诉讼人)、税务文书制作及税务洽谈三部分。税理事系指税理事资格考试合格,可以免试,律师和注册会计师方可充当,享有一定权利,也负有特定的义务,违章者由大藏大臣进行惩戒。

支出政策就是政府对财政支出的增减,常采用"事前变动"和"事后变动"两种做法。"事前变动"是政府根据上年度经济状况以及本年度的财政预测,对所决定的当年财政支出规模的增减变化;而"事后变动"是政府根据本年度中实际情况的变化,来临时调整和修改财政支出的规模和结构,其具体做法是编制修正预算或动用当年的预备费用。公债政策主要是政府通过发行公债以增加财政支出的资金来源从而扩大有效需求。日本政府发行公债多用来筹集投资性资金,以便形成新的税源,从而在一定程度上缓解经济衰退。从二战后的1947年至1964年,一直推行平衡财政政策,在此期间,出于迫不得已有时也发行一年内短期政府债券。1965年和1975年,是日本国内债券发行的两次高峰年,此时日本经济出现严重萧条,在这样的形势下,日本被迫选择了大量发行长期国债的财政办法。但日本只对发行国债严加限制操作时也极为小心,以防滥用政府信用和随意扩大政府支出,招致主导型通货膨胀。20世纪90年代之后,日本财政政策发力应对经济失速,在扩大投资、税率调整、结构改革等方面做出诸多尝试。90年代后日本陷入流动性陷阱,货币政策失效。货币政策的困境,使得日本加大了基建投资的财政刺激。无论是20世纪90年代初,1998年亚洲金融危机,还是2008年美国次贷危机后,日本经济下行之初都以增加政府投资应对,在私人消费和投资遭遇大幅度萎缩时,的确有助于帮助经济恢复景气。

4. 金融政策

日本市场经济中的金融是一种典型的政策性金融体制。政府使用金融手段作为调节经济的有力措施,其中又先后采用了窗口指导、官定利率和公开市场业务,同时还用"政策性金融"作为这种手段的补足甚至强化,从而形成日本金融政策的特色。

窗口指导是日本政府对国民经济发展实行指导的金融政策版,大有政府分配资金之势。当各个商业银行到中央银行(日本银行)贷款窗口时,中央银行以各种非正式的指示要求它们把资金贷给那些政府指定要发展的或效率高的产业及企业,它是中央银行从量的方面对商业银行的直接干预。若某商业银行拒不执行窗口指导,中央银行将削减甚至停止对该银行的贷款。窗口指导虽是中央银行在与商业银行双方合作条件下对商业银行的窗口指导,但却具有不是法律效应的法律效应。

当然,窗口指导之所以能够有成效,与政府拥有强大的金融实力也是密不可分的。窗口指导在日本从二战到70年代初期使用。当时,企业有旺盛的资金需求迫切需要政府低利超贷，以保证企业对资金的需求并刺激进一步的投资热情。显然，低利超贷搞得不好很容易导致主导型通货膨胀。正是在这一背景下，日本政府采用了窗口指导的政策，从而既满足了企业的投资需求，又未导致有害的通货膨胀。低利超贷也成了日本经济高速增长时期一种独特的货币供应方式。

20世纪70年代后，窗口指导为官定利率政策取而代之。所谓官定利率，也就是中央银行为商业银行办理抵押贷款或再贴现时规定的利率。由于官定利率对商业银行的再贴现和抵押贷款的大宗活动的利率作了框架限制，因而也就从根本上制约了商业银行。官定利率政策在70年代初使用，并频繁地调整，但调幅不大。1973年4月起，中央银行为应对石油危机曾大量使用这一手段来紧缩信贷和控制通货膨胀，并收到了良好的效果。70年代后，金融政策又转到了主要依靠公开市场业务上。中央银行按市价买进和卖出各种国债以这种方式作为向市场供应通货和紧缩通货的主要途径。

5. 产业政策

日本的产业政策与其他市场经济国家的不同之处是，侧重点在产业结构政策上，其主要作用是干预资源在产业间的配置和实现产业结构转换的目标，较多地带有微观经济的性质，并有微观到产业的层次：产业政策与计划通过分工，成为日本政府干预经济的两种基本手段，且是更现实、更具体的行动，对促进日本经济的发展具有不可磨灭的功绩。

日本的产业政策也是世界上公认的最为系统成功的产业政策。产业政策的基本目标是通过加速把资源配置给有前途的产业，使无竞争力的产业的衰落过程变得较易于接受，以建立能推动经济发展的产业体系。因此，它就是一种对某些企业给予特惠的倾斜政策。能得到这一优惠的是：①有待发展、颇有前途又十分幼稚的产业；②在国际市场上具有或可能具有较高的创汇能力的产业；③有较高的需求收入弹性的产业。归纳起来日本的产业政策具有如下显著特点：第一，政府确立产业目标，通产省通过与财政部协商提供一揽子综合支持措施，如金融、税收、折旧等的优惠。第二，政府仅提供各公司能按政府导向运行的刺激，并不取代企业家和市场的作用。第三，政府十分注重既让所扶植的产业具有一个竞争的环境又使该产业中的企业能够具有有效的规模经济。其方法是提供较为宽松的反托拉斯政策环境,允许一定范围内的企业合并,在保持国内有效竞争的同时,引入国际市场压力,从而达到使规模效率与竞争效率并重的双重效果。第四,产业政策作用的发挥并不是英明的政府纠正了短视的企业家,而是政府顺应了企业家的意愿。

日本市场经济的产业政策经过了如下四个大的阶段:①经济恢复时期的产业政策。1946年把钢铁、煤炭作为先导产业。80年代后期,又制定了以扶植出口和经济起飞为目标的产业政策,并把新兴成长型产业、加工产业、支柱产业和出口导向型产业作为重点产业。②高速增长时期的产业政策。1963年,政府首次提出了产业结构高度化的产业政策,指出重化工业是今后发展的重点产业。③产业调整时期的产业政策。70年代至80年代初,在石油危机的冲击下,大力发展节能技术产业和高技术产业,将资本密集型的"工业化型结构"向知识、技术密集型的"后工业化型结构"转轨。④结构转换时期的产业政策。1982年以来,面对日元升值和国际贸易摩擦的困扰,又及时地将产业政策转到了"国际协调型"和"知识融合化"的方面。

产业政策在反垄断和扩大规模方面,在不同的时期分别实行了如下政策:一是鼓励生产集中的企业兼并政策;二是对大企业规模和市场份额进行适度限制的反垄断政策;三是防止过度竞争的市场指导政策;四是弥补中小企业人、财、物力不足的投资政策;五是促进中小企业发展的资金扶助政策。

从总体上看,日本的经济管理职能和宏观调控机构的设置有以下特点:①政府在推进经济发展的过程中扮演着积极的角色。政府通过实施指导性计划和产业政策,促进日本经济的增长和结构的演进。如果说美国政府充当的是裁判的角色,那么日本政府既是比赛的裁判,又是比赛的指导者——教练。②政府对宏观经济的干预和调节具有事前性和全面性的特点。日本政府设立统一的国民经济计划机构——经济企划厅,通过科学的预测分析制定出经济发展的中长期计划,并以此为目标,运用经济、法律、行政等多种手段,保证计划的实现。③宏观经济调控权相对集中,便于贯彻实施内外经济政策,避免了政出多门、各行其是的现象。日本的通产省和大藏省的权限都很大,它们是政府调控经济的主要管理机构,其中大藏省主管财政,通产省主管制定和实施产业政策。④政府的经济管理部门和企业界有着十分密切的联系。政府通过半官方的各种经济审议会(或称调查会、协议会等),与民间的行业团体等组织与企业保持着广泛的接触和交往。这也是日本宏观调控机构具有较强影响力和协调作用的基础。

第三节　发达国家经济在世界经济中的地位和影响

在世界经济整体格局中,既有发达资本主义国家经济,又有发展中国家(地区)经济和社会主义国家经济。无疑,其中的发达国家经济在世界经济中长期处于主导地位,对经济全球化发展进程起着无可替代的决定性影响,其他国家和地区一时还难以取代。

一、发达国家经济居主导地位

在历史长河中,特别是二战后半个多世纪期间,由于以现代科学技术为代表的社会生产力的巨大发展,国家对资本主义宏观经济加强调控,以及跨国公司依靠其强大的经济技术实力从国外攫取大量的经营资源和巨额利益,使发达资本主义国家积累了空前庞大的有形和无形财富。诸如不断增加的国内生产总值、进出口贸易、资本流量、国际债权跨国企业以及科学技术、文化教育等等,几乎所有这些经济指标都处于世界优势和领先的位置,这就决定了发达国家在世界经济中所扮演的主导角色,并对全球经济发展进程起决定性的影响。在这期间,发达国家虽然遭受过多次经济衰退、金融风暴、通货膨胀、石油危机等的巨大冲击,但是由于它们的经济基础雄厚,国家大力干预,因而并未从根本上动摇其主导地位,它们依然对世界经济发展产生决定性的影响。

第一,国内生产总值这一综合指标占优势。国内生产总值可以显示一个国家在一定时期内,以货币表示的生产的全部商品和提供的所有服务的价值总和。特别是人均国内生产总值的增加更能显示一个国家的经济实力。发达国家在这两个方面都处于绝对优势。CCTV《经济信息联播》发布的统计显示,2004 年世界国内生产总值前 10 名国家排行榜是:美国居首位,国内生产总值达到了 11.667 万亿美元;其次是日本(4.623 万亿美元)、德国(2.714 万亿美元)、英国(2.141 万亿美元)、法国(2.003 万亿美元)、中国(1.931 万亿美元)、意大利(1.672 万亿美元)、西班牙(0.991 万亿美元)、加拿大(0.980 万亿美元)、印度(0.692 万亿美元)。在这前 10 名的国家中,发展中国家只有两个。另据 IMF 的统计数据,2004 年人均国内生产总值(按购买力平价计算):美国为 39711 美元,加拿大为 33104 美元,瑞士为 30360 美元,德国为 29204 美元,日本为 29165 美元,英国为 28871 美元,意大利为 28670 美元,法国为 28145 美元。在发展中国家和地区中,除了中国香港、新加坡、中国台湾省和部分石油生产国人均国内生产总值在 1 万美元以上外, 绝大多数国家和地区的这一数字都非常低下。在人口方面,人口最多的国家是中国,达到 12.88 亿,印度为 10.65 亿。9 个人口超过 1 亿的国家是:美国 2.91 亿、印度尼西亚 2.15 亿、巴西 1.77 亿、巴基斯坦 1.48 亿、俄罗斯 1.43 亿、孟加拉国 1.38 亿、尼日利亚 1.36 亿、日本 1.27 亿、墨西哥 1.03 亿。发展中国家人口虽然占世界人口的大多数但是它们所占有的世界财富却很少。例如七国集团,即美国、加拿大、德国、英国、法国、意大利和日本,总共占世界人口的 11%,但是国内生产总值占世界的 65%。而世界其余地区,人口占世界的 89%,而国内生产总值仅为 35%。差距最大的地区是亚洲和太平洋地区。该地区的人口占世界人口的 52%,但是国内生产总值仅占 8%。撒哈拉以南的非洲地区占世界人口的 11%, 国内生产总值占 1%。拉丁美洲和加勒比地区的人口占世界的 9%,而国内生产总值占 5%。这些材料都说明,世界财富的大部分集中在少数发达国家和少数人手里。在 2017 年的国内生产总值排行榜中,美国依旧稳居世界霸主地位,2017 国内生产总值总量为 19.55 万亿美元,高居榜首。排名第二的是中国,2017 国内生产总值为 13.17 万亿美元。日本排名第三,2017 国内生产总值总量为 4.34 万亿美元。

表 13-3 2017 年各国国内生产总值排行榜

排名	国家	国内生产总值总量 (亿美元)	国内生产总值总量 (亿元)	地区
1	美国	195558.74	1222242.125	美洲
2	中国	131735.85	827122	亚洲
3	日本	43421.6	271385	亚洲
4	德国	35954.06	224712.875	欧洲
5	英国	32322.81	202017.5625	欧洲
6	印度	26074.09	162963.0625	亚洲
7	法国	25865.68	161660.5	欧洲
8	意大利	19329.38	120808.625	欧洲
9	巴西	17592.67	109954.1875	美洲
10	加拿大	16823.68	105148	美洲
11	韩国	15458.1	96613.125	亚洲
12	西班牙	13188.26	82426.625	欧洲

第二,跨国公司规模庞大且增长迅速。发达国家拥有的跨国公司数量及其规模是其经济实力强大的又一体现。发达国家跨国公司的历史悠久,尤其是近几十年来,其经济实力和经营规模急剧膨胀。据联合国贸发会议 2003年 8 月 10 日公布的报告指出,发达国家的某些大型跨国公司的经济实力与某些发展中国家的经济规模不相上下。该报告对 2000 年各国国内生产总值和跨国公司附加值作出评估比较,名列世界前 100 名的经济体中有 29 个是发达国家的跨国公司。世界最大 100 家跨国公司的附加值(工资+税前利润+折旧+偿还贷款)近 10 年的平均增长速度,比一些发展中国家国内生产总值的增长速度还要快,从 1992 年占世界国内生产总值的 3.5%上升到 2002 年的 4.2%。另据美国《财富》杂志 2004 年 7 月 26 日公布的全球 500 强,前 30名大公司都属于少数发达国家(其中美国 10 家、日本 12 家、德国 4 家、英国2 家、荷兰 2 家),其销售额收入最多的前 10 名中美国为 5 家,其次是日本为4 家。在最新的《财富》世界 500 强排行榜中,上榜公司数量上前三名分别是美国、中国和日本,分别拥有的"500 强"企业数量为 126 家、120 家、52 家。"世界 500 强"这个概念也是由美国在 1995 年首先提出的,此后一直到今天,

美国一直稳稳地占据着这个榜单的榜首位置。这些大公司采用最新生产技术现代管理手段和优秀管理人员,具有强大的竞争力,从而保证了企业最终获胜。

第三,在对外贸易中占据绝对优势。发达国家的对外贸易占据贸易的大部分。2004 年世界货物贸易进出口额前 10 位的排名如下表 13-4 所示。世界前 10 位贸易大国除了中国一个是发展中国家外,其余都被发达国家长期独揽。近年来发展中国家和地区的出口贸易比重虽然有所上升,但是也未能改变发达国家在世界贸易中的主导位置, 特别是高技术产品的出口贸易几乎被发达国家所垄断。

表 13-4　2004 年世界货物贸易进出口额前十位排名

	出口额 (亿美元)	占比(%)	增速(%)	国别	进口额 (亿美元)	占比(%)	增速(%)
德国	9148	10.0	22	美国	15264	16.1	17
美国	8190	9.0	13	德国	7175	7.6	19
中国	5934	6.5	35	中国	5614	5.9	36
日本	5655	6.2	20	法国	4641	4.9	16
法国	4510	4.9	15	英国	4620	4.8	18
荷兰	2588	3.9	21	日本	4545	4.8	19
意大利	2461	3.8	16	意大利	3490	3.7	17
英国	2456	3.8	13	荷兰	3199	3.4	21
加拿大	3220	3.5	18	比利时	2872	3.0	22
比利时	3089	3.4	21	加拿大	2758	2.9	13

再看 2017 年度世界贸易组织(世界贸易组织)公布全球贸易总额排行榜(见表 13-5),我们会发现,世界贸易大国还是以发达国家占比最多。

表 13-5　2017 年度世界贸易组织(世界贸易组织)公布全球贸易总额排行榜

排名	国家或地区	对外贸易总额(亿美元)	外贸依存度(%)
1	中国	41052	33.50
2	美国	39562	20.40
3	德国	26153	70.90
4	日本	13701	28.10
5	荷兰	12263	148.40

排名	国家或地区	对外贸易总额（亿美元）	外贸依存度（%）
6	法国	11599	44.80
7	中国香港	11402	333.80
8	英国	10890	41.40
9	韩国	10522	68.10
10	意大利	9589	49.50

第四，发达国家的对外直接投资遥遥领先。发达国家的对外直接投资多由跨国公司进行，不但投资规模大，而且遍及全球。据联合国贸发会议公布的资料显示，2004年全球国际直接投资总额达6480亿美元，其中美、日、欧等发达国家的对外直接投资就占了世界对外直接投资的80%以上，仅美国一国就占了33%以上，自1991年以来连续8年是世界最大的对外直接投资国。尤其值得指出的是，发达国家的国际直接投资的绝大部分是在发达国家之间进行的占了全世界吸收直接投资的绝大部分。不发达国家吸收的外资远远少于发达国家。进入21世纪后，尽管从2001年开始，受世界经济衰退的影响，世界国际投资总额，尤其是发达国家外资流入量出现了连续三年的下滑，与此同时，从2004年开始，发展中国家和中东欧国家的国际直接投资迅猛增加，但发达国家在国际直接投资中的主导地位并未因此而发生多大变化。从绝对量上看，发达国家吸引的对外直接投资额水平仍然远高于发展中国家。2003年发达国家吸收跨国直接投资总额为3210亿美元，而发展中国家吸引的跨国直接投资额则为2550亿美元。

第五，现代科学技术领先于世界。总体说来，发达国家的现代科学技术水平无与伦比，二战后五十多年来一直领先于世界。不论在研究与开发的投入上，还是在新技术的应用方面，发达国家，特别是美、日、欧都处于世界领先的位置。据统计，全部发达国家的科学研究费用占全世界总支出的97%，人均研究开发支出为100~260美元；而发展中国家和地区人均不到10美元，仅为发达国家的1/26~1/10。此外，发达国家还垄断了全世界技术专利的90%以上。尤其是技术大国美国的技术专利占有件数一直居世界首位，其次是德国、英国和法国；日本后来居上，同第一位美国的差距大大缩小。

此外发达国家在国际债权、国际储备、对外援助国际经济组织等方面也占有重要地位和优势,通过这些渠道发挥着重要影响。

总之,发达国家通过多种途径,以各种手段,从国内国外攫取庞大的有形和无形财富,并依据其强大的经济实力,对世界经济走向产生深刻的影响。发展中国家和地区经过长期的努力,其经济地位虽然也发生了很大的变化,某些新兴工业化国家同发达国家的差距正在缩小,但是就整体而言同发达国家的差距仍然相距甚远。

二、发达国家经济对全球经济的影响

发达资本主义国家经济的主导地位既对世界经济产生积极的影响,同时也伴随着资本主义财富的积累和大肆对外扩张,也使各种矛盾不断激化和加深。

(一)发达国家经济技术的发展在使自身经济更加发达产业结构进步提升的同时,也使国内不同阶层矛盾不断激化

伴随着资本主义经济技术的发展、财富的大量积累,资本主义国家经济更加发达起来,整个社会经济面貌发生了深刻变化,加速了由工业经济向知识经济的转变。但发达资本主义国家两极分化的现象依然存在。以美国为例,根据美国人口调查局的报告,美国贫困人口的比例从 2003 年的 12.5%上升到 2004 年的 12.7%,总人数从 359 万上升到 2004 年的 370 万。与三年前相比,美国 2004 年贫困率呈继续上升趋势,平均每 8 个人就有 1 人生活贫困。据美国官方统计,2017 年美国贫困人口大约为 4060 万,占总人口的12.5%,贫困人口比例还是很高。

另外,高科技产业的迅速发展还加剧了新旧产业发展的不平衡。高技术产业以外的传统制造业出现了投资减少增长缓慢的趋势。传统产业发展相对落后的结果,不仅削弱了美国出口产品的竞争力,使贸易条件难以改善,而且因对传统产业的投资下降扩大了失业队伍,加剧了社会矛盾。

(二)财富向少数发达国家集中,加剧了世界范围的两极分化

实现世界各国经济的均衡发展,对于保证世界经济的稳定增长和持续发展,从而提高全球福利水平有着重要意义。但是由于世界各国经济利益的差异和各国政府对经济的干预,造成了世界经济的不均衡发展,世界财富明显向少数发达国家集中,这在一定程度上加剧了世界经济发展的不平衡性。这种现象的发生主要是由以下一些原因造成的:

1. 历史因素的影响

绝大部分发展中国家历史上都曾是西方国家的殖民地或半殖民地,长期处于不平等的世界经济环境之中, 它们以自身的经济发展为代价形成了以发达国家为主导的世界经济的不平衡发展。经济全球化过程是一个市场不断整合和分工不断加深的过程,全球化要求调整各国的产业结构。在发达国家的产业结构调整中传统产业可以轻松地对外转移, 获得迅速的结构进步。对发展中国家来说,接受传统产业一方面获得了发展的机遇,另一方面也付出了发展的代价:具有更高生产率的现代工业的建立是在本国产业的破产中实现的; 出口量的扩大和工业化的发展是在付出严重污染代价下实现的;市场商品的充裕是在本国大量企业的倒闭中实现的。这充分说明,发展中国家在全球化的过程中承担了更多的近期成本。

现存的国际经济秩序既是世界经济不平衡发展的结果, 又是维持世界经济不平衡发展格局的条件。当代的经济全球化进程不可避免地带有不利于发展中国家的历史痕迹和传统影响, 发展中国家是带着沉重的历史包袱参与经济全球化进程的。遭受经济困难的国家为了解燃眉之急,有时不得不向发达国家或国际经济机构借债,日积月累发达国家就变成了债权大国而一些发展中国家则变成了债务大国。有些国家因为能够合理地安排和使用借来的资金,获得了一定的经济效益;但大多数国家对这种资金使用不当,不但没有很好地发挥效益反而变成了沉重的债务负担, 使债务越积越多以致转化成发达国家和跨国公司对发展中国家进行剥削的一种手段。

(2)国际分工的不平衡性

从贸易角度看,水平型国际分工在当代国际分工格局中占有主导地位。

这种分工主要发生在发达国家之间，因而当代国际分工的发展和格局取决于生产力先进的国家。生产力先进的国家决定的国际分工格局首先符合先进国家的利益；后进国家在国际分工中也可取得一定程度的利益，但这种利益与先进国家的收益比是不对称、不平等的。产业转移从动态的角度反映了由科技革命所带来的先进国家在技术上的主导地位，这一主导地位决定了先进国家在国际分工中同样占据主导地位。科技革命促使先进国家技术水平产生飞跃，孕育出新型产业，并向其他国家转移传统产业，从而形成先进国家以新型、高附加值产业为主，而发展中国家以传统的、低附加值产业和初级产品为主的国际分工。这种国际分工模式对发展中国家贸易条件的改善非常不利，同时不同的出口产品对本国经济增长和发展的带动作用也迥然不同。以竞争为生存运行原则的全球化规则对弱者必然是不平等的，这也从一个侧面反映了发达国家与发展中国家经济发展不平衡的原因。

从国际直接投资的角度看，国际直接投资的绝大部分是在发达国家之间进行的，它们之间转让和引进的技术设备都是世界一流的，这对发达国家的经济增长、技术革新和产业结构升级显然十分有利。但是发达国家对发展中国家的直接投资和技术转让所产生的效应就不完全一样。一方面，发展中国家引进外资和技术可以弥补建设资金的不足，填补技术上的空缺，提高本国的技术和管理水平，促进民族经济的加快发展。亚洲和拉美一些新兴工业化国家和地区经济的迅速崛起就证明了这一点。但是另一方面，就大多数发展中国家来说，发达国家与跨国公司能够提供给发展中国家的资本，不仅数量有限而且条件极为苛刻，技术也相对陈旧落后；投资的主要目的是利用廉价劳动力，获得稀缺资源，占领商品市场，从而获得高额利润。所以，除了少数发展中国家由于多种原因而从发达国家的直接投资中获益较多、经济增长较快以外，大多数发展中国家仍然未能摆脱经济技术落后的状况。甚至有不少国家由于接受直接投资和技术转让，而自己又不能很好地加以运用、消化和吸收，因而不得不长期依附于发达国家和跨国企业。发达国家一遇到经济波动，很快就会波及这些国家，使经济陷于停滞。

（3）科技革命对不同国家的影响

20世纪90年代，世界高科技进一步迅猛发展，向发展中国家提出了新的挑战。发展机会的最主要的标志就是科学技术基础和产业创新能力。在这方面,由于发展中国家的一般科技水平、技术创新能力和对高新技术的吸收能力,与发达国家不可同日而语,特别是由于科技革命的影响,发展中国家与发达国家的技术差距将进一步拉大,这是当代世界经济发展不平衡加剧的根源所在。80 年代,计算机、微电子成为发达国家的主导产业;90 年代,发达国家继续发展高新技术;21 世纪,发达国家在生物工程、空间技术、新材料、生命科学等科技领域将取得重大突破性进展,形成新的产业制高点。然而众多的发展中国家和地区,连传统的工业化都没有得到充分的发展,更谈不上利用最新的科学技术来提高产业结构了。即使在传统产业里,发达国家利用微电子技术对原有的劳动密集型制造业进行技术更新,也削减了发展中国家在同类产业中的国际竞争力。

(4)多边体制进展缓慢,国际经济机构难以主持公正

在经济全球化进程中形成了以世界银行、国际货币基金组织和世界贸易组织为代表的国际经济秩序和国际协调机制。但这些国际组织主要是由发达国家主导和运作的,其所制定的国际规范更多地反映了发达国家的利益,而广大发展中国家常常受到歧视和不公正待遇,即使发展中国家从中获得一点好处,但也不得不付出沉重代价。这样的国际经济秩序和经济机制将维护和扩大世界经济发展的不平衡对发展中国家十分不利。

以发展中国家为主导力量的联合国贸发会议,为建立国际经济新秩序,使发展中国家获得更加有利的国际发展环境进行了几十年的不懈努力,取得了一定成果。但由于发达国家的阻挠和不合作实际进展十分有限,这也反映出在世界经济事务中发展中国家的弱势地位。

思考题:

1.美国、日本和欧盟三个主要的发达国家和地区在发展知识经济方面主要存在哪些不同? 产生这些不同的主要原因是什么?

2.发达资本主义国家三种主要的经济运行模式各自的主要特点是什么?

3.世界财富为何向发达国家集中,从而加剧了世界范围的两极分化?

第十四章　发展中国家经济与南北经济关系

内容提要：

关贸总协定 1947 年诞生时，23 个缔约方中只有 8 个发展中国家，到 1995 年世界贸易组织成立时的 128 个成员中的 96 个是发展中国家或地区。至 2018 年，世界贸易组织已经拥有 164 个成员，是当代最重要的国际经济组织之一，成员贸易总额达到全球的 98%，有"经济联合国"之称，其中发展中国家的数量一直在增加。这标志着发展中国家正在世界经济活动中发挥越来越重要的作用。东亚国家近几十年来的迅速崛起，许多亚洲发展中国家和地区实现了经济腾飞，非洲和拉美地区的经济虽然面临着不少的困难，但近几十年所取得的成绩也有目共睹，发展中国家在发展区域经济方面取得了重要进展。

进入 21 世纪，世界经济发展仍存在着严重的不平衡问题。南北贫富差距正在日益扩大，全球最不发达国家的数量也在逐年增加。发展中国家的经济发展既充满希望也面临着严峻的挑战。要努力争取在世界范围内建立公平合理、共同发展与繁荣的经济新秩序，以创造有利于经济发展的条件和环境，从而在 21 世纪与世界经济同步发展。

本章分别就发展经济理论、发展中国家在世界经济中的地位、不同类型发展中国家的经济发展，以及发展中国家的经济调整与改革、南北关系与南南合作的发展等内容进行了分析。

发展中国家（Developing country）也称作开发中国家、欠发达国家，指经济、技术、人民生活水平程度较低的国家，与发达国家相对。发展中国家的评价标准主要是该国的人均国内生产总值相对比较低通常指包括亚洲、非洲、拉丁美洲及其他地区的 130 多个国家，占世界陆地面积和总人口的 70% 以上。发展中国家地域辽阔，人口众多，有广大的市场和丰富的自然资源。还有许多战略要地，无论从经济、贸易上，还是从军事上，都占有举足轻重的战略地位。从未来趋势看，发展中国家整体增速放缓成为"新常态"。尽管发展中经济体被西方"唱衰"，但其增速仍高于发达经济体，是拉动世界经济增长的重要引擎。

第一节　发展理论简介

随着二战后发展中国家纷纷独立，出现了一系列研究发展中国家经济发展的理论。这些理论对于发展中国家发展战略的制定和实施，起了一定的作用和影响。发展经济学家们认为：发展中国家处于贫困状态的主要原因在于其资本积累有限，缺乏经济发展所需要的资金技术，供求矛盾突出，形成恶性循环，即人们的收入水平低、储蓄率低、资本积累率低，投资水平难以提高，影响到经济长期稳定的发展。为此，20 世纪 60 年代起，发展经济学就开始重视发展中国家的工业化和经济发展，并形成了一系列发展经济学的理论。本节只介绍几种具有代表性的经济增长模型和发展理论。

一、经济增长的模型

经济增长理论研究的是资本、劳动力、技术进步等因素如何影响经济增长，其主要内容之一就是建立经济增长的模型。所谓经济增长模型，就是运用数学方法把有关经济增长的变量联系起来，研究这些因素与经济增长之间的相互关系，这其中具有代表性的有哈罗德－多马模型、新古典模型和新剑桥模型等。

（一）哈罗德－多马模型

1848 年，英国经济学家哈罗德 Harrod 出版了他的著作《动态经济学导论》，提出了经济增长的模型，同年美国经济学家 Domar 发表《资本扩张、增长率、就业》《扩张与就业》两文，提出了与哈罗德模型基本相同的模型，后被合称哈罗德－多马模型。哈罗德模型假设生产中只使用资本和劳动力两种生产要素，二者配合比率不变，还假设技术水平不变，即不考虑技术进步对经济增长的影响。

哈罗德－多马以资本产出比率作为表示经济增长的主要变量。资本产出比例指总资本存量的多少与 GNP 的大小之间存在着由技术水平决定的某种直接经济关系。这一关系称为资本—产出比例（capital–outputratio），表示 1 个货币单位的产出需要多少货币单位资本的投入。可见，要谋求产出的增长，必须得到一定国民收入水平和一定储蓄率作保证。增长的快慢和收入水平，储蓄率和资本产出比例密切相关。哈罗德和多马将这一思路用代数形式表现出来成为增长模式。

其数学推理步骤如下：

（1）设国民收入为 Y，储蓄率为 s，储蓄 S，则 S=sY；

（2）资本存量变化即为投资，设资本存量为 K，投资为 I，ΔK 为资本存量的变化，则，I=ΔK，如前所述，资本存量与产出有一定关系，即资本—产出比例，由 k 表示，则 K/Y=k 或者 ΔK/ΔY=k，即 ΔK=kΔY；

（3）一国总投资与总储蓄相等，即 S=I

由（1）已知，S=sY 由（2）可知 I=ΔK=kΔY

S=sY=kΔY=ΔK=I

可得 sY=kΔY，在等式两边先除以 Y，再除以 k，得到 ΔY/Y=s/k，

ΔY/Y 表示国民收入即产出的变化率或增长率，用 G 表示，则 G=s/k 即增长率等于储蓄率/资本—产出比例。

这就是哈罗德–多马增长模式，它说明国内生产总值的增长率是由国民储蓄率和资本—产出比例共同决定的。

为实现经济增长，必须将国内生产总值的一部分作为储蓄并转为投资，

储蓄越多,投资越多,增长越快,但每一水平上的储蓄和投资所能带来的实际增长速度取决于投资的生产能力,即取决于一份投资能增加多少产出的经济效果。

(二)新古典经济增长模型

哈罗德–马模型存在的不足是把资本看成促进经济增长的唯一因素,没有考虑投入要素价格的相对变动会引起不同要素相互替代的可能性。新古典经济学家建立了新的经济增长模式,以柯布–道格拉斯生产函数来表现资本和劳动可以互相替代的情形。

$$Y=\gamma L^{\alpha}K^{\beta}$$

式中,Y 表示产出量,K 表示资本投入量,L 表示劳动投入量,γ, α, β 是常数,α 与 β 之和为 1,α 和 β 表示各个投入要素在产出增长中所起的不同份额的作用。也可以叫作各个投入要素的产出量弹性。它是由各个投入要素的边际生产力决定的。

例如:假如 γ 为 1.01,α 为 3/4,β 为 1/4,则 $Y=1.01L^{3/4}K^{1/4}$

表明,当资本固定不变时,如劳动增加 1%,产出量将增加 1%的 3/4,即 0.75%。生产者可根据工资率与利率的相对变化来调节劳动和资本的使用,以达到产出增长的目的,但是柯布–道格拉斯生产函数不能表明技术进步对产出的影响。为此,新古典经济学家们把生产函数进一步发展为:

$$Y=F(K,L,R,t)$$

式中,K,L 和 R 分别表示资本、劳动力、自然资源,t 为时间(表示技术不断改进的趋势因素),F 为函数关系,如果 R 固定不变,L 和 K 增加,时间在前进,技术进步也会带来产出量的增加。

新古典经济增长模型的特点表现在:(1)提出技术进步对经济增长具有重要贡献的观点。(2)假定投入要素价格是可变的且投入要素之间具有可替代性,通过调节资本劳动比例,以增加经济增长率的可调节性和稳定性。(3)强调市场调节的作用。

（三）新经济增长理论

20世纪80年代出现了新经济增长理论，它是对新古典经济增长理论的挑战，新古典增长模式优点简单明了，其假定条件是：随着时间的推移，各国工资率和资本产出比会趋同，初始条件或当前干扰对于产出和消费水平都没有长期影响，在没有外生技术变化条件下，人均产出将收敛到一个稳定的水平。而萨莫斯、麦迪等学者根据许多国家相当长时期的有关经济增长情况的统计资料进行实证分析，发现新古典经济增长理论与实际情况不相符合，因此在批评新古典增长理论的基础上，提出了新增长理论。

新增长理论的重要贡献是把技术内生化，新古典理论是两要素论，即决定经济增长的只是劳动和资本两个内生变量，新增长理论认为还有第三个要素——知识和技术，而且这一要素是内生变量，它可以提高投资的收益，使边际生产率递增，投资刺激知识的积累，知识积累反过来促进投资，形成良性循环，从而说明了发达国家为何保持强劲的增长势头。

新经济增长理论主张对外开放和积极参与国际贸易，因为这将产生外溢效应。认为国际贸易应当从比较成本优势或资源优势旧原则向技术知识或人力资本优势新原则转变。

新经济增长理论主张对外开放和积极参与国际贸易，因为这将产生外溢效应。认为国际贸易应当从比较成本优势或资源优势旧原则向技术知识或人力资本优势新原则转变。

二、经济发展理论

为适应时代的需要，除了经济模型以外，发展经济学家也提出了一些经济发展的理论。在传统经济学体系中逐渐形成一门新兴学科，主要研究贫困落后的农业国家或发展中国家如何实现工业化的问题。

（一）经济起飞理论

60年代，美国经济历史学家华尔特·惠特曼·罗斯托在其著作《经济成长阶段》中指出,从不发达到经济发达过渡可以用所有国家都必须经过的一系列步骤或阶段来说明。他把这些步骤分为六步,即传统社会阶段、起飞准备阶段、持续增长阶段、成熟阶段、高消费阶段和追求生活高质量阶段。在这六个阶段中,最关键的是为起飞准备的阶段。尤其对发展中国家来说,起飞是最困难的也是最重要的,起飞意味着突破传统的经济停滞状态。罗斯托认为,传统社会经济增长具有局限性,比如传统社会不能有效利用一切可用的资源促进经济增长;经济一旦繁荣就可能出现政治腐败;在科技方面还没有出现有规律的技术进步;认为世界的本质是神的本质,缺乏活力阻碍经济增长。

罗斯托认为,起飞要具备几个先决条件:

(1)科学思想条件:牛顿科学思想是历史的分水岭,它划分了传统社会与现代社会的时间界限。

(2)社会条件:有一大批富于创新冒险和进取精神的企业和全社会的创业精神和企业家。社会的信念体系促使具有创新精神的人奋力进取,同时给予他们成功的可能性。

(3)政治条件:统一的国家,谋求经济和社会现代化的政治目标,强有力的政府发挥领导作用。

(4)经济条件:经济的主体是工业,但经济增长需要农业做基础;还有比较完善的基础设施;较高的资本积累率;能够带动整个经济增长的主导部门。

(二)二元经济模型

1. 刘易斯的二元经济模型

第一个提出二元经济模型的是美国经济学家威廉·阿瑟·刘易斯。1954年,他发表了《劳动无限供给下的经济发展》,该书被认为是第一篇较为全面论述经济发展问题的专著。在该书中,刘易斯提出了二元经济模型。

他将发展中国家的经济划分为资本主义部门和非资本主义部门,前者以现代工业部门为代表,特征是:生产规模大,所使用的生产和管理技术较为先进,生产动机为谋利,产品主要在市场上销售。后者以传统的农业部门为代表,其特征是:生产规模小,技术落后,生产的动机主要是为了自己消费,产品很少在市场上销售,而且存在大量剩余劳动力。两个部门之间的根本关系是,当资本主义部门扩大时,便从非资本主义部门吸取劳动力,刘易斯认为,经济发展依赖现代工业部门的扩张,而现代工业部门的扩张需要农业部门提供丰富的廉价劳动力。

经济结构的二元性是发展中国家普遍存在的共同特征,也是经济发展的出发点,劳动力从传统农业部门转移到现代工业部门是二元经济发展的一种模式。此模型后来经拉尼斯、费景汉和乔根森等人加以修改和发展,因而二元经济模型被认为是研究发展中国家经济的普遍理论。

刘易斯认为,发展中国家的经济由两部门组成,一个是传统的人口过剩的农业部门,以劳动边际生产率是零为特点,即剩余劳动力从农业迁往工业部门时,其农业生产量不会减少。这是由于发展中国家人口增长率高,农村人口密度大,出现剩余劳动力。另一个是高劳动生产率的现代工业部门,工业部门在扩大劳动投入时,可以从农业部门得到无限量供给,即劳动的供给具有完全弹性,这就使得工业部门不必提高工资水平。因为工业部门的工资水平比农村收入水平高,根据刘易斯的理论,工业部门的工资水平比农业部门平均收入高 30% 的就可以吸引农村剩余劳动力的流入,经济发展的资金主要来源于储蓄,如果工人不储蓄,把工资完全用于消费,则企业利润是储蓄的唯一源泉。因为劳动无限量供给,工资水平不变,企业利润会随着劳动力投入的增加而增加。假定企业利润全部用于储蓄并转化为投资,就会增加工业部门的资本存量,吸收更多的农村劳动力转向工业部门。这一过程不断进行直到农业部门的过剩劳动力完全被工业部门吸收为止。而农业剩余劳动力的消失,会使农业边际生产力提高,农民收入增加,为此工业要从农业吸收劳动力也要提高工资水平,结果使整个社会收入水平提高,经济得到增长。该理论比较符合一些发展中国家的经济状况,具有一定的理论和现实意义。

刘易斯模型的缺陷在于其几个假定条件不符合发展中国家的现实情况:他只强调现代工业部门的扩张,而忽视了农业的发展,按照刘易斯模式,只要有资本积累,并且工业部门的工资高于农民的收入水平,工业部门的扩张就可以持续下去,而不管农业是否发展。事实上,工业部门的扩张离不开农业部门的发展,一些发展中国家农业停滞阻碍了工业的扩张。

2. 拉尼斯－费模型

美国耶鲁大学的拉尼斯和费景汉于 1961 年发表了《经济发展理论》一书，在刘易斯模型基础上提出了他们的二元经济模式，被称为拉尼斯－费二元经济模型。二人认为，刘易斯没有重视农业在促进经济发展方面的重要性，忽视了农业生产率的提高而出现剩余产品，是农业劳动力向工业流动的先决条件，鉴于此，二者对刘易斯模型进行了修正，进一步把发展中国家的经济发展过程分为三个阶段。

第一阶段与刘易斯模型基本相同，即劳动力无限供给阶段，此时大量劳动的边际生产力为零，工业部门可以在既定的工资率下获得所需要的劳动力，劳动力从农业部门流向工业部门，既不会使农业总产量减少，也不会引起工业部门工资率的提高。

第二阶段，劳动的边际产量大于零，但小于劳动的平均产量，当边际产量为零的劳动力转移完后，劳动的边际产量就成为正数，工业部门吸收完这部分劳动力后，总产量会下降，而没有转移的农业劳动力仍和以前一样消费，这样，提供给工业部门的农产品就不能维持原来的水平，经济中出现农产品特别是粮食短缺，农产品价格上升，工业部门的工资水平也开始上升。拉尼斯与费景汉认为最困难的就是这一阶段，工资水平的提高会阻碍劳动力的转移，有可能使工业部门的扩张在全部剩余劳动力被吸收之前就停止，要解决这一问题，最好在工业部门扩张的同时，推动农业部门劳动生产力的提高，这样才能在劳动力转移的同时，不减少农业的剩余产品，从而保持工资不变。

第三阶段，全部剩余劳动力已经全部被吸收到工业部门，劳动和资本一样成为稀缺的生产要素，农民的收入和工业部门的工资由其边际生产力决定。

此模型的重要贡献在于它强调农业对经济发展的贡献不仅在于为工业部门扩张提供所需的劳动力，还为工业部门提供农业剩余，如果农业剩余不能满足工业部门扩张对农产品扩大的需求，劳动力转移就会受到阻碍，因而主张重视农业劳动生产率的提高和农业的发展。

3. 乔根森的二元经济模型

1961 年，美国经济学家乔根森在《二元经济发展》中创立了与刘易斯、拉尼斯－费不同的二元经济模式。

乔根森仍然把发展中国家的经济分为两个部门，现代化的工业部门和落后的农业部门，并假定农业中没有资本积累，农业生产只投入劳动和土地，而土地是固定的，因而农业产出是劳动的唯一函数，工业产出是资本与劳动的函数，土地不作为一个要素，由于技术进步，两个部门的产出随时间而自动增加。

乔根森继承了马尔萨斯的人口理论，认为人口增长取决于人均农业产出或人均粮食产出的增长，人口增长速度不会超过经济增长速度，否则人们将会由于缺乏必要的粮食供给而自动降低出生率，使人口增长恢复到与经济增长相一致的水平。乔根森认为，由于技术进步和资本积累率的提高是必然的，而工业部门的工资率是由技术水平和资本积累率决定的，因此工资水平是上升的。

乔根森模式的基本结构是：人口增长取决于人均粮食供给，如果粮食供给是充分的，人口增长将达到生理最大量。当人均粮食供给增长率大于人口增长率的时候，农业剩余就产生了，农业剩余一出现，农业劳动力就开始向工业部门转移，于是工业部门开始增长，农业剩余越大，劳动力转移规模越大。

三、激进发展理论

（一）依附论

20世纪60年代后期，西方经济学界形成了一个新兴的持有激进见解的经济学派，代表人物有巴兰、阿明、桑托斯、伊曼纽尔等。

激进主义发展经济学家根据发达国家和发展中国家的内部条件和外部条件，从经济发展的历史和现状上把发达国家和发展中国家之间的关系归结为"支配-依附"的关系，并以此为出发点研究发展问题，激进主义者的经济发展理论被称为"依附论"。

阿明指出，不平等交换是指交换产品中工资的差异大于生产率的差异。桑克尔认为，中心-外围的贸易特点是不平等交换，指外围国家贸易条件恶

第十四章

化,也指在投资、技术转移、租税以及跨国公司等方面不平等的讨价还价力量。国际范围内,资本技术自由流动,劳动力却不能。资本技术流入使发展中国家的劳动生产率提高,而劳动力不能流动使发展中国家的工资水平不能随之提高,因为发展中国家的工资水平大大低于发达国家。桑托斯认为,依附分为三种,一是建立在贸易和对自然资源的剥削基础上的殖民依附,二是金融-工业的依附,外围国家发展工业往往受到资金短缺的制约。三是技术-工业的依附,发展工业需要的先进技术依赖从中心国家的引进,这种依附是以跨国公司为基础的。

根据依附理论,不发达是因为依附的地位造成的,因此激进主义学派的政策主张是:

(1)改变发展中国家的内部结构,例如二元经济结构、收入不平等。

(2)建立激进的国际社会主义体系,只有通过社会主义建设和革命,自主发展才有可能。

(3)外围地区应与现存国际体系脱钩,走自力更生的道路,阿明提出了一种由三个互相依赖的部分组成的发展道路。一是选择本国资源为基础自力更生的发展道路。二是优先考虑第三世界国家之间的合作和经济一体化,三是建立国际经济新秩序,以提高原料价格控制自然资源,保证第三世界的制成品能进入发达国家的市场并加速技术转让。

(二)发展主义理论

这一理论的代表人物是阿根廷经济学家劳尔·普雷维什。他发表了一系列著作和文章,分析拉美地区的社会经济发展现状,提出了繁荣该地区经济的见解和主张,从而形成发展主义思想。

普雷维什认为,当今的世界经济是建立在"中心"和"外围"的不合理国际分工基础上。作为外围的发展中国家经济是以服从中心的利益和牺牲外围利益为特点的。这种关系使中心更加发展,而外围地区受其支配成为原料供应地,对此他提出的贸易战略是,摒弃国际贸易的比较利益原则,主张发展中国家的贸易战略应该是实行进口替代和适当的保护主义措施,改善贸易条件;建立出口替代工业,大力发展制成品出口,并有效利用外资,加强发展中国家间的合作和区域性合作。普雷维什的理论对于发展中国家特别是拉美国家经济发展战略的选择有着重要的意义。

第二节　发展中国家在世界经济中的地位

一、发展中国家所处的地位及面临的国际环境

20 世纪 80 年代以来,世界经济出现了很多新的特点,经济全球化、新技术革命、区域集团化,以及国际贸易金融领域里出现的新的变化,都给发展中国家的经济发展带来了新的课题和机会。

当世界贸易组织的前身关税及贸易总协定 1947 年诞生时, 在 23 个缔约方中只有 8 个发展中国家,它们只占缔约方总数的三分之一。近半个世纪过后, 当世贸组织首届部长会议于 1996 年 12 月在新加坡召开时, 该组织 128 个成员中的 96 个是发展中国家或地区成员。2008 年 7 月 30 日佛得角正式成为世界贸易组织的成员国,这一组织的成员数量已经达到 153 个。其中发展中国家或地区成员为 119 个,约占成员总数的五分之四以上。2015 年 12 月,世界贸易组织迎来了其第 164 个正式成员。阿富汗在经过 12 年的入世谈判之后于 2016 年正式成为世界贸易组织成员,同时阿富汗也正式接收了世界贸易组织的新《贸易便利化协定》(TFA)。阿富汗是第 9 个世界贸易组织成立以来加入该组织的最不发达成员(LDC),这标志着发展中国家正在国际经济组织中,更在世界经济活动中发挥越来越重要的作用。

(一)发展中国家在世界经济中的地位在提高

1. 发展中国家已经成为世界经济中重要的一部分

回首世界经济的百年发展史, 人们为发展中国家经济迅速崛起感到欣喜。20 世纪前半叶,许多亚非拉国家还处于殖民统治或半殖民统治之下。因此从经济格局上看,这些国家难以作为世界经济独立的一个部分来对待。但

是，二战的结束以及五六十年代的民族独立和解放运动使许多亚非拉国家获得了新生。政治上的独立带来经济上的独立。发展中国家的经济逐步摆脱了殖民主义的桎梏,走上自己的发展道路。目前它们已经成为世界经济的一个重要组成部分。

20世纪是亚洲发生巨变的世纪。综观全球经济的发展历程,东亚国家近几十年来的迅速崛起在世界经济发展史留下了光辉的一页。许多亚洲发展中国家和地区奋发图强,在不到30年时间里实现了经济腾飞,经济"小龙""小虎"相继涌现。中国经济在20世纪后20年,特别是进入21世纪的杰出表现和经济的持续高速增长,已为世界广泛瞩目。40年前,整个亚洲地区的国内生产总值只占全世界的10%。现在,亚洲地区的国内生产总值达到世界的三分之一。1997年亚洲国家经济平均增长率达到5%,亚洲的贸易额占世界贸易总额的40%,其中来自发展中国家的贡献占据主要地位。进入20世纪,亚洲取得的史无前例的经济发展为世界的和平与发展做出了贡献。过去的一些弱小国家如今以雄厚的经济实力屹立于世界的东方。尽管近年亚洲金融危机给经济发展带来了沉重的打击,但是亚洲发展中国家不怕挫折,努力调整经济结构,使经济迅速恢复增长,在世界面前树立了自立自强的良好形象。

到了21世纪,经济进入全球化发展阶段,经济全球化为促进世界范围内资源配置、产业结构的合理调整和升级换代创造了条件,也通过国际市场的竞争分析提高了劳动生产率并激励了科学和技术的飞速进步,因而推动了生产力在全球范围内的迅猛发展,并促进了世界经济的增长。占世界70%的发展中国家中绝大多数将完成工业化,步入现代化,成为新兴工业化国家。这批世界经济的新生力量将在世界经济体系中构成新的重要的利益主体,在全球经济一体化进程中拥有更大的发言权,从而促进世界经济走向公平。由此可见发展中国家在世界经济体中地位将会稳步提升,成为世界经济组成的重要部分。与此同时,中国经济也进入了高速发展的阶段,21世纪前十年,从2000年的8.4%一直稳步上升到2007年的11.4%,经过金融危机之后到2010年仍然保持在10.3%左右。21世纪第二个十年,中国经济进入转型时期,2012—2017年增长率从7.8%到2017年的6.9%。从2013—2016年,按照当年汇率计算,中国国内生产总值占世界经济总量的比重由 12.5% 提高到 14.8%,提高了 2.3 个百分点。中国对全球经济增长的贡献率约占 1/3。21世纪的前十年(发展中国家的经济),虽然经历了金融危机全年经济增长 4%,为 2008—2009 年金融危机以来最低水平,但是到了 2013 年发展中国家占世界经济总量达 38.9%。2014—2017 年基本保持在 4.1%—4.6% 的增速之间。从过去 20 多年的演变来看,由于长期保持快速增长,发展中国家在世界经济中所占比重提高了近 20 个百分点,发达国家和发展中国家的经济总量之比已由 1990 年的 3.9 倍下降到目前的 1.6 倍。在国际金融危机后,发展中国家对世界经济增长的贡献率明显超过发达国家。

金砖国家也抓住了经济全球化的机遇不断致力于国内经济的发展,进入 21 世纪以来,金砖国家整体对全球经济增涨的贡献保持在 60% 左右。国际货币基金组织认为,2017 年世界国内生产总值增长率比 2016 年上升 0.4个百分点。其中,发达经济体国内生产总值增速为 2.2%,比 2016 年上升 0.5个百分点;新兴市场与发展中经济体国内生产总值增速为 4.6%,比 2016 年上升 0.3 个百分点。

21 世纪非洲和拉丁美洲的经济整体增速止跌回升,根据国际货币基金组织 2004 年 9 月发表的《世界经济展望》指出:1995—2003 年间,非洲地区的平均经济增长率为 3.5%,是过去 15 年的 2 倍。2004 年增长率为 4.5%,近十年南非的国内生产总值增加了 38%。拉丁美洲地区,2017 年联合国拉美和加勒比经济委员会的统计显示,在经历连续两年的衰退后,拉美地区经济正在缓慢复苏,实现恢复增长。拉美经济增长结束萎缩态势,其外部原因是世界经济增长有所加快,全球贸易逐步回升,国际大宗商品价格逐步走出低谷,改善了拉美地区的外部需求,促进了该地区的出口和投资增长。2018 年拉美出口增长 8%,进口增长 6%。从该地区的主要经济体看,巴西经济 2017年萎缩 3.6%,2018 年一季度萎缩幅度收窄至 0.4%,二季度则恢复增长0.3%,2018 全年经济增长 0.5%。出口是拉动巴西经济增长的主要动力,2017年前 9 个月,巴西出口增长 18.1%。宽松的货币政策和较低的通胀水平也为经济带来正向刺激。墨西哥经济则保持平稳增长态势,2017 年增速为 2.3%,2018 第一二季度的增速分别为 2.8% 和 1.8%。私人消费是推动墨西哥经济增长的主要动力,私人消费的增长得益于收入增加、通胀降低和消费信贷扩张等因素。阿根廷经济波动较大,2017 年除一季度有轻微增长外,其余三个季度均为衰退,全年经济萎缩 2.2%。2018 年以来,阿根廷经济出现向好势头,投资、消费和出口均实现增长,拉动经济扩张。

非洲和拉美地区的经济虽然面临着不少的困难,但近几十年所取得的成绩也有目共睹。2007 年非洲经济经历了稳步快速增长的一年。国际货币基金组织发表的《世界经济展望》报告称,撒哈拉沙漠以南非洲国家的经济增长目前正处于 40 多年来最快的阶段。同时,非洲国家的通货膨胀率处于 30 多年来的最低水平。世界银行发布的《2007 年度非洲发展指标》报告也说,非洲地区正在发生重大变化,经济正驶入一条"更快更稳的道路"。1994 年到 1999 年,非洲国家的平均经济增长率为近 4%,高于 1990 年的 2.7%。1999 年,有 12 个非洲国家的经济增长率超过了 5%,还有 30 个国家保持了正增长。通货膨胀率从 1995 年的 32.8% 减少到 1999 年的 9.8%。这为 21 世纪的发展打下了基础。

经过多年艰辛的努力,90 年代拉美经济的年均增长率已经达到 3.3%,大大高于 80 年代的 1%。联合国报告称,进入 21 世纪拉美地区经济已经连续 5 年保持良好增长势头,到 2008 年大部分拉美国家仍保持较高的经济增长速度,其中巴拿马和秘鲁的增速达到 7.8% 和 6.4%,在拉美国家中名列前茅。阿根廷和委内瑞拉的经济增长率达到 5.9% 和 5.2%。拉美第一经济大国巴西经济增长率在 4.8% 左右。

目前拥有 5 亿人口的拉美国家的国内生产总值已经突破 2 万亿美元,在西半球乃至世界经济中发挥着越来越重要的作用。拉美经济面临的主要问题是如何加快增长步伐。目前,拉美贫困问题仍然十分严重,贫困人口达 2.05 亿,其中极端贫困人口达 7900 万。拉美国家需要在较长时间内保持较高的经济增长速度,才能实现消除贫困的目标。

亚洲开发银行(ADB)公布数据显示 2018 年亚洲发展中国家的经济增长率为 6.0%,理由是强劲的出口需求,但表示美国的贸易保护主义措施及任何对其采取的报复措施都可能损害贸易。在所有次区域中,增长率最高的仍然是南亚,2018 和 2019 两年分别增长 7% 和 7.2%。作为该次区域的最大经济体,印度 2018 和 2019 两年经济增长率分别为 7.4%和 7.6%。东南亚地区经济增长率也从 2017 年的 4.7%上升至 2018 年的 4.8%和 2019 年的 5%。

新兴市场与发展中经济体国内生产总值增长率于 2010 年达到 7.5%的历史最高水平, 此后逐年下降,2016 年与 2015 年均稳定在 4.3%的水平,2017 年实现了七年以来的首次回升。新兴市场与发展中经济体的经济增速回升在大部分区域普遍存在。独联体国家国内生产总值增长率从 2016 年的 0.4%提高到 2017 年的 2.1%。其中俄罗斯经济终于扭转了负增长态势,其国内生产总值增长率从 2016 年的-0.2%上升到了 2017 年的 1.8%。新兴和发展中亚洲经济体继续强劲增长,其国内生产总值在 2017 年增长 6.5%,与 2016 年相比提高 0.1 个百分点。中国经济止住了连续六年的增速下滑,2017 年前三个季度实际国内生产总值同比增长率均为 6.9%,相比 2016 年 6.7%的增速有所回升。新兴与发展中欧洲地区的国内生产总值增长率从 2016 年的 3.1%提高到 2017 年的 4.5%。拉美和加勒比地区的国内生产总值增长率从 2016 年的-0.9%提高到 2017 年的 1.2%。阿根廷和巴西均扭转了负增长态势。其中阿根廷国内生产总值增长率从 2016 年的-2.2%提高到 2017 年的 2.5%,巴西国内生产总值增长率从 2016 年的-3.6%提高到 2017 年的 0.7%。在新兴市场与发展中经济体中, 也有个别国家和地区的经济状况出现了恶化。印度国内生产总值增长率从 2016 年二季度以来持续回落,加上从 2016 年底出台的废钞令及伴随的货币供应收缩,其国内生产总值增长率至 2017 年二季度下降至 5.7%,比上年同期降低 2.2 个百分点。中东北非地区由于地缘政治冲突导致其整体上出现经济增长率的大幅度回落,国内生产总值增长率从 2016 年的 5.0%下降到了 2017 年的 2.6%。

2. 发展中国家间的区域经济合作加强

在漫长的 20 世纪中,广大发展中国家经济发展的一个显著特点是在努力扩大与其他国家经济联系的同时自立自强, 最突出的表现是区域经济的形成和壮大。经过几十年的不断努力,发展中国家和地区在发展区域经济方面取得了重要的进展。非洲的东南非共同市场和西非共同市场、拉美的南方共同市场、东南亚国家联盟以及阿拉伯自由贸易区等组织的崛起对地区经济乃至世界经济发展都起到了重要作用。其中,1995 年 1 月 1 日正式开始运作的南方共同市场是世界上第一个完全由发展中国家组成的共同市场,其宗旨是通过有效利用资源、保护环境、协调宏观经济政策、加强经济互补,促进成员国科技进步和经济现代化,推动拉美地区经济一体化的发展。这对这些国家的经济发展起到了很大的推动作用,也为其他国家的经济联合和发展提供了借鉴。

3. 发展中国家与发达国家的差距仍然存在

进入 21 世纪,人们也不无忧虑地看到世界经济发展存在着严重的不平衡问题。目前,受经济发展水平各异及资源财富分配不匀等因素的影响,南北贫富差距正在日益扩大,富国与穷国的人均收入差距极为悬殊。据统计,发达国家与发展中国家人均国内生产总值的差距已从 1983 年的 43 倍扩大到目前的 60 多倍。占世界人口 20%的发达国家拥有世界总产值的 86%;它们占全球出口市场的份额则高达 82%。而占世界人口 75%以上的发展中国家所占的这两项比例仅为 14%和 18%。此外,全球最不发达国家的数量也在逐年增加。在经济全球化趋势不断增强的当前,一些国家甚至面临着被世界经济发展列车抛在一边的危险。与此同时,发展中国家之间也存在着发展不平衡的问题,一些最不发达国家的经济困难重重。

在联合国近 200 个会员体中,除经合组织(OECD)成员国为工业化发达国家外,其余均为发展程度不等的发展中国家。在国际社会里,发展中国家算得上一个庞大的"家族"。但是这数量众多的发展中国家也不是一崭齐的,各自的政治、经济和社会境况相差甚大:有的在经济上已经达到或接近经合组织(OECD)成员国的人均收入水平,有的仍处于贫困落后状态;有的走向经济自由、政治民主的法治国家,有的则在政治上问题不少;有的是经济外向化、开放化、国际化程度甚高,有的则仍然在内向、封闭中徘徊不前;有的实行集权体制,有的尝试分权;有的实行计划经济体制,有的则是实行市场经济制度,等等。而发展中国家境况不论差异如何,都与发达国家有着不小的差距。那么,是什么造成发展中国家与发达国家之间巨大落差呢? 是历史的机遇、是造物的不公,抑或现存的政治、经济、法律、社会制度? 同时,发展中国家经济要"起飞",其根本障碍何在呢? 这一系列问题,似乎成为当今世界"和平与发展"主题中的难解之结。

发展中国家不仅要实现经济增长,保证有更多的产品与劳务供给社会,而且还要对发展中国家的社会结构、政治结构和经济体制进行根本性的制度变革、制度创新和制度建设,通过经济增长而使社会中的贫困、失业、收入分配不公、权利被侵犯等问题有较为明显的改变和改善。

经济发展是以经济增长为前提的。发展中国家所面临的许多问题如贫困、失业等都要通过经济增长来解决。以中国为例,它之所以能够在不长的时间内把十分庞大的贫困人口降低到目前的很小的比例,其根本原因就是长期保持了高速的经济增长(年均经济增长率在 9.5% 以上)。因此,国际组织和发达国家对穷国提供发展援助时,就应该着眼于帮助这些国家培养自我发展的能力,其最好的方法不仅仅是向发展中国家"输血",即提供经济援助,而是要帮助其提高"造血"功能,进行经济开发援助。

经济增长与经济发展之间的关系,有时候并不协调。在过去的几十年中,不少发展中国家虽有经济增长,经济增长率还不算低,但并没有经济发展,且经济增长发生之前社会上所存在的问题,在经济增长发生后仍未见多大改变。如收入分配不公,基本生活必需品得不到满足,受教育的权利被剥夺,基本人权得不到保障等。那么,经济增长的成果何处去了呢? 实际是:"实际情况往往是经济增长的成果被少数特权阶层所垄断和享用,因此虽有经济增长,广大民众不能分享其带来的成果和利益,经济体制、社会结构等方面得不到经济增长的支撑,与经济增长前的状况相比没有明显改善。"经济增长失去了社会意义。

(二)发展中国家所处的国际经济环境

20 世纪 80 年代以来,世界经济的发展出现了新的特点,经济全球化成为基本的特征。冷战结束,国际形势趋于缓和,国际关系中经济和科技因素的作用大大加强,各国都以更大力量集中于经济发展。具体表现在:

1. 全球经济进入新的增长期,流向发展中国家的资金在增加

据国际货币基金组织公布的资料,整个世界的国内生产总值增加率 1995 年为 0.7%,1996 年为 4.0%,1997 年为 4.1%,世界经济进入全面增长的时期。但从 1999 年开始,世界经济有所衰退,全球经济增长率为 2.9%,2001

年为 2.6%。2002 年为 3.5%,2003 年经济增长率为 3.2%,2005 年为 4.80%,2006 年为 5.40%,2007 年为 5.20%,2008 年下降 3.30% 2009 年达到最低为 -0.9%,2010 年为 5.4%,2011 年为 4.2%,2014 年为 3.3%,2015 年为 3.2%,2016 年为 3.1%,2017 年为 3.6%。在发展中国家中,东亚、拉美经济已经成为世界经济中新的增长点。国际经济关系也出现了新的变化,外国直接投资大量流入发展中国家, 这些外资已成为发展中国家单项最大和最稳定的长期发展融资来源。与此同时, 发展中国家资本市场流量也逐渐增加,2000 年达到 1850 亿美元,虽然全球经济放缓,但流入发展中国家的外国直接投资仍然强劲,达到了 1600 亿美元,当中约半数的外国投资都是流入中国、墨西哥及巴西。当前发达国家的制造业也因此向发展中国家转移,使其对发展中国家市场依赖性加强。进入 21 世纪,世界经济仍将保持温和低速增长态势,发达国家复苏进程出现分化,美国经济增长相对更为稳固,欧日缓慢调整,新兴市场国家分化更为严重,中国、印度增长前景相对较好,南非、巴西等国次之,俄罗斯经济发展仍面临诸多困难。新兴和发展中经济体在全球经济中的地位不断上升,经济多极化趋势继续推进。到 2017 年中东、拉美等地区提供能源资源的全球经济大循环, 全球经济失衡格局被迫进行深度调整,世界经济进入"低增长、低通胀、低利率"的新常态。

2. 全球性结构调整加快,科学技术对经济的促进作用增强

发达国家已经实现了现代化, 其产业结构的调整导致劳动密集型产业及部分资本密集型产业向外转移, 发展中国家利用这个时机引进先进技术和管理经验,加速本国的产业结构调整和经济改革。改革调整成为 20 世纪 90 年代以来经济发展的主流。同时各国都以更大的力量加紧对外开放,吸引外国的资金和技术,把生产力推进到前所未有的高度。发达国家在产业结构调整过程中,正向高新产业进军,发展高新技术产业,由此引起科技领域的重大突破,使世界经济进入新的发展时期,高新技术领域成为衡量一个国家综合国力的标志。

3. 世界贸易秩序更加规范,金融市场日趋活跃

世界贸易组织已经正式运行, 它在强化和完善世界多边贸易体制和规范国际贸易竞争规则方面取得进展,使全球范围内金融、服务、贸易等活动

第十四章

更加制度化、法律化,世界贸易及资本流动的障碍减少,国际金融市场规模扩大,金融创新浪潮发展迅速,融资效率提高,金融改革之风席卷全球。但同时金融市场动荡也在加剧,1995年墨西哥金融危机以及1997年东南亚的金融动荡表明,在加强宏观调控和金融监管中,防范金融风险是非常重要的。

4. 区域经济合作稳步发展,经济全球化特征日益突出

目前世界正朝着多极化格局方向转变,世界多种力量重新分化组合,各国都力图在新的世界环境中寻找各自最佳的位置,以便取得更大的优势。全球范围内经济区域化、集团化发展,南南合作、南北合作加强,反映出美、日、西欧在冷战后竞争和抢占市场的需要,同时也表明发展中国家在世界经济中的地位在上升。经济全球化意味着资源在全球范围内更有效的配置,有利于整个世界生产的发展和收入水平的提高,对于占世界人口四分之三的发展中国家来说,经济全球化意味着机遇、挑战和冲击。

看来,发展中国家在实现经济增长的同时,还应努力实现社会结构、政治制度、经济体制等方面的变革与改善。否则,即使有所谓的经济增长,也没有后劲,不会长期而持久难以为继,并有可能发生政治经济社会危机,陷入长期性的停滞与萧条时期。

21世纪,发展中国家的经济发展既充满希望,也面临着严峻的挑战。在机遇和挑战面前,发展中国家一方面要努力争取在世界范围内建立一个公平、合理、共同发展与繁荣的经济新秩序,另一方面也必须创造有利于经济发展的条件和环境,从而在新的百年里与世界经济发展同步前进。只有这样,发展中国家才能真正自立自强。

二、发展中国家的经济特征

对于发展中国家的经济特征,很多经济学家在他们的著作里都有列举。其中有代表性的为保罗·萨谬尔森在其著作《经济学》中列举的六条内容:(1)贫穷,人均年收入不到300美元。(2)识字率低,只有1/4的人识字,其余的3/4为文盲。(3)平均寿命低于发达国家的平均水平。(4)农村有大量人口,从事工厂和服务行业的人为少数。(5)每人分摊的平均马力只有美国

的 1/6。(6)科技落后,耕作方法原始。

根据以上议论,我们把发展中国家的经济特征归纳如下:

(一)生产力水平较低

按有劳动能力年龄段人口平均的产值,发展中国家仅为 1347.1 美元。而西方工业国则为 3.06 美元。相差 22.7 倍。第二次世界大战后,多数发展中国家致力于发展生产力,使其水平有一定程度的提高,有些国家却并非如此,生产力仍然低下,与发达国家的差距不是在缩小,而是在扩大。有些发展中国家已经开始工业化进程,但并没有完全实现工业化,即使已基本实现工业化的国家其工业结构层次也比较低。

根据劳动生产率递减原理,如果可变要素劳动的数量不断加到一定数量的其他要素,如资本、土地上时,当超过某一数量后,可变要素的边际收益会下降,因此发展中国家劳动生产率低是由于在生产中资本投入的缺乏。其根本原因在于科学技术的落后,发展中国家农业生产设备落后而且缺乏。在美国,每台拖拉机担负的耕地为 4 公顷,而在农业比较发达的发展中国家阿根廷,每台拖拉机则需负担 12.38 公顷。许多国家耕作方法和工具还很落后,仍保持自给自足的小农经济,这在以农业为主的很多发展中国家非常普遍,因此劳动生产率水平必然较低。

(二)生活水平低下

不发达国家的重要标志之一是生活水平低下。世界上有 1/5 人口(约 12 亿~13 亿人)目前每天的生活费用仅为 1 美元,有的甚至更低。许多国家的人均收入在减少。这种状况可以从几个方面来看:(1)人均国民收入低。人均国民生产总值可以作为一个衡量标志。全世界有将近四十个左右的发展中国家人均国民生产总值 1988 年为 480 美元以下,其中一半国家人均国民生产总值在 240 美元以下,它们是发展中国家中最贫穷落后的国家。根据世界银行 1984 年的报告统计,不发达国家总体的人均收入水平不到富裕国家人均收入的 1/12。进入 90 年代,发展中国家的人均国民收入有所提高,但有些国家如南亚七国中,1990 年人均国民收入最高的斯里兰卡为 470 美元,尼泊尔只有 170 美元。(2)国民收入增长缓慢。由于这些国家经济基础薄弱,生产力水平低,国内积累规模小,资金缺乏,使其增长缓慢。1965 年到 1980 大多数国家年平均增长率为 3%左右,整个 80 年代其增长率更是普遍下降,甚至经济处于停止状态。(3)国民收入分配不均。很多发展中国家贫富两极分化,存在着收入分配的不平等, 而且比发达国家贫富差距更大。据世界银行《1990 年发展报告》显示,多数发展中国家占人口 20%的最穷人口占全国家庭总收入的 10%以下, 如牙买加,20%的最贫穷人口只有 2.2%的国民收入,而最富的 20%人口却获得国民收入的 62%左右。最贫穷者的收入只达到勉强度日的最低水平。(4)卫生状况恶劣。这从发展中国家与发达国家人均寿命的差距就可以看出。联合国人口调查局的资料显示,发达国家 80 年代平均寿命为 72 岁,而发展中国家为 57 岁,最不发达国家则更低,仅为 49 岁。营养不良、卫生条件差、婴儿死亡率高,以及这些国家的粮食匮乏是造成这种状况的主要原因。(5)受教育程度低,大多数发展中国家教育开支占政府预算的比重极低,有些国家甚至有文化人口不及总人口的 40%。

(三)经济结构畸形

　　经济畸形发展从历史上看是殖民主义政策的产物, 但近期来看也和发展中国家政策失误有关。如片面追求工业化,忽视农业的发展,追求出口产品的增加,忽视满足国内需求的产品生产等,使其处于产业结构较低的发展阶段。在埃塞俄比亚、孟加拉、马里、布隆迪、坦桑尼亚等国,农业都占 45%以上,几乎 80%的人生活在农村。有些发展中国家大力发展制造业,从农业国向工业国过渡, 但它们的制造业很大部分是劳动密集型和中等技术密集型的,无力对技术含量高的产品进行开发。另外,严重依赖出口,初级产品是向其他国家出口主要商品,1980 年初级产品出口占发展中国家出口总值的80%。以初级产品生产和出口为主的单一经济结构,产品的供给弹性小,容易受到国际市场价格波动的影响,以致影响本国经济的发展。初级产品的需求往往取决于西方发达国家的经济形势, 以及科技进步引致的原材料节约程度等。进入 80 年代,西方发达国家经济低速增长,加上先进科技不断被采用,使原材料需求大大减少,供过于求的态势促使农矿原料价格下跌,导致发展中国家外汇收入减少，直接制约着以农矿原料为主要出口产品的发展中国家的进口能力，从而影响其经济增长。从资金来源来说，发展中国家主要依靠农矿产品的出口收入，这远远不能满足对资金的需求，故不得不举借外债。由于国际贸易条件恶化，利率上升等因素，举借外债的许多发展中国家出现了债务危机。

（四）二元经济结构

发展中国家在工业化过程中形成了二元经济结构，即一方面存在传统的农业部门，一方面存在现代工业部门。二元经济结构表现在劳动就业与原始手工业并存，凋敝闭塞的农村与日益膨胀的城市并存，少数富有者与广大贫困者并存，现代生活方式与传统文化并存。

城市以工业为主，生产规模较大，技术比较进步，劳动生产率和人均收入均较高，农村则以农业为主，生产规模小，劳动生产率低，是自给自足的小农经济。这种经济上的二元性是发展中国家从传统社会向现代化过渡的必然现象。据国际货币基金组织的一份报告统计，发展中国家在经济发展时期，非货币产出占国内生产总值的比重在20%左右，其中非洲更高，埃塞俄比亚达到45%，马里为33%，坦桑尼亚为28%。二元经济结构还表现为发展中国家地区经济发展不平衡。大部分地区为农业区，现代工业集中在少数大城市，如巴西的东南部仅占全国面积的8%，却集中了全国工业产值的4/5；印度的工业高度集中于加尔各答、孟买等大城市，与国内其他地区相比，在人均产值和收入分配上差距较大。因此，二元经济结构既包括工业与农业的对立，也包括城市与农村的对立。

另外，发展中国家作为一个整体出现了"二元化"的趋势，即新兴工业化国家和地区与较落后的发展中国家。70年代初以后，由于各发展中国家采取不同的经济发展战略，以及外国公司在发展中国家不均衡投资，使它们的一部分从中分离出来，成为工业比较发达的发展中国家和地区，即新兴工业化国家和地区。它们已经初步完成了从传统产业结构向现代产业结构的转变，国民经济有了很大的发展，人均国民收入迅速提高，在世界制成品输出中的比重迅速扩大。而另一部分发展中国家则经济发展缓慢，产业结构落后，劳动生产率低,有严重的债务、粮荒和难民问题,以致成为贫困国,形成发展中国家间的"二元化"结构。发展中国家的"二元化"趋势,对其经济的发展造成了很大影响。发展中国家政府在制定经济发展战略时,往往偏重发展重工业,而相对忽视农业,工业发展较快,农业人口日益流向工业和城市,使农产品日益不能满足国内基本消费的需求,粮食和其他食品供不应求,不得不大量依赖进口,因而加重了外汇压力,农业长期停滞不前,粮食生产增长慢于人口增长,从而导致严重的粮食危机,也为工业发展带来不利影响。

(五)对外依附性

发展中国家在国际经济关系中处于依附的地位,生产和出口以及资金技术等依赖发达国家,是发展中国家的又一经济特征。依附性是指处于世界经济中心的发达国家通过不平等的国际经济关系支配不发达国家,使其处于"外围"地位,发展中国家经济不发达,在国际关系中受到发达国家的剥削,经济发展缺乏独立性和自主性。发展中国家的对外依附主要表现在以下三个方面:

(1)发展中国家经济发展的资金不足,而筹集资金除了国际金融机构的低息贷款外,还要向西方银行借贷,为此要付出大量利息。在沉重的债务压力下,被迫接受西方提出的一些苛刻条件,处于被动和受支配的地位。

(2)发展中国家缺乏先进的技术,所进口的货物技术项目主要为发展生产力所需的昂贵机器和技术,付出了大量技术使用费,而且有些技术转让附带很多条件。另外,跨国公司的直接投资,不仅可以取得大量利润,还要对发展中国家经济一定程度的控制。

(3)发展中国家为取得经济发展的资金,就要在国际市场上大量出口初级产品,获取外汇后,再从国际市场上进口技术设备,然而国际市场是被跨国公司垄断的。在国际市场的交换中,初级产品价格不断下降,而制成品价格是上升的趋势。发展中国家被迫接受不平等的交换。

以上对发展中国家的基本特征做了简要说明,这些特征决定了发展中国家社会经济的过渡性,即改变生产力落后的状况,实现产业结构的升级,消除二元经济结构,减少或摆脱对外经济关系的依附状态,逐步实现从落后、贫穷的地位向工业化、现代化转变。对于发展中国家来说,这一转变的过程是一个长期的历史过程,是充满艰辛和困难的过程,但又是一个有着深远意义、改写人类历史的过程。

第三节　不同类型发展中国家的经济发展

发展中国家有 140 多个,其经济发展水平、发展模式、产业结构、收入水平的差异是很大的。因此,必须根据发展中国家的经济发展战略和经济发展特点进行分类,这里参照联合国贸发会议对发展中国家的分类,将发展中国家分为石油输出国、农矿原料出口国、出口加工国(地区)和经济综合发展国等几种类型,分别对其经济发展战略和经济发展特点进行分析。

一、石油输出国

石油输出国主要指石油生产国和输出国,以石油开采为主,促进有关石油冶炼和石油化工以及其他经济部门的发展。1960 年 9 月,由伊朗、伊拉克、科威特、沙特阿拉伯和委内瑞拉的代表在巴格达开会,决定联合起来共同对付西方石油公司,维护石油收入,14 日,五国宣告成立石油输出国组织 (Organization of Petroleum Exporting Countries —— OPEC),简称"欧佩克"。随着成员的增加,欧佩克发展成为亚洲、非洲和拉丁美洲一些主要石油生产国的国际性石油组织。欧佩克总部设在维也纳。石油生产国多集中在中东地区,如沙特阿拉伯、科威特、阿联酋、伊朗、伊拉克等。这些国家石油出口收入占其国内生产总值的 25% 到 50%,政府财政收入的 60% 到 90%。石油收入又是其经济增长和经济多样化发展战略的最主要投资来源。当前大量生产石油的发展中国家有 20 多个, 其中, 有 13 个国家参加了石油输出国组织。1976 年,石油输出国组织的石油产量占世界石油产量的 51.3%。出口量占世界总石油出口量的 84.4%,80 年代以后这一比重有所下降。美国能源信息署数据显示,截至 2005 年底全球已探明石油储量为 1750 亿吨,其中 OPEC 储量合计为 1235 亿吨，占 69.76%。其中排在前三位的成员分别是沙特阿拉伯（355.342 亿吨）、伊朗（172.329 亿吨）和伊拉克（157.534 亿吨）。2005 年全球石油产量为 35.90 亿吨，其中 OPEC 产量为 14.67 亿吨，占全球产量的40.9%。2017 年美国能源信息管理会（EIA）的数据显示：2016 年全球石油探秘储量增加 150 亿桶，达到 1.7 万亿桶。从储量分布来看，OPEC 组织占据了全球71.6%的石油储量，而非 OPEC 国家石油储量仅占到 28.4%。这些国家人均国民生产总值极高，有的居于世界前列。但从其工业发展水平和产业结构看，其发展水平与发达国家还有很大差距。其特点是：

（1）人均国民生产总值高。1988 年这些国家人均国民生产总值都在 5000美元以上，其中科威特人均为 13,400 美元，阿联酋为 15,770 美元，超过了很多发达国家的水平。2007 年由于油价高涨，海湾合作委员会 6 国（沙特阿拉伯、阿联酋、科威特、巴林、卡塔尔和阿曼）人均收入达 3 万美元，创历史最高水平。其中一些成员国的人均收入还更高，卡塔尔高达 75000 美元，阿联酋为 50000 美元。2017 年国际金融协会（IIF）表示：2018 年原油平均价格为72 美元/桶，2019 年为 65 美元/桶。石油产量和价格的提升使得人均可支配收入也得到大幅度的增加，沙特阿拉伯国内生产总值为 6464.4 亿美元，沙特阿拉伯人口为 3228 万，人均国内生产总值为 20,028.65 美元；卡塔尔国内生产总值为 1525 亿美元，人口为 257 万，人均国内生产总值为 59,330.86 美元。阿联酋国内生产总值为 3487 亿美元，人口为 927 万，人均国内生产总值为37,622 美元。

（2）经济增长速度快。60 年代末到 80 年代初，这些国家普遍经济增长较快，年平均增长速度一般在 10%上下，这主要是由于 70 年代的两次大幅度石油提价所致。到 80 年代中期，石油市场降价，这些国家遭受了巨大的损失。海湾战争更使其经济遭到毁灭性打击，中东国家的经济增长率从 1989年的 6.6%降到 1990 年的-5%，科威特财政赤字 180 亿美元，沙特阿拉伯财政赤字 150 亿美元，90 年代以后这些国家的经济开始恢复和发展。进入 21世纪经济强势增长，2005 年整个地区的经济增长率高达 6.8%，2006 年的经济增长率达到 6%。国际货币基金组织日前发布的研究报告显示，2009 年海湾国家经济发展进入低谷，预计平均国内生产总值增长率仅为 1.3%，远远低于 2008 年 6.4% 的增长水平。海湾国家经济减速的主要原因是全球经济复苏迟缓与国际油价持续低迷不振。经过 10 年经济的发展，国际金融协会预测，2018 年和 2019 年海湾地区实际国内生产总值增速分别达到 2.7% 和 2.8%，较 2017 年的-0.9% 实现较大增长，2018 年和 2019 年阿联酋实际国内生产总值增速分别达到 2.4% 和 2.7%。

3. 以石油开采为主的生产体系。大量开采、出口石油的初期，这些产油国工业很不发达，工业产值仅占国民生产总值的 10%，90% 为石油收入。石油危机使这些国家意识到石油并非取之不尽用之不竭，因此开始注意发展经济的多样化，如沙特阿拉伯 70 年代建立了两个大的工业区，但其制造业仍主要是石油化工和冶炼，石油的开采和出口依然是其赖以生存和发展的关键。

巨额的石油收入使这些国家成为发展中国家中的暴发户。仅以卡塔尔为例，卡塔尔国土面积 1.1 万平方千米，人口不足 40 万，人均国民生产总值 1985 年就达到 2.1 万美元。卡塔尔在未发现石油以前，主要以捕鱼为业，40 年代发现石油以后，发生了翻天覆地的变化，国民生产总值 95% 来自石油。昔日荒凉的景象不见了，公路上豪华轿车代替了"沙漠之舟"，首都多哈已经成为现代化的城市。随着经济的发展，卡塔尔开始重视农业，蔬菜已经实现自给自足；在用水方面，政府用天然气做燃料，在多哈附近建了两个海水淡化厂，每天生产 5 千万加仑的蒸馏水和 250 万加仑稍咸的水混合供给居民使用，居民用水是免费的，生活必需品也保持着低物价。

石油的使用使人类社会进入迅速增长的阶段，据 1996 年的统计，在 1995 年世界一次性能源消费中，石油所占比率为 39.7%，居于第一位，1975 到 1995 年内世界石油消费增长 21%，全球日消费量达到 6900 万桶。为适应市场需求，产油国一方面寻找新油田，一方面采用新工艺提高产量。阿拉伯石油输出国组织的原油生产能力从 1993 年的日产 2150 万桶，已经增加到 2000 年的 2820 万桶。目前欧佩克日产量已经达到 2970 万桶。2005 年，在全球最大产油国沙特阿拉伯的带领下，中东产油国已决定提高原油现货的价格，这次提价将中东石油每桶价格从 2004 年 10 月的 37 美元推高至 50 美元。截至 2005 年 8 月底，石油价格已经上升到 70 美元。

　　2008 年,国际市场石油价格经历了大起大落,2008 年上半年,国际市场石油价格延续了前几年上涨之势加速上涨,至 7 月 2 日欧佩克油价创下每桶 140.73 美元的历史高位,7 月 11 日纽约原油期货价格达到 146.20 美元的历史高位(盘中曾创出每桶 147.27 美元的历史新高)。此后,油价维持走低之势。至 12 月 23 日,欧佩克(石油输出国组织)公布的欧佩克市场监督原油一揽子价格(以下简称欧佩克油价)为每桶 34.49 美元。这是自 2004 年 7 月以来,欧佩克油价首次降到 35 美元以下。12 月 24 日,美国纽约市场原油期货价格为每桶 36.22 美元, 为 2004 年 7 月 13 日以来首次跌破 40 美元。进入 2009 年,由于疲软的经济,世界原油需求量将减少到过去 25 年最低水平。原油交易价格最低降至每桶近 30 美元。2015 年全球原油日产量大幅度增长。2015 年全球原油产量 9617 万桶/日,增长 232 万桶/日,增量与 2014 年持平,产量总体保持了快速增长。但增量结构却有很大变化。过去两年随着页岩油革命、深海和油砂产量上升,世界原油供应增量全部来自非 OPEC 国家。OPEC 国家受到地缘政治影响(伊拉克、利比亚战乱、伊朗禁运),产量连续两年分别下降 86 和 8 万桶/日。2015 年国际原油市场风雨飘摇,油价在底部反复挣扎,全年布伦特均价 54.4 美元/桶,创十年新低,年内油价两次探底。2016 年以来,国际油价在大幅度震荡中逐渐走出低谷,并在年末时分迎来“暖冬”。

　　全球原油产量自 2009 年以来保持持续上升趋势,2015 年全球原油产量同比增加 3.2%,达到 9167 万桶/天,增幅为 283 万桶/天。其中 OPEC 成员国 2015 年原油产量 3823 万桶/天,较上年同期增加 157 万桶/天,占全球增幅的 55%,为近 30 年来产量峰值。2015 年 1 月到 2016 年 6 月,OPEC 原油产量依然保持上升态势,在 6 月份达到峰值 3286 万桶/天,较上年同期平均增幅为 4.8%。OPEC 保持相对稳定的全球原油产量份额,近 5 年平均占比 42%。但是价格疲软影响了全球石油产量的增长,2016 年同比增长 0.5%, 增长量仅为 40 万桶/日。中东地区产量增加 170 万桶/日,主要来自伊朗(70 万桶/日)、伊拉克(40 万桶/日)和沙特(40 万桶/日);中东以外地区的产量则减少了 130 万桶/日,其中美国降幅最大,为 40 万桶/日。

　　2017 年国际金融协会(IIF)表示:2018 年原油平均价格为 72 美元/桶,2019 年为 65 美元/桶。石油价格水平主要在于欧佩克的团结及由此带来的供需形势。油价的长期走势将主要依赖于市场供需,每桶50美元可能是各方容易接受的价格区间。石油生产国为维护民族利益,反对西方的掠夺,从40年代开始进行了不懈的努力,终于在70年代初将石油收归国有。1973年中东战争爆发后,阿拉伯国家实行"石油禁运",但80年代,世界石油市场油价大跌,石油输出国遭受重大损失,对经济产生了不利影响。90年代以来,油价逐渐趋于平稳。这些国家的人均国民生产总值已经接近甚至超过了某些发达国家的水平,但这是依赖于其得天独厚的自然资源。石油是一种不可再生资源,终有耗尽的一天,按照目前的生产速度,欧佩克的石油储量至少可以开采80年,其他国家的石油储量还可供开采20多年。石油输出国已经认识到了这一点,正努力改变严重依赖石油生产和出口的片面经济结构,发展石油化工和其他工业,逐步形成以石油开采为主,石油化工为主导的工业生产体系。

二、农矿原料出口国

农矿原料出口国是发展中国家的大多数,属于单一原料出口型经济,主要是农业、矿产资源比较丰富,出口产品中农矿初级产品占绝大部分。这类国家严重依赖于发达国家市场。据统计,农矿原料出口占到这些国家出口产品的70%到98%,如1988年尼日利亚出口产品中初级产品占98%,刚果占89%,不少国家1988年以后这个比重开始下降,但仍然偏高。如泰国出口产品中,农矿初级产品所占比重从95%下降到48%,秘鲁从99%降到78%,智利从96%降到75%。大多数原料出口国农矿原料生产在国民经济中也占相当大的比例,一般为30%以上。近年来,原料生产国的生产和出口呈现多样化趋势。这些国家从其经济发展水平看,既有工业化处于刚刚起步阶段的国家,如尼日利亚、赞比亚等,也有工业化已经有所发展,制造业在国民生产总值中占的比重逐渐上升的国家,如泰国、叙利亚、哥伦比亚、秘鲁等国。

以泰国为例。泰国二战前是个比较落后的农业国,战后经过一段时期的恢复,经济进入了高速增长阶段。60年代中期以来,泰国经济增长率年平均在7%以上,1988年到1990年连续三年以两位数的高速度增长,1991年由于海湾战争的影响，增长率为 8%，人均国民生产总值 1988 年就达到 1000 美元以上。泰国经济增长主要得益于政局长期稳定，政策实施得当，既注意国民经济实现工业化，又重视农业生产的发展，尤其是利用亚洲"四小龙"经济调整和产业结构升级的契机，以及自身廉价劳动力的优势，引进外国直接投资生产纺织品和电子产品，并重视吸引高新技术，由此带动建立了一大批工业企业。但由于泰国经济增长过快，通货膨胀率较高，面临艰巨的结构调整任务，对其经济造成了不良的影响。1997 年 7 月，泰铢大幅度贬值，引发了东南亚地区的持续金融动荡，泰国经济严重滑坡，经济增长率从 1996 的 6.7% 下滑至负增长，直到 1999 年经济才出现好转。亚洲金融危机后，从 1999 年起开始恢复增长，增长率连续两年保持在 4% 以上。然而 2001 年由于全球经济增长放慢的影响，泰国制造业和出口大幅度下降，经常项目盈余减少，经济增长率降至 1.3%，但随着政府实施的各项经济激励措施开始见效，以及世界经济形势好转，从 2003 年达到 6.9%，2004 年为 6.1%，泰国经济恢复又重新显现出快速增长的好势头。此后经济增长率有所下降，但仍达到 2007 年的 4.5% 和 2008 年的 3%。随着经济全球化的进程日益加快，泰国也加入全球经济发展的行列中从 2010 年回升到 7.5%，到 2015 年的 3%，2017 年泰国经济增长率为 3.4%，2018 年增长率达到 4.4%，国内经济利好不断。

三、出口加工国

这类国家（地区），即人们通常所说的"新兴工业化国家（地区）"，也有的称作"制成品出口国（地区）"。它们在大力引进外国资本、技术和管理经验的基础上，积极发展面向出口的加工制造业，并通过进出口贸易来带动国民经济的增长。目前这类国家和地区包括新加坡、中国香港、韩国、阿根廷、墨西哥等，东欧剧变后，捷克、斯洛伐克等也被归纳其中。

60 年代以来，这些国家和地区的工业迅速发展，制成品出口增长较快，如韩国 1980 年到 1993 年，国内生产总值年平均增长 9.4%，新加坡、中国香港达到 6.7%，大大高于发达国家。它们已经实现了工业化，经济水平正在赶上和超过像英国、意大利这样的发达国家。"四小龙"1997 年经济增长率比上一年的 6.2% 下降 0.1 个百分点,新加坡增长为 7%,中国香港实际增长率为 5.5%,中国台湾为 6.7%。此后一段时期内,新兴工业化国家和地区的经济增长率除个别年份一般都保持较高的水平。据国际货币基金组织的统计,2000 年这些国家和地区的实际国内生产总值增长率,新加坡为 10.3%,中国香港为 10.4%,中国台湾为 5.9%。它们的经济水平与发达国家的差距在不断缩小。2004 年亚洲国家或地区中,中国香港为 8.1%,中国台湾为 5.7%,韩国为 4.6%,新加坡则达 8.4%。但在 2004 年全球经历了五年来最强劲的表现后,由于油价飙涨等因素,2005 年的经济增长将比 2004 年放缓。这些国家和地区的发展得益于诸多因素,发达国家的科技进步、资本国际化、西方货币汇价的涨落机会都为其提供了有利的条件。另外,它们还利用 60 年代以来出现的国际产业结构调整的机会,调整自己的产业结构,促进出口的扩大,带动整个经济的发展。"四小龙"充分利用了国际环境的各种机会,取得了令人瞩目的经济飞跃,如新加坡制造业固定资产中,外国资产占了 60% 左右,韩国在整个 70 年代利用外资增加的国民生产总值占其同期国民生产总值的 36% 以上。在贸易领域,亚洲"四小龙"也丝毫不比发达国家逊色。如 1992 年,在按世界各国贸易差额的排列中,中国香港居第 10 位,新加坡居于第 13 位,中国台湾居第 14 位,韩国居第 15 位,所以有人提出亚洲"四小龙"已经从发展中国家和地区毕业了。

2003—2007 年,发展中国家人均国内生产总值增长了近 30%,而同期内以七国集团为代表的发达国家人均国内生产总值仅增长 10%。2007 年,在 143 个发展中国家里,只有 10 个国家的人均实际收入会有所减少。1980 年发达国家的人均收入是发展中国家的 23 倍,而到 2007 年这一差距将缩小为 18 倍。2007 年,发展中国家又取得一个"较好收成",经济增长率在 7% 左右,是发达经济体增幅的 2 倍以上。2008 年受华尔街金融风暴冲击,2008 年下半年世界经济形势急转直下,衰退风险骤然上升。国际机构频频下调世界经济增长预期,悲观情绪明显占上风。从增长速度看,发达国家经济将经历二战后第一次年度负增长,联合国预测 2009 年发达国家经济将整体衰退 0.5%,新兴市场和发展中国家经济增速将放缓至 4.6%;从下滑幅度看,发达国家与发展中国家的经济下滑幅度均将达到 2.9 个百分点;2005—2009 年,新兴市场与发展中国家对世界经济增长的贡献率达到75%。但是这些国家的经济增长率减缓到2008年的6.6%和2009年的5.1%，但仍高于过去30年4.5%的平均水平。

亚洲发展中经济体仍是全球最好的。国际货币基金组织认为，受全球经济衰退及金融危机冲击，亚洲经济增长将明显回落，并面临急剧减速可能。亚洲发展中经济体2008年和2009年经济增长由2007年的9.5%减缓到7.7%和6.5%，其中"四小龙"经济减速明显。亚行则认为，虽受金融危机影响，但亚洲发展中经济体基础仍不错，特别是中国和印度经济保持适度增长。

2017年新兴经济体和发展中国家经济继续回暖，经济增速总体有所提升。其中，亚洲主要经济体深化结构性改革，内部需求趋强，与全球经济复苏形成共振，经济增速处于周期性上行；拉美地区经济有望结束连续两年的衰退，实现恢复性增长；俄罗斯则度过衰退向增长转变的拐点，继续企稳向好，进入低速增长通道；西亚北非经济处于改革关键期，但受地缘政治紧张和原油价格温和上涨影响，经济增长动力减弱；撒哈拉以南地区经济得益于全球商品价格回升，地区主要经济体经济走势改善，经济增长趋稳。国际货币基金组织2016年10月发表的《世界经济展望》，2017年新兴市场和发展中国家经济增长率为4.6%，高于2015年和2016年4.3%的增速。其中，亚洲新兴市场和发展中国家2018年的经济增速为6.5%，独联体为2.1%，西亚北非为2.2%，撒哈拉以南国家为2.6%。与之相比，发达经济体2018的经济增速为2.2%，全球经济增速为3.6%。新兴经济体的增速依然领先于全球经济总体增速，超过发达经济体增速的2倍。IMF首席经济学家莫里斯·奥伯斯费尔德在分析上调全球经济增速的原因时，承认新兴市场和发展中经济体在其中"发挥了相对较大的作用"。

2018年，新兴经济体和发展中国家经济整体向好。国际货币基金组织资料显示，2018年新兴经济体和发展中国家经济增长率进一步升至4.9%，达到5年来的峰值。其中，新兴经济体对全球经济增长贡献有望达到77%，较2017年上升2个百分点。新兴经济体和发展中国家面临的主要风险是发达国家宏观经济政策调整可能导致资本外流、货币贬值压力，全球贸易投资保护主义和竞争性减税加剧，以及国内政治动荡、极端天气事件、恐怖主义、地缘政治风险等非经济因素,复苏进程难以一帆风顺。

以韩国为例。韩国是一个资源贫乏、国土面积小、人口多的国家。20世纪60年代以来,韩国实施出口导向战略,其发展引人瞩目。韩国经济的发展主要有以下几个方面的原因:

(1)美日的大力扶植。1945年至1974年,美国向其提供的无偿援助达到人均150美元,另外日本也为韩国提供了大量无偿拨款。

(2)推行一条适合本国特点的"出口导向战略"。韩国先后采取货币贬值、出口信贷优惠等措施,使其出口总额从1960年到1970年平均增长39.6%,1970年到1980年平均增长37.2%。进入80年代,世界出口贸易增长率比前一期下降,贸易保护主义增加强,但韩国的出口仍保持了较高的增长率,1980—1988年,年平均增长率为14.7%。

(3)大力引进外资和先进技术,改善投资环境,利用西方国家产业结构调整之机,吸引外资带来先进的技术和经营方法。

(4)注重产业结构的调整。70年代以前,主要发展劳动密集型产业,70年代后期到80年代中期,大力发展资本密集型产业即重化工业,80年代下半期则转向技术密集型产品的生产,制造业在国民生产总值中的比重不断上升。

(5)重视科技教育和培养人才。企业可以从利润中提取一定的比例作为技术开发基金。

20世纪60年代,韩国经济增长率年平均为9%,70年代发生石油危机以后,韩国加强了对本国产业的保护,实行扩张性财政政策,以减缓石油危机对经济的影响,第二次石油危机后,韩国实施了全面的稳定计划,即迅速紧缩宏观经济政策和采取鼓励竞争的外向型贸易政策,从而使韩国生产率的增长速度从60年代和70年代的1%左右提高到80年代的2.5%。韩国经济的出色在于其宏观经济稳定和逐步实施有利于经济长期增长的结构改革,经济不断开放,并采取维持经济稳定的金融政策,使其充分利用有利的外部环境促进经济的发展,但是韩国经济的高速增长是在特别的历史条件下取得的,到了90年代由于其自身的结构问题,特别是金融制度方面的弊端日益暴露出来,导致1997年的严重金融危机,为此不得不进行一系列的重大经济改革。经过经济结构较大幅度的调整后,2000 年再次出现了 9.3% 的高增长率。2003—2007 年韩国国内生产总值从 2.93% 一直上升到 5.46%,2008 年仍然保持 2.83% 的增长,经过全球金融危机 2009 年回落到 0.7%,2010 年达到 6.5% 的增长率。2011—2017 年平均增长率大约为 3%(分别为:3.68%、2.29%、2.9%、3.34%、2.79%、2.93%、3.06%)。2018 年韩国央行数据显示,当年韩国国内生产总值增速为 2.8%,2019 年韩国国内生产总值增长率为 2.9%。

四、经济综合发展国

这类国家属于自然和社会条件都比较优越的国家,其资金、人力、自然资源和市场方面都适于建立完整的工业体系。如印度、中国、巴西、埃及、印度尼西亚等被归入此类。这些国家注重国民经济的综合发展,既重视工业也重视农业, 农业在国民生产总值中的比重逐步下降, 制造业发展速度比较快,但这些国家人口比较多,人均国内生产总值相对处于比较低的水平。

这类国家以印度为例,印度独立后,从 1951 年开始实施第一个五年计划,经过 15 年的工业建设,到 1965 年初步形成了比较完整的工业体系。甘地上台后,开始了经济发展战略的调整,把经济发展的重点由重工业转向轻工业和新兴产业,并扩大私营部门的比例,放松对私营部门的限制,对国营企业进行调整,扩大其经营自主权,引进竞争机制,与此同时还实行对外开放,以医药、电子等高新技术为重点吸引外资。经过一系列的努力,印度的国内生产总值增长率由 1965 年到 1980 年平均增长 3.6% 上升到 1989 年的 6.6%。90 年代以来,印度经济继续保持着快速增长,经济增长率由 1992 年的 5.3% 提高到 1995 年的 7.3%。新一届政府强调国家应减少对经济的干预和控制,提高私营部门在国民经济中的地位和作用,进一步扩大对外开放的速度和规模,取消对外资持股比重的限制,引进一些大型跨国公司,使其产业结构发生了重大变化,农业在国民经济中的比重下降,制造业、服务业比重上升, 其出口增长率 1980 年到 1990 年平均为 6.5%, 高于世界平均水平(4.3%),制成品出口逐年扩大。印度经济发展速度不快但较为平稳,建立了完整的国民经济体系,科技力量也比较雄厚,全国有 500 多所大专院校,科研人员有 300 多万，这在发展中国家是比较高的。印度 2004 财政年度经济增长率达到创纪录的 8.2% 的水平，跻身世界上经济增长最快的国家之列。印度吸引外资居世界第三位，2004 年吸引外国直接投资达到 90.72 亿美元，创下历史最好成绩。根据专家分析，印度经济的增长主要来自农业和服务业，而不是制造业。的确，农业在印度是重要的部门，"绿色革命"就发生在印度。目前第二次"绿色革命"正如火如荼地开展。农村经过绿色革命，粮食已基本达到自给自足，人民生活水平有了一定程度的提高，但印度人口过多，而且增长过快，贫富差距悬殊，阻碍了经济的发展，人均国民生产总值增长缓慢。2010 年联合国和世界银行对发展中国家通常是按照人均国内生产总值的高低来划分的。如 1990 年世界银行的划分标准为：(1)低收入国，1990 年收入低于 610 美元以下；(2)中等收入国，1990 年人均国内生产总值在 610 到 7620 美元；(3)高收入的石油输出国，人均国内生产总值在 7620 美元以上。

低收入的发展中国家包括最不发达国家。根据联合国规定，最不发达国家的标准有三个：(1)按 1976 年到 1978 年期间平均价格计算的人均国民收入低于 250 美元；(2)国内生产总值中制造业比重在 10% 以下；(3)全国人口识字率在 20% 以下。1981 年联合国贸发会议上确定的这类国家有 31 个。1991 年贸发会议宣布最不发达国家已经增加到 47 个，人口近 5 亿，其中亚洲 9 个，非洲 32 个，拉美 1 个，大洋洲 5 个。这些国家的人口为世界人口的 8%，国内生产总值仅占全世界的不到 1%，1997 年最不发达国家数量为 48 个，目前已经达到了 49 个。

第四节　发展中国家的经济调整及改革

一、20 世纪 80 年代以前发展中国家的经济发展

回顾二战后几十年的发展历程，发展中国家不仅取得了政治地位，而且在经济方面也已经有了很大的进步。从二战结束到 70 年代末，它们在经济

上取得的成就主要表现在：

（1）生产力水平提高，人民生活得到改善。据世界银行统计，1960 年到 1980 年，发展中国家国内生产总值平均增长率为 6.0%。发展中国家的文化、教育、卫生、健康等指标都有所提高。

（2）出口能力增强，出口结构有所改善。据世界银行《1988 年世界发展报告》资料，发展中国家商品贸易年平均增长率从 1965 年到 1980 年出口为 3.1%，进口为 5.5%，出口商品结构发生明显变化，初级产品所占比重下降，即从 1965 年的 78% 降到 1980 年的 48%，而制成品从 20% 提高到 51%。

（3）工业迅速发展，产业结构优化。虽然农业在发展中国家经济中仍占很大比重，但工业的增长却快于农业，1950 年到 1980 年发展中国家工业产值增加 7 倍，农业在国内生产总值中的比重从 1950 年的 37% 降到 1980 年的 20% 以下，服务业比重有所上升，工业在国内生产总值中的比重从 20.4% 上升到 30.3%。

二、20 世纪 80 年代发展中国家面临的经济困难

70 年代发展中国家经济建设虽然取得很大成就，但进入 80 年代，发展中国家经济出现了严重的困难。债务危机、通货膨胀及粮食问题一直困扰着广大发展中国家，对于大多数国家来说，80 年代是倒退的 10 年，它们在世界经济中的地位明显下降，处境非常困难。具体表现在：

（一）经济增长停滞，资金短缺

80 年代发展中国家国内生产总值年平均增长率由 70 年代的 5.3% 下降到 3.8%，人均国内生产总值的增长率由 2% 下降到 1.5%，1989 年发展中国家人均国内生产总值只相当于 1980 年的 98%，非洲为 80%，西亚只相当于 64%。发展中国家各地区经济发展不平衡。东亚地区人均国内生产总值增长率为 6.3%，国内生产总值增长率为 7.9%，成为世界最富活力的地区；而拉美地区 80 年代经济停滞不前，国内生产总值增长率为 1.6%，人均国内生产总值出现负增长为 -0.5%，撒哈拉以南非洲由于人口增长超过经济增长，人均

国内生产总值年均增长为-1.2%,国内生产总值增长率为-2.1%。

另外,发展中国家资金短缺,总投资水平降低,1965年到1980年间中低收入的发展中国家国内总投资平均增长8.2%,而1980年到1989年间为2.0%,拉美、撒哈拉以南非洲国家出现负增长,且出现资金倒流现象,即从发展中国家流向发达国家,使发展中国家筹资困难。

(二)债务负担沉重

为弥补资金的不足,发展中国家大量借债,1981年发展中国家债务总额为6500亿美元,到1990年为13100亿美元,据世界银行统计,发展中国家1980年对外债务总额占货物劳务费出口的比率为134.4%,1989年上升为191.7%,债务占国内生产总值的比率由27.6%增加到1989年的22.4%,为偿还债务本息发展中国家1981年至1989年间共支付13393亿美元。由于借债已经超出了债务国的经济能力,导致严重的经济困难,内债增加了政府的财政赤字,工业生产停滞,农业产出下降,又引起通货膨胀。许多国家不得不采取紧缩政策,削减公共开支,严格限制进口,造成经济增长缓慢,人均收入下降,失业人数增加,甚至引起政局的动荡。

(三)贸易环境恶化

由于国际贸易领域保护主义盛行,以及整个80年代初级产品价格下降,发展中国家的出口贸易在世界贸易中的地位严重下降。1980年发展中国家出口贸易额达5586亿美元,到1989年为5165亿美元。80年代,制成品在世界贸易中的比重不断上升,初级产品比重不断下降,价格也大幅度下跌。

据国际货币基金组织统计,发展中国家出口的初级产品价格总指数1980年到1989年间下跌10.4%,许多产品价格跌幅达50%以上。发达国家对发展中国家实行歧视性贸易政策,尤其是对纺织品和服装实行歧视性的进口配额制,使发展中国家蒙受重要损失,收入锐减,阻碍了经济的发展。

(四)粮食匮乏,农业面临严峻挑战

多数发展中国家为农业国或正从农业国向工业国过渡时期, 人口增长率又提高,因而粮食问题非常突出。根据联合国粮农组织对 105 个发展中国家的调查,1974 年至 1984 年间粮食生产赶不上人口增长的国家有 50 多个。据有关资料统计,当今发展中国家中仍有 9 亿人吃不饱,占世界人口的 20%以上,长期处于营养不良的状态,生活在贫困线以下。其中非洲有 2.04 亿人口,拉美和加勒比海地区有 0.76 亿人口,中东北非有 0.27 亿人口,其余 6.23亿人口在亚洲。发展中国家承受着巨大的人口压力。世界每年增长人口的90%都来自发展中国家。由于粮食自给率低,使发展中国家不得不拿出有限的外汇去进口粮食,这又限制了其他资源或物资的进口,影响了经济增长,使粮食进一步短缺,形成了恶性循环。比如非洲人口每年以 3%的速度增长,而粮食生产增长率不到 2%。由于生态环境被破坏,非洲每年有 3 万到 7 万平方千米的耕地变为沙漠,全世界耕地正在大面积遭到破坏,联合国环境计划署的一项调查表明,在 1947 年至 1992 年这 45 年中,遭到中度破坏及严重破坏的耕地达 12 亿公顷,占世界耕地面积的 11%。有些国家因经济政策失误,长期忽视农业生产,使粮食问题更加突出。为了克服发展中国家存在的这些困难,促进各国经济的发展,发展中国家适时地进行了经济调整和改革。在发展粮食生产的同时,防止或减少生态环境遭到破坏。

80 年代发展中国家经济上的严重困难,其原因是多方面的,既有国内原因也有外部原因。在国内,多年来发展中国家实施的经济发展战略和经济政策失误。主要表现在:重视工矿业,忽视农业生产;不注意国民经济的均衡发展,过度追求经济的高速增长,忽视合理收入分配和社会问题的解决,大多数人民群众的生活没有得到改善;过度依赖外部资金和国外市场,忽视独立自主发展民族经济;脱离本国实际,盲目举借外债,进行长期大型工程项目建设,使外债的投资效益低下,造成大量浪费。从国外来看,主要是 70 年代整个发达资本主义世界滞胀,80 年代初期的经济危机,使严重依赖发达国家市场的发展中国家经济出现严重困难,出口减少,逆差严重,美国的高利率政策更加加重了发展中国家的债务负担。发展中国家经济的不稳定性和脆弱性导致了严重的经济困难。

第十四章

三、发展中国家的经济调整

20世纪80年代以后，许多发展中国家遇到严重的经济困难和危机，导致社会政局动荡，以致政权更迭。80年代是发展中国家经济最不景气的时期，迫使发展中国家对经济发展战略、经济体制和产业结构进行调整和改革，并形成了一股潮流。发展中国家进行经济调整的特点表现在：(1)向市场经济方向的调整和改革，即减少国家对经济的干预，扩大对外开放，充分发挥市场的调节作用，鼓励私人企业经营。(2)世界大多数发展中国家都加入了调整的行列，世界经济的发展经验证明，没有一个国家能够独立于整个世界经济之外而得到经济发展。(3)与以往各国的经济调整相比，80年代以来的改革和调整，范围更广，力度更强，时间更长，改革的范围涉及国家的宏观经济政策，以及国家经济生活的各个方面。

经济调整与改革的主要内容包括：

一是调整发展战略，实现宏观经济的稳定。面对严峻的经济形势，发展中国家开始强调从本国国情出发调整经济发展战略，由单纯追求经济增长速度转向注重经济的均衡发展，将工业化作为发展方向，以人为中心实现公平分配，促进社会经济综合发展，以满足大多数人的基本生活需要为目标，采取对外开放、利用外资、减少国家干预、调整国营经济、发展私有经济等措施，实行出口导向战略，从稳定经济出发，注重实行经济综合发展战略。

二是调整产业结构。发展中国家过去片面强调工业化，忽视农业生产的发展，使工农业比例失调，经济结构比较脆弱。80年代以后，发展中国家纷纷采取措施调整国民经济的薄弱环节，强调发展农业的重要性，把农业作为政府干预的重要目标，大力推行产业多样化，促进产业升级，努力实现国民经济各部门的均衡发展。如石油输出国，除了发展石油的开采、冶炼外，还注重发展制造业和农业，使其制成品有少量出口，减少对农产品和粮食进口的依赖。另外，强调工业内部结构的调整，即解决轻重工业比例失调的问题，过去注重重工业的国家加快发展轻工业，改善国内轻工业品的供应状况，过去注重轻工业的国家也开始发展重工业。

三是改革经济管理体制和经济结构。过去多数发展中国家强调国家干预经济,大力兴建国营企业。在当前发展中国家的社会经济条件下,国营企业不可避免地存在着管理不力、经营不善、效益低下、亏损严重等问题。因此,改革经济管理体制成为发展中国家调整经济的重要内容,即减少政府的过度干预,放松价格管制,发挥市场的自动调节机制;整顿国营企业,对于严重亏损的国营企业不再由国家财政拨款;采取多种经济形式并存,积极发展私营企业,以各种优惠措施鼓励私人投资。东亚国家经济改革的成功经验之一, 即国家和市场在促进发展中相互作用, 政府的作用在于促进企业的成长,发展商品经济,推动市场化进程。

四是向市场化、国际化方向改革。实行对外开放,改变过去闭关自守的状况,大力吸引外资和先进技术,很多发展中国家专门制定了吸引外资的优惠政策,逐步取消贸易保护和外汇管制,以扩大出口和提高偿债能力。许多发展中国家已经认识到了实现贸易自由化和资源有效配置的重要性, 在较大程度上降低关税,放松进出口的管制。发展中国家的经济经过调整和改革取得了积极的效果。

四、调整后的发展中国家经济

20 世纪 80 年代以来,发展中国家经过政策调整和经济结构调整,使经济逐渐从停滞衰退中恢复过来。多数发展中国家在总结 80 年代经济发展的经验教训基础上,采取适合本国国情的各种经济政策,在改革方面形成自己的特色。到 90 年代初,发展中国家在全球经济总量中占的比重上升到 23%,而 1960 年,仅占 13.4%。90 年代前半期,发展中国家的经济增长率大大高于发达国家, 特别是东亚发展中国家在发达国家对外贸易和对外直接投资中所占比重不断上升。这显示发展中国家对发达国家的经济增长开始发挥带动作用。然而到了 90 年代后期,由于世界金融、贸易环境动荡,某些发达国家在国际金融与贸易活动中采取损人利己的政策。特别是由于不合理的国际政治经济秩序,发展中国家的经济遭受严重打击,同发达国家的差距重新拉大。联合国开发计划署 1999 年度的《人类发展报告》称,占全球 20% 人口的发达国家拥有全球生产总值的 86%,全球出口市场的 82%,而发展中国家的份额分别缩减到 14% 和 18%。1960 年全球五个最富国家和全球五个最穷国家人均收入的差距相差 30 倍,如今这一差距扩大到 74 倍。

多数经济学家认为,发展中国家已经进入新一轮经济增长期,这个时期要持续相当长的一段时间,发展中国家已经成为世界经济中的独立增长源。调整后的发展中国家经济增长表现出以下几个方面的特点:

(一)经济持续增长

20 世纪 90 年代发展中国家经济增长率逐年提高,据国际货币基金组织的统计,发展中国家的年经济增长率 1993 年为 6.1%,1994 年为 6.2%,1995 年为 6.0%,1996 年为 6.5%,1997 年为 5.8%。受亚洲金融危机的影响,东南亚国家和地区的经济增长率有所下降,1997 年为 4.9%—5.7%,拉美经济由于墨西哥 1994 年的金融危机,使其经济增长率由 5.2% 降到 1995 年的 0.4%,1996 年恢复到 2.9%,1997 年拉美经济保持良好的发展势头,经济增长率为 5% 左右,非洲经济在 1995 年好转的基础上 1996 年达到 5.2%,特别是 1995 年 3.2% 的增长率是非洲自 1985 年以来经济增长速度首次超过人口增长速度的一年。经过调整后,整个发展中国家又出现了旺盛的经济增长势头,从 80 年代的经济衰退和停滞中完全恢复过来。市场自由化、更加稳定的宏观经济政策和技术变革都促进了一体化进程。发展中国家也改善了工人的健康和教育状况,从长期看这会有利于促进增长。在大多数发展中国家,包括入学率和文盲率在内的"人力资本"指标出现广泛改善。例如,文盲率从 1990 年的 31% 下降到 1998 年的 26%,预期寿命从 63 岁提高到 65 岁。如下图:

发展中国家增长的条件得到改善		
	1988–1990	1988–2000
开放性（贸易/GDP）	29.0	43.5
通胀率中位数	12.6	6.1
财政平衡中位数/GDP	–2.7	–1.8
外国直接投资/GDP	0.5	2.7
外债余额和已支付部分/出口	172.6	142.2
入学率		
小学	78.0	82.0
中学	56.0	63.0
文盲率	31.0	26.0
5 岁以下婴幼儿死亡率	91.0	79.0
预期寿命	63.0	65.0

图 14–1　发展中国家增长条件

资料来源：世界银行《2001 年全球经济展望与发展中国家》http://www.worldbank.org/prospects/gep2001。

据国际货币基金组织资料，到 1999 年世界发展中国家经济增长率已达 3.5%，高于 1998 年的 3.2%。这里首先是亚洲国家纷纷走出金融危机的重围，并且先后步入迅速复苏的轨道。其中，韩国又出现了 9% 的增长率，新加坡、泰国、菲律宾和马来西亚也分别在 3%—5% 之间，中国也以 7.8% 的增长率为世界经济的持续发展做出了自己的贡献。

进入 21 世纪发展中国家经济保持高速度增长。2000 年发展中国家的经济增长速度为 5.3%，2001 年达到 5%，2002 年略降至 4.8%。世界银行最近发表的一份报告预计，2004 年发展中国家经济增长率达到了 6.1%，这是自 1974 年以来发展中国家经济增长率最高的一年。分析家们认为，由于发达国家经济增长趋缓和中国政府采取宏观调控措施，2005 年发展中国家经济增长势头将有所减弱，但仍保持较高的增长率。

据世界银行报告，2005 年发展中国家经济增长率为 5.4%，虽低于 2004 年的水平，但仍高于 2000—2003 年任何一年的增长率。2005 年，东亚发展中经济增长率为 7%，低于 2004 年的 7.9%。在其他发展中地区，南亚的增长率从 6% 提高到 6.3%，拉美与加勒比地区从 4.7% 下降到 3.7%，撒哈拉以南非洲从 3.2% 提高到 3.6%，欧洲与中亚地区从 7% 降为 5.6%，中东和北非地区仍维持 4.7% 的增幅。

2006 年发展中国家经济增长率将接近 7%，发展中国家 2007 年的经济增长率为 7.4%，2008 年则为 7.1%。世界银行资料显示 2007 年东亚和太平洋地区经济增长率为 10%，由于美国出现金融动荡和由此产生的全球经济放缓，2008 年东亚发展中国家的增长率比 2007 年可能会降低，为 8.5%左右。在发展中国家，中国和印度的经济表现尤为突出。中国 2007 年和 2008 年的经济增长率分别为 11.3%和 10.8%，印度则为 9.0%和 8.4%。2009 年中印两国经济仍将保持快速发展，但增长速度会有所下降。

据世界银行报告说，撒哈拉以南非洲地区经济形势也不错，2007 年该地区经济增长率将为 6.1%，2008 年达到 6.4%，2009 年预计会有所下降。报告显示，过去的十年中，非洲有 16 个非石油生产国的年平均经济增长率达到 5.5%，上述国家总人口约占全非总人口的 36%。而另外 13 个发展最慢的非洲国家年平均经济增长率只有 1.3%。世界银行报告认为，尽管非洲经济持续增长，但其取得的成果远远不够。要实现非洲国家到 2015 年贫困人口减半的联合国发展目标，非洲年平均经济增长率需达到 7%以上。

《2009 年全球经济展望》报告指出，由于发达国家的金融危机引发了全球性的市场震荡，长期以来由发展中国家领跑的全球经济增长将进入一个具有很大不确定性的阶段。报告显示，2008 年全球国内生产总值增长率为 2.5%，2009 年则为 0.9%；发展中国家 2009 年的增长率将为 4.5%，相比 2007 年的 7.9%有所下降。

2012 年世界经济形势的分化主要表现为新兴经济体和美国强、欧日弱；2013 年则主要表现为发达国家内部以及发展中国家内部分化扩大：发达国家内部继续分化，美国继续温和复苏、进入持续复苏轨道，量化宽松政策（QE）迎来转折点；日本货币和财政刺激"猛药"起效，经济复苏加快；欧元区艰难摆脱衰退，但全年仍为负增长；东亚和东南亚经济保持较快增长，而脆弱五国（印度、印尼、巴西、土耳其、南非）受制于内、外经济失衡，加上资本外流的冲击，经济发展较为困难。21 世纪的前十年（发展中国家的经济），虽然经历了金融危机全年经济增长 4%，为 2008—2009 年金融危机以来最低水平，但是到了 2013 年发展中国家占世界经济总量达 38.9%。从过去 20 多年的演变来看，由于长期保持快速增长，发展中国家在世界经济中所占比重提高了近 20 个百分点，发达国家和发展中国家的经济总量之比已由 1990 年的 3.9 倍下降到目前的 1.6 倍。在国际金融危机后,发展中国家对世界经济增长的贡献率明显超过发达国家。2014 年 4 月《2013 年世界经济回顾及2014年展望》的文章指出国际货币基金组织最新估计,按购买力平价法计算,2013 年发展中国家国内生产总值占全球的 50.4%(汇率法为 39.4%),历史上首次超过发达国家,2018 年将提高到 53.9%。2014—2017 年基本保持在4.1%~4.6%的增速。

(二)通货膨胀被遏制

在经济增长率上升的同时,各国的通货膨胀率则普遍下降。20 世纪 80年代,发展中国家由于受外部冲击陷入发展危机,物价猛涨,通货膨胀率高,尤其是拉美的通货膨胀曾连续 8 年三位数、连续 3 年四位数。但由于各国政府采取了抑制通货膨胀的有利措施,使得 1995 年发展中国家的平均通货膨胀率降为 19.5%,尤其是拉美的恶性通货膨胀得到了控制,由 1993 年的高达888%、1994 年的 1120%,逐步下降为 1995 年的 25%、1996 年的 18%,而1997年更降到 10%左右,是最近 50 年来的最低点。拉美控制通货膨胀取得最突出成绩的是阿根廷,其 1997 年的通货膨胀率为零;在非洲国家,通货膨胀率也有所下降,从 1995 年 21%降到 1996 年的 20%以下;南亚大国印度和巴基斯坦的通货膨胀被成功地控制在 5%和 8.5%;在东亚地区,通货膨胀率也得到了有效的控制,大多数国家的通货膨胀率都保持在 10%以内。但进入 21世纪以来,在国际大宗商品价格上涨的情况下,各国通货膨胀都处于较高水平,比如 2008 年,秘鲁通胀率达到 5%,智利为 8%,乌拉圭为 10%,委内瑞拉通胀率预计达到 25.7%;印度的通货膨胀率上升到 11.05%;越南通货膨胀率升至 13 年高点 25.2%;中国年中的通货膨胀率为 7.7%,都处于较高水平。2010—2018 年主要的发展中国家通货膨胀率基本呈现下降趋势, 如中国从2010 年 3.3%到 2015 年 1.4%,2018 年以来, 全球主要经济体通胀整体呈现上升趋势,除了持续处于严重通胀的阿根廷外,G20 其他国家 4 月通胀均值接近 3%,高于 2017 年均值约 0.2 个百分点。

（三）贸易状况良好，外资流入增加

发展中国家在国际贸易中所占的份额逐步提高，在世界贸易中所占的比重从 80 年代 20%上升到 1996 年的 30%。世界贸易组织官员认为，发展中国家是世界贸易的主要动力之一，照目前的这种趋势发展下去，到 2020 年，发展中国家的贸易额将超过世界贸易总额的一半。就地区来看，拉美国家到 1996 年已连续两年国际收支保持顺差，其贸易额达到 5430 亿美元，比 1995 年增长 11%，1997 年增长率为 10%；亚洲虽然出口增长速度在 1996 年低于前两年的水平，但出口增长率仍达到 7%；非洲的石油输出国由于 1996 年国际石油市场石油价格上升，收入显著增加。此外，发展中国家在工业制成品出口方面取得了长足进展，工业制成品出口已经成为占发展中国家总出口的 70%以上，与此同时，发展中国家在全球工业制成品出口总份额中的比例也已由 1980 年的 1/5 上升到 2002 年的 1/4。

从资金流入看，进入 90 年代以后，全球资金分配格局发生的最突出变化之一就是发展中国家在全球外国直接投资中占的份额越来越大。国际货币基金组织 1996 年度《国际资本市场》报告表明，1983—1989 年间，发展中国家的净资本流入量只有 88 亿美元，1990 年猛增到 398 亿美元，即使 1995 年墨西哥爆发金融危机，当年流入发展中国家的资金总额仍达 2280 亿美元，1995 年世界范围的外国直接投资额较上年增加 40%，达到 3150 亿美元，而发展中国家就达 1000 亿美元，比 1994 年增加 15%。发展中国家得到的外资已相当于其国民生产总值的 4.5%，而 1990 年仅为 1%。发展中国家已经成为世界各国直接投资的重点地区之一。亚洲 1995 年吸收了外国直接投资的 65%以上，仅中国就吸收 375 亿美元，1996 年东亚地区流入的私人资本达1420亿美元，占当年流入发展中国家总私人资本的 58%。发展中国家还从其他渠道获得了可观的资金，世界银行向发展中国家提供新贷款 214 亿美元，七国财长会议在 1996 年 9 月宣布给世界最穷债务国减免 77 亿美元的债务。

因此，90 年代以后特别是进入 21 世纪以来，发展中国家经济持续增长与近年来流入发展中国家的资金大幅度增加有密切关系。发展中国家的市场走向自由化，实行更稳定的宏观经济政策和技术革新，这也大大促进了经济一体化的进程。然而发展中国家所欠债务累计额连年增加,1998 年发展中国家债务总额仍高达 24650 亿美元。2000 年发展中国家债务问题进一步恶化,外债总额已经超过 2.6 万亿美元。2005 年八国集团财长会议在伦敦召开,8 国就减免世界最穷国家债务达成一致,以减轻全球贫困问题,按照协议,世界银行、国际货币基金和非洲发展基金将立即 100%勾销 18 个最穷国家的债务,总额为 400 亿美元。

据世界银行发布的《2009 年全球经济展望》报告预测,2009 年的石油价格预计平均每桶 75 美元,而由于金融危机,世界贸易额可能出现自 1982 年以来第一次紧缩,据报告预测,2009 年世界贸易额将收缩 2.1%。发展中国家的出口额将出现大幅度下滑。随着信贷状况收紧和不确定因素增多,2009 年发展中国家的投资增长预期会出现,投资增长预期也仅会达到 3.5%,而 2007 年为 13%。世界银行的估测分析,在 129 个发展中国家中,将有 98 个无法吸引到足够的私人资本流入以填补其融资需求。由此,2009 年发展中国家的融资缺口将达 2680 亿美元。如果未来资本外逃加速或债务再融资难度加剧,这一缺口可能跃升至 7000 亿美元之多。

根据 2014 年世界银行发展报告,流入发展中国家的外国直接投资达到历史新高,为 6810 亿美元,增长 2%。流向非洲的外国直接投资稳定在 540 亿美元,亚洲发展中国家的外国直接投资流入创历史新高,增长 9%。2014 年,它们的外国直接投资流入达到近 5000 亿美元;2015 年《2016 世界投资报告》报告指出,2015 年全球外国直接投资(FDI)流动达 1.76 万亿美元,同比上升 38%。其中,跨国并购交易金额达 7210 亿美元,绿地投资宣布金额达 7660 亿美元。2015 年发达经济体吸收 FDI 达 9620 亿美元,占全球份额从 2014 年的 41%上升至 55%,扭转了五年来一直是发展中经济体占主导地位的趋势。亚洲地区 2015 年吸收 FDI 超过 5000 亿美元,维持了全球最大吸收外资区域的地位。但是同期流向非洲、拉美和加勒比地区的 FDI 并不稳定,而流向转型经济体的 FDI 进一步减少。2015 年新出台的投资政策措施之中,投资自由化和促进措施占比为 85%,限制性或管制措施占比 15%。在国家、双边、区域、多边等多个层面,国际投资协定改革正以强调可持续发展目标推进,出现了新一代的投资协定。报告指出,推动这一改革进程需要更多的国家加强协调与合作。

2017 年的世界银行发展报告称，由于全球经济增长乏力，同时经济政策及地缘政治存在重大风险，2016 年全球外国直接投资（FDI）流量下降 2%，降至 1.75 万亿美元。亚洲发展中经济体 FDI 流入量在 2016 年下降 15%，至 4430 亿美元，是自 2012 年以来的首次下降。但中国对外资的吸引平稳发展，2016 年 FDI 流入量 1340 亿美元，较上年微降 1%，仍居全球第三位。值得注意的是，中国 2016 年对外直接投资创历史新高，首次成为全球第二大投资国。相比之下，亚洲其他次区域和主要对外投资经济体的流出量却大幅度下降。

联合国贸易和发展组织 2018 年 9 月 28 日发布的《世界投资报告》显示，2017 年全球外国直接投资（FDI）下降了 23%，为 1.43 万亿美元。这与全球国内生产总值（国内生产总值）及贸易增长加快形成了鲜明的对比。2017 年外商投资的全球平均回报率为 6.7%，低于 2012 年的 8.1%。其中，非洲、拉美及加勒比地区的投资回报率降幅最大。报告指出，外国资产回报率下降可能会影响外国投资的长期前景。2018 年全球国际投资预计将出现增长，但增长势头十分脆弱。全球外国直接投资增长 5% 左右，最多不超过 10%，总量仍低于过去 10 年的平均水平。

第五节　南北关系与南南合作

"南北关系"亦可称为"穷国与富国"的关系。是发展中国家与发达国家之间的关系。南北关系既充满矛盾与对立，又存在依存与合作，其实质在于打破发达国家对发展中国家的控制与剥削。发展中国家只有经过斗争，才能获得与发达国家的合作。因此，南北关系是在矛盾与合作中发展的。

工业发达国家由于大部分地处北半球，因而被称为北方国家。南北关系是战后新兴独立国家与发达工业化国家出现的一种新型经济关系。1994 年联合国经社理事会统计显示，发达国家在全球国内生产总值中的比重达到 74%。世界经济基本上由它们控制，经济秩序的确立和运行规则的制定基本上取决于它们。这种格局自然对发展中国家不利。发展中国家遇到的许多困难都与此有关,如沉重的负债、国际贸易中的剪刀差和保护主义,经济制裁和超经济压力及干涉等。总之,南北关系长期以来是一种不平等关系。

20世纪90年代中期以来,南北经济关系领域出现了一种新现象,即打破了原有的经济一体化传统模式而探索出南北经济实现一体化的新模式。1994年1月1日北美自由贸易协定正式生效,标志着第一个南北经济一体化组织的诞生。它打破了南北关系的僵局。到目前为止,南北经济一体化正朝着良好的势头发展。一些南方国家与北方国家共处在一个大经济集团中,正在筹建的"欧洲-地中海自由贸易区"是由欧盟15国与地中海沿岸12国组成。与此相适应,全球的大南北关系,正在变成区域性的小南北关系或经济集团内部的南北关系。南北间的对话、磋商和合作有转向区域性组织内部的趋势。如在亚太经济合作组织内,发展中国家和发达国家的不同利益、要求和主张,可以在一年一度的年会上得到反映。应该看到,与冷战时期不同,目前北方大国与发展中国家正展开着一场没有硝烟的市场争夺战。霸权主义和强权政治不仅没有消失,还在抬头。南方国家在维护独立、主权和利益方面仍需坚持斗争。1995年8月,加勒比国家联盟不顾美国的公开反对,正式吸收古巴入盟,并谴责美国对古巴的封锁。经济实力增强的东盟各国,为捍卫符合本地区本国利益的政治制度和价值观,不断公开批评西方的强加于人的企图。尽管南方国家间的发展程度不一,利益也出现分散化趋向,但在面对西方大国干涉和欺侮时,仍表现出团结、协调和相互支持的态度。

冷战后南北关系的新变化。冷战后南北关系出现了不同以往的变化,表现在:第一,南北关系中的政治问题日益突出。冷战时期,东西关系威胁着世界和平,和平问题成为世界政治的头等大事,南北关系中的政治问题处于次要地位。冷战后,发达国家将意识形态和安全、军控的重点由苏联和东欧国家转向发展中国家,从而使发展中国家与发达国家在政治领域的矛盾凸显出来。第二,南北经济矛盾依然存在,但出现了与冷战时期不同的特点。南方国家关于建立国际经济新秩序的斗争已经从经济领域扩展到国际经济、政治领域。债务问题已成为南北关系中的一个重要问题,北方国家和一些国际金融机构纷纷采取措施以缓解债务危机。国际资金流向出现了从南方国家向北方国家回流的变化,使南方国家更加缺少发展资金,并承受着来自北方债权国的沉重压力。南北贸易摩擦增加,环保问题成为南北关系中的一个突出的新问题。第三,南北对话与合作关系加强。北方国家从自身的利益出发,开始重视加强南北合作。美国总统克林顿任内两次访问非洲是一个典型的例子。2000年6月,欧盟15国与非、加、太地区77个国家签署了用以代替《洛美协定》的为期20年的《科托努协定》。第四,区域内或集团内的南北关系有所发展。第五,由于科技革命的发展,新材料新能源的不断涌现及产业集约化的发展使发达国家对发展中国家依赖性减少。

南北关系的实质在于打破和消除发达国家对发展中国家的控制和剥削。南北关系既充满着对立和斗争,又存在着依存与合作关系。发展中国家只有经过斗争,才能获得与发达国家的合作。因此南北关系是在矛盾与合作中发展的。 南北矛盾由来已久。冷战时期,南北之间虽然开展了对话,并达成了一些协议(如四个《洛美协定》),但由于发达国家为了保护自己在世界经济中的地位,坚持维护旧的经济格局,使南北矛盾迟迟得不到解决。两极格局解体以后,南北矛盾加剧。

一、南北之间不平等的旧国际经济秩序

国际经济秩序是指国际经济关系领域里各种规则和制度的总和。旧国际经济秩序,即发达国家的垄断资本对占世界大多数的发展中国家和地区实行控制与掠夺的体系。在旧国际经济秩序下,发展中国家处于不平等的地位,虽然二战后,亚非拉的发展中国家取得了政治上的独立,某些发展中国家摆脱了经济落后的状况,但就大多数国家来说,一直存在着发达国家把发展中国家作为附属的状况,而且至今仍未得到根本改变,这种现象主要表现在生产、贸易、金融等各个领域。

在国际生产领域存在着不利于发展中国家的国际分工,许多发展中国家仍以生产初级产品为主,并以发达国家的需求为转移,使其严重依赖发达国家。发达国家廉价的工业品进口,抑制了发展中国家民族工业的发展,而且发达国家的跨国公司控制了世界的技术、资本和销售市场,使发展中国家经济更具依赖性。从50年代到80年代,发展中国家的经济增长长期受到发

达国家经济周期的制约,当发达国家经济衰退时,其生产下降,对初级产品的需求量减少,使发展中国家出口量相应减少,生产量随之下降。

在国际贸易领域,存在着不等价交换。当发达国家需求减少时,发展中国家调整生产需要一定的时间,此时供给会超过需求,导致初级产品价格下跌,发展中国家出口收入相应减少。由于出口占这些国家国民生产总值的比重很大,出口减少又导致经济增长率下降。有些发达国家则借机有意抬高制成品价格,压低初级产品价格,使发展中国家更加处于不利的贸易地位。

在国际金融领域,发达国家控制了一些主要的国际金融机构,使发展中国家为获取发展经济的资金不得不接受一些苛刻的条件。另外,很多发展中国家把自己的货币钉住某一发达国家的货币浮动,使其币值不稳甚至影响经济的稳定。发展中国家的债务问题自 80 年代以来不但没有缓解反而越积越多,这和发达国家对金融领域的控制不无关系。

二、南北技术差距

二战后,科学技术成为经济发展的决定性因素,也标志着一国的综合国力水平,发展中国家和发达国家之间的科学技术差距不但没有缩小,反而出现继续扩大的趋势,二者之间的技术差距呈现出以下几个特点:

(一)技术差距悬殊

发展中国家与发达国家之间的技术差距十分悬殊。当今世界的科技研究与开发绝大部分都集中在发达国家。科学研究是通向发展新技术、新产品、新材料和新制造技术的道路,发达国家这方面的费用占世界总支出的97%,发达国家人均研究与发展支出在 100—260 美元,而发展中国家在 10 美元以下,仅为发达国家的 1/26—1/10。

在开放体系下,技术转移的动态过程存在着两种技术差距,即技术的二重差距。其一是先进工业国向发展中国家转让技术时,只转移相对过时的技术,一般不转移关键技术。尖端技术的转让,则要附带各种制约条件。其二是发展中国家也存在着技术熟练程度的差距, 主要是能适应先进技术水平的技术人员和技术工人,无论在质上还是在量上都显得不足,吸收和消化先进技术还需要相当长的时间。前者是技术转移方面供给上的差距,后者是接受方面吸收能力的差距。以韩国企业技术引进为例,西方国家转让非核心技术的项目,技术转让方面即供给上的差距占总数的48.2%。技术吸收能力即技术熟练程度的差距占总数的39.2%。这两个数值是以韩国企业方面的测验调查为依据,大体能体现南北技术转移的二重差距的大小。从技术二重差距观点来说,后进国的国内技术水平越低,越难弥补所接受的外来技术与国内技术水平的差距,熟练程度上的差距越大,转移差距所带来的影响就越大。毫无疑问,技术的二重差距是发展中国家提高技术水平、促进经济增长的一个严重制约因素。

(二)呈梯形分布的技术级差

发达国家、新兴工业化国家和地区、不发达国家之间的技术转移呈梯形技术级差。发达国家具有强大的技术创新和制造能力, 是技术的主要输出者。随着技术在国际间扩散的加快以及产品生命周期的缩短,越来越多的标准化成熟技术通过跨国公司的活动不断向消化吸收创新能力强的新兴工业化国家和地区转移。当新兴工业化国家和地区的成本优势不明显时,又将某些在本地区日益丧失竞争能力的生产技术转让给不发达国家, 而后者也愿意接受来自前者的技术级差小却更为适用的技术。可见,南北技术市场上技术商品的流向,以发达国家为起始点,沿技术级差依次流动。

韩国引进技术的来源国主要是日本和美国,1962—1982年的技术引进中,日本占了56.3%,几乎都是成熟期的技术体系,而实现产品化以前的新开发技术很少,即技术水平相当低。韩国经过消化吸收创新,成为新开发技术,向其他发展中国家转让,特别是向东盟国家转移。

(三)供求双方的不平等关系

发达国家凭借对技术这种无形资产的占有,把所有权变成垄断权,因为拥有专利技术的国家和企业,力保技术的垄断地位,才能获得技术优势所带来的比较利益。它们一方面通过子公司的技术转让,垄断技术市场;另一方面在技术转让中规定种种限制性条款,用超经济手段进行干预,阻碍发展中国家参与世界技术贸易。

发达国家根据自己的全球战略和政治利益,限制向发展中国家出售技术的种类,特别是限制高精尖技术和军事技术的出口,尤其是在技术商品交易时,对发展中国家采取歧视性价格,即提高技术商品的价格。由于发展中国家经济实力弱,又有引进技术的迫切感,缺乏讨价还价的力量,往往受西方索取高价之苦,所以说技术转让条件不平等十分明显。

三、发展中国家的债务状况继续恶化

债务问题是影响发展中国家经济发展的重要因素。自 1992 年 8 月在巴西爆发债务危机以来,国际社会和金融机构以及债务国在解决债务危机以来,采取了具体措施,但债务问题并未得到根本解决,反而越积越多。发展中国家对外债务占出口贸易的比重呈缩小趋势,但仍超过了出口贸易。

（一）债务问题的严重性

1980 年发展中国家的债务总额仅为 6500 亿美元,1992 年增加到 14190 亿美元,在 12 年间总债务上升了两倍半。同期,利息及本金支出共计 16620 亿,是 1980 年债务的三倍,在这 12 年间,第三世界所付出的理应还清欠债,但到头来却债台高筑,到 1996 年增加到了 17960 亿美元以上,发展中国家所欠债务累计额连年增加,1999 年发展中国家债务总额仍高达 24650 亿美元。2000 年发展中国家债务问题进一步恶化,外债总额已经超过 2.6 万亿美元。

根据重债务国动议,到 2008 年 6 月底,41 个具备条件的国家中有 33 个有资格享受债务免除。在这 33 个国家中,有 23 个已经达到"完成点",意味着所有的债务免除条件都已经达到,免除已不可改变。这些国家已经接收到按 2006 年现价计算 482 亿美元的承诺债务免除。完成点后的国家也一起收到根据多边债务免除动议追加的 212 亿美元援助,进一步降低了它们的债务偿付。同时,自 2004 年起,低收入经济体出口额增加了 65% 以上,这样就获取了更多的资源来偿付已减少了的债务。对一般发展中国家,外债偿付负担从 2000 年出口收入的 13% 下降到 2006 年的 7%,2007 年继续下降,但 2008 年底开始的全球性的金融危机和经济危机很快将在大多数发展中国家和门槛国家中形成大规模的债务危机。

全球紧缩态势也凸显了债务负担增加造成的脆弱性,最近几年债务的增加固然在债务结构上有所变化,例如来自债务国私人投资机构(退休基金会、保险公司等)的比重不断增加(由 1992 年的 10% 增加到现在的 25%)、债权人的范围扩大到投资者等,但债务的绝大部分仍来自国际金融机构和外国政府贷款,因此造成发展中国家债务增加的基本原因并未改变。

2008 年爆发全球性的债务危机,到 2010 年 5 月,欧债危机影响作用越来越明显。2011 年 11 月世界银行行长佐利克提道:欧元区债务危机的波及效应开始对发展中国家造成影响。自 8 月欧元区债务危机恶化以及标普调降美国债信评级以来,发展中国家股市一直受创,资本流入减缓。2008 年金融危机以来,西方发达国家政府试图通过扩大其资产负债表,向金融、居民与企业部门提供刺激来减轻财富缩水的冲击,进而控制去杠杆化的速度,私人部门的资产负债转移至政府部门。据国际货币基金组织(IMF)的数据,从 2007 年次贷危机爆发至 2010 年,全球经济体财政赤字占全球产出的比重平均上升了 15 个百分点,全球公共债务增加了约 15.3 万亿美元,几乎三倍于此前五年的年均债务增加量,负债水平普遍比危机前的 2007 年提高了 15%~20%,进而使各国政府债券占比上升至 35% 左右。截至 2012 年三季度,全球主权债务达到了 7.6 万亿美元,严重拖累全球经济,威胁新兴经济体的增长。发达国家债务危机通过出口收缩和信贷紧缩,使一些新兴经济体国家 "高出口、高投资、高举债" 的对外依附型增长模式受到重大打击。部分新兴经济体同样受困于债务风险的上升。据汇丰银行的调查,由于发达国家需求疲软令制造业产出下滑,被调查的 18 个新兴经济体中有 11 个新订单减少,整体采购活动在近四年来也首次下降,这直接导致贸易收支状况恶化。调查经常账户和财政余额占国内生产总值比重这两项指标,眼下 "金砖国家" 中有印度、南非、巴西三个国家处于 "双赤字" 中,其中尤以印度的情况最为严峻。2012 年印度财政赤字占国内生产总值比重预计达到 5.3%,国际收支不断恶化,截至 2012 年 10 月,出口连续第六个月呈下降趋势,并出现了一年来最大的逆差额。"双赤字"会加剧国家的偿付风险。

数据显示，2011 年和 2012 年各级政府赤字率预计为 8% 和 7.3%，债务负担率将分别达到 73.9% 和 74.1%。巴西为 66.2%，仅各级负债所产生的利息费用就占到国内生产总值的 5.72%。由于财政赤字高起，经济增长乏力，标普先后将南非和印度的主权评级展望由"稳定"调降至"负面"，并将印度的主权信用评级调至 BBB- 级。此外，越南、菲律宾、土耳其、罗马尼亚、乌克兰等新兴市场国家也饱受"双赤字"困扰。因此，不排除个别新兴国家由于外部冲击触发债务危机的可能性。经济增长放缓，负债比重升高波及金融和银行体系，新兴经济体银行资产质量问题也开始逐步暴露。发达国家普遍推行量化宽松，新兴经济体在对冲外部流动性时，看似紧缩力度加大，但主要仍依靠量化措施，而且前期救市释放的大量资金远未消化。由于经济的高速增长和直接融资市场的有限体量，新兴经济体多数存在经济"过度银行化"特征，特别是储蓄率较高的亚洲表现为银行资产负债表快速膨胀、信贷占国内生产总值比率较高等。新一轮全球流动性将进一步做大或做空新兴市场资产泡沫，扰乱其信贷循环，加大银行不良贷款等尾部风险。事实上，2012 年二季度，印度央行对 100 家银行的调查结果显示，银行坏账已对印度金融系统构成了最大风险。经济、债务和金融相互影响、相互作用，稍有不慎就会产生连锁反应。对于新兴经济体而言，短期内亟须严格管控可能产生的风险，全力避免系统性风险；而长期看，通过大刀阔斧的改革，加快调整失衡的经济结构，转变增长模式来抵消原有优势的流失已刻不容缓。不然，危机的下一站很可能就是新兴经济体。

2017 年全球债务率继续上升，债务风险的控制对世界各国仍是严峻挑战。经合组织首席经济学家 Mann 表示，虽然曾在全球金融危机前发出红色警报的债务指标目前并未达到 2007 年的水平，但已非常接近。经合组织称，企业债务的积累情况非常可怕。世界银行表达了对新兴市场和发展中经济体债务和赤字不断增加的担忧。据统计，2016 年底半数以上新兴市场和发展中经济体的政府债务占国内生产总值的比重超出 2007 年 10 个百分点以上，三成国家的财政平衡恶化，赤字占国内生产总值的比重超出 2007 年 5 个百分点。2016—2017 年，随着全球经济复苏，诸如土耳其、阿根廷、巴西等新兴经济体重新迎来资本流入、本币升值、经济复苏、资产价格反弹等诸多利好,企业开始重新大量借入以美元计价的债务。一旦货币政策收紧加速,这些国家可能再度面临本币贬值与资本外流的冲击。

发达国家中,美国联邦政府债务规模 2017 年已经突破 20 万亿美元。特朗普税改如果得以推行,美国联邦政府债务占国内生产总值的比重将进一步上升。要达到降低财政赤字和政府债务的目标,美国现在的经济增速远远不够。国际货币基金组织指出,目前欧洲五国、美国以及日本的公共债务水平已经突破警戒线。2018 年 4 月 23 日,国际货币基金组织(IMF)副总裁张涛在联合国经社理事会(ECOSOC)发展筹资论坛开幕致辞中表示,新兴市场和发展中国家未来发展面临多方面挑战,其中公共债务问题尤为突出。张涛指出,今后五年大约 30%的新兴市场和发展中国家将在人均收入增长方面落后于发达经济体,发展中国家公共债务风险加剧,大宗商品出口国形势较为严峻。为了应对全球经济危机的"救市"需求,西方国家自 2009 年以来所采取的转嫁危机代价的宏观政策中,短期有效但危害最为深远的措施,仍然是大规模增加政府债务。危机代价向发展中国家的转嫁。如同 20 世纪上半叶产业资本阶段生产过剩、恶性竞争的矛盾最终在核心区激烈爆发一样,资本主义进入金融资本阶段寄生性的内在矛盾,也会不可逆地演变成从边缘向核心的经济危机。同样不可逆的,是危机发生中核心国家向边缘国家转嫁制度成本,而导致边缘国家连带发生输入型危机。不同的是,一般情况下,发达国家的金融危机,顶多恶化成经济危机。发展中国家的金融危机,不仅每次就是经济危机,而且经常递进成社会动乱、政权颠覆、国家分裂。发展中国家在未来几年中还会受到发达国家高筑债务的影响而加大其国内经济危机。

(二)债务不断增加的根本原因

(1)发达国家对外转嫁经济危机并加紧实行贸易保护主义,是导致发展中国家外债为题严重的决定性因素。发展中国家出口受阻,同时农矿原料替代品大量增加,使严重依赖单一产品和少数产品生产和出口的原料生产国的债务增加,贸易条件恶化,陷入债务的恶性循环。

(2)美国 80 年代初实行的高利率、高汇率政策加剧了债务负担,从国际范围来看,利率每上升一个百分点,债务国要多付出 60 亿美元,1979—1982年,由于美元利率提高,使拉美负债国多付了 490 亿美元的利息。经合组织指出,发展中国家债务增加也同美元汇率升高有关,债务增加部分的四分之一是源于汇率变化造成的。

(3)发展中国家过去几十年实行的经济发展战略和政策失误,也是外债增多的重要因素。如 1973—1975 年,石油危机对发展中国家影响巨大,为摆脱困境,急于振兴经济,就盲目引进外资,进行大型项目建设,特别是巴西、墨西哥等国,西方认为其资源丰富,有较强的吸收和偿还外债的能力,大量资金流入该地区,导致其债务急剧增加。

发展中国家的债务问题,反映了在国际金融领域中发展中国家与发达国家之间不合理、不公正的旧的国际金融秩序。在国际货币基金组织中,10个最富的国家拥有很多"特别提款权"份额却未利用,而广大发展中国家占有的份额很少,又急需发展资金。因此解决债务问题的根本途径在于建立南北之间平等互利的经济关系,为债务国经济发展创造一个有利的国际环境。西方经济学家指出, 在当今相互依存的世界上, 债务危机对债务国是个危害,对西方主要国家的政治和经济利益也会造成危害。西方的有识之士早就呼吁南北合作解决债务危机, 合作而不是对抗才是债务国和债权国共同发展之路。

(4)发达国家政府债务的扩张趋势。与一般债务不同,政府的债务并不是有借有还,而往往是在政府发行的新债中更高比例地用以支付旧债,从而也就内生性地助推了政府债务信用的扩张。为了应对全球经济危机的"救市"需求,西方国家自 2009 年以来所采取的转嫁危机代价的宏观政策中, 短期有效但危害最为深远的措施, 仍然是大规模增加政府债务。在危机压力下,明显具有饮鸩止渴性质的、体现资本主义内生的"竞劣机制"的国家竞争中,仍是以美国为甚——政府债务规模迅即增至高达 14 万亿美元(2011 年1 月数据),与 5 年前相比翻了一番。其他发达国家也同样,2008 年金融危机爆发以来,几乎所有高收入国家的政府债务都急剧增加,除美国以外,英国、日本、西班牙、冰岛等国的政府债务占国内生产总值的比重也大幅度攀升,英国增加了近 40 个百分点。而且发达国家政府现在是在用两只"看得见的手"同时扩张信用,一方面扩张债务,一方面增发货币信用来购买债务。

四、发展中国家为争取建立国际经济新秩序的斗争

发展中国家在国际经济新秩序中所处的不平等地位,使其从未放弃为建立国际经济新秩序而努力。60年代,许多新独立的国家将控制在跨国公司手中的企业收归国有,1964年,由发展中国家组成的"七十七国集团"为消除发达国家的控制,稳定初级产品价格,改善贸易条件进行了不懈的努力。1974年,联合国大会通过了"七十七国集团"起草的《建立新的国际经济秩序宣言》和《行动纲领》。80年代初在墨西哥的坎昆举行了关于合作和发展的国际性会议,这是发达的北方国家与发展中的南方国家之间第一次最高级别的对话。1993年10月,各国议会联盟在加拿大首都渥太华召开《南北对话促进世界繁荣》大会,来自50多个国家和国际组织的代表出席了这次会议,会后发表了《最后文件》,呼吁发达国家和发展中国家积极反对贸易保护主义,要求发达国家取消所有最穷国家的政府债务,敦促发达国家及国际货币基金组织等国际金融机构向资金少、技术落后的发展中国家直接投资并提供技术援助。2000年又在曼谷召开第十届贸发会议,通过了《行动计划》和《曼谷宣言》,反映了发展中国家要求建立更公平、合理的发展模式的强烈愿望;呼吁国际社会在贸易、投资、金融等方面加强合作,建立起更为公平有效的全球经济环境。随着世界经济区域性的加强,南北关系趋向缓和,双方都采取了比较务实的态度和灵活的做法。

千年首脑会议以来,国际社会通过制订千年发展目标、启动多哈回合多边贸易谈判、召开发展筹资问题国际会议和可持续发展首脑会议,确立了共同发展目标和行动框架,为全世界勾画出美好前景。但现实情况是:世界经济仍不景气,国际经济发展合作进展远不能令人满意,南北差距持续扩大,贫富分化不断加剧,这一切给全球经济发展与世界和平带来了严重的负面影响。可见,人类在发展领域仍面临着严峻挑战。

国际经济新秩序的核心"应是体现大多数国家的利益,扩大发展中国家在国际经济体制中的参与权和决策权,促进实现全球共同、均衡发展"。应该

继续改革和完善国际金融体制,加强金融危机的预防和应对能力,并高度重视公平、开放的多边贸易体制对发展中国家的重要性。为在全球范围内建立新型发展合作伙伴关系,应切实加强南南合作和南北交流。发展中国家应加强相互间的合作与协调,增强竞争力,努力改变自身在经济全球化进程中的不利地位。而发达国家也要承担起应有的义务和责任,积极促进全球经济增长,并在市场、资金、技术、减免债务等方面对发展中国家给予更多支持。

(一)二战后初期的南北关系

大多地处南半球的发展中国家与大多地处北半球的发达资本主义国家之间的关系是当今世界面临的一个有关经济发展的全球性战略问题。

二战前,南方国家大都是北方国家的殖民地、半殖民地,受北方国家的统治与剥削,长期处于贫穷落后的状态。战后,广大南方国家虽然取得了政治独立,但经济状况并没有根本改变,在国际经济体系中仍处于不平等的地位。他们要求发展独立的民族经济,巩固已经取得的政治独立,在国际经济体系中取得平等的地位。1955 年万隆会议通过决议,明确提出大小国家一律平等,在相互尊重国家主权和互利的基础上实行经济合作,采取集体行动稳定原料价格等原则。60 年代南方国家逐步组织起来,先后建立了石油、咖啡、花生、可可等输出国组织,1964 年在联合国第一次贸易和发展会议上成立了七十七国集团。南方国家在国际原料贸易领域中,逐步展开了反控制、反剥削、维护本国经济权益的斗争。70 年代,南方国家在国际经济领域中的斗争进入新阶段。1973 年阿拉伯产油国家以石油为武器,促进了发展中国家在经济领域的联合行动。1974 年第六届特别联大通过了《建立新的国际经济秩序宣言》和《行动纲领》,标志着南北关系问题被正式提上了国际议事日程。

南北谈判深入发展到原料、贸易、技术转让、国际货币金融等各个领域。1975 年 12 月和 1977 年 5 月在巴黎举行了国际经济合作会议,有 19 个南方国家和 8 个北方国家与国家集团参加。1981 年 10 月在墨西哥坎昆举行关于合作与发展的国际会议,有 14 个南方国家和 8 个北方国家参加,但这两次会议都没有取得实质性的成果。80 年代以来,南方国家经济发展面临贸易、债务和国际金融诸方面的巨大困难,它们在继续推动南北对话的同时,连续召开南南会议,把重点转向加强集体自力更生、实现南南合作方面。

(二)20世纪七八十年代南北关系的发展

20世纪七八十年代,经过各方面的努力,南北关系的发展取得一些成果。如非洲、加勒比和太平洋地区国家集团和欧洲共同体于1975、1979、1984年连续签署和实行的三个《洛美协定》就是一个例子。再如1981年9月联合国最不发达国家问题会议通过的《20世纪80年代支援最不发达国家新的实质性行动纲领》,欧洲共同体和日本等国都承担了帮助最不发达国家经济发展的义务。在其他具体问题上也有一些成果。80年代以后,南北差距继续扩大。贸易条件的恶化,保护主义的蔓延,资金转移和技术转让条件的苛刻,以及世界性通货膨胀,经济危机的转嫁和沉重的债务问题,都是南方国家发展经济的严重障碍。这种情况继续发展下去,发达国家的经济也将大受影响,甚至可能引起资本主义世界的经济大危机。

南北关系发展的关键在于改革国际经济秩序,在平等互利的基础上,建立国际新秩序,这是世界经济发展的趋势,也是解决南北关系的根本途径。

(三)21世纪南北经济关系的发展

回顾南北经济关系在过去近半个世纪里的演变以及当前发展中国家经济发展面临的现实,再一次表明建立国际经济新秩序的必要性和艰巨性。南北国家之间在充满矛盾与碰撞中进入了21世纪,南北国家之间的经济关系也发生了新的变化,共同面临着新机遇、新挑战。因此相互依存寻求共赢是南北双方的必然选择。南北关系在经济因素制约下,内部政策和利益的协调、对外政策和利益的协调等问题都会暴露出来。尤其主权问题是21世纪南北区域集团内最敏感和最棘手的问题,区域合作层次越高,需要让渡的主权越多,矛盾和困难也就越多。总的来说,随着区域集团化发展的趋势,对区域内的南方国家来说是利大于弊,但区域外的国家则正好相反,因此也导致了21世纪南方国家的两极分化,强者更强,弱者更弱,绝对贫困化问题更加严重。

不论如何,在世界经济全球化和区域经济一体化蓬勃发展的今天,南方国家开始重新审视发展战略和方向,重新认识建立国际经济新秩序的意义,即南北关系是一种双赢而非零和的关系。因此在经历了二战前的宗主国与殖民地之间的政治不平等关系，以及二战后南北之间剥削与被剥削的经济不平等关系这样一个轮回之后，在新的世纪，人们找到了南北经济关系的正确形式，即在南北区域经济集团化基础上寻求建立合理的新型南北关系。冷战结束、科技革命的发展、国际政治经济格局的巨变，也使得发达国家在建立世界经济新秩序的过程中，为了把握经济的主导权，也积极参与到了南北经济合作中来。

五、南北经济关系发展的新特点

(一)南北经济差距依然存在，但差距在缩小

　　南北经济的差距是客观存在的，发达国家生产力高度发达，科技先进，其经济正向信息化经济转变，而广大发展中国家仍处于工业化过程，有的仍为落后的农业国，二者处于不同的发展阶段。但进入 90 年代以后，发展中国家经济出现可喜的转机，增长速度加快，发展中国家在世界国内生产总值和世界贸易中所占的比重超过 30%，外汇储备已接近发达国家的水平。发展中国家作为一个整体，呈现了强劲的增长势头。据世界银行估计，今后十年，南方国家总体经济增长率将达到 6%，而北方国家则在 3% 左右，南北的经济差距呈现缩小的趋势。但这种差距的大大缩小及最后消除，还需要一个相当长的历史时期。

(二)南北区域经济集团化趋势加强

　　南北经济合作是 20 世纪 80 年代以来出现的一个新的现象。南北方国家冲破经济发展水平、社会经济发展模式，以及社会政治制度和意识形态领域形成的差距，共同组建区域经济组织。这种一体化组织的特点是，发达国家和发展中国家同处于一个经济集团，在集团内部减少商品流通的障碍，在不同发展水平国家之间形成国际分工，实现资源的有效分配和规模经济，提高集团整体的福利水平，对外增强国际竞争能力。

第一个南北经济合作组织即北美自由贸易区,规定在 2005 年建成自由贸易区,其后为亚太经济合作组织,目标是 2010 年实现发达国家的自由贸易,2020 年,发展中国家也完全取消关税,建立自由贸易区;另外东盟与新西兰、澳大利亚联合,谋求与北美自由贸易区和拉美的南方共同市场共同筹建环太平洋自由贸易圈。南非、印度、澳大利亚等 7 国在 1995 年又签署了关于建立环印度洋经济圈计划的联合声明。由此证明,南北区域集团化趋势正在不断加强,这对于参加这种组织的发展中国家来说,可以从中获得更多的发展机会,尤其是获得较多的直接投资和技术转让,使其经济快速增长,经济实力不断增强,逐渐缩小和发达国家的差距。但对于被排斥在区域经济集团之外的发展中国家来说,由于自身经济发展潜力差,又得不到参加区域经济集团的各种优惠,使其经济发展会更加困难,导致发展中国家间经济发展水平的差距进一步扩大,形成两极分化。

(三)南北关系中的政治问题日益突出

冷战时期,东西关系威胁着世界和平,和平问题成为世界政治的头等大事,南北关系中的政治问题处于次要地位。当然南北经济矛盾依然存在,但出现了与冷战时期不同的特点。南方国家关于建立国际经济新秩序的斗争已经从经济领域扩展到国际经济、政治领域。债务问题已成为南北关系中的一个重要问题, 北方国家和一些国际金融机构纷纷采取措施以缓解债务危机。国际资金流向出现了从南方国家向北方国家回流的变化,使南方国家更加缺少发展资金, 并承受着来自北方债权国的沉重压力。南北贸易摩擦增加,环保问题成为南北关系中的一个突出的新问题。

(四)南北对话与合作关系加强

北方国家从自身的利益出发,开始重视加强南北合作。美国总统克林顿任内两次访问非洲是一个典型的例子。2000 年 6 月,欧盟 15 国与非、加、太地区 77 个国家签署了用以代替《洛美协定》的为期 20 年的《科托努协定》。同时区域内或集团内的南北关系有所发展。另外由于科技革命的发展,新材料新能源的不断涌现及产业集约化的发展使发达国家对发展中国家依赖性减少。

　　南北关系的实质在于打破和消除发达国家对发展中国家的控制和剥削。南北关系既充满着对立和斗争，又存在着依存与合作关系。发展中国家只有经过斗争，才能获得与发达国家的合作。因此南北关系是在矛盾与合作中发展的。 南北矛盾由来已久。冷战时期，南北之间虽然开展了对话，并达成了一些协议（如四个《洛美协定》），但由于发达国家为了保护自己在世界经济中的地位，坚持维护旧的经济格局，使南北矛盾迟迟得不到解决。两极格局解体以后，南北矛盾加剧。

　　解决南北关系的根本途径，最主要的是要建立国际经济新秩序。因为发达国家对发展中国家的剥削和掠夺，主要是通过国际经济旧秩序实现的。第一，建立国际经济新秩序，实质是争取共同繁荣和发展，是维护世界和平与稳定斗争的重要组成部分。第二，加强南南合作，提高南方的经济实力，以促进国际经济新秩序的建立。第三，推动南北对话，改善南北关系。只要本着平等互利的原则，实行南北合作，就可以缓和南北矛盾。南北对话有利于全球经济发展，发展中国家可以得到经济、技术、资金等方面的帮助，从而促进自己的发展。这种发展对北方国家的发展也很有利。

六、南南合作的发展

　　南南合作即发展中国家间的合作，一方面通过相互之间的经济合作，促进民族经济的发展， 另一方面是增强发展中国家的经济实力和共同协调立场，以提高在南北对话中的谈判地位。发展中国家要发展民族经济，必须把立足点转移到主要依靠自己和南南合作方面，走集体自力更生的道路。发展南南合作不仅必要而且是可能的。

（一）南南合作的可行性及具体实践

　　1. 南南合作是可行的

　　首先，发展中国家过去有共同的遭遇，今天有共同的愿望；没有根本性的利害冲突。其次，一些发展中国家在实现工业化的过程中，已经取得了一定的成就，掌握了相当的技术、工艺技能，虽然在许多方面尚未达到世界最先进水平,但对于发展中国家现有的生产条件、基础设施和技术人员水平来说,却往往是最合适最经济的。最后,发展中国家有广阔的市场和丰富的自然资源,存在着开展经济合作的有利条件,发展中国家能依靠自己的力量来挖掘其经济潜力,加强南南合作。

2. 发展中国家为加强南南合作做出了不懈的努力

为抗衡以发达国家为主导的区域经济集团,加强集体自力更生与经济合作,发展中国家积极并加速发展区域经济集团,以协调本地区的经济发展。90 年代发展中国家经济集团化趋势进一步发展。为推进南南合作,发展中国家作了不懈的努力,如 1981 年在加拉加斯举行的经济合作高级会议,1982 年在印度的新德里磋商加强合作。2000 年 4 月,"七十七国集团"在古巴首都哈瓦那召开了首届南方国家首脑会议,会议敦促"成立更公平的国际经济体系",把全球一体化的利益带给发展中国家。

到目前为止,发展中国家经济合作的各种形式中,次区域合作组织有了一定的发展。拉美国家已经签署了几十个多边贸易协定:1991 年阿根廷、巴西、乌拉圭、巴拉圭四国成立南锥共同体,决定于 1995 年建立自由贸易区;安第斯集团 1991 年建立自由贸易区;1990 年中美洲 5 国宣布建立中美洲自由贸易区;加勒比共同体成员国 1993 年建立了共同市场;1995 年初,拉美正式成立南方共同市场;安第斯一体化体系和南方共同市场国家已经着手就共同组成南美自由贸易区进行谈判。

在非洲地区,近年来在《建立非洲经济共同体条约》的呼吁下,先后建立了 100 多个区域或次区域性经济合作组织:西非国家经济共同体首脑会议于 1995 年 7 月批准了修订后的《非洲国家经济共同体条约》,规定 2000 年在西非建成西非关税同盟。到 2005 年实现全面的经济联盟。西非国家经济货币联盟(UEMOA)是西非法语区 8 个国家政府间的经济联盟,以促进区域经济一体化,共同发展为主要目标,由科特迪瓦、贝宁、布基纳法索、几内亚比绍、马里、尼日尔、塞内加尔和多哥组成。该联盟自 2000 年 1 月 1 日起正式启动关税同盟,这项被誉为西非地区骄傲的重要举措受到广泛关注。关税同盟主要由两方面的内容构成:对原产于各成员国的产品免除关税,在联盟区域内自由流通,并取消所有的非关税壁垒;对所有来自联盟各国之外的产品实行对外共同关税税则；1993 年中非国家同意相互消减关税，以期在 2008 年建立"中非自由贸易区"。从 1994 年开始实施"共同有效特惠关税"，指在取消所有制成品和加工农产品的关税。

亚洲地区的南南合作也有新的发展，在 1997 年 10 月召开的东盟经济部长会议上，马来西亚、菲律宾和新加坡等国经济部长表示，原定 2003 年先由东盟比较发达的 6 个成员国建立东盟自由贸易区的目标已经实现。中国-东盟自由贸易区于 2005 年如期全面启动。2002 年 11 月 4 日，中国与东盟国家领导人共同签署《中国-东盟全面经济合作框架协议》，正式启动了建立中国-东盟自由贸易区的进程。2004 年中国-东盟经贸部长会议上，双方在北京最终就货物贸易协议达成一致，并就争端解决机制达成共识。根据中国与东盟各国确定的进程表，中国-东盟自由贸易区将于 2010 年建成。这是世界上最大的自由贸易区，其宗旨是通过降低关税和刺激投资来为各经济体提供服务。中国-东盟自由贸易区这个世界上人口最多、发展中国家间最大的自由贸易区的建成，将创造一个拥有 17 亿消费者、1.2 万亿美元贸易总和的经济区，将对 21 世纪上半叶的世界经济与政治产生极其深远的影响。此外，东南亚"增长三角区"将把新加坡、马来西亚的柔佛洲和印尼的巴淡岛及廖内群岛联合成一个统一的经济合作开发区；东盟"北方三角区"将马来西亚的槟榔屿、泰国的普济岛以及印尼的棉兰联合起来建设开发区；"图们江三角洲"由中俄朝 3 国共建，已经取得联合国开发计划署的支持；南亚区域合作联盟也在 1995 年 12 月 7 日达成了一个特惠贸易协定，并在 2000 年建立了自由贸易区。

作为联合国系统机构改革的一部分，"南南合作办公室"（United Nations Office for South-South Cooperation）于 2013 年开始运作。这意味着战后国际关系史上从轰轰烈烈快速走向被人遗忘的南南合作运动在联合国体系中所处的地位得到了重新确认。在联合国系统中，以推动"南南合作"为己任的机构，至少还包括联合国工业发展组织 2006 年以来在中国、巴西、埃及、印度、南非成立的南南工业合作中心（UNSSIC）。在商品贸易领域，自 2008 年开始，在联合国框架下，每年一度的全球南南发展博览会得以举行。在 2017 年的联合国大会上提交的《南南合作情况报告》文件列举了 2016、2017 年度在国家、区域和全球各个层面的南南合作具体措施。其中第 5 条(全文共 102 条)记载道:中国倡导的"一带一路"倡议将为包括南南合作在内的国际合作提供新的机遇和动力,已有 100 多个国家表示有兴趣加入这一伙伴关系。该倡议侧重于加强政策协调、基础设施和设备连通、贸易畅通、金融一体化和民间交往。在 21 世纪的头十年,以"南南合作"命名以及具有南南合作性质的多边外交活动和机制重新获得重视。

2000—2018 年进入南南合作的再次快速发展时期:从 2009 年在俄罗斯叶卡捷琳堡开启的中国、印度、俄罗斯、巴西领导人年度会晤,到 2011 年南非领导人的加入,再到 2015 年以会晤成员国为成员的新开发银行的设立,金砖机制在不到十年的时间内,做到了自主立章建制,引起了国内外发展研究界的兴趣。金砖会晤机制的出现,终结了这五个发展中大国被八国集团作为客人选择性地邀请参与其峰会的做法。这是一个颇具象征意义的发展。同时,轮流举办金砖会晤的国家也邀请其他国家参与金砖会晤,使金砖机制得以发挥力量传导作用。在发展援助与技术合作两大南南合作的传统领域,印度和巴西都建立了各自的南南合作平台。在发展援助这个普遍认为是南南合作发展程度标杆的领域,援助提供方越来越多,北方发达国家不再垄断南方受援国的资金、技术和知识来源。国际援助事业经历了一场"寂静的革命"。经历半个世纪,南南合作从一个在反殖民、反霸权的第三世界政治外交大团结基础上,通过集体谈判,试图重塑国际经济秩序的政治斗争运动,转变为一个发展中(南方)国家与发达(北方)国家之间、南方与南方国家之间殊途同归(谋求南方的经济与社会发展)的潮流。21 世纪南南合作的共通性诉求,不再是全球范围内尽可能广泛的大团结,而是接受了多个国家、多重力量竞相影响发展进程的现实。围绕发展道路的摸索,也不再局限于从富国或强国发出的单向引导。发达国家与发展中国家的矛盾依然存在。应对这些矛盾的基本思路,不再是革命与排斥,而是开放性探索。

(二)南南合作的具体内容

(1)贸易合作。发展中国家的区域半区域经贸组织在推动地区经济合作、对付西方的贸易保护主义政策方面都起着积极的作用。这些组织采取相互减免关税来扩大市场、促进贸易发展。原料出口方面,目前已建立了 20 多个原料生产国和输出国组织,有 90 多个发展中国家参加。它们通过联合斗争,在一定程度上削弱了发达国家的控制,如东盟自 1993 年 1 月 1 日起,对工业制成品、农业加工品和生产设备三大类产品的关税逐步减少到 10%—15%,最多不超过 20%。拉美国家积极发展本地区各个经济一体化组织和国与国之间的经济合作关系,相互合作和开放,极大地促进了该地区经济的发展。

(2)资金合作。发展中国家积极开展多边和双边的资金项目合作,它们之间的相互投资活动有了很大的发展,主要投资国和地区为亚洲"四小龙"以及拉美的巴西、阿根廷、墨西哥等。如图们江三角洲依靠俄罗斯的自然资源和中、朝的劳动力资源,借助国际社会的援助,解决资金不足的问题;东南亚"增长三角区"由新加坡提供资金和技术管理,印尼和马来西亚提供土地、能源、水电及劳工,联合建成新工业区和高科技工业区。

(3)技术合作。发展中国家之间还积极开展了技术转让、出售专利、技术咨询、技术培训、交换科技情报等活动,并取得了一定成效。

(4)信息合作。长期以来,南南信息合作没有得到发展中国家足够的重视,这也是造成一些发展中国家不发达的重要原因。联合国秘书处公布的资料认为,通过信息技术和知识来创造价值的"新经济"是一种"富国现象",严重地影响了发展中国家从经济全球化中获益。近年来,南南信息领域的合作受到更多国家的重视。2000 年南方首脑会议发表的《南方首脑会议宣言》和《哈瓦那行动纲领》均强调发展中国家信息领域合作的重要性,并提出了合作措施。2001 年在印度尼西亚首都雅加达召开的第 11 届 15 国集团首脑会议,将会议的主题定为"利用信息与通信技术潜力,促进集团发展",其目的就是为了加强发展中国家信息技术合作与交流,消除存在于发展中国家与发达国家之间巨大的技术差距和数字鸿沟。中国分别于 2000 年和 2002 年召开了"信息通信技术南南合作国际贸易洽谈会"和"中国-东盟信息通信技术研讨会",受到了有关国家的热烈欢迎。

(5)人力资源合作。尽管发展中国家早就有人才交流和培养计划,人力资源合作的优势并没有被充分利用。一些国际组织和发展中国家组织(如联合国和七十七国集团)也设立了不少基金,促进南南人力资源的开发。随着科学技术在发展中的重要性进一步被人们所认识,利用双边、地区、地区间和国际网络,培训发展中国家青年科学家,推动南南科学交流和训练,已被不少发展中国家作为南南合作的最优先选择,南南人力资源合作明显增多。

在世界经济区域化、集团化的发展趋势中,发展中国家相互合作,不仅可以增强自身的经济实力,而且提高了在国际经济关系中的地位,尤其是发展中国家内部的区域经济合作,对于扩大本地区国家间的贸易,改善资源配置,改变南北关系中的不平等交换,吸引外部资金,提高科技水平,缩小和发达国家的差距起了积极作用。

但也应该看到,加强南南合作也存在不少困难和障碍。从内部来看,有些发展中国家还保持着单一的经济结构,在资金、技术、贸易商仍受制于发达国家,政治上的分歧和历史遗留的纠纷,使其彼此对立,这些都不利于南南合作的进一步发展。从外部来看,发达国家并未放弃继续控制发展中国家经济命脉的欲望,在国际经济的许多领域仍在控制、剥削发展中国家,这给南南合作带来一定障碍。但不论怎样,以往取得的进展和积累起来的经验,已经为南南合作开辟了道路,只要南方国家加强团结,克服困难,就会使南南合作取得更多的成就。

二战后,发展中国家作为独立的政治实体,登上了国际政治舞台,经济上也取得了很大的成绩,成为迅速崛起的第三世界。在联合国和许多国际场合,代表 3/4 的世界人口的发展中国家,对维护世界和平和促进世界进步发挥了重要的作用。两极格局结束后,发展中国家作为被争夺的中间地带的战略地位有所下降,不平衡发展导致的分化也影响了发展中国家在国际上整体政治作用的发挥。随着全球化的进一步深入,一些发展中国家尤其是最不发达国家,由于政治动荡、经济基础落后、科技不发达、社会凝聚力低,这些国家进入 21 世纪后处境将更加艰难。从这个意义上说,不少发展中国家在 21 世纪尤其是 21 世纪初"边缘化"趋向还会继续发展。但发展中国家是占世界上国家数目、人口和土地数量最多的主权国家群体;在当今大国间突出综合国力竞争的形势下,大国还将在资源市场、劳动力等方面借助于它们;发展中国家仍是反对霸权主义、维护世界和平、推动建立国际政治、经济新秩序的重要力量。

21 世纪的世界将是一个相互依赖更深的世界,在全球化条件下,经济、政治、社会和文化关系日益超越国界,国家的部分权力丧失,社会契约的重心由国家契约向世界契约转移,发展中国家要想在 21 世纪取得更快的发展速度,在国际舞台上扮演更加积极和重要的角色,南南合作成功与否将起很重要的作用。尽管南南合作遇到各种困难,曾出现过消沉期,也面临发展中国家利益分化、互补性差、缺乏有效的机构、资金和能力保障、西方国家的干扰等问题,但总体而言,发展中国家的南南合作会在 21 世纪取得进一步发展。发展中国家所拥有的不同的发展经验和技术以及所面临的共同问题和需要解决的困难,给发展中国家提供了更多的、独特的开展双边、次地区、地区和国际合作的机会,在全球化推动下,南南合作将出现新的生机和活力。

七、发展中国家的经济发展前景

20 世纪 90 年代以来,发展中国家经济持续增长,其经济发展进入了一个新的阶段,不仅经济增长速度加快,同时与发达国家的人均收入差距也将缩小。据世界银行的预测,到 2020 年,发展中国家的经济每年以 5%—6%的速度增长, 这意味着这些国家的国内生产总值在全世界国内生产总值中的份额几乎翻一番,从 1992 年的约 16%提高到 2020 年的 30%。如按购买力平价法计算,这个比例会更高。所以世贸组织总干事瓦伦·拉沃雷尔代表世贸组织所作的报告中指出,世界经济的重心正在向南方国家转移。自 1950 年以来,世界贸易的发展大大快于世界生产的发展,世界贸易额 1996 年首次突破 6 万亿美元,是 1950 年的 14 倍。据估计,贸易将以年平均约 7%的速度增长,到 2020 年,贸易占世界生产量的比重达到 50%,届时,发展中国家的贸易额将超过世界贸易总额的一半。展望未来,随着发展中国家促进发展因素的增加,其经济增长速度必将进一步加快。促进发展中国家未来经济增长的有利因素包括:

(一)经济调整和改革取得成效的国家在增多

东欧剧变、苏联解体的影响,以及中国、东南亚国家经济发展的实践,使发展中国家认识到,经济增长的动力在于依据本国国情,确定正确的发展战略,才能摆脱贫困,实现经济的繁荣发展。因此很多发展中国家根据自身的发展水平和国际环境, 制定出了一系列措施, 如减少国家对经济生活的干预,放松对进口商品的限制,调整产业结构,使本国货币贬值,扩大出口,改善投资环境,吸引外资流入等。在此背景下,发展中国家近几年经济形势好转。东南亚地区仍将保持快速增长,尽管曾遭受金融风暴的打击,但是今后仍是全球经济增长最快的地区。特别是中国经济的持续高速增长及推动作用,将使世界经济力量的重心从欧洲向亚洲转移,亚洲的富裕和强大,使这一地区正在成为冷战结束后世界政治、经济的中心之一。2001 年,东南亚国家和地区的生产总值已经超过了美国,非洲的经济改革也取得了成效,连续几年经济好转,通货膨胀率降到 10 年来的最低水平。在地中海沿岸地区由一批经济增长率达到 5% 左右的国家组成的"南地中海增长带"正在形成。拉美地区在经历了 1994 年的墨西哥金融危机后, 经济增长速度进一步加快,其中智利、秘鲁 1995 年增长率达 7% 以上,巴西 1994 年实施稳定经济的计划后, 经济开始恢复,1995 年达 5.7%,1997 年整个拉美全年增长率为 5% 左右,近年来,拉美地区经济在 2003 年增长 1.5% 的基础上,2004 年进入全面复苏和增长时期。该地区经济增长势头正在继续增强。联合国拉丁美洲和加勒比经济委员会(拉美经委会)最新预测显示,2004 年拉美经济增长率达到了 4.6%,拉美经委会指出,2004 年全球贸易增长 7.6%,这为拉美国家提供足够的贸易机会。同时,拉美国家加强经济合作推动了经济发展,并在一定程度上提高了各国抵御金融风险的能力。拉美经济增长主要依赖占该地区经济总量 70% 的巴西、墨西哥和阿根廷三个经济大国。

（二）一些地区战乱停止或缓和,先后走上经济建设之路

随着阿以和平进程的推进,以色列的外资流入从 5 亿美元增加到 10 多亿美元;中东北非合作银行成立,为外贸、融资提供了方便;南非大选后,结束了长期的种族主义统治;津巴布韦、博茨瓦纳成为非洲经济增长的明星;安哥拉、莫桑比克、埃塞俄比亚也从战乱走向和平,开始经济建设;饱受战乱之苦的中部非洲的 11 个国家 1996 年签署了互不侵犯条约;非洲的加纳、科

特迪瓦、津巴布韦、乌干达等国家经济增长率达到或超过 5%。随着非洲局势的稳定,在没有重大自然灾害的条件下,非洲经济会持续较快地发展。

(三)发展中国家的区域一体化成效显著

拉美的次区域合作,以实现贸易自由化为主要目标,使贸易增长速度超过世界其他地区。1994 年区内贸易达 323 亿美元,比 1990 年增长 1 倍,其中南方共同市场增长 2 倍,安第斯组织增长 1.5 倍,中美洲共同市场增长 1 倍。东盟内部的贸易额也在迅速增长,1995 年达到 311 亿美元。非洲的合作有了新的进展,西非经济和货币联盟于 1995 年 1 月正式成立,中非六国成立了"中部非洲经济和货币共同体",肯尼亚、坦桑尼亚、乌干达也将加强合作。南亚自由贸易区的建立也已初见规模。

在拉美,目前已形成以南方共同市场、安第斯共同体、加勒比共同体、中美洲共同市场等为核心的地区集团化结构, 并在各地区集团之间表现出互动和互融的势头。作为整个拉美地区经济一体化的协调、指导机构,拉美一体化协会也发挥着重要作用。2009 年南美洲国家联盟 12 个成员国发表了《基多声明》,呼吁加强区域一体化。2010 年在墨西哥举行的里约集团峰会首次提出了"拉美及加勒比国家共同体"这一概念,经过一年的努力,2011 年 12 月 2 日,拉美及加勒比国家共同体成立。共同体的成立是发展中国家又一次重要的区域联合,拉共体的成立使拉美和加勒比地区所有 33 个国家第一次联合起来。

在非洲,地区经济一体化的势头也方兴未艾,目前已形成东南非共同市场、东非共同体、南部非洲发展共同体、西非国家经济共同体、中部非洲经济和货币共同体、马格里布联盟等重要的地区经济一体化组织。这些组织在削减贸易关税、建立自由贸易区、推动成员国扩大贸易等方面做了大量工作,并取得一定成效。2002 年 7 月非洲联盟的成立,标志着非洲联合自强又步入新的发展时期。与此同时,非洲还正式出台了"非洲发展新伙伴计划",决心进一步加快非洲经济一体化进程, 在非洲次地区经济一体化组织进一步发展的基础上,建立非洲经济共同体。东南非共同市场是非洲地区成立最早和最大的地区经济合作组织, 在推进区域经济一体化方面走在非洲地区性经济组织前列,总部设在赞比亚首都卢萨卡。现有 19 个成员国,分别是布隆迪、科摩罗、刚果(金)、吉布提、埃及、厄立特里亚、埃塞俄比亚、肯尼亚、利比亚、马达加斯加、马拉维、毛里求斯、卢旺达、塞舌尔、苏丹、斯威士兰、乌干达、赞比亚和津巴布韦,成员国总人口大约 4 亿,国内生产总值超过 3600 亿美元。东南非共同市场一直通过贸易和投资来促进地区经济一体化发展。2000 年 10 月正式启动非洲第一个自由贸易区;2009 年 6 月,正式成立关税同盟,以实现这一地区对外贸易的高度统一,并计划在 2025 年实现货币同盟,采用统一货币。其远景目标是"成为具有国际竞争力的地区经济组织,实现完全一体化,使成员国民众享受较高的生活水平,最终成为非洲经济共同体的一部分"。

2015 年,26 国签署协定以建立非洲最大自由贸易区,非洲经济一体化迈出坚实步伐。6 月 10 日,非洲三大经济一体化组织峰会在埃及海滨城市沙姆沙伊赫召开,会议签署了一项自由贸易协定,并发表《沙姆沙伊赫宣言》。这标志着建立覆盖非洲 26 个国家的非洲最大自由贸易区建设正式启动。这一自由贸易协定的签署是为了促进非洲内部的贸易与投资,协定将整合非洲现有的三大区域性经济一体化组织 "东南非共同市场""南部非洲发展共同体"和"东非共同体",组成三方自贸区,将覆盖 6.25 亿人口,相关国家国内生产总值总额达到 1.2 万亿美元,占整个非洲生产总值的 58%。

到 2018 年共有 10 个非洲区域一体化组织:①阿拉伯马格里布联盟(U-MA)于 1989 年 2 月成立,是一个区域经济共同体,其宗旨是构建一个由马格里布国家组成的"经济区",并在"各个领域"采取共同的政策。成员国有 5 个。②西非国家经济共同体(CEDEAO)于 1975 年 5 月 28 日成立,是一个区域经济共同体,最初的宗旨是促进西非经济一体化,成员国有 15 个。③西非经贸联盟(UEMOA)于 1994 年成立,成员国有 8 个。④萨赫勒–撒哈拉国家共同体(CEN-SAD)于 1988 年 2 月 4 日成立,成员国有 28 个。⑤东南非共同市场(COMESA)于 1994 年 12 月成立,是一个自由贸易区,截至 2023 年 2 月,成员国数量已达 21 个。⑥东非政府间发展组织(IGAD)成立之初名为"东非政府间干旱与发展组织"(IGADD),成员国有 7 个。⑦中部非洲国家经济共同体(CEEAC)成员国有 10 个。⑧中部非洲国家经货共同体(CEMAC)于 1994 年

3 月 16 日成立,成员国有 6 个。⑨东部非洲共同体(EAC)于 2001 年成立,是一个区域经济共同体,成员国有 5 个。⑩南部非洲发展共同体(SADC)成员国有 15 个。⑪印度洋共同体(COI)成员国有 5 个。

(四)外国直接投资成为发展中国家经济快速增长的动力

20 世纪 90 年代以来,发展中国家吸收的外国直接投资急剧增加。发展中国家吸收的私人资本 1996 年达到 2450 亿美元的创纪录水平,是 1983 年到 1989 年外国私人投资平均数的 6 倍,对经济发展起了重要的推动作用。从绝对量来看,流向发展中国家的外国直接投资少于发达国家,但从增长速度看,发展中国家是最快的。1997 年尽管由于金融风波,以及其他因素的影响,一些被外资十分青睐的国家和地区外资流入下降,如东亚地区私人资本的流入量从 1996 年的 1420 亿美元降到 1070 亿美元,国际基本开始转向拉美及东欧国家,但国际投资仍看好亚洲的长期发展前景。2000 年,发展中国家吸收的外国直接投资额已经达到 1700 亿美元。《全球发展金融》是世界银行对资本流动、全球经济和发展中国家财政趋势的年度回顾报告。其 2004 年年度报告指出,全球资本向发展中国家的流动目前出现强劲的周期性复苏。2003 年,在除中东和北非以外的世界所有地区,私人资本流动在前两年低水平徘徊之后出现了转折,流入发展中国家的私人资本迅速增长到 2000 亿美元,为 1998 年以来的最高纪录。包括官方资本在内的总资本流入量占发展中国家国内生产总值的比例由 2002 年的 3.2% 上升到了 3.6%。世界银行投资报告:2008 年发展中国家的外国直接投资达到历史峰值 5870 亿美元,2009 年受金融危机影响,发展中国家 2009 年吸引的外国直接投资净额从 2008 年的峰值 5870 亿美元降至 3540 亿美元,下降约 40%。2014 年亚洲发展中国家投资 4400 亿美元,北美和欧洲规模分别为 3900 亿美元和 2860 亿美元。2014 年的全球外国直接投资内流下降 16%,为 1.23 万亿美元,但是流入发展中国家的外国直接投资达到历史新高,为 6810 亿美元,增长 2%。促使外资迅速流入发展中国家的原因在于:不少发展中国家为吸引外资,采取各种优惠政策,并不断改善投资环境,另外区域经济合作及全球范围内的产业结构调整,促使发达国家与发展中国家加强合作,并且全球范围内发展中国家的经济改革也为跨国公司提供了有利的投资条件。

（五）国际经济环境出现新的变化

"乌拉圭回合"谈判结束，对世界贸易和经济增长产生了重大的影响，越来越多的国家削减关税和其他壁垒，开放国内市场，无论是发达国家还是增长较快的发展中国家，都增加了对农产品、初级产品、原材料和矿产资源的需求，导致 1995 年石油和其他初级产品价格大幅度提高，使发展中国家收入明显增加。80 年代以来，世界进入大变动的新时期，科技革命的发展，把生产力推进到前所未有的高度，国际分工不断深化，生产社会化进入了全球化阶段，西方发达国家和新兴经济体通过对外直接投资加速国际间的产业转移，这为发展中国家利用外资和引进先进技术提供了大好的机会。世界各国都在加紧经济改革和对外开放，世界贸易和资本流动的障碍在减少，自由化趋势加强，这一切为发展中国家的经济发展提供了机遇，也提出了挑战。

在看到促进发展中国家经济发展的有利因素的同时，也应注意到发展中国家经济中存在的一些困难和障碍限制了经济的更快发展。具体表现在：

（1）东亚各国劳动力成本上升，内部市场饱和，而西方的贸易保护主义又阻碍了其出口的进一步发展，通货膨胀压力大，污染严重，使经济发展受到限制，1997 年由泰铢危机引发的金融动荡使该地区国家元气大伤，东南亚金融市场动荡不定，货币大幅度贬值和股价大幅度下滑，一直波及韩国和日本等许多国家，给东南亚地区经济短期内加快发展造成了困难。"9·11"事件对尚未从金融危机中复苏的东盟国家更是雪上加霜，对其航空、出口旅游等支柱产业带来严峻的挑战，致使 2001 年东盟经济增长率由 1999 年的 3.6% 和 2000 年的 5.8% 降到 2.9%。

（2）非洲、拉美国家债务依然沉重，债务总额仍不断增加。拉美的外债总额截至 2000 年底，达 6880 亿美元。2001 年更达到 7340 亿美元，拉美地区一些国家债台高筑仍制约地区经济可持续发展。德累斯顿银行的报告分析，2004 年拉美地区外债总额达到 7760 亿美元，2005 年将增加到 7930 亿美元，相当于拉美 20 国总出口额的 154%。拉美经济的增长由于主要依靠"暂时性的投资高潮"和"私人部门消费增加"支撑，其基础不十分稳固。拉美的出口产品缺乏竞争能力,附加价值低,使其外贸总是处于逆差状态,1996年拉美地区进口2950亿美元,出口达到2480亿美元。拉美的失业率1996年为7.7%,1997年为8%,贫富差距加大,贫困人数高达9.2亿,占拉美人口总数的46%。非洲经济虽然取得一些进展,但仍然动乱不止,严重妨碍了经济的持续发展和人民生活的改善。据联合国资料显示,在世界49个最贫穷的国家中,非洲有33个,占非洲53个国家的62%,整个非洲人口的54%生活在贫困线以下,外债到1997年高达3000亿美元,比非洲大陆国民生产总值还高一倍半,有些国家至今尚未找到适合本国国情的经济发展道路。

(3)国际机遇在增多,但国际经济秩序总体上仍不利于发展中国家,拥有强大经济实力的少数西方国家占据主导地位,起着支配作用,因此国际经济秩序反映着发达国家的利益,发展中国家的利益受到损害。

(4)科技革命发展日新月异,而发展中国家由于科技水平落后、人才缺乏,阻碍其缩短同发达国家在技术水平上的差距。因此,开发人力资源对于发展中国家来说是至关重要的。

目前,艰巨挑战摆在我们面前。全球正面临金融危机、经济危机,尽管危机源自发达国家,但发展中国家面临的考验更为严峻。减少贫困及其他联合国"千年发展目标"的实现,可能受到阻碍。此次危机前,全球特别是发展中国家经历了持续六年的经济繁荣。在经济全球化深入发展的条件下,世界各国经济金融关系日益紧密。发展中国家经济发展水平低,经济结构单一,金融体系抗风险能力弱。国际金融危机对发展中国家特别是最不发达国家造成的损害是相当严重的。不论从短期还是长期来看,它们都更可能遭受严重的负面影响。经济增长率下降,再加上原本就很高的贫困率,将使发展中国家的许多家庭高度暴露在危机之中。

本次危机给政府宏观经济管理留下了许多启示:(1)金融危机通常都是由资产泡沫所触发,因而在控制通货膨胀、稳定物价之外,货币政策的目标也应当包括控制资产价格膨胀。(2)金融监管应当和金融创新齐头并进。(3)对于金融危机的反应必须是全面、系统、坚决与合作的。

发展中国家应该根据自身发展实际情况,采取正确的宏观经济政策,完善金融体系,提高防范金融危机能力,同时要努力转变经济发展方式,调整经济结构,保持经济平稳发展。

　　由于全球经济走势分化、周期不同步,主要经济体的货币政策也出现分化甚至背离。美联储已经启动加息进程,预计 2016 年仍有两到三次加息行动,而欧洲中央银行和日本中央银行仍在实行量宽政策支持经济复苏,由此导致的美元资产收益率上升和美元汇率走强将引发国际债市、汇市、股市和大宗商品市场的持续调整和波动, 特别是国际资本加速回流美国和美元资产, 将使得受到大宗商品价格大幅度回落重创的资源出口经济体更加雪上加霜,资本外流和货币贬值有可能在债务过高的经济体诱发偿债危机,进而加大国际金融市场的动荡。金融市场稳定是经济稳定增长的重要前提,在全球经济复苏势头依然脆弱的情况下, 国际金融市场调整波动加大会进一步制约世界经济复苏。在经历了 10 多年的超级大牛市后,国际大宗商品市场陷入供大于求、价格大幅度回落的窘境。目前,国际油价已跌落至每桶 30 美元的低位,与金融危机前高点时的每桶 145 美元相比下跌幅度高达 79%,铁矿砂、铜、铝、锌等的价格跌幅也都高达 40% 以上。由于以往大宗商品价格持续大幅度攀升刺激能源资源类产品产能规模大幅度扩张, 而金融危机后全球经济增速持续低位徘徊,大宗商品供大于求的格局短期难以改观,能源资源出口大国为增加收入维持财政收支平衡又不愿减产, 供大于求的市场格局将继续施压大宗商品价格, 加之美元走强会进一步抑制主要以美元计价的大宗商品价格上涨,因此石油等大宗商品价格仍有一定的下跌空间。

　　国际投行纷纷预测,2016 年石油价格很可能跌落至每桶 20~30 美元区间,其他大宗商品价格也有 5% 以上的跌幅。虽然地缘政治动荡和市场投机有可能在短期推高石油等大宗商品价格, 但难以改变价格疲软下跌的基本走势。石油等大宗商品价格低位运行将加剧资源出口国的经济困难,对资源进口国虽有利于降低进口成本,但也会加大通缩压力,对全球经济的影响可以说是利弊兼有。随着新技术发展和产业化进程加快,移动互联网、可再生能源、物联网、3D 打印、智能制造等新兴产业加速发展,而移动互联网、云计算、大数据等信息技术在金融、商贸、制造、教育、医疗等更多领域普及应用和融合发展将不断催生新业态、新模式和新产业, 传统产业将全面转型升级。在全球产业加快重组的同时,依托信息化、智能化、小型化、分散化、个性化的新型生产组织方式将逐渐取代分工明确、规范严格的标准化大工厂生产组织方式而成为主流,国际分工方式也面临变革。

美国主导推进跨太平洋伙伴协定(TPP)和跨大西洋贸易投资伙伴协定(TTIP),以准入前国民待遇和负面清单管理为基础全面扩大市场准入,将劳工标准、环保标准、知识产权、政府采购、竞争中立等新议题纳入谈判范围,不仅为国际经贸规则标准提高设立了新标杆,抬高了发展中国家参与经济全球化门槛,而且会逐步改变全球产业链布局,对其他经济体产生贸易投资和产业转移的负面效应。国际金融危机后,全球政治经济格局深刻调整,国际力量对比显著改变,世界多极化更趋明朗,全球治理体系和结构继续发生改变。面对新兴大国的加速崛起,美国等发达国家竭力维护其全球主导地位和既有利益,各国都在调整发展战略和对外关系,各种矛盾凸显,竞争摩擦加剧。由此引发的地缘政治冲突更加频繁,非经济因素对世界经济增长的影响也在上升。从目前情况看,中东局势、美俄关系、极端势力的恐怖袭击、欧洲难民问题、朝核问题、伊朗导弹问题等,都有可能出现难以预见的新变化,世界经济复苏也因此会面临更多的不确定性。

思考题：

1.罗斯托认为,经济起飞需要具备几个先决条件,我国是否具备、前景如何?

2.新经济增长理论的重要贡献是什么? 现代经济增长的特点如何?

3.发展中国家的类型及各自发展特点?

4.发展中国家经济发展取得了哪些成就? 面临的困难和问题是什么?

5.20 世纪 80 年代末以来发展中国家进行了那些调整和改革?

6.南北关系的特点及发展前景?

7.冷战后南南合作的内涵及新特点?

8.在开放体系下,技术转移的动态过程中存在着哪些技术差距?

第十五章　由计划经济向市场经济转型国家的经济

内容提要：

1989 年至 1990 年，东欧局势发生了剧烈的动荡，令全世界为之瞠目。在短短两年的时间里，东欧的波兰、匈牙利、民主德国、捷克斯洛伐克、保加利亚、罗马尼亚六国，政权纷纷易手，执政四十多年的共产党、工人党成为在野党，失去了执政党地位。伴随着政局的剧变，东欧各国的社会制度也发生了根本性的变化，在政治上效仿西方国家实行议会民主制和多党制，在经济上选择了私有化基础上的市场经济。东欧的剧变既有内因也有外因，既有政治方面的原因更有经济原因。本章介绍了苏联、东欧国家的市场化改革，以及走上市场经济道路的曲折过程。同时介绍了我国改革开放事业取得的伟大成就，并比较分析了中国改革开放与东欧国家市场化改革的背景、措施及效果的根本区别。

第一节　苏联、东欧国家的经济改革

一、传统的经济体制

(一)高度集中的管理体制

任何经济体制得以存在的前提是，保证经济系统中存在着能产生足够动力的机制，即能够促进社会生产力的稳定发展，使人民生活水平不断改善和提高，能够创造出更高的劳动生产率。20世纪90年代初，东欧的剧变、苏联的解体，说明过去几十年这些国家实行的高度集中的中央计划经济体制遭受到挫折并最终失败。

苏联建国初期，为了与当时国内外严酷的环境相适应，实行了对国民经济高度集中的计划管理体制。它是一定历史条件下的产物，也确实发挥了重要的历史作用，苏联在反对帝国主义干涉斗争和反法西斯战争中的杰出表现足以说明这一点。然而，高度集中的计划管理体制是苏联在特殊历史条件下形成的建设社会主义的模式方法，并不是社会主义发展的唯一模式，需要与时俱进开展改革。

(二)高度集中的计划管理体制的特点

(1)高度的公有制经济。高度集中的计划管理体制认为社会主义经济应该是单一的社会主义公有制，排除各种经济成分并存的可能性，国家所有是社会主义全民所有制的唯一表现形式，是社会主义公有制的最高形式，公有化程度越高越好。

(2)经济决策权高度集中在国家手中，国家不仅决定国民经济的发展速度、重大比例关系、国民收入分配等关系国民经济全局的宏观经济问题，而且也决定企业日常生产经营的许多具体问题，使企业没有经营自主权，成为国家机关的附属物。

(3)采用行政手段管理经济,这种模式强化党政机关直接管理经济的职能,国家机关成为管理经济的主体,行政命令是推动经济活动的主要手段,严格限制商品货币关系,反对和排斥市场调节。

(4)分配上带有明显的平均主义特征,理论上肯定社会主义按劳分配,但实际很难具体贯彻,对物质利益原则不够重视,经济核算只是形式,使企业职工的积极性大受影响,阻碍了生产力的不断发展。

东欧各国在建国初期模仿苏联模式,在当时的历史条件下比较好的完成了战后经济恢复和发展的任务,但很快这一模式的弊端就表现出来;用行政方法管理经济,政企不分,条块分割,国家对企业统的过多过死,忽视商品生产、价值规律和市场的作用;分配中平均主义严重,造成企业缺乏应有的自主权,企业吃国家大锅饭,职工吃企业大锅饭的局面,严重压抑了企业和职工的积极主动创造性;对产品统购包销;在国民收入分配上实行高积累,长期忽视人民生活水平的提高。一切按计划办事,阻碍了社会生产力的提高,使本应生机昂然的社会主义经济在很大程度上受到了阻碍,失去了活力。

由于东欧各国长期实行这种僵化的经济体制模式,使二战后几十年东欧各国的国民经济发展状况明显表现出逐渐下降的趋势,到80年代后期,各国普遍存在严重的通货膨胀,高额的外债以及人民需要的日用品短缺,使人民生活水平受到影响,且有下降的状况。从本质上说,东欧各国在经济发展政策方面未能够将马克思主义理论与本国的具体实际情况相结合,而是生搬硬套和固守已经不适合东欧各国、甚至是苏联自身的高度集中的计划经济模式,出现问题后进行的经济改革缺乏系统深入性和长远的规划,未能解决好制约经济发展的关键因素,导致经济发展受到严重挫折,并最终使政局出现剧变。

(三)模式执行中存在的问题

以计划经济体制为发展模式的苏联东欧社会主义国家必然在发展中出现各种各样的问题。

(1)公有制为主体的单一经济体制束缚了经济的发展。东欧多数国家公有制在国民收入中占的比例达 95% 以上,甚至 100%。企业不是独立的商品生产者,其产品也不能按市场规律,而是按国家计划生产和销售,甚至直接调拨,缺乏必要的竞争机制。企业的任务是按国家计划行事,不必考虑市场的供求状况,使产品不能很好地满足人民的需要,结果有的商品供不应求,有的又造成大量积压,导致人力物力的浪费。

（2）经济结构不合理。社会生产的两大部类对比关系失衡,片面强调发展工业,使国民经济比例严重失调,产品质量差,品种花色少。应该指出,在工业化初期,优先发展重工业是正确的,但工业发展到一定阶段后,就应该适时调整轻重工业的比例关系,以提高人民生活水平和消费水平,事实上苏联东欧国家轻重工业比例严重失调。1913 年到 1953 年间,苏联重工业增长 45.5 倍,轻工业增长 7.8 倍,农业仅增长 46%。匈牙利原本是一个农业国,却不顾国情,提出要把匈牙利建成钢铁国家,结果经济发生严重困难,罗马尼亚坚持发展重工业,为追求经济高速增长,把国民收入的三分之一用于积累,使人民生活水平增长缓慢。70 年代罗马尼亚经济以两位数的速度增长,却是以限量供应商品、抑制消费作为代价。

（3）价格体制不合理。价格长期背离价值,国家控制了几乎全部工业品和农产品的价格。为了维持物价长期稳定,政府要把大量的财政开支用于补贴,价格严重扭曲,市场的自动调节功能在东欧国家根本不起作用。波兰有一段时间由于政府对小麦给予补贴,使小麦价格高于面包的价格,农民把小麦全部上交,再去城里买面包。猪肉的价格长期偏低,商店里出现排长队抢购或长期脱销的现象,产品供应紧张,一旦提出价格改革的措施,又容易引起哄抬物价及社会局势的动荡。因此,结构改革较长时期内在东欧国家难以实现,各国政府的补贴支出占政府预算支出的 20% 以上,加重了政府的经济负担,也影响了经济的发展和技术的进步。

（4）经济效率低下。中央计划体制下,强调集中管理,实行粗放式经营。经济增长主要靠加大资金和人力的投入来维持,高消耗、低产出。60 年代以后,长期支撑苏联经济高速增长的劳动力、资本、原材料的投入状况日益变化,粗放式的经济增长受到限制。1967 年苏联提出经济增长的重点转向集约型的经济,但粗放式的经济到 80 年代仍未有很大的改观。如 1951 年到 1981

第十五章

年,美国国民收入增长与投资增长之比为 1.2:1,苏联为 0.9:1。苏联东欧国家进入 80 年代经济增长速度普遍下降。企业设备陈旧,工艺落后,与此同时苏联却大搞军备竞赛,忽视民用技术的发展,最新科技成果不能用来为经济服务,农业和轻工业落后的状况始终没有多少改变,这必然影响整个经济的发展。

二、苏联、东欧国家的经济改革

如上所述,在计划经济体制下,苏联东欧国家经济自二战以来,都取得了不同程度的经济成就,几乎所有的社会主义国家在 50 年代都处于经济繁荣的状态。但随着经济发展的不断深化,苏联模式的弊端就逐渐表现出来:资源配置不合理、体制僵化、工业畸形发展、轻重工业比例失调等,严重影响了人民生活水平的提高,经济增长速度大幅度下降。此后,苏联东欧各国先后走上经济改革的道路。

表 15-1 苏联、东欧国家经济增长率的变化　　　　单位:%

国别	1950—1960	1960—1970	1970—1980	1980—1989
苏联	9.4	7.9	5.0	2.8
民主德国	10.1	4.3	4.8	3.6
捷克斯洛伐克	7.5	4.4	4.7	1.7
波兰	7.6	6.0	5.4	0.8
匈牙利	5.7	5.4	4.5	0.9
罗马尼亚	10.3	8.4	9.2	4.7[2]
保加利亚	10.9	7.7	7.0	3.5
南斯拉夫	8.8[1]	6.5	5.7	0.6

注:①为 1952—1960 年;②为 1980—1988 年。

资料来源:《经济互助委员会年鉴》,引自[日]大场智满编:《世界经济》,东洋经济出版社,1993 年。

(一)苏联的改革

苏联解体前,经历过三次比较大的改革。

1. 赫鲁晓夫时期的改革

1953 年,赫鲁晓夫担任苏共中央第一书记后,进行了农业政策的调整和经济体制的改革,1956 年,苏共二十大后,又在局部改革的基础上进行了全面的改组,主要措施包括:精简中央经济管理的机构和人员,把权力下放给地区国民经济委员会,减少计划指标。在管理上,从部内管理走向地区管理。在农业政策方面,改革农产品采购制度,提高农产品的国家征购和收购价格,鼓励和扶植个人副业。这一改革取得了一定的成效,1958 年农业总产值比 1951 年增长 51%,集体农庄庄员的人均收入由过去的 150 美元逐步提高到 600 美元,农牧业得到发展,1955 年苏联绝大部分工业产品产量落后于美国,工业产值为美国的 35%,到 1964 年为美国的 65%。赫鲁晓夫的改革对于调动地方的积极性,克服条块分割的局面起了一定的作用。但改革是不彻底的,它由过去的部门管理改为地方管理,破坏了国家对国民经济的统一领导,打乱了地区性的协作,只是国家与地方之间权力的再分配。轻重工业比例失调仍然存在,农业仍比较落后。

2. 勃列日涅夫时期的改革

1964 年 10 月,勃列日涅夫上台,在他执政期间,全面推行了"新经济体制",其主要内容包括:扩大企业的计划权、财务权;改革利润分配办法,把企业的经济利益与其经济成果结合起来,刺激企业的积极性;调整价格体制,改变过去不合理的价格决定机制。另外提高银行对经济的调节作用,由过去国家拨款改为银行贷款;物资供应方面,建立全国统一的物资供应系统,中央主管部门和地方相结合,使其既有计划性又有灵活性。

这一时期的经济发展战略核心是增强经济实力,保证重工业稳定发展,加强农业和消费品工业的发展,提倡科技进步。这次改革取得了成效。1965 年到 1980 年三个五年计划期间,苏联国民收入年平均增长 5.9%,工业总产值年平均增长 6.8%,农业总产值年平均增长 2.4%。苏联经济在世界经济中的地位不断提高,1950 年苏联的工业总产值相当于美国的 30%,到 1980 年相当于美国的 80%。但是到 80 年代初期,苏联经济增长速度不断下降。1981 年国民收入总额的增长速度为 3.2%,工业总产值增长速度为 3.4%,农业总产值增长速度为-2%。这有其深刻的社会经济根源,概括起来主要是:经济结构不合理,农轻重比例失调的状况长期存在;长期实行的高度民主集中的计划经济体制没有改变;粗放式经营阻碍了生产的发展,面向集约化的转变又很缓慢;尤其是苏联的军费开支负担沉重,60 年代苏联的军费开支迅速增加,进入 70 年代不仅在增长速度上而且在绝对数上也超过了美国,1980 年苏联的军费开支达 1750 亿美元,比美国多 50%。苏联和美国搞军备竞赛,重视军工生产,科技成果主要用于军事等。以上这些都严重制约了经济的发展。

3. 戈尔巴乔夫时期的改革

1985 年 3 月,在经历了安德罗波夫、契尔年科领导的短暂时期后戈尔巴乔夫上台。此时苏联面临的经济形势非常严峻。经济连续三个五年计划没有完成,农业连续五年歉收,积累和消费的比例失调,人民生活水平下降;官僚主义、腐化堕落、滥用特权导致党的威信下降。促使戈尔巴乔夫决心实行政治经济政策的调整和改革。戈尔巴乔夫的改革方案特点是:改变企业地位,由单纯的计划执行单位变为真正的社会主义商品生产者,拥有独立商品生产者所必须拥有的一切权利;计划调节与市场机制相结合,实行国家集权与企业分权相结合的原则;改变国家管理经济的方法,从主要用行政手段过渡到用经济方法。然而苏联经济毕竟在原有的经济体制轨道上行驶了 60 多年,形成了巨大的惯性,改革的阻力很大。比如,苏联每年大量进口粮食,而国内每年有 25%的粮食被浪费,超过了进口的粮食数量。蔬菜、水果浪费更加严重。

戈尔巴乔夫改革期间,经济短缺、黑市猖獗,引起人民不满,联盟和地方的矛盾加大。在经济改革没有取得预期的效果情况下,戈尔巴乔夫将改革转向了政治,又导致了政治危机,整个苏联社会陷入全面瘫痪,在东欧局势的一片混乱下,苏联内部矛盾爆发。面对日益严重的局势,以亚纳耶夫为首的"传统派"发动了"八一九"事变。事变失败后,苏联各加盟共和国纷纷宣布独立。1991 年 12 月 25 日,苏维埃社会主义共和国联盟在存在了 69 年后,降下国旗正式解体,宣告了戈尔巴乔夫个人政治生涯的结束及其改革的失败。

(二)东欧国家的经济改革

东欧各国建国以后,没有依照本国国情制定发展战略,而是照搬苏联模式,形成了僵化的经济体制。从50年代开始,各国开始尝试经济改革,但由于改革的不彻底,最终使经济停滞甚至倒退,引发人民群众对政府的不满,80年代末,这些国家相继出现了政治、经济和社会危机。

南斯拉夫是东欧改革最早的国家。它从1950年开始实行自治制度,把计划和市场结合起来,新的经济体制扩大了企业的自主权,价格也主要由市场来调节。从1950年到1963年,工业有了很大的发展,工业生产年平均增长10%。使南斯拉夫从落后国逐渐发展成为一个中等发达国家。1947—1976年,南斯拉夫社会总产值年平均增长6.2%,1978—1980年为6%;1947—1977年社会产品增长5倍,人均国民收入从1950年的100多美元,提高到80年代末的3000美元左右。1963年以后,南斯拉夫进一步扩大企业的自主权。国家取消了计划和投资,全部扩大再生产权交给了企业,导致经济进入混乱状态,资金来源靠贷款,企业可以自由地从国外借款,大量重复引进和建设。人们都重视轻工业,因为其资金回收期短,见效快,导致轻重比例失调。为解决这些问题,南共在1969年3月召开的"九大"上再次强调"自治市场经济是唯一可取的形式,是发展自治和社会主义直接民主的客观前提",同时强调计划工作的重要性。总统铁托逝世后,各加盟共和国轮流坐庄,一个人当一年国家主席,表面上是防止个人崇拜,实际上为国家分裂埋下隐患。80年代,南斯拉夫经济困难重重,通货膨胀率居欧洲第一,外债200多亿美元,平均每个公民欠外债1000多美元,陷入深重的危机当中,最终导致南斯拉夫的分裂。

匈牙利20世纪50年代中期开始了改革的第一次浪潮。1956年12月党中央临时会议提出:要规划匈牙利的社会主义道路,即不同于苏联的道路。根据本国经济的基础和特点,把重点转向调整国民经济主要部门的比例关系,提高劳动生产率,调动劳动者的积极性方面来,强调行政干预应该与市场机制的调节相结合。另外,取消了农业中的指令性计划,把义务交售制改为合同收购,扩大农业经营者的自主权,调动了农民的生产积极性。这次改革在一定程度上促进了经济的发展。70年代以后,匈牙利又进行了一系列改革,主要对计划制度和调节制度进行调整。计划方面,坚持以指导性计划为核心的计划体系,协调农轻重部门的比例关系,确保经济长期迅速的增长。

第十五章

对大规模的投资,由政府控制,根据对市场情况的预测,制定发展计划,强调计划应适应经济过程,而不是相反,在调节制度方面,改变过去主要靠行政手段管理经济的做法,改革价格体制,强调依靠相互配合的经济方法调节经济,提出价格要更好地反映市场需求的变化,同时坚持国家对价格机制的影响和干预。

收入制度方面,主要解决企业收入如何在企业和国家间分配的问题。从1968年起,将企业上交利润改为国家对企业的征税。另外在工资制度、税收制度、银行制度等方面也都进行了卓有成效的改革,克服了国民经济比例失调的现象,繁荣了市场,提高了人民生活水平。农业、轻工业发展较快,其农业在东欧国家中居于首位。匈牙利的改革是比较成功的,故有"匈牙利模式"之说。进入80年代,由于国内外各方面的原因,匈牙利经济出现了困难,改革受到了影响,整个80年代经济一直没有摆脱困境。匈牙利经济与国际市场联系密切,国民收入的一半靠外贸实现,而国际市场石油危机,油价上涨,市场疲软,加上经互会成员国之间的矛盾,国内经济政策的失误,如工业结构改组进展缓慢,大量举借外债,结果到1989年底外债达200多亿美元,人均欠外债2000美元,接近外债负担的极限,匈牙利党内也发生分歧,矛盾激化。

波兰的改革。波兰建国后照搬苏联模式,经济中出现了问题,苏波贸易关系中的不平等交换给波兰造成了很大损失,引起人民不满,导致1956年6月发生了"波兹南事件"。这次事件后,波兰统一社会党召开七中全会,决定进行改革,推行经济合理化和政治民主化,改善人民生活水平。具体做法是:减少国家的指令性计划,扩大企业的经营决策权,实行工人自治,但这次改革成效不大。60年代,波兰又进行改革,主要措施是:①完善管理体制,扩大企业的自主权;②改革价格体制,采用固定价格、限制价格和自由价格三种形式,发挥银行的监督职能;③引进国外先进技术,实行开放的经济政策,大量举债,更新扩大生产能力。当时的口号是"建设第二个波兰"。70年代的改革取得了成果,工业产值年平均增长10.5%。由于提高农产品收购价,调动了农民的生产积极性,农业生产大幅度增长,人民生活水平明显提高。但大量盲目引进使外债激增,1971—1980年外债额增长了30倍,引进设备闲置浪费严重,基建项目过多过长,导致改革失败。80年代波兰又进入了新的改革

第十五章

时期,1980 年,成立了经济改革委员会,并制定了《经济改革的方针》,从 1982 年 1 月 1 日起全面实施经济改革,主要内容是扩大企业自主权,企业是有自主权的自治和自负盈亏的单位,具有法人地位,减少指令性计划指标,计划体系包括中央计划、地方计划和企业自治计划;主张经济手段和财政手段共同协调,发挥工资的社会分配功能,规定最高与最低工资之间的比例;实行新的价格制度,减少国家补贴,提高零售价格。

80 年代中期以后,改革力度进一步加大,但波兰由于 70 年代高速发展战略带来的沉重债务负担,以及西方的滞胀使贸易条件恶化,导致经济困难。直到 1983 年经济开始回升,1983—1985 年的"三年恢复计划"完成的不错,平均国民收入增长 5%,工业增长 5%,农业连续四年丰收,农产品基本自足。但外债仍在增加,1990 年底达 418 亿美元,人均 1000 多美元。1989 年 2 月,波兰党承认团结工会合法,物价完全放开,取消国家对工资物价以及外汇市场的控制,导致经济混乱,政局发生动荡。

东欧其他国家,如保加利亚、捷克斯洛伐克、民主德国等都进行了不同程度的改革。民主德国 70 年代起实行新的经济体制,建立联合企业制度,强调把计划经济和对市场情况的迅速反应结合起来,企业有充分的自主权,使民主德国经济在东欧国家中成为比较出色的一个。保加利亚在其发展过程中进行了不断的改革,总书记日夫科夫提出:"科学技术是经济发展的万能钥匙,企业自治是经济发展的发动机。"1945 年到 1985 年的 40 年中,保加利亚经济年平均增长速度达到 7.2%,被称为"小型的经济奇迹",由二战前一个落后的农业国变成一个工业基础和现代化农业的中等发达国家。捷克斯洛伐克 1968 年掀起经济改革的高潮,西方称之为"布拉格之春"。以杜布切克为首的捷共党中央提出改革的《行动纲领》,"我们要进行实验,给予社会主义发展以新的形式"。其目的是摆脱苏联模式的束缚找出适合捷克国情的社会主义道路,但遭到了苏联的镇压。此后捷克仍进行了一系列改革,80 年代以后经济好转,但经济增长速度缓慢,1983—1987 年国民收入年平均增长率为 2%。罗马尼亚在摆脱苏联控制,争取政治经济独立方面取得了成功,但经济方面拒不实行改革。总书记齐奥塞斯库曾提出,要在 1990 年或 2000 年建成全面发展的社会主义。为实现经济高速增长,提高了积累的比例,国民收入的 1/3 用于积累,使人民生活水平提高缓慢,为了还债又最大限度地限制进口,扩大出口,使人民不满,导致政局不稳。东欧国家建国以来的经济体制改革没有取得成功,关键在于改革的不彻底,僵化的计划经济体制限制并排斥了商品经济和价值规律的作用,从而使其经济发展缓慢,改革步履艰难。到 1990 年,所有东欧国家的国民经济都是负增长。从下表可以看出动乱前后国民经济受到的破坏程度。各国经济普遍下滑。

表 15-2 苏联、东欧各国 20 世纪八九十年代初的国内生产总值增长率

单位:%

年份	1981—1989	1990	1991
苏联	2.4[1]	−2.3	−11.1[2]
俄罗斯	3.0	−3.6	−5.0
阿尔巴尼亚	1.7	−10.0	−27.7
保加利亚	4.9	−9.1	−11.7
捷克	1.8	−1.2	−14.2
匈牙利	1.8	−2.5	−7.7
波兰	2.6	−11.6	−7.0
罗马尼亚	1.0	−5.6	−12.9
斯洛伐克	2.7	−2.5	−14.6

注:①1986—1990 年年均;②系独联体国家数据

资料来源:《苏联国民经济统计年鉴》,1990 年,第 8 页;《独联体国家统计年鉴》,1993 年,第 6 页;世界银行《1996 年世界发展报告》,第 175 页。

第二节 俄罗斯的经济体制改革

一、向市场经济过渡及过渡的方式

苏联解体、东欧剧变后,各国走上向市场经济过渡的新时期,各国在打破旧的传统经济体制的同时,对新体制进行了探索,归纳起来有两种经济转轨方式,即"激进式"和"渐进式"。

（一）"激进式"改革的特点

"激进式"改革即所谓"休克疗法"，由美国哈佛大学的经济学家 J.萨克斯首创并在拉美实验取得成效。"激进式"改革主要包括以下几个方面的内容：①建立市场机制，形成自由价格制度，减少或取消国家对价格的补贴，实现货币自由兑换，促进贸易自由化。②取消对私营经济的限制和行政干预，鼓励私人投资和生产，使经济中私营经济的比例上升，以促进整个经济的发展。③改革国有企业，使其成为独立的商品生产者，通过私有化减少国营企业数目，并取消国家的补贴和优惠贷款，使企业按市场的要求安排其经营活动，提高市场的竞争程度。④保持价格的基本稳定，为此严格控制货币发行量和贷款规模，即紧缩的财政政策和货币政策，以治理通货膨胀，稳定社会局势。

（二）"渐进式"改革

"渐进式"改革的主要内容是：①逐步放开价格，使自由价格制度的形成有一个过程，国家对于价格的补贴和控制也逐步取消，但能源等主要商品价格仍由国家控制，这可以使价格上涨比较平稳，避免发生恶性的通货膨胀。②私有化的目标不是全部实行私有化，不是全部取消国有经济，而是建立多种所有制并存的混合经济，一些关系到国民经济命脉的行业仍控制在国家手中。

"休克疗法"与"渐进式"改革的区别在于改革的速度和力度的不同，而内容是基本相同的。在转型的过程中究竟采取哪一种过渡方式可以达到预期的目的是因国家而异的。苏联、东欧各国都根据本国国情选择了改革的方向，选择的模式不同，则发展的结果也不尽相同。

二、俄罗斯的休克疗法

1991 年 12 月底，苏联解体后，由前苏联的 15 个加盟共和国中的乌克兰、白俄罗斯、俄罗斯联邦、阿塞拜疆、亚美尼亚、摩尔多瓦、哈萨克斯坦、乌

第十五章

兹别克斯坦、吉尔吉斯斯坦、塔吉克斯坦、土库曼斯坦以及后来的格鲁吉亚组成独立国家联合体。随后各国走上经济转轨的道路,以俄罗斯的"休克疗法"最为典型。

（一）推行"休克疗法"

俄罗斯的经济转轨大体分为两个阶段。第一阶段是推行激进的"休克疗法"阶段,即从 1992 年初到 1993 年底,主要措施即自由化、稳定化和私有化。第二阶段从 1994 年开始,为放慢"休克疗法"过程,实行经济调整阶段。俄罗斯从 1992 年 1 月开始"休克疗法",其主要内容包括如下四个方面:

一是放开价格。1991 年 12 月 31 日,俄罗斯发布放开价格的 297 号总统令,即从 1992 年 1 月 2 日起,俄罗斯境内所有企业组织和其他法人所生产的生产资料与消费品、技术产品、提供的劳务和工程,其价格与收费标准除特殊情况外一律放开,采用自由市场价格,价格高低由市场供求自动调节,国家只对直接影响人民生活的食品、医药和能源确定最高限价和系数,并按计划分阶段放开这些商品的价格。放开价格的目的是:①取消国家补贴,使价格更能反映其价值。②取消价格限制,避免国家供应价与黑市价的悬殊差别,打击市场的投机活动。③增加市场上的产品供应,价格随供求关系变动而变动,以刺激生产者的积极性,使产品来源渠道增加,丰富市场。1992 年 1 月 2 日,90%以上的消费品和生活用品价格以及 80%的生产资料价格完全放开,所有商品价格迅速上扬,为此政府也提高了人们的工资水平,对预算拨款单位人员从 1991 年 12 月 1 日提高 90%的工资,家庭补助金面向各类低收入居民。商店里商品供应开始丰富起来,但是随着价格的放开,物价上涨速度也加快了,而且有升无降,造成黑市猖獗,政府难以控制。

二是转变所有制,实现私有化。早在 1990 年 12 月,俄罗斯就出台了《所有制法》,规定不论公民、法人都可以成为私有权的主体。1991 年 7 月,俄罗斯最高苏维埃又批准了《关于国家企业和地方企业私有化法》,规定了私有化的法律框架,制定了三年的国家私有化纲要。私有化即国有企业的非国有化和私营化,目的是让企业独立经营,提高经济效率和生产率,使企业面向市场参加竞争,同时进行经济结构调整,改变管理体制,为建立市场经济奠定基础。在推动私有化的过程中,采取了小私有化、大私有化、发放私有化证券等措施。①小私有化,即对小型企业实行出售和拍卖。计划规定,1992 年要实现 20%~25%的国家财产私有化,这类小型企业包括商店、餐馆、生活服务业、公用事业、汽车运输业和小型工业企业。每个人都有权利在任何地方经营,并准备在两年内实现土地私有化。②大私有化,将国有大型企业改造成股份公司,股份中 20%无偿分给企业职工,15%以折扣形式卖给企业职工和领导人,其余 65%在市场上公开出售。③发放私有化债券。1992 年 10 月 1 日,俄罗斯政府决定向每个居民发放面值为 1 万卢布(相当于 4 个月的平均工资)的私有化证券,每个公民获得的证券可以用于购买股票,或存入投资基金或出售转让等。

三是实行紧缩的货币政策,控制财政赤字,其内容主要包括:(1)增加收入,提高税收,如征收 28%的增值税和 32%的利润税来增加财政收入以平衡预算。(2)控制财政开支,减少国家对企业的支持和补贴,以及对价格的补贴,压缩军费开支和行政费开支。(3)紧缩信贷。为抑制通货膨胀,政府严格控制贷款规模以及基建项目投资,直接控制货币发行,限制向商业银行贷款,提高贷款利率,争取实现财政收入和支出均占国内生产总值的 33.4%的无赤字预算。

四是实现外贸自由化。1992 年 7 月 1 日起,取消对外贸的各种限制,除能源、原料、武器之外,其他商品出口均不受限制。稳定卢布使其具有可兑换性,以提高外贸效率,实行双重兑换率,即日常业务方面采用统一的浮动兑换率,在资本流动方面,采用个别的固定兑换率,培育外汇市场,建立外汇稳定基金,改善国际收支状况。

(二)"休克疗法"实施的效果

在俄罗斯实行"休克疗法"的初期,消极效果与积极影响一度并存,但随着时间的推移,"休克疗法"弊端不断凸显。在放开物价的第二天,即 1992 年 1 月 3 日,商品价格大幅度上扬,但商品供应却丰富了,企业私有化有了一定的进展。财政紧缩也使卢布的贬值速度下降,卢布与美元的比率逐渐稳定,外贸实力也在增强。但"休克疗法"好景不长,不久便演变成深重的危机,激进的改革付出了沉重的代价:经济实力下降,许多重要的经济指标倒退10年以上,经济结构失调,国家财政赤字年年上升。具体表现在:"休克疗法"要放开物价,刺激供给,压缩需求,希望通过市场机制调节达到供求平衡的目的。然而放开价格后,1992年1月比1991年12月消费品价格上涨345%,为此增加了工资,结果使产品成本提高,形成恶性循环,价格暴涨,居民消费被限制,企业则减少产量,生产衰退。"休克疗法"为抑制通货膨胀,采取紧缩性的货币政策,而紧缩使企业财政困难,投资下降供给减少,这又刺激了通货膨胀的加剧。为刺激企业生产,缓解企业间的三角债,政府不得不放松银行,增加贷款,以增加财政收入,保持财政收支平衡。政府希望通过增加税收来弥补赤字,然而受到了普遍抵制,许多国营企业拒绝交税,私营企业逃避税收。"休克疗法"全面推行私有化,随着市场竞争有一部分企业倒闭,造成大量失业,人民生活水平下降,两极分化严重。1993年6月贫困线为1.6万卢布,1/3以上居民处于贫困线以下。私有化的实行,尽管其进展缓慢,但对经济产生了严重的影响。俄罗斯经济在原有的苏联模式下运作了几十年,原有体制的弊端不会随着私有化而全部消失。计划体制下的粗放式经营使产业结构严重失衡,重工业仍占很大比重,产品单一,加上苏联、东欧国家间的经济关系随转轨遭到破坏,使企业处于停产、半停产的状态,企业不能有效地运用市场机制,安排其生产和经营,使俄罗斯生产大幅度下降。卢布自由兑换的实施,导致卢布急剧贬值,俄中央银行1992年用10.559亿美元来干预市场,以稳定卢布对美元的汇率。1992年卢布对美元汇率从1美元兑110卢布降到414.5卢布,表明国家干预的作用有限,国民经济全面衰退,各项经济指标都出现了很大的滑坡。据官方公布的资料,1992年俄罗斯GNP为14.5万亿卢布,按可比价格计算比上年下降19%,生产性国民收入下降21%,工业生产下降20%,农业下降8%,能源原材料下降更严重。1992年居民日用消费品价格比1991年上涨20倍,居民生活水平下降30%,通货膨胀率达2000%,财政赤字达1万亿卢布。

(三)"休克疗法"不符合俄罗斯国情

"休克疗法"实施的结果与改革策划者的设想形成了巨大的反差,表明

"休克疗法"并不适合俄罗斯。其原因可归纳为以下三个方面：

一是对改革的期望过高，速度过快。"休克疗法"的实施正处于政治变革时期，政局不稳定，使其具体措施难以有效贯彻。高度集中的计划体制实行了60多年，它的改变需要有一定的过程。而俄罗斯急于求成，脱离了实际，没有找到适合其国情的改革道路。在经济危机状况下，盲目选择"休克疗法"以求迅速向市场经济过渡，而原有的经济结构严重扭曲，实现资源的合理配置需要时间。国有大中型企业对于迅速转向市场经济难以适应。由于没有充分估计到市场物价的变动趋势，放开价格后导致了恶性的通货膨胀。

二是缺乏相应的社会环境。"休克疗法"的实施正是社会变革时期，各种政治力量的斗争使得改革的措施难以得到有效贯彻，改革缺乏市场经济的基础。私有化这种新的市场体系的建立，需要涉及税收、计划、金融、物价、对外关系等领域的改革，而新旧制度的交替导致经济秩序混乱，政府又缺乏有效的决策管理，经济形势恶化。俄罗斯是短缺型经济，消费品供不应求，物资紧缺。苏联解体后，情况更加严重。"休克疗法"的实施，需要稳定的宏观经济环境，但现实与之相去甚远，而且在私有化过程中，化公为私、侵吞国家财产的行为屡见不鲜，引起人民的不满，使社会更加不安定。

三是过分依赖西方的援助，外债压力沉重。为了争取到西方的援助，俄罗斯表示愿意将改革进程置于国际货币基金组织和其他国际金融机构的监督之下。而西方国家的援助往往带有一系列的附加条件。如俄罗斯必须奉行向民主国家制度过渡的改革方针，加快私有化进程，停止向国有企业贷款，控制通货膨胀率，预算赤字限制在国内生产总值的10%以下，等等。实际上西方国家的援助还迟迟不能兑现。如1992年西方答应援助金额为240亿美元，实际只给了一半。1993年国际货币基金组织答应向俄罗斯提供60亿美元的资金作为稳定基金，后来以俄罗斯通货膨胀居高不下为由，实际援助金额降为15亿美元。另外，俄罗斯的外债也是阻碍其经济发展的沉重负担。1993年，累计外债额为930亿美元，当年应偿付400亿美元，实际偿还能力25亿美元。总之，俄罗斯"休克疗法"的失败，主要是没有处理好以下关系：经济发展与宏观经济稳定的关系；国家计划与市场机制有机结合的关系；接受西方援助与内部自力更生的关系；稳定的财政货币政策与发展生产的关系。

因此,迫切需要对"休克疗法"加以调整。

三、调整"休克疗法",转向务实的改革

1992年,在俄罗斯七次人大会议上,由于政府代总理盖达尔主张并积极实施的"休克疗法"受到人们的怀疑,副总理切尔诺梅尔金当选为政府总理,盖达尔下台。切尔诺梅尔金上任后,改变了前政府过于激进的改革政策,提出的经济改革政策注重经济的稳定性以及人民生活的改善,加强了政府对经济的宏观调控,从而使俄罗斯在1993年开始危机减轻,通货膨胀率降低,生产缓慢下降,外贸出口增长。

(一)实施新的改革方案

到1994年初,俄罗斯的经济改革进入了一个新的阶段,政府中主张"激进式"改革的领导人全部下台。激进改革带来的经济危机,使叶利钦总统决心放弃"休克疗法"。同时,俄罗斯提出了调整经济的具体措施:(1)加强国家的宏观调控作用,执行过度强硬的财政政策,明确提出放弃"休克疗法"。并严格控制预算赤字、货币发行量和贷款规模。(2)加强国家对物价的监督,使之保持在合理的水平上,采用综合措施治理通货膨胀。(3)调整私有化政策,重点放在提高经济效益、刺激投资增长和结构改革上,对关系国家安全和人民切身利益的国有大型企业暂不实行私有化。(4)重视社会保障政策,减少改革给人民带来的负担和损害,完善社会保障体系。(5)重视科技开发,提高科技人员的生活待遇。(6)确定独立自主的对外经济政策,改善投资环境,吸引外资流入,根据国情来制定自己的发展道路。

如前所述,"休克疗法"的经济后果是严重的,从1991年俄罗斯出现明显衰退开始(当年国内生产总值比上一年下降9%),俄罗斯经历了连续6年的经济负增长,据统计俄罗斯在整个90年代国内生产总值下降了50%多。切尔诺梅尔金上任后,放弃了"休克疗法",提出了更加务实的改革政策。从1994年开始出现了一些好的迹象,经济出现了稳定的趋势,进出口贸易恢复,市场供应紧张的矛盾趋于缓和,通货膨胀率降低。但俄罗斯的经济直到1996

政府的努力加上俄罗斯经济特有的基础,使俄罗斯经济在 2001 年底走出谷底,主要经济指标整体回升。据俄罗斯联邦委员会的资料,2001 年,俄罗斯的国内生产总值增长 5%,比 1998 年增长了 19.9%,已基本恢复到 1998 年金融危机爆发前的水平;农业总产值增长 4.9%,粮食大丰收,不再需要进口粮食,而且还出口 500 万吨。到 2001 年 12 月国家外汇储备达到 383 亿美元。在消费品价格增长 15.2% 的情况下,人均收入增长 46.2%。到 2001 年底,俄罗斯经济已经连续三年呈增长势头。2002 年,在全球经济普遍不景气的形势下,俄罗斯经济又得到较大发展。2002 年,俄罗斯的国内生产总值增长 4%,国家财政状况平稳,通货膨胀率下降,基本控制在政府预期的 14% 的水平,外汇储备在 2002 年底达到 480 亿美元。从 1999 年开始,俄罗斯国内生产总值累计增长了 38 个百分点。普京总统在国情咨文中乐观地指出,俄罗斯完全有可能保持经济高速增长,提前实现国内生产总值 10 年翻一番的目标。经济强劲复苏的同时,俄罗斯并未显现过热迹象。通货膨胀率持续下降,经常项目国际收支保持顺差,2005 年 2 月黄金外汇储备达到创纪录的 860 亿美元。2007 年俄罗斯国内生产总值达到 1.1 万亿美元,人均 8000 美元,恢复和超越转型前的水平,跨入全球经济大国行列,比 2006 年 6 月俄罗斯制订的《2010 年前俄罗斯经济社会发展战略》所规定的翻番战略目标提前 3 年实现。这预示着俄罗斯经济转型和发展步入新阶段,并为俄罗斯进一步转型与增长创造了良好条件。

虽然整体的形势不错,但俄罗斯仍然存在一些难以解决的问题,体现在投资大幅度下降。由于贷款利率过高,导致投资速度下降。此外,投资环境不理想,使外资流入减少,由于投资下降,导致企业设备老化的问题难以解决,严重影响企业的竞争力。因此,经济增长仍然主要依赖原料工业,即通过能源的出口来实现,对外依赖性也比较大。对俄罗斯来说,主要任务是要保持经济增长的势头,保持社会的稳定,为经济结构的调整打下基础。俄罗斯经济的转轨从 1990 年至今,其发展的经验教训为进行市场经济改革的国家提供了有益的启示。俄罗斯 2007 年至 2017 年的国内生产总值增长状况见表 15–3。

第十五章

改革取得了一定的成果,社会政治局势也相对平稳,这样的国家采取"渐进式"改革比较符合国情,受到了多数人的拥护,如匈牙利等国。而选择"激进式"改革的国家,原来的改革没有取得多少成效,剧变中,政权易手,新上任的领导人在经济困难的情况下被迫采取"激进式"的改革。

一、经济体制改革的基本措施

波兰、捷克斯洛伐克等国采用了"休克疗法",而匈牙利、乌克兰等国选择了"渐进式"的改革,不论采取哪种方式,从改革措施来看,改革者普遍认为向市场经济过渡主要应包括这样几个内容,即改造所有制,建立市场机制,实现宏观经济稳定及发展对外经济关系等几方面。下面分别就这几个方面论述东欧国家改革的措施。

(一)改变所有制结构,建立以私有制为主体的混合经济

东欧政局变化后,为消除中央计划经济体制的弊端,都提出建立市场经济管理体制,并把私有化作为改造所有制的主要手段。它的主要内容包括:(1)国有企业改造,实现所有权的转移,使国有企业变为私人企业;(2)国家和私人共同拥有企业,国家对企业也仍保留部分所有权;(3)国有企业所有权和经营权分离,即由国有企业变为有限责任公司,交由法人经营。私有化的目的:第一,通过国有企业私有化,提高经济效益,改变过去高度集中的行政管理所出现的企业经营效果与经营者无关、分配上的大锅饭、企业职工缺乏积极性等弊端。第二,通过私有化,改变全民所有制结构,改变国家所有制占主导地位的形式,使企业成为独立的商品生产者,促进市场的竞争。通过变革产权制度,明确企业的产权关系,即国有企业资产所有权属于国家,产权属于企业。国家所有权体现在企业法人资产的所有者权益上,投资机构代表国家维护这种权益,同时享有产权主体的权利和利益。并建立新的财产核算体系,以谋求形成一个广泛的私有者阶层,提高企业的生产效率,促进经济稳定,打破垄断,满足消费者的需求,并吸引外资。

转轨国家的私有化分为"大私有化"和"小私有化","小私有化"指对国

营商业、饮食服务业及一些小型工业企业实行私有化,"大私有化"是指将国有大中型企业改造成股份有限公司或集团,变更其所有权。私有化的主要方式是出售或分配。出售分为整个企业出售或部分资产出售,也可以公开拍卖或发行股票。具体做法是:(1)出售转让股份,发行股票。波兰、匈牙利、捷克、斯洛伐克、保加利亚、罗马尼亚等都采用了这种形式,这种形式主要用于大中型国营企业的私有化。企业在专家评估的基础上,确定出售或转让股份的比例及股票的数量、价格,然后向国内外法人或自然人出售,并以优惠价格向本企业职工出售部分股票。(2)把企业出售给固定投资者,即所谓成套出售,购买者可从国家贷款,企业中一般国家资产股票额占一半,即形成国家与私人的合资公司。(3)直接出售或拍卖,把国营商店、饭店、餐馆等卖给个人或集团,这些人通常是原企业的职工或其他与企业有关的人员。在分配方面有两种形式:无偿分配和以优惠价格将国有资产转让给公民或企业职工。具体做法是,政府向公民发放固定面额的财产券,人们用这些债券购买企业股份,成为企业的股东。

东欧各国的私有化方式各不相同,波兰的国有企业私有化以直接出售和无偿分配为主,把企业改造成股份公司,出售公司的股份,股票直接流入资本市场。因为大中型国营企业售价高,个人购买困难,故而以发行股票的方式实现,公司职工享有以优惠价格购买本公司20%的股票权。波兰1989年底就开始首先推行小私有化,即在商业、小企业、加工及服务业领域进行;1990年7月,议会通过《国有企业私有化法》以后,在工业、交通运输、邮电、建筑业等部门推行大私有化计划。

匈牙利拒绝了无偿分配的方式,采取直接向国内外出价者出售国有企业的方式实现私有化。这样避免了国有资产的流失。1990年初,匈牙利批准《初期私有化纲要》,实行小私有化,即零售商店、食品、服务业的私有化,同年9月又颁布了第一个大私有化计划,对工业部门实行私有化,进入第一批私有化名单的20个国有企业都是效益比较好的大型国营企业。通过发行股票出售后,对投资者极有吸引力。

(二)实现市场化,建立竞争性价格体系

1990 年,东欧各国在政治体制变化以后,在经济体制上正式宣布向市场经济过渡。在原来的计划经济体制下,国营经济占统治地位,资源配置效率较低。而市场经济的特点体现在:(1)资源配置通过市场实现;(2)由市场机制调节供求关系的平衡;(3)商品的价值、利润分配也由市场决定。东欧国家的困难在于难以形成有效的市场价格机制,以及与之相配套的法律法规。为此东欧实行了一系列具体措施:(1)按国际惯例建立一系列市场经济必需的经济机构,如银行、保险业,商品、证券交易所,拍卖行等。(2)建立适应市场经济的宏观调控体系。在财政、税收、金融等方面进行改革,为克服经济中出现的不良现象,如高通胀、黑市交易、不平等竞争等制定法律法规(如公司法、私有化法、合资法、破产法等)以及更新统计、会计、审计制度。与此同时,还加强了银行对货币市场的调节作用,保留间接的货币管理制度,建立股票市场,以及新的社会保障体系。价格改革是向市场经济转轨的关键,也是最困难的一步,东欧各国在改革初期,都是首先放开价格。

波兰 1990 年 1 月 1 日全面放开 90% 的商品价格,基本解除了进出口的数量限制, 进口关税平均为 20%。波兰的通货膨胀率 1990 年达 585.8%,1991 年下降到 70.6%,特别是食品价格指数,如以 1980 年为 100,则 1990 年为 22326,1991 年为 38082.3。因此,政府在 1991 年开始实施稳定经济的计划。其内容包括:采取紧缩性货币政策,限制信贷量的增长;国家减少对某些商品的价格补贴和税收优惠;限制收入政策,即限制工资的上涨,对增加工资实行严厉的税收惩罚。

匈牙利的价格改革是以物价稳定为前提,逐步进行调价。匈牙利从 1988 年起就逐步放开价格,改革前,80% 商品已经实行自由价格。1990 年 1 月,除近 10 种主要商品保留补贴外, 其余商品价格全部放开,78% 的进口放开,1991 年 90% 的进口不受限制,1992 年完全取消进口限制。由于匈牙利采取的是"渐进式"的改革,其通货膨胀率比采用"休克疗法"的波兰较为和缓,1990 年其通货膨胀率为 28.8%,1991 年为 35%,1992 年为 23%。

价格改革总的来说是成功的,各国在经历了几年的高通货膨胀后,终于建立起由市场决定商品价格的机制,市场秩序逐步趋于稳定,各国的通货膨胀率普遍下降。

(三)改革金融体制,培育资本市场

东欧国家的金融体系改革关键在于金融市场, 使资本市场的价格即利率由资本的供求来调节。主要内容包括:(1)整顿原有的国家银行,建立两级银行体系,中央银行与国家财政机构脱钩,执行其独立发行货币、调节货币市场的职能,以及制定和贯彻国家货币政策,中央银行以外的银行实现商业化;(2)实行银行私有化,并允许外国银行进入;(3)发展证券交易及资金市场,建立证券交易所。改革后的金融体系将按发达国家的模式运行,中央银行职能扩大。银行体系由国家银行和商业银行两级组成,国家银行与商业银行的关系由过去的监督与被监督的关系变为相互独立。中央银行主要通过增加或减少货币供应量、调节利率和公开市场业务等途径对经济进行调控,商业银行将以盈利为主要目的, 银行监督局将对商业银行的业务活动进行监督。

波兰 1991 年开始将国营商业银行改造成股份公司,制定商业银行私有化计划,加强中央银行的职能,逐步限制优惠贷款,并消减补贴。波兰 1994年通过私有化,私人银行、合资银行、外资银行达 16 家。

匈牙利注重发展货币市场和金融市场。1989 年初成立了一家经纪公司,1990 年 6 月股票交易所开业,发行股票 1000 亿福林。1991 年匈牙利制定了《银行法》,进行国有银行私有化,并允许外资银行进入。国家银行还建立了银行间的外汇交易市场,以促进外汇市场的形成。匈牙利金融体制的建立并不顺利,真正按照西方金融市场模式运作还有待时日。

(四)扩大对外开放,实现贸易自由化

在转轨的过程中,东欧各国都取消了国家对外贸的垄断,实行对外开放政策,以贸易自由化作为发展方向。在贸易体制上,下放贸易权限,取消国家对外贸产品的定价权,所有经济单位都可以从事外贸业务,在关税方面,降低进口关税。所不同的是,各国开放的程度和发展速度不同。

波兰采取完全自由的贸易政策,关税税率不断下降,1992 年平均关税率为 10%左右。为确保国内市场供应,防止投机现象,对 20 种商品出口发放许可证。本国货币对外大幅度贬值,使波兰兹罗提成为可兑换货币。波兰逐步取消了进口的数量限制,外币兑换限制减少,只对企业输出外汇有一定限制。

匈牙利在东欧国家中,外贸体制转变成绩最为突出。1990 年底,政府颁布法令,任何法人、非法人公司,个体经营者,都可以开展进出口业务。1989 年起,40%的进口不用许可证,1990 年又放开 30%,1991 年 90%的进口放开,对主要消费品实行进口配额。在关税方面,不断降低关税水平。80 年代末,匈牙利的关税水平为 25%,到 1991 年关税从 1990 年的 16%降到 13%。为避免进口商品的冲击而造成损失,匈牙利采取了一些市场保护措施,如规定进口配额,规定补充关税,收回或修改进口许可证等,对国外的倾销行为,根据《反倾销法》,采取惩罚性措施。为了弥补由于“经互会”的解散、东方市场消失造成的影响,匈牙利与捷克、波兰三国于 1992 年 12 月 27 日,在波兰建立“维谢格拉德三国自由贸易区”,此外,匈牙利还与独联体签署为期 10 年的贸易合作协议,成为欧盟的联系国。

(五)引进外资,促进经济改革

东欧经济转轨以前,利用外资的形式主要是通过贷款和借债的方式,其中包括政府间的官方发展援助、长期贷款、国际货币基金组织的信贷以及私人的贷款。东欧的外国直接投资在改革以前规模很小, 在向市场经济过渡中,这些国家也开始向外国直接投资开放,其目的:一是因为对资本投入的需求,这些国家的外债规模较大,资金严重短缺;二是希望外资流入带来先进的技术、设备、管理经验,以促进经济的发展。各国为此纷纷修订了外资企业法,为外国直接投资流入提供各种方便。例如,取消对外资拥有股权比重的限制,允许开办独资企业,放宽投资的范围,改善投资环境,并建立经济特区。1989 年东欧引进外商直接投资总额达 6.7 亿美元,外资企业外几百家,到 1992 年,引进外资总额就达到 68 亿美元,外资企业达 4 万多家。

波兰制定了《外国投资法》,吸引外资流入,1991 年波兰得到的长期贷款为 4.76 亿美元,外国直接投资 2.91 亿美元。到 1993 年底,波兰在流进东欧的 170 亿美元外资总额中占了 42.36%亿美元,外资企业达 15000 多家。

　　匈牙利把引进外资作为解决资金短缺、改造国营企业的一条捷径,其目标是在 3 至 5 年内使外资在匈牙利的经济成分中占 25%~30%。1990 年匈牙利引进外资速度加快,建合资企业 2000 多家,引进外资 9 亿美元,1991 年增加到 19 亿美元。在流入东欧的外资中,匈牙利占的比重是最大的,原因在于匈牙利政局比较稳定。匈牙利自 60 年代以来的改革,使其有吸引外资的良好环境,另外匈牙利规定,外国投资者如果兑换货币到匈牙利投资,可享受 5 年免税优惠,1991 年又通过了《外国人获取不动产法》等。

　　东欧各国普遍建立了专门促进外资流入的机构,制定了投资计划和鼓励外资流入的优惠措施,并制定相应的政策,向外商提供可靠的咨询、信息和各种服务,引导外资投向,以及向外商公布投资项目,协助投资者办理各种手续,对外资实行有效的监督,并及时向政府提出政策建议,在吸引外资的过程中,有些国家由于生产下降,高通货膨胀率,投资环境不理想,法制法规不健全等等,制约了外资流入的速度。

二、经济体制改革中存在的问题和发展趋势

　　东欧国家在剧变以前,长期实行中央集权的计划经济体制。在向市场经济过渡的过程中,各国虽然取得了不同程度的进展,但付出的社会经济代价是沉重的。

(一)经济改革中存在的问题

　　1. 经济体制转轨付出沉重代价
　　东欧国家的转轨经历了痛苦的调整阶段,各国普遍出现生产下降,恶性通货膨胀,高失业率,人民生活水平下降,贫富差距拉大,外贸困难等状况。(1)各国工业生产大幅度下降,大批企业亏损倒闭,经济严重衰退。90 年代初,东欧各国工业生产下降幅度是非常显著的。而且经济下降成为转轨初期各国的普遍现象。(2)严重的通货膨胀。1990 年波兰的物价平均上涨了 7—8 倍,1990 年初通货膨胀率达 2000%。1989 年到 1992 年东欧的年通货膨胀

率在50%以上,1993年南斯拉夫的通货膨胀比1991年高达2万倍。在东欧的27个国家中,4年通货膨胀率的104个记录中, 超过1000%的达28个,1993年13个转轨经济国家年通货膨胀率比上年高1000%, 即物价上涨10倍以上。(3)失业问题严重。1990年波兰的失业率为20%,1991年工业生产下降12%,实际工资下降31%,占劳动力总数11.1%的210多万工人失业。匈牙利1991年工业生产下降30%以上, 失业人数到1991年底为150多万人。保加利亚1991年底10%的劳动力失业,成为仅次于波兰的第二个失业率最高的国家。失业大军的存在,使这些国家的财政负担沉重,也影响了社会的安定,有些失业率低的国家,又往往存在超就业现象。(4)贫富差距拉大。由于通货膨胀严重,失业增加,人民生活水平普遍下降,迅速出现了贫富差距拉大的现象。在中东欧,按收入低于平均工资45%的标准划分,贫困者阶层从1989年占人口的20.5%,增加到1993年的占人口的42.5%,波兰有33.3%的人生活在贫困线以下,保加利亚为26.7%,罗马尼亚为51%。社会财富日益集中到了新兴的自由资产阶级手中,他们在向市场经济过渡、推行私有化的过程中,把相当部分国有资产资料窃为己有。根据东欧国家社会调查结果显示,大多数人认为生活水平明显下降。波兰有1/4的人口处于贫困状态,匈牙利靠工资生活的人们也感到生活水平在急剧下降。日益严重的两极分化,社会财富分配不均,导致社会极不安定。

2. 宏观经济失控,私有化进展缓慢

苏联解体、东欧剧变后,人们把进入市场经济看成一蹴而就的事,大肆宣扬自由市场经济,认为过去体制的弊病在于国家对经济的干预,因此竭力推崇取消国家的干预,其结果导致经济混乱,不仅市场主体行为出现自发性和盲目性,而且通货膨胀,赤字庞大。实践证明,向市场经济过渡,建立完整的市场体系,使市场自动调节机制和手段自由发挥作用,需要摆脱过去的高度集中的行政管理体制,但这需要一定的过程和时间。这段时间内,由于出现机制转换的真空,即靠市场经济自发调节经济的机制还没有建立起来,而政府的行政管理体系又面临崩溃。因此,在私有化方面,遇到了一定的困难。首先,人们赞成市场经济,但将企业私有化或归还给原来的私营企业主则难以接受。波兰和捷克的私有化、匈牙利的私有化政策和规定都遇到工人和农

民的罢工或游行示威抗议。要求撤消这些规定,1991 年 12 月保加利亚民意测验表明有 2/3 的人不愿私有化。其次,私有化需要购买者有大量的资金,而在长期的计划经济下实行按劳分配,使得有足够资金购买企业的人很少,外资购买比例又很小,有些国家对外资购买也有一定的限制,不少企业因此倒闭,加剧了危机。最后,实行私有化的过程中,在对资产评估问题上,由于国营企业几十年由政府补贴,对企业资产难以有合理的估计,有些人有意压低资产价值,以便低价购买企业或与西方国家的专家串通一气,使国有资产流失严重。有些领导干部贪污腐化,中饱私囊,将国家财产窃为己有,引起人民的不满。这些都表明,人们对经济转轨的长期性认识不足,其结果必然是难以提高经济效益,从而影响到向市场经济过渡的速度。

3. 对外经济贸易关系发展不平衡

由于经互会解体,原来的贸易结构遭到破坏,东欧国家之间以及与苏联的贸易关系不仅发生了变化,而且贸易量也迅速下降,相当一批企业失去了原料来源和产品销售市场。如保加利亚对东欧的出口 1991 年上半年下降 71%, 进口下降 85%;匈牙利 1991 年, 同西方的贸易额已占对外贸易额的 70%;波兰 1991 年上半年对东欧的出口减少 40%,对欧洲共同体的出口则增加 28%。据专家估计,经互会解散后,东欧国家的对外贸易平均下降 25%。

东欧在对外开放过程中,忽视了保护本国企业的利益,将封闭了几十年的国内市场完全打开,货币自由兑换,进出口取消限制,使西方产品大量涌入,占领了国内市场,而国内企业一下子失去了政府的政策保护,产品难以和进口商品竞争,因此出现倒闭危机。东欧的出口企业面对的则是西方国家的贸易保护壁垒,不仅出口困难,而且还使东欧国家出现不同程度的贸易逆差, 东欧国家在改革中还把资金短缺的困难寄希望于西方国家的援助和外资的引进上,然而现实却使他们大失所望。西方的承诺兑现的很少,而且速度很慢,西方不会无代价地提供资金。

东欧国家在引进外资方面也存在问题:一是资金的需求与外资的供给之间差距较大;二是外资本身具有的垄断和控制意向与东欧国家维护主权、反垄断反控制的意识之间存在着较大的矛盾。东欧各国引进的外资一般具有特定的目的和用途,外资进入为经济转轨提供了必要的财政支持。波兰、匈牙利、捷克等国转轨比较顺利与较多的外资流入是分不开的。1991 年,波兰得到的长期贷款达 4.76 亿美元,直接投资 2.91 亿美元,共 7.67 亿美元。匈牙利公共长期贷款 7.81 亿美元,直接投资 14.62 亿美元,共 22.43 美元。

外资的流入促进了东欧国家的私有化进程, 以及东欧国家产业结构的改造。东欧在开放经济后,第三产业占的比重明显增加,一些大型基础设施的建设也都是靠外资引进建成的。但引进外资也带来了一些不利的影响,其一,借贷过度,造成盲目引进,重复建设,投资失控,国际收支赤字加大。其二,对外资政策过宽,也没有形成有效的监管机制,使外资不能到位,合同中规定的外方投资额与实际投入的资金相差很大, 使国家蒙受了重大的经济损失。其三,外资投向不合理,主要投向环境污染严重的行业,以及原料、能源等关系国家经济命脉的行业,外资廉价购买私有化的国家企业,带来一系列消极影响。因此有些国家已经对外资进入不得不进行控制和审查。经济转轨,是对所有制、价格、财政、金融及对外经济关系进行全面的改革,为此付出一定的代价是不可避免的,但代价太大就是问题了。

4. 转轨未带来产业结构的有利调整,政局的动荡干扰了经济发展

经济转轨使东欧国家经济结构发生了不同程度的变化,但在产业结构的调整上变化不大,其产品总体质量仍较差。这当然不是短时间内可以解决的。但不解决这些问题经济转轨就难以达到预期目的。由于这一问题未因经济转轨而有所好转, 东欧国家传统的产业结构和不高的产品质量不足以形成市场中的竞争力,加上外部市场的制约,以出口牵动经济发展的预想很难成为现实。相反,对外开放的扩大反而造成西方商品的涌入,冲击着国内产品与市场。

东欧国家的经济转轨过程是与政治斗争相伴随的。国内政局的动荡不可能造成集中精力发展经济的局面。其中一些国家反对派与执政党、议会和政府相互掣肘,不少经济法规和措施难以出台,已经出台的也难以实行;四年一届的大选和某些国家的政府危机对经济生活的运转产生很大影响。政局时有动荡的国家,情况更为严重,常常闹到将全部精力去应付政治风潮的地步。看来东欧国家都有一个如何处理稳定、转轨和发展的关系问题。

第
十
五
章

（二）经济改革走上正常轨道

经济改革的效果开始好转，东欧在向市场经济转轨的过程中，经历了痛苦的、付出高额社会代价的初级阶段，以及两种体制并存的摩擦，改革出现阻力、重新探索改革方向的调整阶段。最后，多数国家已经基本完成并走向改革的深化阶段。现在东欧国家的经济改革都取得了不同程度的成效，具体表现在以下五个方面：

（1）市场机制所需要的法律制度框架已经建立。健全的法律制度是市场经济运行的必要条件，过渡时期的经济需要法律保障，东欧各国已经不同程度地在法律制度方面进行了改革。如匈牙利1993年已形成了社会市场经济的基本法律框架，包括经济转轨的法律以及审计法、税收法、破产法、银行法、劳动法、国家银行法等。保加利亚废除了过去不适于市场经济的法律，重新制定了会计法、统计法、外国投资法、外汇汇率调整法等。各国纷纷参照西方国家的标准制定或修改法律，派人专门考察西欧国家的法律制度。

（2）所有制改造已取得初步成效。剧变前，东欧的国有经济在国家资产中占的比重达95%以上，经过多年的调整，国有经济比例大幅度下降，而私营经济、混合经济比例上升。东欧国家中，1995年私营经济产值占国内生产总值一半以上的国家，波兰为58%，捷克为69%，匈牙利为59%，斯洛伐克为58%。从数量上来看，国有企业数量大大减少，1990年12月波兰国有企业有8400多家，到1994年3月减少到4800多家；匈牙利1990年初国有企业1848家，1994年3月只有60多家。剧变后，国有企业的经营形式也发生了变化，有的已被改造成为股份公司或有限责任公司。东欧各国的"小私有化"已经基本完成，"大私有化"已通过内部私有化、外部私有化以及无偿分配等形式对大中型国有企业实行私有化，并取得了重大进展。

（3）金融体制改革取得进展。东欧金融改革的主要内容包括：中央银行的独立性被突出，与商业银行形成两极银行体系，中央银行与国家财政分离，独立负责货币发行，并负责贯彻国家的货币政策，银行私有化与私人银行准入，建立证券交易结构，发展资金市场。

东欧在深化金融体制改革方面取得了一定的进展。中央银行独立于政府,行使调节货币供应量、稳定金融秩序的职能,利用各种政策工具为经济发展提供条件。到 1997 年底,匈牙利已有 37 家商业银行、259 个金融合作社。匈牙利的 10 大银行中,外资银行有 8 家,合资银行有 1 家,布达佩斯证券交易所成为东欧第一家证券经营机构。匈牙利、波兰、捷克等国的发展较其他国家在规模和管理水平上略高一些,对于筹集资金、规范金融市场起着越来越重要的作用。

(4)对外经济贸易关系有了较大的发展。东欧各国实行全面对外开放,打破国内垄断,引进竞争机制,根据本国的比较优势合理地配置资源,使其对外贸易规模迅速扩大。除了与西欧国家发展贸易外,东欧各国还注意恢复原经互会国家的经贸关系,以及发展同亚太地区的贸易关系,从 1989 年到 1995 年,东欧的外资流入量不断增加,到 1996 年 3 月,波兰共引进外资78.86亿美元,匈牙利引进外资 131 亿美元,捷克引进外资 59.55 亿美元,它们是东欧国家中引进外资最多的国家。

(5)宏观经济稳定,经济陆续开始回升。经过 7 年的转轨过程,各国经济已经开始趋于稳定,并呈明显上升趋势。

表 15-4　东欧转轨经济国家的国内生产总值增长率　　单位:%

	1990 年	1991 年	1992 年	1993 年	1994 年	1995 年
波兰	-11.6	-7.0	2.6	3.8	5	7.0
捷克	-1.2	-14.2	-6.4	-0.9	2.6	5.0
匈牙利	-2.5	-11.9	-4.3	-2.3	2.0	2.5
斯洛伐克	-2.5	-11.2	-7.0	-3.2	4.8	7.0
斯洛文尼亚	-2.5	-8.1	-5.4	1.3	5.0	5.5
罗马尼亚	-5.6	-12.9	-8.2	1.3	3.5	6.9
保加利亚	-9.1	-11.7	-5.7	-1.5	0.2	2.5
克罗地亚	-9.1	-20.9	-9.7	-3.7	0.8	-1.5
马其顿	-9.1	-12.1	-13.4	-14.1	-7.2	-4.0
南斯拉夫	-7.5	-11.2	-26.2	-27.7	6.5	-4.0
阿尔巴尼亚	-10.0	-27.7	-9.7	11.0	7.4	11.0

资料来源:世界银行:《1996 年世界发展报告》。

20 世纪 90 年代是东欧从计划经济向市场经济转型的 10 年,到 1997 年底,东欧各国已经初步建立了市场经济体制,通货膨胀率下降,外贸的地区结构改善;稳定了货币,统一了汇率,实现本币在国内自由汇兑;私营经济迅速增长,所有制结构得到调整。这一切表明,东欧转轨的特定阶段即建立市场经济体制阶段已经结束,现在开始进入完善和巩固新体制阶段。从长远来看,东欧的经济发展前景是乐观的。波兰、匈牙利、捷克已被吸收加入经济合作与发展组织,但改革是一项长期而艰巨的任务,这些年来,东欧改革了失业保障制度,但失业率仍很高。不少国家失业率在10%以上。如,1996年匈牙利失业率为10%,保加利亚为13%,波兰为14%,斯洛文尼亚为13.5%。各国为解决这一问题采取了种种对策,但收效不大,波兰、匈牙利、捷克、斯洛伐克、斯洛文尼亚、保加利亚和罗马尼亚7国的失业率2000年高达13.1%,高失业率也严重制约着中东欧国家的经济发展。2001年由于结构性调整因素影响,失业率仍高达13.5%,2002年超过了14%。中东欧国家中只有匈牙利的失业率为6%,其他国家的失业率都在两位数以上。其中,波兰和斯洛伐克的失业率分别超过16.5%和18%,克罗地亚为23%,南斯拉夫为30%,马其顿则为32%。加入欧盟以来,实际情况显示在欧盟东扩的不同阶段并非所有的中东欧国家都能够受益,东扩国失业人数激增,其中失业最严重的中东欧国家,如波兰和斯洛文尼亚的失业率已经上升到20%左右。

到20世纪90年代末期,几乎所有转型国家经济都出现了较快增长。从1999年开始,匈牙利、波兰增长速度名列前茅,波罗的海国家经济增长率也接近3%,独联体国家平均达2%以上。但东南欧地区,阿尔巴尼亚、保加利亚、克罗地亚、罗马尼亚、马其顿、南斯拉夫等国的经济增长则非常缓慢。科索沃战争使这一地区经济在1999年步入衰退,2000年,这一地区逐步从衰退走向复苏的阶段。使东欧各国开始了自转轨以来的普遍增长。但2001年发展势头又有所减弱。7个东欧主要国家的经济增长率停留在3%左右,相对2000年的3.5%下降了0.5个百分点。经济增长减速的原因在于欧盟经济增长推动力不足的影响。东欧国家贸易60%—70%依赖于欧盟国家,欧盟增长势头减弱,影响到东欧。在东欧国家中,斯洛文尼亚、捷克和斯洛伐克由于技术水平和融入世界经济的程度高,受到的影响小些。

加入欧盟以后,部分东欧国家2007年至2017年的经济增长情况如表15-5所示。

表 15-5 2007—2017 欧盟部分成员国内生产总值增长率

	拉脱维亚	爱沙尼亚	立陶宛	斯洛伐克	罗马尼亚	捷克	波兰	匈牙利
2007	9.98%	7.75%	11.09%	10.80%	6.86%	5.60%	7.03%	0.43%
2008	−3.55%	−5.42%	2.63%	5.63%	8.26%	2.68%	4.25%	0.86%
2009	−14.4%	−14.72%	−14.81%	−5.42%	−5.91%	−4.80%	2.82%	−6.6%
2010	−3.94%	2.26%	1.64%	5.04%	−2.81%	2.27%	3.61%	0.68%
2011	6.38%	7.60%	6.04%	2.82%	2.03%	1.78%	5.02%	1.66%
2012	4.03%	4.31%	3.83%	1.66%	1.24%	−0.80%	1.61%	−1.64%
2013	2.43%	1.94%	3.50%	1.49%	3.53%	−0.48%	1.39%	2.10%
2014	1.86%	2.89%	3.54%	2.75%	3.08%	2.72%	3.28%	4.23%
2015	2.97%	1.67%	2.03%	3.85%	3.97%	5.31%	3.84%	3.37%
2016	2.21%	2.06%	2.34%	3.32%	4.82%	2.59%	2.86%	2.21%
2017	4.55%	4.85%	3.83%	3.40%	6.95%	4.29%	4.55%	3.99%

资料来源:世界银行。

(三)东欧转轨的经验教训

东欧的实践表明,经济体制改革是一个长期的过程,应该根据国情同时吸收其他国家经济发展的经验和教训,规划自己的改革方向。

一是在转轨过程中应根据本国国情制定发展模式。东欧国家在转轨模式的选择上明显带有自由市场经济的色彩,实行全面的私有化,并放弃国家对经济的干预。在干预手段上,以货币政策为主,忽视其他调节手段的作用。实践证明,这种自由市场经济的转轨模式,对于一个突然转向市场经济而又缺乏经验的东欧国家来说,必然要加大改革的难度,因此不得不转向社会市场经济。

二是注重国家对宏观经济的干预和调控。东欧剧变后初期,"新自由主义"思想占了上风,竭力主张取消国家干预,实行自由竞争。实践使领导人认识到,国家的经济职能和国家在转轨中的作用是不容忽视的,即使是西方发达国家,也没有放弃对经济的干预,特别是在经济危机的情况下,各国会纷纷加强国家对经济的干预力度。后来东欧国家开始注重政府对经济的调节作用, 在继续实行紧缩性货币政策的同时, 注重财政税收和分配政策的使用,以及其他经济手段的调节功能。在鼓励私有化的同时,发挥现有国营企业的作用, 并对涉及国家安全和宏观经济稳定的关键部门和企业进行财政和其他方面的支持,切实发挥国家干预这只看不见的手的职能作用。以达到宏观经济稳定的目标。

> 三是建立多种经济形式并存的所有制体制。所有制改造初期,东欧提出全面私有化的纲领,从实施情况看,小私有化比较顺利,大中型项目私有化遇到了一定的困难,如资金短缺,多数效益不好的企业难以出售。东欧的私有化实践表明,私有化是一个长期的过程,原有的计划体制下国有经济居于统治地位,在市场经济条件和秩序没有完全建立起来之前,大中型国营企业的私有化不能操之过急,国营企业仍应占有相当比例,国家财政收入仍然依靠这些企业作为来源渠道,因此在实现私有化的同时,应对国有企业实行产权制度改革,赋予国有企业资产使用权和支配权,包括资产使用权转让、新增资产处置权和出售权等,使其和私有企业一样,独立进入资金市场。

第四节　中国的经济改革与对外开放

　　中国的改革开放已经取得了举世瞩目的巨大成就,中国经济处于有史以来最繁荣的时期,中国的国际经济地位不断提高。尽管尚存在一些矛盾和问题,但改革开放的全面成功是毋庸置疑和举世公认的,使我国的经济运行体制和可持续发展能力取得了重大突破和根本转变。

一、改革开放前的中国经济体制

　　1949年新中国成立后,在社会主义建设的初期,在某种程度上模仿过苏联的模式,实行计划经济。50年代,中国面临的国内国际形势尽管与苏联建国初期的情况相似,但中国却没有完全照搬苏联模式,如片面强调重工业,高度集中的行政管理体制,而是根据中国的国情,在优先发展重工业的同时,重视轻工业和农业的均衡发展。这是符合当时中国的生产力发展要求的,所以"一五"计划在此基础上发展比较顺利。60年代以后和苏联关系恶化,中国没有及时调整经济发展战略,而是沿袭了原来的行政管理体制,强化党政机关直接管理经济的职能,分配上实行平均主义。70年代粉碎"四人帮"以后,我们又面临选择经济发展道路的问题。党的十一届三中全会确定了经济改革的方向和目标。四十多年来,我们坚持走自己的路,推进经济改革没有墨守成规,也没有简单照搬别国的经验或模式,而是根据我国所处的发展阶段和国际环境,针对我国的国情探索出了一条中国特色的社会主义道路,确立了社会主义市场经济体制的目标模式,经济持续迅速增长,人民生活水平不断提高。

二、中国改革开放的依据

当今世界,改革开放已经成为潮流,世界在剧变,每一个国家在新的形势面前充满了紧迫感,国际竞争从军事对抗转向经济竞争。世界性改革开放浪潮已为我国的改革开放提供了机遇。改革是必然趋势。

(一)经济全球化要求加速改革开放

随着经济全球化的发展,越来越多的国家走上市场经济的道路,对外开放已成为世界各国的共同取向,国际经济关系迅速发展,各国联系更加密切,国际竞争越来越表现在经济领域的竞争。要推动我国经济的可持续发展,就必须参与经济全球化,建立适应这种要求的社会主义市场经济体制,加速与国际经济接轨的过程。

(二)原有的经济体制阻碍生产力的高速发展

传统的社会主义国家由于实行相对集中的封闭的发展经济模式,而且没有融入世界市场,积极参与国际分工,使国民经济正常发展受到阻碍。苏联解体、东欧剧变已经证明了这一点。发达资本主义国家长期形成的现代市场经济体制,在市场规则、宏观调控方面,有不少成功的经验,通过借鉴这些经验,可以完善社会主义市场经济体制,促进我国市场运行机制的现代化。

(三)科技革命的迅速发展

科技水平决定着一国的综合国力。科学技术对一个国家的经济发展水平和方向起着重要的影响作用,甚至影响一国的政治和外交地位。我国在高精尖的科技领域,如卫星、火箭、电子计算机等方面已经居于世界先进水平,但我们整体的科技水平提升空间还很大,同发达国家相比仍有差距,中国应该为世界科技发展做出更大的贡献,进一步提高全民族的科技文化水平。我国同时积极改革现行的教育体制和科技管理体制,为科技水平全面提升创造了更好的保障。

(四)坚持对外开放,参与国际竞争

邓小平同志指出"社会主义搞市场经济,就要把国际市场竞争摆在日程上"。中国要参与经济国际化,就要参与国际市场的竞争,在竞争中显示自己的优越性。充分利用国际环境提供的发展机会扩大对外开放,更多更好地利用国外资金、技术和管理经验,促进民族经济的发展是我们的必然选择。

三、中国改革开放的基本内容

中国改革开放以来的事实证明,改革开放是成功的,改革的方针政策是符合中国国情的。特别是进入 90 年代,中国的改革开放又进入了一个新的历史发展时期。总结中国的改革开放,中国在宏观经济调控和改革开放政策方面始终注重不断完善,并根据不同发展阶段适当地调整政策。

(一)农村经济的改革

中国的改革是从农村开始的。中国 12 亿人口中 8 亿居住在农村,所以农村经济的改革,对改革初期的中国来说是至关重要的。

从 1978 年起,中国除大幅度提高农副产品收购价格外,在农村实施了一项重大的改革措施,即坚持土地等主要农业资料集体所有的前提下,把土地承包给农户分散经营,即所谓"家庭联产承包责任制",并逐步建立统分结合的经营管理体制,使集体统一经营的优越性和农户承包经营的积极性得到了充分的发挥;国家调整了农产品价格收购政策,发展了多渠道流通,科技教育兴农和农业综合开发取得了进展,粮食产量大幅度增加,农林牧副渔业都有很大发展。乡镇企业异军突起,可以认为,乡镇企业已经超越作为国有经济补充的意义,促进了市场体系的完善。农业改革取得了成功,调动了农民的生产积极性,使各种农副产品都有了迅速增长,农民收入增加了,中国农村面貌发生巨大变化,使以往农副产品定量供应、供给不足的城市市场丰富起来,与苏联、东欧国家消费品供应短缺的状况形成了鲜明的对比。

(二)价格体制的改革

新中国成立后直到改革开放前三十年间,中国的价格体系存在与经济规律的要求不完全一致的问题。其主要特征是基础产品、农产品价格的剪刀差。在高度集中的计划经济管理体制下,产品价格难以充分反映市场的供求关系。企业没有定价权,使企业缺乏积极性,商品供给处于短缺状态,很多人民日常生活的必须品只能限量凭票供应。基础产业长期亏损,依靠国家大量补贴,加重了国家的财政负担,形成僵化的价格机制。因此,改革之初,价格改革成为影响改革成功的关键因素。但经过十几年的努力,中国的价格改革取得了突破性的进展。

在价格体系方面,调整了价格结构中不合理的方面。1990 年农产品价格与 1978 年相比上升 224.5%,改变了粮价偏低的现象。在工业品方面,采掘业产品 1990 年比 1978 年上升 152.2%,原材料价格上升 97%,工农业产品的综合比价指数也在降低。

在价格形成机制方面,原来几乎完全由国家定价,到后来国家定价、国家指导价、市场调节价三种形式并存。1978 年前,社会商品零售总额中,国家定价的比重为 97%,其余为市场调节价,1990 年国家定价的比重降为 29.7%,市场调节价上升为 53.1%,其余 17.2%实行国家指导价。近些年来,价格机制仍在进一步深化改革。

在价格调控方面,已经改变了过去由行政手段管理的做法,现在是以经济手段、法律手段来管理,逐步取代行政手段。国家根据国民经济发展的需要和社会承受能力,确定市场价格总水平调控目标,并结合运用货币、财政、投资、储备、进出口政策和措施予以实现。中国价格法草案把价格分为市场调节价、政府指导价和政府定价三种基本形式是正确的。政府指导价及政府

第十五章

定价只适用于不宜在市场竞争中形成价格的极少数商品和服务项目，其他均由经营者依法自主定价。经过十几年的努力，中国价格管理体制的改革已经完成，基本建成了产品市场体系，95%以上的消费品价格以及90%以上的生产资料价格完全由市场供求决定。

(三)金融体制的改革

中国金融体制改革的步伐从80年代中期开始速度加快，主要表现在：多种金融机构取代了单一的国家银行体系，外资银行开始进入，商业银行自主经营范围扩大，信用工具增加，对外筹资融资渠道拓宽，证券市场已经具有一定规模，为发展股份制企业创造了条件。1993年，《国务院关于金融体制改革的决定》指出，中央银行再贴现利率和公开市场业务等货币政策工具来调控货币供应量。1996年正式把货币供应量纳入货币政策的调控目标。建立了全国统一的同业拆借市场，公开市场操作、再贴现政策相继开始运作。中国人民银行先后取消了对合作金融机构、股份制商业银行和其他商业银行的贷款限额控制。经国务院批准，中国人民银行决定从1998年1月1日起取消国有商业银行贷款规模的限额控制，逐步推行资产负债比例管理和风险管理，实行"计划指导，自求平衡，比例管理，间接调控"的新的管理体制。从1998年起对国有商业银行不再下达指令性贷款计划，而改为下达指导性计划。这个指导性计划作为中央银行宏观调控的检测目标，供各商业银行执行自身计划时参考，各国商业银行以法人单位对资金来源与运用实行自我平衡。这是中国金融调控方式的重要转变。中央人民银行从过去依靠贷款规模指令性计划控制，转变为根据国家确定的经济增长、物价控制目标和影响货币流通的各种因素，综合运用利率、公开市场业务、存款准备金再贷款、再贴现等货币政策工具间接调控货币供应量，保持币值稳定，促进经济增长。

(四)国有企业改革

国有企业特别是国有大中型企业的改革，是我国经济体制改革的重点和难点。在公有制为主体的情况下，国有企业产权关系如何调整，经营机制如何转换，国家对企业的行为怎样实现宏观调控，才能适应市场经济运作规律的客观要求等,都是改革中面临的重大而又迫切的问题。中国的企业改革大体分为三个阶段:第一阶段是从 1978 年党的十一届三中全会到 1986 年。这一阶段的改革主要是扩大企业自主权,以利改税确立国家与企业的分配关系。第二阶段是 1987 年到 1992 年。这一阶段实行政企职责分开,所有权和与经营权适当分离,具体途径是承包经营责任制。全国 28 个省、自治区、直辖市的 90%以上的企业实行承包经营,转换企业经营机制,并积极推进各项配套改革。第三阶段是从 1993 年到现在,党的十四届三中全会明确了现代企业制度试点。1997 年 9 月召开的党的十五大总结了国有企业改革的经验,提出了一些突破性的观点:要从战略上调整国有经济布局,只要坚持以公有制为主体,国有经济比重减少一些不会影响我国的社会主义性质;认为股份制是现代企业的一种资本组织形式,有利于所有权和经营权的分离,有利于提高企业和资本的运作效率。同时再次明确了建立现代企业制度是国有企业改革的方向。具体内容包括:①按照产权明晰、权责明确、政企分开、管理科学的要求,对国有大中型企业实行规范的公司制改革,使企业成为适应市场的法人实体和竞争实体。②把国有企业改革同改组改造加强管理结合起来,着眼于搞好整个国有经济,抓好大的,放活小的,对国有企业实行战略性改组。③实行大企业集团战略,以资本为纽带,以市场为导向,通过重组形式形成具有较强竞争力的跨地区、跨行业、跨所有制和跨国经营的企业集团,参与国际市场的竞争。④实行鼓励兼并,规范破产,下岗分流,减员增效和再就业工程,形成企业优胜劣汰的竞争机制。为此,还要完善配套的改革措施,如建立有效的国有资产监督管理机制,防止国有资产流失并保证其保值增值;加快建立和完善社会保障体系,解决人员流动和职工下岗的实际困难。

总之,国有企业的改革是一项长期而艰巨的历史任务,国际上没有现成的模式和经验可以借鉴,我们只有在改革中不断探索,逐渐实现国有大中型骨干企业建立并不断完善现代企业制度。

(五)确立远大宏伟战略目标

党的十九大指出中国特色社会主义进入新时代,我国社会主要矛盾已经转化为人民日益增长的美好生活需要和不平衡不充分的发展之间的矛

第十五章

盾。我们既要全面建成小康社会、实现第一个百年奋斗目标,又要乘势而上,开启全面建设社会主义现代化国家新征程,向第二个百年奋斗目标进军。实现"两个一百年"奋斗目标、实现中华民族伟大复兴的中国梦,不断提高人民生活水平,必须坚定不移把发展作为党执政兴国的第一要务,坚持解放和发展社会生产力,坚持社会主义市场经济改革方向,推动经济持续健康发展。

我国经济已由高速增长阶段转向高质量发展阶段,正处在转变发展方式、优化经济结构、转换增长动力的攻关期,建设现代化经济体系是跨越关口的迫切要求和我国发展的战略目标。必须坚持质量第一、效益优先,以供给侧结构性改革为主线,推动经济发展质量变革、效率变革、动力变革,提高全要素生产率,着力加快建设实体经济、科技创新、现代金融、人力资源协同发展的产业体系,着力构建市场机制有效、微观主体有活力、宏观调控有度的经济体制,不断增强我国经济创新力和竞争力。

解放和发展社会生产力,是社会主义的本质要求。贯彻新发展理念,建设现代化经济体系,我们要激发全社会创造力和发展活力,努力实现更高质量、更有效率、更加公平、更可持续的发展。

(六)中国经济的全方位开放

一个国家从弱到强的必经之路除了改革就是开放。随着经济全球化和区域化进程的加快,各国经济越来越相互渗透、相互依存、相互影响。中国实行的改革开放政策,正是抓住了这次重要的历史机遇,使中国经济越来越融入世界经济中去。

1979年,党的十一届三中全会是中国真正实行对外开放的起点,从此开始了参与经济全球化,并接受其挑战的进程。开放之初,根据我国的具体国情,从实际出发,以东部沿海为重点实行沿海经济开放战略。这一开放战略的形成经历了六个阶段。

第一阶段,1979年,在广东、福建两省试办4个经济特区,实行比内地和其他沿海地区更加开放并对外资更加优惠的政策,以便大量集中吸收外资、引进先进技术和管理经验。

第二阶段,1984年,又进一步开放大连、天津等14个沿海港口城市,这

第十五章

14 个城市的开放使我国沿海地区的对外开放由四个经济特区扩大为南北全线开放的格局。

第三阶段,1985 年,又提出开放长江三角洲、珠江三角洲及福建、山东、辽宁的部分地区,形成了沿海开放地带,这些地区形成的扇面结构向西滚动也带动了中西部地区的对外开放。

第四阶段,1986 年,中央正式提出我国将实行沿海外向型经济发展战略,即抓住 80 年代国际经济结构大调整的机会,参与经济的全球化,发展外向型经济,以对外贸易和引进外资发展沿海地带经济,并以此带动整个国民经济的发展。

第五阶段,1988 年,进一步扩大沿海地区开放的区域领域,将沿海地区的 140 个县市都划入沿海经济开发区。此后,又将海南定为最大的经济特区,由此形成我国沿海对外开放地区共包括近 3000 个县市、面积约 32 万平方千米。形成经济特区—经济技术开发区—沿海开放城市—沿海开放县的多层次有重点的对外开放格局。到 90 年代初,中央决定以浦东开发开放、三峡工程建设为契机,带动长江流域经济全面开放。至此,形成贯穿东西南北、沿海、沿边、沿江、内陆全方位大开放格局。

第六阶段,2001 年 11 月 10 日,中国经过多年的努力,终于正式成为世界贸易组织的新成员,中国对外开放事业进入了一个新的阶段。对世界经济来说,中国加入世界贸易组织,将使中国的经济体制更加符合通行的国际规则,大大改善中国的产业和投资环境,进而使中国巨大的市场潜力逐步转化为现实的购买力,为世界各国各地区提供了一个庞大的市场和商机。对中国来说加入世界贸易组织将为中国的对外开放拓展新的空间,将有助于推动中国社会主义市场经济体制的完善,为国民经济继续快速发展注入新的活力。

当然加入世界贸易组织对某些部门的冲击也是很明显的,对解决就业也带来一定的压力。因此就要求中国加快改革开放的步伐,发挥优势克服劣势,转变观念,对产业发展的总体战略进行调整,优化出口商品结构,全面参与国际贸易,加快引进外资和先进技术,促进产业结构升级,与此同时加快金融体制改革,防范金融风险。

党的十九大提出要推动形成全面开放新格局。开放带来进步,封闭必然落后。中国开放的大门不会关闭,只会越开越大。要以"一带一路"建设为重点,坚持引进来和走出去并重,遵循共商共建共享原则,加强创新能力开放合作,形成陆海内外联动、东西双向互济的开放格局。拓展对外贸易,培育贸易新业态新模式,推进贸易强国建设。实行高水平的贸易和投资自由化便利化政策,全面实行准入前国民待遇加负面清单管理制度,大幅度放宽市场准入,扩大服务业对外开放,保护外商投资合法权益。凡是在我国境内注册的企业,都要一视同仁、平等对待。优化区域开放布局,加大西部开放力度。赋予自由贸易试验区更大改革自主权,探索建设自由贸易港。创新对外投资方式,促进国际产能合作,形成面向全球的贸易、投融资、生产、服务网络,加快培育国际经济合作和竞争新优势。

党的二十大报告指出,中国坚持对外开放的基本国策,坚定奉行互利共赢的开放战略,不断以中国新发展为世界提供新机遇,推动建设开放型世界经济,更好惠及各国人民。中国坚持经济全球化正确方向,共同营造有利于发展的国际环境,共同培育全球发展新动能。中国积极参与全球治理体系改革和建设,坚持真正的多边主义,推进国际关系民主化,推动全球治理朝着更加公正合理的方向发展。中国提出了全球发展倡议、全球安全倡议,愿同国际社会一道努力落实。和世界各国共同弘扬和平、发展、公平、正义、民主、自由的全人类共同价值,促进各国人民相知相亲,共同应对各种全球性挑战。党的二十大报告特别强调,当前中国共产党的中心任务是团结带领全国各族人民全面建成社会主义现代化强国,以中国式现代化全面推进中华民族伟大复兴。中国式现代化,是中国共产党领导的社会主义现代化,既有各国现代化的共同特征,更有基于自己国情的中国特色。中国式现代化的本质要求是:坚持中国共产党领导,坚持中国特色社会主义,实现高质量发展,发展全过程人民民主,丰富人民精神世界,实现全体人民共同富裕,促进人与自然和谐共生,推动构建人类命运共同体,创造人类文明新形态。高质量发展是全面建设社会主义现代化国家的首要任务,必须完整、准确、全面贯彻新发展理念,坚持社会主义市场经济改革方向,坚持高水平对外开放,加快构建以国内大循环为主体、国内国际双循环相互促进的新发展格局。这进一步丰富了中国改革开放伟大事业的内容，并指明了新时代高水平对外开放的方向。

四、中国改革开放取得的巨大成就

（一）中国经济总量和人均水平明显提升

1978年，中国GDP占世界的比重只有1.8%，居世界第11位。改革开放以来，随着中国经济持续快速发展，中国经济总量占世界的比重不断提高。2000年，中国GDP超过意大利，居世界第6位；之后相继超过英国、法国和德国。2010年，中国GDP达5.88万亿美元，超过日本跃居世界第2位，占世界GDP的比重也提高到9.5%。之后，中国GDP一直稳居世界第二位，占世界的比重继续逐年上升。2018年，中国GDP达13.4万亿美元，占世界总量的15%左右。2022年，中国GDP达121万亿元，占世界经济总量的比重提升至18%左右。

改革开放后，随着中国国民经济持续快速增长，中国人均国民总收入水平也大幅提升，2017年达到8690美元，比1978年增长了42倍。

（二）中国的综合国力也大大提高

2001—2014年，中国的综合国力得到显著提升，相对指标值从0.095增加到0.183，增长两倍以上。①据瑞士洛桑国际管理学院公布的数字，从2002年世界主要国家和地区国际竞争力排行榜上看，如美国为100分排在首位，中国为52.199分，居31位，比2001年上升了两位，中国在国际竞争力方面最为突出的是经济竞争力，在2001年发达国家及全球经济增长率大幅度下降的背景下，中国以扩大内需带动经济稳定发展，经济竞争力有较大提高，中国以82.497的高分从上年经济竞争力排第七升到第三位。瑞士国际管理

第十五章

---

① 曹原、葛岳静、马腾：《2000年以来中国及周边国家综合国力评价与格局变化》，《经济地理》，2018年第4期。

发展研究所公布的 2007 年版"竞争力排行榜"显示,中国的国际竞争力排名从 2006 年的第 18 位上升至 15 位,在经济全球化的今天,经济能够保持相对稳定的发展态势,说明中国的国际竞争力有相当大的潜力。

根据瑞士洛桑国际管理学院(IMD)发表的《2017 年世界竞争力年报》排名,中国由 25 位升至 18 位,美国下跌 1 位,排名第 4,这个世界最大的经济体上一次取得如此差的排名还是五年前。中国香港连续第二年名列榜首,蝉联全球最具竞争力地区。中国的排名跃升了 7 位,源于我国积极系统地进行改革,促进了中国的开放并提高了生产力,国际竞争力进一步提升。

(三)对外经济贸易关系发展迅速

1992 年到 1996 年间,中国对外贸易总额累计超过 1.16 万亿美元,据联合国贸发会议统计,2002 年,中国对外贸易占世界贸易总额的 4%,十几年来,中国的产品和服务贸易增长幅度是世界平均增幅的两倍。另据世界贸易组织统计,到 2004 年,中国外贸总额为 12830 亿美元,仅次于美国、德国,居世界第三位,已经超过日本的 12480 亿美元。2005 年达到 14221.2 亿美元,2006 年我国对外贸易总额 1.76 万亿美元,2007 年中国外贸总额达 21738 亿美元,2008 年中国对外贸易进出口总值达 25616.3 亿美元,2009 年我国进出口总值为 22072.7 亿美元,2010 年我国进出口总值为 29727.6 亿美元,2011 年我国进出口总值为 36420.6 亿美元,2012 年我国进出口总值为 38667.6 亿美元,2013 年我国进出口总值为 41603.3 亿美元,2014 年我国进出口总值为 43030.4 亿美元,2015 年我国进出口总值为 39586.4 亿美元,2016 年我国进出口总值为 36849.3 亿美元,2017 年我国进出口总值为 41044.7 亿美元。显然中国已跻身于世界贸易大国之林。和世界上 200 多个国家和地区有贸易往来。2002 年底中国外汇储备规模超过了 2122 亿美元,到 2003 年底外汇储备达 4032.5 亿美元,2004 年底增加到 6099 亿美元,成为世界第一大外汇储备国。2005 年底,我国外汇储备余额为 8189 亿美元,2006 年底外汇储备余额突破万亿美元大关,达到 10663 亿美元,2007 年底,我国外汇储备余额为 1.53 万亿美元,截至 2008 年 12 月 31 日,外汇储备余额为 19460.30 亿美元。

外汇储备的增加进一步增强了中国的进出口贸易和外债承受能力。

2009 年底,我国外汇储备为 23991.52 亿美元。2010 年底,我国外汇储备为 28473.38 亿美元。2011 年底,我国外汇储备为 31811.48 亿美元。2012 年底,我国外汇储备为 33115.89 亿美元。2013 年底,我国外汇储备为 38213.15 亿美元。2014 年底,我国外汇储备为 38430.18 亿美元。2015 年底,我国外汇储备为 33303.62 亿美元。2016 年底,我国外汇储备为 30105.17 亿美元。2017 年底,我国外汇储备为 31399.49 亿美元。截至 2018 年 9 月份,我国外汇储备为 30870.25 亿美元。

中国吸引外资的步伐不断加快。到 2004 年底,中国实际累计利用外资达到 5621 亿美元。引进直接投资居发展中国家之首和世界第二位,仅次于美国。中国批准外商投资企业 50 多万家,其中全球 500 强中的 450 家跨国公司已进入中国。据统计,外资工业产值占中国工业总产值的比重已从 1992 年的 7%上升到 2002 年的 33%。外资企业还创造了 2000 多万个就业机会。国际直接投资总是在各国之间相互展开的。改革开放后,中国在大量引进外资的同时,为了获得国外资金、技术、管理经验和资源,也在增加对外直接投资。根据商务部发布的数据,2003 年中国对外直接投资净额为 28.5 亿美元,累计投资净额为 332 亿美元。而在其后一直至 2006 年,对外直接投资持续上升,截至 2006 年,对外直接投资流量达到 211.6 亿美元,存量达到 906.3 亿美元,在全球国家(地区)排名中由 2005 年的第 17 位上升至第 13 位。[①] 无疑,随着中国经济的加快发展,以及参与经济全球化的推进,中国对外直接投资的步伐必将进一步加快。

2007 年,中国对外直接投资净额为 265.1 亿美元。2008 年,中国对外直接投资净额为 559.1 亿美元。2009 年,中国对外直接投资净额为 565.3 亿美元。2010 年,中国对外直接投资净额为 688.1 亿美元。2011 年,中国对外直接投资净额为 746.5 亿美元。2012 年,中国对外直接投资净额为 878.0 亿美元。2013 年,中国对外直接投资净额为 1078.4 亿美元。2014 年,中国对外直接投资净额为 1231.2 亿美元。2015 年,中国对外直接投资净额为 1456.7 亿美元。2016 年,中国对外直接投资净额为 1961.5 亿美元。据了解,2017 年,中国对

第十五章

---

① 商务部、国家统计局:《2003 年及 2006 年中国对外直接投资统计公报》。

外直接投资 1582.9 亿美元,自 2003 年发布年度统计数据以来,首次出现负增长,但仍是历史上第二高值,占全球比重连续 2 年超过 10%。中国对外投资在全球外国直接投资中的影响力不断扩大,2017 年投资流量规模仅次于美国和日本,位居全球第三,较 2016 年下降一位。从双向投资情况看,中国对外直接投资流量已连续三年高于吸引外资。

第五节　经济改革不同模式的比较

在分别论述了东欧、俄罗斯及中国的经济改革基础上,我们再把它们集中起来从不同方面对各国经济改革进行对比分析。鉴于俄罗斯与东欧的改革有很多相似之处,而且俄罗斯和中国是两个影响最大的国家,这两个国家的改革经验格外受到人们的关注,因此仅以这两国作为典型代表,从改革的起步条件、改革取得的成果、成功与失败的原因、前景展望进行比较分析。

一、俄中改革起点条件差异

俄罗斯改革始于 1985 年,当时改革是在戈尔巴乔夫领导下进行的。中国的改革始于 1978 年。从改革的起点条件看,俄国到 80 年代已经成功地运用计划体制,建立起超过德国、日本仅次于美国的第二经济大国,石油、钢铁、小麦等产量均居世界首位。它具有庞大的国内市场和包括交通、通信、大专院校和研究机构等完善的基础设施,90% 的人口是受过良好教育的城镇居民,它有熟练的劳动力和管理人员,有大批世界上最优秀的科学家和工程师,有庞大的国有资产和不断增加的个人收入,个人储蓄居世界前列。俄国的自然资源也十分丰富,特别是西伯利亚,堪称世界宝库。位于东欧的内陆地区是俄国资源和市场的保障。可以说,俄国的人力和自然资源均很丰富,为经济转轨提供了极为优越的物质条件。

相比之下,中国人均收入低下,人口虽多但国内市场小,工业化程度低,基础设施也很差。中国人口的 80% 是没有或较少受过教育的农业人口。劳动力大多没有受过培训,科学家、工程师和技术人员也较少。国内自然资源不足,国民收入不高。但另一方面,中国也有自己的优势,中国的社会主义建设时间短,因而政府机构不像俄国那样庞大,中国具有开拓创新精神的企业家相对而言较多,储蓄率高也是潜在优势,更重要的是,中国采取了与俄国不同的改革方式。

二、改革成果的比较

俄的初始条件虽然比中国有利,但改革的结果却出现很大的差距。

表 15-6　俄罗斯和中国的实际经济增长率比较　　　　单位:%

国别	1986年	1987年	1988年	1989年	1990年	1991年	1992年	1993年	1994年	1995年	1996年	1997年	1998年
俄国	3.3	2.9	5.5	3.0	-2.5	-5.0	-14.5	-8.7	-12.6	-4.0	-6.0	0.4	1.1
中国	8.7	11.1	11.2	4.3	3.9	9.3	14.2	13.5	11.8	10.2	9.7	8.8	7.0

资料来源:①中国部分根据《1995年中国统计年鉴》、《人民日报》和日本经济企划厅《海外经济资料》(1996年)整理。

②俄罗斯部分根据俄国国家统计委员会各年度报告整理。

③1997、1998年根据国际货币基金组织1998年4月13日提供的数字。

表 15-7　俄罗斯和中国的主要经济指标比较　　　　单位:%

经济指标	国别	1991年	1992年	1993年	1994年	1995年	1996年
工业生产	俄罗斯	-8.0	-18.0	-14.1	-20.9	-3.0	-5.0
	中国	13.8	21.8	21.0	18.9	16.0	13.0
农业生产	俄罗斯	-4.5	-9.4	-4.4	-12.0	-8.0	-7.0
	中国	2.4	4.7	4.7	4.0	3.5	5.1
投资	俄罗斯	-15.2	-40.0	-12.0	-24.0	-10.0	-18.0
	中国	24.3	45.4	45.2	34.2	18.5	12.5
销售额	俄罗斯	-3.2	-3.5	1.9	0.1	-7.0	-4.0
	中国	13.4	16.8	23.6	30.5	24.8	12.5
消费物价	俄罗斯	160.0	2510.0	840.0	220.0	131.0	21.8
	中国	3.4	6.4	14.7	24.1	17.1	8.3
出口	俄罗斯	-28.4	-16.7	4.5	16.1	25.0	9.0
	中国	15.8	18.1	8.0	31.9	22.9	1.5
进口	俄罗斯	-45.6	-16.9	-27.7	5.9	17.4	7.0
	中国	19.6	26.3	29.0	11.2	14.2	5.1

资料来源:同上表中的①②部分。

第十五章

两国的实际经济增长率和其他各项经济指标的比较，从中可以看出以下几方面的差别：

(一)两国经济增长率差别很大

中国从 1978 年开始实施经济改革到 1997 年，国内总产值增长了 4.7 倍，年平均增长 9.6%，从 1992 年到 1995 年的连续 4 年里，一直保持两位数的高增长率。中国在因较高通胀率而采取紧缩政策的 1996 年和 1997 年，经济增长率达到了 9.7% 和 8.8%。从 1978 年到 1997 年的 19 年中，中国的人均国内总产值增长了 3.4 倍，劳动生产率提高了 2.5 倍。在同一时期内，俄罗斯的国内总产值却下降了 30%。1990 年自二战后首次出现了负增长，此后直到 1996 年的连续 7 年时间里，俄罗斯经济负增长的局面曾多次刷新纪录。

(二)工业生产和设备投资的差距很大

在工业生产方面，自经济改革开始的十年中，中国的工业产值仍在不断扩大，年均增长率达到 11.2%。1979—1989 十年间的国民工业产出扩大了将近三倍，增长率为 195%。中国在 1992 年和 1993 年工业生产增长率都达到了约 21%，而俄罗斯这两年的增长率分别为-18% 和-14.1%。在投资方面，俄罗斯和中国的差距就更大了。与上一年相比，1992 年中国投资增长了 45.4%，而俄罗斯却下降了 40%。

(三)在农业生产方面

经济改革之初，中国农业总产值年均增长率达到 4.1%，其中食糖产值年均增长 8.5%，黄油年均增长 8.6%，鸡蛋增长 10.5%，牛肉产量增长 17.0%，橙子产量增长 18.4%，葡萄产量增长 19.3%，香蕉产量增长 21.9%。从 1990 年开始俄罗斯农业生产就一直是负增长，而中国的农业增长率虽不能与工业生产的快速增长相比，但迄今为止却一直保持着逐年上升的趋势。

(四)在消费物价方面

中国物价水平在 20 世纪 90 年代初期呈不断上涨趋势，上涨率最高的

1994 年达到 24.1%，但由于中国政府采取了有效的宏观调控措施，从 1995 年开始通货膨胀便出现不断下降的趋势，到 1996 年就已经降到个位数，仅为 8.3%。同期，俄罗斯的消费物价上涨率相当惊人。1992 年俄罗斯消费物价比上一年上涨了 2520%，创造了最高纪录。1993 年上涨 840%，1994 年上涨 220%，1995 年上涨 131%。但是根据国际货币基金组织的要求，俄罗斯采取了金融紧缩政策并取得了成效，到 1996 年物价上涨率稳定在 21.8% 的水平上。这样一来，却出现了资金流动呆滞的严重现象，企业之间偿还债务困难，甚至连国家公务员和国营企业职工的工资也发放不了。随着个人收入状况的严重恶化，劳动者的生活水平急剧下降。

三、改革效果不同的成因

俄罗斯与中国同样经历了由计划经济体制向市场经济体制的过渡，但为什么经过改革却表现出两种不同的经济后果呢？这主要是由于促使两国经济发展的因素不同所决定的。

(一)两国计划经济实施的时间不同

俄罗斯经历了 74 年的计划经济，一直采取了较为传统、欠缺灵活性的计划经济体制。而中国实行计划经济的时间相对较短，改革的启动时间早，尤其是改革开放的总设计师邓小平同志根据中国经济实际情况对改革进行了系统性和前瞻性的总体设计，俄罗斯的改革则比较被动且照搬西方学者不切实际的理论与方案，两者形成了明显反差。

(二)经济转型时期的改革措施与过程不同

俄罗斯经济改革采纳了哈佛大学 J.萨克斯等的建议，实行了由社会主义计划经济迅速向自由主义市场经济转变的"休克疗法"，与俄罗斯经济实际情况严重脱节，产生了不能适应迅速向市场经济转化的诸多问题。在供应严重不足的情况下放开价格，在金融和资本市场尚不完善的情况下实行国有企业股份私有化，在法律尚不健全的情况下实行土地自由化等改革，不但没有

第十五章

让人看到市场经济带来的好处,反而暴露出通货膨胀、生产效率低下等许多弊端。不同的是,中国采取了坚定坚持社会主义道路的前提下"渐进"经济改革的做法,逐步推进社会主义市场经济和对外开放。中国把国有企业作为经济基础,多种所有制企业并重,根据不同情况逐步进行企业体制改革,在消费资料产业和出口产业方面不断推进改革。此外,在商品价格方面实行了一定时期的"价格双轨制",逐步减少政府规定价格的商品种类,逐步让市场发挥在价格形成中的主导体制。总之,两国在改革的进程和做法方面差异巨大。

(三)经济改革前的主要产业不同

俄罗斯的主要产业是以机械和化学产业为中心的工业体系,而中国则是以农业人口占80%的农业国。中国工业在解放后有相当大的发展,但同俄罗斯相比农业的比重相对更大。俄罗斯工业发达,但由于投资资金不足,导致机械设备陈旧落后、效率低下,而中国工业虽不如俄罗斯发达,但发展工业不易受到旧的生产结构束缚,可以较为顺畅地从轻工业入手,利用外资,引进新的机械设备,然后逐渐实现产业结构升级。

(四)外资政策和进出口政策不同

俄罗斯为了弥补国内生产的不足,对国内需求量大的企业都采用了合资企业的形式。此外,俄罗斯为增加税收对外国资本进入俄罗斯实行了高额税率,造成外国资本的短期流出,抑制了有效利用外资。进口方面,为了满足国内需求,俄罗斯扩大消费品的进口;出口方面,俄罗斯重点发展资源密集型产品出口。中国在改革开放之初,采取了促进利用外资的优惠政策,例如在税制等方面对外资的优惠政策,有效吸引了大量的外商直接投资进入国内市场。进出口贸易方面,中国优先进口的产品是资源和有利于扩大生产的机器设备,出口则从有比较优势的轻纺工业品开始,逐步向着高附加值的工业品转移。

(五)国内产业政策方面的不同

俄罗斯国有企业私有化,是以担保人持股方式实施的。但是即使实行了股份制,经营实体与旧的国有企业也毫无两样,几乎未能提高竞争力,因而很难生产出能与进口商品相比具有较高竞争力的本国产品。而中国致力于发展出口产业,在 1994 年和 1995 年出口产品分别比上一年增加了 31.9% 和 22.9%,形成了高速增长的出口能力。在俄罗斯,产业结构没有发生大的变化,而中国在大力发展原有产业的同时,又大力促进新的高技术产业发展,产业结构不断优化。

(六)在资本周转方面两国也有很大的不同

投资资金是经济发展必不可少的。投资资金分为私人投资、政府投资和外国投资三种。私人投资主要来自个人储蓄,政府投资主要来自税收。在俄罗斯,大部分个人储蓄是以"家存现金"或"保存美元"的形式存在,无法形成私人投资。此外,与外国企业进行交易所得到的收入,也没有转移到国内来,而是存放在外国银行的账户。在中国,国内资金和国外资金两种资源实现了高效流动,国内的高储蓄率和大量引进外资,使中国拥有了较充足的用于投资的资金来源。

(七)临近国家和地区的影响不可忽视

中国从亚洲的日本、"四小龙"和东盟国家的经济发展中借鉴了不少有益的经验,并结合实际国情建立了适合本国经济发展的社会主义市场经济体制。而俄罗斯未能有效学习借鉴已从经济困境中重新崛起的东欧国家,以及保持经济高速增长的亚洲各国和地区的成功经验。

(八)中国在沿海地区建立了经济特区

中国在经济特区大力发展了出口导向型工业,获取了经济发展急需的外汇。外部资金来源由最初的中国香港、中国台湾等海外华人地区发展到整个世界。同时,中国充分利用发达国家的消费品市场,增加劳动密集型的工业制成品出口。随着国内市场的扩大,日益增长的国内需求也对工业发展提供了坚实的基础。与此不同,俄罗斯未积极发展出口导向型制造业,而是长期出口石油、天然气及其他矿产品和武器,虽然也有资本输出,不过资本纷纷逃避到离岸的私人银行账户。俄国试图建立经济特区,但收效甚微。

(九)中国积极参与区域经济合作

中国已经深入广泛地参与了全球范围内的国际分工,并积极参与亚太地区的国际分工。而俄罗斯仍继续沿袭传统计划经济体制下效率不高的生产体系,参与国际分工的方式主要表现为资源、能源产品的出口,制造业除军工产业外竞争力基本没有得到提升, 这是俄罗斯的产品长期缺乏竞争力的一个重要原因。

总之,经济改革日趋成功的中国与长期发展不确定的俄罗斯相比,存在着上述的差异因素。这些可能是解释两国经济改革、转型效果差异的重要原因。从这些因素中可以得到这样的启示:成功的经济改革不仅应该是结合本国国情的创新,而且在某些方面也应该从彼此的经验和教训中借鉴学习。改革的结果应当是经济获得可持续快速增长,经济结构不断优化,宏观经济稳定且人民生活水平大幅度提高。

四、两国经济改革中的问题与展望

俄罗斯经济经过最初 5 年左右的经济震荡和下滑后走出谷底。与 90 年代前半期经济滑坡、严重通货膨胀、居民生活水平急剧下降等灾难性经济危机形成鲜明差别。90 年代后半期到 21 世纪初,俄罗斯经济进入了一个复苏、重组和发展的新阶段。据当时国际货币基金组织和经合组织的预测,俄罗斯国内总产值增长率在未来的几年里有较大的增长, 尽管俄罗斯经济已出现好转,仍存在不少问题有待解决。

中国 1978 年开始实行的经济改革, 已取得了令人瞩目的巨大成就,人民生活水平大幅度提高。"中国道路"已经成为中国和广大发展中国家实现经济发展的宝贵财富。伴随中国经济高速增长,也出现了环境污染、企业效率和竞争力差异较大、收入分配差距扩大等问题。随着改革的深入发展,有些已经基本上解决,有的正在得到解决。当前,我国经济社会发展保持稳中有进的良好态势。但面对国际经济出现的不利因素,我国需通过加快推进供给侧结构性改革,破除形成有效需求的体制机制障碍,持续扩大总需求。此外,还要坚定不移推动改革开放,推动经济转型升级和高质量发展,完善宏观审慎监管政策,加强政策协调,有效防范金融风险,给实体经济发展营造平稳健康的金融环境,并通过建设"一带一路"和构建"双循环"经济发展新格局促进我国长远经济的可持续、高质量发展。

毋庸置疑,改革开放以来,中国成功地走出了一条与本国国情和时代特征相适应的发展道路。中国发展道路就是中国特色社会主义道路,是在中国共产党领导下,立足基本国情,以经济建设为中心,坚持四项基本原则,坚持改革开放,解放和发展社会生产力,建设社会主义市场经济、社会主义民主政治、社会主义先进文化、社会主义和谐社会、社会主义生态文明,促进人的全面发展,逐步实现全体人民共同富裕,建设富强民主文明和谐美丽的社会主义现代化国家的道路。中国发展道路坚持把马克思主义基本原理同推进马克思主义中国化相结合,坚持把社会主义基本制度同发展市场经济相结合,不仅铸就了"中国经济奇迹",实现了经济质的飞跃,也丰富了人类对于社会发展规律和道路的认识。

思考题:

1.社会主义国家的发展对人类进步做出了哪些贡献?

2.如何认识社会主义发展的历史进程?

3.试分析俄罗斯实施"休克疗法"的效果。

4.中国、俄罗斯经济改革效果差异的根本原因是什么?

5.结合实际案例,试述中国经济改革开放的伟大成就。

第十五章

参考文献

一、中文著作

1.[美]安妮·克鲁格:《发展中国家的贸易与就业》(中译本),上海人民出版社、上海三联书店,1995年。

2.池元吉:《世界经济概论》(第二版),高等教育出版社,2006年。

3.崔日明、刘文革:《世界经济概论》,北京大学出版社,2009年。

4.[英]大卫·李嘉图:《政治经济学及赋税原理》(中译本),商务印书馆,1997年。

5.樊纲、王小鲁、朱恒鹏:《中国市场化指数:各地区市场化相对进程报告》,2010年,经济科学出版社。

6.傅利平:《当代世界经济与政治》,中国时代经济出版社,2003年。

7.姜春明、佟家栋:《世界经济概论》(第六版),天津人民出版社,2009年。

8.商务部、国家统计局、国家外汇管理局:《中国对外直接投资》(历年),中国统计出版社。

9.《世界经济概论》编写组:《世界经济概论》(第二版),高等教育出版社,人民出版社,2020年。

10.佟家栋:《贸易自由化、贸易保护与经济利益》,经济科学出版社,2002年。

11.魏浩:《世界经济概论》,机械工业出版社,2017年。

12.薛敬孝:《金融全球化与国际金融危机》,天津人民出版社,2001年。

13.[英]亚当·斯密:《国民财富的性质和原因的研究》(中译本),商务印书馆,1997 年。

14.[英]约翰·邓宁、萨琳·安娜伦丹:《跨国公司与全球经济》(中译本),中国人民大学出版社,2016 年。

15.张曙霄、吴丹编著:《世界经济概论》,经济科学出版社,2005 年。

16.张幼文:《世界经济学—原理与方法》,上海财经大学出版社,2006 年。

17.庄起善:《世界经济新论》(第二版),复旦大学出版社,2008 年。

18.庄宗明:《世界经济学》,科学出版社,2003 年。

二、外文著作

1.Allen,T. and Arkolakis C.,Trade and the Topography of the Spatial Economy,*The Quarterly Journal of Economics*,129(3)2014.

2.Bhagwati,J. N.,*Foreign Trade Regimes and Economic Development: Anatomy and Consequences of Exchange Control Regimes*,Ballinger Press for the NBER,Lexington,1978.

3.Bhagwati,J. N. and Krueger,A. O.,Exchange Control,Liberalization and Economic Growth,*American Economic Association Papers and Proceedings 63*,no.2(May)1973.

4.Corden,W. M.,*Trade Policy and Economic Welfare*,Second Edition,Clarendon Press,1997.

5.Dix –Carneiro,R. and Kovak,B.K.,Trade Liberalization and Regional Dynamics.,*American Economic Review*,2017.